THE DICTIONARY OF

MARKETING

市场营销辞典

张光忠 万安培 郑介甫 / 主编

人民出版社

编写成员名单

主　　编	张光忠	万安培	郑介甫		
编辑委员会	张光忠	万安培	郑介甫	扶明高	郑先炳
	吴正章	朱　斌	朱小林	郑亚杰	程　磊
工作人员	王　峰	张　彦	熊志华	陈　莉	黄　皓
	李　琪	石梦菊	肖高平	蒋登峰	赵　君
	高国洪	路万涛	赵赟建	马晓丹	瞿应星
	李晓丹	翁　静	吴凌霞	李　友	胡恒兴
	张　娜	彭英纳	张　君	高凌云	张春红
	肖祥德	韩旭光	谢灿辉	雷　蕾	宋志金

THE DICTIONARY OF

M

MARKETING

总　目

前　言

　　在中国,市场营销是一个"全民性"、"工具性"、"观念性"的知识体系。"全民性"是说其应用范围的广泛性,举凡国民经济的各个领域,人们生活的各个方面,社会公众的各个群体,都在使用营销的理论与语言。"工具性"是说其实践应用的价值性,营销就是市场运作,营销理论是经营决策者和市场参与者的行动指南。"观念性"是说其对人的影响的决定性,观念决定行动,正确的观念引导正确的行动,中国现代大多数成功人士便是由科学的营销观念培育成长起来的。毫无疑义,营销理论是市场上空的灯塔,照耀着匆匆前行的人们。你希望发掘商机获得财富吗,你就应该学习它;你渴望驾驭市场,成为市场的主人吗,你就应该研究它;你期望实现人生价值,成为一名成功人士吗,你就应该掌握它! 基于这样的认识,我们编写了这本《市场营销辞典》。

　　市场营销是市场经济的产物。以美国为代表的西方发达国家,创造性地培育和完善了市场营销理论、方法,并较好地将营销理论与具体的市场实践结合起来,在市场观念、顾客理论、消费者行为理论、产品理论、品牌理论、渠道理论、价格理论、促销理论、关系营销、服务营销等方面,形成了一系列创新性的思想,建立了比较规范的知识体系,受到世界各国企业界和知识界的关注,为世界市场的繁荣昌盛做出了贡献。在中国,人们同样感受到市场营销理论的神奇力量,营销理论活跃在中国社会的30年,改变了人们的市场观念,创新了企业的经营模式,提升了产品的竞争力,塑造了产品的品牌形象,营造了现代化、电子化、网络化的渠道系统,培育了数以千万计的市场营销人才,促进了社会经济的全面发展,为中国从经济大国发展成为经济强国创造了条件。在一定意义上说,市场营销是"创富之学"、"富民之学"、"立企之学"、"强国之学"。它是高等学校的热门学科之一;是企业产品开发、品牌培育、市场开拓的思想武器；是塑造高素质的现代商人，提升经营管理者市场竞争力的精神食粮。在历史的推动下，市场营销知识日趋完善、日趋成熟，显示出强大的生命力。为了市场营销更加光辉灿烂的明天，有必要以辞典的形式，梳理其体系，规范其概念，明晰其定义，说明其用语，介绍其新知，传播其价值及弘扬其理念。所有这些，正是我们编写这本辞典的动力和源泉。

中国拥有5000年文明史，市场培育与市场开拓是先民为了生存和发展的自发行为。据《易传·系辞下》记载："日中为市，致天下之民，聚天下之货，交易而退，各得其所。"这说明中国从游牧社会进入农业社会后，就出现了原始的市场。在唐代以后，早期的市场形态如"赶场"、"集市"已经初具规模，承担着市场功能的大大小小的各种市镇亦陆续涌现。明清时期，随着山西商帮、徽州商帮、陕西商帮、宁波商帮、山东商帮、广东商帮、福建商帮、洞庭商帮、江右商帮、龙游商帮等"十大商帮"在广阔的市场空间的成功运作，商品贸易出现勃勃生机，中国的市场体系、市场规模一度处于世界领先水平。远涉重洋，经商异国者，亦不乏其人，显示出中国商人的市场智慧和市场能力。一部商帮发展的历史，是一部中国特色的营销理论与营销实践在中国成长、传播的历史。

改革开放以来，伴随着中国经济发展的巨大成就，市场的建设与培育达到空前水平。在大规模引进、借鉴西方发达国家先进的营销理论、营销思想、营销战略和营销方法的同时，人们继承中华传统文化的"仁、德、礼、义"思想，弘扬"诚信真善"、"义利并举"、"诚信之德"、"真善为本"、"以德治商"等富含儒韵的商道文化，表现出"头脑灵活、长于思考、善于经营、富于机变"的商人风格，创造了许许多多市场奇迹，大大丰富了市场营销理论与实践。值得注意的是，曾经消失了相当长的时间的"商帮"，在20世纪80年代又开始出现了，且成为引领中国市场快速发展的巨大经济力量。调查显示，随着区域经济的新一轮发展，活跃在市场第一线且能够以地域识别的商人群体，是中国营销版图上亮丽的风景线：在威海、烟台、青岛、济南等地，诞生了赫赫有名的山东商帮；在江苏南部有以苏州、无锡、常州为基地的苏南商帮；在东海边，有以宁波、台州、温州、杭州组成的浙江商帮；与台湾隔海相望的有泉州、漳州、厦门的闽南商帮。珠三角商帮有毗邻港澳的广州、惠州、东莞、顺德、深圳等地的商人群体。其中，浙江商帮、山东商帮、苏南商帮、闽南商帮、珠三角商帮并称为中国新五大商帮，是新营销理论与新营销实践的创造者、推动者而受到世人关注。

　　一项在北京地区进行的企业界人士调查显示,近半数受访人士认为,市场营销培育了现代中国商人,是中国商人成长、壮大的思想武器。同时数据表明,那些活学活用市场营销理论,通过市场营销理论武装了自己又武装了企业的地域性商人圈已经达到45个。在那里,有市场营销理论最肥沃的土壤!联合国发布的世界各国城市发展指标及发展前景统计报告显示,中国有25个城市最具发展前途,其中沿海地区的城市绝大多数都处于新五大商帮的"势力范围"。与此同时,张瑞敏、鲁冠球、徐冠巨、南存辉等中国新商帮的代表人物具有强烈的示范作用,他们已经成为一个行业和一个时代的标志。创造性地运用市场营销理论,不断提升经济活动的营销功能和营销竞争力,是中国市场进步的基本经验。中国特色的市场营销,是西方营销理论与我国本土商业文化的结合,是西方营销工作者的创造性与我国营销工作者创造性的结合。借此,努力记叙中国化的市场营销理论,并尽可能反映我国理论工作者与实际工作者创新型营销理论,是我们编写这本辞典的指导思想。

　　"培养精明的商人"是市场营销理论的目标,也应该是本辞典的编写目的。人们常常说,市场营销是科学又是艺术。精明的商人就既要有综合的知识素质,也要具备思维创意的基本元素。要达到这样的要求,需要在认真、全面、系统地吸收市场营销知识的基础上,从理论与实践的结合上塑造自我。本辞典的条目选择、体系安排、内容释义,都力求知识性、科学性、艺术性、稳定性和创新性的统一。在科学性上,力求按照辞典的性质和市场营销基本知识、基本理论,给读者提供科学的信息、科学的资料。在艺术上,力求按照市场运作的要求和营销工作者特殊素质,给读者提供艺术性的思想、方法和技巧。当然,市场营销的科学性与艺术性是融合的、创新的。这就需要读者在充分体验我国市场实践的基础上,多多体会市场营销名词、术语、概念、内容及人物。精明的商人,是理论与实践相结合的高手。

　　由于各种条件的限制,本辞典还存在许多方面的不足,诚恳希望读者多加指正。市场营销是不断创新的,本辞典的内容将伴随市场的发展而不断创新,并依据广大读者的要求适时推出修订版。本辞典能够与广大读者见面,首先应该感谢高等学校营销理论教学与研究工作者和市场第一线的营销理论工作者,他们创造性的研究成果,是形成本辞典的基本元素。同时,要感谢人民出版社的各位编辑,是他们用智慧和汗水,提升了辞典的质量和水平,保证了辞典的顺利出版。汤定娜教授在极其繁忙的工作中,认真审定了辞典内容,在一定程度上保证了辞典质量。以我们的研究生组成的辞典编辑部,也为本辞典做了大量的工作,在此一并感谢。

本辞典的读者对象包括:高等学校市场营销专业师生、企业市场营销人员、经济领域各个部门营销决策者与执行者、市场研究与市场策划工作者、政府市场管理者和市场知识爱好者。

本辞典是市场营销入门者的普及读本,是营销理论研究者的参考文库,是企业一线营销实战者的理论参考书。

谨向所有从事市场营销工作的领导、同志和朋友表示深深的敬意。

张光忠　万安培　郑介甫

2008 年 1 月于北京

凡　例

　　一、本辞典共收词目约 2800 条。以市场营销中常见的、基本的名词术语为主，有检索价值的营销思想、营销理论、市场调查、市场管理、企业战略、消费心理、市场传播等方面的名词、术语、思想、学说、人物等均有介绍。

　　二、为了方便检索，辞典内容分为 26 个部分。并按照以下顺序排列：营销基础知识、市场营销理论、企业战略、营销环境、顾客理论、市场调查预测、消费者行为、形象营销、关系营销、产品、品牌、价格、渠道、业态、促销、物流营销、广告、服务营销、质量营销、营销管理、营销信息、营销决策、营销组织、国际营销、新兴营销、人物。

　　三、本辞典包含分类目录和音序目录。书前的分类目录系对 26 部分中知识结构关系相近的条目予以大致归拢式编排为主，书后的音序目录则以汉语拼音音序为主，另分出英文字母和数字排比两种附录。

　　四、词目有一词数名或一词数译的，以其中在著述、文件中常用的或较恰当的为主条，其他词名一般只在主条后加上"亦称×××……"，择要列出参见条。

　　五、词目释文需进一步参阅相关条目内容时，在条末列出参考条目的名称。

　　六、词目一词多义的，用①、②、③……分项解释，按汉语拼音字母顺序排列。

　　七、条目释文开始一般不重复条目标题。较长条目的释文，设置层次标题。

　　八、条目释文中出现的外国人名、地名和组织机构名，一般不附原文。重要的外国人名在注述中注出原文。

　　九、本辞典所介绍人物，是按下列标准收录：或是获得正高职称的高等院校市场营销教学、研究人员；或是中国高等学校市场学会理事。在我国企业营销实践中具有广泛影响的营销、咨询专家亦有选择性收录。

目　录

第二篇　市场营销理论

第三篇　企业战略

第七篇　消费者行为

第十篇　产品

第十三篇　渠道

第十五篇　促销

第二十一篇　营销信息

第二十二篇　营销决策

第二十三篇　营销组织

第二十六篇　人物

第一篇 营销基础知识

【市场】社会经济活动中处于核心地位各种交换要素的集合。属于商品经济范畴，是商品生产和商品交换发展的必然产物。在人类社会经过了原始社会蒙昧时代，社会生产力得到进一步发展，出现了第一次、第二次、第三次社会大分工后，市场也就逐渐地由原始市场发展为完善的现代市场。在市场营销学发展的不同时期，对市场的界定也不相同，主要有以下几种定义 (1)市场是商品交换的场所。这是经济学中对市场的界定。随着经济的发展，"场所"的概念不断变更，然而，市场的界定仍然没变。正如当代著名经济学家斯蒂格利茨所说："市场的现代概念是买卖双方在一起交换物品这种传统村镇市场的延伸。""今天，市场的概念包括任何进行交易的场合，尽管这种交易的方式与村镇市场未必相同。"(2)市场是某种商品的购买者集合。这是早期市场论述者对市场的界定。市场营销学与经济学具有不同的属性，对市场的研究角度也不相同。市场营销学学科的发展，要求营销学家必须适应企业市场营销的需要，从企业营销的角度、从微观上去研究企业所经营的某种特定产品的市场，从而重新对市场进行界定。一般市场营销学单纯以顾客需求为导向，认为对某种特定商品的购买者及其需求构成市场，将市场界定为对某种特定商品具有需求的购买者集合。即"市场是指一种商品或劳务的所有潜在购买者的需求总和"(美国市场营销协会，1960)。市场由具有购买意向、具有支付能力的人群组成，人群、购买意向和购买能力是构成市场不可或缺的三个基本要素。即市场＝人群＋购买能力＋购买意向。(3)市场是卖方、买方、竞争者等利益攸关者的集合。实际上，从企业经营的角度来看，现代市场主要包括顾客市场、供应商市场、内部市场、竞争者市场、分销商市场、相关利益者市场。通过分析研究各类市场的需求和利益，以及企业自身的核心优势和能力，制定科学的营销战略与策略。因此，市场是利益攸关者的集合。

【市场营销】企业以满足消费者或用户的各种需要为主线，以获得满意利润为直接目的，通过创造性商业运作，向消费者(用户)提供最优化商品与服务的经济交换过程。市场营销一词来自美国，原文"Marketing"，原义指市场上的买卖活动。许多市场营销学家都曾对"市场营销"进行各种不同的定义，并力图使自己的定义能恰如其分地表达出市场营销的实际科学含义。(1)美国市场营销协会(AMA)1960年的定义。"市场营销是引导货物和劳务从生产者流向消费者或用户所实施的企业活动。"(2)菲利浦·科特勒认为："市场营销是个人和群体通过创造，提供出售，并同他人交换产品和价值，以满足需求和欲望的一种社会和管理过程。"(3)1985年美国市场营销协会的定义："市场营销是(个人和组织)对思想、产品和服务的构思、定价、促销和分销的计划和执行过程，以创造达到个人和组织的目标的交换。"另外，国内学者经过借鉴、改造，形成一些有代表性的观点：(1)市场营销是把适当的货物和服务，在适当的地点、适当的时间，以适当的价格，用适当的传递方式售给适当的买方。(2)市场营销是通过市场主体，对思想、货物和劳务的构想、定价、促销和渠道等方面的计划和执行，以达到赢利目标的交换过程。(3)市场营销就是企业通过对其产品开发、生产、销售、信息反馈等流程的计划、控制、管理和协调，将产品和服务的信息、价值以及利益传递给目标顾客的过程。(4)市场营销就是通过计划、组织、控制、协调等手段，提供销售，并同别人进行交换产品和价值，以获得经营成果的一种社会和管理过程。一般认为，现代市场营销的特点是可以由四个互相关联的理念所反映出来的。(1)顾客导向。企业营销活动的出发点是顾客需求，所有的营销策划都必须以满足顾客需求为目的。(2)目标市场。企业依据市场细分方法，把总体市场区分为多个需求特征的子市场，然后选择其中的一个或少数几个子市场作为营销目标，有针对性设计专门化的商品，进行差异性的营销。(3)整体营销。依据系统论和市场营销规律，对营销对象进行多因素、全方位、系统性的市场操作。主要在产品设计、包装、商标、定价、财务、销售服务、公关、分销渠道、仓储运输及促销等多方面均需认真制定相应的策略。(4)永续利益。即根据可持续发展营销战略，谋求企业永久社会形象和市场利益。

【市场交换】简称"交换"。市场营销理论的核心概念。通过提供某种价值物作为回报，从别人那里取得所需价值物的行为。如果没有买卖交易式的交换行为，单单是用产品去满足特定的需要，当不足以构成市场营销活动。人类对需求或欲望的满足可以通过各种方式。但只有"交换"才符合市场营销的基本精神。市场交换一般包含以下五个因素：(1)至少有两个以上的买卖(或交换)者；(2)交换双方都拥有另一方想要的东西或服务(价值)；(3)交换双方都有沟通及向另一方运送货品或

服务的能力；(4)交换双方都拥有自由选择的权利；(5)交换双方都觉得值得与对方交易。以上五个条件满足之后，交换才可能发生。最终是否产生交换，还要看交换双方是否能同意交换的价值。只有当双方都认为自己在交换以后会得到更大利益，交换才会真正发生。

【交易】交换的基本组成单位。一旦交换达成协议，交易也就产生。如果双方正在协商并逐步达成一项协议，则称双方将要进行交换。如果达成了一项协议，就称发生了交易。交换的双方都要经历一个寻找适合的产品或服务、谈判价格和其他交换条件以及达成交换协议的过程。一旦达成交换协议，交易也就产生。它对交换双方都有贸易价值。交易是双方之间的价值交换，若要发生交易，我们必须能够说："A 把 X 给 B 同时获取了 Y。"一次交易包括三个可度量的内容：(1)至少有两个有价值的事物；(2)买卖双方所同意的条件；(3)协议时间和地点。交易通常有两种方式：(1)货币交易。如用钱买车、食物等。(2)非货币交易。如以物易物、补偿性交易等。近年来，由于许多国家缺乏外汇，第二种交易方式在国际市场上颇为流行。

【定位】由市场营销人员给产品、服务(或品牌)在顾客心目中确立的一种标志或形象。它使某种产品、服务(或品牌)符合一般市场中一个或是几个细分市场的要求，有意避开竞争，使其有可能赢得更多的销售额及利润。"定位"一词，最早萌芽于 1969 年的美国《行业营销管理》杂志，由两个年轻人在上面发表了一篇《定位：同质化市场突围之道》的文章，在当时波澜不兴；

1972年,他俩又为《广告时代》撰写了题为"定位时代"的系列文章,开始引起人们广泛注意;1981年,他俩推出《定位》一书,在美国企业界引起巨大轰动,从此也带来了全世界营销理念翻天覆地的变化。这两个人就是世界营销大师艾·里斯和杰克·特劳特。"定位"由美国广告经理艾尔·里斯和杰克·屈劳特提出。他们把定位看成是对现有产品的创造性实践。其定义如下:"定位起始于产品。一件商品、一项服务、一家公司、一个机构或者甚至是一个人,然而,定位并非是对产品本身采取什么行动。定位是指要针对潜在顾客的心理采取行动。即要将产品在潜在顾客的心目中定一个适当的位置。"并且认为,现在的产品一般在顾客心目中都有一个位置,即使企业没有在广告中为产品定位,或者说企业在广告中为其产品定了位,但在顾客心中却并非与企业的定位统一,于是就提出了值得注意的问题,即定位要针对潜在顾客的心理传递和确立什么。在此基础上,菲利浦·科特勒给"定位"下了一个简明的定义:"定位就是对公司的产品进行设计,从而使其能在目标顾客心目中占有一个独特的、有价值的位置的行动。"

【市场定位】 企业设计出特色产品和市场形象,并将其向市场传达,从而在目标客户心中确定与众不同的有价值的地位。它是企业的一种市场营销战略,旨在确定自己的产品(或服务)用于满足哪个消费者群体的需求,并相应地确定自己产品(或服务)的特色。这种特色表现在产品的外观、构造、质量、性能、售前和售后服务等方面。企业只有正确地进行市场定位,才能在激烈的

竞争中获胜。20世纪70年代由美国学者阿尔·赖斯提出。强调通过为自己的产品创立鲜明的个性,从而塑造出独特的市场形象。科学定位的基础包括:(1)心灵双向沟通。定位本质上是攻心术。即企业通过在目标顾客心智上狠下工夫而实现二者在心灵上的双向沟通,以促成顾客对企业品牌的高度认同,并最终选购企业的产品。(2)差异性。能否创造性地塑造被目标顾客高度注意、认同和乐于接受的鲜明个性,以扩大与竞争者之间在顾客心目中的差距,是企业定位战略成败的关键。定位时务必针对目标顾客的心灵需求,塑造鲜明个性,突出与竞争者之间的主要差别,以在其心智中形成强烈的第一印象。(3)战略性。定位是一种战略行为。(4)竞争性。定位的出发点和终极目标,均是寻求和造就差别优势以赢得市场竞争。(5)主动性。定位是企业为赢得市场竞争的主动权和战略优势而积极主动实施的市场行为。(6)适度的灵活性。定位要求在创新、变化中实现目标。定位因素选择包括:(1)特色定位。侧重于企业或产品主要特色的定位。(2)利益定位。侧重于顾客主要利益的定位。(3)使用/申请定位。企业服务于提出某些特殊需求的顾客群的定位。(4)使用人定位。企业按顾客类型确定定位。(5)竞争定位。针对市场竞争态势,力求凸显企业优势的定位。(6)产品类别定位。在企业名称或产品类别上别出心裁的定位。(7)质量/价格定位。即以企业产品的质量价值比为主要依据的定位。市场定位的过程实质是市场竞争的过程。一方面,每个企业在竞争激烈的市场上都应找到自己应当占据的位置;另一方面,每个企

业都在自己的位置上参与竞争,以继续巩固并扩大位置。

【市场细分】亦称"市场分割"。企业根据不同顾客群的不同消费需求与消费欲望,对市场进行划分。美国学者温德尔·史密斯于1956年提出,系市场营销基础理论之一。许多营销专家把细分看做继"以客户为中心"观念之后的又一次营销革命。该理论认为,由于消费者的数量十分庞大,而且消费需求具有复杂多样性的特征,在一个广泛的市场上,一个企业很难为所有的消费者提供满足他们购买要求的产品和服务。整个市场可分为若干分市场或子市场。每个子市场称为一个"细分市场"。市场细分的作用在于使企业发现市场机会,选择出一个或几个最适合自己经营的子市场。被选择出来的子市场称为"目标市场"。消费者市场细分所依据的因素主要有四个:(1)地理因素。即消费者所处的地区、国家,在一国中所处的城市、郊区或农村。(2)人口因素。(3)心理因素。(4)行为因素。判断市场细分是否充分有效的标准是:(1)市场细分的可衡量性。指细分市场的规模、购买力和其他特征能够被定性或定量衡量。(2)市场细分的可获得性。有时尽管知道某一市场的存在,但由于消费者过于分散,难以获得这一细分市场。(3)市场细分的可收益性。细分市场需要有一定规模,以保持获利性。如果市场细分过小,规模不够,对大公司而言就可能要放弃该市场;对小公司来说,规模可能正好。小公司正是在比大公司更为细分的市场中生存和成长的。上述三条是基本标准。很多公司正是从这三条标准的边缘区域获得利益,如运用电子商务技术将分散的客户集中起来。市场细分是增加企业目标精确性的一种努力,它可以分为四个层次:细分、补缺、本地化和个别化。一般的程序是:(1)调查阶段。调研人员与消费者进行非正式的交谈,并将消费者分成若干个专题小组,以便了解他们的动机、态度和行为。在此调查基础上,调研人员发放正式调查表给样本消费者进行相关调研,主要了解:属性及其重要性的等级;品牌知名度和品牌等级;产品使用方式;对产品类别的态度;被调查对象的人口变量、心理变量和宣传媒体变量。(2)分析阶段。调研人员用因子分析法分析资料,剔除相关性很大的变量,然后用集群分析法划分出一些差异最大的细分市场。(3)细分阶段。根据前两个阶段的结论,以消费者不同的态度、行为、人口变量、心理变量和一般消费习惯划分出每个群体,根据主要的不同特征给每个细分市场命名。因为细分市场在不断变化,所以,市场划分的程序必须定期反复进行。

【目标市场营销】企业根据消费者的需求状况把整个市场划分成许多分市场,然后选择其中适应自己的一个或几个分市场作为营销开发的对象。目标市场营销由三个步骤组成:(1)市场细分;(2)目标市场选择;(3)市场定位。企业在实施目标市场营销时,应考虑以下因素:(1)企业资源实力,主要指人力、物力、财力和技术状况;(2)市场类似性或市场同质性;(3)产品同质性;(4)产品生命周期;(5)竞争者市场策略;(6)竞争者的数目。

【企业经营战略】企业为求得长期生存和不断发展而进行的总体设想和规划。在早期的经营管理活动中并没有战略的概念,在企业外部环境范围扩大、内容复杂、变化频繁的条件下,战略思想被逐步移植到市场营销活动中来,经营战略的观念已经在全世界的范围内取得了共识,并日益受到重视,现代企业竞争已进入"战略"制胜时代。经营战略特征主要是:(1)全局性;(2)长远性;(3)抗争性;(4)纲领性。企业战略的层次包括:(1)总体战略。亦称"公司战略"。在大企业,特别是在多种经营的企业,总体战略是企业最高层次的战略。它需要根据企业的任务,选择企业参与竞争的业务领域,合理配置企业资源,使各项经营业务相互支持、相互协调,实现企业总体最优的目标。总体战略的任务,主要是回答企业应在哪些领域进行活动。经营范围选择和资源合理配置是其中的重要内容。(2)经营战略。亦称"经营单位战略"、"竞争战略"。在大企业,特别是在企业集团,往往从组织形态上,把一些共同战略因素的二级单位(如事业部和子公司等),或其中的某些部门组合成一个战略经营单位;在一般的企业,如果各个二级单位的产品和市场具有特殊性,也可以视做独立的战略经营单位。经营战略是各个战略经营单位或者有关的事业部、子公司的战略。(3)职能战略。即职能部门战略,亦称"职能层战略"。是企业各个职能部门的短期性战略。职能战略可以使职能部门及其管理人员,更加清楚地认识到本部门在实施总体战略、经营战略过程中的任务、责任和要求,有效地运用有关的管理职能,以保证企业目标的实现。通常需要的职能战略,包括研究与开发管理、生产管理、市场营销管理、财务管理和人力资源管理等。每一种职能战略,都要服从于所在战略经营单位的经营战略,以及为整个企业制定的总体战略。

【市场营销组合】企业综合利用并优化组合多种营销变量,以实现预期营销目标的活动总称。是企业可以控制的各种市场营销手段的综合利用。其基本变量包括:产品(Product)、价格(Price)、地点(Place)和促销(Promotion),由于这4个名词的英文字头都是P,所以市场营销组合又称为4P组合。(1)"产品"。代表企业提供给目标市场的物品和服务的组合,包括产品质量、外观、买卖权(即在合同规定期间内按照规定的价格买卖某种物品或服务的权利)、式样、品牌名称、包装、尺码或型号、服务、保证和退货等。(2)"价格"。代表顾客购买商品时的价格,包括价目表所列的价格、折扣、折让、支持期限和信用条件等。(3)"地点"。代表企业使其产品进入和达到目标市场(或目标顾客)所进行的各种活动,包括渠道选择、仓储和运输等。(4)"促销"。代表企业宣传介绍其产品的优点和说服目标顾客来购买其产品所进行的各种活动,包括广告、销售促进、宣传和人员推销等。当企业进入壁垒高筑的市场时要实施大市场营销战略。人们将政治权力(Political Power)和公共关系(Publical Relation)作为新的组合要素,形成"大市场营销"的6P。市场营销组合的基本特点包括:(1)可控性。即企业可以自主地选择营销变量及其组合方案。(2)可变性。即企业可随内部及外界情况的变化而酌情调整营销变量及其组合方案。(3)复合性。系指4P是一个大组合;每个P又是由若干营销变量复合而成的次级组合。(4)整体性。即企业在营销管理过程中不能孤立地应用或者单独调整某个营销变量，而是要综合应用和优化组合4个P，且不仅4个P之间要相互协调，还应与营销目标之间相协调，并在动态中与环境的变化相吻合，以便在整体上实现营销管理和经济效益的最优化。（5）目标性。即企业实施4P的出发点和目的，在于比竞争者更好和更有效地为目标市场服务，以赢得优势，实现营销目标。市场营销组合观念解决满足顾客需要的手段问题，它是系统观念在市场营销活动中的具体体现和运用。在激烈竞争的市场条件下，企业要满足顾客需要，达到经营目标，赢得市场竞争的胜利，不能依靠某种单一的营销手段和策略，必须从目标市场的需要和市场环境的特点出发，根据企业资源条件和优势，综合利用企业可以控制的营销因素，形成统一的、配合的营销战略，通过企业上下各部门的协调努力、密切配合，企业才能真正做到满足顾客需要，实现其经营目标。

【差异性营销战略】企业普遍使用的一种战略。企业以获得几个细分市场为目标，为每个目标市场分别设计具有差异性的产品的一种战略选择。当无差异的廉价产品大规模销售用过后，市场增长进入相对的稳定时期，产品差异化和市场细分化成为企业竞争中的关注点，价格竞争让位于产品差异化竞争。优点是：批量小，多品种，生产机动灵活，对市场需求变化的适应能力强，能及时根据竞争对手状况调整生产和营销手段；瞄准特定细分市场的目标消费者的特定需求，提高产品的竞争力。战略的关键在于：（1）对细分市场要正确定位；（2）创造别具一格的品牌形象，提升品牌的价值；（3）对细分市场做好

不同的品牌、渠道和促销等多系列管理。

【核心竞争力】企业竞争力中那些最基本的能使整个企业保持长期稳定的竞争优势、获得稳定超额利润的竞争力。它是将技能资产和运作机制有机融合的企业自组织能力，是企业推行内部管理性战略和外部交易性战略的结果。由美国著名管理学者普拉哈德和哈默尔于1990年提出。他们认为，随着世界的发展变化，竞争的加剧，产品生命周期的缩短以及全球经济一体化的加强，企业的成功不再归功于短暂的或偶然的产品开发或灵机一动的市场战略，而在于企业的核心竞争力。按照他们给出的定义，核心竞争力是能使公司为客户带来特殊利益的一种独有技能或技术。这种能力首先能很好地实现顾客所看重的价值，其次还必须是企业所特有的，并且是竞争对手难以模仿的，最后还要具有延展性，能够同时应用于多个不同的任务，使企业能在较大范围内满足顾客的需要。

【核心能力构成要素】企业核心能力是一个复杂和多元的系统，主要包括以下几个方面：（1）研究和开发能力（R&D）。研究与开发（Research and Development，简称R&D），根据联合国教科文组织的定义，是指为增加知识总量，以及用这些知识去创造新的应用而进行的系统性创造活动。它包括基础研究、应用研究和技术开发三项。（2）不断创新的能力。所谓的创新就是根据市场和社会变化，在原来的基础上，重新整合人才、资本等资源，进行新产品研发和有效组织生产，不断创造和适应市场，实现企业既定目标的过程。包括技术创新，产品、工艺创新和管理创

新。企业创新的主体是决策层、技术层、中间管理层和生产一线管理层。(3)将技术和发明创造成果转化为产品或现实生产力的能力。只有将创新意识或技术成果转化为可行的工作方案或产品,提高效率和效益,创新和R&D才是有价值的和有意义的。(4)组织协调企业各生产要素进行有效生产的能力。面对激烈变化的市场,企业要有优势,必须始终保持生产、经营管理各个环节、各个部门运转协调、统一、高效,特别是在改革创新方案,新产品、新工艺方案以及生产目标形成之后,要及时调动、组织企业所有资源,进行有效、有序运作。(5)应变能力。应变是人主观思维的一种"快速反应能力","应变"包含对客观变化的敏锐感应和对客观变化做出的应付策略。客观环境时刻都在发生变化,企业决策者必须具有对客观环境敏锐的感应能力,与此同时,还必须保持经营方略随客观环境的变化而变化,即因地、因时、因竞争对手、因顾客消费心理的变化而变化。

【精益营销】"精益求精"思想在市场营销领域的应用。中心思想是:以占有有效市场为目标,采用细分市场、聚焦、速度等策略建立根据地市场和战略性区域市场,提升营销的战略管理能力,对战略性市场进行有效规划,依据市场规划进行营销资源的合理配置与安排,对战略性区域市场进行精耕细作。操作原则包括:(1)有效利用营销资源。强调营销资源投入产出比,致力于最大限度地减少营销资源的浪费。力求营销品种整体销售计划与营销费用投入计划同步进行,强化市场监察功能,加强对营销成本的考核。(2)提升组织的整体竞争力。①明确岗位职责。

强调营销团队建设,提高人均产能和效率。加强团队建设的首要问题是明确团队分工与各岗位的职责,细化各项工作指标,理清工作程序,提高营销人员的工作效率,用精细化管理保证高效出货、高效回款。②规模与效益统一的营销理念。没有市场规模的效益是有限的,而没有效益的市场规模是没有生命力的,必须保证销量和效益指标同时完成。③创新思维方式。市场围绕品牌转,品牌围绕效益转,靠质量与服务创造品牌。只有对提升企业利润有贡献的工作才值得精雕细作。(3)坚持均衡品种结构。利润品种是促成营销员增加个人收益与企业增加收入的双赢品种,坚持将主要规模品种统一组织销售,不能偏废哪一个品种。(4)坚持决战终端。建立一级市场和二级分销体系,采用总成本领先战略,走优质低价策略,在一、二级市场快速分销,创造特色营销的道路。

【白市】公开的合法买卖的市场(与"黑市"相对)。

【不规则需求】亦称"波动需求"。商品需求与商品供给不均衡时的一种需求形态。需求过低,形成供过于求,引起产品积压,造成企业亏损;需求过高,形成供不应求,引起产品脱销,有损企业信誉。针对这种情况所采取的主要措施是:调整库存结构、调整季节差价、调整付款方式等。

【差别营销】参见【差异化营销】。

【产品展示】针对消费者对产品的功能、使用方法、使用效果等可能产生的疑问而开展的陈列、展示、演示活动。一般适用于技术复杂、效果直观性强的产品和刚刚上市的新产品。

【产业】同类企业的集合。这些同

类企业使用着基本相同或相似的原材料,使用着相同或相近的生产工艺技术,提供着功能相同的产品,为争夺某一需求的消费者而竞争。

【产业结构】产业部门在国民经济中所处的地位和所占的比重及相互之间的关系。产业结构的演变表现在:(1)随着经济的发展,随着人均国民收入水平的提高,劳动力不断地从第一产业中分离出来,向第二、第三产业转移。(2)工业实现现代化,先由粗加工向精加工转化,再向技术集约化方向发展。从我国情况看,第一产业国民生产总值和就业人员比重将逐渐下降,第二产业国民生产总值略有上升。这种变化趋势给发展第三产业提供了机会。所以企业只有针对其变化趋势,制定相应的策略,才能处于主动地位。

【产业市场】参见【生产者市场】。

【成本领先战略】亦称"低成本战略"。企业力争使其总成本降到行业最低水平的战略安排。采用这种战略,其核心是争取最大的市场份额,使单位产品成本最低,从而以较低售价赢得竞争优势。实现成本领先的目标,要求企业具有良好、通畅的融资渠道,能够保证资本持续不断地投入;产品便于制造,工艺过程精简;拥有低成本的分销渠道;实施紧张、高效的劳动管理。另外,更先进的技术、设备,更熟练的员工,更高的生产效率,更严格的成本控制,结构严密的组织体系与责任管理和以满足数量目标为基础的激励制度等,都是实施这一战略的重要保障。这样,企业依靠成本低廉为其战略特色,并在此基础上争取有利的价格地位,因此,在与对手的抗争中也就能够占据优势。该战略的理论基石是规模效益(即单位产品成本随生产规模增大而下降)和经验效益(单位产品成本随累计产量增加而下降)。该战略实现途径包括:(1)缩减并优化产品组合,减少产品项目。(2)简化产品。即使产品简单化,即将产品或服务中添加的花样或过多的功能全部取消。(3)改进产品设计。减少产品的零部件或大量采用标准化零部件,以及采用代用材料,均可降低材料采购成本、减少加工制造及装配作业费用。(4)采用先进加工工艺及设备,降低制造成本。采用先进加工工艺及设备,降低制造成本,包括局部工艺改进,以及生产过程的连续化、自动化。(5)实现低成本—高市场占有率—高收益—更新设备—低成本的良性循环。低成本能给企业带来高额边际收益。(6)建立严格的成本控制系统。该系统通过制定处于行业先进水平的人工、材料消耗定额及各种成本费用指标作为控制标准,优化机构设置并严格考核,从上而下实施最有效的控制。

【充分需求】消费者对某些产品或服务的需求在时间和数量上同企业所期望的需求水平与时间完全一致。

【创新思维方法】以创新为主导,超越常规的、违反常规的一系列思维方法的总称。创新是营销理念设计和营销资源重新整合的前提和基础。常见的形式有:(1)逆向思维方法。即一种同习惯思维或传统思维方法相反的思维,是创新思维的主要方式。(2)超越思维方法。即超出事物原有的时空范围去思考事物、对待事物或改造事物的一种思维方式。超越思维表现为两种类型:空间超越思维和时间超越思维。前者是超越事物原有的空间范围来认识事物的本质和它与其他空间的关联度。例如，要跳出市场看市场，要看到商品货币交换关系掩盖下的是人与人的利益交换；跳出企业看企业等。后者只在时间序列上超越原有的时间界限进行的思维。只有超前才能创新，在激烈的市场竞争中，只有比别人看得远才能走在别人的前面，才有产品的创新，服务的创新，也才能实现顾客满意的目标。发现问题，才能解决问题。有了危机，才有生机。

【创意】亦称创新、创造、创造物。创意，作为策划的专业性词汇可以理解为企业形象设计、广告、艺术创作、市场营销技巧以及现代文化娱乐活动等创作中的构思。创意一般的特点有：具有想象力、具有灵感力、具有洞察力、具有求异性。

【大规模营销阶段】以大规模生产为基础的营销发展模式。19 世纪末 20 世纪初，西方经济发展的中心是速度和规模，市场营销的基本方式也是大规模营销，即把消费者看做具有同样需求的群体，因而大量生产单一品种的产品，采用广泛的分销形式进行销售。在当时社会生产力发展还不能够有效满足社会需求的经济背景下，这种大规模营销降低了生产成本，使企业获得了较丰厚的利润。

【大市场营销】为成功地进入和占领某特定市场而综合协调地运用经济、心理、政治、公共关系等各方面手段的总称。所谓特定市场，主要指壁垒很高的封闭型或保护型市场。这一概念由美国当代著名市场学家菲利浦·科特勒于 1994 年首次提出，是市场营销战略思想的新发展。其核心内容是强调企业既要适应外部营销环境，又在某些方面可以改变营销环境。菲利浦·科特勒认为：在实行贸易保护的条件下，企业的市场营销战略，除了"4P"之外，还必须再加上两个"P"，即权力（Power）与公共关系（Pubic Relations），成为"6P"。运用政治力量和公共关系，打破国际性或国内市场上的贸易壁垒，为企业的市场营销开辟道路。大市场营销的特点为：（1）营销观念发展。企业管理层能够影响外部市场营销环境而不仅仅必须顺从它和适应它。（2）营销目标扩大。在大市场营销指导下，企业的市场营销是为了满足目标顾客的需求，采取一切市场营销手段打开和进入某一市场，创造或改变目标顾客的需求。（3）营销手段创新。在大市场营销指导下，企业要靠"6P"来打开和进入某一市场，创造或改变目标顾客的需求。实践分析，大市场营销观念是企业在新的市场条件下试图改变外部营销环境的产物。

【大市场营销战略】要求在市场活动中实施包括经济、心理、政治、公共关系等手段与技巧的战略安排。1994 年，菲利浦·科特勒在美国西北大学凯洛格管理研究生院校友会上提出的"大市场营销"概念。他指出，在新形势下，企业管理当局不仅必须服从和适应外部宏观环境，而且应当采取适当的市场营销措施影响外部宏观环境；企业为了成功进入特定市场和（或者）在特定市场经营，在战略上应兼施并行经济、心理、政治和公共关系等技巧，以赢得若干参与者的合作；企业的市场营销战略，除了"目标市场"和"4P"组合之外，还必须加上"政治力量"和"公共关系"，组成"6P"。

【大众市场】与细分市场相反的一类市场。该市场上越来越少的产品能够赢得大众市场,因此需要大众传播的产品也越来越少。

【代金券】现金替代品,只在一定范围和时间内使用,它可以用较少的资金购买到面额较大的代金券。代金券可分为购买式代金券和赠送式代金券。购买式代金券是指零售商为了吸引消费者,往往采取用现金购买代金券的方式,如花100买150、花200买400、买100送100等,代金券仅限一定时间内在本商场内限制使用。代金券对消费者具有一定吸引力,但不能限制过多,如时间限制、商品限制等,只要不虚抬价格、确实让利给消费者,代金券促销方式还是具有很好的效果。赠送式代金券是指有时候零售商也赠送小额代金券作为现金使用,但也是有使用限制的。如消费500元可以使用50元代金券等。

【道德营销】市场领域中调节和引导市场主体营销行为的道德规范和准则。孔子主张:"志于道,据于德。"(《论语·述而》)这里的"道"指理想的人格或社会图景,"德"指立身根据和行为准则。但是自近代以来,对于市场经济要不要道德,市场交换行为有没有相应的道德规范,市场主体有没有相应的道德准则,人们有不同的主张。最初,英国思想家曼德维尔否定市场道德的存在,认为在市场交易中,当事人的目的都是要实现一己的私利,而这就会产生贪婪、奢侈、欺骗和不择手段等恶行,但正是这些恶行带来了经济繁荣和社会文明。又因为一切行为都源于自身利益,而道德总是意味着自我克制,所以市场道德只是一种幻想。亚当·斯密反对曼德维尔的上述观点,把追求财富和遵循道德统一起来,认为在市场中追逐私利的人们为了一己之私利也必须遵守社会正义的一般法则,必须具有"谨慎之德"和"克己自制之德"。道德营销主要包括:(1)产品策略中的道德问题。为广大消费者提供货真价实、优质产品及优质服务是企业最基本的社会责任,如果违背这一原则就会违背营销道德。(2)价格策略中的道德问题。为广大用户提供真实及合理的价格,以及提供真实的价格信息,是企业履行社会责任的重要组成部分。然而,在现实中,某些企业严重地违背了价格道德。(3)分销策略中的道德问题。其中涉及生产者、中间商、消费者间的购销关系。各渠道成员根据各自的利益和条件相互选择,并以合约形式规定双方的权利和义务。如果违背合约有关规定,损害任一方的利益,都会产生道德问题。(4)促销策略中的道德问题。企业的责任在于将产品及企业自身的真实信息传递给广大用户。但在信息沟通过程中经常产生道德问题,诸如虚假和误导性广告,操纵或欺骗性销售促进、战术或宣传报道。

【低档消费品】"高档消费品"的对称。价值较低、价格较便宜的消费品。划分高档消费品和低档消费品的主要标准是消费品的价值和价格。对高档、低档消费品的划分的标准不是绝对的,而是随着生产力的发展、科学技术的进步和收入水平的提高不断变化的。目前,人们用来购买低档消费品的支出在整个消费支出中所占的比重将逐渐减小。反之,用于高档消费品的支出所占的比重将逐渐增大。

【低端市场】与"高端市场"相对,即定位比较低的产品或服务市场。高端市场和低端市场之间最明显和最主要的区别在于品牌、技术和价格三个方面。高端市场的产品的技术含量普遍高于低端市场,高端市场的消费者对品牌的关注程度也远远高于低端市场的消费者,这两点成为高端市场的进入壁垒,很多企业由于长年在低端市场拼杀,虽然获得了很高的市场份额,但是由于品牌弱势,一直无法有效进入高端市场,即使在其产品并不逊色的前提下,仍然如此。而由于低端市场消费者对价格高度敏感,使价格成为低端市场的"杀手锏",价格战屡屡在各类产品的低端市场上演。在我国,经常出现一种结构性过剩,即:低端市场产品过剩,高端市场产品短缺。在技术含量低的低端市场,大量企业蜂拥而入,产能急速放大,超过市场需求,导致价格战,企业赢利下降。在技术含量高的高端市场,国内企业由于没有突破技术壁垒,无法参与竞争;或者只有个别企业掌握了有关技术,导致高端市场完全或大部分被国外厂商占领。参见【高端市场】。

【定制】生产者分别为不同的顾客制造他们所需要的产品。现代定制营销是指企业在大规模生产的基础上,将每一位顾客都视为一个单独的细分市场,根据个人的特定需求来进行市场营销组合,以满足每位顾客的特定需求。它是制造业、信息业迅速发展所带来的新的营销机会。

【定制营销】企业组织试图满足单个客户或者一部分客户独特需求的营销策略。定制营销在早期市场上并不鲜见。如裁缝师根据顾客的身高、体形、喜欢的式样分别对布料进行加工并"量体裁衣"。鞋匠根据顾客每一只脚的尺寸、宽度及形状来设计鞋样等。现代定制营销概念认为,每一位顾客都是独一无二的,可以被视为一个单独的细分市场,根据其特定需求来提供商品和服务,以满足其特定需求。所以也称为"完全细分市场"(Complete Segmentation Market)、"解体市场"(Disaggregated Market)、"市场原子化策略"(Market Atomization Strategy)等。定制营销主要优点包括:(1)最大限度满足消费者的个性化需求,提高企业的竞争力;(2)以销定产,减少了库存积压;(3)减少了新产品开发和决策的风险。传统的营销模式中,企业通过市场调研来挖掘新的市场需求,继而推出新产品。这受到研究人员能力的制约,容易被错误的调查结果所误导。而在定制营销中,顾客可直接参与产品的设计,企业也根据顾客的意见直接改进产品,从而达到产品、技术上的创新,并能始终与顾客的需求保持一致,从而促进企业的不断发展。定制营销依赖于灵活的生产过程和过硬的软硬件条件:(1)企业应加强信息基础设施建设。没有畅通的信息渠道,企业无法及时了解顾客的需求。(2)企业必须建立柔性生产系统。(3)定制营销的成功实施必须建立在企业卓越的管理系统之上。定制产品的设计、生产、配送、支付、服务都比普通产品复杂,大量各不相同的定制产品是对企业管理系统的挑战。

【独家垄断市场】没有或基本没有替代者的特殊市场。主要表现为一个行业只有一家企业,或者说一种产品只有一个销售者或生产者。这种市场在现实经济生活中是罕见的,典型的例子是公用事业企业。当一家企业独自拥有制造某种产品的全部或绝大部分原料或材料时,该企业的产品市场便是独家垄断市场。至于通过专利取得垄断地位,或通过确立极高的声誉而占据垄断地位,则是独家垄断市场的另外两种情况。

【恩格尔模式】消费者购买决策的行为模式。由恩格尔(Engel)提出。包括四个部分:(1)中枢控制系统。实质上是个体消费者的心理。消费者依据个人的经验、态度和个性,通过评价,对外部信息做出反应,继而开始决策过程,个体控制自身与周围环境的相互作用。(2)信息加工。通过接触、注意、综合、记忆等获得知识和经验,使外部刺激因素通过大脑变成行为。(3)决策过程。决定采取何种行动对刺激因素做出反应。(4)环境。影响决策过程的各个方面因素。恩格尔模式比较完整,逻辑性强,比其他的理论模式更强调决策过程。但其未说明需要、动机等消费者内部因素,也未说明环境如何与内部控制系统和刺激因素发生联系。

【恩格尔系数】表示食品开支与家庭消费支出总额之比,能准确地反映居民消费投向与结构。由德国统计学家恩思特·恩格尔于 1857 年提出。它是表示生活水平高低的一个指标,用食品支出占消费总支出的比例来说明经济发展、收入增加对生活消费的影响程度。国际上常用恩格尔系数来衡量一个国家和地区人民生活水平的状况。一个国家或家庭生活越贫困,恩格尔系数就越大;生活越富裕,恩格尔系数就越小。恩格尔根据统计资料,对消费结构的变化得出一个规律:随着家庭和个人收入增加,收入中用于食品方面的支出比例将逐渐减小,这一定律被称为恩格尔定律,反映这一定律的系数被称为恩格尔系数。其公式表示为:恩格尔系数(%)= 食物支出金额 ÷ 总支出金额 ×100% 除食物支出外,衣着、住房、日用必需品等的支出,也同样在不断增长的家庭收入或总支出中,所占比重上升一段时期后呈递减趋势。根据联合国粮农组织提出的标准,恩格尔系数在 59% 以上为贫困,50%~59% 为温饱,40%~50% 为小康,30%~40% 为富裕,低于 30% 为最富裕。

【发展性商品】满足消费者生理或心理方面不断提高的需求的商品。也包括消费者周围大多数人认为从中可以获得身心愉快的商品。

【反营销】运用与策略营销反其道而行之的市场行为。它不拘泥于某一种规范营销形式,而是以"润物细无声"的指导思想来制定和实施营销活动,不急于谋求市场利益是其基本表现形式,永续经营是其大前提。认为,只有这样,才是真正意义上的消灭营销,才能使目标顾客所能感受到的营销活动变得随和与亲切起来。在广告策略上,反营销就是要使企业的广告应该以一种中庸、平和、自然的表现形式,所传达的诉求或观点应该是向上的、积极的、开心的或者幽默的,使人在各种场合都可欣然接受的、非功利性的一种信息传达。同时,反营销观点可以使各种销售促进形式减少几分"巧取豪夺"的架势,使一些销售促进形式在目标顾客看来变得随意起来,即使所取得的效果十分有限,企业也不必表现出对利益追求的迫切心理。

【非渴求商品】消费者未曾听说过或即便是听说过一般也不想购买的产品。传统的非渴求商品有:人寿保险、百科全书。目前,保险、出版等行业是该类商品的主要提供者。它们为人们所需要,但不是所有人们都需要。消费的选择性特征,决定了这些领域的竞争相当特别,同时也决定了营销工作的艰巨性。

【非谋求品】 消费者目前尚不知道,或者知道而通常不打算购买的产品。

【分期付款】 促销方式的一种。消费者分若干次付清产品全额的方式。该方式较好地解决了消费者一次性支付的财务困难。其实质是由厂商向消费者提供首付款以外部分的小额无息商业贷款。为保证贷款的安全性,消费者在购买产品时,须与厂商办理具有法律效力的相关手续,约定在所有款项付清之前,产品的全部或部分所有权归厂商所有。

【负需求】 消费者对有损身心健康、人体安全及危害社会公众利益的产品或服务的需求。精神污染品、环境污染品、质量不过关或不合格的商品以及假冒伪劣商品等,都属于负需求。

【复式拍卖】 众多买方和卖方提交他们愿意购买或出售某项物品的价格,然后通过电脑迅速进行处理,并且就各方出价予以配对的拍卖形式。股票市场是复式拍卖的典型范例,在股票市场中,许多买方和卖主聚集在一起,供需状况随时会发生变化。

【高档消费品】 "低档消费品"的对称。价值较高、价格较贵的消费品。

【高端市场】 产品或者服务主要针对高端消费群体,价格相当高,且产品多样化,一般为名牌,或品牌产品中科技含量较高的市场类别。主要特征包括:产品定位较高、市场容量(销量)较小、市场增长潜力比较小、市场利润率较高、产品技术含量较高、市场进入壁垒较高、产品价格弹性较小、品牌关注度高、售后服务较多、消费者对购物的体验程度较为重视、主要地理市场一般在经济发达地区、主要目标客户群为中高收入人群、渠道深度一般在大中城市、产品的铺货率较低、终端管理要求较高等。品牌、技术和价格是高端市场区别于低端市场的最主要特征。参见**【低端市场】**。

【个人消费】 亦称"居民个人消费","社会消费"的对称。以消费资料属于个人所有、由消费者自己提供消费服务或购买一些消费服务或需要的消费品进行再加工,供个人消费的消费行为。个人消费是在消费者个人及其家庭范围内实现的消费活动,家庭是个人消费的基本单位。个人消费是构成社会非生产性消费的主要内容。其消费所需要的物质和精神产品,称为个人消费品。个人消费的具体内容和构成取决于社会生产水平、产品结构、分配结构。生产水平低、产品结构和分配结构不合理,供给个人消费的物资就贫乏,出现产品短缺与剩余并存、居民中富裕与贫困共生的现象。反之亦然。在阶级社会中,个人消费的性质和水平,还受到社会生产关系、消费者的社会地位以及由此决定的收入水平的制约。

【工业营销】 麦当劳文化工业文明的产物。以福特为代表的"大量生产方式",改变了人们的生活方式、思维方式以及生产方式。简单、快捷、方便成了人们的生活方式的主要特征。麦当劳的生产方式是汽车流水线在饮食领域中的延伸。

【公众】 对企业实现其市场营销目标构成实际或潜在影响的任何团体或个人。既可能增强一个企业实现自己目标的能力,也可能削弱这种能力。现代企业是一个开放的系统,它的经营活动必然与各方面发生联系,这就要求企业的所有员工都应对企业建立良好的公共关系负责。企业的公众有以下几种类型:(1)金融公众。即关心并可能影响企业获得资金的能力的团体或个人。(2)媒体公众。即报社、杂志社、电台、电视台和网络媒体等大众传媒。企业对这些媒体公众的利用和控制是企业市场营销活动的重要内容之一。(3)政府公众。即影响企业经营的政府部门。营销人员在开展市场营销活动时要特别重视对有关政府政策的关注。(4)特殊利益公众。指直接或间接影响着企业的市场营销活动开展的团体或个人。(5)社区公众。即企业所在地邻近的居民和社区组织。任何一个企业都是在一定范围内的地区开展生产和市场营销活动的,所以在经营过程中要注意与社区的居民和组织搞好公关关系,并尽力为公益事业做出贡献。(6)一般公众。即上述各种关系之外的社会公众。一般公众虽然不会有组织地对企业采取行动,但企业形象会影响他们的惠顾。

【供需平衡】市场上产品供给和消费者需求达到的一种平衡状态,即不存在产品供过于求或供不应求的情形。可分为局部供需平衡和一般供需平衡。局部供需平衡是指单一产品的供给和需求平衡;一般供需平衡是指总体上的产品供给和消费者需求之间的平衡。在市场产品种类完全覆盖消费者需求的情况下,所有产品的局部平衡就达到了一般供需平衡。在市场上的产品种类不能覆盖消费者需求的情况下,所有产品的供给都达到了平衡也不能保证达到一般供需平衡。从生产是将社会需要转化为产品这一观点来分析,供需平衡的基本条件就是制造企业掌握消费者的需求信息。

【购买力】整体社会用于购买商品和支付生活费用的能力,包括消费者个人和社会集团为主的整体社会。社会购买力又分为商品购买力和非商品购买力,其中商品购买力又包括精神需求购买能力和增值性需求购买能力。

【购买力平价指数】以一国生产多种货物与服务为背景,观察在 A 国和 B 国购买具有相同的产品组合(称为"一篮子货物与服务")各自所需的支出(以本国货币单位计量),计算两者的比例即为购买力平价指数。

【购买形态】被广泛使用的一种团购模型。它分三种不同的情况:(1)新购。某个组织过去没有类似的采购经验。(2)调整再购。在这种情况下,组织不但要再次评估自身立场,还要想方设法改善产品质量、降低成本。这种重估通常是由对现有的供货商不满而引起的。(3)直接再购。不怎么需要重估,主要是向现有供货商。

【购买周期】消费者从购买商品、使用完商品、购买前决策再到购买商品的一个循环。

【寡头竞争】由几家在生产本质上属于同一产品的大型企业所控制的竞争态势。寡头竞争导致部分企业基本控制了市场,在一段时间内,其他企业要进入是相当困难的,但并不等于永远没有市场机会。寡头之间仍然存在竞争,他们互相依存,任何一个企业的独立活动都会导致其他几家企业做出迅速而有力的反应。

【寡头垄断市场】由少数几家大企

业控制了绝大部分的产品和销量的市场态势。由资源的有限性、技术的先进性、资本规模的集聚以及规模经济效益所形成的排他性所造成的。汽车、飞机、电视机、电冰箱和计算机等产品的市场往往属于这种市场，这种市场有三个特点：(1)控制市场的几家大企业是相互依存、相互制约的，其中任何一家营销策略的变化对其他几家都会产生重大影响，并会引起相关的反应。因此，每家企业在制定或改变营销策略时，都要仔细考虑对竞争对手的影响以及竞争对手可能做出的反应。(2)几家大企业之间的竞争激烈，主要表现为非价格竞争，尤其注重于树立良好的企业形象。(3)由于存在着少数大企业的垄断，新企业加入这个行业将会十分困难。如果加入，往往投资大、风险大，收回投资的时间也会比较长。

【规模经济】亦称"规模利益"。规模指的是生产的批量。具体有两种情况：(1)生产设备条件不变，即生产能力不变情况下生产批量变化；(2)生产设备条件即生产能力变化时的生产批量变化。规模经济概念中的规模指的是后者，即伴随着生产能力扩大而出现的生产批量的扩大，而经济则含有节省、效益、好处的意思。按照拉夫经济学辞典的解释，规模经济是指：在给定技术的条件下(指没有技术变化)，对于某一产品(无论是单一产品还是复合产品)，如果在某些产量范围内平均成本是下降(或上升)的话，就认为存在着规模经济(或不经济)。具体表现为"长期平均成本曲线"向下倾斜，从这种意义上说，长期平均成本曲线便是规模曲线，长期平均成本曲线上的最低点就是"最小最佳规模"。

【国内市场】一国范围内商品或劳务发生交换的场所，是一定时期内国内商品交换关系的总和，也是国内企业经营的主要市场。国内市场的商品供求总量和供求结构对本国经济发展状况具有决定性作用。国内市场范围，包括若干个以经济活动地域专业化分工为基础的区域市场。各个区域市场既在局部空间范围内相对独立，又与其他区域市场紧密联系，互为供求关系。按照经济地理位置不同，国内市场还可以进一步划分为城市市场和农村市场。城市市场以历史上自然形成的经济相对发达、交易活动相对集中、交通通讯便利的中心城市为依托，在区域市场乃至国内市场内往往处于中心地位。我国的农村市场地域辽阔，人口众多，随着近年来农民购买力水平的迅速提高，农村市场显现出巨大的潜力。农村市场的形式主要有以集镇为基础的经常性市场、一定日期集中交易的集市贸易等。随着我国与周边国家边境贸易的迅速发展，边境市场作为一种新的空间市场形式正在逐步形成。

【过度需求】亦称"超额需求"。消费者对某些商品或劳务的需求量大于其供应量，商品供不应求的一种需求形态。针对此种情况，企业采取减低性营销策略：通过挖掘生产潜力，扩大生产量，来降低需求的相对量；通过适当提高价格来限制一部分需求量。

【和谐营销】企业用于指导其营销活动有序进行的一套系统化的指导与控制方法。在当今复杂而激烈的市场竞争条件下，要想让企业能够很好地与内外部因素协调一致，就必须谋求和谐思路，减少正面冲突，减轻市场经营活动的阻碍，以永远立于不败之地。和谐营销从整体与协同的角度出发,使企业能够将可用的营销资源与企业所面临的复杂环境要素进行很好的对接,让企业和对立的各方面要素之间达到长久协调合作的某种和谐状态,以便最终实现互利共赢的理想合争态势。从这个意义上讲,和谐营销能够优化企业营销系统内的各个要素组合,使得企业的营销力发挥到极致,轻而易举地占领市场制高点。市场营销同时要考虑到组织、公众与自然界的和谐。"人人和谐"、"人天和谐"、"人地和谐",才能保证人类长久的利益。

【核心能力素质】核心能力指根植于企业内部组织运营中的知识、技能和经验的结合体。它包括三个关键点:(1)企业内部集体学习能力而不是外部资源能力;(2)人的能力而不是物和资产的能力;(3)为客户创造价值的能力而不是相比对手优势的能力。核心能力是一个系统,包括员工的技能、物理体系中的知识、管理系统和价值观四种形式的技术竞争力。核心能力至少有三个方面的含义:(1)核心能力特别有助于实现顾客看重的价值;(2)核心能力是竞争对手难以模仿和难以替代的,故而能取得竞争优势;(3)核心能力具有持久性,它一方面维持竞争优势的持续性,另一方面又使核心能力具有一定的刚性。

【荷兰式拍卖】亦称"降价式拍卖"。拍卖标的竞价由高到低依次递减的拍卖方式。一般直到第一个竞买人应价为止,当然最终的成交价格应该高于卖方事先确定的底价。荷兰阿姆斯特丹的花市所采用的便是这种方式。

【宏观消费结构类型】把宏观消费结构从不同的角度划分出的各种不同类型。根据消费主体之间的差异,宏观消费结构类型可以做多方面的划分。对宏观消费结构做这样的划分,能直接反映出不同消费阶层、不同居民之间的消费关系,揭示出这些不同的消费关系的经济内容及其变化发展的规律。

【机会成本】亦称"择机代价"或"替换成本"。由于选择一种方案而放弃另一方案的收益。它反映不选择最佳方案或机会的"成本"。或者说是因选择某一经营项目所牺牲的另一机会可获得的利益。例如:在生产要素供应有限,要生产一种产品,就不能生产另一产品的情况下,生产这种产品的机会成本,就是指放弃另一产品的收益。机会成本对正确决策有一定意义。西方经济学认为一个企业的生产成本应该加上从机会成本的角度来理解。用美国经济学家萨缪尔森通俗易懂的话来理解,即:做一件事的成本可以被认为是他为此而失掉的可能用同样时间做成另一件事,或者是他为此而牺牲掉的闲暇。

【基本生活商品】满足消费者生理与心理基本需求的商品。如果这类基本需求得不到满足,消费者就不能像其周围大多数人那样健康地生存和方便地生活,如必要的衣帽、食品、医药用品及家庭用具等。

【基本需求】亦称"初始需求"。表现为对产品功能的需求。市场营销最基本的概念是人的基本需求。这种基本需求是人类经济活动的起点。人的基本需求是一个非常复杂的体系。心理学家马斯洛将其分解为多个层次,依其重要性的次序分别是:生理需求、安全需求、社交需求、教育需求、受尊重需求、求美需求、自我实现需求。马斯洛认为:只有当前一个层次的需求被满足之后,人们才会去追求下一层次的需求。

【集中市场细分】企业市场细分策略之一。表现为中、小型公司特别划分出一个较小的市场部分,集中营销力量进行市场竞争,以希望通过在市场选择适合自己的一定位置来避开与更大更有实力的对手的正面竞争。

【季节性需求】对某些商品的市场需求量随季节的转换呈周期性的变化。具体表现在每一年的相同季节出现销售量的明显增长。形成季节需求形态的原因主要有两个:一个是商品的使用具有季节性,另一个是购买意向具有周期性。

【家庭】以婚姻、血缘和拥有继承关系的成员为基础的一种社会组织形式或单位。在现实社会中,家庭是社会的细胞,是重要的消费者购买组织。大部分的消费行为是以家庭为单位进行的。对个人消费者来说,家庭是最具影响力的参照群体。

【家庭消费】以家庭作为一个基本单位所进行的消费活动的总和。在经济发展的一定阶段上,个人(或家庭)所占有的生产资料是家庭消费的主要来源,并主要在家庭范围内进行消费。家庭是个人消费的基本单位和主要场所。其主要内容包括安排家庭成员的物质文化生活、家务劳动、养育子女、赡养老人等。家庭是个人消费的基本单位和主要场所,是家庭成员生活统一收支的单位。家庭消费水平为生产力发展水平所决定,受家庭收入水平和管理水平的制约。家庭消费方式受社会生产的历史条件、传统习惯以及家庭内部诸因素制约,将向小型化、社会化、商品化发展。家庭消费的水平和方式的变化显示出生活方式的变革。家庭消费的作用不仅仅局限于消费领域,它对于整个社会经济的发展,对于文化教育和科学技术水平的提高都有重要的意义。

【价值分析】评估产品价值的市场行为。不同投资者、消费者因为所处的角度不同,产生的结论不同。顾客选择产品的依据是价值最大化,愿意花费较少的成本去换取最大的价值。该成本不仅包括商品本身的价格,还会包括顾客购买过程所要花费的成本。生产商利用价值分析,试图在不损害产品市场利益的条件下,降低产品价格。营销者和制造设计工程师通过价值分析,选择降低成本的方法以及节约成本的潜力,并且通过分析寻找切实可行的途径。价值分析可应用于处在设计阶段的新产品和正在经营的老产品。

【价值观念】人们对社会生活中各种事物的评判标准。随人们所处的社会文化环境不同相异,而不同的价值观念又深刻地影响着人们的购买偏好:(1)阶层观念;(2)财富观念;(3)时间观念;(4)风险观念;(5)变革观念。价值观念变化的特点有:(1)价值观基础由群体本位向个体本位偏移;(2)价值判断标准从理想主义转向现实化、实用化;(3)价值取向由单一型向多元化趋势发展。

【假日经济】人们利用节假日集中购物、消费的行为,带动供给、带动市场、带动经济发展的一种系统经济模式。假日经济属于消费经济的范畴,主要特征是消费。时间上主要集中在双休日与春节、国庆节的节日高峰。假日经济的产业体系涵盖面非常广,涉及了第三产业的大部分行业。除作为假日经济支柱产业的旅游业外，商业、餐饮业、娱乐业、体育业、交通运输业、影视业、广告业、展览业，甚至彩票都是假日经济的一部分。假日经济是一种新的经济模式，是随着我国经济和社会的发展，人民生活水平不断提高，闲暇时间日益增多的情况逐渐形成的。近年来，为拉动经济增长，政府提出了鼓励消费、扩大内需的经济政策。在此前提下，推出了十一、春节两个七天的假日，使我国每年的公休假日达到115天，为居民消费、休闲度假提供了充裕的时间，从而奠定了假日经济的坚实的基础。

【交替需求】源于经济学的术语。产品的需求有时可以相互替代。关注其产品所参与竞争的销售者，不能只把目光放在同类产品的厂家身上，还要看到其交替需求。参见【替代品】。

【交易成本】亦称"交易费用"。进行交易所需的费用。如获得准确市场信息所需付出的费用、谈判和经常性契约的费用、度量界定和保证产权的费用、发现交易对象和交易价格的费用、讨价还价的费用、订立交易和约的费用、执行交易的费用、监督违约行为并对之制裁的费用、维护交易秩序的费用等等。

【节奏营销】不断完善自己，以顺势而变为方针，以"以无刃入有间"为手段和目的的营销思想。基本内涵包括：（1）"市场"是所有销售活动的本原。如果把市场当做"道"，会发现"价差"是"道"的基础。价差一直是生产商、经销商生存的依靠，但价差不能单独实现，"区域"作为价差的载体，二者相互作用、相互关联而共存，忽略价差链条的管理，最终将引起整个价差体系的解体，继而是整个区域市场的崩溃。（2）"品种"既是市场之道的物质表现，又是企业营销活动的浓缩。品种的发展是"道"由低级向高级、由局部向全面发挥作用的过程。品种的发展，意味着经营风险的降低及对市场控制能力的加强。但并不是所有企业都适合产品线过长延伸，也并非品牌延伸的领域越宽越好。"品种"延伸的原则是因时、因人而异。（3）"物流"是市场之道的传动方式，也是销售活动的后勤保障。物流体现着市场作用形式的变化、品种的增减、渠道的变迁甚至营销模式的转变，因此，我们绝不能把物流理解为单纯的产品传递。（4）所谓"节奏"，是销售活动的核心思想的体现，狭义上讲，它体现了人对市场的控制欲望及控制节奏。总之，节奏没有定式，它随着变化而变化。节奏营销必须具备三个特征：（1）"顺其自然"。市场、竞争对手还有自己总是在不断变化，销售人应该去积极感受这些变化，而后设法捕捉、把握其中稍纵即逝的机会。这是"知己知彼"中的"知彼"。（2）"以不变应万变"。即不管外界如何变幻，我们始终"不变"地完善自己，即"先为不可胜，以待敌之可胜"。这是争取胜利的基础，也是"知己知彼"中的"知己"。（3）"以无刃入有间"。做到了"知己知彼"，还要用最有效的方式、最小的代价去争取胜利。

【经济增长率】一个国家在一定时期用社会产品、产值和劳务总量增长来表示的增长速度。一个国家或一个地区的经济增长率对企业营销活动将发生很大影响。如某地区在一定时期经济增长率较高，可以反映该地区经济收入水平的变化及消费需求的变化。企业分析和研究经济增长率，就可以确定企业营销的方向和目标。

【精选特殊品】商品的一种分类。所谓"精选",指消费者在积蓄较长时间后,非常留意地获取商品信息,并在购买时愿意花很多时间、精力去精心地比较与挑选。所谓"特殊"不仅包括商品的使用性质特殊,还包括消费者对这类商品的质量、包装、品牌和商标等的偏爱特殊。这类商品属于发展性商品或享受性商品。

【竞争导向】企业的营销活动不仅要考虑顾客的需求,而且要注意竞争对手的营销策略。竞争导向在成熟行业及企业的某些营销战略阶段可能成为主导的营销导向,特别是在定价和促销手段方面,企业要做到"知己知彼",通过分析对手的多少、实力及优劣势来制定自己的营销战略,以取得竞争优势或比较优势。当竞争激烈或企业实力较弱时,企业必须避免直接的竞争冲突,选择有利于自身的营销策略。

【竞争同质化】在消费者选择购买过程中,产品功能性利益与竞争产品相同的现象。这样,市场可能被竞争对手所替代,竞争对手就成为企业的替代性产品。目前,竞争同质化问题比较突出,同一大类中不同品牌的商品在性能、外观甚至营销手段上相互模仿,以至于逐渐趋同,随着产品同质化趋势的不断加剧,企业竞争同质化日益明显。

【竞争因素】影响企业市场竞争力的诸多要素的总和。竞争因素可以分为企业内部因素和市场外部因素。内部的因素主要包括:产品因素、价格因素、渠道因素、促销力度因素、品牌因素、自身技术实力等等微观方面,这些都可以成为企业培养市场竞争力的相关方面;外部市场因素主要包括:产业

环境、目标市场发展趋势、市场信息的了解程度等等。

【竞争优势】企业所具有的特殊竞争能力的综合表现。企业运筹帷幄,系统整合内、外一切可利用的资源及持续创新来培育和不断提升自己的核心能力,令人满意地实现预期目标和战略意图,使企业能够在激烈的市场竞争中求得长期生存及可持续的良性发展的状态。企业不仅必须应对产业内部现有经营者的竞争压力,还要应对潜在进入者、替代产品/服务以及供方和买方砍价等多方面的竞争压力。同时,必须最终体现在能够不断强化和持续拥有顾客群,包括现有的、潜在的顾客群的能力,以及由此而持续拥有高于竞争者的赢利水平。赢得持续竞争优势的关键和充要条件,是企业必须拥有独特的而他人又难以仿效的核心能力,且这种核心能力能够使企业快速有效地持续占领和开拓市场,并为企业创造更佳的效益。企业的核心能力并不是与生俱来的,而是高瞻远瞩、统筹谋划、系统整合并有效利用企业内外一切可利用的资源以及在经营活动实践中不断地学习和持续创新而创造、培育和积累形成的。只有经过严酷的市场竞争的洗礼,既勇于竞争又善于竞争,同时在竞争中强化学习和持续创新,特别是强化原始性创新,勇于不断地否定自我,企业才可能在动态中真正建立、培育、积累和不断提升自己的核心能力,从而赢得持续竞争优势。

【竞争战略】企业参与市场竞争的行动指南。波特教授在《竞争战略》一书中明确提出了三种通用的战略:(1)总成本领先战略。企业通过对采购环节、生产环节、销售环节的严格管理,外

加生产环节的规模优势,共同降低企业产品的总成本,使其在市场中占有有利位置。(2)差异化战略。将企业所提供的产品或服务差异化,在产业中建立独特性,以获得差别竞争优势。(3)专业化战略。公司主攻某个特殊的顾客群、某产品线的一个细分区段或某一地区市场。

【可达市场】企业可以进入的目标市场:(1)企业产品最适合的市场;(2)企业市场营销努力所及的市场。

【可达市场占有率】以企业的销售额占企业所服务的市场的百分比来表示的市场占有率。

【可支配收入】居民家庭在调查期获得并且可以用来自由支配的收入。包括家庭成员所从事主要职业的工资以及从事第二职业、其他兼职和偶尔劳动得到的劳动收入;家庭成员从事生产经营活动所获得的净收入;家庭资产所获得的收入;政府对个人收入转移的离退休金、失业救济金、赔偿等;单位对个人收入转移的辞退金、保险索赔、提取的住房公积金,家庭间的赠送和赡养。居民可支配收入是通过居民家庭日常获得的总收入计算得来的。居民家庭总收入中包括个人所得税、公积金、养老基金、医疗基金、失业基金等,这些属于国家先发后征或居民家庭成员必须缴纳的刚性支出,因此这部分名义收入(居民不可自由支配的)必须予以扣除,余下的即为居民可以用来自由支配的收入。

【跨业营销】同时在不同的行业中进行营销。是在横向联合和纵向联合之外形成的企业联营。有三种类型:因产品供应紧张而进行的联合;因市场扩大而进行的联合;纯粹是多种行业企业的大联合。为了应对即将到来的激烈竞争,国内金融机构开始了创办全能银行的跨行业经营活动。包括:银行充当保险代理人的跨业合作,各大银行纷纷与保险公司签订合作协议;网络金融跨业,例如交通银行开办了银证联网业务,部分开通了网上买卖证券业务;开发渗透产品向国际靠拢,例如保险公司也开办商品房按揭和抵押贷款业务;尝试金融控股公司,除了几家国有银行均已开办了信托投资公司以外,光大集团通过北京和香港总部控制了信托、保险、证券、银行等多家公司,与金融业无关的山东电力也投资控股了信托、证券、期货、银行等企业。

【快速消费品】消费者使用周期短,一次性投入较小的一类商品。主要是一些日用消费品。其主要特征如下:(1)便利性。消费者可以习惯性的就近购买。(2)视觉化产品。消费者在购买时很容易受到卖场气氛的影响。(3)品牌忠诚度不高。消费者很容易在同类产品中转换不同的品牌。这些特征决定了消费者对快速消费品的购买习惯是简单、迅速、冲动、感性。

【蓝海战略】企业竞争用语。企业在市场竞争中改变你死我活的血腥的传统竞争模式,从而树立重合作且竞争的新型竞争观念。其目标是,在当前的已知市场空间的"红海"竞争之外,构筑系统性、可操作的蓝海战略,并加以执行。只有这样,企业才能以明智和负责的方式拓展蓝海领域,同时实现机会的最大化和风险的最小化。另外,在具体竞争方式策略上,蓝海战略讲求的是要回避同质化、低利润的"红海",进入差异化,即蓝海是低成本的"蓝海";它要求企业突破传统的血腥竞争所形成的

"红海",拓展新的非竞争性的市场空间。与已有的、通常呈收缩趋势的竞争市场需求不同,而且,蓝海战略考虑的是如何创造需求,突破竞争。蓝色海洋的机遇已经展现。随着对蓝海领域的探索,市场的空间不断扩展。

【劳务】为生产领域或消费领域提供的满足需要的服务活动。一般不直接创造物质产品以实物形式来满足需要,而是通过提供活劳动形式以无形的服务来满足生产或生活的特殊需要。根据提供的服务类型分为:(1)生活服务,指直接为人们生活提供的服务。这种劳务生产和消费同时发生,生产过程就是消费过程。(2)生产劳务,指为生产和再生产过程提供的服务。它是生产过程在流通过程的继续。这种劳务生产和消费过程也同时发生。劳务部门和物质资料生产部门一样,也是国民经济的组成部分。随着社会化大生产的发展和人民生活水平的提高,劳务的范围、内容将会不断扩大,质量将会不断提高。

【零售】所有向最终消费者直接销售产品和服务,用于个人及非商品性用品内的活动。任何从事这一销售活动的机构,不论是制造商、批发商还是零售商,都进行着零售活动。判断是否从事零售活动的标准,是看其售卖对象是否为产品或服务的最终消费者。零售是产品进入消费的最终环节,也是分销渠道的终端环节。从微观来看,零售是企业实现预期经济目标的关键阶段。只有那些真正符合消费者需求的产品,才能最终为消费者购买,只有将商品销售出去,生产厂商和经营者的利益才能够最终实现。此外,在零售活动中,企业不仅可以检验其产品是否适销对路,

而且可以更加充分地了解市场信息,了解消费需求和一个国家或地区的社会经济发展状况。社会商品零售总额是一个国家或地区的经济发展与运行情况的重要指标,社会商品零售总额高,表明市场兴旺、商品、货币流通顺畅,投资活跃,社会购买力强,经济景气;反之,则反映经济增长缓慢甚至衰退。

【六种力量模型】竞争分析模型。一个行业中的竞争,远不止在原有竞争对手中进行,而是存在着六种基本的竞争力量,即潜在竞争对手、现有企业之间的竞争、替代品的威胁、供方的讨价还价能力、买方的讨价还价能力和其他利益相关者的力量,据此提出了"六种力量模型"。

【垄断竞争市场】市场类型的一种。一个行业中有许多企业生产和销售同一种产品,每一个企业的产量或销量只占总需求的一小部分。食品、服装、百货、化妆品、日杂用品、餐馆和理发店等市场均属这一类。在这种市场上,由于同行业的企业很多,产品替代性很大,因而竞争激烈;同时由于企业对价格没有多大的控制能力,企业进出这些行业也很容易,竞争也就主要表现为非价格竞争。各个企业为了提高市场占有率,都十分重视产品特色,力图使自己的产品与竞争者的产品区别开来;同时许多企业都相当重视广告宣传、人员推销等促销工作。

【垄断行为】厂商通过控制市场供给而控制价格进而损害客户和消费者利益的一系列活动。这种行为有百害而无一利,导致资源误配。反垄断应该从市场上寻找解决问题的办法,例如取消市场禁入,而不应该用行政命令强行分拆。

【垄断性竞争】在产品或服务上取得优势地位而获得市场垄断的竞争态势。参与目标市场竞争的企业尽管比较多，但彼此提供的产品和服务是有差异的。产品差别可以体现在质量、性能、款式和服务等多个方面。优势可以演变为垄断，特别是某些企业获得的自然资源、资金资源、政策资源以及权力资源，常常处于竞争的垄断地位。每个竞争者都可能通过在产品、资源的某一主要特征上占据领先地位，而引起顾客的注意，并据此索取高价。在垄断性竞争态势下，许多企业也可以相互联合，以各自的长处协作生产某种产品或服务进入目标市场，用合力产生竞争优势。

【路演】译自英文"Road Show"。国际上广泛采用的证券发行推广方式。证券发行商发行证券前针对机构投资者的推介活动。活动中，公司向投资者就公司的业绩、产品、发展方向等做详细介绍，充分阐述上市公司的投资价值，让准投资者深入了解具体情况，并回答机构投资者关心的问题。路演在中国不仅得到了上市公司、券商、投资者的关注和青睐，也吸引其他企业的广泛关注和浓厚兴趣，并效仿证券业的路演方式来宣传推广企业的产品，形成时下盛行的企业"路演"。企业路演的概念和内涵已改变和延伸，成为包括产品发布会、产品展示、产品试用、优惠热卖、现场咨询、填表抽奖、礼品派送、有奖问答、文艺表演、游戏比赛等多项内容的现场活动。他们在路边搭建舞台，通过歌舞等一定形式的表演来吸引观众，然后通过有奖问答、打折销售、赠送礼品等方式来达到宣传产品和提升企业形象，增加销量的目的。

【买方市场】供给大于需求的市场。一般认为：买方市场中，商品与服务的竞争比较完全，会促使各竞争者不断降低成本或者提高产品或服务质量。有时，竞争者为了争取市场份额，不惜采取一些极端手段。

【卖点】在一定时间内，可以用来营销运作或商业炒作，能够体现商业价值的各种自然要素与社会要素的泛称。具体来说：(1)卖点是一种历史产物，并随生产力与消费者消费行为的变化而快速地转换。在明清时期，卖点是最一般的初级自然产品和最基本的生存资料。(2)卖点是营销活动的工作对象。营销活动的每一个环节，每一个领域，都凝聚着形形色色的"卖点"。设计中包含着卖点；产品中体现着卖点；广告中诉说着卖点；服务中围绕着卖点。(3)卖点能够带来商业价值。这是卖点的灵魂和生命力。(4)卖点遍布于与人类生活有关的一切领域。宠物是卖点，名人是卖点，形象是卖点，想象是卖点。

【卖方密度】同行业或同一类商品经营中卖主的数目或者规模。在市场需求量相对稳定时，卖方密度直接影响到企业市场份额的大小和彼此竞争的激烈程度。如果在容量相对稳定的目标市场中，同类产品经营者较多，那么有新进入者的参与就会相对降低部分老企业的市场份额。在卖方密度较高的目标市场，新进入者往往会遭到竞争对手较为强烈的抵御。

【卖方市场】需求大于供给的市场。在这种情况下商品与服务的价格上升，会吸引更多的人从事生产和经营。结果使供给大于需求，从而又成为买方市场。

【弥隙定位】定位策略的一种。企

业以弥补市场空隙确定目标市场的策略。企业不与竞争对手直接对抗，而将自己置于某个市场的"空隙"里，发展目前市场上没有的特色产品，开拓新的市场领域。该战略市场风险较小，成功率较高，常常为很多中小企业采用。

【密集单一市场】市场类型的一种。企业在众多的细分市场中只选择一个市场，只生产一类产品，只为单一的顾客群服务，针对单一顾客群，集中营销。有利于企业集中人力、财力和物力有针对性地开发某一特定市场，有利于提高产品的专业化程度，为特定消费者提供更为完善的产品和服务，树立良好的企业声誉。特别适合于资金力量相对薄弱的小企业。市场风险是，一旦有强大的竞争对手介入，企业产品的市场占有率就会受到影响。

【密集性市场机会】一个特定市场的全部潜力尚未达到饱和或者极限时存在的市场机会。企业获得业务成长基本对策包括：(1)市场渗透。即通过采取更加积极有效的、更富进取精神的营销措施。(2)市场开发。即通过努力开拓新市场来扩大现有产品的销售量，从而实现企业业务的增长。主要形式是扩大现有的销售地区，直至进入国际市场。实施这种策略的关键是开辟新的销售渠道，并配合大规模的广告宣传等促销活动。(3)产品开发。即通过向现有市场提供多种改型变异产品，以满足不同顾客的需要，从而扩大销售、实现企业业务的增长。企业通过在现有市场上增加品种、花色、型号或者新型产品的销售，满足现有市场顾客的需求。

【明星业务】一家公司中，那些成长比较快、市场份额也比较高的产品或者业务。由著名的波士顿公司提出，被广泛应用推广。明星业务这是由问号业务继续投资发展起来的，可以视为高速成长市场中的领导者，它将成为公司未来的现金牛业务。

【模仿创新战略】企业通过学习模仿，吸收成功的经验和失败的教训，引进购买或破译率先者的核心技术，并在此基础上改进、完善的创造性活动。由于社会正进入一个新的技术时代，传统产业的萎缩使大量企业面临困难重重，而高新技术带动新的产业的出现和发展，为创新企业的发展提供了契机，可以在技术创新的尝试阶段，在技术的扩散以及技术模仿创新产品、工艺和方法的应用方面扮演了重要角色。大量事实证明：技术模仿创新是企业以最小代价、最快速度追赶世界先进水平技术的现实途径，是最终实现技术自主创新的必经阶段。历史上，美国工业的发展正是得益于对欧洲国家先进技术的模仿创新；日本战后经济振兴的奇迹正是得益于对世界发达国家，尤其是美国工业技术的模仿创新；韩国也是通过模仿创新，迅速改变落后面貌，一跃成为新兴工业化国家的。可选择的模仿创新方式包括：(1)内部开发型方式。内部开发是指没有其他企业的参与和介入，仅依靠企业内的人员进行模仿创新项目的开发。这种模仿创新方式不仅可以防止技术专长的泄露，也可以杜绝伙伴有意的机会主义行为，更重要的是，技术开发通常都伴随着知识和信息的交流，开发工作效率和自身的创新能力的提高。(2)联合开发型方式。企业在平等互利的基础上，结成较为紧密的联系，互相取长补短，共同开发市场，从而有利于自己的创新和发展。(3)依托型方式。所谓依托,即企业选择优势企业配套的技术项目,作为优势企业的零部件供应商,积极与优势企业保持技术协作,实现企业间优势互补、协同发展。这种方式一方面可尽量减少与大企业间的竞争;另一方面还可利用大企业以求得自身生存。

【目标顾客】消费或者购买企业产品与服务的消费者。任何营销计划的第一步都是选择市场,确认目标顾客群;其次是确定目标顾客群需要购买的产品或服务。如果这两个基本要素得到确认,那么企业在吸引顾客和销售产品方面的问题也就迎刃而解了。在制定发展目标顾客关系之前,不仅要能够准确地知道目标顾客是谁,还有必要进一步对这些目标顾客进行差异化分析,通常来说,对现有顾客的分类和分析需要做到以下几点:(1)运用上年度的销售数据或其他现有的数据,来预测本年度占到客户总数目5%的"金牌"顾客。(2)用一种简易的方法,分辨哪些顾客导致了企业成本的增加,哪些顾客是能够让公司赚钱的,哪些顾客是让公司亏损的。(3)企业本年度最想和哪些集团顾客或是重要顾客建立商业关系,找出这些顾客目标,并将他们列入公司数据库,掌握他们的详尽资料和联系人。(4)上年度有哪些重要顾客对公司提出了产品或是服务的不满和抱怨,列出他们的名字,并细心呵护他们的业务,与他们取得联系。(5)根据顾客为企业带来的价值,将顾客划分为A、B、C三类,制定不同的策略。应该分析客户的成本利润,对客户进行差异性分析,同时对市场进行细分,针对不同的客户群实施不同的营销策略。著名的客户关系专业调查机构忠诚矩阵公司的长期调查结果则更为精确:20%顾客能为企业带来较高利润,而20%顾客则占用较多企业资源却产生非常少的利润,其余60%的顾客产生利润与占用资源持平。企业在投入更多的资源于这20%的目标顾客的同时,还需要有针对性地投入一定精力在处于中间层的60%顾客身上,争取培养他们成为目标顾客。

【目标群体指数】反映目标群体在特定研究范围(如地理区域、人口统计领域、媒体受众、产品消费者)内的强势或弱势。其计算方法是:TGI = 目标群体中具有某一特征的群体所占比例 ÷ 总体中具有相同特征的群体所占比例 × 标准数(100)。

【目标市场】企业产品或服务的消费对象。企业在市场细分的基础上,为满足现实或潜在需求的消费者或用户作为经营对象,依据企业自身的经营条件而选定或开拓的特定需要的市场。

【目标受众】企业在目标市场上与之沟通并向其发布产品信息的服务对象。它一般为企业现有的顾客和潜在顾客。企业的营销活动就是要争取目标受众的支持,促使其购买和使用本企业的产品或服务。明确目标受众的目的在于用尽可能少的资金达到尽可能大的效果,尤其是中小企业,资金压力较大,任何浪费都将成为企业包袱。(1)细分受众,找出目标受众,在于缩小受众范围,这一过程一般在传播内容明确后即可以进行,它包含在企业定位之中。(2)在明确目标受众之后,需要对目标受众进行深层次的分析,找到可以影响目标受众的重要因素,这是有效解决传播方式、渠道与载体以及传播内容表现形式的重点所在。(3)影响目标受众传播效果的主要因素有:目标受众的教育背景、生活时代的社会背景;目标受众曾经和正在接受的时尚潮流;目标受众的曾经愿景和心理追求;目标受众所推崇的社会伦理道德;目标受众所广泛关注的媒介、渠道;目标受众所能接受的活动或推介载体形式。

【耐用消费品】可在许多年内使用或提供服务的消费品。这类产品在一定时期内物质形态保持不变,每次使用只丧失一部分价值。对于生产企业来说,生产经营这类产品的单位毛利率较高,因此企业要特别注意避免只追求眼前利益的短期行为。同时,由于这类产品的单位价值通常较高,消费者的购买行为表现得比较理智,企业必须想方设法满足消费者的整体愿望,尽可能消除其后顾之忧,这是企业得以生存和发展的唯一有效途径。

【逆向营销】"逆向思维'在营销领域的运用。长期以来,人们对市场营销学的研究已经有了固定的思维模式。这种思维模式使很多企业获得了成功,但也使很多企业陷入困境。大量的例子说明,当按照正常思维模式难以实现目标时,不妨反过来想想,也许能使你获得意外的成功。比如在营销战略的制定、广告的设计、企业文化、促销策略、产品策略等方面如果采用逆向营销的方法,往往可以峰回路转,柳暗花明。逆向营销的应用非常广泛:(1)逆向产品设计。有越来越多的企业让顾客能够设计、安排符合自己需求的产品。顾客可以自己设计想要的鞋子、汽车,甚至房子。(2)逆向订价。联网技术使消费者得以从"价格的接受者"转变成"价格的制定者"。(3)逆向广告。在传统广告活动中,营销人员一般是将广告"强行"推向消费者。现在 广告原本

的"广播"模式已逐渐被所谓的"窄播"模式所取代。在"窄播"模式中,企业运用直接邮件(DM)或电话营销的方式来找出对产品或服务感兴趣且具有高度获利力的潜在顾客。(4)逆向推广。顾客可以透过营销中介请求厂商邮寄折价券和促销品。(5)逆向通路。让顾客能随时获得所需的产品服务,并且将产品运送给顾客的通路有如雨后春笋般一样在不断增加。

【派生需求】一种生产要素的需求来自(派生自)对另一种产品的需求。因消费者对消费品的需求,而派生出消费品生产商对工业产品和服务的需求。

【批发】将产品卖给零售商和其他商人或行业机构、商业机构,但不向最终消费者出售商品的人或企业的相关活动。菲利浦·科特勒将批发定义为:包含一切将货物或服务销售给为了转卖或者商业用途而进行购买的人的活动。作为产销中介环节,批发首先是一种购销行为。(1)购进,即直接向生产者或供应商批量购进产品。这种购进的目的是为了转卖而非自己消费。(2)销售,将产品批量转卖给工商企业、事业单位,供其转售(如零售商)、加工再售(如制造商)或转化再售(如事业单位)。作为从事商品批发业务的销售商,批发商向生产厂商购买商品的目的是将货物转卖给其他企事业单位,供其转售或加工后再出售,从中获得经济收益。批发具有中介功能,它将生产者的产品适时地转移到合适的地点,再经过其他成员过渡到消费者手里。批发主要针对企事业单位的再生产或再销售活动,批发业务具有一次性批量较大的特点。批量购销是批发业务的主要特点。

【铺货】亦称"铺市"。将商品送达

到营销网点的活动。需要制造商与经销商（或上线经销商与下线经销商）之间相互协作，并在短期内开拓目标区域市场。基本特点包括：(1)快速开拓市场。企业集中人力、物力和财力，快速高效地在目标市场开拓批发商、零售商和消费者业务。(2)全方位营销。营销人员利用口头沟通、产品演示、张贴广告、赠送促销品等，进行多方位/层次营销。(3)营销活动的短期性。持续时间不长，只要使新产品顺利地进入市场，铺货活动就宣告结束。对新产品而言，铺货就是抢滩登陆，铺货即是"挤货"。产品一旦铺进商店，该商店便可能成为产品的永久阵地。其主要环节包括：厂商的销售代表跟随或驾驶本企业的货车（或由经销商派车），装载本厂的产品和促销赠送品，与经销商代表一起，按预定的拜访路线，拜访与该经销商有交易往来的销售终端的所有成员（包括商场、超市、街头杂货店、夫妻店等），有时也包括拜访下线的经销商。拜访的目的是：凭借经销商与零售商长期的合作关系，由销售代表积极主动地向零售店介绍公司的背景情况以及产品的特色，使零售店同意进货。同时，张贴广告、赠送促销品，并通过实际观察和口头交流，使零售店了解企业和竞争企业的情况。

【铺市】参见【铺货】。

【期货市场】买卖商品或金融工具的期货或期权合约的场所。主要由交易和清算场所、交易活动当事人及交易对象三部分构成。期货市场是在现货市场基础上发展形成的一种高级形态的市场形式。它是从事期货交易者按照法律所组成的一种非营利性的会员制的有组织的市场，期货市场的特点主要表现在：(1)成交和交割不同步，交割是在成交后的一定时期后进行；(2)期货市场在交割时不一定进行实物交换，而可能对冲了结；(3)交易的商品是标准的、规范化的期货合约，而不是实际货物；(4)期货交易者既有保值者又有投机者；(5)期货市场是高度规范化的市场。现代市场经济条件下，期货市场因具有转移风险、价格发现等特殊功能而在社会经济生活中发挥着多方面的重要作用。

【期望】用来形容人们对未来经济的信心和对消费、服务的要求。

【企业发展战略】关于企业发展的谋略，是对企业发展中整体性、长期性、基本性问题的计谋。企业竞争战略与企业发展战略虽然都是对企业问题的谋略，但是着眼点是大不相同的。企业竞争战略着眼于怎样竞争，而企业发展战略着眼于怎样发展。要知道企业如果不发展，如果不在技术、产品、营销、管理、人才、文化、信息化等各个方面不断发展，如果各个方面的素质都停留在原来的水平，那么根本就无法实施好的竞争战略。同理，企业如果得不到综合发展，也无法实施好的竞争战略。

【企业竞争战略】企业产品或服务参与市场竞争的方向、目标、方针及策略。当今世界上最著名和最有影响的企业竞争战略理论家、哈佛大学商学院教授迈克尔·波特（Michael E. Porter）通过分析企业所在行业"5种竞争力量"（供应商、客户、替代品、竞争对手和潜在竞争对手）的环境结构，提出了企业竞争的3种通用战略——专一化、差异化和成本最低。

【企业任务】企业所追求的目标和发展的总概括。包含了企业正在做的事情或想要做的事情,反映了企业管理者的价值观,表明了企业为自己树立的形象,揭示了本企业与其他企业根本性的差异,界定了企业为社会服务的范围和所满足的社会基本需求,是企业战略思想更为明确、具体的表现,是企业战略的重要内容。同时,它决定了营销战略方向,是确定战略目标的前提,是企业进行资源分配的基础。任何一个企业,为了在变化的市场环境中求得生存和发展,就必须有一个明确的目标和发展方向。明确企业任务,就是对企业是干什么的、本企业应该怎么样的两个问题进行思考和解答。企业通过明确企业任务,就等于规定了企业生产经营的总方向、总目的、总特征和总的指导思想。企业的高层管理者在确立任务时要顾及诸多因素,其中必须考虑的主要方面有:(1)企业以往突出的特征和历史背景条件;(2)企业的主业和上级主管部门的意图;(3)企业周边环境的发展变化;(4)企业的资源技术情况;(5)企业的专长及特有的能力。除此之外,要写出一份正式的任务报告书。企业的任务报告书应当用文字简要说明,除了能帮助管理部门把注意力集中在相同的目标上之外,任务报告书还能成为有用的公共关系工具,把企业的信息传递给公众。

【企业使命】企业的根本任务、目标、责任和性质的结合体。企业存在的基础和发展的动力与源泉。它反映了企业管理者的价值观,揭示了本企业与其他企业根本性的差异,界定了企业为社会服务的范围和社会基本需求,是企业战略体系的总纲领。(1)企业生存目的的定位。企业生存目的的定位应该说明企业要满足顾客的某种需求,不是

说明企业要生产某种产品。(2)企业经营哲学的定位。企业经营哲学的主要内容通过企业对外界环境和内部环境的态度来体现。一般地,企业经营哲学由于受文化的影响具有较大的共性。同时,不同国家的企业在管理理念上表现出明显的差别。(3)企业的公众形象定位。对企业形象的重视反映了企业对环境影响及社会责任的认识。每一个企业在特定的公众(包括内部员工、顾客、合作商、政府、媒介、社区、竞争者等)心目中,都有自己的形象。(4)企业的战略定位。一切战略制定之初,企业应当首先明确:企业经营的业务是什么、目标顾客是谁、顾客最需要的是什么、本企业将来经营的业务是什么。通过明确企业使命,就规定了企业经营的总方向、总目的、总特征和总的指导思想,说明了企业对整个社会所能做出的特殊贡献。

【企业市场】参见【生产者市场】。

【企业愿景】企业发展的核心理念和未来的蓝图。研究发现,获利超群、生命绵长的企业与一般企业最大的差别在于有没有愿景。在他们的定义中,愿景包括两部分,一部分是核心理念(Core Ideology),另一部分则为未来的蓝图(Envisioned Future)。企业愿景明确界定公司的在未来社会是什么样子,其"样子"的描述主要是从企业对社会(也包括具体的经济领域)的影响力、贡献力、在市场或行业中的排位(如世界500强)、与企业关联群体(客户、股东、员工、环境)之间的经济关系等方面来表述。

【潜在市场】未被企业产品或服务满足的需求的集合,也即非现实目标市场。潜在市场对于企业的长远发展孕

育着巨大商机。企业应该通过市场营销活动努力开拓潜在目标市场。一般途径有：市场开发策略与产品开发策略。努力唤起潜在需求，变潜在市场为现实市场。

【潜在需求】 未被满足的市场需求。它是非现实需求，但是通过企业的市场营销活动，依托其产品或服务的开发，可以将潜在市场需求不断转化为现实需求。

【潜在需求研究】 对一定市场或地区的产品市场的大小和潜力进行分析和探索。潜在需求有两种情况：（1）有购买愿望但没有购买能力或购买能力不够的需求；（2）有购买能力但没有购买愿望或购买愿望不足的需求。潜在需求研究包括：研究消费者对产品的需要与意见；研究分析不同的市场面（如不同年龄层次的人口需要、产品的内外销、不同民族的不同需要）对产品的不同需求；研究分析本部门或企业产品的市场占有率和变化趋势；研究市场需求和消费的变化；分析国际市场的动向等。

【青春市场】 青年消费市场。主要有以下特点：消费个性化特征强；受社会习俗约束较少；容易形成冲动性消费；消费领域广大。

【儒商】 具有儒家理念、具有较高文化素养、以德为本、以诚信为本、遵守市场规则和商业道德、不见利忘义的企业家和商人。现代儒商是指具有现代人文道德的、有社会责任感的，又具有现代管理能力的、有创新意识的企业家。现代儒商应该具备以下几个主要方面的特点：（1）以德为立身之本；（2）坚持实践"利"与"义"相统一的价值观；（3）勇于竞争和善于竞争；（4）实行

以人为本的管理；（5）具有开拓创新的意识和能力。这些是现代儒商必须具备的最基本的素质，但不是他们的全部素质。

【色彩营销】 利用色彩进行的营销活动。它是一种常见的营销方式。色彩既可以用于产品包装，又可以用于企业的形象战略和促销活动之中。如何有效地使用色彩、如何利用色彩发挥产品的价值、如何使得产品或服务达到良好的营销效果则是关键所在。

【商标】 区别不同商家生产或经营的同一或类似商品。一般由文字、图形、字母、数字、三维标志和色块组合等构成。当人们熟知商标后，就能以商标分辨产品或服务由哪个企业生产或销售。商标在注册后才能受到法律保护。商标注册是商标使用人将其使用的商标依照商标法规定的注册条件、原则和程序，向商标管理机关提出注册申请，经审查批准，在商标注册簿上登录，并发给商标注册证，予以公告，授予申请人商标专用权的法律活动。我国于1982年颁布了《中华人民共和国商标法》，并于1993年和2001年进行了修正。该法规定，国务院工商行政管理部门主管全国的商标注册和管理工作。经核准注册的商标为注册商标。商标注册人享有商标专用权。商标专用权受法律保护。凡必须使用注册商标的商品，必须申请商标注册。注册商标分以下几类：（1）商品商标。使用在商品上的标志。（2）服务商标。服务性行业所使用的标志。（3）集体商标。以团体、协会或其他组织名义注册，供该组织成员在商务活动中使用，以表明使用者在该组织中的成员资格的标志。（4）证明商标。即某种商品或服务为具有

监督能力的组织所控制,而由该组织以外的单位或者个人使用于其商品或服务,用以证明其原产地、原料、制造方法、质量或其他特定品质的标志。商标是一种无形资产。制造商所拥有的注册商标是一种工业产权,它的价值由商标信誉的大小确定。享有盛誉的著名商标可租借给别人使用,收取一定的特许权使用费。在国际上,《保护工业产权巴黎公约》《商标国际注册马德里协定》和世界知识产权组织均对商标的国际注册与保护做出了相应的规定。

【商品市场】商品生产和流通关系的总和。商品市场又可分为消费品市场和生产资料市场。

【社会团体市场】亦称"非营利性组织"。以社会福利、社会服务为特征的消费组织的集合。包括学校、医院、疗养院、教会、工会、监狱和其他机构,以及其他类似组织。该组织采购的目的是为了对本团体所照顾看管的人员提供商品和劳务,加之由于这类团体内人员消费的不可选择性及这些团体的慈善性与公益性,使得这一市场具有许多独有的特点。

【生产观念阶段】从工业革命至1920年间主导西方企业的经营策略思想。在这段时间内,西方经济处于一种卖方市场的状态。市场产品供不应求,选择甚少,只要价格合理,消费者就会购买。市场营销的重心在于大量生产,解决供不应求的问题,消费者的需求和欲望并不受重视。目前,许多第三世界国家仍处在这一阶段。生产观念虽然是卖方市场的产物,但它却时常成为某些公司的策略选择。

【生产者市场】亦称"产业市场"或"企业市场"。购买产品或服务用于生产制造其他产品或服务,以供销售、租赁或供应给他人,为获取经济利益为目的的组织和个人。最重要的商品与劳务的供给市场。主要包括工业、农业、林业、渔业、矿业、制造业、建筑业、运输业、通讯业、公用事业、金融业、保险业和服务业等。生产者市场是组织市场中最庞大和最多样化的市场。其主要特点为:(1)购买者数目较少,地域分布相对集中。(2)生产者对商品的需求属于衍生需求。(3)一次性购买数量大,购买频率低。生产资料购买受生产规模和技术条件要求制约,都是大批量购买,但重复购买的次数较少。(4)需求弹性较小。生产资料的需求量主要取决于企业的产品结构、生产规模、工艺流程和技术水平等因素。(5)购买的技术性较强,较为专业化。

【生活方式】广义指人们为满足生存和发展需要而进行的全部活动的总体模式和基本特征,包括劳动生活方式、消费活动方式、家庭生活方式、社会交往生活方式、文化生活方式、政治生活方式、宗教生活方式、闲暇生活方式等。狭义指个人及其家庭的日常生活的活动方式,包括衣、食、住、行以及闲暇时间的利用等。

【生活制度】人们根据学习、生产劳动情况和不同地区、职业、习惯,以及不同性别、年龄的生理特点和健康状况所制定的作息安排。制定生活制度是为使人们的日常生活符合学习、生产和卫生、健康的要求,逐步形成良好的生活习惯,保证消费者的身体健康和劳动、学习效率的不断提高。

【实际需求】消费者实际提出的对实物和服务的全部消费需要。它的大小取决于人们的实际购买能力。实际需求需要货币等价物做保证,它主要由品种、数量和质量都符合消费者要求的商品和服务来满足。

【实时营销】根据特定消费者当前的个性需要,并为其提供产品或服务。该产品或服务在被消费过程中可自动收集顾客信息,分析、了解消费者的偏好和习惯,自动调整产品或服务功能,实时地适应消费者变化着的需要。实时营销是营销概念系统内涵的发展,它与现代营销的相同之处在于"以消费者为中心,以消费者需要为出发点,以消费者满足为终点"。它们的不同之处在于实时营销对消费者"需要"概念进行了新的定义:既包括当前需要,又包括未来发展变化的需要。因此,实时营销中的"消费者需要"是一种"动态需要"的概念。

【市场策划】从事市场活动的思维和方法。对以赢利为目的的社会经济组织的整体活动进行系统、科学的创造构思、谋划和设计,以达到最佳的市场效果。其主要工作有:策划目标定位、策划诊断调查、策划创意构思、策划实施操作以及策划评估服务等。我国的市场策划业发端于20世纪80年代初期,最初是以点子公司的形式出现。90年代中期,国外策划公司大批进入我国,从此策划业告别了"点子"时代,进入专业化发展阶段。目前国内从事市场策划的人员主要有三类:一是大专院校商务策划、市场营销、中文、经济管理等专业的学生;二是从事策划、咨询、广告中介等人员;三是企事业单位的营销、企划、公关等部门的职员及社会团体的工作人员,自由策划人士和媒体的编辑记者等。市场策划是一个系统工程的整体设计和实施,既是一个独立的职业,也是一个渗透于社会经济各行业的职业。当今社会,各种各样的策划,包括广告策划、营销策划等已有相当的市场。市场经济的发展,使市场策划以其"运筹帷幄,决胜于千里之外"的魅力吸引着越来越多的人士。

【市场导向】参见【市场营销观念】。

【市场份额】亦称"市场占有率"。一定市场内某产品销售额占整个同类产品总销售额的百分比。可用销售额或销售单位衡量。在很大程度上反映了企业的竞争地位和赢利能力。企业应根据行业竞争和产品寿命周期状况决定市场份额数量和质量的相对重要性;企业也需要正确认识市场份额的大小对利润的影响,并正确面对市场份额的数量的下降;企业还应当努力实现适度的市场份额,实现从追求最终产品市场份额、今天市场份额向追求核心产品市场份额、明天市场份额的跨越。

【市场机会】一切对企业营销活动富有吸引力、企业拥有相对竞争优势的条件或环境。市场机会作为特定的市场条件,是以其利益性、针对性、时效性和公开性为标志的。市场机会的产生来源于营销环境的变化。市场机会能为企业赢得利益的大小标明了市场机会的价值,市场机会价值越大,对企业利益需求的满足程度也就越高。

【市场交换功能】表现为以市场为场所和中介,促进和实现商品交换的活动。在商品经济条件下,商品生产者出售商品、消费者购买商品,以及经营者买进卖出商品的活动都是通过市场进行的。市场不仅为买卖各方提供交换商品的场所,而且通过等价交换的方式促成商品所有权在各当事人之间让渡和转移，从而实现商品所有权的交换。与此同时，市场通过提供流通渠道，组织商品储存和运输，推动商品实体从生产者手中向消费者手中转移，完成商品实体的交换。这种促成和实现商品所有权交换与实体交换的活动，是市场最基本的功能；尽管随着市场经济的发展，商品的范围已扩展到各种无形产品及生产要素，但上述商品仍然都是通过市场完成其交换或流通运动的。

【市场进入】企业依据自己的市场扩张战略而决定进入到一个本企业尚未开发和涉足的领域的一系列行为和过程。具体理解有以下的几个方面：(1)市场进入必须服从企业生存和扩展的整体战略；(2)市场进入的对象必须是新的市场，包括区域的或产业的；(3)市场进入既是一种行为，又是一个过程；(4)市场进入的主体必须是企业，市场进入的方式和途径也必定是市场活动，整个活动和过程必须在市场上完成。

【市场进入壁垒】企业进入某一特定市场展开经营活动所遇到的障碍和行业门槛。市场进入障碍一般包括：产品差异、规模经济、资本存量、流通渠道以及政府政策等。除此之外，还有区域比例、目标市场经济发展的程度、文化屏障、心理感情等方面的障碍。克服这些障碍，打破市场壁垒是企业入市战略要解决的首要问题。

【市场竞争】在市场经济条件下，社会经济行为者之间为了某种经济利益而进行的相互追赶、争夺有利条件的优胜劣汰的过程。竞争是市场经济的本质特征，是提高市场运行效率的关键所在。由于广泛的社会分工与不同所有者之间的利益差异，必须通过等价交换在全社会范围内调整各利益主体之间的经济利益关系，竞争就是调整这种经济利益关系的基本手段。在现代市场经济条件下，生产力的高度发达，使得供求矛盾日益尖锐，竞争正成为各企业之间图存争胜于市场的一场艰苦较量。企业要想发展，就必须敢于参与市场竞争。它包括卖方之间的竞争(争夺销售市场)、买方之间的竞争(争夺货源)、买方与卖方之间的竞争(争取各自利益)，市场营销所研究的是卖方之间的竞争。这类竞争的核心是争取顾客、争夺市场销路，扩大本企业产品的销售，提高产品的市场占有率，从而获得更大经济效益。市场竞争的目的在于追求利益，实现利润。市场竞争的功效是存优汰劣，淘汰劣质产品和服务，淘汰技术和经营管理水平低下的企业。企业要通过扩大规模、充实人财物资源和强化管理来提高实力，随时掌握顾客、竞争者及自身的各种信息，在知己知彼的基础上更好地运用竞争策略。企业制定有效竞争策略的基础是，分析竞争环境和竞争形式，充分了解不同竞争力量的态势。企业所面临的竞争力量一般有五种：潜在竞争力量、同行业现有竞争力量、买方竞争力量、卖方竞争力量和替代品竞争力量。按照竞争的程度可以分为：(1)完全竞争市场。指没有任何垄断因素的市场。它具有以下特征：进入市场的为数众多的买者和卖者都是既定价格的接受者，而不是价格的决定者；所有卖者向市场提供的产品是同质的，对买者来说没有任何差别；所有资源都可以自由进入或退出市场；竞争者都有理性，被认为是经济效率最高的市场。(2)垄断竞争市场。又称不完全竞争市场，是一种既有垄断因素又有竞争因素的市场结构。它具有以下特征：有差别的产品由很多厂商生产，每一厂商的产品都可成为生产集团中的其他厂商产品的代替品；一个生产集团中有很多厂商，多到使每一厂商可以忽视其他厂商的行为对自己的利益所产生的影响；一个生产集团中各个厂商具有相同的需求曲线和成本曲线。垄断竞争市场的经济效率低于完全竞争市场，但高于完全垄断市场和寡头市场。和完全垄断相比较，垄断竞争厂商的产量较高，价格较低，利润也较低。垄断竞争厂商的产品差别可以满足消费者的多种需要。在非价格竞争中，垄断厂商必须提高技术，改进产品，因而垄断竞争厂商比完全竞争厂商有利于创新。

【市场竞争战略】企业在竞争中为保持或提高其竞争地位和市场竞争力而确定的企业目标及为实现这一目标而应采取的各项策略的组合。参与市场竞争的不同企业，应根据竞争领域和竞争态势的不同，以及各自营销目标和资源条件的不同，制定不同的市场竞争战略。基本的战略包括：(1)成本领先战略；(2)差异化战略；(3)集中战略。参见【成本领先战略】、【差异化战略】、【集中战略】。

【市场开发】企业将现有的产品推向新市场，以扩大产品销售量的一种战略。参见【市场开发战略】。

【市场开发战略】通过增加市场开发费用和促销费用，以现有产品、现有市场为基础，达到扩大业务目标的营销战略。关键是扩大或转移市场区域，或找到产品的新的使用领域，或者开辟新的销售渠道，并配合大规模的广告宣传等促销活动。开发的方式包括：(1)在原有销售地区内增加新的目标市场。通过社会舆论和广泛宣传，引导新的目标顾客购买和使用企业产品。(2)增加新的销售渠道。改变由商业部门独家销售的单一渠道，增加企业直销、工商联销、集团代销等销售方式，以灵活的方式来扩大销售业务。(3)增加新的销售地区。将单一的内销产品打入国际市场；用外销产品占领国内市场；将城镇市场的成熟期产品销往农村市场；等等。通过增加新的销售地区，扩大产品市场，使产品掀起一个新的销售高潮。

【市场容量】市场对于产品和服务需求的一种量化评判指标。通常而言，市场容量大的行业，企业发展的空间比较大，其赢利率的增长也比较快，但该市场上的企业竞争也比较激烈。

【市场渗透】企业利用现有的产品，在现有的市场上扩大产品销售量的战略安排。通过促销、降价，在某些地区增设经营网点，借助多渠道将同一产品送达同一市场等措施，以促进现有顾客更多地购买产品，吸引竞争者的顾客购买本企业的产品，或刺激没有使用过本产品的顾客加入到购买本产品的行列。具体形式包括：(1)刺激现有顾客更多地购买本企业现有的产品；(2)吸引竞争对手的顾客，提高现有产品的市场占有率；(3)激发潜在顾客的购买动机，促使他们也来购买本企业的这种产品。市场渗透，即企业通过广告、宣传和推销工作，在一些地方增设商业网点，通过多渠道将同一产品送到同一市场，在现有市场上扩大现有产品的销售，扩大现有市场上的占有率。为达到这个目标可以采用的方法有：(1)鼓励现有顾客多购买本企业的产品；(2)设法吸引竞争者的顾客，使他们转过来购买本公司的产品;(3)吸引新顾客,把产品销售给现有市场上从未使用过公司产品的顾客。

【市场渗透模型】描绘产品、服务和各种形式的资源进入市场的过程的方法。例如相关的逻辑函数。也可用同样的方法通过替代程序来描绘它们从市场中消失的过程。

【市场渗透战略】参见【市场渗透】。

【市场失灵】亦称"市场失效"、"市场缺陷"。市场机制不能实现资源最优配置的情况。一般地说,市场失灵可以归纳为五个层次:(1)市场机制不能完全满足自身运行所需要的基本条件。如市场规则和市场秩序都不是市场机制自身创立和维持的,必须由一定的外在强制力来保障。(2)市场机制在效率实现上的缺陷。市场对经济的调节往往是在经济失衡之后进行,在此区间,经济运行的失衡已经给社会带来较大的损失和浪费,如美国及其他国家经济危机的爆发、我国自1978至1999年的20年间出现四次经济周期波动。(3)充分的微观效率向社会效率的传导过程中具有的缺陷。市场经济能带来微观活动的高效率,但却不一定能给宏观经济带来高效率,相反有时带来的是低效率甚至是负效率。如对社会生态和环境的破坏、出现泡沫经济等。(4)微观运行的结果与社会经济发展目标并非完全一致的缺陷。如市场经济运行中出现贫富悬殊、两极分化与社会主义共同富裕的目标就是相悖的。(5)对公共物品的生产和调节作用微弱,甚至无法起作用。市场失灵,就需要政府宏观调控。但是,政府宏观经济调控主要是为了弥补市场缺陷,而不是取代市场功能,是作用于市场经济领域外部而不是其内部,是为了市场更好发挥资源配置的基础作用,而不是取代市场去配置资源,这是市场经济与计划经济体制的重大区别之一。

【市场挑战者】在行业中占据第二位及以后位次,有能力对市场领导者和其他竞争者采取攻击行动,希望夺取市场领导者地位的商业组织。(1)市场挑战者要选择合适的攻击对象。它可以攻击市场领导者,攻击与自己实力相当的对手,还可攻击实力弱小的中小竞争者。对市场领导者的攻击风险大,但是潜在收获也大,其目标是成为市场领导者。攻击与自身实力相当的对手则主要是扩大市场占有率,攻击中小企业则是想把它们赶出市场。(2)往往采取正面进攻、侧翼进攻、包围进攻、绕道进攻、游击进攻。面对实力弱小的中小企业,可直接针对其产品、价格和促销方式发起正面进攻。正面进攻分为全面正面进攻和局部正面进攻。采取全面正面进攻时,生产与对手相同的产品,服务相同的市场,在产品、价格和营业推广方面进行正面交锋。局部正面进攻是应用营销组合的某一要素向对手发起攻击,如果在某一方面优于对手,就可提高获胜的机会。通过分析竞争者的薄弱环节,寻找未被市场领先者和实力较强的企业占领的地区市场或消费者群体,作为攻击对手的目标,称为侧翼进攻。(3)用强大的资源优势,从多方面对对手采取包围进攻。通过开发新产品、开拓新市场或实现多角化经营,发展新业务,向市场领导者进行绕道进攻。市场领导者在不同时期,选择不同方法和进攻方式,从产品、价格、促销等方面进行游击进攻。

【市场同质度】在同一目标市场上提供的产品和服务的构成、性质和方式等方面呈现雷同或相近的程度。市场同质度是衡量产品或服务相似程度的指标量,一般市场同质度越高,市场竞争就越激烈。

【市场拓展】企业以市场为导向,根据目标市场需求进行产品在深度和广度上的开发,通过拓展产品而去开拓市场的企业行为。怎样将企业的服务和产品的市场扩大化,是市场拓展的核心任务。市场拓展工作的内容包括:(1)通过市场调查分析确定市场需求。(2)根据市场需求进行产品定位和市场定位。(3)在明确了产品市场和产品销售对象后,制定详细的市场推广策划方案。(4)借助宣传媒体(电台电视广告、平面媒体广告、终端广告等多种方案形式组合)、展销展会、网络推广、电话营销、电子商务平台、约洽上门推广、终端销售等方式,提升产品和服务在市场的认知度和影响力,从而获得更大的市场份额。

【市场吸引力】对企业市场活动和长远发展有利的构成因素。主要包括市场增长率、市场规模、价值强度、技术要求、能源要求以及环境要素等。市场吸引力大,就会促使更多有实力的企业进入到该市场中来,因而会加剧企业之间的竞争活动。

【市场细分变量】导致顾客群体对某种产品的需求产生差异性的因素。顾客对某种产品产生需求以及影响和制约其购买行为的因素是多种多样的。对于不同的顾客或者不同条件下的同一顾客而言,有些因素是相同的,有些因素则存在明显的差异性。市场细分时,企业可酌情从多种变量中选择一个或若干个主要变量作为市场细分的标准。无疑,不同性质的市场其细分标准是不尽相同的。同时,在分割某一整体市场时,同一产业中的不同企业或者同一企业因经营条件或经营目标的变化,所选择的细分标准亦会有差异的。

【市场细分层次】市场细分随精细化程度的提高而呈现层次发展的观点。由美国学者菲利浦·科特勒提出。基本要点包括:(1)若按少数主要细分变量分割整体市场,即得细分市场。在"细分市场营销"中,企业仅仅为同一细分市场中的不同顾客提供共同需求的产品而不考虑其差异性。(2)若将上述细分市场进一步分割,所得次级细分市场即为小环境市场。如按性别、年龄、消费水平和季节可将时装市场分割为若干细分市场;每个细分市场又可再按民族或其他变量分割为若干"小环境市场"。企业在实施"小环境市场营销"过程中,应强化管理,不断创新,抓住那些看似小却又众多的商业机会。(3)因种种原因可能会导致某局部地区消费者群体的需求出现差异而形成局部地区市场。例如,由于历史原因我国城市分布有铁路职工家属区、高校职工聚集区、回族聚集区等;如今又形成低收入家庭聚集区(经济住房)和高收入家庭聚集区(私人别墅)等。各局部地区市场的需求往往存在较大的差异,企业应分别满足之。此即"局部地区市场营销"。(4)若将整体市场彻底细分化,则每位顾客即为一个细分市场,称之为个别市场。企业之对策是按各位顾客的特殊需求分别制作产品和提供服务,即实施"定制营销",又称"个别市场营销"。例如,企业参与三峡工程招标,或者按 B2C 或 B2B 营销模式向消费者或客户提供他们在互联网上订购的产品或服务,均为定制营销。

【市场性质】 市场本身具有的质的规定。不同的市场具有不同的性质,各类市场消费者的文化、职业、兴趣爱好、购买动机、购买行为等都有较大差异。如果市场是同质的,即消费者对某些产品的需求欲望、兴趣爱好大致相同,需求差异性不大,消费者购买行为基本相同,企业则可选择采用无差异市场营销策略;反之,市场需求差别大,消费者挑选性又强,企业则可选择采用差异性市场营销策略或集中性市场营销策略。

【市场营销策略】 参见【营销策略】。

【市场营销渠道】 促使产品或服务顺利地被使用或消费的一整套相互依存的组织。一条市场营销渠道包括某种产品的供产销过程中所有的企业、个人以及最后消费者或用户。参见【营销渠道】、【销售渠道】。

【市场营销战略】 亦称"企业市场营销战略"。企业在选择目标市场、进行市场细分、对其产品(或服务)进行定位和开发等方面进行的具有方向性、全局性的策划和计划。战略一词,原为军事用语,即为作战的谋略。《韦氏新国际英语大词典》定义战略一词为"军事指挥官克敌制胜的科学与艺术"。《简明不列颠百科全书》则称战略是"在战争中利用军事手段达到目的的科学与艺术"。《孙子兵法》中也道出了战略的重要性:"夫未战而妙算胜者,得胜多也;未战而算不胜者,得胜少也。多算胜,少算不胜,而况不算乎!吾以此观胜负矣!"现代市场经济中,市场营销活动是整个企业经营的核心,因而市场营销战略在企业战略中的地位与意义显得尤为突出。企业战略是人们有意识、有目的制订的计划,反映了人们对未来行动的预期与主观愿望,并且包括了一系列(或整套)的决策或行动方式。营销战略既是一门艺术,也是一门科学。企业科学的营销战略的制定,主要应依靠科学的情报信息资料。市场营销战略的主要特征包括:(1)全局性。要求企业必须从国家、社会公众的全局利益和长远利益出发制定营销战略。要以企业为中心,权衡时间、空间、环境、条件、趋势,使营销战略最有效地利用内外资源,使营销目标协调于环境,实现营销战略的最优化,不断提高经济效益。而营销战略中的经济效益是一个广义的概念,泛指社会经济效益、资源经济效益、环境经济效益以及企业自身经济效益的有机统一体,并要兼顾当前经济效益与长远经济效益、局部经济效益与全局经济效益。(2)计划性。既是根据国家产业政策要求、社会需求及企业的中长期发展战略目标而制定的,又是企业制定经营计划的纲领性文件。即根据企业营销思想和营销方针,把要做的工作的具体内容、方针、步骤、时间规定下来,按年(季)度付诸实施,从而形成企业长远营销的定量安排。(3)系统性。即从企业营销的外部环境到内部条件,从营销思想、方针,营销方向、目标、策略到行动计划等方面做出系统性谋划。同时,系统的营销战略必须是不同层次、不同结构、不同功能、不同方法的,并把它们结合起来形成多维结构的营销战略。企业应将营销战略作为一个整体系统工程统筹规划,追求整体发展的最大效益。(4)长期性。企业应该有发展的观念,要处理好企业眼前利益和长远利益之间的关系,并使二者相互衔接、相互协调。（5）风险性。风险总是与机遇同时存在的，而且还是可以互相转化的。企业营销战略的实施也就是抓机遇、避风险的过程。战略制定程序一般可分为三个阶段：（1）战略调研阶段。主要摸清宏观战略和中观战略及其方针、政策，摸清外在环境和内在条件。（2）战略形成阶段。主要提出战略思想、战略目标、战略重点等。（3）战略实施阶段。主要提出战略规划、计划和措施。合理制定企业的营销战略，对于有效利用企业现有的和潜在的资源与能力优势，寻找和发掘新的市场机会，适应瞬息万变的外部环境，从而在日益激烈的市场竞争中谋求持续的生存与发展，具有极为重要的意义。

【市场营销组合策略】把多种营销手段有主有次、合理搭配、综合应用的策略安排。企业实现其经营战略的基础。现代企业竞争的有力手段。协调企业内部各部门工作的纽带。是企业合理分配营销费用预算的依据。构成市场营销组合的各因素，在不断变化的市场环境中是互相作用和相互影响的。市场营销组合的真正含义在于要素之间的"合理组合"。即把企业那些可以控制的营销手段与因素组合成一整套具体的可操作方案。在营销组合中，每一具体的方案，即每一组合策略都包含有若干因素。其中任何一个因素的变化都会要求其他有关因素相应变化。市场营销组合的设计和决定是一项复杂而细致的工作，必须与外部环境相适应，并考虑各因素之间的协调。参见【市场营销组合】。

【市场占有率】亦称"市场份额"。一定时期内一家企业某种产品的销售量（或销售额）在同一市场上的同类产品销售总量（总额）中所占的比重。企业的重要战略目标，企业竞争能力的综合体现，市场占有率的高低与企业的获利水平密切相关。计算公式为：市场占有率＝本企业某种产品销售量（额）÷该产品市场销售总量（额）×100%。在一般情况下，若企业市场占有率上升，则表明企业营销效益提高。反之，则为下降。据美国一份调查资料表明，当企业产品占有率低于10%时，企业的平均投资收益率为9%；当超过40%时，其平均投资收益率达30%。企业要提高经济效益，就应该努力扩大企业产品的市场占有率。

【市场专业化策略】企业专门生产针对某一特定顾客群所需要的各种产品的策略安排。一般多以某些产品线占有某一专业市场。该策略的优点是可以利用产品的互补性促进产品的消费，也可以赢得忠诚于企业产品的消费者。缺点是由于集中于某一类消费者，当这类消费者需求下降时，或需求偏好发生改变时，企业会遇到收益下降的风险。

【市场追随者】在竞争实力上远远不如市场领导者或市场挑战者的经济组织。它们往往不可能以自己的行为去影响市场的发展趋势，而只能跟随市场竞争力强的企业去开展经营活动。与挑战者不同，市场追随者不是向市场领导者发动进攻并图谋取而代之，而是追随在领导者之后自觉地维持共处局面。这种"自觉共处"状态在资本密集且产品同质的行业（钢铁和化工等）中是普遍现象。在这些行业中，产品差异性很小，而价格敏感度甚高，随时都有可能发生价格竞争，结果导致两败俱伤。这些行业中的企业通常自觉地不互相争夺客户,不以短期的市场占有率为目标,即效法市场领导者为市场提供类似的产品,因而市场占有率相当稳定。一般情况下,市场追随者往往是挑战者进攻的主要对象。必须保持细分市场的特色,维持一定的低成本并占据一定的市场份额。其市场战略有:(1)紧密追随。即在各个细分市场和产品、价格、促销和渠道等营销组合战略方面全面模仿市场领导者,完全不进行任何创新。有时,追随者看起来有点像挑战者,而又不与市场领导者发生直接利害冲突。从某种意义上讲,它是依赖市场领导者而生存的。(2)有距离的追随。力求在目标市场、产品开发、价格水平和分销渠道等主要方面与市场领导者取得大体一致,而在其他一些次要方面有其独立性。它们常常通过吸纳一些小企业而增强自己的实力。(3)有选择的追随。在一些主要方面与市场领导者保持一致,而在其他主要方面则保持其独立性。它们中间的一些有可能会发展成为市场挑战者。尽管市场追随者的这些战略没有很大的风险,但也存在着明显的缺陷。一些资料研究表明,市场追随者在投资报酬率方面低于市场份额较高的企业。追随者的特点包括:(1)"跟进"、"看中学"。市场追随者的最主要特点是跟随。在技术方面,它不做新技术的开拓探索者和率先使用者,而是做有价值和有目的的积极追随学习者和改进者。在市场营销方面,不做市场培育的开路者,而是搭便车,充分利用市场领导者在市场开发方面的外溢效益,既减少风险,又降低成本。(2)通过观察、选择、借鉴、模仿市场领导者的行为,在市场领导者的成功经验和失败教训中学习,从而提高自身

技能,降低失败的风险。

【事件营销】亦称"活动营销"。企业整合自身的资源,通过借用社会关注焦点,策划富有创意的活动或事件,使之成为大众关心的话题、议题,从而吸引媒体的报道与消费者的参与,进而达到提升企业形象以及销售产品的目的。从定义看,事件营销的一般操作方法有:(1)借势,就是参与大众关注焦点话题,将自己带入话题的中心,由此引起媒体和大众的关注。(2)造势,就是企业通过自身策划富有创意的活动,引起媒体或者大众关注。目前广泛采用的事件营销方式为:明星代言、体育赛事、新闻报道、活动营销等。

【双方叫价拍卖】潜在的卖者和买者同时开价,由拍卖商选择卖价最低、买价最高者成交清算市场的拍卖方式。在成交价格下,总的供给等于总的需求。

【特殊品】消费品一种分类。具有独有特征或特殊品牌标志的消费品。对这些产品,购买者往往有强烈的偏好,一般都愿意为此特殊的购买付出努力,希望能买到最称心如意的那一种。这类产品通常包括小汽车、电脑、摄像机以及男式西装。

【特许经营】特许者将自己所拥有的商标、商号、产品、专利和专有技术、经营模式等以特许经营合同的形式授予被特许者使用,被特许者按合同规定,在特许者统一的业务模式下从事经营活动,并向特许者支付相应的费用。由于特许企业的存在形式具有连锁经营的统一形象、统一管理等基本特征,因此也称之为特许连锁。

【体验经济】企业以服务为重心,以商品为素材,为消费者创造出值得回

忆的感受。传统经济主要注重产品的功能强大、外形美观、价格优势；现在趋势则是从生活与情境出发，塑造感官体验及思维认同，以此抓住消费者的注意力，改变消费行为，并为产品找到新的生存价值与空间。体验经济在生产行为上以提升服务为首，并以商品为道具；消费行为则追求感性与情境的诉求，创造值得消费者回忆的活动，并注重与商品的互动。

【体验营销】企业以商品为载体，以服务为舞台，以满足消费者的体验需求为目标而开展的一系列活动的总称。其突破了传统营销关于"理性消费者"的假设，认为消费者消费时是理性与感性兼具的，知悉消费者在消费前、消费时、消费后的体验，才是研究消费者行为和企业品牌经营的关键。体验营销是站在消费者的感官（Sense）、情感（Feel）、思考（Think）、行动（Act）和关联（Relate）五个方面重新定义、设计营销的一种崭新的思考方式，是体验经济蓬勃发展所出现的全新的营销理念。体验营销主要研究如何根据消费者的状况，利用各民族传统文化、现代科学技术和大自然等手段来增加产品体验内涵，更好地满足人们的情感体验、审美体验、教育体验和遁世体验，在给人们心灵带来强烈震撼的同时实现产品销售的目的。体验营销的特点在于：（1）关注顾客体验的产生是一个人在遭遇、经历或是生活过的一些处境的结果。体验通常是由于对事件的直接观察或是参与造成的，不论事件是真实的，还是虚拟的。体验会涉及顾客的感官、情感、情绪等感性因素，也会包括知识、智力、思考等理性因素，同时也可以是关于身体的一些活动。体验也把企

业和品牌与消费者的生活方式联系了起来，而且把消费者的行为和购买场景放置到了更为广泛的社会环境中。（2）以体验为导向设计、制作和销售产品企业应注重与顾客之间的沟通，发掘他们内心的渴望，站在顾客体验的角度，去审视自己的产品和服务，致力于为顾客提供和创造有正面价值的体验。（3）考察消费情景。"如今的消费者把某种产品和消费体验看成是代表着某种意义，而这种意义完全超越了产品本身。"因此，营销人员不再孤立地去思考一种产品的质量、包装、功能等，要通过各种手段和途径（娱乐、店面、人员等）来创造一种综合的效应以增加消费者的体验；而且还要跟随社会文化消费向量，思考消费者所表达的内在的价值观念、消费文化和生活的意义。检验消费情景使得在对营销的思考方式上，通过综合地考虑各个方面来扩展其外延，并在较广泛的社会文化背景中提升其内涵。顾客购物前、中、后的体验已成为增加顾客满意度和品牌忠诚度的关键因素。（4）顾客既是理性的又是感性的。对于一个体验营销者来说，顾客不仅仅是理性的经济人，他们同时也是感性的消费主体。顾客在消费时经常会进行理性的选择，但也会有对狂想、感情、欢乐的追求。企业不仅要从顾客理性的角度去开展营销活动，也要考虑消费者情感的需要。（5）明确主题，引导消费体验没有哪两种体验是完全一样的，但是我们能够根据体验所表现出来的总体特征把它们划分成为各种不同类型的体验。这种划分出来的体验类型，可以理解为体验的主题。体验要先设定一个"主题"，也可以说，体验营销从一个主题出发并且所有服务都围绕这一主题，

或者至少应设有一"主题道具"。(6)营销方法和手段的多元化。因为顾客理性与情感的双重性,体验营销不能局限于单一的方法。有时候要注重分析和定量,有时候要侧重于情感和定性。不存在教条,不能因循守旧,所有的一切都要因地制宜,取决于要面对的对象。体验是五花八门的,体验营销的方法和工具也种类繁多,并且这些和传统的营销又有很大的差异。企业要善于寻找和开发适合自己的营销方法和工具,并且不断地推陈出新。

【替代品】能够给消费者带来与其他类型产品相同效用的产品或服务。开发替代品是企业打入新市场的常用策略之一,它可以避免直接与原有市场领导者之间的正面冲突,以减小进入市场的阻力。如火柴和打火机,它们的用处差不多。如果火柴的价格上涨了,人们就会更多地购买打火机,打火机的需求量就会上升。经济学家说,具有这种关系的商品互为替代品。替代品的存在对于消费者而言无疑是个福音:他们至少可以不必"从一而终"。

【贴牌生产】英文缩写为"OEM"。可以直译为"原始设备制造商"。但其基本含义为定牌加工,俗称"贴牌"。一家厂商根据另一家厂商的要求为其生产产品。按照规定要求进行加工生产的厂商没有自己的品牌或具有自己的品牌而在产品上不贴自己的商标,为其他著名品牌厂商生产产品,并贴上对方的商标。在贴牌生产中,委托方拥有自己的品牌或技术,或者拥有自己的市场,而被委托方则具有规模生产和低成本的优势。贴牌生产是目前国际上企业之间相互合作生产产品的常用手段之一。贴牌生产在我国计划经济的时代就已产生,如主厂与协作厂之间的生产合作关系。在改革开放以后,这种关系进一步扩大到与国外企业之间的关系。在现代科技革命的推动下,生产力迅速发展,市场竞争日趋激烈,地区经济一体化的浪潮汹涌澎湃,世界上著名的跨国公司纷纷进军中国,把中国企业纳入其麾下,成为其贴牌生产的基地。通过贴牌生产的方式,国外大企业以低成本优势把世界的工厂搬到中国,中国正在成为全球制造业的中心,为我国企业发展提供了难得的机会。可见,贴牌生产是全球经济化和分工日趋细化的产物,它符合中国经济发展的实际情况,是中国经济发展的必然选择。

【退却需求】消费者对于某种产品或服务的兴趣逐渐减退,购买量下降。主要类型有:(1)处于成熟期或衰退期的老产品,同类先进产品进入时其购买力被转移;(2)质量不稳定、价格不合理、促销不得力、分销渠道不合理的产品;(3)消费者不方便购买的商品。

【完全竞争市场】拥有许多买者和卖者,没有一个买者或卖者对价格有显著的影响力的市场形态。行业中有众多的独立生产者,他们都以相同的方式向市场提供同类的、标准化的产品。主要特点包括:(1)不同生产者生产的产品几乎完全相同,买主买谁的产品都无所谓。(2)每个生产者只供应市场需求量的很小一部分,因而任何生产者都不可能控制市场,生产者、销售者可以毫无障碍地自由进入或退出某一行业。(3)竞争主要表现为价格竞争,一般不采用非价格竞争,广告宣传并不重要。

【稳定性需求】在收入和生活水平提高导致需求增长的情况下,消费者对某些商品的相对稳定的需求。从总量上说,这种稳定性需求的增长取决于消费者人数的增加,但是消费个体的需求仍旧稳定。

【无需求】消费者对某些商品或者服务漠不关心,毫无兴趣,没有购买欲望。主要表现在:人们虽然熟悉但普遍认为没有价值的商品;认为有价值但在特定市场环境下没有使用价值的商品,以及消费者缺乏认识、不熟悉、不了解的一类商品。

【狭缝市场营销】亦称"补缺营销"、"利基营销"。选择获利甚微或力量薄弱的小块市场(称为利基市场或补缺基点)作为其专门服务的对象的经营策略。营销者为了避免在市场上与强大的竞争对手发生正面冲突而受其攻击,需要有"拾遗补缺"或"见缝插针"的思路,并全力以满足该市场的各种实际需求,达到牢固地占领该市场的目的。一般认为,狭缝市场营销的运用条件主要包括:(1)该市场有足够的规模或购买力,从而可能获利;(2)该市场有增长潜力,不会短期萎缩;(3)企业有满足市场需要的技能和资源,可有效为之服务;(4)企业能够依靠已建立的客户信誉,保卫自身地位,对抗竞争者的攻击。如果企业决定进入利基市场,则这个利基市场必须能够为企业的立足、发展提供一系列可能生存的环境,即利基市场有成为企业目标市场的可能性。狭缝市场营销适合中小企业。

【相对市场占有率】本企业的产品的市场占有率与该企业最大竞争对手市场占有率之比。如前者为 10%,后者为 40%,相对市场占有率则为 0.25,亦即本企业的市场份额相当于最大竞争者的 25%;如相对市场占有率为 6,则本企业的市场占有率相当于最大竞争者的 6 倍;如相对市场占有率为 1.0,则表示该业务单位的市场占有率,和该行业的最大竞争对手的市场占有率相同。

【享受性商品】满足消费者特殊享受的商品。该类商品显示消费者的身份和地位,或是提供给消费者某种特殊的身心愉快。

【消费不足】在某个时期内消费市场上消费品需求疲软、供过于求的现象。此时生产出的商品超过有实际支付能力的需求。消费不足形成的原因非常复杂,既有宏观方面的原因,如经济周期波动、政府消费政策调整,又有微观方面的原因,如消费品品种单一、质量低劣等。消费不足的直接后果是商品库存积压,企业资金周转不灵,经济滑坡。经济增长的动力,最终来自需求,没有需求拉动,社会生产成果无法实现,再生产也无法正常进行。一国的总需求是由投资需求和消费需求构成的,消费需求在总需求中占有重要地位,其状况最终将影响投资需求和总需求,对社会经济并不会带来大的损害,甚至起调节作用;但如果是持续、全面地出现,对社会经济则会带来重大损害,其损害程度和后遗作用甚至超过通货膨胀导致的结果。

【消费层次】按照对消费者需要的重要性和使用的种类将消费资料划分的次序。因划分的标准和方法不同而不同,最常见的是将其划分为三大类:(1)生存资料为维持劳动力再生产和补偿必要劳动耗费所必需,是生活资料中的基础层次,对消费者的需求弹性也最小。(2)发展资料为提高劳动者技能和智力所必需,消费者在获得生存资料消费后,就会涉猎发展资料。(3)享受资料是提高劳动者生活消费质量和水平所必需,消费者在生存资料和发展资料得到基本满足后,才向享受资料延伸。生存资料、发展资料和享受资料的内涵不是固定不变的,随着社会生产力的发展、科学技术的进步、消费品的不断丰富和居民收入水平的不断提高,将发生相应的变化。

【消费动机】基于需要而由各种刺激引起的心理冲动。消费动机产生的基础是需要,即对商品消费的需要。消费动机是多种多样的。根据表现形式分为显性动机和潜在动机;根据产生动机的需要迫切程度可分为主导动机和次要动机;根据需要的起源可分为自然性心理动机和社会性心理动机;根据需要的对象可分为物质需要心理动机和精神需要心理动机。消费动机对其消费行为起着主导作用。

【消费结构】某项消费支出占总消费支出的比重。其中恩格尔系数是一个国际通用的极为重要的指标,即食品支出占消费支出的比重。根据联合国粮农组织的标准划分:恩格尔系数60%以上为贫困,50%～59%为温饱,40%～49%为小康,30%～39%为富裕,30%以下为最富裕。人们在消费过程中所消费的消费资料和劳务的构成及其相互关系,可以根据需要从不同角度分类。从满足需要的不同层次来看,有生存资料、享受资料和发展资料及其比例关系。从实际消费支出的不同方面来看,有吃、穿、用、住、行等方面的支出及其比例关系。从满足需要的不同方式来看,有个体消费和集体消费及其比例关系。从消费品本身的自然属性来看,有产品消费和劳务消费及其比例关系等。消费结构受生产力水平的制约。生产力水平直接决定着消费资料的范围、种类、数量和比例。改善消费结构,最根本的办法是发展社会生产力。此外,产业结构、居民收入以及物价水平、人口、消费心理等因素,对消费结构也有一定影响。

【消费量】一定时期内消费者所消费的消费资料和劳务的数量。从消费主体角度,可分为社会总消费量和个人消费量;从消费对象或客体角度,可分为实物消费量和劳务消费量等。它从总量上反映着消费水平的高低,与消费水平成正比关系。

【消费模式】在一定社会中的消费水平、消费结构、消费方式、消费政策及消费习惯的总称。社会生活方式的一个组成部分,反映了人们消费活动的内容。消费模式的形成取决于两个方面的因素:(1)经济发展水平。经济发展水平不同,消费模式也各不相同。随着经济发展水平的提高,消费模式呈现不断向前演进的过程。(2)地理和历史文化环境。由于所处地域不同,形成了特定的消费风俗,加上自然资源、文化传统等方面的影响形成了特定的消费模式。民族特点、消费习俗、社会意识形态以及人口和资源的情况都对消费模式有着重要的影响。但影响消费模式的最根本两个因素是生产力发展水平和生产关系,前者是决定消费模式的根本因素,后者则直接制约消费模式的实现形式。

【消费品市场】亦称"生活资料市场"、"消费资料市场"。用来满足消费者个人和家庭物质文化生活需要的那部分社会产品的市场。由于消费品是社会的最终产品,消费者购买消费品是为了满足自己的最终消费,因此消费品市场也称"终极市场"。消费品市场是复杂多变的市场,具体而言:(1)普遍性和广泛性,作为消费品的营销企业,应该增加销售网点的设置,并尽量靠近消费者,方便其购买;(2)小型性和分散性,从事消费品的市场营销应讲究灵活性;(3)替代性和互补性,企业应增加消费品花色品种;(4)多变性和流动性,企业应抓住时机,扩大销售,占领更大的市场;(5)消费品购买的非营利性和非专家性,企业的营销活动要注重发挥各种促销手段和促销策略的作用,以引起消费者的购买兴趣。

【消费市场】人们购买和使用产品、劳务来满足消费需要的活动场所,囊括了商品流通领域中所有消费资料的供求关系。消费者市场和消费品市场只是从不同角度对消费市场的别称,实质上是同一市场,只是强调的侧重点不同。此外,消费市场的主体不仅指消费者个人及家庭,还应包括政府机构和各企事业单位。研究消费市场必须了解这些集团购买者的消费需求。总之,消费市场起着连接消费资料生产和消费需要之间关系的桥梁作用,可以满足消费需要,促进生产发展,完善消费资料个人所有制,指导消费。消费市场具有以下三大特点:(1)广泛性。每个人都是消费者,消费需要多种多样。(2)复杂性。消费者因不同年龄段、不同购买力段而有不同的消费需求,消费需求又是不断变化的,商品和劳务的供应也受多种因素的影响不断变化。(3)分散性。由于消费市场的广泛性和复杂性以及消费需求的主体遍及城乡各地,决定了其分散性特点。研究消费市场是探讨商品经济发展规律的重要内容之一。

【消费市场结构】反映消费市场上相互联系、相互制约的各个组成部分之间的构成及相互关系。它是社会经济结构在消费品和消费劳务流通中的反映。可按不同的标准进行分类:按经济成分可分为国营商业、集体商业、个体商业;按商品交易环节可分为零售市场和批发市场;按不同消费品及消费劳务可分为食品市场、服装市场、住宅市场、金融市场、保险市场、运输市场、通讯市场等。它随着社会生产力结构、生产关系结构、消费结构、国家经济政策及消费者心理、生活方式的变化而不断变化。

【消费水平】居民消费需要满足程度。即居民在一定时期内(通常为1年)平均消费的商品和劳务的数量与质量。消费水平是一个内涵十分丰富的经济范畴,是人们消费状况的综合反映。它从量的方面反映人们的消费状况,从质的方面反映人们消费需求实际满足的程度。从宏观的角度来观察,消费水平指全社会总的消费状况,即全体人民的物质和文化需要所达到的水平和满足的程度,或者说,是社会提供给广大消费者用于生活消费的商品和劳务的数量与质量。从微观的角度来考察,是指某一消费主体的消费状况,即某一消费者及其家庭的物质和文化需要所达到的水平和满足的程度;或者说,某一消费者及其家庭用于生活消费的商品和劳务的数量与质量。影响消费水平的主要因素有:经济发展水平、收入分配制度、消费模式、社会福利政策、价格因素和人口因素。

【消费体系】由消费者需要、消费水平、消费结构、消费方式、消费者权益、消费模式等所体现的社会经济关系的总和。消费者需要、消费水平在不同的社会制度下,体现着不同的社会经济关系。消费结构的形成和变化,既以社会生产力的发展水平和产业结构为基础,同时体现着一定的消费关系。

【消费效益】人们在消费一定的物质资料和劳务之后所获得的满足和益处。个人消费的效益一般是指使消费者得以生存并获得享受和发展。社会管理方面的消费效益则保证了社会稳定、维护了社会秩序等。合理的消费会促进经济发展和社会进步。从不同的角度,可以把消费效益区分为以下类别:消费的经济效益和消费的社会效益;消费的使用价值效益和价值效益;消费的微观经济效益和消费的宏观经济效益;消费的近期效益和消费的长远效益等。影响消费效益的因素包括:自然技术因素、经济因素和社会因素。提高消费效益的普遍途径是:提高消费品质量;调整消费结构、产业结构和产品结构;完善消费方式和消费政策;引导居民科学消费、合理消费。

【消费效用】人们在消费某种消费品或劳务时,所感受到的欲望的满足。物品或劳务满足人们欲望的功能,效用大小不仅决定于物品或劳务满足人们欲望的程度,而且还取决于人们对它的主观评价。

【消费信贷】亦称"消费信用",金融机构向家庭提供的用于消费的信用。它是对消费者个人(或家庭)发放的用于购买耐用消费品或支付劳务费用的贷款,是市场经济条件下货币信用关系发展到较高水平的产物,是解决有效需求不足及生产与消费之间矛盾的重要手段。消费信贷是个人金融服务的一种形式,是金融机构为使消费者能够购买商品和劳务而向其提供贷款的信用活动。消费信贷的普遍推广是在第二次世界大战以后。

【消费需求】人们对消费资料及消费性劳务的需求。人们对于满足自己的生存、享受和发展需要的物质资料和劳务在有购买力条件下的转化形式,即消费者有购买力的需要。其量的大小取决于社会生产力发展水平和一定个人支付能力,并受到众多因素的影响与制约。

【消费需求饱和规律】消费者需要的产生和需要的满足之间的矛盾运动规律。它反映出消费领域的主要矛盾运动关系,是消费领域的基本经济规律。消费者需求从纵向和动态来考察,可表现为消费者需要的产生和需要的满足之间无尽的矛盾运动过程,即消费者处于潜在状态下的某一需要被激活→得到满足→下一个需要被激活→得到满足→再下一个需要被激活→得到满足。如此往复构成消费者行为的连续序列。这个过程就是消费需求饱和规律发生作用及其实现的过程。

【消费需要】人类为了实现自己的生存发展和享受而产生的一种获得各种消费资料(含消费性劳务)的内在欲望和意愿。按不同的标准,可划分为多种类型:(1)按其主体,可分为个人消费需要、集体消费需要和社会公共消费需要。(2)按其内容,可分为物质需要与非物质需要。后者包括文化娱乐、艺术享受等精神生活的需要,以及对闲暇时间的需要等。(3)按满足消费需要的使用价值的存在形式,可分为对物质消费品的需要和对劳务消费品的需要。随着社会经济的发展和消费水平的提高,劳务消费在消费结构中所占的比重将越来越大。(4)按消费需要的层次,可分为生存需要、享受需要和发展需要。此外，还可分为理想需要和现实需要，长远需要和当前需要等。消费需要及其满足程度，主要取决于社会生产力发展的水平。当生产没有发展到某种程度时，不仅某些需要不可能得到满足，甚至不可能产生。同时，它还取决于社会生产关系的性质。"'社会需要'本质上是由不同阶级的互相关系和它们各自的经济地位决定的。"（《马克思恩格斯全集》第25卷，第203页）

【消费者市场】亦称"最终消费市场"、"最终产品市场"。参与生活消费活动的个人或家庭的总和。一切市场的基础。在这个市场上，购买者的购买目的只是为了直接满足个人或家庭成员的生活需要。消费者追求的最终目标是实现产品消费的效用最大化，它的主体是广大的城乡居民，客体是供人们消费使用的最终产品（包括商品、劳务和技术）。其特征是：总体人数众多，地域分布分散，购买数量少，购买种类多，购买频率高，不同消费者的购买差异较大，在购买活动中经常受到感情左右，容易诱发冲动性购买。

【消费者物价指数】亦称"零售物价指数"、"生活费用指数"。反映消费者生活水平和生活用品价格水平变动趋势和程度的相对指数。是除生产者物价指数之外衡量一国总体物价水平的另一重要指标。在我国，它是城镇居民消费物价指数、职工生活费用价格指数、消费品价格指数、服务项目价格指数、货币购买力指数、实际工资指数，以及农民生活费用价格指数、消费额动态指数的总称。在收入不变的条件下，人们的消费结构是直接受消费物价调节的，通过物价水平的分析，可以揭示吃、穿、用、住、行的变化与价格变动的关系。研究消费物价指数，能了解和分析价格水平对生产的影响，了解消费购买力的投向和特点，揭示牌价、议价、市价对人民生活消费的影响程度，从而为国家制定经济政策提供依据。消费者物价指数是美国测试通货膨胀的最常用指标，通常以年度为基础。由一揽子直接影响美国大众的产品和劳务的价格计算所得，其中包括食品、汽油、住房和医疗。这些产品的成本如果上涨，就意味着通货膨胀率上升。

【协同营销】企业全方位寻求与自身品牌地位相一致的企业进行经营性协作。其核心是：相互携手、相互合作、优势互补、降低风险、实现双赢。有"水平协同营销"和"垂直协同营销"。前者指不同行业间的企业通过共同分担营销费用，协同进行营销传播、品牌建设、产品促销等营销活动。尽管合作伙伴所属行业不同，但目标客户相同。后者指在一个产业的上下游企业之间，通过各自资源的互补进行的合作营销。协同营销的优势包括：（1）竞争者可以通过差异化营销避开点对点竞争，可以通过市场细分找到各自的生存和发展空间。（2）不同规模、不同战略取向的企业间，可以合作、协作，甚至是融合。（3）同类企业之间，即使是竞争对手之间，也可以形成某种默契，进行一定合作。协同营销的使用已经帮助不少企业创造了新的差异优势，取得了市场竞争的良好效果。

【行业】在市场营销学中，一般把"卖方的集合"称之为行业。行业即是指一组提供一种或一类可以相互替换产品的卖方的集合。很显然，提供可以相互替代产品的卖方相互是竞争对手。

【行业分类】国民经济各个领域的类别。在我国基本行业类别有：（1）农、林、牧、渔业；（2）采矿业；（3）制造业；（4）电力、燃气及水的生产和供应业；（5）建筑业；（6）交通运输、仓储和邮政业；（7）信息传输、计算机服务和软件业；（8）批发和零售业；（9）住宿和餐饮业；（10）金融业；（11）房地产业；（12）租赁和商务服务业；（13）科学研究、技术服务和地质勘查业；（14）水利、环境和公共设施管理业；（15）居民服务和其他服务业；（16）教育；（17）卫生、社会保障和社会福利业；（18）文化、体育和娱乐业；（19）公共管理与社会组织；（20）国际组织。

【性价比】产品或服务对于消费者的有用性与与其所付价格（即消费者支出）之间的一种权衡。一般来说性价比越高，对购买者来说越实惠，就越能够吸引消费者的购买；反之，性价比越低，就会无人问津，因为购买者认为他们花费的成本太大，购买无利可图。企业在开发市场的过程中，应该学会将更多性价比较高的产品或服务投放市场，以锁定自己的目标顾客群。

【需求】经济学上讲的需求是指消费者在某一特定时间内按既定的价格对一种商品愿意并且有能力购买的数量。在市场营销学中，把需求定义为具有货币支付能力的欲望，也即具有购买意向，具有支付能力的具体物的需要。企业既要通过调查去发现并设法满足需求；又要通过一项活动去创造和引导需求，变潜在需求为现实需求。企业通过需求分析，来制定相应的战略和策略。

【需求饱和点】某种需求满足的峰值。从消费需求饱和规律来看，某一阶段，消费者所产生的某一方面需求充分得到满足后，消费者对这一方面的需求将不再产生增长，会一直停留在一个点上，这时的消费者某一方面需求就达到了最高点，即达到了一个需求的饱和点。

【需求增长】有支付能力的社会购买力增长。我国现阶段的社会购买力主要由城镇居民和农民的消费品购买力、社会集团购买力和农业生产资料购买力三部分构成。有支付能力的社会购买力主要由两个方面的因素影响：（1）货币持有量，货币持有量越大，购买能力越强。（2）宏观经济政策和环境，当通货膨胀时，同等货币量的购买能力就低；当通货紧缩时，同等货币量的购买能力就强。

【选购品】消费者积极地获取商品信息，肯花较多时间与精力去比较、挑选的商品。该类商品型号与规格各异，花色与式样较多，价格有高有低，耐用时间较长，既有基本生活商品，又有发展性商品，也有享受性商品，如餐具、高档玩具等。

【衍生需求】一种有别于原生需求的需求形态。源于经济学的市场营销概念，业界的营销人员不直接向消费者进行销售，而是卖给制造商，所以产品和服务的需求是从需要产品的消费品需求衍生而来的。比如，制罐机的需求衍生自罐装产品的需求。

【易耗消费品】只能一次或少数几次使用的产品。该类产品经使用后，较快地丧失其物质形态和使用价值，生产这类产品的企业，单位毛利率较低，因此企业应努力扩大销售网点，采取薄利多销的策略，使消费者对产品产生偏爱而重复、大量购买，这是企业生产和经营活动的立足点。

【隐性营销】将某种产品附加在所要销售的商品上的营销模式。这种产品并不是真正要向消费者推销的，这种产品是隐性的。

【营销策划】为实现市场营销的具体目标，提出创造性的思维对策，并制定出具体的实施方案的活动。需要市场营销策划的主体——企业或者策划人，在市场营销活动中，为达到预定的市场营销目标，从新的营销视角、新的营销观念、新的营销思维出发，运用系统的、科学的方法，重新组合并优化配置企业的人、财、物资源和市场资源，对整体市场营销活动或者某一方面的市场营销活动进行分析、诊断、推理、预测、构思、设计和制定市场营销方案。在企业的实践中，常常有"市场策划"的称谓。

【营销策略】亦称"市场营销策略"。企业实现营销目标一系列策略安排的总称。要求在明确营销战略决策的前提下，细致而慎重地根据战略制定行动方案。在产品方面，包括产品研制和开发策略、质量策略、花色品种策略、品牌与包装策略、售后服务策略等。在价格方面，包括各种基础价格确定策略、定价策略、价格调整策略等。在促销方面，包括促销策略、广告媒介策略、推销策略、确定促销费用策略等。在渠道方面，包括销售渠道类型策略、中间商策略、销售网点策略、销售渠道控制和协调策略等。其中，营销基本策略主要包括目标市场策略、营销定位策略和营销组合策略、营销费用策略等。

【营销创意效果】应用创造性思维后对生产、销售、管理等各方面产生的影响与发挥的作用，是通过劳动消耗和劳动占用而获得的成果和效用。可分为经济效果、心理效果、社会效果，也可分为导入期的创意效果、成长期的创意效果、成熟期的创意效果、衰退期的创意效果，还可分为事前测定的创意效果、事中测定的创意效果、事后测定的创意效果。

【营销道德】营销者可以用以调节营销者之间、营销者与消费者、社会之间的关系所奉行的营销行为规范的总和。一般人们常常把"有社会责任意识"称做为有道德或者是有很高的道德水准。参见【市场营销道德】、【道德营销】。

【营销伦理】营销主体在从事营销活动中所应具有的基本的道德准则。基本规范包括诚信、公平、顾客至上、社会责任、互利等。主要功能：(1)降低交易成本，促进市场经济的完善；(2)树立良好的企业信誉和形象；(3)与利益相关者建立良好的信任关系；(4)对营销人员的约束功能；(5)加强企业竞争能力。

【营销渠道】在适当的时间，把适量产品送到适当的销售点，并以适当的陈列方式，将产品呈现在目标市场的消费者眼前，以方便消费者选购。大体包括：(1)商流。泛指商品的买卖活动。(2)物流。商品买卖活动带来的物品流动。(3)信息流。商品流动所伴随的市场信息，如周转最快的商品是什么？哪些产品最能引起客户的兴趣？每日、每月的商品销售量等。(4)资金流通。金融体系在流通过程中的配合应用，如信用卡、银行转账等。大多数的生产厂商都不是直接将产品售给最终消费者，在生产者与最终消费者之间，有批发商与零售商买入商品，取得所有权后再转售出去,还有经纪商、制造商代表以及销售代理人负责寻找顾客。营销渠道是靠外部力量的结合,要投入大量的时间才能建立起来,它代表企业与中间商之间的长期承诺,也代表着企业的一项营销组合策略的选择,因此,在选择营销渠道时,必须要注意营销环境的趋势变化,以长期的眼光来规划企业的营销渠道。

【营销战略】各种市场战略、经营战略、产品战略、品牌战略、质量战略等涉及经济赢利活动策略安排的泛称。企业从事经营活动,为了发现机会、创造竞争优势需要采取一系列行动方案与谋划。(1)不同经济行业的营销战略。如汽车营销战略、房地产营销战略、服装营销战略、旅游营销战略、保健品营销战略等。(2)不同空间领域的营销战略。如新农村营销战略、城市营销战略、"长三角"营销战略、商业街营销战略等。(3)不同产品类型的营销战略。如商用车营销战略、农用车营销战略、越野车营销战略等。(4)不同市场要素的营销战略。如新产品营销战略、价格营销战略、渠道营销战略、促销营销战略等。一种营销战略就是一组有关如何出奇地创造价值和获取价值的决策的结合。一个好的营销战略应该符合三个检验标准,即:外部的一致性、内部的一致性、动态的一致性。

【营销组合变量】企业在营销管理中可以自主选择和控制的因素。由于市场营销手段纷繁复杂,多种多样,人们为了便于分析使用,提出过各种分类方法。其中美国营销学家麦卡锡提出的分类方法最为流行,受到世界各国的普遍接受。他把营销手段分为四大类:产品(Product)、价格(Price)、足销(Promotion)和分销途径(Place),简称为4P。现在有市场营销的6P,即在原有的4P上再加上政治权利(Political Power)和公共关系(Publical Relation)。参见【市场营销组合】。

【优化产品结构】企业在满足社会需要和各种相关因素约束的条件下寻求企业各种不同产品之间的最佳组合。产品必须符合地方消费习惯。一个地域辽阔的多民族国度,沿海和内地、北方与南方都有许多消费习惯上的不同。在同一区域市场内经销商可能处在省会中心城市,也可能在省内某一地级城市,或者在某县级城市。所处不同的城市规模也将面临不同的产品结构。产品结构需要与销售网络配合。销售网络是经销商的商业资源,是竞争优势。销售网络包括:网点数量、业务员数量、与网点的客户关系、售点管理(分级、分区、服务频率)。

【有效市场细分】可以产生市场效果并达到预期目标市场细分规则。有效,即企业要有利可图。有效市场细分的标准包括:(1)可衡量性。即用于市场细分的标准是可以衡量的。采用这样的变量分割市场的有效性在于:第一,可以区分各个细分市场,且能具体测定各细分市场的特征和规模大小,这将有利于企业正确制定市场营销战略;第二,不仅是企业明确要为什么样的顾客群体服务及该为他们提供什么样的产品和服务,而且目标顾客亦知晓是哪家企业为他们服务,因此会积极响应该企业的营销刺激并在市场上主动寻求和购买其产品。(2)可达到性。亦称"可进入性"。即企业有能力克服种种壁垒和障碍顺利进入所选择的细分市场,有效开展经营活动,占领市场,扩大市场份额,赢得优势。(3)价值性。亦称"营利性"。即企业所选择的细分市场规模要足够大,发展前途看好,营利水平高。(4)相对的稳定性。即市场细分的主要标准在经营周期内应保持相对稳定。否则,细分市场就会动荡不定而发生裂变和重组,届时企业将无法为之制定营销战略而难以有效组织生产经营活动。

【愿望竞争者】提供不同产品以满足不同需求的竞争者。消费者的需求是多方面的,很难同时满足,在某一时刻只能满足其中的一个需要。消费者经过考虑做出购买决策,往往是提供不同产品的厂商为争取该消费者成为现时顾客竞相努力的结果。

【战略性区域市场】与企业资源相匹配的、可以进入的、能获得竞争优势并对企业未来发展起到支持作用的区域市场。主要指标包括规模、利润、制造、管理、信息、资本、原料、成本等。为那些仅仅专注于更多、更大区域建设的中国企业指明了努力的方向。企业应深入地理解顾客需求、更清晰地定位,并为区域顾客创造独特的价值体验。对战略区域本身的理解是营销体系建设的出发点,不要站在营销的角度理解战略区域,而要站在战略区域角度来理解营销。不能简单地归结为营销组织、营销资源、营销策略,而要归结为市场组织、顾客资源、顾客的价值营销策略。

【整合营销】以整合企业内外部所有资源为手段的营销模式。追求自身企业系统的最优化和高效率。并扩展到供应商及消费者之间的整个大系统的优化和高效率,主张把一切企业活动,如采购、生产、外联、公关、产品开发等,进行一元化整合重组,使企业在各

个环节上达到高度协调一致,共同进行组合化营销。其基本思路包括:(1)以整合为中心。打破了以往仅仅以消费者为中心或以竞争为中心的营销模式,而着重企业所有资源的综合利用,实现企业的高度一体化营销。(2)讲求系统化管理。整体配置企业所有资源,企业中各层次、各部门和各岗位,以及总公司、子公司、产品供应商,与经销商及相关合作伙伴协调行动,才能形成竞争优势。整合营销所主张的营销管理,必然是整合的管理、系统化的管理。(3)强调协调与统一。强调企业营销活动的协调性,不仅仅是企业内部各环节、各部门的协调一致,而且也强调企业与外部环境协调一致,共同努力以实现整合营销。(4)注重规模化与现代化。规模化不仅能使企业获得规模经济效益,而且也为企业有效地实施整合营销提供了客观基础。与此同时,整合营销依赖于现代科学技术、现代化的管理手段,现代化可为企业实施整合营销提供效益保障。

【正常商品】商品在销售过程中的表现状态。在商品价格不变的情况下,消费者收入增加时,该商品的需求量随之增加。而需求量随消费者收入增加反而减少的商品叫劣等商品。

【政府市场】为履行政府职能而采购或租用产品或服务的各级政府单位。其购买者是这个国家政府机构的采购部门,其收入来源主要是通过国家税收而获得的国民收入,这部分资金形成一个巨大的购买市场。政府机构的购买行为,主要是为了保证国家机器的运行。其购买对象从军需品到民用品,从工业品到消费品,从有形商品到无形商品(服务),无所不包,形成一个引人注

目的大市场。我国政府机构所需的各种商品,也须通过市场来采贩。政府市场的采购行为,对企业的营销活动和整个市场的供需状况发生着重大影响。我国政府市场的采购组织,主要是各级政府机构的后勤管理部门、中国人民解放军总后勤部等。它们分别承担着本系统或本部门各种供应物资的采购任务,我国对有些商品的政府采购实行控制政策,即控制社会集团购买。

【直销】直销企业招募直销员,由直销员在固定营业场所之外直接向最终消费者推销产品的经销方式。早先,直销更多地理解为直接销售,后来更多地理解为直效营销;标志着直销从单向的推广模式转化为双向的沟通模式。直销是营销中最短的市场销售渠道。此时产品生产商直接面对消费者。在自己家门口卖土豆、草莓的农民就是在直销。还有那些上门办理保险、销售化妆品或百科全书的销售员也是如此。直销采用的方式很多,电话直销、报纸广告直销、电视直销、直递,由于直销的每一次沟通都能知道其效果,实际上是真正可以做到"钱滚钱"、"量力而行"的。直销理论上应该是无店铺销售,现在出现号称"厂家直销"的店铺销售实际上有了中间环节。

【滞销产品】"畅销产品"的对称。市场上因为一些原因不受消费者欢迎而导致销售速度极慢的产品。产品滞销的主要原因是质量较低、价格不适宜、花色陈旧、式样过时。主要有地区性滞销、时间性滞销、处于产品市场生命周期衰退阶段的滞销、市场判断失误而出现的滞销。

【中间商市场】亦称"转卖者市场"。所有以赢利为目的的从事转卖商品与服务的市场组织。组织市场的一个重要组成部分。批发商和零售商是市场的主体。中间商促进了商品和服务在时间与地域空间的流通,充当了终端顾客的采购代理人。在美国,中间商市场约有41.6万家批发商和192.32万家零售商,它们的年销售总额约为2万亿美元。在较为发达的商品经济条件下,大多数商品都是由中间商经营的,经常保持上千种存货以供应市场,只有少数商品是由生产者直接卖给消费者的。主要特点包括:(1)衍生需求。中间商对商品的需求是由消费者对商品的需求引发而来的,所购商品的品种、花色、规格、数量、价格、交货日期等受到消费者需求的制约和影响。(2)挑选性较强。中间商进货时讲究商品组合配置,需要品种齐全、花色丰富,以满足消费者的多样化需求,提高他们的购买效益。(3)需求弹性较大。中间商购买商品是为了再转售,对购货成本即中间商市场的价格变化较为敏感,其需求量随价格涨落的变化而变化。(4)批量购买,定期进货。中间商大都有固定的进货渠道,一次性购买的数量较大,且有较为规律的进货时间。

【中心商业区】担负城市商业中心和城市社交活动中心职能的地区。由城市中最繁华的街区与街道组成,在城市商业服务网等级中,属最高一级。中心商业区通常是一个城市的商业零售中心,有时称为"闹市区"。城市中心商业区具有如下特征:(1)为全市区金融、行政、娱乐及文化集中区,有政府大厦、银行、豪华旅馆、百货商店等;(2)地价居全市之冠,建筑物高大稠密;(3)若干高大建筑垂直分布,底层一般为零售商业;(4)在全市主要道路分岔处附近;

(5)白天人口最拥挤,交通流量大。随着时代的发展,中心商业区的概念也发生了较大的变化,现今更倾向于代指商务活动的中心区域。

【中央商务区】亦称"商务中心区"。最初起源于 20 世纪 20 年代的美国,意为商业会聚之地。现代意义上的商务中心区是指集中大量金融、商业、贸易、信息及中介服务机构,拥有大量商务办公、酒店、公寓等配套设施,具备完善的市政交通与通信条件,便于现代商务活动的场所。商务中心区不仅是一个国家或地区对外开放程度和经济实力的象征,而且是现代化国际大都市的一个重要标志。商务中心区的城市功能定位是:环境优美、城市功能齐全、基础设施完善的现代化国际大都市的城区。商务中心区的经济功能定位是:集办公、会展、酒店、居住及文化娱乐为一体的国际商务中心区;为现代化超高层建筑集中,国际知名公司云集,知识、信息、资本密集,具有规模效应与集散效应优势的区域;为金融、保险、电信、信息咨询等行业的公司地区总部与营运管理中心。

【终端市场】销售渠道的末端,是制造商产品的最后的出口处。它担负上联厂家、批发、代理商、经销商,下联消费者需要的责任。一般来说,终端分为"硬终端"和"软终端"。"硬终端"包括产品陈列与展示、门面广告、招贴画、吊旗、展示柜,包装袋等;"软终端"包括销售营业员的口碑推荐、现场促销、有奖销售、配赠销售等。良好的硬终端设施可以在提升产品品牌形象和品牌附加值的同时,形成良好的购买氛围,提高顾客的购买欲望。与硬终端相比,软终端的工作更加重要、关键,难度相对而言也更大,但如果没有良好的软终端的实施,那大部分的硬终端更难以实施,也不能发挥良好的作用。

【转卖者市场】亦称"中间商市场"。转卖者商品交换关系的总和。转卖者市场由各种批发和零售商组成。转卖者在市场上购买货物,主要是用来转卖,以取得利润。此外,转卖者在市场上还购买一些货物和劳务,用来进行经营管理。

【组织市场】工商企业为从事生产、销售等业务活动以及政府部门和非营利组织为履行职责而购买产品和服务所构成的市场形态。按照其购买目的,划分为营利组织市场和非营利组织市场。前者包括生产者市场和中间商市场,属于从事生产和经营活动的组织;后者包括以政府市场为代表和向社会提供各种服务的机构组织市场。参见【生产者市场】、【中间商市场】、【非营利组织市场】、【政府市场】。

【最终产品市场】参见【消费者市场】。

【最终消费市场】参见【消费者市场】。

第二篇　市场营销理论

【营销观念】企业进行营销实践的根本指导思想和行为准则,它贯穿于企业营销活动的全过程,并起着主导作用,直接影响企业营销战略和营销策略的制定和实施。任何企业参与营销活动都受一定市场观念的支配,营销观念是否符合市场的客观实际,关系到企业的经营成败。到 20 世纪 80 年代企业营销观念的演变主要经历了生产观念、产品观念、推销观念、市场营销观念、生态营销观念、社会营销观念和大市场营销观念等。目前,营销观念创新的趋势不断加强,以不断应对市场迅速发展的需求。

【营销观念理论基础】支撑市场营销理论与实践的知识体系。历史表明,决定生产什么产品的主权不在于生产者,也不在于政府,而是在于消费者。执行市场营销观念的企业,在决定生产、经营什么和生产、经营多少时,必须预先进行市场调研,根据市场需求及企业本身条件,再去进行生产和组织货源,以便在满足顾客需求的同时,取得合理的利润。基本特点包括:(1)企业的首要任务是认定目标市场的需求、愿望与价值。企业认定顾客握有最终的决断权,常以顾客的观点来指导和检查自己的经营策略,即所谓"透过顾客的眼光看企业"。(2)企业认识到顾客的需求比产品的精美更为重要,即所谓"爱你的顾客,而不爱你的产品",因此从寻求生产方面的特权,转向重视市场方面的特权,以提高市场占有率为目标,力求比竞争对手更好、更有效地满足目标市场的需求。(3)企业的一切经营活动建立在市场调查预测的基础之上,而争取消费者的行动是在整体的营销控制之下进行的。(4)企业确认,只有满足消费者的需求并使其满意,才能建立企业信誉,促成顾客对商品的偏爱与忠诚。所有这些,便是判断企业营销活动优劣的标准,也是实现企业管理目标的保证。

【市场营销观念体系】在市场竞争过程中逐步形成的营销思想形态的集合体。20 世纪 50 年代以来,市场营销观念已经发生了一系列巨大革命,变更过程的实质是更具生命力的营销观念体系替代相对落后营销观念体系的过程。在相当多的情况下,市场营销观念是一个"集合"的概念。(1)营销观念作为一种观念、形态,是对客观营销实践的科学总结;而市场营销观念体系是对客观营销实践的全面的、集中的反映。(2)营销观念是营销工作者的思想指南,具备了基本的理论意义;而市场营销观念体系则是比较成熟的关于市场营销哲学的理论体系。(3)观念体系既是特定历史的产物,又为特定的社会服务;而营销观念体系不是空洞的理论说教,而是人们进行市场营销管理活动的思想指南。市场营销观念体系主要类型包括:(1)历史发展型。是按照营销观念发展、演变的历史过程为标准来划分的。大体包括:生产观念、产品观念、推销观念、消费者为中心观念、整合营销观念等等。(2)探索创新型。依据人们对营销观念发展趋势的展望、预测所提出各种营销观念而形成的集合体为标准划分。大体包括:知识营销观念、网络营销观念、绿色营销观念、关系营销观念、社会营销观念等等。(3)战略变革型。依据在特定的历史条件下、特定营销观念形成的特定的营销观念集合体为标准划分。大体包括:全球营销观念、新兴市场营销观念、协同营销观念、抗风险营销观念、低成本营销观念等等。

【前营销观念】科学营销观念产生以前市场观念的泛称。基本特点是:社会经济活动以企业为中心,没有把消费者需求纳入到企业的营销决策和管理之中。企业生产什么,消费购买和消费什么。从而"以产定销"的卖方主导思想占统治地位。随着西方社会经济条件的变化,特别是随着产品日益丰富、短缺逐步缓和、竞争日益加剧,前营销观念也经历了许多变化和发展,在近半个世纪里,经历了生产观念、产品观念和推销观念三个阶段。前营销观念的演进过程正是企业经营活动关注的重点,从供应链上由卖方向买方移动,但最终没有突破卖方主导的思想。

【产品观念】亦称"产品导向"。以产品的改进和生产为中心的企业思想。以这一观念为指导的企业认为,消费者喜欢质量优良、功能齐全、具有特色的产品,因此企业应致力于提高产品的质量,增加产品的功能,不断改进产品,使产品尽善尽美。同时,抱着"皇帝女儿不愁嫁"、"酒香不怕巷子深"的想法,认为只要产品好不愁没销路,只有那些质量差的产品才需要推销。产品观念也是一种"以产定销"的观念,表现为重产品生产、轻产品销售,重产品质量、轻顾客需求。主要特点为:(1)企业主要精力放在产品的改进和生产上,追求高质量、多功能。(2)轻视推销,主张以产品本身来吸引顾客,一味排斥其他促销手段。(3)企业管理中仍以生产部门为主要部门,加强生产过程中的质量控制。产品观念产生于生产观念之后,在美国20世纪20至30年代成为主流。

【生产观念】亦称"生产导向"。以产品生产为中心,以提高效率、增加产量、降低成本为重点的营销观念。在商品经济不发达、产品供不应求的情况下,经营者往往以生产观念指导企业的营销活动。它以如下假设为前提:消费者的主要兴趣在于商品供应的有无,并以品质与价格为基础来选购商品。消费者喜爱那些可以随处得到的、价格低廉的产品。生产导向型企业的管理层总是致力于扩大生产,寻找资本和有形资源,提高劳动生产率,扩大规模,最大限度降低生产成本。其典型语言是:"我能生产什么,就卖什么。"以美国为代表的西方企业在20世纪20年代之前这段时期内,这种观念成为主导的经营观,这是和当时的市场环境状况相关的。生产观念是一种"以产定销"的观念,表现为重生产轻营销、重数量轻特色。其主要特点为:(1)企业主要精力放在产品的生产上。追求高效率、大批量、低成本;产品品种单一,生命周期长。(2)企业对市场的关心,主要表现在关心市场上产品的有无和产品的多少,而不是市场上消费者的需求。(3)企业管理中以生产部门作为主要部门。生产观念在以下两种情况下是合理、可行的:一是物资短缺条件下,市场商品供不应求时。此时,消费者最关心的是能否得到商品,企业以生产观念为指导,不断扩大生产、保证供给,从客观上讲,也就是满足了市场的需求。二是由于产品成本过高而导致产品的市场价格高居不下时。在这种情况下,企业以生产观念为指导,不断改进生产,提高生产效率、降低成本,在短期内能够取得比较好的营销效果。

【销售观念】企业采取进取型的推销策略和促销提升的营销思想。主要观点是,要想在竞争中取胜,就必须卖掉自己生产的每一个产品;要想卖掉自己的产品,就必须引起消费者购买自己产品的兴趣和欲望;要想引起这种兴趣和欲望,公司就必须进行大量的推销活动。同时认为,企业产品的销售量总是和企业所做的促销努力成正比。销售观念的格言是:"我们卖什么,人们就买什么。"销售观念仍然把立足点放在产品生产出来以后,如何尽快地卖出去,在本质上仍然是"以产定销"。基本特点包括:(1)产品不变,加强了推销工作。(2)开始关心消费者,但其出发点是如何诱导顾客购买,而不是满足其需求。同时,售后信息反馈较差。(3)企业设置独立的销售部门,但仍处于从属地位。第一次世界大战结束后,从20世纪20年代末到50年代前,西方资本主义市场发生了巨大变化,市场商品供应量急剧增加,而消费者具有货币支付能力的需求下降,许多商品出现供过于求的"买方市场",市场竞争加剧,特别是1929～1933年资本主义经济大危机,使产品的实现变得十分困难。所以,产品的推销问题成为企业生存、发展的关键问题。在这种背景下,许多企业把主要的精力转向了产品的推销,致力于销售技术和广告宣传,以便大量销售产品,压倒竞争对手。企业经营活动的中心由生产转向了推销,即以销售为中心的企业营销指导思想。市场营销中的销售观念是这一特定历史条件下的产物。

【推销观念】 以产品的生产和销售为中心,以激励销售、促进购买为重点的营销观念。其基本观点是,如果听任消费者的话,他们不会足量购买某一组织的产品,企业必须主动地推销和积极促销以刺激购买;产品是"卖出去的",而不是"被买去的";企业必须致力于产品的推广与广告活动,以期获得充分的销售量和利润。其曾是许多企业奉行的市场经营指导思想。营销者的主要任务在狠抓产品生产的同时,积极引进先进技术和科学管理方法,不断提高生产效率,增加产品的品种和数量;抽调一部分骨干力量,组成强有力的推销队伍,寻找潜在顾客,研究和运用各种方法说服潜在顾客购买本企业的产品,以提高本企业产品的销售量,扩大企业的市场占有率,获取较大的利润。该观念大约形成于20世纪30～40年代西方"买方市场"转化期间。

【市场营销观念】 亦称"市场导向"、"顾客导向观念"。以市场需求为中心,以研究如何满足市场需求为重点的新型的营销观念。该观念认为,消费者的需要已经成为市场问题的核心,企业要达到自身的发展目标,关键在于适应和开发消费者需要的产品和服务,能比竞争对手更加有效地满足消费者的欲望和需求。它包含三个要点:(1)顾客至上。即要求企业营销高度重视顾客的需求与爱好,把为顾客着想和服务摆在首要位置。(2)整合营销。企业营销活动是整体性活动,即企业内各职能部门(如销售、生产、人事、财务等)要协调配合,各营销手段(如产品、价格、渠道、促销等)要综合运用。(3)真诚服务。不仅要满足消费者的现实需求,而且要满足消费者的潜在需求;不仅要使消费者需求得到满足,而且保证消费者满意,使其买而无憾。市场营销观念在营销重点、营销目的、营销手段、营销程序等方面都不同于推销观念。在过去一个世纪中,西方发达国家先后出现了五种具有代表性的市场营销观念,即生产观念、产品观念、推销观念、市场营销观念和社会营销观念。

【生态营销观念】20世纪70年代所倡导的一种营销观念。以市场为导向,以市场需求和市场竞争为中心,以寻找和满足最能够发挥企业优势的市场需求、提高企业经营效益为重点的营销观念。该观念强调,不仅要满足市场的需求,而且要发挥企业的优势,将两者有机地结合起来。正如各种生物一样根据适者生存的原理,即必须选择那些最能够发挥自身机体功能的生态环境作为自己生存和繁衍的场所。生态营销观念修正了单纯市场营销观念只看市场需求而忽视自身客观条件的某种盲目性行为,因而它是市场营销观念的进一步发展。

【社会营销观念】亦称"社会营销导向"。是把满足市场需求、发挥企业优势与符合社会利益三者结合为中心的企业思想,是对生态营销观念的进一步发展和完善。一些西方经济学家将其视为企业经营思想发展的最高阶段。该观念认为,企业的营销活动不仅要满足目标市场消费者的欲望和需求,而且还有以保护或提高消费者和社会福利的方式,比竞争者更有效、更有利地向目标市场提供能够满足其需求、欲望和利益的物品或服务,从而能弥补市场营销观念回避消费者需要、消费者利益和长期社会福利之间关系的现实,把目标市场需求、企业优势与社会利益三者有机结合起来,从而确定企业的经营方向与经营行为。社会营销观念的决策主要有四个组成部分:用户的需求、用户利益、企业利益和社会利益。科特勒曾经指出,以环境资源之有限而论,使消费者的选择和满意度实现最大化的目标是不合时代潮流的。他指出,社会营销观念"旨在产生最大顾客满意的顾客导向与长期消费者福利两者都实现是公司实现组织目标的关键"。

【大市场营销观念】一种全新的营销理念。大市场营销除包括一般市场营销组合(4P)外,还包括政治权力和公共关系。美国著名市场营销大师菲利浦·科特勒针对现代世界经济迈向区域化和全球化、企业之间的竞争范围早已超越本国本土,形成了无国界竞争的态势,提出了大市场营销观念。科特勒提出,企业为了进入特定的市场,并在那里从事业务经营,在策略上应协调地运用经济、心理、政治、公共关系等手段,以博得外国或地方各方面的合作与支持,从而达到预期的目的。

【整体营销观念】亦称"共生营销观念"。企业在营销活动中应该将最终客户、供应商、分销商、内部员工、金融机构、政府部门、同盟者、竞争者、新闻机构以及其他社会公众均作为自己的营销对象,全方位地展开营销活动。该观念是菲利浦·科特勒于1992年提出的新的营销观念,是在大市场营销观念和关系营销理论基础上的进一步发展。其认为,作为企业微观营销环境的各个方面,对企业营销活动有着直接的影响,企业不应被动地适应它,而应通过调查,了解其需求和利益所在,并制定相应策略,以达到互利互惠,从而建立稳定、良好的关系,取得营销的成功。针对企业微观环境因素中的各个方面,通过实施整体营销、坚持"双赢"原则,来实现相互的支持和合作,是现代企业营销的新思路,也创造出了一些新的方法,如通过资产重组、建立综合商社、实施代理制,以及对内对外的公共关系活动来建立、改善企业与各方面的关系。

【绿色营销观念】以保护环境和回归自然为主要特征的绿色营销活动的学说与思想。近一个世纪以来,西方经济的高速列车在日益膨胀的需求驱动下高速运转。自由竞争的经济按照需求的数量、种类,进行资源转化,大规模、高强度地向自然进发,整个人类经济活动方式演化成高消费、高生产、高耗竭(自然资源),把人类与自然关系的矛盾推向了顶峰,为人类埋下了巨大的生存危机:人口爆炸、生态环境恶化、资源耗竭。1992 年联合国环境与发展大会制定并通过了全球《21 世纪议程》,提出了可持续发展的战略框架,开始了人类社会发展的重大转折。这次大的转折将"引导"和"促使"政府、消费者、企业改变社会经济活动方式,形成绿色营销观念,即作为经济活动的微观组织企业在经营活动中,按照可持续发展的要求,注重地球生态保护,促进生态、经济和社会的协调发展。它以可持续发展为指导,在人与自然关系的和谐共处的前提下,实现消费者利益和企业利益。绿色营销观念把人与自然关系摆在首位,作为前提条件,是因为自然界是人类赖以生存和发展的基础,动摇了基础,人类经济活动就会无法顺利进行。在绿色消费需求的驱动下,要求企业在开展市场营销时,不仅要考虑企业利益、消费者利益、社会利益,还要考虑对自然环境的影响。在营销活动过程中,要把环境保护放在首位,并贯穿于产品的设计、生产、制造、包装、使用、服务以及废弃物的处理等各个环节中,即产品在生产过程中少用能源和资源并不污染环境;产品使用过程中不污染环境并且低能耗;产品使用后易于拆解、回收或完全废弃,尽可能减少环境污染,以实现社会经济与自然的协调、共同、可持续性发展。在企业形象上,要积极投入到社会环境保护、整治的队伍之中,提高本企业的环保标准和产品的环保水平,树立良好的企业形象。从发展趋势看,绿色营销观念将成为 21 世纪营销的新观念。

【羊群效应】管理学上一些企业的市场行为的一种常见现象。打比方一个羊群(集体)是一个很散乱的组织,平时大家在一起盲目地左冲右撞。如果一头羊发现了一片肥沃的绿草地,并在那里吃到了新鲜的青草,后来的羊群就会一哄而上,争抢那里的青草,全然不顾旁边虎视眈眈的狼,或者看不到其他更好的青草。羊群效应的出现一般在一个竞争非常激烈的行业上,而且这个行业上有一个领先者(领头羊)占据了主要的注意力,那么整个羊群就会不断模仿这个领头羊的一举一动,领头羊到哪里去吃草,其他的羊也去哪里淘金。

【10P 理论】含括了市场战术营销和市场战略营销全貌的营销观点。由美国学者科特勒提出。他将"4P"、"6P"称为战术营销(Tactic),并在"4P"、"6P"的基础上又加了"4P",合称"10P",即战略营销。战略"4P"分别是探查(Probe)、分割(Partition)、优先(Priority)和定位(Position)。探查(Probe),即探查市场,明白市场由哪些人组成、可分为哪些类型、都需要些什么、竞争对手是谁以及怎样才能使竞争更有效。分割(Partition),就是要区分不同类型的买主,即进行市场细分。优先(Priority),就是选择那些能在最大程度上满足其需要的买主,即目标顾客的

选择。定位（Position），就是企业必须在顾客心中树立某种形象，决定它的产品在国内或国际市场上的地位。"10P"完整地含括了市场战术营销和市场战略营销的全貌，市场战略营销实现的是发现需求的任务，市场战术营销实现的是满足需求的任务。

【11P 理论】重视营销人员潜能发挥的营销观点。在"10P"的基础上增加了企业员工（Personnel）。科特勒认为，企业员工（Personnel）是所有"P"中最基本的一个，这一点对所有的营销人员都是重要的，特别是服务行业的营销人员更为重要。企业管理者必须擅长管理下属，使他们充分发挥潜能，更好地完成本职工作。

【250 定律】每一位顾客身后，大体有 250 个亲朋友。如果你赢得了一位顾客的好感，就意味着赢得了 250 个人的好感；反之，如果你得罪了一名顾客，也就意味着得罪了 250 个顾客。美国著名推销员乔·吉拉德在商战中总结出了"250 定律"。

【4C 理论】以消费者为中心实施营销沟通的营销思想。因"消费者需求"（Consumer's Need）、"消费者所愿意支付的成本"（Cost）、"消费者的便利性"（Convenience）与"消费者沟通"（Communication）的词首字母缩略而得名。随着市场竞争日趋激烈，媒介传播速度越来越快，以 4P 理论为指导的企业营销实践已经"过时"。20 世纪 80 年代，美国劳特朋针对 4P 存在的问题提出了 4C 营销理论：（1）瞄准消费者需求。首先要了解、研究、分析消费者的需要与欲求，而不是先考虑企业能生产什么产品。（2）消费者所愿意支付的成本。首先了解消费者满足需要与欲求愿意付出多少钱（成本），而不是先给产品定价，即向消费者要多少钱。（3）消费者的便利性。首先考虑顾客购物等交易过程如何给顾客方便，而不是先考虑销售渠道的选择和策略。（4）与消费者沟通。4C 以消费者为中心实施营销沟通，通过互动、沟通等方式将企业内外营销不断进行整合，把顾客和企业双方的利益无形地整合在一起。

【4P 理论】概括市场活动基本要素的营销思想。因"产品"（Product）、"渠道"（Place）、"价格"（Price）、"促销"（Promotion）的词首字母缩略而得名。1960 年杰里米·麦卡锡将一个新的商业管理学概念带给了商业理论界。麦卡锡套用了营销组合（Marketing Mix）理论，并将营销组合中的主要因素定义为 4P（产品、渠道、价格、促销及其组合）。其中，价格不单单是价格，而是一个价格体系，它应该包括出厂价格、经销商出货价格、零售价格，还包括企业的价格政策里的折扣、返利等指标。产品也不单单是产品，它是一个产品的体系，包括产品线的宽度、广度，产品的定位、质量状况，甚至包括产品的售后服务。渠道包括是自己建设渠道还是通过总经销建设渠道，是总经销还是小区域独家代理或密集分销。促销是广义的对消费者、对员工、对终端、对经销商的促销组合。

【4R 理论】阐述市场活动关键要素的营销思想。21 世纪初由美国 Done Schuhz 提出。由"关系"（Relationship）、"节省"（Retrenchment）、"关联"（Relevancy）、"报酬"（Reward）的词首字母缩略而得名。创新了营销四要素：（1）与顾客建立关联。（2）提高市场反应速度。（3）重视关系营销。根据营销大师

菲利浦·科特勒的研究证明,顾客关系营销是不可缺少的。(4)回报是营销的源泉。对企业来说,市场营销的真正价值在于其为企业带来短期或长期的收入和利润的能力。

【4V】阐述顾客需求的差异化和企业提供商品的功能的多样化,以使顾客和企业达到共鸣的营销思想。是"差异化"(Variation)、"功能化"(Versatility)、"附加价值"(Value)、"共鸣"(Vibration)的营销组合理论。既兼顾了顾客和社会的利益,又兼顾了企业主、企业和广大员工的利益,还可以培养和构建企业的核心竞争力。

【5R理论】以客户为中心的整合营销传播思想。20世纪末,美国西北大学唐·舒尔茨教授提出整合营销传播的理念。他指出,对于营销组织的最大的挑战是更多地去理解他们的客户和潜在客户的需求,在竞争的市场环境中营销公司必须从原来营销的4P理论转移到5R理论。其具体内容包括:(1)关联(Relevance),客户需要什么样的产品和服务,而不是企业能生产或者提供什么样的产品和服务;(2)感受(Receptivity),客户什么时候想买或什么时候从生产厂商那里认知产品;(3)反应(Responsive),当客户产生需求时,企业如何去应对需求;(4)回报(Recognition),企业在市场中的地位和美誉度;(5)关系(Relationship),买方和卖方之间的长期互相促进的所有的活动。强调营销活动必须从以产品为中心的方式转向以客户为中心的方式。

【6P理论】阐述市场活动关键要素的营销思想。因"产品"(Product)、"价格"(Price)、"渠道"(Place)、"促销"(Promotion)、"政治"(Pol_tics)、"公共关系"(Public Relation)的词首字母缩略而得名。它们构成企业经营管理的基本环节和主要任务。

【7S模型】检验企业经营管理运行状态的工具。美国著名战略管理大师汤姆·彼得斯在其著作《追求卓越》一书中将他对大公司成功经验的研究成果提炼成为一个组织性的框架,即7S模型。该模型主要包括:战略(Strategy)、结构(Structure)、员工(Staff)、技能(Skill)、风格(Style)、制度(System)、共同的价值观(Shared value)。通过使用7S模型,能够从各个角度对特定组织问题进行检验。另外,7S模型还可以用于分析该模型中不同因素之间的复杂关系。该模型的早期形式是基于组织联盟的需要而提出来的,属于深思熟虑学派的范畴,但彼得斯许多在早期被认为是成功的分析在后期被证明是错误的,这使得他不得不重新回头去审视自己的理论,甚至推翻了某些早期的思想,从而实现了对7S模型的进一步完善和发展。

【80/20定律】亦称"大宇宙法则"、"马特莱定律",又称"二八定律"。19世纪意大利经济学家佩尔图(Bilfredo Pareto)率先发表的一项研究成果,后来常常称为80/20定律。对于此定律,可通俗地比喻为公司有业务往来的客户,其中80%的业务量来自于20%的客户;同样,对于暂时与公司还没有业务往来但也是公司希望争取到的潜在客户而言,其中80%的潜在业务量来自于20%的潜在客户。在经济活动中,其基本内容包括:(1)"二八管理定律"。企业主要抓好20%的骨干力量的管理,再以20%的少数带动80%的多数员工,以提高企业效率。(2)"二

八决策定律"。抓住企业普遍问题中的最关键性的问题进行决策，以达到纲举目张的效应。（3）"二八融资定律"。管理者要将有限的资金投入到经营的重点项目，以此不断优化资金投向，提高资金使用效率。（4）"二八营销定律"。经营者要抓住 20% 的重点商品与重点用户，渗透营销，牵一发而动全身。

【PIMS 理论】市场份额与企业利润对比关系的一种理论。1972 年，美国战略规划研究所对 450 多家企业近 3000 个战略业务单位进行当年的追踪研究，形成了 PIMS（Profit Impact of Market Share）的研究报告。该研究报告通过对采集的企业样本和数据的分析，提出了市场份额与利润有着直接和重要的关系，即市场份额影响（决定）企业利润，市场份额的扩张必然带来利润的增长，而市场份额的缩小必然带来利润的萎缩。在竞争的市场上，企业欲立于不败之地，必须以"顾客永远是对的"作为理念，通过大力的促销（主要是依靠大量的广告投入）来争夺顾客，从而实现企业扩张市场份额的战略目标。

【STP 战略】营销战略用语。即企业针对目标市场所实施的营销策略。20 世纪 90 年代国际营销学大师菲利浦·科特勒在《营销管理》一书中系统地提出了 STP 战略：S，Segmentation（市场细分）；T，Targeting（目标市场选择）；P，Positioning（市场定位）。该战略的提出是现代市场营销思想的一个重大突破，它已被世界 500 强企业广泛应用。

【阿塔维定律】带有新信息的广告标题，往往会有多出 22% 的人记住它。由美国广告学家 D. 阿塔维经过调查统计得出。

【安索夫矩阵】亦称"产品—市场分析矩阵"。安索夫矩阵是以 2×2 的矩阵代表企业企图使收入或获利成长的四种选择，其主要的逻辑是企业可以选择四种不同的成长性策略来达成增加收入的目标。（1）市场渗透。以现有的产品面对现有的顾客，以其目前的产品市场组合为发展焦点，力求增大产品的市场占有率。采取市场渗透的策略，借由促销或是提升服务品质等方式来说服消费者改用不同品牌的产品，或是说服消费者改变使用习惯、增加购买量。（2）市场开发。提供现有产品开拓新市场，企业必须在不同的市场上找到具有相同产品需求的使用者，其中产品定位和销售方法往往会有所调整，但产品本身的核心技术则不必改变。（3）产品延伸。推出新产品给现有顾客，采取产品延伸的策略，利用现有的顾客关系来借力使力。通常是以扩大现有产品的深度和广度，推出新一代或是相关的产品给现有的顾客，提高市场占有率。（4）多角化经营。提供新产品给新市场，此处由于企业的既有专业知识能力可能派不上用场，因此是最冒险的多角化策略。其中成功的企业多半能在销售、通路或产品技术等上取得某种综效，否则多角化的失败几率很高。

【波特法则】该法则由"竞争战略之父"波特提出。最有效的防御，是从根本上阻止战斗发生。要做到这一点，对自己的产品就必须有独特的定位。当这种定位中包括了战略决策的时候，也就可能具有了持续的力量。在战略上面，决策就像岔路，你选择了一条路，那就意味着你不可能同时选择另外一条路。

【长尾理论】英语 The Long Tail 的

意译。从统计学中一个形状类似"恐龙长尾"的分布特征的口语化表述演化而来。该理论认为,只要存储和流通的渠道足够大,需求不旺或销量不佳的产品共同占据的市场份额就可以和那些数量不多的热卖品所占据的市场份额相匹敌甚至更大。因此,当商品储存流通展示的场地和渠道足够宽广,商品生产成本急剧下降以至于个人都可以进行生产,并且商品的销售成本急剧降低时,几乎任何以前看似需求极低的产品,只要有卖,都会有人买。这些需求和销量不高的产品所占据的共同市场份额,可以和主流产品的市场份额相比,甚至更大。

【超常思维原理】以打破常规的思路,实施超出于人们想象的决策、计划或者方案的营销思想。超常思维应该显示营销主体在处理自身与外部世界关系中的高度主动性、创造性和差异性。超常思维具有以下一些特征:(1)自主性、独特性。这是创造性思维的特征,也是超常思维的首要特征。(2)反常规性、跳跃性。这是超常思维的基本特征,否则就不成其为超常思维了。(3)机动性、灵活性。机动灵活是超常思维具有的重要特征。它根据不断变化的情况,充分发挥人们的机智、创造性,争取处于主动的地位。超常思维的内部机理如下:(1)系统调查研究基础之上的科学分析,是超常思维的可靠根据。超常思维植根于对客观实际的全面、透彻的了解,不仅是现象的罗列,而且是对事物内在本质及其发展趋势的把握。充分的信息是科学决策的基础。(2)超常思维的形成是智力因素和非智力因素的统一。非智力因素在一定意义上成为影响营销效果的关键。(3)个人和群体相结合的营销模式是超常思维的组织基础。

【衬托效应】在营销中,将一些辅助的商品放在主打商品边,或在主要的营销手段中辅助一些次要的营销手段,可以促进销售。为了使事物的特色突出,用另一些事物放在一起来陪衬或对照(叫陪衬),它可衬托出主要事物的重要性和特点。

【创新】新的思想、理论、技术、商品、服务或创意。奥地利学者熊彼特在1912年出版的经典著作《经济发展理论》中,第一次将创新视为现代经济增长的核心,并将其定义为"创新就是生产函数的变动,而这种函数是不能分解为小数的步骤的",成为世界经济思想史上的一个重大突破。有代表性的定义是:(1)熊彼特的定义:创新是在新的体系里引入"新的组合",是"生产函数的变动"。这种组合或变动包括:采用一种新的产品或者一种产品的新的特性;采用一种新的生产方法;开辟一个新的市场;掠取或控制原材料或制成品的一种新的供应来源;实现任何一种工业的新的组织。(2)英国学者弗里曼的定义:在经济意义上,只有包括新产品、新工艺、新系统或者新装置在内的第一次商业运用时才能说完成了一项创新,在其1982年的著作中又进一步将创新定义为包括与新产品或改良产品的销售或新工艺或改良工艺,新设备的第一次商业性应用有关的技术、设计、制造、管理以及商业活动。(3)美国学者缪尔赛的定义:创新是以其构思新颖性和成功实现为特征的有意义的非连续性事件。(4)美国国家科学基金会(NSF)的定义:创新就是将新的或改进的产品、过程或服务引入市场。(5)我国政府有关部门的定义:创新是指企业应用创新的知识和新技术、新工艺,采用新的生产方式和经营管理模式,提高产品质量,开发生产新的产品,提供新的服务,占据市场并实现市场价值。创新的目的是为企业带来效益;最好的创新是在企业现有条件下带来更多的经济效益。

【创新扩散理论】描述创新物在一个社会系统中扩散的基本规律和过程的理论。由美国学者埃弗雷特·罗杰斯提出。他认为创新是"一种被个人或其他采纳单位视为新颖的观念、时间或事物"。而一项创新应具备相对的便利性、兼容性、复杂性、可靠性和可感知性五个要素。另一美国学者罗杰·菲德勒则认为创新还应当包括"熟悉"这一要素。罗杰斯把创新的采用者分为革新者、早期采用者、早期追随者、晚期追随者和落后者。创新扩散包括五个阶段:了解阶段、兴趣阶段、评估阶段、试验阶段和采纳阶段。创新扩散的传播过程可以用一条"S"形曲线来描述。在扩散的早期,采用者很少,进展速度也很慢;当采用者人数扩大到居民的10%~25%时,进展突然加快,曲线迅速上升并保持这一趋势,即所谓的"起飞期";在接近饱和点时,进展又会减缓。整个过程类似于一条"S"形的曲线。

【创造导向】通过创造性市场开发进行营销导向的观念。其核心思想是:企业不仅要满足顾客的现实需求,而且要超前于顾客的现实需求,创造出新产品、新劳务来满足顾客的潜在需求或隐性需求。创造导向的本质在于企业的经营要站在市场营销活动的前沿,创造和挖掘顾客的潜在需求,主动积极地为顾客提供他们可能没有意识到但客观上存在需求的产品或劳务。

【创造性思维】人们在创造过程中产生出新的思维成果的思维,是一种创造新形象或新事物的思维形式。创造性思维对分析市场形势、制定企业发展战略、塑造企业形象、进行企业的管理创新、处理棘手问题、提高企业家认识、预见和决策能力等都具有明显的效应。创造性思维的主要方式有:(1)想象思维。它不是空想和遐想,而是凭知识和经验推断的奇特想象。(2)辩证思维。是透过事物的矛盾、发展、变化,从而看到事物的本质、主流、趋向和规律。(3)立体思维。思考问题跳出点、线、面三维的局限,从更新的层面进行开拓性思维。(4)多元思维。思考问题要多渠道、多侧面,思路开阔,机智灵活。(5)联想思维。是从事物的相似、相关中寻找新思路。(6)逻辑思维。按照常理和规律进行演绎和推论。(7)扩散思维。对事物进行层层分析和解剖。(8)抽象思维。对事物进行抽象的分析、综合和概括。

【达维多定律】一家企业要在市场中总是占据主导地位,那么它就要永远做到第一个开发出新一代产品,第一个淘汰自己的产品。是以英特尔公司副总裁达维多的名字命名的。1995年,英特尔公司为了避开 IBM 公司的 Power PCRISC 系列产品的挑战,公司副总裁达维多故意缩短了当时极其成功的486处理器的技术生命。1995年4月26日,许多新闻媒体都报道了英特尔公司牺牲486、支持奔腾586的战略。

【杜邦定理】对商品外观市场价值的基本法则。统计表明,63%的消费者是根据商品的包装来做购买决策的。在市场竞争中,产品的竞争不仅仅包括产品的品质和知名度;同时,它的外观也有决定性的影响。美国杜邦化学公司经过调查发现这一结果,被称为"杜邦定理"。

【放大镜效应】通过品牌"聚焦"可以达到意想不到效果的形象比喻。试验证明,在太阳光下,用放大镜对好焦距,在一张纸上把光源聚焦,很快这张纸就会被燃烧,这是光学原理。同样,这一原理也适用于企业经营及市场营销,如果把品牌当做放大镜,企业的经营资源犹如阳光,通过品牌进行企业资源的有效整合形成能量,并调整好市场推广的进程焦距,定能引发良好的市场效益。在经营的实践操作上,本现在三个方面:(1)优化经营资源,创造强势品牌。(2)整合营销资源,激发市场效应。(3)放大市场效应,实现战略重组。企业的经营应集中于创建强势品牌,形成竞争优势。

【弗洛克论断】具有战略价值的合作伙伴能带来竞争优势。迈克尔·弗洛克在任美国邓百氏公司应收账款服务部总经理时,很注意寻找具有战略价值的合作伙伴,因为他相信他们会带来竞争优势。这一思想被称为"弗洛克论断"。

【服务利润链】将服务营销与市场利润链接起来的一种思想。1996年,美国的詹姆斯赫斯克特、厄尔萨塞、伦纳德施莱辛格在《服务利润链》中提出服务利润链模型,发展了服务营销的思想。服务利润链认为:利润、增长、顾客忠诚度、顾客满意度、顾客获得的产品及服务的价值、员工的能力、满意度、忠诚度、劳动生产率之间存在着直接、牢固的关系。他们根据长期跟踪和研究发现:那些成功的服务公司把注意力集中在顾客身上,也集中在职员身上,增加了利润增长点。把公司的利润与雇员和顾客的满意连在一起,表明服务利润链特别关注雇员忠诚与顾客忠诚的一致性。

【感性营销】通过赋予产品一定的理念和内涵,以引起消费者在情感上的共鸣,达到使其认同品牌和购买产品的目的。基本特点是以情感认同与心理需求为推动力,以情感为高附加值,以客户体验为平台和手段,释放产品的情感能量,从而打动客户,结为联盟,建立产品及企业的独特竞争力与核心价值优势。感性营销关注消费者的情感,从情感的层面支持他们、响应他们,给他们回应、认同,就等于给客户更多更有力的购买理由。情感的联系越强烈,回应点越多,客户感觉舒服了,交叉、重复购买的频率就会加大,产品、服务的口碑也会越来越好,品牌的认知度与美誉度就会随之越高。

【感应现象】体验式经济所提倡给顾客身心交融的感觉与价值感受,追求感性与情境的诉求,创造值得消费者回忆的活动,并触动其内在的情感和情绪;并注重与商品的互动,以增加产品的附加价值;以建立品牌、商标、标语及整体意象塑造等方式,取得消费者的认同感。

【个性化营销】企业通过对人的关注、人的个性释放及人的个性需求的满足,以实现营销目标的经营方式。顾客根据自己的需求提出商品性能要求,企业尽可能按顾客要求进行生产,迎合消费者个别需求和品味,并应用信息,采用灵活战略适时地加以调整,以生产者与消费者之间的协调合作来提高竞争力,要求企业与市场逐步建立一种新型关系,建立消费者个人数据库和信息档案,及时地了解市场动向和顾客需求,向顾客提供一种个人化的销售和服务,以多品种、中小批量混合生产取代过去的大批量生产。"个性化"可以分成:(1)产品的个性化。产品最大限度满足最多的顾客的使用实效以及心理诉求,包括企业对产品的结构设计、外观设计、形象概念包装、功能实效性设计、价格定位等。(2)服务的个性化。个性化服务直接体现于产品的附加值,是产品增值的重要方式。随着社会群体的消费水平日趋提高,人们的消费需求不再限于产品本身的功能价值上,而更多的在于顾客购买产品前后的一种心理诉求得到最大满足。个性化服务是不断满足个人需求而提升的服务,同时必须是让顾客感动的服务和非常具体和灵活的服务。(3)营销模式的个性化。主要体现在渠道方式和促销方式两个方面。个性化营销的意义,就像美国消费者协会主席艾拉马塔沙所说:"我们现在正从过去大众化的消费进入个性化消费时代,大众化消费的时代即将结束。现在的消费者可以大胆地、随心所欲地下指令,以获取特殊的、与众不同的服务。"

【共生营销观念】参见【整体营销观念】。

【顾客导向】企业要以满足顾客的现实需求为企业经营的出发点的经营思想。基于这样一种观念,企业要特别注重顾客的消费能力、消费偏好以及消费行为的调查和分析,重视新产品开发和营销手段的创新,以动态地适应顾客的需求,顾客导向既是整体营销导向的核心,又是其他营销导向的基础,它所强调的是要避免脱离顾客实际需求的盲目生产或对市场的主观臆断。参见【市场营销观念】。

【顾客导向观念】参见【市场营销观念】。

【顾客观念】以建立高度忠诚顾客群为目标的营销思想。"世界上没有两片相同的树叶。"市场上没有两个需求完全一致的顾客。企业可以借助现代化工具,提高与顾客沟通的能力,降低了解、满足个别顾客需求的成本。顾客观念是企业把满足个别顾客的需求作为企业经营的核心。通过一系列卓有成效的工作,为不同的顾客提供不同的商品、服务和信息。企业调研收集每个顾客的信息,以便更精确地了解、关注和掌握顾客生命周期价值,一对一地向顾客提供符合其需求的产品和服务,以培养忠诚顾客群。

【顾客满意营销观念】向市场提供多样化、高质量的产品与服务,达到顾客满意价值标准的营销思想。"顾客满意",即顾客通过一个产品的可感知的效果(或结果)与他们的期望值相比较后所形成的感觉状态。20世纪80年代末90年代初由西方学者提出。顾客满意(CS即Customer Satisfaction)是"顾客导向"在当代市场条件下的发展和具体运用。由于激烈的国际市场竞争已打破了区域界限,形成了全方位、高强度全球营销的趋势。发达国家经济增长放慢,企业利润率降低,各种信息加快扩散的趋势越来越明显,企业长期保持技术上的领先和生产率的领先以取得竞争优势,必须坚持顾客导向,顾客满意作为其营销活动的基本准则。并建立与顾客的良好关系,才能在根本上赢得竞争优势。而实现顾客满意的关键是提高顾客让渡价值。

【赫茨伯格动机理论】赫茨伯格

（Henry Herzberg）提出的消费理论。认为，消费过程中的满意因子（导致满意的因素）与失意因子（导致不满意的因素）是明显不同的，并可以被顾客清楚识别出来。因此，顾客在购买决策前，会对满意因子和失意因子的数量和程度进行比较，然后再做决策。

【赫尔定理】市场竞争的一条防御原则。其结果只有两种防御可能性：比竞争对手学得更快，以便保持优势；在其他因素中创造新的竞争优势。营销专家赫尔曼·西蒙和斯特凡·赫尔曾在德国《商报》撰文《不把弱点暴露给竞争对手》，提出要创造和捍卫战略竞争优势应注意八条原则，其中一点就谈及竞争防御原则，赫尔定理由此而来。

【互愿营销】一种渐进的营销革新。这一营销方式的成功建立于取得对营销过程认可以及不断参与的基础之上，邀请参与到一种持续的、侧重于信息和价值交换的互动关系中来。其实质是一种基于顾客价值的并且持续为其创造价值的营销模式。菲利浦·科特勒曾经说过："互愿营销是一个真正的业务创新过程，符合大营销的视角，能够真正做到满足顾客需求，而不是骚扰或者操纵他们。"

【霍尔德定理】最先主动采取行动的人，往往比后来者占有更大优势。由英国著名企业管理学家瓦尼莎·霍尔德提出，类似于中国"先发者制人，后发者制于人"的思想。

【减少风险理论】为消费者购买行为减少风险行为的理论。该理论认为，每个消费者在实施购买行为时，总是努力回避或减少风险。基本观点包括：（1）消费者在购买商品时，风险程度的大小与购买后造成损失可能性的大小以及实际造成损失的大小有关，损失愈大，风险愈大。（2）消费者因购买商品而可能遭受的风险有五类，即金钱风险（包含时间风险）、身体风险、功能风险、社会风险和心理风险。（3）消费者为了避免风险，在购买决策时，总是试图采取某些办法来减少风险。

【精准营销】在精准定位的基础上，依托现代信息技术手段建立个性化的顾客沟通服务体系，实现企业可度量的低成本扩张之路。菲利浦·科特勒认为："具体来说，就是公司需要更精准、可衡量和高投资回报的营销沟通，需要更注重结果和行动。"精准营销的基本意义包括：（1）精准的营销思想，营销的终极追求就是无营销的营销，到达终极思想的过渡就是逐步精准。（2）是实施精准的体系保证和手段，而这种手段是可衡量的。（3）就是达到低成本可持续发展的企业目标。精准营销的实现目标是：（1）通过可量化的精确的市场定位技术突破传统营销定位只能定性的局限。（2）借助先进的数据库技术、网络通讯技术及现代高度分散物流等手段保障和顾客的长期个性化沟通，使营销达到可度量、可调控等精准要求。摆脱了传统广告沟通的高成本束缚，使企业低成本快速增长成为可能。（3）保持企业和客户的密切互动沟通，不断满足客户个性需求，建立稳定的企业忠实顾客群，实现客户链式反应增值，从而达到企业的长期稳定高速发展的需求。（4）借助现代高效广分散物流使企业摆脱繁杂的中间渠道环节及对传统营销模式营销组织机构的依赖，实现了个性关怀，极大降低了营销成本。总之，精准销售采用精准的市场定位、精准的产品投放、精准的价格策略、精准的产品工艺、精准的广告投放、精准的亲情服务和精准的全员培训等销售手段有效降低了产品的附加成本，促成了销售，快速实现企业几何级增长，通过系统手段保持和客户的密切互动沟通，不断满足客户需求，建立起稳定的企业忠实顾客群，实现企业的长期稳定发展。

【拒买效应】消费者态度决定市场销售的一条法制。有统计表明，顾客拒买一件不合格产品，给商家带来的直接损失等于7件合格产品的利润。

【科斯第一定律】在交易费用为零的世界中，各方之间的谈判将导致财富最大的安排而与权利初始分配无关。科斯是产权理论的奠基人之一，他在经济学界的成就是巨大的，同时也促成了经济效率的提升。科斯第一定律是产权理论的一个重要组成部分。

【可持续消费】符合人的身心健康和全面发展要求、促进社会经济发展、追求人与自然和谐进步的消费观念、消费方式、消费结构和消费行为。实现消费"发展性"与"可持续性"的双赢，是可持续消费的本质内涵所在。从人与自然之间关系上分析，消费的"可持续性"主要是指当代人满足消费发展需要时不能超过生态环境承载力的限制，消费要有利于环境保护，有利于生态平衡。它既要求实现资源的最优和永续利用，也要求实现废弃物的最小排放和对环境的最小污染。生态环境承载力一旦被突破，消费当然就没有"可持续性"。由于各种高消费、炫耀消费、攀比消费等都毫无意义地增加了资源消耗、加剧了环境破坏的程度，所以都不是可持续消费。从人与人之间的关系上分析，消费的"可持续性"主要是指公平和

公正消费。可持续消费不是介于因贫困引起的消费不足和因富裕引起的消费过度之间的一种折中调和，而是一种新的消费模式。它体现了公平与公正原则，即追求生活质量的权利对于当代全球的每一个人，对于当代与后代的每一个人应该同等地享有。任何人都不应由于自身的消费而危及他人的生存和消费（即代内公平），当代人不应该由于本代人的消费而危及后代人的生存与消费（即代际公平）。否则，没有相对公平、相对公正消费的社会犹如一艘航行中倾斜的轮船，同样是不可持续的。可持续消费对我们现有的消费观念、消费习惯、消费结构、消费方式提出了新的要求：既要反对过分节俭，只满足温饱而忽视消费的"发展性"；又要反对奢侈消费，特别是反对不加节制地只注重物质享受，忽视生态环境制约，忽视社会公正制约，即忽视消费的"可持续性"。可持续消费模式应遵循和体现的基本原则是：(1)适度消费原则。适度消费既要反对过度消费，也要反对过分节约。过分节约的低消费虽然减少了消费中的物质消耗，但降低了生活水平，抑制了生活情趣，不利于身心健康与个性发展。适度消费原则要求坚持以人的需要作为出发点，以人的健康生存作为目标，逐步减少无意义消费和对人类健康无益甚至有害的愚昧消费等。(2)公平消费原则。公平消费应该体现在提倡面向全体公民的消费模式，不鼓励或限制少数人的高消费、超前消费、挥霍消费及畸形消费。(3)以人为本的消费原则。以人为本的消费原则指的是消费结构上要形成合理的比例，实现人的本质以及人的全面发展目标。人的全面发展，是人的本质要求，是建立

未来社会的重要基础,是文明社会发展的必然趋势。人的全面发展应该包括:人的物质文化需要和生态需要得到满足,人的能力的充分发挥,人的个性得到充分发展,人的素质得到全面提高。《21世纪议程》提出,世界所有国家均应全力促进可持续消费模式,发达国家应率先达成可持续消费模式,发展中国家应在其发展过程中谋求可持续消费模式,避免工业化国家的那种过分危害环境、无效率和浪费的消费模式。我国在实施可持续发展战略中,非常注意引导和建立可持续的消费模式。《中国21世纪议程》指出,合理的消费模式和适度的消费规模不仅有利于经济的持续增长,同时还会减少由于人口增长而带来的种种压力,使人们赖以生存的环境得到保护和改善。人口的迅速增长加上不可持续的消费形态,对有限的能源、资源已构成巨大压力,尤其是低效、高耗和不合理的消费模式,鼓励并引导合理的、可持续的消费模式的形成和推广,尤其是寻求改变贫困地区落后消费模式的对策,促进这些地区提高经济和生活水平,消除贫困,减缓对环境造成的压力。要保持人均能源及原材料消耗不再相应增加,并减少有害废物对环境的污染;改善居民消费结构;缩小贫富差距,追求共同富裕。

【拉图尔定理】一个好品名可能无助于劣质产品的销售,但是一个坏品名则会使好产品滞销。产品的名字是连接着产品与顾客内心的桥梁,它涵盖着产品的信息。由法国诺门公司德国分公司负责人苏珊拉图尔提出。

【类比思维原理】通过对两种以上营销管理活动客体,进行比较而获得创造性思维的方法。相比较的两事物可以是同类,也可以是不同类,甚至差别很大。通过比较,找出两事物的类似之处,然后再据此推出它们在其他地方的类似之处。例如,家电产品中,有冰箱、彩电、空调等等。其中,冰箱既可以在冰箱大类之间进行品牌、质量、规格、价格的类比,又可以在冰箱与彩电之间进行广告效果、促销策略、市场目标等方面的类比。类比思维可以从异中求同,或同中求异,大大开阔营销策划的研究视野,获得新的创造性的成果。比如,电子手表就是人们从机械与电子两者之间进行类比后研究开发的。运用类比思维的方法有:(1)直接类比法;(2)综合类比法;(3)象征类比法;(4)因果类比法。

【零售业态三次革命】零售业态的历史性大跨越。从20世纪30年代开始,以发达国家为主,零售业不断创新和发展。消费需求更趋多样化,科技发展带来大量新产品,同时零售业竞争也日趋激烈,这些变化促使零售不断创新以求发展。从零售业态的变化看,经历了三次大的飞跃,被称为“零售业态的三次革命”。它们分别是:百货商店的出现;超级市场的诞生和连锁商店的发展。零售业态的三次革命把零售业推到了崭新的阶段。与此同时,无店铺销售的出现和兴起、渠道多样化特别是网络营销得到了发展。绿色营销、关系营销、品牌营销、直复营销等新理念,在零售经营中得到广泛应用。

【绿色营销环境观】按照可持续发展战略要求,把环境保护作为营销活动市场导向的思想。环境是影响人类生存和发展的各种因素的总和。环境一方面是人类生存和发展的物质基础和空间条件,另一方面又承受着人类活动所产生的废弃物质和其他种种结果。环境问题可分为两类:(1)工业生产、交通运输和生活排放的有毒、有害物质,以及有毒化学品引起的环境污染。(2)对自然资源不适当的开发活动所引起的生态环境的破坏,这突出地表现为在植被破坏、水土流失、土壤退化、沙漠化、气候异常诸方面。正确的环境观要求:(1)环境是人类的需要之一;(2)构造新的供应链;(3)环境问题中的产业关联性;(4)环境问题可以转化为环境机会。

【绿色营销效益观】企业在从事营销活动时,正确处理和协调经济效益、环境效益和社会效益三者之间的关系,使三者达到统一的营销思想。在市场营销观念指导下,企业就是通过满足需求,从而取得利润最大化,即把经济效益作为企业追求的唯一目标。一种行为的社会效益往往是双重的,要全面对某一经济活动的社会效益进行评估。人类的社会经济活动必然会对环境产生影响,从而使环境质量发生变化,这种变化就是环境效益。经济效益与环境效益是相互依赖、相互制约的,强调经济效益和环境效益,目的都是为了社会效益。

【绿色营销需求观】消费者需求与实现生态、经济和社会的可持续发展统一的营销思想。该观念认为,企业的经营活动必须以消费者需求为中心,有合理的一面也有矛盾的一面,即大规模生产与大规模营销容易诱发资源问题、环境问题,引起自然界的供给与人类需求的矛盾和冲突。市场营销活动要注重和强调需求的全面性。为实现人类的生活质量的全面提高,企业经营活动必须关注消费者需求的全面性,这包括对健康、安全、无害的产品需求,对美好生存环境的需求,对安全、无害的生产和消费方式的需求,对和谐的人与人关系的需求。该观念还认为,企业在从事营销活动时不仅要发现需求、满足需求,而且要引导需求。企业不应单纯把消费者看成是实现利润的手段和工具,把自然看成征服的对象,消极地去发现需求、满足需求,从而实现利润,而应积极主动地引导消费者进行合理消费,树立新的伦理观、价值观,避免不合理需求引发的不合理的生产和消费方式,引起自然资源的浪费和损耗、生态环境的恶化,以及人的异化,造成人与自然的对立、人与人的不和谐。

【绿色营销资源观】按照可持续发展的要求,对资源进行合理开发使用的市场营销思想。资源是人类社会生存与发展的重要物质基础。人类认识自然、利用自然、改造自然的社会发展过程,同时也就是一部人类不断认识资源、利用资源的历史。资源观的发展变化是人与自然关系的写照,反映了人类对于人与自然的关系的认识深化,标志着人类文明和社会发展的进步。

【马斯定理】做广告时第一件要决定的事,就是怎样确定你的产品在市场上的位置。美国广告学家 J. 马斯的上述思想被称为"马斯定理"。

【拟态效应】某些生物在进化过程中形成的外表形状或色泽斑与其他生物或非生物的周围自然界异常相似的现象,目的是借此保护自身,免受侵害。拟态效应就是对自身状况进行伪装保护,可以获得一种竞争优势。早在1793年德国博物学家就观察到植物像动物一样,可以模拟其他生物。他发现某些植物特别是兰科植物的某些种类自己不能分泌花蜜,但它们能模拟生活在同一环境中的可以产生花蜜的植物的形态。

【逆向思维原理】逆向思维是从事物构成要素的反面,或从事物的相反功能的角度,运用反常规的思想、方法或者程序来寻求问题解决方案的一种思维模式。营销中运用逆向思维的方法有:(1)反转型逆向构思法。指从已有事物的相反方向通过逆向思维,来引导营销的构思。其大致有三条途径:一是功能性反转。指从已有事物的相反功能,去设想新的技术发明或寻求解决问题的新途径。例如,电话、电视机、电脑,都是独立的产品,"三电一体化"的发明,正是这种功能反转的结果。二是结构性反转。指从已有事物的相反结构形式去设想新的技术创造。例如,电话在相当长的时间是"固定"的,人们从"移动"的角度思考,就出现了今天的"手机"。三是因果关系反转。指改变已有事物的因果关系来引发新的创造性设想和思路。例如,水力发电机输入的是水力产生的机械能,输出的是电能;鼓风机输入的是电能,输出的是气体流动产生的机械能,两者的结构原理是等价的,只不过互换了其因果关系而已。(2)转换型逆向构思法。指当某种营销目标从一个主攻方向上达不到预期效果,可通过背逆以往的求解思路的方式,把解决问题从一个方向转向另一个方向,往往会取得意想不到的收获。该种方法在营销中被大量采用。譬如,在美国西部的"淘金热"中,数以万计的人去淘金,但是一些人不淘金,而去卖水、去修桥,同样获得成功。(3)缺点逆用构思法。指利用事物缺点,化弊为利的营销方法。它不是以克服事物的缺点为目标,而是巧妙地利用事物的缺点,化弊为利,寻找新的创新突破。例如,金属腐蚀本来是一件坏事,但人们却利用腐蚀原理发明了刻蚀和电化学加工工艺以及制造不锈钢粉末的方法。现在盛行于世界的"基因疗法"也属于缺点逆用构思法的成果。

【企业价值观】亦称"企业最高目标"、"企业理想"、"企业宗旨"等。企业职工拥有共同性的价值观念,是在企业经营哲学指导下构成企业文化的基础与核心,它决定企业的经营目标、企业的管理风格及企业的行为规范。企业价值观应是全体或多数职工一致赞同的,故又称"共有(或共享)价值观"。任何一个企业,总是要把它的价值所在以及它认为最有价值的对象作为本企业努力追求的最高目标、最高理想或最高宗旨。

【企业契约】现代企业理论的重要内容。它主要包括两个重要的基础性理论,即交易成本理论和委托代理理论。交易成本理论包括间接定价理论和资产专用性理论两个重要的分支。间接定价理论的核心观点是,企业的功能在于节省市场中的直接定价成本(即较少市场的交易费用)。科斯通过使用市场价格机制下交易费用的分析方法后认为,企业是作为价格机制的替代物而出现的一种机制,其功能在于节省市场中的直接定价成本。企业在"内化"市场交易的同时产生额外的治理与管理成本,当治理与管理成本的增加与交易费用的节省数量相等时,企业的边界趋于平衡。因此,对企业和市场的选择依赖于市场定价的成本与企业和内部官僚组织的成本间的平衡关系,交易成本限定了企业的规模。

【企业生命周期】企业从诞生到死亡的时间过程。企业生命周期理论是美国管理学家伊查克·艾迪思博士于1989年提出来的。该理论主要从企业生命周期的各个阶段分析了企业成长与老化的本质及特征。企业的生命周期包括三个阶段九个时期:成长阶段,包括孕育期、婴儿期、学步期、青春期;成熟阶段,包括盛年期、稳定期;老化阶段,包括贵族期、官僚化早期、官僚期(含死亡)。从理论上讲,企业生命周期理论的目的不是要说明企业成长的阶段性,而是要揭示出影响企业生命周期的因素,进而说明如何改善企业的生命周期。

【渠道结构扁平化理论】关于销售渠道功能状态的知识体系。渠道扁平化是相对于原有的高耸型渠道结构而言的,其具体的表现形式是产品或服务从制造企业到最终消费者的距离缩短、层级减少。扁平化的实质并非是简单地减少某一个销售环节,而是要对原有的渠道系统进行优化,剔除其中没有增值的环节,使渠道系统从供应链向价值链转变。"扁平化"源于一种组织管理思想,目的是通过增大管理幅度,减少管理层次和中间环节,提高组织管理的效率。营销学者将这一思想运用于营销渠道管理,提出"渠道扁平化",旨在通过撇开经销商或分销商,直供终端和消费者,以提高渠道管理的效率和效益,增强渠道的可控性,同时更加接近消费者。

【渠道结构网格理论】关于销售渠道功能状态的知识体系。该理论认为,渠道结构是多层次、多水平的,具有多维的空间结构,是商流、信息流和资金流的整合。营销渠道空间是存在于营销渠道中的各种物质实体的结构关系在时间和空间上的延展,包括厂商、中间商及消费者构成的空间范围,以及相互作用的时间范围。其中点、线、面是营销渠道空间模式构成的基本要素。点是指渠道中的营销力量(人、财、物)在市场上所选择的关键点,如具有分销中心功能的城市、贸易中心等。线是指渠道中商品流通的线路,主要涉及用科学的方法设计运输线路系统。面是指"点"与"线"所构成的商品辐射范围及域面。点、线、面空间三要素,不仅具有方位、距离和范围等方面的几何规定性,而且具有不可或缺性。点、线、面要素的层次组合,形成空间等级规模结构,而点、线、面要素的有效结合,将形成一个高效的立体网络系统。营销渠道空间结构是构架营销渠道中各经济实体在空间中的相互作用和相互关系,以及反映这种关系的实体和现象的空间集聚规模和集聚形态,表现为中间商网点、网络、域面、要素流和等级规模体系的要素集合,它们共同制约着一定地域营销渠道空间的疏密散聚、相互位置及分布形态。点、线、面和商流、信息流、资金流构成营销渠道空间立体运行整体。

【渠道结构系统化理论】关于销售渠道功能状态的知识体系。传统渠道结构理论从经济学假设出发,认为营销渠道是由一系列独立的机构与组织组成,其机构之间分工明确,目标独立而且利益不一致。现代营销渠道是一个由厂商、渠道成员和消费者构成的系统。存在着如下特征:(1)整体性。即渠道各子系统都应拥有一致的目标,充分体现该功能的整体性。目标必须协商确定,或者通过市场交易获得一致,三方都必须保证他人的利益得到保障。特别是企业和渠道成员的利益必须均衡,只有均衡的利益才能促进双方投入更多的专有资产进行交易,减少交易成本,维持双方的长远利益,而不应该是各自行使机会主义行为,为了一己之利,损害他人利益。同时目标必须具有长期性,不能只顾短期的经济利益,只有这样,才能激励各方不断地前进,克服合作道路上的冲突和矛盾。(2)开放性。营销渠道是一个开放的系统,每个渠道子系统都要适应正在变化的环境。伴随着渠道子系统不断地改变自己的职能,调整组织结构与任务,以适应不断变化的环境,整个渠道系统都会发生相应的变化。因此,渠道成员之间必须开放自身系统,交出部分控制权,个人行为非个人化,通过开放系统边界来实现系统交互,构成一个整体来适应环境要求。(3)有序性。系统之所以能成为一个有机整体,发挥较高的功效,原因在于系统的有序性。这就要求渠道系统结构及内部状态保持良好的秩序,表现为渠道子系统之间地位与关系的有序性、渠道结构空间与时间上的有序性及渠道系统变化、发展的有序性。有序性依靠情感、制度、信息和权力优势得到保障。

【三维营销】营销人员向消费者提供多元利益的营销理论。由美国麦肯锡(McKinsey)的营销专家提出。该理论认为,营销人员应该向消费者提供三个方面的利益。(1)特色鲜明的功能利益。即与竞争产品有明显区别的产品功能特色。(2)消费过程中的利益。努力使消费(买卖)过程更方便、轻松、愉悦、快捷、便宜。(3)关系利益。揭示消费者的行为,明确其消费愿望,并让消费者为此得到肯定和奖赏。

【商圈理论】在新建商店选址时应使商店的布局能与一定范围内的居民购买力和购买距离相适应,以形成布局合理的商业网点的理论。商圈理论是许多营销方案实施成功与否的关键。最初来源于日本。商圈也称"购买圈"、"商势圈"。在一定经济区域内,以商场或商业区为中心,向周围扩展形成辐射力,对顾客吸引所形成的一定范围或区域。可以区分为"核心商圈"、"次级商圈"和"边缘商圈"。一般在核心商圈内,包括一些本区域重要的大商场和以这些大型商场为核心的小型商场,核心商圈一般占有该经济区域顾客总数的60%～70%,每个顾客的平均购买额也最高。次级商圈是指核心商圈外围的商业区,它一般拥有着该经济区域20%左右的顾客,顾客较分散。边缘商圈是指位于次级商圈外围的商业区,其拥有顾客的比例低于次级商圈。核心商圈、次级商圈和边缘商圈的客流量、营业额是依次递减的,其商业的价格必然由高到低。一般大中型城市,因为消费者和购买力有限,客观只有一个核心商圈;在小一些城市区域客观上属于次级商圈。

【社会市场营销观念】亦称"社会市场营销"。在"消费者为中心"的基础上,突出"社会为中心",实现企业的微观效益与全社会的宏观效益并重的营销思想。市场营销原理在商品和服务分销中的成功应用,促使人们将这一理论用于那些非经济、非营利性的社会机构(如医院、博物馆、教堂等)的价值交换,这实际上是一种特殊商品的市场营销。1971年,杰拉尔德·蔡尔曼和菲利浦·科特勒提出了社会市场营销的概念,将市场营销学运用于环境保护、计划生育、改善营养、使用安全带等具有重大的推广意义的社会目标方面。一些国际组织认为,运用这一理论是推广具有重大意义的社会目标的最佳途径。以后,企业的社会责任思想、人道市场营销、社会责任市场营销等相关概念逐渐形成。同时,鉴于市场营销观念回避了消费者需要、消费者利益和长期社会福利之间隐含着冲突的现实,社会市场营销观念提出,企业的任务是确定各个目标市场的需要、欲望和利益,并以保护或提高消费者和社会福利的方式,比竞争者更有效、更有利地向目标市场提供能够满足其需要、欲望和利益的物品或服务。社会营销观念认为,企业的营销活动不仅要满足消费者的欲望和需求,而且要符合消费者和全社会的最大长远利益,要变"以消费者为中心"为"以社会为中心"。企业在市场营销中,一方面要满足市场需求,另一方面要发挥企业的优势;同时,还要注重社会利益:确保消费者的身心健康和安全,确保社会资源的合理、有效利用,防止环境污染、保持生态平衡。要将市场需求、企业优势与社会利益三者结合起来,来确定企业的经营方向。社会营销观念产生于 20 世纪 70 年代。进入 20 世纪 60 年代以后,西方国家一些企业打着"以消费者为中心"的幌子,不顾社会整体利益,一些外表十分精美而内在质量低劣,甚至损害消费者身心健康的产品纷纷出笼。企业为了牟取暴利,甚至采用一些蒙骗消费者的手段,以次充好、以劣充优、掺杂使假,并以虚假广告进行宣传,使消费者上当受骗。新产品的不断问世使社会资源造成巨大浪费,社会环境遭到严重的污染,消费者

的社会利益受到侵害。在这种形势下,一方面,以美国为代表的各西方国家消费者利益运动高涨。消费者为了维护自身的利益,纷纷成立了"消费者协会"等组织,以游行、请愿的方式,抗议企业对消费者利益的侵害;呼吁政府出面干预企业的不正当行为。为了平息消费者运动,1962 年美国总统肯尼迪发布了消费者权利法案,宣称消费者有以下权利:获得安全的产品;取得有关产品的可靠信息;选择产品和劳务;当正当权益遭到侵害时,能以某种方式向官方申诉,以保证得到赔偿。另一方面,市场营销界的学者们也纷纷行动起来,指责市场营销中的缺陷,并提出了一系列新的营销观念。企业推行社会营销观念,从宏观上可以保护消费者和企业生存与发展的良好营销环境,符合社会合理、有序发展的要求;从微观上可以提高企业在消费者心中的形象,为企业的持续发展创造一个稳定的环境。

【社会营销导向】参见【社会营销观念】。

【生产导向】参见【生产观念】。

【市场观念】一种以顾客需要和欲望为导向的哲学,是消费者主权论在企业营销管理中的体现。市场观念认为,实现企业各项目标的关键在于正确确定目标市场的需求和欲望,并且比竞争者更有效地传送目标市场所期望的物品或服务,进而比竞争者更有效地满足目标市场的需要和欲望。

【市场营销道德】消费者对企业营销决策的价值判断,即判断企业营销活动是否符合广大消费者及社会的利益,能否给广大消费者及社会带来最大的幸福。这势必涉及企业经营活动的价值取向,要求企业以道德标准来规范其

经营行为及履行社会责任。最基本的道德标准已被规定为法律和法规,并成为社会遵循的规范,企业必须遵守这些法律和法规。营销道德则不仅指法律范畴,还包括未纳入法律范畴而作为判断营销活动正确与否的道德标准。企业经营者在经营活动中应当遵循这两种类型的营销道德。

【市场营销管理】企业在市场营销活动中进行市场调查和分析,制定市场营销战略和市场营销策略,并对其加以实施和控制的过程。20世纪50年代,营销研究者把营销从传统的经济学研究转入管理学研究。霍华德在其著作《营销管理:分析与决策》一书中,用管理学观点重点研究了营销的应用性。他认为,营销管理是公司管理的一个部分,它涉及的是比销售更广的领域。营销走向管理导向是一个历史飞跃。营销管理的精粹在于公司创造性地适应其不断变化的环境。20世纪70年代,营销又把战略计划纳入管理领域。利用波士顿咨询公司的研究模型,把公司业务分成不同的类型,决定哪些需要保护,哪些需要建立,哪些需要收获或淘汰,在这一思想中产生了"营销战略管理"概念。20世纪80年代兴起了"跨国企业全球化管理"的研究。其中,市场营销管理过程需要说明,在企业战略计划过程中明确了企业重点经营的业务后,通过市场营销管理系统发现、分析、选择和利用市场营销机会,以实现企业任务和预期目标的过程。它包括分析市场机会、选择目标市场、进行市场定位、设计并执行市场营销组合方案以及管理(调控)营销活动这几个主要阶段。

【水平营销】一种营销创新的理念和方法。它通过改变市场、改变产品、改变营销组合,重新定义了市场和需求,带来新类别的产品或新的市场,从而给企业带来营销上的重大突破。传统意义上的市场细分和定位策略的不断运用尽管能扩大规模,但最终会导致市场的饱和与极度细分。水平营销是一种营销模式的创新,是一个通过对既定市场、现有产品、营销组合进行本质的改变来达到创造出新市场、新产品的过程。

【特普热尔定律】对培育忠诚顾客的基本法则。统计表明:顾客少流失5%,企业利润最多可增长85%,赢得一位新顾客所花的代价要比照料好一位老顾客高6倍。德国兰克复印机公司总裁特普热尔的这一论述后来成为忠诚顾客理论的重要基础,人们也把这一论述称为"特普热尔定律"。

【同类不相容现象】亦称"同类相斥"。战争是在同类动物之间发生,而不同种类的动物之间却可以相安无事。在市场中,同质产品竞争激烈,不同质产品可以和平共处。该现象首先是由奥地利动物学家康罗·洛伦兹提出。

【投射效应】消费心理行为。人们在日常生活中常常不自觉地把自己的个性、好恶、欲望、观念、情绪等归属到别人身上,认为别人也具有同样的心理特征。这是一项心理学的研究发现,心理学家们称这种心理现象为"投射效应"。

【瓦格纳定理】谁不去推动市场,谁就要被市场推动。该定理由瓦格纳提出。沃尔夫冈·瓦格纳是美国BIH公司驻慕尼黑业务公司的经理,他在市场经营管理方面见解颇深。他认为从事市场活动就必须对市场信息充分掌握。

【沃尔顿法则】沃尔顿的经营理念："每当我们为顾客省下一块钱，就赢得了顾客一分信任。"沃尔玛是全球最大的连锁店，在世界 500 强中名列前茅，在全球拥有 3000 多家连锁店，1998 年沃尔玛的年度销售额为 1392 亿美元。创始人山姆·沃尔顿为他的沃尔玛山姆会员店立下一条导致他成功的规矩——为顾客节省每一分钱。

【香肠效应】要得到一根香肠，千万不要去抢，对手握得正牢。你只有先恳求对手给你极薄的一片，第二天再求他给一薄片，第三天仍如此，这样一日一片，最后整根香肠就会归你。匈牙利政治家拉科西·马加什的上述论述，就是他最为著名的"香肠效应"。"香肠效应"表明，在市场竞争中，尽量避免与强大的对手正面地、公开地展开竞争，而应该采取迂回、侧翼的战术，一点一点地扩大自己的市场份额，从而最后打垮竞争对手。

【消费价值观】人们对消费及相关问题的基本看法。主要内容包括：对消费问题的看法、对消费与生产之间关系的看法、对消费与人的全面发展关系的看法。每个人都有自己的消费价值观，并在此支配下观察和处理消费及相关问题。消费价值观是客观消费活动的反映，是社会意识的重要内容之一。人们在社会实践中所处的地位不同，会使生活经历、自身素质、收入水平、审美趣等方面不同，从而逐渐形成不同的消费价值观，影响着对消费功能的评价和消费行为的选择。

【销售导向观念】以销售为中心的市场经营思想。该观念强调，消费者通常不会主动选择和购买某种商品，而只能通过推销的刺激作用，诱导其产生购买行为。而且任何顾客都可能通过推销工作被说服。企业只要努力推销某种产品，消费者就会更多地购买该产品。主要手段包括：加强推销机构、增加销售工作内容、增加和培训推销人员、研究推销技术和大力进行广告宣传等。由于仅以推销出去产品作为企业经营的目的，而对产品是否符合消费者需要，是否让顾客满意等重视不够，存在一定局限性。在执行中，有的企业甚至不惜采用各种手段，硬性兜售产品，形成所谓的"高压推销"或"强力推销"，使消费者利益受到潜在损害。从 20 世纪 20 年代到第二次世界大战结束期间，随着生产社会化程度的提高和规模的扩大，社会产品数量迅速增多，资本主义固有的产品生产过剩与有支付能力的需求相对不足的基本矛盾也日益突出，许多产品供过于求，市场形势由卖方市场开始向买方市场过渡。特别是 1929 年爆发的空前严重的世界性经济危机，使大批企业面临产品积压、市场萧条、破产倒闭的严重威胁。在这种形势下，多数企业意识到仅依靠扩大生产规模和降低成本是远远不够的，要在激烈的市场竞争中求得生存和发展，必须重视和加强产品推销工作，因而纷纷转向奉行"推销观念"。

【需要层次论】亦称"需要层次理论"。人类基本需要等级结构的理论。由美国行为科学家马斯洛（Maslow, Abraham H. , 1908 ~ 1970）在 1943 年出版的《人类动机理论》一书中提出。该理论有两个基本假设：(1)人要生存，人的需要能够影响他的行为，渴望得到满足的需求是人们行为的推动力。(2)人的需要按重要顺序排成一定的次序。

当低级需要得到满足之后,就会追求高一级的需要,如此逐级上升,成为推动人们继续努力的内在动力。他把人的各种需要程度分成五个层次:(1)生理需要,这是人类生存、延续生命的最基本的需要,包括衣、食、睡眠和性等方面的需要。(2)安全需要,包括对自身安全和财产安全方面的需要。(3)社交需要,人们在社会生活中必然需要人际交往,包括社交活动、团体活动、归属、友谊和爱等方面的需要。(4)尊重需要,人具有自尊心和荣誉感,希望有一定的社会地位,得到社会评价、尊重和承认,包括自我尊重和受人尊敬这两个方面。这是比较高层次的需要,能使人获得自信。(5)自我实现需要,这是一个实现自己的理想抱负的需要,是人的最高精神境界的高层次的需要。

【业态辩证过程假说】该假说依据黑格尔哲学中的正、反、合的原理来说明零售机构发展变革的规律。所谓"正",就是指旧的零售机构,"反"是指它的对立面。"合"则是前两者竞争的产物,如20世纪40年代中期城市中心区的百货商店,商品齐备,服务热情,这属于"正"。到50年代初期,折扣商品大量出现,并作为百货商店的对立面(这属于"反")而风行各地。在取代与反取代的竞争过程中,在60年代出现了一种更新的零售机构——商品种类齐全的折扣商店。这种零售机构兼有前两者零售形式的经营特点,但又与它们有明显的不同,这属于"合"。

【业态低成本思想】新兴业态的核心竞争力是低成本的思想。比如,仓储商场就是低成本的典型。它"以库为店、零批结合",其建造成本相当低,基本不需要装修。所以它的批量销售价格大大低于零售商场的10%～15%,个别商品价格低30%,从而有着稳定的消费群和进货商。

【业态合分循环假说】假说认为,零售机构是以所经营商品种类从综合化"合",到专业化"分",再到综合化"合"的不断循环而发展变化,假说以美国零售业发展顺序为证。(1)杂货店时期(综合化时代);(2)专业店时期(专业化时代);(3)百货店时期(综合化时代);(4)方便店时期(专业化时代);(5)商业街时期(综合化时代)。

【业态轮子转动假说】由美国哈佛商学院 M. 麦克奈尔教授提出。假设提出零售商业机构的变革有着一个周期性的像旋转的车轮一样的发展趋势,新的零售机构最初都采取"低地位、低毛利、低价格"的经营政策。随着竞争的加剧,最后就会和它所代替的旧零售机构一样,转化为高费用、高价格、高毛利的零售机构。与此同时,又有新的革新者组织以低地位、低毛利、低价格为特色的零售机构,于是"轮子"又重新转动。但随着时间的推移,都不能始终如一地贯彻"三低"政策,必然走向反面,而被另一新的零售机构所代替。

【业态生命周期假说】该假说借用产品生命周期理论来分析零售商业发展的规律。它把零售业生命周期划分为创新、快速发展、成熟、衰落四个发展阶段。对各个阶段零售市场的特点上都做了描述,并提出零售的相应策略(包括投资增长和风险决策方面、中心业务管理方面、管理控制技术的运用方面和最佳的管理作用等);另外,要求经理们不仅在其发展阶段做出有效决策,而且在它走向衰落时,要主动放弃并寻求新的能适应形势的零售机构,掌握主动权。

【业态自然淘汰假说】该假说的理论基础是达尔文的"适者生存"的进化理论,认为零售商业形式的发展必须同社会生产结构的变化相适应。要受社会技术革新或者竞争结构变化方面的影响,零售商业形式只有同社会环境的变化相适应,才能生存和发展,否则就要被淘汰。

【营销短视症】一种不科学的营销理念。企业管理者在市场营销中缺乏远见,只注重其产品,认为只要生产出优质产品,顾客就必然会找上门,而不注重市场需求的变化趋势。一般营销短视症的主要表现如下:(1)企业经营目标的狭隘性;(2)企业经营观念上的目光短浅。预防和治疗营销短视症的处方为"企业逆向经营过程",即是将传统的经营过程倒转过来,首先了解消费者市场需求;在分析消费者需求,找出企业能够满足的部分;然后确定满足需求的具体产品形式;接下来就购进原材料投入生产;最后将消费者需要的产品推向市场。营销短视症是由美国哈佛大学工商管理教授西奥多·莱维特提出来的。

【营销理念】企业在和谋划企业的经营管理的实践活动中所依据的指导思想和行为准则,是企业的经营哲学和思维方法。营销理念是企业经营市场的灵魂,营销理念的形成通常是企业所处的社会地位、经济实力等客观现状的反映。营销理念一般可以分为营销战略理念和营销战术理念。企业的营销理念不是一成不变的,而是动态的,它随着企业的成长周期、产品的市场生命周期、社会经济和科技发展水平、消费水平等因素的变化而更新。到目前为止,现代市场营销经历了这样的营销理念的演变:生产观→产品观→推销观→营销观→社会营销观→绿色营销观。

【营销质量管理思想】质量管理理论与市场营销理论相互融合而形成的学说。(1)"追求卓越"的营销质量,即对营销程序的优化管理。包括营销系统的约束性、管理规范对市场需要的有效性、规范行为的动态控制性、内部管理逐渐完善配套性"四原则"。"追求卓越"的营销质量必须做到:实现日常的持续突破发展的"高效益"的营销能力;实现组织内部横向、纵向、企业短、长期目标的战略"一致性"的营销能力;让职工努力将质量资源有效地集中到优先目标上的组织动员能力。(2)实施营销质量再造工程。即以满足顾客需求为导向,以灵敏、快速的反应和适应市场变化为宗旨,对质量形成过程的管理进行根本性的再思考和关键性的再设计,取得质量效益。①用质量功能展开提高产品与服务策划、设计质量。②从经营过程重建的服务角度来提高营销质量,企业必须根据市场营销特点,将目标市场分解成各分项营销质量,并用经营过程重建思想对营销过程进行组织机构设置。③用提高消费者满意度指数的方法,进行服务体系设计,以满足消费者不同层次的需求。(3)树立"质量是生命"的营销意识。改革开放以来企业的产品质量、服务质量,人们的生活质量都有了明显的提高,人民群众对质量的追求也日趋成熟。"质量兴业"已经成为时代的要求。(4)重视质量法制意识。按照 ISO9000 质量术语的含义,质量不仅是通常所理解的好与否,而且反映出一个实体满足明确或隐含需要的能力的特性总和。涉及质量的法律、法规有两大类:①技术法律法规是指国家强制执行的标准和技术法规。熟悉相关的法律、法规要求,在产品开发设计阶段就将这些强制性标准作为设计输入予以考虑,在产品鉴定阶段确认符合各类法律、法规和强制性标准的要求才能定型生产。②非技术法律法规是指除技术性的法律法规外,涉及经营活动的相关法律法规。

【营销组合】营销因素相互影响、相互关联、相互促进而相互融合的理论。通过对营销过程中各种因素的描绘,使其必须相互协调地完成整个营销过程。美国密歇根大学教授麦卡锡1960年提出的4P理论,即产品、价格、渠道、促销。20世纪70年代,传统的组合不能很好地适应服务业的需要,学者增加了第5个"P",即"人"(People)和"包装"(Packaging)成为又一个"P"。当营销战略计划变得重要的时候,菲利浦·科特勒又提出了战略计划中的4P,它们是探查(即营销调研)、分割(即市场细分)、优先、定位。再加上"大市场营销"的两个P:政治权力和公共关系,形成10P理论。为了反映日益增长的消费服务的趋势,企业更趋向于4C理论:消费者需求、消费成本、消费者方便、消费者交流。随着营销在全球范围内的实施,产生了标准化营销组合和定制营销组合。标准化营销组合是指在全球范围内使用相同的一套营销组合,这样能减少营销运作成本。而定制营销组合是针对不同国家或地区,分别制定不同的营销组合,以适应当地的实际情况,运作成本高,但效果更好,有"适应性营销组合"的称呼。

【战略业务三角模型】美国学者科特勒的战略业务思想。他认为,战略业务三角模型由公司战略、公司战术和公司价值三个维度构成。它们可细分成九个基本要素:市场细分、目标市场、市场定位、差异化、营销组合、销售、品牌、服务、流程。公司战略旨在赢得"心智份额",即在顾客的心智中占据一定的位置。核心要素是定位;公司战术是为了赢得"市场份额",即用与众不同的营销策略来吸引顾客,核心要素是差异化;而公司价值则意在"心理份额",即使顾客内心接受,核心要素是品牌。事实上,这三个核心要素是相互支持的整合关系,定位是企业对顾客做出的承诺,这个承诺应当具有差异性,一旦这个差异性为顾客带来价值,就会产生一个强势品牌,强势品牌又支持了定位。该三角模型其实是一个战略业务架构。其意义在于:在经营环境不确定时,企业可依此更加系统化和整合化地开展业务活动。

【战略营销】以"战略营销观念"为核心内容的战略营销管理理论。要求将公司的战略进行营销,从而吸引外部的战略资源并优化内部秩序,以促进组织发展。其核心是通过把握客户需求,为顾客提供更为贴心的产品和服务,大大提高客户满意度和忠诚度,实现客户的重复购买和超额利润。近百年来市场营销管理理论产生和发展过程考察表明:任何市场营销管理理论的产生和发展,都是企业作用的必然结果;任何新的市场营销管理理论,都是通过对不适应变化了的客观社会经济环境要求的市场营销管理理论的否定之否定形成的。战略的本质是一个企业对未来的选择。战略就是要把有限的资源和能力,用到产出最大的地方。(1)细分客户群。只有细分了客户群,科学把握细分客户群的标准,充分满足客户的需求,才能提升客户价值。(2)客户群价值评估。应该考虑的主要因素包括:客户群的规模、客户群的购买能力、客户群的开发潜力、客户群流失风险、客户生命周期价值等。(3)聚焦目标客户群。寻找细分客户群和企业资源能力相结合的点,让企业所有的资源和能力,都往目标客户群聚焦,企业的运营效率才能够最大,企业才能够更快地发展。(4)精细化营销管理模式。企业营销管理不是管理短板问题,而是长板问题。企业所有的资源和能力,包括人力资源、财务、资金、研发、生产等都要向聚焦的目标客户群倾斜。(5)企业最终的目的必须实现两个结果:股东价值增值和客户价值增值。只有企业为股东创造价值,提供足够的回报,股东才会继续投资。股东价值回报是吸引投资者投资的最重要的衡量指标。同时,企业所有的赢利,必须是在客户的购买基础上。这是一个商业交换的过程。

【整体营销组合】各个策略组合相互联系,共同作用,构成市场营销手段和方法的完整系统。传统经营企业往往集中运用一种或几种经营手段达成预定目标;或借助产品本身来扩大市场;或用推销手段来促进销售。市场营销不主张采用单一手段从事经营活动,认为应在产品设计、包装、商标、定价、财务、销售、服务、公关、分销渠道、仓储运输等各个环节和方面都要制定相应的营销策略,以综合性的策略组合进行整体营销。该策略和手段又归结为:商品策略、定价策略、分销渠道策略、促销策略、公共关系策略、财务控制策略等。整体营销组合即由多种策略结合而成。整体营销组合是多系统、多层次的融合。在每种策略中包含一系列具体手段,如产品策略中包含产品组合、产品寿命周期、新产品开发、包装、商标等手段;定价策略中包含成本核算、价格构成、定价技巧等手段;分销渠道策略中包含销售地点、销售渠道、存货控制、运输设施等手段;促销策略中包含广告、人员推销、营业推广等手段;公共关系策略中包含政府关系、新闻界关系、社区关系、顾客关系、经销商关系等。这些具体手段构成该策略的下一层次的组合。

【注意力经济】人们的关注程度产生可以直接或者间接产生经济效益的观点。最早开始注意力研究的是加拿大著名传播学家麦克卢汉。他指出,电视台实际上是在租用观众的眼睛和耳朵做生意。电视台制作节目,吸引观众用注意力来为看节目交费;然后电视台再把观众的注意力资源卖给需求这种资源的人,即广告主。因此可以说,广告主做广告实际上是在收购观众的注意力。1997 年,迈克尔·戈德海伯在《连线》周刊上发表《注意力购买者》一文,文中首先提出了“注意力经济”的概念并指出:“在互联网时代,信息非但不是稀缺资源,相反是过剩的。相对于过剩的信息,只有人们的注意力才是稀缺的资源。整个世界将会展开争夺眼球的战役,谁能吸引更多的注意力,谁就能成为世界的主宰。”他的文章提出了注意力资源是具有商业价值的。第一个把“注意力经济”概念引入我国的人是搜狐公司的首席执行官张朝阳。2000 年石培华博士发表专著《注意力经济》,对注意力经济做了创建性的系统论述。

第三篇 企业战略

【企业战略】企业在市场经济、竞争激烈的环境中，在总结历史经验、调查现状、预测未来的基础上，为谋求生存和发展而做出的长远性、全局性的谋划或方案。

【企业成长战略】在现有战略起点的基础上，企业向高一级目标发展的一种总体战略类型。一般是在企业处于良好的经营条件下，可供企业选择的一种总体战略方案。因企业经营良好的程度、状态有所不同，因而发展型战略又可分为多种具体方案类型以供选择。如何选择，这就需要对企业经营态势进行深入分析和正确判断。

【总体战略】亦称"公司战略"。企业最高层次的战略。它需要根据企业的任务，选择企业参与竞争的业务领域，合理配置企业资源，使各项经营业务相互支持、相互协调，实现企业总体最优的目标。总体战略的任务，主要是回答企业应在哪些领域进行活动。经营范围选择和资源合理配置是其中的重要内容。通常，总体战略是由企业高层负责制定、落实的基本战略。（1）企业发展目标。企业在不同的市场、社会环境下必须制定不同的战略，或在新市场中需要迅速扩张，或实行稳步发展，或维持现状，或受控发展，或受控收缩。（2）社会目标。利润、市场占有率等只是企业的经营目标，企业各种活动必须遵守国家的法令法规，还有一些社会公共目标，以社会利益为基础，实现社会责任，如社会可持续发展、环境保护、企业和员工安全等。这即是以社会营销观念为定价目标。企业还有一些其他目标如季节性调整、多元化经营等也会对新产品定价产生影响。以上这些目标都是制定价格策略和方法的依据。

新产品定价目标是多元的、多层次的、相互联系、相互影响、相互制约的目标体系，必须综合加以评定，以满足企业总体目标的全面性要求。

【战略目标】企业从战略的高度制定的一种远景计划。有总目标与分目标（职能目标）、长远目标与近期目标的分类。涉及企业使命和企业宗旨问题属于总战略目标。为了保证总目标的实现，必须将其层层分解，规定保证性职能战略目标（分目标）。长远目标是企业5年以上使命、任务的描述。近期目标是企业1~3年的发展计划。其中，总战略目标是企业主体目标，职能性战略目标是保证性的目标。从横向方面观察，企业的战略目标大致可以分成两类，第一类是用来满足企业生存和发展所需要的项目目标，这些目标项目又可以分解成业绩目标和能力目标两类。业绩目标主要包括收益性、成长性和安全性指标等三类定量指标。能力目标主要包括企业综合能力指标、研究开发能力指标、生产制造能力指标、市场营销能力指标、人事组织能力指标和财务管理能力指标等一些定性和定量指标。第二类是用来满足与企业有利益关系的各个社会群体所要求的目标。与企业利益关系的社会群体主要有顾客、企业职工、股东、所在社区及其其他社会群体。拟定战略目标一般需要经历两个环节：拟定目标方向和拟定目标水平。要在既定的战略经营领域内，依据对外部环境、需要和资源的综合考虑，确定目标方向，通过对现有能力与手段等诸种条件的全面衡量，对沿着战略方向展开的活动所要达到的水平也做出初步的规定，这便形成了可供决策选择的目标方案。

【战略控制】对战略的实施进行控制的一种企业行为。保证战略的实施正常进行，实现战略达到预期目的，达到既定的战备目标。进行战略控制可以有效地保证企业战略的实施。

【战略创新】依据创新理论与方法科学制定营销战略的行为。基本任务是：发现行业战略定位空间中的空缺，填补这一空缺，并使之发展成为一个大众市场。战略创新思路包括：（1）谁是企业的顾客？（2）企业应为这些顾客提供什么产品或服务？（3）企业应如何有效地提供这些产品和服务？在战略创新中，企业可利用自己的核心能力，开发新产品，或采用与竞争对手完全不同的经营方法。（1）分享核心能力。企业可利用某个小型业务部门在战略资产积累过程中形成的核心能力，提高另一个小型业务部门战略资产的质量。如果企业的两个业务部门可采用相似的程序，提高不同的战略资产的使用效率，企业就可利用资产增值优势，在不同的市场采用不同的竞争策略。（2）多次利用核心能力。企业可利用目前业务部门在战略资产积累过程中形成的核心能力，以更快的速度、更低的成本，为新业务部门创造新战略资产。这样企业就可利用资产创建优势，打破新业务部门的行规。（3）扩大核心能力。企业在新业务活动中积累战略资产，会逐渐掌握新技能，扩大核心能力。战略创新者利用自己的核心能力创造新战略资产，或用特殊的方法组合现有的战略资产，以目前的竞争对手不熟悉的战略资产满足顾客的需要，使目前市场领先者的战略资产逐渐贬值。成功的战略创新者会尽力识别、利用本企业的核心能力。

【目标集中战略】亦称"企业重点战略"、"企业专一经营战略"。企业在战略管理中所选择的将其力量重点使用于某一特定产品或某一特定市场，通过产品差异化或降低成本等方式，形成集中优势，以实现发展的战略。由于资源有限，一个企业很难在其产品市场展开全面的竞争，因而需要瞄准一定的重点，以期产生巨大有效的市场力量。此外，一个企业所具备的不败的竞争优势，也只能在产品市场的一定范围内发挥作用。（1）产品线集中化战略。对于产品开发和工艺设备成本偏高的行业，例如汽车工业和飞机制造业，通常以产品线的某一部分作为经营重点，易于凝聚成强大的战斗力，获得竞争优势。（2）顾客集中化战略。将经营重心放在不同需求的顾客群上，是顾客集中化战略的主要特点。有的厂家以市场中高收入顾客为重点，产品集中供应注重最佳质量，而不计较价格高低的顾客。（3）地区集中化战略。划分细分市场，可以按地区为标准。如果一种产品能够按照特定地区的需要实行重点集中，也能获得竞争优势。此外，在经营地区有限的情况下，建立地区重点集中战略，也易于取得成本优势。（4）低占有率集中化战略。市场占有率低的部门，通常被企业视为"瘦狗"或"金牛"类业务单元。对这些部门，往往采取放弃或彻底整顿的战略，以便提高其市场占有率。但美国哈佛大学教授哈默生等人研究发现，市场占有率低的企业的经营成功，主要依靠将经营重点集中在较窄的领域上。其特点是：低占有率公司的经营竞争，仅局限于少数细分市场，而且它们研究效率较高，注重利润而不是成长。市场占有率低的企业如果充分发挥自己的优势,将经营重点对准特定的细分市场,也能建立不败的竞争优势。

【无差异营销战略】将整个市场当做一个需求类似的目标市场,只推出一种产品并只使用一套营销组合方案。理论基础是生产的规模经济。目的是用一种产品、统一的市场营销策略来吸引尽可能多的购买者。该战略重视消费者需求的相似性,而忽视需求的差异性,而将所有消费者需求看做是一样的,一般不进行市场细分。主要优点包括:经营品种少、批量大,可节省细分费用,降低成本,提高利润率。缺点包括:易引起激烈竞争,使公司衰利机会减少;容易忽视小的细分市场的潜在需求,有些消费者的需求得不到满足,出现市场空缺。

【密集型发展战略】存在尚未完全开发产品和市场机会,企业利用现有业务快速发展的一种战略。它包括:(1)市场渗透。企业利用现有的产品,在现有的市场上扩大产品销售量;通过促销、降价,在某些地区增设经营网点,借助多渠道将同一产品送达同一市场等措施,以促进现有顾客更多地购买产品,吸引竞争者的顾客购买本企业的产品,或刺激没有使用过本产品的顾客加入到购买本产品的行列。(2)市场开发。企业将现有的产品推向新市场,以扩大产品销售量;通过扩大或转移市场区域,或找到产品的新的使用领域等形式实现。(3)产品开发。可以通过对老产品的更新换代,或增加产品品种,对产品的特色、外观等进行改变等方式,以更好地满足现有市场的顾客需求。密集型发展战略,从对企业资源的投入要求看,市场渗透战略要求的资源最少,其次为市场开发,最后为产品开发。因此,企业在选择密集型发展战略时,就以市场渗透—市场开发—产品开发为顺序进行。

【市场进入战略】企业为进入某一目标市场而进行的市场活动。市场进入战略选择是企业能否实现成功进入市场的关键。企业市场进入质量一般包括:市场渗透战略、市场开发战略、产品开发战略、总成本领先战略、差别化战略以及密集性入市战略。战略的运用存在一个选择问题,针对不同的时期、不同的情况,企业应该选择合适的市场进入战略。

【差异化战略】亦称“标新立异战略”。为使企业产品、服务、企业形象等与竞争对手有明显的区别,以获得竞争优势而采取的战略。重点是创造全行业独特的产品和服务。可以培养用户对品牌的忠诚,使企业获得高于同行业平均水平的利润。包括产品质量的差异化战略、产品可靠性的差异化战略、产品创新的差异化战略、产品特性的差异化战略、产品名称的差异化战略、服务的差异化战略和形象的差异化战略。不同的事业部和不同产品可以同时采用两种或两种以上的差异化战略,但要对市场进行细分化,根据不同的细分市场选用不同的差异化战略。该战略的适用条件是:(1)有多种使产品或服务差异化的途径,而且这些差异化是被某些用户视为是有价值的;(2)用户对产品的使用和需求是不同的;(3)奉行差异化战略的竞争对手不多。

【恶性竞争者】“良性竞争者”的对称。竞争者的一种类别。短期营销行为比较突出;敢于冒大风险,有强烈的赌博心理;通过非常手段,打破了行业的平衡。

【良性竞争者】"恶性竞争者"的对称。竞争者的一种类别。他们遵守行业规则；对行业的增长潜力所提出的设想切合实际；依照与成本的合理关系来定价；把自己限制于行业的某一部分或细分市场里；推动他人降低成本，提升差异化；接受为他们的市场份额和利润所规定的大致界限。

【SWOT分析法】亦称"情景分析方法"、"企业内外环境对照法"。选择最优企业决策的分析方法。SWOT是"优势"（Strength）、"劣势"（Weakness）、"机会"（Opportunity）、"威胁"（Threat）的英文缩写。分析的目的是准确发现企业现在的内外状况和位置，告诉企业应该向什么方向发展。企业内部的优势和劣势是相对于其他竞争对手而言的，一般表现在企业的资本、研发技术、人力资源、产品、管理水平、市场开拓能力等方面。企业外部环境的机会是指外部环境中对企业有利的因素；企业外部环境的威胁来自对企业不利的因素。通常企业通过列表定出企业的S、W、O、T因素，并逐项赋值给分，然后按因素的重要程度加权计算代数和，以此判断其中的内部优劣势以及外部环境的机会和威胁，企业在此基础上选择应采取的战略。（1）成长型战略。对企业来说这种组合是最理想的状况，企业能够利用它的内在优势并把握良机。可采用的成长型战略包括开发市场、增加产量等。（2）扭转型战略。处于这种局面的企业，虽然面临良好的外部机会，却受到内部劣势的限制而采用扭转型战略，设法清除内部不利的条件，或者在企业内使弱势领域由弱变强，或者从外部获得该领域所需要的能力，以尽快形成利用环境机会的能力。（3）防御型战略。处于这种局面的企业，内部存在劣势，外部面临巨大威胁，企业要设法降低弱点和避免外来的威胁。（4）多经营战略。企业利用自身的内部优势去避免或减轻环境中的威胁，其目的是将组织优势扩大到最大程度，将威胁降到最低。本分析方法目前被企业广泛采用，是一种十分重要的分析工具，操作简单而富有实效。

【包围进攻】一种全方位、大规模的进攻战略。挑战者拥有优于对手的资源，并确信借助围堵计划足以打垮对手时，可采用这种战略。

【侧翼进攻战略】企业集中力量攻击对手的弱点的战略。它可分为地理性侧翼进攻和细分性侧翼进攻两种情况，是市场挑战者经常采取的进攻战略，也是一种最有效、最经济的策略形式。

【差异化策略】为使企业产品与竞争对手产品有明显的区别，形成与众不同的特点而采取的策略。这种策略的重点是创造被全行业和顾客都视为独特的产品和服务以及企业形象。实现差异化的途径多种多样，如产品设计、品牌形象、技术特性、销售网络、用户服务等。差异化策略的优点在于只要条件允许，产品差异是一种可行的策略。企业奉行这种策略，可以很好地防御五种竞争力量，获得竞争优势。

【差异化上市】采用差异化的营销方法，积极寻找"差异化"突围入市的企业市场行为。

【差异化营销】企业凭借自身的技术和管理优势，生产出在质量、性能上优于同类现有水平的产品或提供更加别具一格的服务，或者在市场销售方面进行富有特色的宣传活动、灵活的促销活动、周到的售后服务，以求在消费者心目中树立非同一般的良好形象的市场活动。

【差异化优势】参见【歧异优势】。

【产品形式竞争者】满足同一需要的产品的各种形式间的竞争者。同一产品，规格、型号不同，性能、质量、价格各异，消费者将在充分收集信息后作出选择。

【搭便车策略】能够从其他企业营销活动获益的并且可以避于为此付出费用的现象。搭便车理论首先由美国经济学家曼柯·奥尔逊于1965年出版的《集体行动的逻辑：公共利益和团体理论》(The Logic of Collective Action Public Goods and the Theory of Groups)一书中提出的。其基本含义是不付成本而坐享他人之利。可以看到，厂家经常采用搭便车策略，一些弱势产品跟进强势产品，借力"铺货"，最大限度地减少新产品进入市场的阻力，使新产品快速抵达渠道的终端，从而尽快与消费者见面。

【低成本战略】参见【成本领先战略】。

【定位依据】构成企业市场定位目标选择的主客观因素的结合体。常用的定位依据有产品特点、产品使用场合及用途、利益、使用者类型。(1)产品主导型定位依据。包括产品所含成分、所用材料、质量、价格等。(2)市场差异型定位依据。(3)顾客利益型定位依据。世界上各大汽车巨头都采用这种方法为其产品定位。

【对抗战术】竞争策略的具体应用。表现为同原有市场力量的直接对抗。包括产品对抗、品牌对抗、价格对抗、质量对抗等。采取这种战术必须十分慎重。要求企业有一定的竞争能力，能够实现规模效益、降低成本。

【多元化战略】企业充分利用资源，发挥核心优势，扩大生产经营领域和范围，跨行业生产经营，向市场提供不同类别产品与服务的战略。多元化战略可以提高资本经营的效益，规避风险经营风险。按多元化程度的差异，多元化企业可以划分为四种类型：(1)单一产品企业。如中国某些大型烟厂。虽然也有其他产品项目，但其香烟单项产品销售额占企业总销售额的95%以上。(2)主导产品企业。如家用电器工厂，虽然也上通信产品，但家用电器的主导产品销售额占企业总销售额的70%~95%。(3)相关多元化企业。比如大型百货公司，销售商品十多万元，没有任何单项产品的销售额能占到总销售额的70%，但产品之间关联度大。(4)无关联多元化企业。企业进入完全陌生的行业。比如，生产洗衣机的企业生产矿泉水。

【恶性竞争】不同于通过以降低产品成本、提高产品质量、增加花色品种、改善售后服务等为手段的正常竞争，而是表现为违背市场经济规律和国家有关市场竞争的法律、法规，将产品以低于成本的价格进行倾销，竞相压价，互相残杀，不规范、无秩序的市场竞争。恶性竞争过去在外贸企业中时有发生，即对内抬价抢购，对外削价竞销。后来，恶性竞争在国内市场蔓延。至目前为止，几乎每一个行业的发展都没有摆脱不良竞争的怪圈。

【防御型战略】企业进行市场保护的一种竞争战略。目的是要降低被竞争对手攻击的风险，减弱任何已有的竞争行动所产生的影响。一般来讲，防御战略通常不会提高企业的竞争优势，但它有助于保护企业最有价值的资源和能力，维护企业已有的竞争优势。在目标市场需求结构与增长没有多大的变化，企业沉淀在这个行业中的资本较大，并能取得持续稳定增长的赢利时，可以采取积极防御战略。

【复合多元化战略】企业增加与现有的产品或服务、技术或市场都没有直接或间接联系的大不相同的新产品或服务。

【高级俱乐部战略】参见【共享战略】。

【公司战略】作为整体的企业组织的战略。其以公司的总体发展方向和整体目标为主。公司战略主要涉及整个企业里的资源分配，关注决定企业前途与命运的关键问题、关键因素。包括人员、技术、产品、市场、经营、管理等方面的战略安排。

【巩固战略】在消费者心目中加强和提高企业竞争定位的战略安排。如果企业成不了第一名，成为第二、第三也是一种有效的定位。瞄准第一名的市场定位，既避免了和"第一"针锋相对的冲突，也在消费者心目中树立起了具有相当实力的印象。

【共鸣战略】把商品使用的情景与消费者的生活体验相融合的一种战略。一般是利用消费者日常记忆的生活体验，在其所记忆的场面重现时，提起商品，促使记忆该商品。这种战略并非特别强调商品利益，而是把商品使用的情景与消费者的生活体验相融合。

【共享战略】亦称"高级俱乐部战略"。共享市场相关利益者公司价值的战略安排。企业如果不能取得第一名

和某种很有意义的属性，便可以采取该战略。竞争者可以宣传说自己是"三大公司"之一，或者是"八大公司"之一等。"三大公司"的概念是由美国克莱斯勒汽车公司提出的。"八大公司"的概念是由美国第八大会计公司提出的。其含义是俱乐部的成员都是最佳的。这样便在消费者心目中把公司划入了最佳的圈子，成功地将公司定位于优良者的地位。

【合作竞争】亦称"竞合"。一种新的经营模式。合作竞争已日渐发挥出特有的威力，它除了努力与顾客、供应商、员工进行沟通合作外，还积极与同行合力启动或拓展市场，共享利益以至双赢。

【核心竞争力战略】利用企业的核心能力参与市场竞争的计划和行动。核心竞争力战略的优势在两个方面：（1）其技术、产品的先进性可以带来超额利润；（2）其技术的先进性建立在庞大的产业规模、内部协作机制和产业同盟基础上，一般的企业难以模仿和超越。

【后向一体化】企业通过拥有和控制其供应系统，以实现供产一体化的一种战略。企业使用这种发展战略，可以利用企业在供应系统出现的市场机会；可以避免供应系统对企业造成的制约，以达到实现企业发展目标的目的。这时，企业向自己所处价值链的上游方向，也就是原料供应方向发展，例如自行组织生产本身需要的原材料、能源、包装器材等，而不再向外采购。企业可以通过自建、兼并、契约等形式，取得对上游产业的控制权，实现供产一体化、产销一体化或者批零一体化。后向一体化战略通过对供货系统进行控制、提

高供货效率,可以对企业生产需要的各种投入的成本、质量和可获得性进行更有效的控制。

【集团多元化】企业通过投资或兼并等形式,把经营范围扩展到多个新兴部门或其他部门的市场策略。一般通过组成混合型企业集团,开展与现有技术、现有产品、现有市场无联系的多元化经营活动,以寻求新的成长机会。集团多元化成长在财务上的原因,是为了在现时经营中抵补季节性或周期性的各种波动;但更多的是出于战略上的考虑。采用集团式多元化成长策略的企业,一般都是财力雄厚、拥有各种专家、具有相当声望的大公司,有的是通过外部收购或合并,有的是通过自我投资发展。集团多元化战略(又称"不相关多元化")新增加的产品或服务与原有的产品或服务毫不相干,不能利用企业原有的专门技能、设备、生产线等。一般就是跨产业门类的经营:公司的几个业务领域不存在共同的或者相适应的因素。不相关的多元化经营才是纯粹的多元化经营。

【集中策略】企业把经营的重点目标放在某一特定购买者集团,或某种特殊用途的产品,或某一特定地区上,来建立企业的竞争优势及其市场地位。由于资源有限,一个企业很难在其产品市场展开全面的竞争,因而需要瞄准重点,以期产生巨大有效的市场力量。此外,一个企业所具备的不败的竞争优势,也只能在产品市场的一定范围内发挥作用。

【集中化战略】亦称"聚焦战略"。企业或事业部的经营活动集中于某一特定的购买者集团、产品线的某一部分或某一地域市场上的一种战略。这种战略的核心是瞄准某个特定的用户群体,某种细分的产品线或某个细分市场。

【集中性营销战略】亦称"密集营销战略"。企业集中力量于某一细分市场上,实行专业化生产经营,以获取较高的市场占有率的战略选择。它将整个市场分割为若干个细分市场之后,只选择其中一个市场或少数几个细分市场作为目标市场。这种战略强调企业不把力量平均分配在广大市场上,而是集中企业的人力、财力和物力在一个或少数几个细分市场上,实行专业化生产和营销,充分满足这些市场的消费者需要。该战略主要适用于资源有限的小公司。因为小公司无力顾及整体市场,无力承担细分市场的费用,而在大公司忽视的小市场上易于获得营销成功。该战略的优点包括:(1)公司可深入了解特定细分市场的需求,提供最佳服务,有利于提高企业的地位和信誉。(2)实行专业化经营,有利于降低成本。其缺点主要是公司将所有力量集中于某一细分市场,当市场消费者需求发生变化,或者面临较强竞争对手时,公司的应变能力差,经营风险大,使公司可能陷入经营困境,甚至倒闭。因此,使用这种战略时,选择目标市场要特别谨慎。

【阶梯式渗透】厂商先渗透入一个小范围的市场,然后阶梯式地进入其他市场。是由日本人发明并且惯用的营销策略。该战略的有利之处在于,首先进入一个狭小集中的市场不会引起什么竞争,这使得营销者得以建立一个自己的分销渠道并提供网络服务而不引起其竞争对手太大注意。

【金牛业务】一家企业中,那些低

增长、高市场份额的产品或者业务。处在这个领域中的产品产生大量的现金，但未来的增长前景是有限的。这是成熟市场中的领导者，它是企业现金的来源。由于市场已经成熟，企业不必大量投资来扩展市场规模，同时作为市场中的领导者，该业务享有规模经济和高边际利润的优势，因而给企业带来大量现金流。企业往往用现金牛业务来支付账款并支持其他三种需大量现金的业务。金牛业务适合实施稳定战略的企业，目的是保持企业的市场份额。

【紧逼战术】竞争策略的具体应用。对竞争对手采取步步为营步步紧逼的战术，在一步步消耗竞争对手有生力量和蚕食竞争对手的市场地盘后，最后达到从实力上压倒对方再战而胜之的目的。企业必须具备的条件包括：对竞争对手的情况了如指掌；制定了明确的发展战略和市场开发方案；具备了开展积极的市场活动所必需的资金和技术；企业入市后发展态势较好。应该把握以下要点：集中资源投向市场范围明确的产业市场，切忌投向范围模糊不清的市场；在运用此战术的过程中要十分注重培植自身的竞争优势、修补自身的缺陷；认识紧逼不是目的，实现自身的长期发展战略才是目的；调动企业各种职能，组织着眼于集中实现企业发展的长期目标。

【紧密跟随策略】营销策略的一种。企业在各个细分市场和产品、价格及广告等市场营销组合方面模仿市场领导者，完全不进行任何创新。往往利用市场领导者的投资和营销组合策略去开拓市场，自己跟在后面获得一定的市场利益，既节省市场开发成本，又避免经营风险。适合刚刚创业的新型小公司。

【进攻型研究与开发战略】以集中进攻方式，努力进行技术革新，追求技术领先地位和竞争优势，以实现企业市场扩张和多元化经营成长的企业行为。

【精致企业】旨在全方位优化现代企业运作机制，实行精化管理发展模式的企业类型。注重企业家创业观念的更新和倡导企业本身的可持续发展理论。基本特征包括：(1)发展战略，不求最快，但求最实；(2)组织机制，不求最全，但求最顺；(3)人员管理，不求最亲，但求最行，即使用得力的人、贴心的人。

【竞争策略】企业为了争取产业内的优势地位而采取的主动攻击或被动防御的行为。影响企业竞争的五种力量是：目前的竞争对手、潜在的竞争对手、替代性的产品、顾客的议价能力以及供货商的议价能力。波特认为，企业可采纳三种不同的竞争策略：标新立异策略，它包括新产品品质、产品创新、产品特性和配销渠道等差异化来建立公司独特性；成本领先策略，它包括企业通过将其经营环节的各个成本降低到最低限度，或者通过管理进步、技术进步取得低成本，成为行业中的成本领先者，以成本优势取得自己的竞争地位和优势；目标集聚策略，它包括市场区隔集中、研发力量集中和产品生产集中等以集中企业有限的资源于某一较小市场领域内，以建立市场生存优势。

【竞争者】那些与本企业提供的产品或服务相似，并且所服务的目标顾客也相似的其他企业。

【扩大使用战略】通过增加在目标市场上产品的开发和促销费用，鼓励消费者增加产品或服务的消费量，以达到扩大业务的营销战略。一般来说该战略要实现以下几个目的：(1)鼓励目标顾客增加消费数量；(2)刺激目标顾客增加消费的频率；(3)引导目标顾客加大对产品线或品牌延伸线上产品的消费量。

【扩大市场份额】 提高企业产品在目标市场上的占有率。扩大市场份额的途径一般有以下几种：(1)在降低成本的基础之上，提高产品或服务质量；(2)加大科技投入力度，增强产品的科技含量；(3)提高企业知名度与影响力，发挥品牌效应。扩大市场份额是企业努力追求的目标。

【利基市场战略】 亦称"集中化战略"。企业的目标市场集中在很小的市场区域内，专注于某个主战场，集中企业的优势资源做好一件或者少数几件事情，在此特定领域中独领风骚而成为王者的竞争战略。利基是英文 NICHE 的音译。利基战略要求企业避免在市场上与强大的竞争对手发生正面冲突而受其攻击，选取被大企业忽略的、需求尚未得到满足、力量薄弱的、有获利基础的小市场作为其目标市场的营销战略。基本策略是：企业以某个狭窄的业务范围为战略起点，集中资源和力量进入，首先成为当地市场第一，不断扩展地域市场范围，采取多种途径建造竞争壁垒，分阶段、分层次地获取并巩固全球市场冠军的地位。

【灵捷制造模式】 在灵捷制造中，"灵捷"是强调企业对市场的灵活、迅速及时的动态适应。灵捷制造被定义为一种以柔性生产技术和动态组织结构为特点，以高素质与协调良好的工作人员为核心，采用企业间网络技术从而形成快速适应市场的社会化制造体系。该模式对市场需求反应快速灵敏，能变一般的市场导向为消费者参与的市场导向。灵捷制造能灵活快速地提供丰富的品种、任意的批量、高性能、高质量、顾客十分满意的产品。同时，它以具有集成化、智能化、柔性化特征的先进制造技术为支撑，建立完全以市场导向、按市场需求任意批量而快速灵活制造产品、实行并行工程、能支持顾客参与生产的灵捷生产系统。该系统既能实行多品种变批量，而且还是无损耗的精益生产和绿色无污染制造。

【密集性成长策略】 集中生产单一的或少数几种产品或服务的企业发展策略。要求面向单一或较窄的市场，或采用单一的专业技术，不开发或很少开发新产品或新服务，以尽量避免风险。主要通过市场渗透和市场开拓，努力提高市场占有率或拓展市场需求，来实现生产规模的扩大和利润的增长。采用该策略时，企业的扩张速度随着产业发展的不同阶段有所不同。采用该策略的原因包括：(1)由于产业性质决定了有些企业一般只能单一经营；(2)在加工工业中，有些企业或限于实力，或由其经营者的价值观决定，或因有关科学技术发展速度比较慢，也有采用这种战略的。

【密集营销战略】 参见【集中性营销战略】。

【歧异优势】 亦称"差异化优势"。产品在质量、技术和功能上的独特性，从而使该产品具有不完全替代性而在市场中获得竞争优势。市场竞争有两种形式：价格竞争和非价格竞争。企业的成本优势主要体现在价格竞争中，而企业的歧异优势则主要体现在非价格竞争中。一个企业，如果向市场供给的产品和服务的价格与竞争者是一样的，则谁提供的产品质量更高、功能更符合消费者需求，或服务更好，谁的产品就获得了歧异优势。

【企业产品开发战略】 企业在战略管理中所选择的开发新产品，并将其投放到现有市场上，以实现发展的战略。

【企业定位】 企业通过其产品及其品牌，基于顾客需求，将其企业独特的个性、文化和良好形象，塑造于消费者心目中，并占据一定位置。企业为了明确在长期的生产经营中确定主要涉入的行业、领域，发展的战略方向，对企业现在和将来在该行业或领域的地位所进行的界定。如宝洁公司通过它一系列多品牌的清洁洗护用品，形成的公司形象是实力强大的卓越的超一流的日用工业品生产商。

【企业核心竞争力】 一种企业以独特方式运用和配置资源的特殊资源。这亦是经济学研究中资源观的研究焦点。普拉哈拉德对企业核心竞争力的描述是"积累性学识"或"学识"，是一种资源，是企业的核心竞争力，而能力与知识同属于一类事物。资源差异能够产生收益差异。企业内部的有形与无形资源及积累的知识，在企业间存在差异，资源优势能产生竞争优势，有价值性、稀缺性、不可复制性以及低于价值的价格获得的资源是企业获得持续竞争优势以及成功的关键因素。就现有研究资料来看，较多的研究者认为企业核心竞争力应该有价值性、异质性和延展性三个特征。此外，也有人认为，核心竞争力还有资源集中性、动态性和非均衡性等特性。

【企业集群】 一些生产相同或相似产品的企业以及为这些企业服务的企业在某一地域范围内的集中。

【企业家精神】 企业家在管理企业中表现出来的经营思想、经营风格，体现企业面貌的概称。培养和树立企业家精神是企业家建立庞大企业大厦的前提，也是引导和培养企业整体精神的引擎，在于帮助员工提高经营精神境界，共同树立精神理念激发创造力和高层次的目标。企业家精神是以企业家良好个人素质为基础。(1)必须成为真正适才的企业企导人。(2)能够引导企业迈向成功。企业家成为新的时代英雄，是企业精神的核心和源泉，代表着企业精神的凝聚力。企业家精神可以比喻为整个企业精神的引擎。

【企业经营资源实力】 企业的资金能力、技术能力、生产能力、销售能力及对营销的管理控制能力的总称。如果企业经营资源实力强，就可以采取无差异或差异性营销策略，扩大企业销售额和利润量；若实力不强，无力把整个市场或几个市场作为自己的目标市场时，最好采取集中性营销策略，这往往比将有限力量分散在众多差异市场上更为有利。

【企业名牌战略】 企业以创名牌、保名牌为核心，带动整个企业向持续、稳定、健康方向发展的战略。随着市场经济的深入，企业间的竞争已由过去的质量价格竞争转变为质量、品种、信誉、企业形象和服务水平等综合素质的竞争，进而发展为品牌的竞争。

【企业目标】 企业在未来一定时期内所要达到的一系列具体目标的总称。企业使命的延伸，制定、选择、控制战略方案和战略实施的依据。企业任务一旦确定，就要把它具体化为企业各管理层的目标，形成一套完整的目标体系，可以分为短期目标和长期目标。一年或两年之内要达到的目标,一般称之为短期目标;三年以上,甚至十几年才能达到的目标,称之为长期目标。企业目标具体包括:产品销售额和销售增长率、产品销售地区、市场占有率(市场份额)、利润和投资收益率、权益报酬率(净资产收益率)、产品质量与成本标准、劳动生产率、产品创新、企业形象等。

【企业内部价值链】将价值链作为公司分析诊断的一种工具,用以识别、创造更多的顾客让渡价值的管理方法与手段。适应社会化大生产的需要,企业集合了设计、生产、销售、运货和为支持其产品而采取的一系列活动。价值链将某一特定行业中创造价值和产生成本的诸活动分解为在战略上相互关联的九项活动。这九项价值创造活动又分为五项基础活动和四项支持性活动。基础活动是指企业购进原材料、加工生产、将产品运出企业、上市销售到售后服务等依次进行的活动,支持性活动则始终贯穿在这些主要活动中。

【企业潜量】当企业的营销力量相对于竞争者不断增加时,企业需求所达到的极限。

【企业社会责任】创设于企业经济责任之外、独立于企业经济责任并与经济责任相对应的另一类企业责任,企业在谋求股东利润最大化之外所应负有的维护和增进社会利益的义务。

【企业实力】主要包括企业的人力、物力、财力以及生产、技术、营销力量等资源。如果企业实力较强,可根据产品的不同特性选择采用差异性市场营销策略或无差异性市场营销策略;如果企业实力较弱,无力顾及整体市场或多个细分市场,则可选择采用集中市场

营销策略;如果这种企业不注重提高市场占有率,而一味强调扩大市场面,对企业竞争力提高的影响就会很大。

【企业市场营销战略】参见【市场营销战略】。

【企业特性】企业本质。主要包括两方面的内容:(1)企业产品的特性。即产品的物理性质、单位价值、顾客印象以及其他诸如需求、服务等方面的性质。企业产品性质与选择渠道系统有着直接的关系,农产品、海产品最好使用直接渠道,以符合其物理性质;办公室设备最好通过代理商销售,以配合售后服务的需求;高级化妆品和各类精品最好通过百货店或专卖店销售。(2)企业产品以外的特性,泛指企业的规模、财务状况、产品组合状况、经营思想、过去的渠道经验等。企业的非产品特性与渠道系统的选择也有直接关系,例如,规模较大的企业最好建立自己的渠道系统,尽可能少地利用中间商,以配合其他营销策略;财力较薄弱的企业最好利用中间商来分散经营风险。企业产品种类多、差异大,一般要使用较多的中间商;企业产品线少而深,则应使用代理销售方式。

【企业文化】企业在生存发展过程中长期形成并被其成员普遍认可的企业价值观体系。包括具有特色的企业基本价值观、行为习惯和与之相适应的各种制度以及沟通结构。任何一个企业,由于共同从事具体的生产经营活动,通过频繁协作、情感沟通,都会产生自己特有的处理问题的方法、协调人际关系的方式,以及种种不成文的习惯。这些方式和习惯通过管理者的不断示范、倡导、奖惩、强化,便会发展成一种基本宗旨、一系列文化传统、一套惯例

和行为模式,它们总括起来就是企业文化。企业文化的形成要经过一个很长时间的潜移默化过程,它一旦成熟就较难改变。影响企业文化形成和发育的主要经济因素有:生产社会化的程度、企业的基本制度、企业特性和企业家精神等。影响企业文化的主要社会政治因素,包括传统文化遗产在内的社会意识、社会结合的权力结构,政府的政策方针、教育水平和法制的完善程度等等。企业文化所具有的一般特征是差异性、能动性、相对稳定性和可塑性。作为一种管理理论,企业文化是西方管理学界 20 世纪 80 年代提出的概念。它主张在企业中形成一种共同的价值观念和强烈的文化传统,以此来说服、影响企业员工对工作和对企业的态度,感召、规范全体成员的行动,并使每一个企业成员都从文化上认同自己的企业,自觉地把为企业发展竭尽全力当做自己的义务。企业文化理论的特点在于以柔性的内化控制方式,来获得企业为达到共同的目标所需要的一体化行为和整体优势。企业文化作为一种组织文化,一方面受到以传统文化为主体的社会文化的深刻影响和制约,另一方面又能通过自己的积极活动反作用于社会文化。

【企业营销目标】以提高企业竞争力,树立企业形象,宣传企业信誉为主要内容的营销目标。企业营销目标实际上应该包括三个层次的内容,即企业目标、企业财务目标和企业市场目标。企业目标是指在企业整体目标和战略的指导下,对营销工作所提出的具体目标,如通过营销工作传达企业的价值观、理念和社会形象。企业财务目标是指支撑企业经济运行所提出的市场营销要求,它包括收入和利润两个部分。企业市场目标则是指营销工作在争夺用户份额方面的具体目标。前两方面目标具有较强的隐蔽性,后者则体现得较为明显。这三者之间既有统一的一面,也有互相冲突的一面,如追求短期的市场扩张可能会大幅侵蚀企业的即期利润,低层次的营销手段可能对企业的定位造成损害。因此,优秀的营销目标必须兼顾这三个方面的有机统一。

【企业再造】亦称"组织重建"、"流程改革"。出发点在解决组织流程的不顺畅,目的在改变组织传统的金字塔型结构,改为专业分工、权力下放的小组操作,化简为繁,提高企业的效率与简化企业的层级架构,以达到顾客满意。企业再造的目标,在于重新设计企业作业流程,以增加绩效。企业再造的做法包括:由第一线执行者做决策,整合相关性的分工功能,以专案经理为主要沟通桥梁,同时提供多种流程方式,降低对内部控制、检验与协调活动的需求,便利工作团队与专案经理全心协力完成特定组织目标。

【企业战略规划】企业实施战略管理的重要组成部分。在企业的实际工作中,企业战略规划一般包括制定企业发展战略、市场营销战略和市场营销计划。

【企业重点战略】参见【目标集中战略】。

【企业专一经营战略】参见【目标集中战略】。

【前向一体化】企业向其销售系统发展,以实现产销一体化的一种战略。表现为企业向自己所处价值链的下游方向,也就是自己原有客户方向发展。企业可以通过对其产品的加工或销售单位取得了控制权甚至直接拥有，以便自己更好地控制销售渠道、贯彻营销目标、获取更多利益。前向一体化和后向一体化合称为垂直一体化。垂直一体化战略有许多好处：企业的买方（用户或经销商）和供应方都可能是它的利润争夺者，所以当它们利用企业的产品或向企业供应其产品能获得高额利润时，企业就可以通过前向或后向一体化来增加自己的利润。此外，一体化的结构扩大了企业规模，能获得企业规模经济效益；跨产业经营还有助于分散经营风险。但是垂直一体化战略也有许多不利之处。就像复合多元化战略一样，跨产业经营，特别是进入原来并不熟悉的领域，会带来很大的风险，增加管理困难。例如自行组建产品或服务的销售网络，不仅需要投入大量的人力、物力和财力资源，而且要冒得罪原有经销商的危险。

【强势开发战略】凭借自身的资金、技术等实力，聚集各方力量，对某一目标市场进行大刀阔斧的、风风火火的猛烈开发的战略行为。一般表现为以求快速、有效地突入目标市场中去为特征。

【强势企业】拥有强势品牌产品的企业。在世界市场上，凡是拥有强势品牌产品的企业，大都是进入世界500强的著名企业。

【抢先战略】在时间、空间上抢先一步，快速占领空隙市场的营销战略。广泛应用于产品开发、广告创作中。其主要特点是：率先打出某种新产品概念或者率先诉求某一特长，而该特长可能是其他竞争品牌同样具有的，但因为先提出从而抢先占领了市场，竞争品牌即使诉求也成了一种"仿制品"。抢先战略并不诉求产品的独特程度如何，只诉求客观的事实。在营销广告中，通常会用的战略有：抢先战略、USP战略、品牌形象战略、定位战略、共鸣战略、感性战略等。但实际上单独使用某种战略越来越难，往往需要多种战略并行实施。如先要通过市场细分找到机会点，然后依靠消费者研究明确定位，同时应采取抢先战略抢占第一，而诉求还要采用感性战略等。

【清算战略】企业受到全面威胁、濒于破产时，通过将企业的资产转让、出卖或者停止全部经营业务结束企业生命的一种市场行为。

【取代定位】定位策略的一种。是强势企业选择目标市场的定位策略。企业如果实力雄厚，比竞争者有更多的资源，能生产出比竞争者更好的产品，不甘与竞争者共享市场，则可以采取取代定位战略，把现有的竞争者赶走，取而代之。基本原因包括：（1）与企业条件相符合的市场已被竞争者占领，而且这个市场的需求不够大，不足以让两个企业共同分享。（2）企业有足够的实力，想成为行业领先者。采用该战略，如果成功了，企业可以独占鳌头；一旦失败，则有可能会陷入被动局面，或者被别人取代，或者两败俱伤。

【全部市场占有率】即以企业的销售额占全行业销售额的百分比来表示的市场占有率。

【市场发展战略】由现有产品和相关市场组合而成的战略。它是发展现有产品的新顾客群或新的地域市场从而扩大产品销售量的战略。

【瘦狗业务】一家企业中，那些低增长、低市场份额的产品或者业务。表现为既不能产生大量的现金，也不需要投入大量现金。一般情况下,这类业务常常是微利甚至是亏损的,瘦狗业务存在的原因更多的是由于感情上的因素,虽然一直微利经营,但像人养了多年的狗一样恋恋不舍而不忍放弃。其实,瘦狗业务通常要占用很多资源,如资金、管理部门的时间等,多数时候是得不偿失的。瘦狗业务适合采用实施收缩战略的企业,目的在于出售或清算业务,以便把资源转移到更有利的领域。

【随机型竞争者】依据市场环境随时变换策略的竞争者。一般不承担不可预见的市场开发模式。仅仅依靠其所处的经济地位、历史和其他信息,维持生产经营活动。许多小公司往往采用该策略。

【同期进入市场策略】与其他企业同时或在十分接近的时间里将新产品推向市场的策略。这里的厂商往往是重要的竞争对手,而同期所指的时间长度也因不同行业不同产品而不同。在品牌繁殖明显的市场中,当主要竞争对手的产品信息比较容易得到时,同期进入市场策略是较好的,因为可以迅速针对对手的举动采取防御或进攻的措施,以此削弱对手的开发可能造成的潜在优势,从而赢得更大的市场。在多元产品市场的情况下,同期进入可被用为一种进攻策略。反过来,如果知道对手是稍后进入者,并且善于迅速仿效,则可因势利导地将竞争者的注意力从比较重要的市场吸引到较小的市场去。这一时期要重视市场的细分和定位,因为一旦细分市场把握不准,就可能失掉时机。

【同心多样化】企业利用现有的技术条件和营销资源,开发新业务的一种策略。该策略是以现有技术条件和营销资源为中心,可以发挥现有的资源优势。

【完全市场覆盖】企业试图向其所有的顾客群体提供他们所需要的所有产品。一般只有大公司才能采用完全市场覆盖战略,如:国际商用机器公司(计算机市场)、通用汽车公司(汽车市场)和可口可乐公司(饮料市场)等。完全市场覆盖有两种表现方式:(1)无差异营销。忽略细分市场间的差异,仅推出一种产品来追求整个市场,它致力于满足顾客需求中的基本部分,而非他们之间的不同之处。(2)差异营销。同时在多个细分市场经营,针对不同的目标市场设计不同的产品,采用不同的营销组合,以便能满足每个目标市场顾客的特定需求。前者可以降低宣传的成本;而后者则能创造出更大的销售额。

【围堵进攻战略】市场战略的一种。通过生产更多型号、款式、规格、尺寸、价格低廉或质量可靠的产品,迫使对手同时在前、后、侧翼各方进行防御,力图分散对方力量和资源,突破对方的据点,开辟潜在新市场的一种战略。这种战略包括产品围墙战和市场围墙战两种基本类型,它比较适宜环境资源比竞争对手更胜一筹,并愿意在较长时期内将资源用于这一领域的企业。

【围歼战术】一种对竞争对手在价格上采取的控制手段。在产品的种类、款式、型号、规格、花色等方面推出层出不穷的新产品,以使竞争对手陷于重重包围之中的战术。企业除了对竞争对手采取产品包围外,还可以采取市场包围作战的方式,即在竞争对手毗邻的市场上全场设置网点扩大销售,迫使竞争对手沦为被动防守者。围歼战术的成功取决于入市企业的战略目标和企业长期作战的营销理念。企业只有坚持长期的投入，才能使围歼战术坚持下去，并使企业的战略构想受其营销念的支配，只有具备长期作战和持续发展的营销理念的引导，才能取得这一战术的成功。

【问号业务】　参见【问题业务】。

【问题业务】　亦称"问号业务"、"问题小孩"。一家企业中那些成长比较快，但市场份额比较低的产品或者业务。问号业务往往属于企业的新业务，为发展问号业务，必须进行新的投资，增加设备和人员，以便跟上迅速发展的市场，并超过竞争对手。"问号"非常贴切地描述了企业对待这类业务的态度，因为这时企业必须慎重回答"是否继续投资发展该业务"的问题。只有那些符合企业长远发展目标，企业具有资源优势，能够增强企业核心竞争能力的业务才能得到肯定的回答；当企业有多项"问号"业务时，往往只能选择其中的一项或两项，集中投资发展。问号业务是著名的波士顿矩阵中提出的概念，被广泛应用推广。

【相关多元化】　企业在发展多元化产业时，选择与之主导产业相似或相关联的产业，这些产业可以是主导产品相关链条的延伸，也可以是产品本身供应链条上的延伸。但无论如何，它们都是在不同相关产品上的单一品牌属性表现。根据国内外学者的研究成果，在战略上，多元化公司的基本问题是如何进行跨行业领域的业务协调，以有效地开展其经营活动，使公司的综合优势大于各个部分单独优势的叠加。在现实中，多元化的规模越大，公司的综合优势越有可能被弱化，其原因在于多种资源的协调问题。在相关多元化的公司中，问题的关键在于确认主体性的特殊资源，在这个位置上公司能否处于优势地位，并和相关的其他资源相协调。在不相关多元化公司中，问题的关键在于公司能否在不同的特殊资源中都处于优势地位，在不同业务间不相互干扰。往往公司的战略失误并不在于没有这些资源，而是不清楚以哪些特殊资源为基础，从事哪些业务竞争最为有效。多种资源有时会使决策者迷茫。产品和资源间的关系，在战略上有两种出发点：一是根据产品优势组合各种资源，二是根据资源优势组合各种产品。

【行业集中度】　行业中企业的市场份额的分布情况。是衡量一个行业的产量或市场份额向行业核心企业集中的程度的一个指标，一般用行业中排名前四位的企业占全行业总产量或市场份额的比例来表示。经济学家通常用集中度指数表示行业集中度。成熟行业的行业集中度可以反映公司控制权市场的效率。成熟行业的标志是行业的供给能力过剩，产品的利润率呈下降趋势，行业内竞争激烈，只有那些具备规模经济效应的企业能够生存，由于使用的是相对成熟的技术，成本控制在企业竞争中具有决定意义，因此中小企业往往竞争不过大企业，这种状况导致行业的市场和产量进一步向大企业集中，从而使行业集中度进一步提高。市场份额向行业大企业集中的趋势并不会无限制地持续下去，究其原因是：首先任何企业皆有其边界，超过一定规模以后的扩张可能导致规模不经济；其次是对于非自然垄断型行业而言，任何国家都存在某种反垄断的法律法规，以防止由于过度垄断所带来的社会福利损失；最后是由于行业核心技术的升级换代而导致游戏规则的改变,成本决定市场可能变为技术决定市场,新企业的进入可能导致市场分配的趋势发生逆转。

【行业竞争者】参与市场竞争的、并以提供同一种或同一类产品为基本特征的企业群。如钢铁行业、汽车行业、医药行业、服装行业、地产行业内的企业,由于存在着资源、技术、工艺、市场、产品等要素的相关性,相互之间都视做为行业竞争者。

【选择跟随】竞争者策略的一种。在某些方面紧跟市场领导者,在某些方面又自行其是的企业。它们会有选择地改进领导者的产品、服务和营销战略,避免与领导者正面交锋,选择其他市场销售产品。一般可通过改进并在别的市场壮大实力后有可能成长为挑战者。

【一体化发展战略】企业利用与现有业务有直接联系的市场机会来发展的一种战略。要求将若干独立的经营行为结合起来形成一个整体。让单个企业范围内的产、供、销以及其他经营行为实现高度组合。企业主要通过其内部而不是利用市场手段来处理业务以实现其经营目标。具体表现形式包括:(1)后向一体化。企业通过拥有和控制其供应系统,以实现供产一体化的一种战略。企业使用这种发展战略,一方面是利用企业在供应系统出现的市场机会;另一方面是要避免供应系统对企业造成的制约,以达到实现企业发展目标的目的。(2)前向一体化。企业向其销售系统发展,以实现产销一体化的一种战略。如果企业的销售系统具有企业可以利用的市场机会,或销售系统对企业的发展构成制约,企业就可以向其销售系统发展,实现向前一体化战略。(3)水平一体化。企业向其竞争者的方向发展,以实现控制竞争者的一种战略。企业水平一体化,可以通过收购、兼并竞争者同种类型的企业,或者在国内外新建、扩建同类企业,达到提高企业竞争地位,以实现企业发展目标的目的。

【迎头定位】市场定位策略之一。企业将已在市场上居统治地位的公司作为自己的竞争目标,选择与之对着干的定位方式。

【营销战略制定】企业在确立目标后应及时布置行动方案,明确实现企业目标应该遵循的行为模式。如企业目标是以提高市场份额为目标,那么就应适时采取一定的行动,以实现增加市场份额的目的。美国波士顿一家银行为了扩大客户量,努力通过改进服务质量和提高服务效率实现其目标,为此增设了个人银行业务服务,每个银行职员除了正常业务工作外,还要负责几个私人客户的服务。客户无须到银行就可通过电话通知办理相关业务,大大提高了服务质量和效率,因此招揽了大量客户,扩大了银行的市场份额。企业营销的各项具体活动,都应按照战略部署来进行,达到营销活动和营销目标的统一。企业制定营销战略决策主要从产品、市场和竞争三个方面来设计行为模式,以此作为企业具体行动的准则。

【游击进攻】竞争策略的具体应用主要适用于规模较小、力量较弱的企业的一种策略。游击进攻的目的在于以小型的、间断性的进攻干扰对手的士气,以占据长久性的立足点。因为小企业无力发动正面进攻或有效的侧翼进攻,只有向较大对手市场的某些角落发动游击式的促销或价格攻势,才能逐渐削弱对手的实力。不能认为游击战只适合于财力不足的小企业,持续不断的游击进攻也是需要大量投资的。还应指出,如果要想打倒对手,光靠游击战不可能达到目的,还需要发动更强大的攻势。

【游击战术】竞争策略的具体应用。表现为"打一枪换一个地方"的快速反应行为。常常置身于暗处,便于自我保护,对手则处于明处,易于被攻击。目的是逐步削弱和瓦解竞争对手、挫伤其斗志、改变双方力量的对比。一般分为市场中心和非市场中心两种形式。所谓市场中心的游击战术即是从几个子市场同时发起进攻袭击对手,然后建立自己的市场地位的一种战术。所谓非市场中心的游击战术是着眼于非市场的因素突袭竞争对手的战术。如从拉拢对手的优秀管理、技术人才,收集和占有对手的绝密资料和信息,巧取对手的流通渠道等。

【迂回进攻战略】一种完全避开对手的现有阵地,着眼于长远利益的最间接的战略。具体措施是或开发无关产品,实行产品多角化;或以现有产品进入新的地区市场,实行市场多角化;或发展新技术、新产品,以取代现有产品。

【迂回战术】企业开拓市场采取"退一步进两步"的策略从其他侧面与对手展开竞争的战术。基本形式包括:(1)产品迂回,即用新产品打开新市场,以取代原有产品领域的竞争。(2)市场迂回,即实施多角化经营,从单一行业转向多种新领域。(3)地域迂回,即向新的地区扩张。实施该战术,企业不把竞争的目光只盯在个别产品的局部地区某一时段的胜败得失上,而是把眼光放在更长远的目标上。

【运动防御】企业市场竞争策略,不仅防御目前的阵地,而且还要扩展到新的市场阵地,作为未来防御和进攻的中心。

【战略变革】企业在应对未来可能出现的市场需求所做的一种组织调整。可表现为"撤退"、"转型"或者"调整",为企业找到新的利润增长点,可能面临着很大的风险和陷阱。没有一条确切的路径和方法说可以帮助某个企业实现这样的战略转型成功。面对多种可能和无限风险,企业战略转型应该回归到能力战略上来。

【战略计划过程】通过制定企业的任务、目标、业务组合计划和新业务计划,在企业的目标和资源(或能力)与迅速变化的环境之间发展和保持一种切实可行的战略适应的管理过程。

【战术营销计划】描述一定时期内具体的营销战略,包括广告、销售、定价、渠道、服务等。它是企业在实施特定的营销战略时所明确的短期行动和实施细则,使得战略营销规划得以展开并变得可操作化。其中,战略营销计划着重于细分市场的确定、用户的调研、品牌定位及在此基础上的品牌中长期发展策略,而战术营销计划涉及短期内的产品开发、价格制定、分销渠道选择、广告、促销、公关等营销战术的具体拟定。

【正面攻击战略】挑战者集中全力向对手的主要方面发动进攻,攻击对手的强项而不是弱项。这种战略适于实力较强的企业。进攻者必须在产品、广告、价格等主要方面超过对手,否则不宜采用这种进攻策略。正面进攻战略可以分为纯正面进攻、有限的正面进攻、基于价格的正面进攻和基于研究与开发的正面进攻四种类型。正面进攻的胜负取决于双方力量的对比。

【正面进攻】市场竞争术语。企业集中全力向对手的主要市场阵地发动进攻,即进攻对手的强项而不是弱点。

【职能层战略】参见【职能战略】。

【职能战略】亦称"职能层战略"。职能部门战略。企业各个职能部门的短期性战略。职能战略可以使职能部门及其管理人员,更加清楚地认识到本部门在实施总体战略、经营战略过程中的任务、责任和要求,有效地运用有关的管理职能,以保证企业目标的实现。通常需要的职能战略,包括研究与开发管理、生产管理、市场营销管理、财务管理和人力资源管理等。每一种职能战略,都要服从于所在战略经营单位的经营战略,以及为整个企业制定的总体战略。

【属类竞争者】亦称"平行竞争"。提供不同产品以满足同一种需求的竞争者。属类竞争者是决定需要的类型之后的次一级竞争。

【专营性分布策略】生产企业在特定市场上只选择某一批发商或零售商来独家经销自己的产品的营销策略。其优点表现在:对生产者来说,信息反馈及时,易于掌握市场的销售情况,能赢得经销商的密切配合,还可简化销售、运送、结算手续,降低分销费用,排斥竞争对手利用同一分销渠道;对经销商来说,只为单一企业销售产品,可以获得企业的有力支持,提高自身在市场上的地位和声誉。其不足在于:双方依赖性太大,应变能力差。一般来说,特殊品、高档耐用消费品以及使用方法复杂、需要承担较多售后服务的商品,宜于采用这种营销策略。

【准时生产制】在随机得到订单的情况下,把产品所需的成千上万个零件都排定顺序,所有的加工件、外协件、外购件都按规定时刻出现在规定的加工或装配工位上,按规定的时间生产出产品,并立即交货。采用准时生产方式,生产车间(工厂)无中间仓库(只有中间存储器,用以存放很少、很小的储备件),也没有成品仓库和堆积站,从而使生产周期短、成本低、资金周转快,获得多品种、高速度、高效率的生产。

【综合多样化】企业向与现有的技术、产品和市场无关的方向发展业务的一种战略。

第四篇　营销环境

【环境】1989 年《中华人民共和国环境保护法》对环境的定义为：影响人类生存和发展的各种天然的和经过人工改造的自然因素的总体。包括大气、水、海洋、土地、矿藏、森林、草原、野生生物、自然遗迹、人文遗迹、自然保护区、风景名胜区、城市和乡村等。在经济发展研究中，从发展的角度看，"环境"所包括的基本问题是：人口与资源，经济增长，可持续发展，环境与可持续发展的关系等，其中可持续发展是关键。在环境科研方面，对人与环境系统的发生、发展、调控、改造、利用的研究涉及生态学、经济学、管理学、去学等多学科，如研究污染物在生态系统中扩散、分布、富集过程规律的环境生态学，研究行业污染控制的环境工程学，研究工业污染与环境管理规制和宏观经济发展的关系以及工业企业的环境行为的工业污染经济学，研究环境交易经济根源的环境经济学，研究经济、社会生态环境协调发展的环境管理学以及环境法学等。

【经营环境】影响企业生产经营活动的外部条件，制约企业生存和发展的重要因素。包括市场因素和非市场因素。市场因素：居民的购买行为与消费特点，主要原材料、动力等物质资源的货源及价格，竞争对手的经济实力及发展动向，新技术、新材料、新工艺、新产品等对企业产品的影响等；非市场因素：国内外政治环境、经济环境、技术环境、社会环境等。

【市场营销环境】直接或间接影响营销投入产出活动的市场外部因素的总称。通常被勾画为企业营销职能外部的不可控制的因素和力量，直接影响企业的生存和发展。如经济形势、政治状况、法律规定、技术和社会文化因素。营销投入包括劳动力、财务资源、原材料和信息等方面；产出包括商品、信息、服务和思想等方面。

【营销态势】中国市场与国际市场营销理论及实践的发展趋势。是社会、经济、文化、科技等诸多因素综合作用的结果。基于研究者立场及占有信息的不同，营销态势的结论是不同的。有的研究者提出，由于经济全球化的推动，营销态势的基本特征包括：外部化理论主宰企业，整合网络营销是把营销战略与互联网技术结合起来的一种结构性方法；直销成为流行方式，批发商和零售商之间出现实质性的非居间化；零售将变为可在全球网上商场购物，全部购物活动包括了餐饮、社会交往、娱乐等，而购买只是其中一部分；配送时间趋于零，速度成为企业竞争的新战场；做成交易的远见转变为树立忠实于客户的远见，低价位会成为决定购买的关键因素；满足消费者期望最大化，消费者作为真正意义上的"上帝"，客户的"个性化需求"与"个性要求"，成为决定企业确定产品、价格、质量标准和配送的标准；竞争优势不可能长期存在，公司唯一可以永远保持的优势是它们尽快学习和尽快跟上形势的能力。有的研究者认为，中国市场已经成为或者正在成为全球最有生命力的市场，营销态势的主要特征有：(1)中国地域的辽阔性和巨大的人口基数，以及逐步扩大的收入差别和消费模式差别，决定中国市场不同商品的消费类别和消费额度存在着巨大的差异性。这两个重要的消费细分变量的进一步发展，揭示了中国市场正转向满足细分消费人群差异化需求。更多的企业面向细分客户市场推出新产品,展现了新一轮的市场竞争态势。能否在细分客户市场中建立品牌和产品优势,正在成为企业未来赢得市场竞争的关键因素。(2)随着农民消费水平的逐步提高,乡镇市场的居民消费处于快速成长期,消费模式也正处于转变过程中,开发适合乡镇市场的产品成为企业开拓市场的重点。相对于大中城市竞争激烈、品牌导向的消费模式,低价商品依然为乡镇市场的主流消费商品,有一定客户知晓度的二三线品牌和地域品牌,其高性价比商品和贴近当地客户需求的营销服务更受消费者青睐,并拥有一定的竞争优势和更多的市场发展空间。(3)价格战转向品牌营销。更多中国企业和商家采用市场竞争策略,从偏好价格竞争转向更为务实的品牌建设,逐渐呈现出品牌导向的竞争态势。企业更为重视产品质量控制和科技含量,努力打造质量和科技品牌。企业注重提升售后服务体系的质量,提升员工的客户服务意识和服务能力,打造出企业的服务品牌。(4)消费渠道加速变革。市场竞争加剧和大众消费模式的变化,企业原有的渠道管理模式正加速变革。众多企业更为重视省、市级经销商的发展,逐步实施营销渠道扁平化,降低销售重心,以进一步贴近客户需求,努力加快市场反应速度,同时加快商品周转速度。

【企业环境】企业生存、发展所处外部条件与内部条件的总称。内部条件包括:(1)产品的生产和供应状况;(2)产品的售后服务能力;(3)企业控制营销渠道的愿望和能力等。如果生产企业能及时大批量地提供产品和售后服务;同时,不仅在人员培训和技能等方面能全方位到位,而且有控制营销

渠道的能力,选择级数较高的营销渠道将是很好的决策。反之,生产企业则应该选择较短的营销渠道。企业对其外部大环境进行分析,一般采用"PEST分析"或"PESTE分析"框架;对其外部市场结构进行分析,常用的分析方法是"五种竞争力量模型";对其内部条件进行分析,可采用"波士顿矩阵"方法;进行综合性分析,可采用"GE矩阵"方法。

【市场营销微观环境】对企业营销活动产生直接影响的介于4P策略与宏观环境之间的一种营销环境。它包括营销部门所在的企业、供应商、营销中介、顾客、信息、竞争者和公众等因素。这些因素和宏观环境比较起来,对市场营销活动有更加直接的影响,但经过努力可对一些因素不同程度地加以控制。

【商业生态】保持商业健康发展的环境要素。基本要素包括:(1)文化氛围。文化越来越成为产品(服务)价值的主要来源。因而,具有文化内涵的情调及氛围,成为顾客吸引力的根本所在。(2)行业结构。在大市场、大流通、大商业的背景下,不同的行业和组织之间必须形成相互补充、相互支持的共生关系。(3)品牌分布。为了有效培育市场,要积极开发不同商品、不同地区、不同民族的名牌产品。(4)社会生态。交通、通信、电力、环卫、绿化、工商、税务、治安等等,是商业生态的保障性要素。

【环境资源】既指各种自然资源,包括土地、水、气候、动植物、矿产等,又指它们组合成的各种状态,即环境状态。由于它们是人类生活和经济发展的物质基础,故统称为环境资源。随着科学和技术的发展,人类对自然资源开发利用的能力不断增强,环境作为一种资源已遭受到日益严重的破坏。如水

资源短缺和污染,不少珍稀物种和矿物资源正濒临枯竭等,这些均将影响人类的社会进步与经济发展。因此,人类在开发利用环境资源时,必须充分考虑到环境的整体性和系统性,要同环境承载能力相协调。要努力降低自然资源的耗竭速率,使之低于资源的再生速率或替代品的开发速率,要保持社会经济发展与环境关系持续和协调发展。

【市场机会分析】对环境中将有利于企业发展的某些因素进行分析。一般先分析环境动向,再对市场机会予以评价。市场机会转瞬即逝,因而通过分析识别并抓住市场机会,是企业取得成功和发展的关键。

【不确定性环境】营销环境的复杂性和动态性,营销面临的一种常态,社会、政治、经济、科技以及人们行为的千变万化,对企业的市场营销水平提出了更高的要求。

【PEST 模型】市场营销的宏观环境因素。这些要素包括:政治(Politics)、经济(Economics)、社会(Society)、科技(Technology)等。在企业的市场营销活动中,通过对这些环境因素的分析,寻找市场机会,规避环境的威胁,降低企业营销成本,提高营销效率,实现利润的最大化。往往一个巨大商机的发现,都源于对这些营销环境要素的分析。PEST 模型的意义在于评价上述因素对企业战略目标和战略制定的影响。

【不确定需求】对于目标市场的需求容量并不确定,需求量的大小难以估量的一种需求形态。

【不完善竞争】参见【不完全竞争】。

【差异原则】对自由原则的一种修正和补充,它要求任何社会的制度安排一方面应普遍适合社会每一位成员;另一方面又要使社会底层的人们获得最大的利益,不应出现强者剥夺弱者而使弱者更弱的状况。

【城市环境】相对于城市主体——居民和企业而言的,影响城市生活和生产活动的各种自然的和人工的外部条件。城市环境既是城市人类活动的基础,又受到人类活动的影响,因而,城市环境是一种特殊的自然—人工复合的环境。城市环境以人为主,具有高度开放性、脆弱性,以及污染严重等特征。

【地理因素】按照消费者的地理位置来细分市场是一种传统的细分市场的方法。如通常按城市与农村分为城市市场与农村市场;按行政区域划分为浙江市场、山东市场等。

【风俗习惯】人们在长期的生活中形成的习惯性的行为模式和行为规范。人们世代沿袭下来的社会文化的一部分。在饮食、婚丧、服饰、节日、居住、人际关系、商业等方面都表现出独特的心理特征、生活习惯和消费习惯。虽然风俗习惯具有高度的持续性和强烈的区域性,但随着频繁的文化交流,某些风俗习惯会发生变化。

【供应者环境】向经营者提供物资与资金的企业的状况。企业的供应者由以下因素组成:(1)资源供应者。其生产企业所需要的机械设备、原材料、能源及零部件等生产资源,或者提供所需的资金,并把这些资源供应给企业。(2)物资供应商。即物资经营部门,其收购生产企业生产的各种物质资料,再提供给需要这些产品的企业。(3)运输部门。其把资源供应者生产物资运送到物资供应商或购买企业手中,也从物资供应商那里把物资运送给各个企业。(4)便利供应部门。其为物资的供应提供各种方便条件,共同完成向企业提供物资与资金方面的任务。

【互补性需求关系】在购买者实际收入不变的情况下,虽然某项产品价格大幅度地变动,但其关联产品的需求量并不发生太大变化。

【环境经济系统】由环境系统和经济系统共同组成的一个大的综合系统。在该系统中,环境系统和经济系统集合在一起,相互依存、相互制约。经济系统从环境系统中获取生产和消费资源,环境被看成是一种可以提供各种服务的特殊财产,即提供人类从事经济活动的生存支持系统。环境系统中资源数量的多寡和质量的优劣,在一定程度上制约着经济系统再生产的规模;同时,经济系统向环境系统排放废弃物,环境系统对废弃物净化容量的大小,也在一定程度上影响着经济系统再生产的规模。因此,研究经济与发展的关系必须要在环境经济这一大系统的约束中进行分析。

【环境威胁减轻】通过调整市场营销组合等来改善环境适应,以减轻环境威胁的严重性。

【环境效益】亦称"绿色效益",一个建设项目或一项管理措施实施后,对环境产生的效果及环境资源的功能给人们带来的各种效益,是一种综合的社会经济效益,具有明显的区域性。可划分为直接环境效益和间接环境效益。前者是指对环境开发利用,对环境要素(如大气、水、土壤)产生的直接影响取得有形资源产品时获得的环境效益。如:合理计划采伐森林获得的木材产品。后者是指对环境开发利用,由于环境质量改变而对生态系统、人体健康及整个社会产生长远影响取得无形环境效用时而获得的环境效益,如:保护野生动物群带来的效益。环境效益产生是一个持续和缓慢的过程,是个时期要素,且很难直接用货币表达,只有在采取了某些保护措施之后,环境改善带来的效益可以通过不同的方法进行估算。

【环境影响】人类活动(经济活动和社会活动)对环境的作用和导致的环境变化以及由此引起的对人类社会和经济的效应。人类活动对环境产生的作用是多变的、复杂的。它可以是有害的,也可以是有利的;可以是长期的,也可以是短期的;可以是潜在的,也可以是现实的。按促成原因分为自然环境效应和人为环境效应;按环境变化的性质分为环境生物效应,如植被破坏、环境污染引起的生物种群受害、数量减少甚至灭绝是环境生物效应的例证;环境化学效应,如环境的酸化、土壤的盐碱化、地下水硬度的升高、光化学烟雾的发生是环境化学效应的例证;环境物理效应,如城市热岛效应、温室效应、噪声、地面沉降等是环境物理效应的例证。

【环境战略】"预防与治理结合,预防作为主旋律"环境战略安排。人类是环境的产物,人类要依赖自然环境才能生存和发展;人类又是环境的改造者,通过社会性生产活动来利用和改造环境,使其更适合人类的生存和发展。可持续发展的思想精华是要主动地把环境问题从始端抓起而不是被动地在末端进行治理。

【幻想引导】一种类似于自由联想的定性调研方法。要求被测试者在调研员的引导下,充分想象自己的梦想或幻想,并把它们描述出来。在这过程中,调研员跟踪记录被测试者对特定产品或品牌的情绪化反应。

【家庭结构】由家庭成员构成的某种结构状态。家庭组织是我国社会的轴心。所谓"家为邦本、本固邦宁"就清楚地表明,国家的存在是寄存于家的基础上的。家庭结构特点包括家庭成员数量、家庭成员结构和家庭决策方式等因素。家庭的结构特点对某些以家庭为购买和消费单位的产品有直接影响。目前家庭结构是多元化发展,存在着单亲家庭、单身家庭、空巢家庭、三口家庭等结构类型。自实行计划生育政策以来,中国的人口老龄化速度急剧提升。随着家庭结构的改变和核心家庭的大量出现,空巢家庭和老龄鳏寡孤独家庭也随之增加。老年人因单身或家庭"空巢"而引发的心理不适现象,如孤独、抑郁、焦虑、烦躁等在城市已经成为比较突出的老年问题;在农村,则主要表现为老人的基本生活温饱问题。在农村主要以家庭为养老支柱的前提下,老人一旦丧偶或丧失劳动力,将会面临贫困和生活无着的极大风险。随着家庭结构的变动,年青一代的赡养观念发生了变化,他们对赡养父母的方式有了不同的理解。城市人中已婚子女更喜欢以探访的方式回馈父母,未婚青年更喜欢以金钱代替劳动力的方式孝敬父母。此外,随着中青年群体的生存竞争压力加剧,跨地域的流动频繁,生活方式改变和独生子女政策的推行,城市家庭中的代际关系模式势必将受到深刻影响,传统的家庭养老模式需要更新,单纯依赖家庭养老的时代已不复存在。随着经济的发展和家庭观念的更新,家庭规模趋于小型化,即家庭单位增加、家庭

人口减少,是一必然趋势。这种变化趋势显然会给企业产品的销售带来新的营销机会。

【家庭生命周期】反映一个家庭从形成到解体呈循环运动过程的范畴。比较完整的家庭生命周期概念是由美国学者 P. C. 格里克于 1947 年从人口学角度最早提出的,并对一个家庭所经历的各个阶段做了划分。一般划分为形成、扩展、稳定、收缩、空巢、解体 6 个阶段。在每个阶段,随着消费者的成熟程度、经验以及收入和地位等方面的变化,消费者的态度与行为趋势也随之发生变化。家庭可分为以下阶段:(1)青年单身期:参加工作至结婚的时期,一般为 1~5 年。这时的收入比较低,消费支出大。(2)家庭形成期:从结婚到新生儿诞生时期,一般为 1~5 年。这一时期是家庭的主要消费期。经济收入增加而且生活稳定,家庭已经有一定的财力和基本生活用品。为提高生活质量往往需要较大的家庭建设支出。(3)家庭成长期:指从小孩出生直到上大学,一般为 9~15 年。在这一阶段里,家庭成员不再增加,家庭成员的年龄都在增长,家庭的最大开支是保健医疗费、学前教育、智力开发费用。同时,随着子女的自理能力增强,父母精力充沛,又积累了一定的工作经验和投资经验,投资能力大大增强。(4)子女教育期:小孩上大学的这段时期,一般为 4~8 年。这一阶段里子女的教育费用和生活费用猛增,财务上的负担通常比较繁重。(5)家庭成熟期:子女参加工作到家长退休为止这段时期,一般为 15 年左右。这一阶段里自身的工作能力、工作经验、经济状况都达到高峰状态,子女已完全自立,债务已逐渐减轻,理财的重

点是扩大投资。(6)退休养老期:退休以后。这一时期的主要内容是安度晚年,投资和花费通常都比较保守。6个阶段的起始与结束,一般以相应人口事件发生时丈夫(或妻子)的均值年龄或中值年龄来表示,各段的时间长度为结束与起始均值或中值年龄之差。

【进入市场障碍】企业面对目标市场所遇到的挑战、问题、困难等不利因素的总和。主要包括:(1)规模经济。如果大规模经营可以产生显著的成本优势。新的进入者就必须达到这种规模,否则较高的单位成本将限制其获利能力。(2)经验益处。通过学习经验的积累,可以降低单位成本。学习的不断积累可以使人们逐步发现更有效的工作方法,如果这一点很重要,那么新进入者就可能因缺乏经验而处于单位成本高的劣势。(3)专有技术。专利能够保护公司防止新的进入者,专有技术或者专门技能将增加进入的难度。(4)顾客对品牌的忠实度。顾客可能特别偏好某种品牌,或者他们与现有供应商建立了非常密切的关系,而不愿意割断这种关系。新的进入者需要劝说顾客,说明承受因购买它们的产品而产生的转移成本是值得的。(5)资本成本。如果资本成本很高,就会限制潜在进入者的数量。(6)销售渠道。如果所有大的销售网点拒绝销售新进入者的产品,它们就必须花费更多的资金去建立自己的直销网络。(7)高转移成本。顾客由于选择新的进入者的产品而承受很高的转移成本。(8)政府政策。政府政策也是进入市场的一种障碍,政府通过限制发放许可证、发行独占特许权或者制定手续繁杂、实施成本高的规定等措施,来控制行业的竞争。(9)低成本投入。如果新进入者的投入成本较高的话,进入市场将面临新的障碍。

【科技环境】国家及企业开发、利用科学技术政策、法律、制度、成果的综合状况。科学技术是社会生产力最新的和最活跃的因素。作为营销环境的一部分,科技环境不仅直接影响企业内部的生产与经营,还同时与其他环境因素互相依赖、互相作用,特别是与经济环境、文化环境的关系更加紧密。企业应注意了解新技术,学习和掌握新技术,以高度的热情追踪、研究当代科技发展的最新动态,充分利用这个"加速的推动力"。当前世界范围内新技术革命的兴起,引起了各国的普遍关注,其对经济和社会的发展已经开始产生并将继续产生深刻的影响。科学技术的这种发展趋势,给企业造成新的市场营销机会。

【科特勒行为选择模式】强调社会环境影响消费行为的简单模式。由美国营销学者菲利浦·科特勒提出。说明消费者购买行为的反应不仅受到商品、价格、地点、促销的影响,还要受到经济、技术、政治、文化因素的影响。而不同特征的消费者,会产生不同心理活动的过程。购买者的个性和决策过程,导致了一定的购买决定,最终导致了消费者对产品、品牌、经销商、购买时机、购买数量的选择。

【可随意支配个人收入】可支配个人收入减去消费者用于购买生活必需品的固定支出(如房租、保险费、分期付款、抵押贷款)所剩下的那部分个人收入。

【可支配个人收入】扣除消费者个人缴纳的各种税款和交给政府的非商业性开支后可用于个人消费和储蓄的

那部分个人收入。

【可自由支配收入】个人可支配收入中支付了必要开支后剩余的部分。这些必要开支是指生活中相对固定的费用，如水电费、孩子受教育开支、房租或者购房抵押贷款引起的月付金，有些人还有商业保险费、汽车养路费等。可自由支配收入实际上是一个人用于享受型消费的资金来源。

【劳动环境】劳动者从事生产劳动的场所的外部环境条件。现代工业生产的环境是复杂的环境，影响因素很多。对于岗位劳动评价，主要考虑劳动环境中对劳动者的劳动效率和身心健康有影响或危害的因素。如粉尘、高温、毒物、噪声、振动、电离辐射等生产性有害因素，以及井下、露天、高处作业等不良的环境条件。这些因素和条件统称为有害因素。通过对劳动环境中各种有害因素的测定和分级，可以反映岗位劳动环境条件对劳动者的劳动效率和健康的影响程度。

【乐观奔命者】发展中国家那些长年奔波在外，努力致富的人们。他们年富力强，胸有大志，掌握专业技术，在发家致富方面大有潜力。乐观奔命者原来是指出现在南欧、希腊、意大利、葡萄牙和西班牙等国的一类典型的消费者。在目前的应用中，乐观奔命者是指脑力型的和技术性强的打工者，是中国得以取得发展优势的最重要力量之一。他们不仅是廉价劳动力的保证，也是质优价廉的科技研发力量的保证。在现阶段，中国的这一消费群体十分庞大，一般认为占到30%~40%。参见【生活方式】。

【掠夺式营销】对"急近功利"不规范营销行为的比喻。企业浮躁的心理，表现在营销策略上是掠夺式地透支客户和消费者的资源，非理性地进行市场运作。主要表现包括：(1)脱离市场实际，搞"大跃进"式营销，业务人员和促销人员透支明天的客户，另辟蹊径搞灰色收入和透支信任等。(2)给产品创造一些"虚、假、空、大"的产品概念，蒙骗消费者。企业玩弄"产品概念"、"品牌概念"、"价格概念"，赚了钱却丢了客户忠诚度。(3)在市场开拓时寄希望于大面积广告投入、高频率轰炸，寄希望于市场策划、点子效应，更有甚者欺骗消费者。(4)许多企业不顾企业实力，迷恋于价格战和促销战，采取了很多急近功利的促销措施，产品创新乏力，最终把行业和企业做死。

【瓶颈效应】关键环节决定事物成败的一条法则。特定事物发展过程中存在着各个因素、环节之间的关系，社会角色扮演者在进行某项创造活动时，要求与之相关的因素、环节配合与协调并进，其中某一因素、环节跟不上，就会成为瓶颈影响整个活动的正常进程。现实社会中，一般玻璃的瓶体与瓶口大，瓶颈比较小。瓶颈效应借用这一原理而来。

【企业内外环境对照法】 参见【SWOT分析法】。

【企业营销机会】对企业的营销活动具有吸引力的、在此能享有竞争优势（即成本优势，或者产品优势）的市场机会。而市场机会，指的是市场上未满足的需要。企业发现营销机会，需要遵循的原则是既有发展潜力，又有竞争优势。

【情景分析方法】参见【SWOT分析法】。

【情景性关心点】人们处于特定环

境氛围、特殊事件过程中,针对相关事物所形成的关心点。当人们离开这种环境或者这个特殊事件结束后,公众的心理活动就会发生变化。利用情景性关心点开展广告宣传,成功的关键在于通过广告设计,逼真地表现特定具体的情景,营造情景生活气氛,使公众"触景生情",进而形成需求心理。

【区域市场封锁】各个区域市场的当地政府由于采取地方保护政策或措施而构成的人为市场准入障碍。我国地区间各个区域市场封锁表现得名目繁多,但大致可以分为限制流入和限制流出两类。对于企业的区域市场进入而言,构成区域市场营销障碍的主要是限制流入的区域市场封锁。其主要表现在:(1)政府设立关卡;(2)利用经济杠杆制定优惠或限制的倾斜政策;(3)画地为牢,制定各种行政手段,阻止其他区域市场的商品的进入。

【全面小康】可归纳为三个方面,第一,党的十六大提出的,人与自然环境的协调发展,城市和乡村的谐调发展,这是总的宏观目标。第二,全面小康建设实际上体现了小康型人居生活水准和住户生活环境质量,直接涉及整个房地产项目客户。住宅项目应该打造八个字:舒适、健康、安全、文明。第三,要通过全面小康的建设,使我们的房地产能够创造一个新的生活模式,新的生活水准,与国际接轨。

【人均GDP】一个国家或地区在一定时期内,按人口平均所生产的全部货物和服务的价值。一个国家的GDP总额反映了该国的市场总容量、总规模。人均GDP则从总体上影响和决定了消费结构与消费水平。一般来说,人均GDP较高的国家购买力水平较高,在高档耐用品、奢侈品、文化娱乐产品、休闲旅游产品方面的需求量较大;而人均GDP低的国家的消费以食品和一般消费品为主。

【人口规模】总人口的数量。它是影响需求的重要因素。随着科学技术进步、生产力发展和人民生活条件的改善,世界人口平均寿命延长,世界人口尤其是发展中国家的人口数量持续增长。

【人口结构】人口年龄、性别、受教育程度等基本要素的构成状况。人口结构往往决定市场产品结构、消费结构和产品需求类型,是决定最终购买行为的重要因素。其中,人口的年龄结构包含着不同年龄消费者的审美差异、购买心理和消费兴趣差异等重要信息,它是企业划分市场的依据之一,并在很大程度上影响着企业的市场营销组合。世界人口平均寿命在延长,许多国家的人口趋于高龄化,世界范围的"白发浪潮"正在来临。人口老龄化倾向,将使市场对医药、保健用品、眼镜、助听器、住房、人寿保险等老年人用品和相关的特殊服务的需求迅速增加,而对摩托车、体育用品、服装、发型、美容、玩具、一般食品等产品的需求日益减少。适应这一市场需求的变化,企业将在老年人食品、服装、保健品和健身器材、娱乐休闲用品和场所、社会服务机构和设施等方面发现新的市场机会。

【人口特征】人口组成的数据资料(包括年龄、性别、家庭规模、家庭收入、职位、受教育程度、宗教、种族、国籍等)。人口特征分析能反映影响消费者需求的市场信息,例如阶层结构、家庭构成和年龄的变化。

【人口统计变量因素】分析人口这

一细分标准应该考虑的一组因素。有性别、年龄、民族、种族、国籍、文化程度、职业、收入、宗教信仰、家庭境况、家庭构成以及家庭生命周期等。

【人口统计细分】 根据人口统计这一变量，按国籍、性别、民族、收入等具体细分变量将市场细分。区分消费者群体最常用的变量。该变量与消费者对商品的需求、爱好和消费行为有密切的关系，且人口统计变量资料相对容易获得和容易进行比较。

【人口统计学特征】 消费者或者人口的具体情况，通常包括年龄、性别、婚姻状况、家庭人数、家庭收入、职业、受教育情况、宗教信仰、种族、国籍等信息。人口统计的分析提供了影响消费者需求的重要市场信息，如社会阶层的结构变化、家庭生活周期、家庭组成和年龄层次等。

【融资环境】 筹集资金时企业主体在一定空间范围内所处的状态，它包括自身具备的条件和周边的环境，具体表现为主体自身管理模式、管理体制、管理水平和国家的投融资体制，金融体制和国企管理体制等。一个良好的环境对企业融资起着至关重要的作用，因此融资时要把握好融资时机。融资时机指有利于企业融资的一系列因素所构成的时间性的客观条件，良好的融资时机要求内部素质与外部环境相适应，达到最优组合，最大限度地有利于融资活动的进行。

【社会阶层】 一个社会中具有相对的同质性和持久性的人类群体。因其所处的社会地位的不同而形成相应的等级差别。每一阶层的成员具有类似的价值观、消费观、审美观，以及较稳定的社会阶层归属感。尽管社会阶层的文化特征可以随社会发展而发生变化，但是社会阶层成员的行为特征仍然受到类似的经济、职业、职务和教育等多种因素的影响，形成一定的等级观和身份观。由于处于不同社会阶层的消费者的经济状况、价值观念、生活方式和消费特征等有所不同，因而对企业、商品、商标、大众传媒等都有各自不同的偏好，从而导致不同的消费需要和购买行为。

【社会生态系统】 社会生态系统具有社会效益、生态效益和经济效益等三种基本的系统效益。应当根据不同社会生态系统的目标要求，经常注意提高各个分效益的质和量，同时保持它们之间的合理结构，并适时采取相应的变革措施，以便不断提高与增强各种社会生态系统的整体性效益。

【社会文化环境】 人们的生活态度或看法、价值观念、道德规范以及世代相传的风俗习惯的现实状态。影响人们欲望和行为（包括消费者的购买行为）的重要因素。人们的欲望和行为就是受其特定的社会环境、传统文化的影响，形成了在特定时期内对某些商品的大量需求。社会文化环境主要包括：（1）教育水平；（2）宗教信仰；（3）语言文字；（4）审美、价值观念，不同的国家、不同的民族有不同的审美观念，如颜色、花草、鸟兽等；（5）风俗习惯；（6）商业习惯。

【替代产品威胁】 一种来自于产业外部的压力，可能是一种产品实际的替代或可能的替代。如果某个细分市场存在着替代产品或者有潜在替代产品，那么该细分市场就失去吸引力。替代产品会限制细分市场内价格和利润的增长。如果在这些替代产品行业中技术有所发展,或者竞争日趋激烈,该细分市场的价格和利润就可能会下降。替代产品的适用性限定了一个企业产品的最高价格,或者进入市场从而导致这一产品的吸引力降低。因此产业内要识别什么是自己产品的替代品,就必须去寻找那些能够实现本产业产品同种功能的其他产品,并在全产业内集体针锋相对地顶住替代产品。

【投资环境】一个国家或地区适宜投资者的投资、生产、经营等各项活动的条件。可分为两类:(1)硬环境。一国或一地区的地理条件、气候条件、自然资源禀赋、人口状况、交通等基础设施条件这些自然与物质方面的条件。(2)软环境。一国或一地区的政治、经济、法律、文化等方面的条件,如政局与社会秩序状况,宏观经济状况,法律法规和政策等是否健全,政府部门的管理水平和办事效率,科研等人文条件,市场发育程度,对外开放程度,工资水平等。

【文化】指导人们对生活、知识、社会风俗的不同方式所做的价值判断。它是人们在长期的社会实践中所形成的。人类在某种社会中生活,久而久之必然会形成某种特定的文化,包括一定的态度和看法、价值观念、道德规范以及世代相传的风俗习惯等。文化是影响人们欲望和行为(包括企业的顾客的欲望和购买行为)的一个很重要的因素。人们的欲望和行为是受其传统文化影响的。企业管理层在做出市场营销决策时必须调查研究这种文化动向。

【文化环境】影响一个社会的基本价值、观念、偏好和行为的风俗习惯的总称。文化是人类历史社会实践过程中所创造的物质和精神财富的总和,它包括价值观念、观点、态度,即人们创造的用以表现人类行为的有意义的符号,及具有历史继承性的人类行为模式。人们成长于特定的社会中,社会塑造了人们的信仰和价值观,他们与周围人们关系的世界观也随之形成。教育状况、宗教信仰、审美观念、语言、亚文化群等是营销人员对文化环境研究的基本要素。

【系统环境】系统赖以存在和发展的全部外界相关因素的总和。系统和环境之间不断产生物质、能量和信息的交换。比如企业系统环境的相关因素有三类:(1)物理和技术相关因素,如地理位置、水源、原料、生活服务等。(2)经济和经营管理相关因素,如国家计划、政府有关政策法令、市场需求等。(3)社会相关因素,如人口、就业、安全、文明、劳动者素质、社会服务等。同时,企业也向外部环境提供产品、劳务,向国家缴纳税金,承担相应的社会责任。系统与环境的关系可总结为:环境是系统存在的前提;环境变化往往引起系统变化,如剧烈变动的环境可能动摇系统的稳定性,甚至造成系统解体,缓慢的环境变化则可能改变系统的结构;不同层次的环境对系统的作用有大与小,直接与间接之分;系统也给环境以反作用;在不同层次中系统和环境可以相互转化。研究系统环境有利于明确各因素间的相关程度和影响范围,为系统设计提供依据;并能使系统经常与外部环境保持最佳适应状态。

【消费环境】消费者在生存和发展过程中面临的、对消费者有一定影响的、外在的、客观的制约因素。可分为:(1)受自然条件制约的自然消费环境;(2)由社会条件制约的社会消费环境。消费环境的状况是考察消费质量的内容之一。消费环境直接影响着消费者的消费需求和结构。消费环境是不以消费者的意志为转移的客观存在，但是消费者可以认识、适应和改造消费环境。消费环境良好可以提高消费效益；反之，则会降低消费效益。

【消费力】消费者本身所具备的消费能力与消费对象中潜藏的满足人们需要的能量在消费过程中相互作用而实现的能力。它只能在消费过程出现，离开消费过程就不存在消费力。没有大众的消费力，仅靠少数富人，任何国家都不可能富强。大众消费力，关系到劳动价值，关系到劳动者的地位和尊严，关系到国家命运。解放大众消费力，而不仅仅是解放生产力，是走向富民强国的必由之路。中国过去的计划经济，其实质是行政经济，也就是否定市场规律，靠行政官员用行政手段调控经济。这种经济的显著特点就是效率低下，商品短缺，卖方市场，大众消费力极低。改革开放之后，我国社会大众的收入和消费水平有了很大提高。经过十多年的努力，至1996年中国连年上涨的物价出现回落开始，中国终于奇迹般地扭转乾坤，告别了短缺时代，由长期的卖方市场一举跨入了买方市场。买方市场的形成，标志着中国经济体制改革第一阶段的任务已经完成。初步搭起了市场经济的框架。此后中国面临的新问题是，短缺已经发生了错位，短缺的不再是一般商品，而是"购买力"。厂家们不再担心供不应求，而是要为推销积压产品犯愁，大把地花钱做广告，希望"上帝"们慷慨解囊。由"买难"转向"卖难"，给经济运营带来新的压力，企业亏损、破产，职工下岗、失业，这些名词的频繁出现，预示着中国的改革面临着新的挑战。

【消费习惯】消费者因时间、空间、民族的不同而逐渐形成的消费志趣、倾向及风俗。主要特点是：(1)渐进性，随时间的进程而日趋变化；(2)地域性，不同国家、民族的文化传统以及生产力发展水平的差异，呈现出消费习惯的千姿百态；(3)独立性，由于地理环境特别是宗教信仰的影响，人们的消费构成、方式往往有相对的排他性。

【消费习俗】一个地区约定俗成的消费习惯，是社会风俗的组成部分。它具有以下特点：(1)长期性。消费习俗都是在漫长的生活中逐渐形成和发展的消费习惯。一种习俗的产生和形成要经过若干年乃至更长时间。人们在长期生活中消费习俗潜移默化地进入生活的各个方面，不知不觉发挥影响作用。(2)社会性。消费习俗是在共同的社会生活中互相影响产生的，是社会生活的组成部分，带有社会性的共同色彩。(3)地区性。消费习俗是特定地区产生的带有强烈的地方色彩。(4)非强制性。一些消费习俗的产生，不是强制颁布实施的，而是一种无形的社会习惯。这些消费习俗也会随着社会经济生活的变化而变化。影响消费习俗的因素主要有民族习惯、宗教信仰、历史文化、经济发展、文化程度、地理环境等。此外，新思想新道德的传播、政治制度的改革、消费者心理变化、国内国际交往的扩大等都对消费习俗的形成和发展变化具有重要影响。常见的消费习俗有：民族性消费习俗、地域性消费习俗、政治性消费习俗、信仰性消费习俗、喜庆性消费习俗、纪念性消费习俗、禁忌性消费习俗等。

【亚文化】在一个较大社会群体中的较小社会群体所具有的特色文化。

其成员不仅具有与主文化共通的价值观念,还具有自己独特的生活方式和行为规范。是重要的细分市场的客户群。跨文化的形成对经济全球化起到了推波助澜的重要影响作用。其具有跨越国界、区域的明显特征,有较强的渗透性和融合性。

【亚文化群】表现出来的与整体文化有着相同差别的一类人群。这类人群由于存在着相同的癖好,往往为营销提供了良好的市场机会。从世界范围来看,每个国家除了核心文化以外,还有若干亚文化群。例如,按照民族特征划分,可以分为若干个民族群体;按照宗教划分,可以分为若干个宗教群体;按照地理区域划分,可以分为若干个地理区域群体。每个亚文化群体都有自己的需求偏好,有自己特殊的购买行为。因此,进行全球营销活动,不仅要了解不同国家的文化背景,还应该进一步掌握每一个国家的亚文化群的特征。

【增长驱动因素】即指在一个市场的特定时期内任何导致销量增加或价格上涨的外部因素。具体包括了波特的五种力量模型和 PEST 分析要素等。

【政府管制】行政机构为直接或通过改变消费者和厂商供求决策而间接干预市场分配机制所颁布的法规或采取的特定行动。政府管制活动按其目标可分为经济性管制和社会性控制两种,前者侧重于处理企业间及企业和消费者间纯粹的经济关系,后者则偏重于处理企业的经济行为可能给消费者和社会带来的不健康或不安全问题。

【政治法律环境】一个国家社会制度、法律制度、经济制度所形成的市场条件与状况的总称。任何企业的营销决策,都要受特定的政治与法律的制约

和影响。我国的政治法律环境包括以下几个方面:(1)党和国家重大的政治、经济措施。包括经济改革、扩大开放、发展社会主义市场经济、外贸体制改革、税制改革、建立现代企业制度、企业转换经营机制等。(2)政府的法令、法规。法规、法令对市场营销有较强的保护、限制和调节作用。对企业营销活动有直接影响的法律主要有:《广告法》、《商标法》、《专利法》、《食品卫生法》、《环境保护法》、《药品管理法》、《反不正当竞争法》、《维护消费者权益法》等。(3)党和国家的方针政策及其变化。现阶段的主要政策有:①人口政策。我国实行控制人口增长的政策,这将带来人口结构的变化。②产业政策。国家决定重点发展的产业,企业进入这个领域从事生产与经营就有利可图。近期或较长时间内,能源、交通、通信、电子、石化、生物工程等将是我国重点发展的行业;同时,第三产业也将得到迅速发展。③能源政策。由于我国能源短缺,国家采取限制某些耗能高的产品的使用。④物价政策。国家的价格政策,将影响企业的营销活动。随着社会主义市场经济的发展,国家的物价政策也应遵循价值规律,反映市场供求关系,以促进企业转换经营机制,面向市场,面向用户。⑤财政、金融与货币政策。它是政府用来干预经济的最重要、最有效的手段。在我国,深化金融体制改革,建立资本市场,发行股票,居民投资多元化,必然对消费品市场需求产生影响,企业应适应这一环境变化。

【主体文化】在凝聚整个国家和民族的过程中占据支配地位的文化。包括世界观、价值观、人生观等。

第五篇　顾客理论

【顾客】企业营销活动的服务对象。企业一切活动的出发点和归宿点。谁能赢得顾客,谁就赢得市场。顾客是否喜欢企业的产品、是否对企业忠诚以及对企业的满意都决定着企业市场营销活动的结果,乃至企业的生存。现代营销学通常按顾客及其购买目的把顾客分成五种:(1)消费者市场。即购买商品或劳务供个人消费的个人和家庭。(2)产业市场。为赚取利润或达到其他目的而购买产品和服务来生产其他产品和服务的组织。(3)中间商市场。为了利润而购买产品和服务以转售的组织。(4)政府和非营利市场。为了提供公共服务或将商品与服务转给需要的人而购买产品和服务的政府的非营利机构。(5)国际市场。即国外买主,包括外国消费者、生产者、中间商和政府。

【客户】为企业提供收入的个人或团体。客户是相对于产品或服务提供者而言的,是所有接受产品或服务的个人或组织的统称。它是企业利润的来源,是企业发展的动力。

【顾客关系营销】企业营销的首要工作是与老顾客建立良好的伙伴关系,以保持顾客的营销思想。基本观点是,现代营销的首要重点不是去开拓市场,开拓新的市场是第二位的工作,根据商品或服务的市场特征以及利润率,应该建立与顾客之间不同程度的互相关系。顾客关系类型主要是:(1)基本型顾客关系;(2)反应型顾客关系;(3)可靠型顾客关系;(4)主动型顾客关系;(5)合伙型顾客关系。

【顾客关系管理系统】企业与顾客之间建立的管理双方接触活动的信息系统。支持个性化销售和服务的一种系统。该系统建立在 IT 技术上,能使企业及时了解顾客的需求、特征、购买倾向的变化,然后为顾客提供一种个性化的服务产品。该系统认为,在网络时代的顾客关系管理应该是利用现代信息技术手段,在企业与顾客之间建立一种数字的、实时的、互动的交流管理系统。一个相对完整的 CRM 至少要包括三大内容:触发中心、挖掘中心、CRM 与 ERP 的集成。触发中心是畅通有效的客户交流渠道,有电话、Web、传真、E-mail 等触发手段。挖掘中心是对所获信息的有效分析,即数据挖掘技术(Data Mining)。

【顾客利益定位】突出产品能给予顾客某一方面更多的利益。产品定位包括价值定位、利益定位和属性定位三个方面。顾客在购买产品时,总是为了实现个人某种价值。价值是由产品和服务功能利益组合实现的,不同的顾客对产品和服务有着不同的利益诉求,而利益是由不同的产品和服务属性实现的。价值确定产品和服务带来的利益,利益确定产品和服务的属性。

【顾客满意】顾客对企业和员工提供的产品和服务的直接性综合评价,是顾客对企业、产品、服务和员工的认可。顾客根据他们的价值判断来评价产品和服务。从企业的角度分析,顾客服务的目标并不仅仅止于使顾客满意,使顾客感到满意只是营销管理的第一步。在企业与顾客建立长期的伙伴关系的过程中,企业向顾客提供超过其期望的"顾客价值",使顾客在每一次的购买过程和购后体验中都能获得满意。每一次的满意都会增强顾客对企业的信任,从而使企业能够获得长期的赢利与发展。如果对企业的产品和服务感到满意,顾客也会将他们的消费感受通过口碑传播给其他的顾客,扩大产品的知名度,提高企业的形象,为企业的长远发展不断地注入新的动力。但现实的问题是,企业往往将顾客满意等于信任,甚至是"顾客忠诚"。事实上,顾客满意只是顾客信任的前提,顾客信任才是结果;顾客满意是对某一产品、某项服务的肯定评价,即使顾客对某企业满意也只是基于他们所接受的产品和服务令他满意。如果某一次的产品和服务不完善,他对该企业也就不满意了,也就是说,它是一个感性评价指标。顾客信任是顾客对该品牌产品以及拥有该品牌企业的信任感,他们可以理性地面对品牌企业的成功与不利。

【顾客满意预警系统】对人们对所购买的产品或服务的满意程度进行测评、监控的信息系统。任务是企业在顾客不满意之前得到预警,从而做好安抚、补救、提醒等工作,让不满意在萌芽期间消失,从而保持高度的顾客满意,最终使之发展为顾客忠诚的系统。系统中每个步骤紧密衔接。及时性、融合性是预警系统的最大特点。系统的主体是人,所以它可以随着市场中顾客的变化做相应的变化。整个系统包含了五个子系统。(1)顾客满意调查子系统。该子系统对顾客的满意度资料进行调查收集,包括在线系统和离线系统。(2)顾客满意调查结果分析子系统。该子系统对收集到的顾客满意度资料进行分析处理,从而测算出顾客满意度,包括软件分析系统和人工分析系统。(3)顾客满意预警子系统。该子系统对测算出的顾客满意度进行预警,包括在线系统和离线系统两部分。(4)顾客满意改进实施子系统。该子系统对预警的项目实施改进。(5)顾客满意测评子系统。该子系统对改进后的顾客满意度进行测评,包括顾客调查系统和内部评估系统。整个系统是一个循环而不断获得提升的体系。

【顾客满意指标】检测顾客满意的指标体系。主要包括:(1)品质。包括功能、使用寿命、安全性、经济性等。(2)设计。包括色彩、包装、造型、体积、质感等。(3)数量。包括容量、供求平衡等。(4)时间。包括及时性、随时性等。(5)价格。包括心理价值、最低价位、最低价质比等。(6)服务。包括全面性、适应性、配套性、态度等。(7)品位。包括名牌感、身份感、风格感、个性化、多样化等。

【1 = 100 效应】企业服务与顾客满意度关系的形象比喻。目前即使有 100 个顾客对一个企业满意,但只要有 1 个顾客对其持否定态度,企业的美誉就立即归零。营销界有一个著名的等式:$100 - 1 = 0$。事实显示:每位非常满意的顾客会将其满意告诉至少 12 个人,其中大约有 10 个人在产生相同需求时会光顾该企业;相反,一位非常不满意的顾客会把不满告诉至少 20 个人,这些人在产生相同需求时几乎不会光顾被批评的企业。日本松下电器公司就特别注重产品的质量以提升顾客满意度,他们曾提过"尽管不良率占全体的 1%,但对于买到不良产品的顾客来说,却等于买了 100% 的不良产品"。人们将此说法称为"1:100 效应"。

【CRM】参见【客户关系管理】。

【CS 营销战略】把顾客的需要和满意放到营销因素之首的战略安排。CS 是英文 Customer Satisfaction 的缩写,意为"顾客满意"。CS 是商业经营中一个普遍使用的概念。1986 年,美国心理学家借用 CS 这个词来界定消费者在商品消费过程中需求满足的状态,使 CS 由一个生活概念演变为一个科学概念。企业界在心理学家定义的基础上,对 CS 的内涵进行了扩展,把它从一种界定指标发展成一套营销战略,包括指导企业的营销,甚至经营活动一切过程、目标、手段与策略模式。美国著名学者彼得·德鲁克曾经说过:"营销的目的在于充分认识及了解顾客,使产品或服务能适合顾客的需要。"其指导思想是:企业的全部经营活动都要从满足顾客的需要出发,从顾客的观点而不是从企业的观点来分析考虑消费者的需求,以提供满足顾客需要的产品或服务作为企业的责任和义务;在产品功能及价格设定,分销、促销环节建立和完善售后服务系统等方面,以便利顾客为原则;以满足顾客需要、使顾客满意为企业的经营目的。CS 营销战略就是要站在顾客的立场上考虑和解决问题,要把顾客的需要和满意放到一切考虑因素之首。CS 营销战略的产生,源于日益加剧的市场竞争。早期的企业竞争取决于产品的价格。随着技术的不断进步和技术市场的发展,同一行业的生产工艺水平日趋接近,各竞争企业之间的技术差距缩小,产品的相似之处多于不同之处。企业竞争环境发生了变化,买方市场的特征逐渐明显,消费者的经验和消费心理素质也日趋成熟,消费者对产品和服务的需求已从"价廉物美"转向"满足需求"。于是综合服务质量成了企业竞争的关键,靠优质服务使顾客感到满意已成为众多优秀企业的共识,以服务营销为手段提高顾客满意度是企业在竞争激烈的市场中的理性选择。

【RFM 模型】对顾客进行分类,针对不同的顾客类型,制定有区别的营销方案的模型。由鲍比斯通(Bobstone)提出。包括:以最近一次消费时间(Recency)、消费频率(Frequency)、消费金额(Monetary)三项变量来细分消费者。最近一次消费时间是指顾客上一次购买商品的时间,可能是前一天,可能是前一个月,也可能是前两年。最近一次消费时间是维系顾客的重要指标。最近才光顾你的商店或购买你的商品的顾客,是最有可能再次购买你的商品的顾客。而且,吸引一个一个月前上门的顾客比吸引一个一年前上门的顾客要容易得多。因此,采用最近一次消费时间来细分消费群体是十分有用的。消费频率是顾客在限定的期限内购买的次数。一般来说,顾客购买的频率越高,对产品的满意度和忠诚度越高。消费金额能够反映顾客对产品的重视程度和依赖性。

【背离控制】营销管理方法。通过控制顾客进而控制企业财务的方法。由于控制顾客的核心是提高顾客重复购买率,故提高顾客重复购买率就成为背离控制的中心。顾客背离的情形很多,但并非都是不可避免的。除了一些外部因素难以把握外,对于内部原因所造成的顾客背离,企业可以通过采取改进性措施或制定新的策略加以控制。(1)建立有效的沟通渠道,接受顾客的抱怨和申诉。(2)加强技术支持,对顾客承担支持用户的责任,即在技术上帮助、指导顾客把钱用在刀刃上,并使产品发挥出最大效益。(3)采用一揽子策略。一揽子策略是指公司为顾客提供系列化产品或服务,以节约成本,方便购买。如果顾客购买的是一揽子产品,即使面对其他诱惑,也不会轻易背离公司。当然,企业还要注重从其他企业包括本行业和其他行业借鉴优秀的管理经验,并把这些经验同本行业顾客的需求特点结合起来。这样,企业在开展竞争时就能出奇制胜。

【购买发起者】首先提出或有意向购买某一产品或服务的人。

【购买决策者】对是否买、为何买、如何买、何处买等有关决策做出全部或部分最后决定的人。

【购买全新品种】中间商第一次购买某种从未采购过的新品种。在这种购买行为情况下,可根据其市场前景的好坏、买主需求强度、产品获利的可能性等多方面因素,决定是否购买。

【购买影响者】其看法或建议对最终决策具有一定影响的人。

【购买者】实际采购人,包括单位和个人。

【购物间谍】美国商店、饭店等行业的老板雇人假扮顾客到自己开设的店里去检查出售的商品、食物、服务等质量的人。在我国,从事这项工作的人员称为"啄木鸟"。

【顾客的价格敏感度】顾客的价格敏感度就是随着价格的变化需求量的变化,一般用价格弹性表示。研究表明:不同的顾客群体具有不同的价格敏感度和质量敏感度。企业为了对竞争者的削价行为做出明智的反应,对目标顾客群体的价格敏感度的了解是十分重要的。面对竞争对手降价,企业应冷静分析顾客是偏好质量型还是偏好价格型。如果顾客更注重价格,而忽略质量的细微差别,这种顾客就是价格敏感型的顾客。相反,如果顾客注重产品质量的可靠性与售后服务水平,企业就应在产品质量上下工夫,并加强对产品质量的改进与宣传,使价格战的发起者的产品质量达到低定位,这样就可避免价格战的不断升级。

【顾客服务】亦称"客户服务"。企业按照营销目标实现经营功能的主要环节。由于企业的功能特征的差异,顾客服务的内容与途径存在巨大差异。一般有:物质产品服务与精神产品服务、有形产品服务与无形产品服务、高端产品服务与低端产品服务等类型。企业应判断顾客在消费购物时在乎的价值是什么(品质、价格、便利、交易过程等),衡量自己与竞争对手之间价值差异,从而扬长避短,提供全方位的顾客解决方案和增值服务,包括友好和有用的职员、职员听的能力、适当的口气、职员显示适当的身体语言、职员怎么招呼顾客、了解用户需求等。

【顾客服务过程】在为顾客提供各种便利的过程中所涉及的所有活动,包括帮助顾客较快地在企业里找到要去的部门,获得快速而满意的服务、答复和解决问题的办法等。同时,企业还应超越其自身价值链,进入供应商、分销商和最终顾客的价值让渡系统中,提高营销的效率。

【顾客感知价值】顾客所能感知到的利得与其在获取产品或服务中所付出的成本进行权衡后对产品或服务效用的整体评价。假若顾客觉得在消费时所获得之价值超过他所付出(不论是金钱或是其他方面)的时候,他便会感到满意并再次光顾。为顾客提供超出他们所期望的价值,可以帮助企业实现市场竞争优势,改善市场占有率及赢利情况,与顾客维持一个长远的忠诚关系及增加品牌资产。顾客价值的基本特征在于:(1)顾客价值是顾客对产品或服务的一种感知,是与产品和服务相挂钩的,它基于顾客的个人主观判断。(2)顾客感知价值的核心是顾客所获得的感知利益与因获得和享用该产品或服务而付出的感知代价之间的权衡,即利得与利失之间的权衡。(3)顾客价值是从产品属性、属性效用到期望的结果,再到客户所期望的目标,具有层次性。一般地顾客价值是由感知利益和感知成本两部分构成的。科特勒(1998)认为,顾客的利益由产品价值、服务价值、人员价值和形象价值构成;而顾客的成本由货币成本、时间成本、体力成本和精神成本构成。调查结果显示,顾客感知价值是由四个独立的价值因素所组成,而此四大因素可分为九大类别:安全性及风险、服务态度和技巧、购物环境、店员与顾客的互动性、店内所售产品品牌和零售店的形象是否符合消费者的个人生活风格、产品质量、个人形象、顾客的付出及价格。这些因素可以让顾客从功能、利益及情感上去感受不同种类的价值。20世纪90年代以来,顾客价值已成为西方营销学者和企业家共同关注的焦点领域。顾客价值研究的兴起是企业不断寻求竞争优势的合理和必然结果。美国《商业周刊》把顾客价值称做"新的营销狂热",有的学者把顾客价值看做新的竞争优势来源,还有的管理大师提倡把顾客价值管理作为公司管理层的首要任务。

【顾客价值期望】建立在顾客价值预期基础之上,对将来某种产品或者服务满足其需求的水平和可能性大小的一种期望。顾客价值期望一般大于顾客价值预期。

【顾客链】企业是一个为最终满足顾客需要而设计的一系列产品的集合体,每一个企业成为其他产品的顾客,产品与产品之间互为顾客,由此连成一个整体,即形成一个顾客链,最终为企业外部顾客服务。

【顾客满意度】量化了的顾客满意。顾客在历次购买活动中逐渐积累起来的连续的状态,是一种经过长期沉淀而形成的情感诉求。它是一种不仅仅限于"满意"和"不满意"两种状态的总体感觉。包括人们对所购买的产品或服务的满意程度,以及由此产生的决定他们今后是否继续购买的可能性。"顾客满意:口碑相关曲线"表明,企业的顾客服务处于一般水平时,顾客的反应不大;一旦其服务质量提高或降低一定限度,顾客的赞誉或抱怨将呈指数倍的增加。满意度的高低取决于购前期待与购后实际体验之间的关系,即顾客满意度＝购后实际体验÷购前期待。企业要实现高的顾客满意度,必须从表达出来的需求、真正的需求、未表达的需求、核心需求满足后的附加需求和秘密需求等方面来真正理解顾客。对诸种需求的满足,其次序性、结构性并非是刚性的。高度满意和愉悦创造了一种对品牌情绪上的共鸣,而不仅仅是一种理性偏好,正是这种共鸣创造了顾客的高度忠诚。由于顾客的期望和需求是不断变化的,因此企业应不断了解顾客期望的变化,实时动态的调整顾客满意度指标体系。满意度的思想起源于20世纪80年代。日本、欧美各国曾认为是新的营销战略观念。

【顾客期望价值】顾客在购买产品之前对某产品可能为其带来的价值的期望。提出顾客期望价值概念的重要意义在于:(1)顾客期望价值揭示了顾客需求的现状和趋势;(2)顾客期望价值是顾客做出购买决策的依据;(3)顾客在消费产品的过程中,总要将其感知价值与其期望价值对比,对比的结果直接影响了顾客对企业的满意感。只有当顾客感知价值大于或等于顾客期望价值时,顾客才会满意甚至忠诚。顾客对企业提供的产品或服务的价值的期望依赖于他对诸多因素的期望。不同性别、年龄、收入、爱好的顾客对同一产品的价值期望会有所不同,其价值构成要素也会有所差异,顾客期望价值构成要素探测的目的就是揭示这些差异,从而为市场细分和其他营销决策提供依据。

【顾客权益】通过产品与服务并由顾客关系所产生的一切利益的总和。基本原则包括:争取新顾客;留住现有顾客;扩展顾客关系,向现有顾客推销更多产品与服务。企业可运用顾客权益的资产负债表,记录下列四种价值来源:(1)顾客目前带来的获利。即所有新顾客目前为公司带来的获利或亏损。(2)新顾客未来可能带来的获利。即每位新顾客未来预期获利的总额,折算成适当的现值。(3)现有顾客目前带来的获利。即所有与现有顾客交易创造的获利,也就是一般所谓的营业额。(4)现有顾客未来可能带来的获利。所有预期营收的总和,同样以现值折算。顾客越忠诚,顾客权益越高。影响顾客权益的三个因素:价值权益,品牌权益和关系权益。

【顾客让渡价值】亦称"让客价值"。顾客总价值与顾客总成本之间的差额。该概念的提出为企业经营方向提供了一种全面的分析思路。(1)企业要让自己的商品能为顾客接受,必须全方位、全过程、全纵深地改善生产管理和经营,企业经营绩效的提高不是行为的结果,而是多种行为的函数,以往强调营销只是侧重于产品、价格、分销、促销等一些具体的经营性的要素,而让渡价值却认为顾客价值的实现不仅包含了物质的因素,还包含了非物质的因素;不仅需要有经营的改善,而且还必须在管理上适应市场的变化。(2)企业在生产经营中创造良好的整体顾客价值只是企业取得竞争优势、成功经营的前提,一个企业不仅要着力创造价值,还必须关注消费者在购买商品和服务中所倾注的全部成本。由于顾客在购买商品和服务时,总希望把有关成本,包括货币、时间、体力和精神降到最低限度,而同时又希望从中获得更多实际利益。企业必须通过降低生产与销售成本,减少顾客购买商品的时间、体力与精神耗费从而降低货币与非货币成本。

【顾客认知价值】顾客感知利得(质量、利益、效用)与感知利失(价格、耗费)之间的比较与衡量。顾客购买的依据是其感受的价值,即从顾客认知的角度,评估企业的产品或服务提供给顾客的利益与顾客所支付的价格是否达到某种期望。所以,顾客对产品或服务的认知利益越高,或认知成本越低,顾客价值就越高,顾客选择该产品或服务的可能性也就越大。根据以上所述,可以对顾客价值给出一个等式,即:顾客价值=顾客认知利益-顾客认知成本。其大小直接反映企业竞争力的相对强弱。

【顾客渗透率】从本企业购买某产品的顾客占该产品所有顾客的百分比。

【顾客态度追踪分析】营销管理方

法。通过追踪客户或顾客、经销商以及营销系统中其他参与者的态度，发现营销过程中的问题，积极、主动、提前、有针对性地采取措施。一般通过听取意见和建议、成立客户或顾客固定样本调查小组、客户或顾客调查小组等方法进行。主要工作包括：（1）抱怨和建议系统。企业对顾客的书面或口头抱怨应该进行记录、分析，并做出适当的反应。对不同的抱怨应该分析归类，做成卡片。较严重的和经常发生的抱怨应及早予以注意。企业应该鼓励顾客提出批评建议，使顾客有经常的机会发表意见，才有可能收集到顾客对其产品和服务反映的完整资料。（2）固定顾客样本。有些企业建立由具有一定代表性的顾客组成的固定顾客样本，定期由企业通过电话访问或邮寄问卷来了解其态度。这种做法有时比抱怨和建议系统更能代表顾客态度的变化及其分布范围。（3）顾客调查。企业定期让一组随机顾客回答一组标准化的调查问卷，其中的问题包括职员态度、服务质量等。通过对这些问卷的分析，企业可及时发现问题，并及时予以纠正。通过上述分析，企业发现实际营销与年度计划指标差距较大时，则必须采取调整措施：调整市场营销计划指标，使之更切合实际或调整市场营销策略，以利于实现计划指标。

【顾客维系与保留】市场竞争的实质是争夺顾客资源，维系原有顾客，减少顾客的叛离，要比争取新顾客更为有效。维系顾客不仅仅需要维持顾客的满意程度，还必须分析顾客产生满意程度的最终原因，从而有针对性地采取措施来维系顾客。

【顾客问题分析法】新产品开发的方法。要求消费者或用户，提出他们使用一种或一类产品时所遇到的各种问题，并进行综合分析、整理，转化为创意。

【顾客选择性】本企业一般顾客的购买量相对于其他企业一般顾客的购买量的百分比。

【顾客占有率】在市场占有率基础上形成的考察企业效益的营销指标。在市场占有率这一指标中，人们分不清哪些消费者是忠诚购买者即长期回头客，哪些消费者只是新购买者，或不经常购买者甚至是偶尔购买者。同样的市场占有率，内容构成是不同的，它可能主要由老顾客构成的，也可能主要由新顾客构成的，如果是后者，就是所谓的"漏斗"运行方式，即不断地有老顾客流出，而又有新顾客注入。新老顾客为企业带来的收入是大不相同的。研究表明：由于市场开拓成本的高昂，吸引新顾客的成本是保持老顾客成本的5倍。美国学者赖克－海尔德和萨塞也做过类似研究：公司只要降低5%的顾客损失率，利润就能增加25%到85%。通过顾客占有率，可以了解到在顾客购买的同一类商品中，企业的品牌占多大的比例。对品牌来说，顾客占有率比市场占有率要重要得多。研究顾客占有率，企业会研究自己的顾客，按照80:20原理，找到在一市场中只有20%的顾客群，是最需要企业的产品和最值得企业为之服务的目标顾客，而他们又会为企业带来80%的利润。为此企业会采取一种"恋旧"式的卖法，对已经"到手"的顾客不放弃，继续不断地根据他们不断的需求改进产品和派生新的服务，使他们由满意变为回头客，成为忠诚顾客。国外一项调查显示，一个满意的客户会带来 8 笔潜在的生意;而企业平均花在吸引新客户的费用,要比花在保持现有客户身上多出 7 倍以上。

【顾客忠诚度】由于价格、产品或者服务特性及其他要素引力的影响,顾客长久地购买某一品牌产品或服务的行为。企业之间为了争取更多的顾客展开了越来越激烈的竞争,有人称现代企业竞争的过程就是争夺顾客的过程。忠诚顾客的数量决定了企业的生存与发展,也是企业长治久安的根本保证,忠诚顾客是企业竞争力重要的决定因素,更是企业长期获得理想的利润最重要的源泉。提高顾客的忠诚度主要措施包括:(1)树立以"顾客为中心"的营销思想,实施顾客策略。所谓顾客策略,就是把顾客当成自家人,想顾客之所想,不断地使顾客满意。只有树立以"顾客为中心"的营销思想,从顾客出发,以顾客为中心,把顾客当做自家人,才能生产出他们所需要的产品,向顾客提供卓越的价值。(2)细分市场开发满足顾客消费需求的产品。决定顾客对企业产品的最关键因素,首先是企业产品的功能能否最大限度地满足顾客的消费需求。所以企业要认真研究顾客需求,细分市场,针对顾客需要而开发产品才能吸引顾客的注意力。(3)不断提高产品质量。质量是产品的生命,产品功能再能满足顾客需求,如果质量不好,也难以达到顾客满意,实现顾客的有效消费。加强质量管理要严把原材料关,加强生产过程工艺控制,加强仓储与运输管理,保证产品质量在到达消费者手中时没有任何缺陷。(4)制定合理的产品价格。在当前居民消费水平下,价格仍是顾客选择消费的主要决定因素,所以企业要努力实现质量价格比

的最优化,生产物美价廉的企业产品满足其消费需求。产品价格的制定,不但要使终端消费者满意,还要为各级经销商留有使其满意的利润空间,二者有其一对产品价格不满意,都会造成销售渠道的阻塞。(5)提高服务水平。随着顾客消费水平和层次的日益提高,其越来越注重服务的质量,他们在消费产品的同时,也是在消费服务。随着企业间质量差异的缩小,企业间的竞争正从质量竞争转向服务竞争,服务营销成为营销的新主题。企业要不断提高服务质量,为顾客提供更加优质的服务,最大限度地获取顾客的满意。

【顾客终生价值】每个购买者在未来可能为企业带来的收益总和。每个客户的价值都由三部分构成:历史价值(到目前为止已经实现了的顾客价值),当前价值(如果顾客当前行为模式不发生改变的话,将来会给公司带来的顾客价值)和潜在价值(如果公司通过有效的交叉销售可以调动顾客购买积极性,或促使顾客向别人推荐产品和服务等,从而可能增加的顾客价值。

【顾客总成本】顾客为获得某一产品所费的时间、精力以及所支付的货币等成本之和。一般包括货币成本、时间成本、精力成本等因素的函数。其中任何一项成本因素的变化均会影响顾客总成本。由于顾客在购买产品或服务时,总希望把有关成本,包括货币、时间、精力和体力等降到最低程度;而同时又希望从中获得更多的实际利益,以使自己的需要得到最大限度的满足。

【顾客总价值】顾客购买某一产品与服务所期望获得的所有利益。一般包括产品价值、服务价值、人员价值和形象价值等因素函数。其中任何一项

价值因素的变化都会影响顾客总价值。顾客总价值与顾客总成本的变化及其影响作用不是各自独立的，而是相互影响的。企业在制定营销决策时，应综合考虑构成顾客总价值与顾客总成本的各项因素之间的这种相互关系，从而用较低的成本为顾客提供具有更多顾客让渡价值的产品。

【关键顾客】合作关系长久、购货量较大、影响面较广、能给企业带来可观收入的顾客。

【核心客户】亦称"关键客户"。对市场销售具有现实和未来意义的客户。在区域市场上掌握一定的销售网络，具有一定的经营能力。与企业优势互补，寻找、建立并巩固与核心客户的结盟与合作，是构建区域营销价值链、掌控终端网络并实现区域市场目标的关键。

【价值权益】顾客基于与成本相关的利益看法所形成的对商品效用的客观评价。影响价值权益的因素有质量、价格和便利。每个行业必须找出每个子因素中的确定因素，以分析改进价值权益的方法。

【交叉销售】CRM 的一个重要应用领域。借助 CRM，发现现有顾客的多种需求，并通过满足其需求而销售多种相关服务或产品的一种新兴营销方式。需要充分利用一切可能的资源来开展营销，服务顾客，赢得顾客，甚至在很大范围内与合作伙伴共享市场。这些资源包括自己现有的、可以开发或正在开发的，也包括合作伙伴的。其实质就是在拥有一定营销资源的情况下向自己的顾客或者合作伙伴的顾客进行有效的促销传播。营销方式的显著特点是充分利用现有资源，既能使各自的潜在用户数量明显增加，而又不需要额外的营销费用。以此为基础建立起良好的合作关系，对企业的长远发展具有十分重要的战略意义。可以应用于多种不同的行业，但在服务行业尤其是银行业和保险业领域的应用效果最为明显。消费者在购买这些产品或服务时，必须提交真实的个人数据资料。这些数据资料，一方面可以用来进一步分析顾客的需求（即 CRM 中的数据挖掘），作为市场调研的基础，从而为顾客提供更多更好的服务；另一方面，也可以在保护用户个人隐私的前提下，将这些用户资源与其他具有互补型的企业互相营销（Mutual Marketing），彼此共享。

【客户观念】依据客户信息而对客户思想的认识。企业注重收集每一个客户以往的交易信息、人口统计信息、心理活动信息、媒体习惯信息以及分销偏好信息等，根据由此确认不同客户的终生价值，分别为每一个客户提供各自不同的产品或服务，传播不同的信息，通过提高客户忠诚度，增加每一个客户的购买量，从而确保企业的利润增长。

【客户经理】企业对客户进行服务和销售指导的管理人员。客户经理每天与零售商交往，倾听零售商、消费者的意见、建议，处理各类问题的投诉，对市场的销售动态、零售商关心的热点、难点及工作中存在的问题、不足之处最为了解。客户经理应当好领导的参谋，发挥好公司与零售商间的桥梁、枢纽作用，及时整理零售商、消费者意见、建议，向上级反映，为上级决策提供科学合理的依据；准确了解当前零售商需求、商品销售情况及市场的现状、未来发展趋势等，认真撰写市场走访、调研报告，大胆地提一些好的创新建议，及时反馈上级，为领导献计献策，好让上级合理调整销售策略,提高客户满意度。

【客户渗透率】工业产品的市场渗透率,有时被称为客户渗透率。也就是购买了公司产品或服务的目标客户的百分比。

【客户信用】在客户满意的基础上,使客户对某品牌或企业发展做出长期投入承诺的意识和行为的结合。包括两个基本成分:意识和行为。前者指顾客对企业认识的情感因素,后者受前者影响,通过对企业产品的购买等形式表现出来。

【魔鬼顾客】对一类特殊顾客的戏称。这些顾客坚定地寻求以低价格购买高价值的商品,熟练地讨价还价,并坚信所有的商品价格都可以通过谈判得到更多的优惠。

【全面客户体验】消费者得到产品(或服务)的全过程。需要消费者在整个消费过程中真实、客观的体验,并将所体验到的产品、服务、价格、品牌等进行评论,以帮助企业提高营销水平。惠普公司是业界第一个提出“全面客户体验”的厂商,它始终致力于为消费类用户提供业界领先、功能完善的产品和服务体系,实现“高科技、竞争力价格、最佳全面客户体验”的宗旨与目标。

【让客价值】参见【顾客让渡价值】。

【柔性赢利模式】通过对赢利价值链进行精心耕作的赚钱方式。研究表明,发展一个新顾客的成本是保持一个老客户回头的 8 倍;如果你能够把客户的电话或邮件留下,就会增加两三倍的回头率;如果能够清清楚楚地知道是哪一类客户为你提供了大部分利润,就可以大大地使企业的利润实现几何级数

式的增长。在“柔性的赢利模式”下,当外界经济形势发生变化时,企业既可以通过供应链的整合,通过业务流程的重组和财务费用的紧缩来降低成本;也可以通过对特定客户群的优质服务,通过老客户的回访,通过对重点市场之间的平衡来获得收益。

【深度营销】从关心人的显性需求转向关心人的隐性需求的一种新型的、互动的、更加人性化的营销模式。要求让顾客参与企业的营销管理,给顾客提供无限的关怀,与顾客建立长期的合作性伙伴关系,通过大量的人性化的沟通工作,使自己的产品品牌产生“润物细无声”的效果,保持顾客长久的品牌忠诚。

【渗透效应】主动进入消费者的生活,深入了解什么才是促使他们产生购买行为的原始动力,与他们展开以“沟通”为主的营销活动。

【选择加入式互愿营销】公司邀请顾客参与互动,进行持续的信息和价值的交换,在对顾客需求的准确了解下,更迅速更有效的给顾客提供增加终身价值所需求的信息,简称“互愿营销”。由厄尔南·罗曼(Ernan Roman)和斯科特·霍恩斯坦(Scott Hornstein)提出。互愿营销关注的是顾客终身价值的增长,其核心包括:(1)延长顾客的存留时间;(2)提高顾客忠诚度和满意度;(3)增强顾客对公司收入的贡献;(4)降低每个订单的成本。

【一对一交流】在目标市场中,直接与个人进行交流的做法;顾客关系管理和关系营销的前身。直销的最终目标就是要和目标市场的大多数人一对一交流。

【一对一营销】为顾客提供一对一

的营销以及量身定做的服务。是企业建立顾客忠诚度最重要的过程,也是顾客关系管理最极致的目标。一对一营销的重点并不是市场占有率,而是顾客占有率:市场占有率是以产品为核心,希望将同一种产品卖给市场上更多的顾客;强调顾客占有率的一对一营销,则是要把更多的产品或服务设法卖给同一个顾客。一对一营销的特色有:可以得知传播者更详细的资料;可以针对所瞄准的对象做营销;针对每个人都必须单独做一次重复或不同的动作;每个人是单独被传播,具有隐私性;每个人被传播的内容可以因人而异。一对一营销的想法或做法很早就产生了,但直到信息科技和网络普及的现在才易于落实到高度的重视。

【致歉效应】因致歉而提高忠诚度的现象。当顾客从一家公司获得良好服务,并满意公司所提供的产品和服务时,顾客的拥护度是60%;如果出了岔子,公司又能致歉和妥善处理,顾客的拥护度可以增至90%。

【转换成本】当消费者从一个产品或服务的提供者转向另一个提供者时所产生的一次性成本。这种成本不仅仅是经济上的,也是时间、精力和情感上的。该概念最早是由迈克尔·波特在1980年提出的。转换成本是构成企业竞争壁垒的重要因素。如果顾客从一个企业转向另一个企业,可能会损失大量的时间、精力、金钱和关系,企业在做出战略决策时一定要考虑转换成本所带来的影响。

第六篇 市场调查预测

【市场调查】运用一定的方法和手段，对企业的目标市场情况及市场营销活动的信息进行收集、记录、整理及分析，以利于企业未来的经营活动。市场是一个复杂多变的市场，经济发展、人们收入水平的增加和消费结构的改变、宏观政策的变化、生活方式和流行趋势的转变等等，都会对市场产生影响。因此企业必须借助于科学和系统的市场调查分析，以进行正确决策。如果企业不了解市场的情况，不了解消费者的消费结构、消费习惯和消费心理，不了解消费者对产品和服务的意见以及要求，不了解竞争对手的策略，不能预见市场发展变化的趋势和规律，盲目地进行生产经营，往往达不到预期的经营效果。市场调查的作用表现在：(1)认识市场的最基本的方法。世界上许多发达国家的企业都十分重视市场调查工作，并建立了成套的科学的市场调查信息工作系统。这些情报信息系统对他们的营销起了很大的作用。市场环境是不断变化的，只有进行经常性的市场调查，才能探求市场供求矛盾运动的规律性，才能把握市场的动向，及时抓住市场所提供的转瞬即逝的良机。(2)能够及时地探明市场需求变化的特点，掌握市场供需之间的平衡情况，为企业编制营销计划，制定科学经营决策提供依据。(3)是企业制定竞争性战略的条件。通过市场调查确切地掌握企业产品的竞争能力和地位、竞争对手的现状和动向，只有做到心中有数，才能掌握竞争的主动权。如果反应迟钝，就会处处被动，在竞争中处于不利的地位。(4)是有效地促进市场营销活动的保证。企业开展经营活动，要进行充分的市场调查，不断收集和获取新的信息，以增进企业自身在市场中的竞争能力。(5)能够充实和完善市场信息系统，有助于企业开拓新市场。不了解竞争对手的策略，不能预见市场发展变化的趋势和规律，盲目地进行生产经营，往往达不到预期的经营效果。

【宏观市场调查】"微观市场调查"的对称，亦称"总体市场调查"。对某地区范围内的市场供求状况的调查，为组织供求平衡提供依据。其内容包括：(1)商品需求调查。了解某地区的商品需求总额、商品需求构成及主要商品的需求量。(2)社会商品零售额调查。(3)商品供应调查。了解商品的生产、库存及进出口情况。

【微观市场调查】"宏观市场调查"的对称。以企业的目标市场为对象，用科学的方法，系统地收集有关企业市场营销的各种资料，并予以分析研究的过程。其内容包括：(1)市场营销环境调查。了解一定时期内政府关于工农业发展的方针政策，有关价格、税收、财政、信贷、外贸等方面的政策、法令；了解宏观经济状况，掌握一定时期内国民生产及国民收入总值、社会商品购买力的变化；了解社会环境，掌握一定时期内人口的数量及结构变化，社会时尚的流行趋势及影响；了解市场竞争状况，掌握竞争者数目，主要竞争者的生产经营情况及营销策略。(2)市场需求调查。了解目标市场的市场潜量、需求特点及消费者的购买行为特征等。(3)营销因素调查。了解目标市场对于产品、定价、分销渠道、促销措施等方面的要求。通过调查，为合理地选择目标市场、制定企业的整体营销战略提供依据，不断满足消费者需求，提高企业的经济效益。

【市场调查法】通过文字语言传递信息,以了解消费者真实状况的调查方法。要求研究人员事先设计好调查问卷,向消费者提出问题,并由其予以回答,从中了解消费者心理。(1)邮寄调查法。通过邮政方式进行,一般不受地理条件的限制。到达的范围十分广泛,消费者填答问卷的时间比较灵活,回答问题也相对真实可靠。优点是调查区域较广,被调查的消费者有充分的时间来回答问题;调查费用低;可以避免调查人员自身因素的影响,被调查的消费者可以随心所欲地填写真正的想法。缺点是调查时间长,问卷的回收率低,被调查的消费者或许因为误解原意而做出错误的回答。只适合于对有一定文化程度的消费者的简单易于做出明确答复的调查。(2)入户调查法。研究者或访问员依据抽取的样本对消费者上门访问。该方法要求消费者对每一个问题做出回答,由访问者当场做好记录;由消费者自行填写,然后再收回问卷。(3)拦截调查法。由访问员在适当地点,如商场出、入口处等,拦住消费者进行访问。

【市场观察调查法】调查者在现场对调查对象的行为进行直接观察并收集市场信息的调查方法。主要特点是:不是直接地向被调查者提出问题求得答案,而是利用视觉等感官或器材(照相机、摄影机、录音机等)记录被调查对象的言行,以达到收集所需的市场信息资料的目的。基本形式有:(1)参与性观察法,亦称"局内观察法"。要求调查者参与到被调查的对象之中去,同他们共同进行所要调查的某些市场活动。便于取得被调查者的理解与信任,所得的观察资料生动、具体、形象。(2)非参与性观察法,亦称"局外观察调查法"。企业的调查人员对被调查对象以局外人的身份从旁边进行观察调查,取得市场的有关信息资料。这种观察调查法简便易行,能客观地对被调查的对象做出反应。运用非参与性观察调查法在时间上还可以灵活掌握。

【市场预测】运用科学方法,对市场供求关系及其影响因素进行分析并探索其发展趋势。"预测"可以从两方面来理解:广义的预测是根据已知事件的规律去推断未知的事件,它既包括尚未发生的事件,又包括已经发生但未知的事件;狭义的预测是根据已知事件的规律去推断尚未发生的事件。通常情况所讲的预测是指狭义的预测。而广义的预测所包含的对已经发生但未知事件的推断我们有时称为估计。市场预测对于企业掌握市场供求变化和发展趋势、加强市场营销工作的开拓、增强市场应变能力和竞争能力、提高企业效益和社会效益都有重要意义。

【宏观市场预测】对影响市场营销的总体市场状况的预测。主要包括对购买力水平、商品需求总量及构成、经济政策对供求的影响等方面的预测。

【微观市场预测】从一个局部、一个企业的角度对其经营产品供需发展前景的预测。主要包括企业经营的具体商品的需求和销售预测、企业的市场占有率和经营效果等情况的预测。实际预测工作中,微观市场预测必须以宏观市场预测为指导,而宏观市场预测又以微观市场预测为基础,两者相辅相成,密切结合。

【消费市场预测】运用各种预测技术和方法,对消费市场未来发展趋向进行的调查和推测。它是以市场调查为基础的。只有运用科学方法,有系统有目的地收集市场的各种信息,分析市场产销和消费需求的各种变化,才能达到预测的预期效果。消费市场预测的种类按范围分,有国际市场预测,国内市场预测,地区市场预测;按产品分,有单项产品、同类产品、劳务商品消费市场预测;按时间分,有短期、中期、长期市场预测或季节变动预测。预测的内容主要是:国民经济发展趋势,生产发展变化趋势,消费市场容量及其发展变化趋势,消费需要、消费心理的变化趋势,商品寿命周期,市场行情,商业网点等的变化趋势,科学技术发展趋势,资源开发和利用趋势等。一般步骤是:根据需要确定预测对象和时间界限,选定调查项目,收集有关信息资料,进行调查研究,选择预测方法。通常采用的方法有:(1)直观法,依靠经验和综合分析能力进行预测。(2)外推法,主要运用事物的过去和未来的联系进行推导。(3)因果法,在统计分析的基础上,用数学模型表达预测因素之间的联系等。在中国,进行消费市场预测,可以为经济管理部门和企业决策提供依据,有利于国家有计划地安排市场,自觉地调节消费品的供求,避免市场消费品的积压和脱销,实现产业结构和产品结构的合理化,更好地满足消费需要,实现社会主义生产目的。

【营销能力调查】对一段时间内厂商营销管理综合实力的调查。其主要内容包括营销管理机制、营销组织结构、市场范围、市场份额、产品及服务质量、产品策略及效果、定价策略及效果、分销策略及效果、促销策略及效果、创新机制等。

【营销实务调查】对当前营销状况的调查,主要内容包括当期营销目标、销售效果、差异比较、与上年同期比较的差异及原因、广告策略及效果、销售促进策略及效果、公共关系策略及效果、人员推销策略及效果,以及营销人员综合能力、激励机制、数量分布等。

【AIO尺度】生活方式的测量工具。为了进行生活方式细分,企业可以用活动(Activities)、兴趣(Interests)、意见(Opinions)三个尺度来测量消费者的生活方式。主要运用于针对心理细分的市场调查工作。通过市场调查收集到与消费者心理活动有关的市场信息,再用电脑分析处理这些调查资料,从而可发现不同生活方式的消费者群。

【案头调研】市场调研术语。利用案头资料进行调查和数据分析,类似于二手资料收集法。通常是市场调研的第一步,为开始进一步调研先行收集已经存在的市场数据。案头调研是相对于实地调研而言的。

【被访者疲劳】亦称"回应疲劳"。当被访者对所接受的调研项目不感兴趣时,可能会导致其回答和反应越来越无效的现象。尤其是到了一个项目的末尾部分,这种现象发生的概率会明显增加。

【编码本】营销调研中,指导如何对调研数据进行编码的参考说明材料。因为收集的信息,尤其是开放题所获得的文字性信息,需要进行统一的编码后才可以被计算机处理并统计,所以编码是营销调研中很重要的工作环节。

【标准差】营销调研术语,即"均差"。它反映了观察值对于平均值的偏离程度。如果在价格测试中,消费者对某商品的定价意见比较一致,标准差也小,价格决策风险就相对小。相反,消费者对商品的定价意见不一致,标准差也大,这种分歧导致价格决策可能存在较大风险。

【参与性观察法】亦称"局内观察法"。市场调查方法的一种。要求调查者参与到被调查的对象之中去,同他们共同进行所要调查的某些市场活动。此方法便于取得被调查者的理解与信任,所得的观察资料生动、具体、形象。由于市场上活动的复杂性,参与性观察法会有一定的局限性,如对于人们家庭消费结构的调查等就不能运用参与性观察调查法。

【产品留置测试】亦称"家庭实用测试",是市场调研中测试产品的方法,把被测试的产品放在消费者家里或其他自然的使用环境里,让消费者按自己的习惯方式使用产品,然后进行回访,了解消费者对产品的评价。

【抽样调查】亦称"抽查"。按照随机原则,从调查对象所构成的总体中抽取部分单位进行数据统计与分析研究,借以从数量上推断总体特征的一种调查方式。随机原则又称"等可能原则",是指总体中每一个单位被抽中的可能性是均等的。这个原则保证了抽样调查的推断性,人们可以根据抽样调查的结果(即样本的结果),从数量上对总体进行估计,但这种对总体的估计是有一定误差的。在市场调查中,它是一种被广泛使用的十分有效的方法,主要的特点在于其应用科学的方法,在总体中抽取有代表性的调查对象进行调查,克服了普查的组织困难和高费用及时间长的缺点,也克服了传统调查方式的主观随意性和样本代表性不强的弱点,具有较强的代表性和科学性,因而是比较科学和客观的一种调查方法。

【抽样技术】在抽样操作中所采用的具体方法,抽取具有代表性的样本,以及各种抽样操作技巧和工作程序等的总称。为了使抽取的样本具有代表性,必须借助于各种抽样技术。抽样技术可以分为随机抽样和非随机抽样两大类。随机抽样,即调查对象总体中的每一个个体都有同等的机会被抽取出来作为样本。随机抽样又有许多方式,主要包括简单随机抽样、分层随机抽样、分群随机抽样、等距随机抽样和多阶段随机抽样法。非随机抽样,即总体中每个个体被抽取的机会是不等的。非随机抽样的具体方式主要有:任意抽样技术、判断抽样技术和配额抽样技术等。

【等距随机抽样法】亦称"机械随机抽样"、"系统抽样法"。把总体各单位按照一定标志顺序排列,然后依固定的顺序和间隔抽取调查单位的抽样法。排列顺序可以用与调查项目无关的标志为依据,叫做无关标志排队;也可以用与调查项目直接或者间接有关的标志为依据,叫做有关标志排队。在市场调查中,抽样间隔(或者称抽样距离)可以根据总体单位总数和样本单位数计算确定。显然,用有关标志排队法要比无关标志排队法效果好,但是较为麻烦。等距抽样的有关标志排队法,可以看成是一种特殊的分类抽样,这种抽样能够保证抽取的样本在总体中均匀分布,从而能够提高代表性,减少抽样误差,而且比较方便。因此,在市场调查中常常被采用。

【电话询问调查法】通过电话模式向被调查者询问调查内容的一种市场调查方法。这是为了解决简要的、普遍的,并且是急需要的调查问题而采用的一种调查方法。现代电话设施不断地发展，使电话询问调查的运用日益广泛。在国外，电话询问调查已经十分普遍，特别是电话技术的现代化，给迅速及时地收集资料提供了有利的条件。

【调查主持人】在焦点小组座谈时引导参与者发言的人，实施深度访谈的访问员。合格的主持人应该是训练有素的调研专家，他对调研背景、调研目的、调研程序、分组情况都应该了如指掌。如果要主持一个诊断性小组座谈，主持人还要有良好的心理学和社会心理学的造诣。主要素质包括（1）亲切友善，以便能迅速与参与者建立良好的沟通关系。（2）认真投入，首先主持人自己要认真投入地进入角色，还要使参与者感觉到自己的认真投入，激励整个小组积极讨论。（3）灵活应变，为了保证讨论能自然流畅，需要主持人适时改变讨论提纲，主题的变化、问题顺序的变化、新概念的发现和提炼都是必然的。（4）敏感，不同的主题会要求参与者以不同的状态发言，有的主题可能更理性，有的则可能更感性，其程度的把握要靠主持人的敏感和引导。

【对比类推预测法】亦称"类比预测法"。将预测对象和有关的类似事物对比分析，根据类似事物发展变化的规律性，判断预测对象未来发展前景的方法。常用方法包括：（1）国际对比类推预测法。将预测对象和国外有关的类似事物进行对比分析，根据国外类似事物的发展过程，判断本国预测对象未来发展前景的方法。（2）品际对比类推预测法。将预测对象同国内其他地区有关的类似产品进行对比分析，根据外地类似事物的发展过程，判断本地区预测对象未来发展前景的方法。（3）区际对

比类推预测法。将新产品的开发预测同性质相近的产品进行对比分析，根据性质相近产品的发展过程，判断新的产品开发未来前景的方法。

【多阶段随机抽样法】亦称"多级抽样"。要求把抽样调查工作分成两个阶段或者是几个阶段来进行。进行市场调查时，如果总体单位较少，可以只用一步就从总体中直接抽取要调查的样本单位。在总体单位较多、分布较广泛时，就很难一次直接从总体中抽取要调查的样本单位，而需要采取多阶段抽样方法。即先抽取大单位，再抽取小单位，直至最终抽到样本单位。

【非参与性观察法】亦称"局外观察调查法"。企业的调查人员对被调查对象以局外人的身份从旁边进行观察调查，取得市场的有关信息资料。这种观察调查法简便易行，能客观地对被调查的对象做出反映。运用非参与性观察调查法在时间上还可以灵活掌握。

【购物者图谱】营销调研术语。观察调研中人员观察的一种形式，调研观察员选择有代表性的购物者进行跟踪观察，并记录下购物者的行走线路和脚步停留，从而形成购物者在商店内的整个行动线路图。购物者图谱可以有效地帮助商店完成科学的货架摆设、商品摆设。

【故事完成法】市场调研中常用的技法之一。让被访者完成讲了一半的故事，从而投射出其消费心理，是投射研究中完成法的一种。

【观察调研法】常用的调研方法。通过观察消费者的行为或者正在发生的事件来获得信息。观察法研究的特点是调研员力图记录消费者行为某些方面的真实情况，而不以任何形式操纵

场景或与消费者沟通。

【滚雪球抽样】营销调研术语。是非概率抽样的一种形式,开始用随机抽样方式抽取一些样本,然后对这些样本进行研究,通过样本提供的信息来选择更多的样本,有时甚至让样本不断推荐合适的样本。

【回归分析】市场调研中常用的一种多变量分析方式,用于检验一个因变量与一个或多个自变量之间的函数关系。通过调研我们可以找到销售量与价格的一个关系,并用公式表述出来,这样就完成了回归分析。

【回归分析法】在掌握大量观察数据的基础上,利用数理统计方法建立因变量与自变量之间的回归关系函数表达式(称回归方程式)。回归分析中,当研究的因果关系只涉及因变量和一个自变量时,叫做一元回归分析;当研究的因果关系涉及因变量和两个或两个以上自变量时,叫做多元回归分析。此外,回归分析中,又依据描述自变量与因变量之间因果关系的函数表达式是线性的还是非线性的,分为线性回归分析和非线性回归分析。通常线性回归分析法是最基本的分析方法,遇到非线性回归问题可以借助数学手段化为线性回归问题处理。

【回忆测试】市场研究人员用来找出有多少消费者记得某个广告的测试。没有提示的回忆测试反映了受测者能自动记住多少广告内容。有提示的回忆测试则会显示在一系列给出的广告中他们能记得哪些内容。

【回译】一种特定的调研手段。方法是将被研究对象,通常是一篇文字、调研提案说明书等,翻译成另一种语言,然后由不同的人再把它翻译回原来的语言。目的是印证第一次翻译是否准确无误。

【会议室测试】参见【会议室访问】。

【会议室访问】在定点会议室里进行的定点访问或者测试。访问员在商业区拦截被访者,先用甄别题遴选合格的被访者,然后约请进附近的定点会议室,完成正式的访问。这种方式通常用于定量调查中。

【混合调研】亦称"公共汽车调研法"。根据市场调研员定期向一组被调查对象提出一系列问题所得出的调研结果。调查问卷上的空白部分出售给公司,以便这些公司在需要进行特殊市场调研时使用。混合调研的特点是:被调查的人员数目众多,且情况各异。

【活动测试】企业在举行规模宏大的活动过程中,有时需要对活动本身的合理性和效果进行测试,做到心中有数。活动测试的任务主要是:(1)检验活动设计操作性是否强;(2)活动操作过程中会遇到哪些障碍,需要提早做好准备;(3)活动操作过程中会遇到哪些有利情况,应该如何利用;(4)不同条件下活动的效果评估。

【机械观察】营销调研术语。营销调研中,用观察调研法采集数据信息的一种形式,运用机械设备或者仪器观察记录观测对象的行为。

【稽核】通过收集销售记录和原始数据清单,查证商品在不同销售渠道、不同消费群体、不同价位等状况下的需求变化的调研过程。

【家庭日记法】消费者研究中常用的方法。抽取一些样本家庭,请这些家庭按要求记录消费日记以及媒体接触日记。调研公司定时收集日记并统计,形成报告。这些样本是相对固定的,日记记录往往要持续半年或一年,所以叫做日记固定样本。一年后会替换其中的15%～20%。

【家庭实用测试】产品留置测试中,当产品适合在家里使用时,留置测试就发生在家中,完成的是家庭实用测试。

【假设】营销调研术语。在调研过程中,针对市场现象和各种关系,需要调研员做出某种判断,这种判断没有得到证实前就是假设。而调研员往往需要不断地对各种假设进行验正,从而形成结论。

【间接调研】营销调研术语。根据非市场调研员收集的以往数据所开展的市场调研。间接调研的四种资料包括:(1)已出版发行的资料;(2)一直由市场调研公司收集并销售的数据;(3)一直由市场调研公司收集并销售的有关专家的课题数据;(4)来自调研及公布于众的数据。间接调研就是二手资料收集。

【简单随机抽样调查法】最基本、最简单的一种抽样调查方式。它对总体中的各个个体不加任何分类,只给一个编号,然后随机抽取,被抽到的号码就是样品,抽够了预定样本数,抽样工作即宣告结束。最后,根据对样本的调查分析,对总体做出判断。

【焦点群体】以市场调研为目的而聚在一起进行非正式讨论的一些人。访问人员或主持人会有一个要讨论的主题议程,但不会使用问卷调查。群体内的互动可以刺激某个主题向更大范围拓展。在公司开发新产品时,为了测试产品及其理念,通常都会使用焦点群体。它也被用来对现有的产品进行定

量研究,有时广告代理商也会以此试验新设计的作品。

【焦点座谈小组】亦称"焦点小组"。常用的定性调研方法。选拔召集符合特定要求的被访者举行座谈,讨论一系列相关联的议题。参与座谈讨论的应该是代表着目标消费者典型特征的人士,在主持人的协调带动下进行交流,鼓励并激发每个小组成员就相关论题进行较大范围的探索,不仅表达自己的观点,并对其他人的观点做出反应。主持人由富有经验的资深人士担当,备有提纲,但不用问卷。

【角色扮演】营销调研的投射研究中有一类描述法。被访者就测试情境中某一假设人物进行表演或者描述,研究人员相信表演者会把自己的情感投射到角色中。角色扮演也是常用的培训手段,无论是销售培训,还是市场调研的访问员培训,都有必要让受训对象模拟演练一番。

【街访】在街上完成的面对面访问。通常指商业区拦截访问。

【结构化访问】市场调研中普遍采用的访问法之一。访问员按照问卷上的问题访问,不另提问,也不做解释;被访者只需回答明确的选项。以这种客观的技术得到的数据可以简便迅速地处理和统计。但是,这给调研者带来很大麻烦,因为如果问题设计不好,得到的数据不准确而往往不易觉察。

【截面研究】相对于纵向研究的市场调研概念,很多调研项目注重某个时间片段不同地区不同类型的消费者的需求和特点分析,如在同一时间段里对中国5个城市进行地板消费者的使用与态度研究。相对地,纵向研究是指对某类固定样本长时间反复测试研究,以

观察他们随着时间和环境的变化在消费行为和态度方面有什么变化。

【句子完成法】市场调研中常用的技法之一。是让被访者完成没有完成的"句子",或者是意见,或者是建议,从而投射出其消费心理,属于投射研究中完成法的一种。

【拒访率】在某次市场研究中,联系到的被访者中拒绝合作的人数比例。拒访可能引起拒访误差,拒访率过高的市场研究往往被认为调研方法的设计有问题。

【聚类分析】根据研究对象特征对研究对象进行分类的一种多元分析技术,把性质相近的个体(样本)归为一类,使得同一类中的个体(样本)都具有高度的同质性,不同类之间的个体(样本)具有高度的异质性。在市场研究中,涉及市场细分问题时,通常使用聚类分析加以解决。

【聚类分析法】参见【聚类分析】。

【决定性调研】某个调研项目的主要阶段,往往是定量调研。调研中会选择有统计意义的代表性的样本,并使用高度结构化的技术。这种类型研究中的发现常被用做决策制定的输入变量。

【绝对阈限】能被感觉渠道觉察的刺激的最小量,制定市场刺激时的一项重要的考虑因素。一幅广告牌也许是有史以来最富创意的设计,但如果印刷的字体太小以致高速公路上路过的摩托车根本无法看到时,这幅天才的广告就浪费了。

【卡通测试】市场调研中投射研究的常用技法。有关调研主题的某个特定情境用卡通人物的形式展示给被访者。被访者根据一个卡通人物的评论,给出另一个卡通人物的回应。这个回应表征了被访者的情感、信仰、对情境的态度,通常用来探讨品牌价值。卡通测试其实与图片响应法一样,只是更便于管理和分析。

【卡通泡泡】投射研究的一种常用技术,做法是事先准备类似卡通图片的图案并留下空白泡泡(图案内容可能是正播放的广告,也可能是消费者正在使用产品的情景),让被试者用他们的语言填写他们的反应,这样有助于了解该品牌在消费者心目中所代表的意义及价值。

【开放性问题】对问题的回答未提供任何具体的答案,由被调查者根据自己的想法自由做出回答,属于自由回答型。其优点是,比较灵活,适合于收集更深层次的信息,特别适合于那些尚未弄清各种可能答案或潜在答案类型较多的问题,而且可以使被调查者充分表达自己的意见和想法,有利于被调查者发挥自己的创造性。其缺点是,由于会出现各种各样的答案,给调查后的资料整理带来一定困难。

【垃圾调研法】清理分析消费者的垃圾,从而掌握消费者行为的调研方法。这是观察调研法中行踪分析的一种方法。

【拦截访问】营销调研术语。在某个地点,通常是在商业区的人员访问。拦截访问从地点上分,主要有商业区拦截访问、街头拦截访问和店内拦截访问三种。

【离差】市场调研报告中的常见词汇。表征一个变量(如价格)在特定情况下的波动程度。离差是实际值与平均数之间的差。显然,离差可正可负,并且不同消费者对商品的价格选择不同,离差便以各种值大量存在。

【联想法】两个一起出现的事件在意识中形成的联系。一般来说，在空间和时间上同时出现或相继出现，在外部特征和意义上相似或相反的事物，反映在人脑中建立联系并留下印迹，以后只要其中一个事物出现，就会在头脑中引起与之相联系的另一事物的出现，这便是联想。市场研究中，联想法是投射研究的一类，通常用一些刺激物给被访者呈现出来，然后问他们头脑中首先联想到什么东西。

【练习性预演】市场调研现场工作对访问员的培训，或者是现场督导的监督或者是自行练习访问。练习性预演结果要汇总分析，一方面以此确定选用哪些合格的访问员，一方面用以调整正式访问的技术和方法。

【量表】市场调研方法。为了测量研究对象性质，给出一组连续的数值以表征性质的类别或程度。其类型包括：（1）名义量表。即"类别量表"。数值仅仅是标签，用做识别不同对象或对这些对象进行分类的标记，代表不同的类别项目，项目之间性质不同，并且没有必然联系。（2）顺序量表。分配给对象的数字表示对象具有某种特征的相对程度，但并不能确定多多少或少多少，顺序量表规定了对象的相对位置。（3）等距量表。即"区间量表"。量表上相等的数字距离代表所测量的变量相等的数量差值。等距量表包含顺序量表提供的一切信息，并且可以让我们比较对象间的差别。（4）等比量表。是一个有固定原点的等距量表，它具有名义量表、顺序量表、等距量表的一切特性。

【列举评级量表】量表技术中常用的评级量表的一种。由研究人员事先将各种可能的选择标示在一个量表上，然后要求应答者在有限的选项上选择自己的态度和评价所对应的标示。评级量表通常作为等距量表来处理。

【留置调查法】企业的有关调查人员将调查项目留置给被调查者，待他们填写好以后收回的一种市场调查方法。要求是：将调查表或问卷当面交给被调查的对象，并向他们说明调查目的和要求，然后在一定的时间内由被调查者自由填写所要求回答的问题，收集后再进行汇总管理。其特点在于：（1）当面将调查表和问卷交给被调查的对象，可以阐述调查的目的及要求，解释填写的要领，能使被调查者在填写意见中更好地配合。（2）当面将调查表和问卷留置给被调查的对象，被调查者可以有充分的时间去考虑问题，慎重而较细致地填写他们的意见。（3）调查表和问卷是被调查者自己填写，也就避免了调查人员在面谈中有可能的一些主观影响，减少了市场调查中的偏见和误差。

【乱数表】市场调研中常用的工具。由许多随机数组成的表，调研员可以根据自己约定的规则来抽取随机数。

【满意购买者】市场调研中的消费者分类。表征消费者品牌忠诚度的一个层级。这一类消费者对原来使用的品牌已经相当满意，而且已经产生了品牌转换成本。也就是说，购买另一个新的品牌，会有风险，会有效益上的风险、适应上的风险等。

【盲测】亦称"隐性调研"。一种市场调研方法。在调研过程中，被测试产品的品牌、名称、包装或其他可以识别的内容要求隐藏起来，不给被访者过多的提示。

【面对面访问】营销调研访问人员与被访者面对面地沟通，以完成数据采集工作。调研中的入户访问、商业区定点拦截、焦点座谈小组、深度访谈等都是面对面访问。

【**面谈访问调查法**】调查者与被调查者通过面对面的访问交谈来收集资料的一种方法,这是目前我国经营企业进行市场调查所经常采用的一种方法。

【**描述性调研**】营销调研方法。这类调研的目的是,收集信息以描述一个产品或服务,描述某个市场,或者识别变量之间的联系。是相对于因果性调研而言的。

【**民意调查**】一种消费者调查,特别爱与政治联系在一起。现在,民意调查在世界上的大多数地方都是政治活动不可缺少的一部分。人们通常使用媒体(报纸等)进行民意调查,政治团体也会使用民意调查来帮助他们制定活动战略。它们会运用各种不同的技巧,从电话访问到面对面的对话;而且调查的人数一般在几千人以内。

【**模拟**】为了检测商品而模拟真实市场环境开展的市场调研活动。模拟在总体上分为计算机模拟和实验室模拟。

【**默许偏差**】亦称"仁慈偏差"。由于一些被访者倾向于迎合或默许访问中给他们呈现的任何事物,从而引起的系统性偏差。经验表明,这类偏差在调研气氛过于友好的调研过程中更容易引发,所以也叫亲切效应或者肯定倾向。

【**排序量表**】排序量表是一种顺序量表,它是将许多研究因素同时展示给受测者,并要求他们根据某个标准对这些因素排序,要求受测者将他们认为最好或最重要的因素排为"1",次好或次重要因素的排"2",依次类推,直到量表

中列举出的每个研究因素都有了相应的序号为止。在给予分值时,最好或是最重要的因素,通常给予最高分;一个序号只能用于一个因素。

【**判断性抽样**】亦称"立意抽样"。一种非概率抽样的方法。调研对象(样本)的选择依据调研员的经验判断和研究目的来做出。在工业市场调研时,判断性抽样是最常用的一种形式。在由几家厂商垄断的行业中,调研员可以决定由他们生产的样品比同行业中其他厂家生产的产品更具代表性。

【**配对深访**】深度访谈的一种形式,被访者不是一个人,而是两个人;并且两个被访者互相认识,有着良好的访谈基础。

【**配额抽样**】一种非随机抽样的方法,对样本的选择按特定的配额进行,各个特定人群的样本数量预先确定,以使在同一比例中的年龄、性别、阶层等能够反映社会的各个方面。配额可以按样本年龄、职业、性别、消费形态等分组。

【**频率**】亦称"频次"。营销调研中最常用的术语之一。是指某事物发生的次数。

【**频率分布**】依据被调查者不同反应出现的频率而进行的一种常用的市场调研统计方法。

【**平衡量表**】正面意见和反面意见的数量相同的量表。市场研究中常用的量表多数是平衡量表。参见【量表】。

【**平均数**】亦称"均值"。算术平均值的通常叫法。可以用算术平均值、中位数、众数来描述。平均数等于所有观察值的总和除以观察值的个数。多数情况下,营销调研员用平均数表征消费者的总体倾向。而且,通过对平均数的

观察、描述和研究能发现许多问题和机会。但也有很多时候平均数难以描述数据的整体状况，甚至用它来描述反而有问题，因此需要用中位数、众数一起来描述和总结一组相关数据的平均水平和整体状况。

【平均水平】市场研究中常用术语。是对一组观察值的相关特点进行总结和整体描述。一般地，用算术平均数、中位数和众数来实现对平均水平的整体把握。

【评级量表】亦称"评价量表"、"评比量表"、"等级量表"。由研究人员事先将各种可能的选择标示在一个评价量表上，然后要求应答者在测量表上指出他（她）的态度或意见。根据量表的形式评级量表又分为图示评级量表和列举评级量表。评级量表通常作为等距量表来处理。图示评级量表要求应答者在一个有两个固定端点的图形连续体上进行选择，图形往往使量表测试更生动有趣。列举评级量表则是要求应答者在有限类别的表格标记中进行选择，它比图示评级量表容易构造和操作，研究表明在可靠性方面也比图示评价量表要好，但是不能像图示评价量表那样衡量出客体的细微差别。评级量表有许多优点：省时、有趣、用途广、可以用来处理大量变量等，在市场营销研究中被广泛采用。但是这种方法也可能会产生三种误差：（1）仁慈误差，即有些人对客体进行评价时，倾向于给予较高的评价，这就产生了所谓的仁慈误差；反之，有些人总是给予较低的评价，从而引起负向的仁慈差。（2）中间倾向误差，即有些人不愿意给予被评价的客体很高或很低的评价，特别是当不了解或难以用适当的方式表示出

来时，往往倾向于给予中间性的评价。（3）晕轮效应，即如果受测者对被评价的对象有一种整体印象，可能会导致系统偏差。预防的方法是对所有要被评价的对象，每次只评价一个变量或特性；或者问卷每一页只列一种特性，而不是将所有要被评的变量或特性全部列出。

【前导性研究】一般为定性研究或小样本定量研究。主要应用于关系到许多重大的利益，容不得哪怕很小的错误（不是指误差），为了避免在正式研究中产生这些关系重大的错误的部门或者领域。在某种程度上，与预检验是一样的，只是前导性研究更正规一些。

【亲切效应】参见【默许偏差】。

【情感购买者】市场调研中的消费者分类。情感购买就是通过产品认知、品牌感受和文化渗透，以温和的方式将乐观情绪与一个品牌连接，充分表达了欢乐、自豪与品位的体验享受。情感购买是基于品牌购买基础上的情感购买，将情感导入到品牌与消费者之间，企业要关注联系品牌和消费者之间的感情契合点，使品牌更加深入消费者的心，从而创造更具生命力的购买力。

【情景观察】市场调查方法。在一个真实或模拟的环境里，在被访者完全没有意识的条件下，对他的行为进行观察和分析，以获得客观、真实信息。

【区域抽样法】市场调研中的抽样方法。抽样首先可以分为概率抽样、系统抽样、非概率抽样三大类。而概率抽样又可分为简单随机抽样、分层抽样、分群抽样。区域抽样是分群抽样的一种，它是以"地理区域"作为"群组"来进行抽样的。参见【抽样】。

【人文侦查】一种定性人员观察调

研方法。要求尽可能在自然的背景下进行，但必然会用到深度访谈等一些调研技术，需要调研员自己沉浸到被调查对象中间，成为被调查对象的一部分。通常用来对某个特定的社会群体（如丐帮、同性恋群体）或者某个具有典型意义的群落（如大学校园、江南小镇）的深入调查研究。

【人员访问】通过人员访问完成数据采集的市场调研方法。人员访问通常又分为入户访问、商业区拦截访问和深度访谈、焦点小组座谈；前两种多用在定量调研中，后两种多用在定性调研中。

【人员观察】运用观察法采集数据的市场调研方法。由人员观察记录消费者行为和正在发生的事件，如商场购物、十字路口交通等。经常使用的人员观察具体方式有：神秘顾客、陪伴购物、购物者图谱、行踪分析、人文侦查、稽核等，在焦点小组讨论中，也涉及通过单面镜观察或者摄像系统观察。

【仁慈偏差】参见【默许偏差】。

【日后回忆】市场调研术语。通过测定在一个广告播出后观众能记住它的人数的百分比来分析该广告影响力的一种方法。传统的回忆测试，是一则广告在电视黄金时段播出后，第二天晚上，访问员会在几个城市随机播打几千个电话，筛选200位恰好在昨天看过该广告的观众，问一系列问题。现在的日后测试并不要求一定是"间隔一日"。参见【回忆测试】。

【日记调查法】一种连续反映调查项目时间序列的调查方法。一般是将固定的样本发给被调查者，由他们逐日记录，然后由市场调查者按一定时间加以汇总整理而取得所需的资料。该种调查方法运用得当会收到一定的效果，国外十分重视这种市场调查方法。它采取样本邮寄给被调查者的方法，加之以不定期访问和联系，并给予一定的报酬，回收率也较高。在运用日记调查法时要选择好被调查的对象并且要搞好与他们的关系，尽力取得和他们的长期合作，必要时还要对被调查者在填写过程中给予一定的帮助、辅导及一定的检查与督促。

【日记固定样本】亦称"家计调查"、消费者购物固定样本。消费者调研中常用的样本模式。由调研公司抽取样本后，请被访者记录消费行为和事件的日记，然后定时收集日记并统计，形成报告。这些样本往往在一年内是固定的，一年后会替换其中15%~25%的样本。

【日记式调查法】在既定时间内让调查样本以日记形式记录其收看、收听、购买、消费或任何其他行为的调查方法。日记法是个人收视记录的前驱。今天，个人收视记录仪已广泛应用于已开发市场，在发展中市场的应用也日益增多。

【入户访问】在被访者家里或办公室所进行的人员访问。被认为是最好的访问调研方法。（1）访问员与被访者面对面地沟通，使得被访者能方便地理解问题，哪怕是很复杂的项目也可以在访问员的帮助下顺利完成。（2）访问员可以在访问过程中出示卡片或其他调研辅助手段，不仅提高访问速度，也提高了数据质量。（3）被访者在自己熟悉的环境中接受访问者会更加轻松、舒服。

【实验调查法】进行市场因果性研究的主要方法。起源于自然科学的实验求证。采取与自然科学实验相仿的原理和步骤，即通过干预或调整市场上的一些市场条件来影响被调查的对象，然后观测他们的反应，最终判明各种因素之间内在的因果关系。实验法与观察法都能够在调查的过程中通过观察了解因某些因素变化而导致调查对象的变化，但由于观察法观察事物不受任何条件的限制，观察的结果是各种经济变量变化的综合结果，而实验法能够通过人为的有意识控制，从影响调查对象的若干因素，选出一个或几个因素作为实验因素，在其他因素均不变的条件下了解实验因素变化对调查对象的影响，并能够获得这种影响的定性和定量的实验结果。

【市场访谈法】研究者与消费者直接交谈，通过交流过程了解消费者的心理状态的方法。一般可采取登门拜访、邀约访谈、开座谈会或电话访谈等形式，通过与消费者进行口头的语言信息交流，可以获得可靠的信息。(1)面对面访谈法。根据预定目标，事先撰写好谈话提纲，与消费者交谈时 围绕主要目标，与消费者没有拘束地交谈，并进行感情沟通，以得到想要知道的信息。优点主要有：可以与消费者进行感情沟通，在交流过程中观察消费者面部表情和反应动作，并且激发消费者的兴趣，能无拘无束地回答问题。访谈人员还可有机会就某项问题做深入讨论，谈话中可发现和提出更多的问题。主要缺点在于：由于调查人员自身因素，会产生诱导性偏见；访问工作难以监督，谈话进程不易掌握；当地区分布面广时，成本甚高。(2)电话访谈。借助电话与消费者进行谈话的方式，一般用于与消费者之间受空间距离的限制，或者因为

一些原因不方便与消费者直接面对面交谈时使用。一般是通过抽样消费者询问意见。优点是：经济迅速，渗透性强，情报及时，资料准确性高，尤其可以在面对面访谈法不易调查的情况下对消费者进行访问。缺点是：不易获得被调查消费者的合作，对访谈者素质要求较高，时间仓促，回答问题简单；受地区及电话设备的限制。

【市场预测程序】市场预测的工作环节与主要工作过程。为使预测结果正确，具有科学性，预测就必须有计划、按步骤地进行。一般程序包括：(1)确定预测的目标。即要明确为什么进行预测及预测什么的问题。明确了目标，才能为进一步正确选择市场变量和确定具体的预测项目指标指明方向，以便围绕目标去收集所需资料。(2)收集整理资料。即根据预测目标的要求进行市场营销调研，取得所需要的资料，并对这些资料进行整理，为预测做好充分准备。(3)选择适用的预测方法。如，事物发展变化平稳时，可用平均数法、百分比率法等方法预测；事物发展变化具有明显趋势性时，宜用各种趋势线拟合法、回归法等方法进行预测；事物具有季节性变动性，可用季节变动分析法预测；在缺乏历史资料的情况下，可用经验判断法、主观概率法等方法去预测；等等。对于预测对象现象复杂，影响因素多，变化快的情况进行预测，通常采用多种方法进行预测试验，经分析比较后，选择其中预测误差最小的一种作为预测方法，切不可草率从事。(4)进行预测，得出正确的预测结论。在通过预测方法得出预测结果的基础上，再利用某些科学的定量检验方法或结合当前市场情况进一步做出定量定性分

析,对预测结果进行适当修正或调整,得出最终预测结论。

【问卷设计】根据市场调查的目的,按照需要把调查问题具体化,便于调查者能够顺利取得必要的信息资料的过程。一份完整的问卷应由以下几部分组成:(1)说明词。即是开始询问前的导言或介绍词,包括询问人所代表的企业,访问的目的,请求被调查人的合作等。介绍词根据具体情况可长可短,但一定要研究被调查者的心理状态,引起兴趣,使其认识他的答询价值,以便积极合作。必要时介绍词中还可说明被调查者的身份,答案给予保密,如果有答询后的赠品也可附带提出。(2)收集信息的内容。即问卷的主体,是最主要和占有问卷篇幅最大的部分,也是能否达到问卷目的关键所在。如果在内容方面出现偏差,将大大降低问卷的作用,影响调查的质量。调查的内容一般包括:行为调查、行为的后果调查、对人们的态度、意见、感觉和偏好等的调查。(3)调查证明记载。包括被询问人的姓名、职业、性别、年龄等与调查内容相关的项目、访问人的姓名、访问特点和访问方式等等。

【现场实验法】在完全现实的环境中进行实验调查的方法。这种调查更为贴近实际,因而,反映情况较为真实。

【相关类推预测法】从已知的各种相关的市场因素的变化,依据因果性原理,预见和推断未来的市场变动的特点和趋势的预测方法。基本要求是:根据理论分析和实际资料,确定影响预测目标变动趋势的主要因素,在此基础上依据市场需求变化的内在联系进行逻辑推理、分析和判断。

【小组讨论】参见【焦点座谈小组】。

【效度】市场调研中,调研方法和所获得的信息是否有效的状态。

【心理图案法】市场调研中使用的一种投射技术。要求被试者把客观事物与色彩、形状、符号、图案等联系起来,从而投射出消费者对某个品牌或产品的态度。虽然心理图案法不用语言或很少用语言,但调研专家相信,消费者的态度、行为、个性、生活方式,以及社会阶层的轮廓,都可以从测试中反映出来,有时甚至能成为市场细分的根据。

【心智占有率】营销调研术语。表征(品牌)在消费者心目中的地位。专家认为,就广告而言,心智占有率比市场占有率更重要。心智占有率的衡量值一般都用无提示知晓率,它表明了在明确的产品系列中,一个特定品牌被回想起的可能性。

【邮寄调查】亦称"邮寄访问"。市场调研中采集信息的常用方法之一(一般被认为是第三大主要方法),通常是定量调研时使用。典型的邮寄调查是向一个消费者邮寄一封函件,包括说明信函、问卷、回寄信封、返回问卷的奖励承诺。另外,把问卷刊登在报纸与杂志上,也被认为是邮寄调查的形式。随着电脑和网络的普及,电子问卷成为邮寄调查的新形式。邮寄调查易于操作,对于回答者来说,匿名程度更高。但是,研究人员对于问题的类型没有什么灵活性,对于回答问卷的环境缺乏控制能力,被访者是在没有访问员的帮助下完成问卷的,不适合准度高、复杂的调研课题。邮寄调查要求对被访者的定义相当宽泛,同时还要忍受长时间、低回复率的风险考验。

【邮寄访问】参见【邮寄调查】。

【邮寄询问调查】市场调查中使用较多的一种调查方法。将事先设计的调查表或问卷邮寄给调查对象，请其按要求填答后寄还给调查组织者的一种调查方法。

【有提示知晓】被访者在经过某种形式的提示之后，表示曾经见过某个品牌（产品、广告等）的被访者的比例。是沟通活动的第一个目标站，也是最基础的目标。提示的形式和材料可以是多种多样的，根据调研课题的需要而决定选择什么样的提示材料，可以是文字卡片、图像、口头提示或者某种特殊的音效。应该注意的是，如果出示卡片，不应再读出品牌名。但有时选项较少，如少于5个时，可以不制作卡片而改为由访问员读出。此时，访问员读选项时应该从不同品牌开始读起，不能每次都按同一顺序读，因为被访者中有些人偏爱选第一个被读出的品牌或最后一个被读出的品牌。参见【品牌认知】。

【预检验】营销调研中在正式的大规模调查开始前，对小样本被访者进行调查测试。以确认不出任何没有考虑到的问题以及调研流程本身的一些问题。如问卷访问前进行预访以检验问题的顺序、措辞等有没有问题，以便在正式调查访问时顺利，类似于前导性研究。广告运动中预检验有时被用来预测某广告宣传的效果。广告商确定一则广告的目的，然后通过小组讨论的方法来检验这一目标能被实现到何种程度，相当于广告运动前的"预先心中有数"。印刷广告的效用预检验通常采用"分刊测试"，也可以简单地把不同的广告先后让被测验者看，然后记录下他们对广告的反应并进行分析比较。

【原子层级测试】营销调研用语。就产品（服务、概念、设计、广告等）的各个参数或者组成部分对被访者进行测试，获取被访者的反应。现实中，营销专家会根据产品的定位和自己的经验对这些组成部分进行选择，只有当对某个重要的组成部分实在拿不定主意的时候，才会做必要的原子层级测试。

【岳母研究】一种向朋友、同事、家庭包括岳母等人随意提问的市场调研方式，对确认预想态度很有作用。岳母研究是第三者法的昵称。

【晕轮效应】对一个事物的好感转移到与该事物相关的其他事物的现象。这一点被营销专家通过品牌延伸和产品线延伸得以利用。在营销调研中，晕轮效应往往导致调研误差，调查员尽量设法避免这种效应的产生。

【整群抽样调查法】市场调查方法的一种。先将调查总体分成若干个群体，然后从中随机抽取一个样本群，再从这个样本群中随机抽取样本，一般适合于总体所含个体数量庞大而且比较分散的情况。当市场调查对象数量庞大且混乱，难以按照一定标准分层时，就只能按地区或者其他标志进行分群。因此，分群抽样所划分的群体中，包含具有各种不同特征的个体。这同分层抽样具有完全不同的特点。在市场调查中，采用整群抽样时，则应该尽量地使每一个群体之间保持相同的特性，而每一个群体内部应该包含各种不同的个体。

【整体测试】营销调研习惯用语。是对组成一个产品（服务、概念、设计、广告等）的参数或组成部分的整体效果的测试，获取被访者的反应。这相对于原子层级测试而言的，原子层级测试是就各个参数或者组成部分分别对被访者进行测试。

【正态分布】亦称"高斯分布"。经常出现的呈"钟"形对称的统计研究图形。在市场调查中，经常要描绘调查对象中某个参数的频率分布情况，如消费者选择电视机的价格，其在不同价位上有不同的选择频率。把价格和频率分别作为横坐标和纵坐标，就能形成频率分布曲线。这条曲线能很好地描述消费者选择电视机时在不同价格上的频率分布。而正态分布的典型特点是，这组观察数据的平均数、中位数、众数是完全一致的。正态分布是一种理想中的数据分布，现实中几乎没有一个数据组是完全呈正态分布的。但我们依然经常提到"正态"分布，实际上是指观察的数据组近似于正态分布。某些数据受较小随机波动作用的结果时，就会产生典型的正态分布，通常可以找到接近于正态分布的一些变量的例子。

【中立态度】调查人员所表现的不偏不倚的立场。使调查公正、客观。不能对结论有任何倾向性，不能预先主观判断被访者的回答，更不应该引导被访者说出某个答案。调研设计者可以有假设，但假设在没有验证前并不是结论，所以应该依然以中立态度对待。

【中位数】营销或者调研中常用的统计数据，是指一组样本中正好位于中间的观察值。若一组观察值的个数是偶数，那就有两个中间值，此时，中位数就是取这两个数值的均值。一般来说，若某个经过排序的数据集中有 n 个值，则中位数的位置可以通过 (n+1)/2 求得。当然，更方便的是通过计算软件，电脑马上就可以得出一个数据集的中位数。中位数是一种对偏态数据反应

不灵敏的数。营销调研员对中位数的重视程度应该不亚于平均数，因为它同样能表征消费者的总体倾向，有时甚至能更准确地揭示营销中的问题和机会。调研专家经常用算术平均数与中位数、众数一起来描述和总结一组相关数据的平均水平和整体状况。

【中心开花法】连锁介绍法的特殊形式。先说服在一定范围内有较大影响的中心人物，通过他的影响使其他人成为准顾客的一种方法，又称"有力人士利用法"。

【众数】营销或者调研中常用的统计数据。一组样本观察值中出现频率最高的数值。调研专家经常用平均数、中位数和众数一起来描述和总结一组相关数据的平均水平和整体状况。而有的时候，众数才是真正有意义的数。例如，在记录不同尺寸服装的销量时，最为流行的尺寸就是众数。

【逐户走访法】亦称"全户走访法"或"地毯式访问法"，俗称"扫楼"。一种传统的顾客寻找方法。推销员在寻找顾客时，对某一地区内的推销对象不能确定或无法确定的情况下，通过普遍地逐一地访问特定地区内的所有住户和单位，从中最后确定自己的顾客的方法。优点是：有利于进行全面的市场调研，比较真实地获得顾客需求情况；容易扩大推销企业的影响，提高产品知名度；有利于推销员了解各种类型、各个阶层的顾客，丰富推销经验。缺点是：推销员往往无的放矢，缺乏针对性，成功率相对较低。

【资料分析法】利用内外部现成资料，运用统计的方法对项目进行分析的市场调查方法。一种间接的市场调查方法。简便易行，节省人、财、物力。应

该尽量地将各种所需资料收集齐全,请熟悉业务活动的人员共同分析研究。该方法还可以弥补对市场所做的直接调查的不足。由于所依据的是历史资料,正在发生变化的各种因素不在其内,这是它的不足之处。常用的形式主要有:(1)发展趋势分析。将过去的资料积累起来进行分析对比,加以合理的延伸分析发展趋势。如果某企业一定时期内的销售量都增长10%左右,就可以推测近期内销售量增加额或增长速度。此种方法中较简单者是移动平均法,计算方法是在过去时间序列内依序求出若干年、月的移动平均,作为这些年或月的新的趋势值,并将各新趋势值连接延伸,以求将来的趋势方向。但是这种方法只能调查分析市场上的某一变量,如某种产品和时间的关系,至于是什么原因引起的,则还是不得而知的。(2)相关分析。为求得某一变量与另一变量之间的关系,也就是分析某一变量发生变化的相关因素,相关分析中可以分析正相关、负相关或不相关等。

第七篇　消费者行为

【消费者行为】消费者为获取、使用、处置消费物品或服务所采取的各种行动。主要特点有:(1)差异性。消费者在需求、偏好以及选择产品的方式等方面各有侧重,互不相同:同一个消费者在不同时期、不同环境、不同产品的选择上,其行为呈现出很大的差异性。(2)动态性。无论作为个体的消费者还是作为群体的消费者以及整个社会,其行为都会随着时间的推移不断地发展和变化。(3)复杂性。消费者行为的差异性和动态性决定了其行为的复杂性,此外,消费者行为受内、外部因素的影响,其中很多因素既难识别,又难把握,这些因素的复杂性决定了消费者行为的复杂性。(4)可引导性。消费者的购买属非专家购买,需要相关的信息和建议,有时对自己的需要也并不能清楚地意识到,有效的广告宣传、营业推广等促销手段能够达到激发消费者的需要,使之产生购买欲望,甚至影响他们的消费需求,改变他们的消费习惯,更新他们的消费观念,树立全新的消费文化的目的。

【消费者态度】一个人对人、事、物所持有的评价。它导致人们对某一事物产生好感或恶感并且使人们对相似的事物产生相当一致的行为。态度一旦形成,就不易改变。一个人的态度会影响他对人、事、物的好恶,也影响他的购买决策。企业的工作重点是:利用及配合消费者的态度来规划其产品及营销策略;培养及建立消费者对公司及产品的良好态度;改变消费者对自己产品销售不利的态度。

【消费心理】消费者购买和使用消费品的一系列心理活动。消费心理具有复杂性、动态性和阶段性的特点。影响消费心理的因素不仅有社会、经济和自然等外界因素,还有消费者个人因素。消费心理可以分为三个不同的心理过程,即认识过程、情感过程和意志过程。这三个过程又可细分为六个心理变化阶段,即认识阶段、知识阶段、评定阶段、信任阶段、行动阶段和体现阶段。这些阶段是相互依赖、相互促进的,它们共同促进消费行为的发生。消费心理是主观与客观的统一,也可以说是消费者对客观事物和本身需要的综合反映,这种复杂和微妙的心理活动直接支配着消费者的行为。

【消费者形象描述】亦称"消费者素描"。对某一商品或品牌的典型消费者群体的概要性描述。需要说明引用年龄、社会阶层、时尚风貌、生活方式等消费者特征,但强调并突出该消费群与众不同的地方,主要是为了细分市场的需要或者用以区别其他消费者群体。在实际应用中,消费者形象描述其实就是用通俗易懂的语言概括出商品或品牌的目标消费者群体。这些描述一般由市场调研人员确认给出,分发给品牌经理、市场经理、广告经理,指导广告传播、促销活动的运作。

【消费者偏好】消费者对一种商品(或者商品组合)的喜好程度。消费者根据自己的意愿对可供消费的商品或商品组合进行排序,这种排序反映了消费者个人的需要、兴趣和嗜好。消费者偏好是消费者在心理上对商品满足程度或效用的选择。此外,消费者偏好还青睐于那些有较多数量组合的商品,因此产品定价也必须和其他组合一样,以消费者为中心,按商品的不同档次定出适当的价位来,运用各种营销策略和手段,影响买方的感受,使之形成对卖方有利的价值观念,然后再根据产品在买方心目中的感受价值来定价。

【消费者个体意识】消费者个人所具有的信仰、价值观念和思想规范。个体意识是决定消费者消费活动的主要因素,它又受消费者群体意识和社会意识的影响和制约。每个消费者都有自己的个体意识,并按照它的要求进行消费活动。不同的消费者有不同的消费特点、不同的消费需求。

【消费者认识过程】消费者对来自商品市场的各种信息进行收集、分析和理解的心理过程。该过程可分为:(1)认识形成过程。包括感觉和知觉两个阶段。对商品的认识始于对商品的感觉,而感觉是消费者通过大脑对购买对象个别属性的反映。随着对商品感觉的加深,大脑对感觉到的材料加以分析和综合,就会产生对商品各种属性的整体反映,形成对商品的知觉。知觉是在感觉基础上形成的,是感觉的深化,而不是感觉的简单总和。通过这两个阶段,消费者便获得了对商品直观形象的了解。(2)认识深化过程。认识深化过程是指消费者利用记忆、联想、想象、思维等心理活动完成和深化其认识的过程。消费者把过去感知过的商品、体验过的情感、了解到的知识在头脑中再现,就形成了记忆。通过感知和记忆,并进行种种想象和联想,消费者对商品的认识继续深化,为思维活动提供了广阔的空间。在此基础上,消费者运用分析、综合等思维方法,借助判断、推理等思维形式,对商品的内在质量做出评价,并预测商品的使用效果和可能带来的心理上的满足。这样,消费者对商品的认识,就从感性上升到了理性,从感觉发展到思维。对商品的认识过程是消费者购买行为的前提,是消费者其他心理过程的基础。

【消费者购买决策】消费者在购买时的一系列心理活动与思考过程。当消费者购买复杂商品时一般会经历以下的决策过程:(1)需求确认;(2)信息收集;(3)购买方案评估;(4)购买决策制定;(5)购买后行为。这五个步骤即表明了消费者从产生购买需求到完成购买的总过程。

【消费者购买决策能力】消费者在充分选择、比较产品的基础上,对产品进行分析,即果断地采取购买决定的能力。消费者在决策能力上有很大的差异,消费者决策会受到消费者个人的性格和气质的影响:有的消费者可根据自己对产品的判断及时采取购买行动;而有的消费者在购买行动中表现得犹豫不决,易受他人态度和意见的左右,不能根据实际行动采取果断的购买行动。决策能力还与消费者对产品的认识程度、介入程度、经验和购买习惯有关,一般是消费者对产品经验越丰富,习惯性购买驱动越强,购买决策就越果断。反之亦然。

【暗箱理论】消费者管理的观点。消费者心理如同暗箱,只能看到消费者购买的外界条件(产品信息、价格信息和促销信息)和最终选择的结果,但是我们不知道为什么消费者会做出这样的选择。市场营销人员的主要任务,就是要尽快弄清这个"暗箱"中究竟发生了什么事情,然后采用相应的经营策略,发出合适的市场营销信息,去刺激和影响消费者的心理过程及其购买行为。

【变换型购买行为】消费者行为术语。对于品牌差异明显的产品,消费者不愿花长时间来选择和估价,而是不断变换所购产品的品牌的消费者购买行为类型。

【病态需求】亦称"有害需求"。对那些不健康的、危害社会的产品或劳务的需求。这些产品无论是从消费者个人福利,还是从社会公共福利来看,不但无益,反而是有害的。另外,对某些产品或劳务的过度需求也是病态需求。病态需求也会因人而异,比如同一种产品或劳务,对青少年就是病态需求,对成年人就不是病态需求了。

【波波族】英文"Bobos"的意译。新近涌现的一个有独特生活方式的消费者群体。由美国记者大卫·布鲁克斯(David Brooks)于2000年在《天堂里的波波族》(Bobos in Paradise)一书中首创。

【不健康需求】参见【病态需求】。

【参考群体】对个人的评价、期望或行为具有重大相关性的实际存在的或想象中的个人或群体。消费者在现实生活或心理上都有归属于某类人的渴望,其消费行为也受到这一群体的影响。参考群体可能是一群朋友、邻居或同事,或是一个关系较远的群体,但这一群体受消费者欣赏或是消费者希望属于这一群体,如影星或流行歌手。参考群体通过三个途径影响消费者:信息性影响、规范性影响、比较性影响。

【参照群体】亦称"相关群体"。直接或间接影响个人态度、价值观和购买行为的相关人群或团体。它包括:(1)直接参照群体。亦称"成员群体"。即某人所属的群体或与其有直接关系的群体。成员群体又分为首要群体和次要群体两种。首要群体是指与消费者经常直接接触的群体,一般都是非正式群体;次要群体是对其成员影响并不频繁,但一般都较为正式的群体。(2)间接参照群体。消费者的非成员群体。即此人不是其中的成员,但受其影响的一群人。间接参照群体又分为向往群体和厌恶群体。向往群体是指消费者推崇的群体或希望加入的集团,也称"仰慕团体",即个人期望追随,并受其间接影响的群体。厌恶群体指拒绝或排斥接受其价值观或行为的群体。(3)认同群体,即个人接受归属,并受其直接影响的群体。消费者购买行为受参照群体的影响,主要可表现为:(1)类似性,即参照群体能产生一种无形的约束力,影响人们选购与其偏好相类似或一致的产品类型和品牌。(2)仿效性,即参照群体展现的新型消费行为或生活方式具有很强的示范效应,从而引起了人们的追随与仿效,改变了以往固有的商品选择。(3)排他性,即个人在比较相关参照群体的过程中,明确自身的选择与归属,从而回避或否定其他群体的行为。

【产品使用者】即实际消费或使用产品或服务的人。

【产品适用性】创新产品与消费者行为及观念的吻合程度。

【冲动性购买】消费者瞬间突然感受到一种震撼、持续的催促驱力,要求其购买某样产品。它是一种快速且情绪化的经验,通常不会考虑行动的后果。冲动性购买特征在于:内在强而有力的自发性购买;兴奋矛盾及享乐的购物经验;不考虑后果。

【刺激—反应】一种心理行为理论。美国行为主义心理学的创始人华生,于1913年论述并建立。他指出,人类的复杂行为是其对受到刺激时所做出的反应。刺激来自于身体内部和体外环境两方面,而反应总是随着刺激而呈现的。从这一原理出发,市场营销"刺激"是指企业通过有目的的营销策划与安排,对购买者形成外部环境刺激,以诱导购买者产生购买动机,激发购买者行为"反应"。

【动机】促使人采取某种行动的内在驱动力,引起和维持个体行为。人们基于某种欲望而产生的心理冲动,也是直接驱动人们进行某种活动的内在动力。需要产生动机,动机支配人的行为。所谓需要,指人对一定客观事物需求的反应和表现,是人的思想与活动的基本动力,是形成行为的直接动因。需要的种类,从起源方面划分,可分为天然需要(如饥饿时对进食的需求)、社会需要(如对专业学习的需求);从对象方面划分,可分为物质需要和精神需要。消费者行为同样受消费者动机支配,而动机又是由需要产生的。因此对营销者来说,研究消费者需要、动机和行为模式,激发消费者的动机,引导消费者的行为,更有利于企业目标的实现。

【多因素综合评价】消费者选择商品或者服务时的心理判断标准。即消费者不是根据某一个标准,而是同时根据多个标准对购买方案做出综合性的评价。人们在购买一些高价商品时,总是要采用多个评价标准对购买方案做出评价。

【复杂购买行为】消费者在购买价格高昂、购买频率较低、不熟悉的产品时投入大量精力和时间的购买行为。其有两个特征:(1)产品的品牌差异大。(2)消费者的参与度较高。产生复杂购买行为时,消费者经历了从收集信息到形成态度再到产生偏好,最后做出慎重

的购买选择。企业应该了解消费者的购买行为,发展一些有针对性的营销策略,以帮助购买者学习有关产品类别及属性,了解它们之间的重要关系。

【感知】消费者对直接作用于器官的客观事物和现象的个别属性反应。包括个人感受、选择、组织和解释信息的心理过程。这一过程主要包括三个方面:(1)选择性注意。人们在接触众多信息中,只会选择那些少量与自己需要相关的或是刺激程度强烈的信息。(2)选择性曲解。人们在感知过程中,经常以"先入为主"的观念来解释信息。每个人总是根据自己的思维模式,将所获信息与自己的主观意愿整合在一起,产生曲解偏差。(3)选择性记忆。人们往往会淡忘接触过的大部分信息,而仅仅记住了那些形象生动、刺激强烈或是与自己意愿相符合的信息。

【高度参与购买】消费者对非常重要的,值得花费时间和精力仔细考察可供选择的产品的购买活动。

【个性】一个人心理上的特征,常以一种固定方式反映在行为上。包括人内在的性格倾向,最主要的是性格特征。一般谈到的个性包括外向和内向、乐观与悲观、活泼与文静等。每个消费者都有独特的个性,而消费者的个性会影响人们在购买时对产品类别以及品牌的选择。

【购后感受评价】消费者购买产品后对产品与服务的基本看法。消费者对已经购买的商品通过自己使用,或通过他人评估,对是否已满足自己预期需要的反馈做重新考虑,评判购买这一商品是否选择正确、符合要求等,从而形成感受与评价。一般表现为三种基本状态,即满意、基本满意和不满意。消

费者购后感受的评价,不仅直接决定着消费者本人是否愿意再次购买的动机和行为的形成,而且还会因其向周围人诉说意见,影响其购买决策,从而对企业的信誉和形象产生极大影响。它关系到企业、产品在市场上的兴衰命运。营销者对其产品的广告宣传必须实事求是,并及时改善经营,加强产品售后服务,以利于增强消费者购买使用后的满意程度。

【互补式评价】依据综合要素选择购买的方法。即消费者不是根据某几个因素决定取舍,也不是按照最低标准决定取舍,而是综合考虑商品的各个特性,取长补短,选择一个最满意的结果。

【黄金标准】一种潜在的假设的最高顶点,即消费者所想象的最好的东西。如果企业的品牌占据了黄金标准,它将隐含着一种优越的质量标准(这个质量标准包含产品质量标准、服务质量标准以及品牌综合形象感受)。

【家庭生活周期】以人口学资料为依据划分的家庭生活六个阶段。由于人在不同的生活阶段会有不同的需要和兴趣,这种划分对于确定某种商品或服务的需求层次是有意义的。一般地,家庭生活周期的六个阶段分别是:(1)单身阶段(Bachelor Stage);(2)无子女年轻夫妇(Young Married):财政宽松,消费高涨,耐用品需求强;(3)有六岁以下幼子的年轻夫妇(满巢,Full Nest);(4)有未成年子女的夫妇(满巢,Full Nest);(5)子女不在家中的年迈夫妇(空巢,Empty Nest);(6)年迈单身人士(孤独守巢,Sole Survivor),分为工作和退休两类。

【价格型消费心理】消费者根据价格高低选购商品的一种心理状态。具体可分为三类:(1)追求廉价商品。这类消费者一般收入水平较低,比较重视商品实际效用的大小,希望以较低的价格获得较大的满足,即"物美价廉"。(2)追求价格昂贵的商品。某些高收入的消费者,出于炫耀地位、身份、财富的需要,往往愿意购买和使用价格昂贵的商品。(3)追求一分价钱一分货。这类消费者购买价格高昂的商品并不是出于炫耀的心理,而是出于高价位的商品质量好的心理。

【间接参照群体】消费者的非成员群体,即此人不是其中的成员,但受其影响的一群人。可分为"向往群体"和"厌恶群体"。向往群体是指消费者推崇的群体或希望加入的集团,也称"仰慕团体"。人们经常羡慕某些人或团体,虽然自己目前还不能进入这些团体,但希望有一天能成为其中的一员。厌恶群体是指消费者讨厌的群体。一个人总是不愿意与厌恶群体发生任何联系,希望在各方面都与其保持一定距离,有时为了表示自己的厌恶甚至会反其道而行之。

【减少失调感的购买行为】消费者在购买产品时的介入度不高,但是在购买后容易产生后悔、遗憾。

【角色地位】个人在社会经济活动中的目标选择或者地位确定。每个人可能从属于许多群体并担任诸多角色。每种角色都伴随着一种社会地位。角色扮演反映了社会对个人的总评价,也反映了个人在社会阶层中所期望得到的肯定和认可。一般说来,角色的内涵是:(1)角色期望。即社会期望个人在其所处的社会位置上能表现出与其身份、地位相符合的一系列行为模式。(2)角色领悟。即个人根据自己的理解和感受,在主观上试图扮演某一认同角色所应有的行为模式。(3)角色实践。即承担某一角色的人,在现实生活中力求以实际行动表现出相应的行为特征。当消费者在做出购买选择时,往往会考虑自己所处的角色与地位。

【接纳】消费者接纳新产品、新时尚或新想法的过程。消费者只有经历了如下过程才会接纳它们:(1)认知。消费者首先要知道某个新产品的存在。(2)兴趣。广告和促销激起了消费者对该产品的兴趣。(3)评价。消费者根据自己的需要来评价该产品。(4)试用。消费者受到强烈的吸引,开始试用该产品。(5)接纳。消费者继续定期购买该产品。

【空巢家庭】子女长大成人并离家独立后,只留下年迈夫妇的家庭。空巢是家庭生活周期中的一个阶段,典型地表现为收入达到顶峰,住房费用、抚养孩子的费用都大幅下降;是旅游、休闲和体育活动产品的理想市场,还可以表现出对家用更新产品的购买力。空巢家庭的人又叫守巢人。当年迈夫妇中有一人去世后,会剩下一个孤独守巢人。

【理智型消费心理】消费者根据经验和商品知识持重、审慎地选择商品的一种心理。具有这种心理的消费者,往往有目的地搜集、了解、认识商品信息和消费信息,并借助知识和经验对消费品及消费方式加以鉴别和评价,以求得最大程度的满意,避免或减少消费后的遗憾。他们不易受消费风气变化等因素的影响,具有保护自身权益的自觉的、清醒的意识或心理。一般老年人多有此心理。

【连带外部效应】当一个人的需求直接受到其他消费者购买决定的影响时,就有了连带外部效应。连带外部效应可以是正的,也可以是负的。如果一名典型的消费者的商品需求量随着其他消费者购买数量的增加而增加,那么就存在着一个连带外部正效应。

【满巢家庭】有父母与正在成长的孩子的家庭。描述典型消费者家庭生活周期的术语。满巢家庭类型包括:满巢Ⅰ型,35岁以下,家中两个成年人(年轻夫妻),并有不满6岁的儿童。满巢Ⅱ型,35岁以下,家中两个成年人(年轻夫妻),最小孩子大于6岁。满巢Ⅲ型,35~64岁,家中两个成年人(中年夫妻),最小孩子大于6岁。迟延满巢,35~64岁,家中两个成年人(中年夫妻),最小孩子小于6岁。

【尼科西亚模式】描述消费者购买决策的一种模式。1966年由尼科西亚(Nicosia)在《消费者决策程序》一书中提出。该模式由四大部分组成:(1)从信息源到消费者态度,它包括企业和消费者两方面的态度。假设消费者无商品知识,完全依靠企业起推动作用,企业向消费者发出信息,消费者接受信息后,受到信息的影响并经过自己处理而形成对商品和服务态度的输出。(2)消费者对商品进行调查和评价,并且形成购买动机的输出。(3)消费者采取有效的决策行动。(4)行动的结果被消费者的大脑记忆下来,贮存起来,供以后参考或反馈给企业。尼科西亚模式比较严谨,简单明了,清晰易懂,对市场营销理论做出了贡献。但该模式未能对外界环境的影响作用进行说明。

【排除式评价】消费者购买过程中的心理行为。即消费者在选择商品时首先确定一个自己认为最起码的标准,根据这一标准排除那些不符合要求的商品,缩小评价范围;然后再对入选的商品确定一个最低标准,再把那些不符合最低标准的商品排除在外,依此类推,直到满意为止。

【评价模型】 消费者对不同品牌进行评价和选择的程序和方法。

【期望值】 对不确定事件的所有可能性结果的一个加权平均值,而权数正是每种结果发生的概率。假设,某一科技新产品参加发布会,该产品会被A厂家以8万元买断的可能性为40%,可以被B厂家以2万元买断进行后期开发的可能性为60%,这样该产品的期望值就是:期望值 = 8万元×40% + 2万元×60% = 4.4万元。期望值反映了总体趋势,即平均结果。在数理统计学中,期望值又叫数学期望,它往往涉及更多的可能性,所以要借助于电脑来完成计算。把期望值用于市场调研时,不管样本所对应的观察值如何,都计算一次,所以期望值就是平均值。

【求生者】 按照价值观和生活方式系统对人们进行分类后得到的一类人群。在市场调研中,调研专家用求生者指代生活在社会底层的"处境不佳者",他们绝望、压抑,认为自己被社会所抛弃。他们深知自己的处境,并对此深恶痛绝。我国尚没有研究机构提出类似的消费者分类。

【区隔市场】 在满足消费者需求的过程中,不断地与某一群特定对象进行对话,这一群特定的对象被称为区隔市场。区隔市场必须具备三个条件:(1)规模够大;(2)足够的共通性,该群体与其他群体存在明显的差异性;(3)必须能具体描述,诸如购买什么,为何购买等。

【认知】 个人选择、组织并解释信息的投入,以便创造一个有意义的万物图像的过程。它不但取决于物质刺激物的特征,而且还依赖于刺激物同周围环境的关系以及个人所处的状况。在消费者的购买行为中,总会受到认知的影响。对于同一刺激物,消费者一般会形成不同的认知,造成认知差异的原因有三个:选择性暴露、选择性扭曲和选择性保留。

【认知集合】 存在于消费者心智中的、特定产品类别的一个品牌集合。它由该产品类别所有品牌中消费者所知道的品牌组成。消费者在考虑选择商品过程中,绝大多数情况下,会从认知集合中选择或拒绝某些品牌作为备选方案,但不排除在特定购物环境中某个原先不知道的重要品牌进入认知集合,而后发展进入诱发集合,甚至选择集合。

【认知失调】 当消费者对某一商品的期望与该商品自身的性能之间有差距的时候,产生的不满足即为认知失调。由于消费者对商品的期望多来源于广告,因此只要广告陈述与商品的性能一致,这种差距自会缩小。向消费者提供保证、保单及售后服务,会使他们相信,任何对商品的不满都将被重视并使商品得到调整。这些所谓的承诺、服务会减少消费者的不满,弥补认知失调。

【社会性购买动机】 消费者生活在一定的社会环境之中,受到社会因素的影响,产生购买某些商品来满足社会性需要的购买动机。例如,购买衣被送到受洪涝、地震灾区支援受灾群众等的购买动机。

【审美观念】 亦称"审美观"。人们对某种事物的好坏、美丑、善恶的评价。包括对音乐、艺术、戏剧、舞蹈、形状、色彩等的欣赏与偏好。由于民族习俗、社会环境、教育水平、科技发展的差异,不同的国家、民族、性别、种族、宗教、阶层等,往往有不同的审美标准、审美意识、审美方法和审美习惯。审美观直接影响着人们对产品式样、规格、色彩、品种、装潢、包装等的选择。

【生理性购买动机】消费者为维持生理需要对基本生活资料所进行的购买行为。有了这些商品,人的生存才能有保障。实现这个目的的购买动机是人最基本的购买动机。包括维持生命动机、保护生命动机和延续后代动机等。

【习惯型消费心理】消费者出于习惯和经验而购买某种商品的一种心理状态。具有这种心理的消费者一旦形成习惯,就很难改变。他们一般长期购买和使用某一品牌的商品,是因为对该商品比较熟悉和满意而形成的习惯,并且一般不愿意尝试新的产品,怕存在风险成本和机会成本。

【习惯性的购买行为】购买某些简单商品时,由于商品价格低廉、品牌间差异性小,消费者的介入程度很低,并且会形成购买习惯。一般他们在购买某些常用品时,只是出于习惯性,而非出于对品牌的忠诚。

【相关群体】参见【参照群体】。

【消费革命】包括消费观念、消费心理、消费方式、消费文化、消费行为在内的消费模式的全面变革。新的历史时期,人们消费意识的成熟和消费观念的转化,使消费呈现多样化、层次化、个性化的特点。差异消费、个性消费、科技消费、绿色消费和休闲消费成为一种追求。消费者的忠诚度将日益下降,市场开发费用将日益提高,市场空间将日益扩大。营销环境的变化迫使营销理论界和企业界必须重新审视当前企业、竞争对手、消费者之间松散的、相互制衡的三角关系,迎接新的消费革命。

【消费竞争者】企业把提供不同产品,但目标消费者相同的企业看做消费竞争者。目标消费者相同的企业在消费结构方面会展开激烈的争夺。

【消费者采用过程】参见【采用过程】。

【消费者的冲突】消费者在购物过程中,有两个或两个以上的需求目标,且对消费者的诱发力大致相等,但方向却不相同的一种状态。表现出的冲突主要有三种情况:(1)消费者必须选择两个或两个以上的需求目标中的一个;(2)消费者不知如何从两个或两个以上的令人不愉快的需求目标中选择;(3)消费者不知如何从两个诱发力方向相反的需求目标中做出选择。在日常生活中,消费者经常会遇到此类冲突,从而缓解和减少这种冲突就是消费引导的重要任务之一。

【消费者定位】按照产品与某类消费者的生活形态和生活方式的关联作为定位。以劳斯莱斯为例,它不仅是一种交通工具,而且是英国富豪式生活方式的一种标志。成功运用消费者定位,可以将品牌个性化,从而树立独特的品牌形象和品牌个性。

【消费者分析评价能力】消费者依据一定的标准,分析判断产品的性能、质量,来判断产品价值大小的能力。许多消费者购买产品时,能积极主动地收集有关信息,清楚地了解产品的优点与缺点,特别是对一些新产品的性能、使用、保养方法等,能根据收集到的信息进行加工、综合,并及时、全面、准确地做出评价与判断。他们属于"高能力消费者"。某些消费者往往是等到大多数人都使用了以后才会购买,他们常常属于"随大流消费者"。消费者中的"革新者",偏爱复杂的充满信息的环境,比较倾向于冒险、尝试新产品 富有革新精神,搜索与购买有关的信息,逛新的零售便利店,具有比较强的评价能力。消费者中的"适应者",较少搜索新事物,喜欢安全的、经过尝试和检验的产品,一般只对他们已知的并且信任的产品感兴趣,常常缺乏评价能力的锻炼。

【消费者感知辨别能力】消费者对产品式样、质量、材料、价格等商品要素有基本的识别、了解的能力。是消费行为的先导。消费者首先对产品有一个初步的印象,在消费过程中会去寻找、了解,并进一步做出分析判断。不同的消费者在速度、准确度和敏锐度上都会有一定的差异,即使对同一种产品,也会表现出不同的洞察能力。当消费者决定购买某种产品后,要根据自己的实际需要和现有条件进行选择。在选择过程中,消费者会有意识、有目的地收看电视中的广告,向亲朋好友了解有关情况,注意观察比较不同牌号产品之间的质量、性能、外观、价格等方面的不同。这一过程中,消费者会集中自己全部的注意,刻意地寻找发现自己期望、需要的一切。

【消费者个体】"消费者群体"的对称。即独立的消费者个人。

【消费者群体】"消费者个体"的对称。具有某种共同特征的若干消费者的集合。消费者分群通常根据人口统计因素如年龄、性别、职业、收入等,以及心理和行为因素如消费者愿望、兴趣、习惯、实际消费状况等进行划分。按年龄的不同,可以分为儿童消费者群体、青年消费者群体、中年消费者群体和老年消费者群体;按性别的不同可以分为女性消费者群体和男性消费者群体。具有类似特征的消费者群体在购买行为、心理特征及消费习惯等方面有许多共同之处。

【消费者剩余】就是消费者愿意为某一商品支付的价格与消费者在购买该商品时实际支付的价格之间的差额。

【消费者素描】参见【消费者形象描述】。

【消费者预期】消费者在心理上对未来市场供求及价格变动等因素的预计性判断。消费者预期行为对市场需求变动和产品定价具有强化反馈的意义。

【消费资格】某些相关法规或能力要求对购买限制的状态。多数情况下,大部分消费品是不存在消费资格限制的,只有少数产品例外。

【效用函数】描述消费者所期望的产品满足感随产品属性的不同而有所变化的函数关系。

【协调型购买行为】在购买与消费过程中不断调整心理的购买行为。对于品牌差异不大的产品,消费者不经常购买,而购买时又有一定的风险,故消费者一般要比较、看货,只要价格公道、购买方便、机会合适,最后会决定购买;购买以后,也许会感到有些不协调或不够满意,在使用过程中,会了解更多情况,并寻求种种理由来减轻、化解这种不协调,以证明自己的购买决定是正确的消费者购买行为类型。

【心理因素】消费者的自身心理活

动表现。包括需求、动机、经验、态度、个性等。不同消费者,其消费心理并不相同,且与每个消费者的社会地位、受教育的程度、个人的生活水平和消费能力等因素直接相关。

【需求障碍】 一切有碍正常需求的行为表现。包括思想认识、价值观念、经营环境等。

【选择型消费心理】 消费者在购买和使用商品时希望有多种选择机会的心理。一般消费者都有这种消费心理,他们希望在同类商品或是相互替代的商品之间存在多种选择机会,可以在商品的式样、花色、款式、价格等方面有所比较,从而可以选择自己满意的商品。一般情况下消费者希望在相同价格水平条件下,可以选择质量最好、性能最优的商品。

【选择性需求】 消费者依其偏好对特定品牌、式样或性能产品而产生的较其他产品更强的需求。具有选择性需求的消费者在购买商品之前,已经确定了所购商品的某些特征,在选择过程中也可能产生用有相近特征的同类商品来替代。导致选择性需求的主要原因是产品差异性和可鉴别度大。此外,有些内部差异难以鉴别的产品,通过广告宣传等手段说明其差异,亦会导致选择性需求。

【学习】 人类通过后天实践、累积经验而引起的思维与行为的改变。人类的学习过程是由驱使力、刺激、诱因、提示、反应和强化等多种因素相互作用的结果。就消费者购买决策的全过程来说,消费者经过多方收集有关信息之后,所做出的购买决策过程本身就是一个学习过程。消费者对产品的消费和使用同样是一个学习过程。营销者可

以通过把产品与强烈的驱使力联系起来,利用刺激性的诱因,提供重复、强化等手段,促进消费者对产品的需要程度。

【学习行为】 人们由后天的经验所导致的行为和态度。人们除了少数由本能反应所产生的行为外,绝大多数行为都是受后天经验的影响而形成的。学习行为是在人们对动机驱使做出反应时产生的,多数购买者决策都是对现时体验和以往经验做出反应的结果。企业营销的产品应该是能够使消费者比较容易产生购买动机的产品,企业还应该通过各种途径,采取各种办法使消费者认知和接触到相关产品,并通过强化作用增强消费者对企业产品的信赖。当企业进入国外新市场时,要注意观察竞争对手在诱发消费者购买动机和提供刺激物方面的特点,并采取相应的策略措施,或者满足消费者不同的动机,或者提供更强烈的刺激物,促使消费者购买本企业的产品。

【意见领袖】 经常通过言谈或实例影响他人购买行为的人。意见领袖通常较一般的消费者更多地接触包括大众传媒在内的各种沟通渠道,更多地参与社会活动,因而他们消息灵通并且能广泛地施加影响。他们有着较高的社会地位、受过良好的教育但又平均地分布在各个社会阶层。

【有限性决策】 亦称"有限性问题解决"。消费者购买决策的一种。在有些情况下,顾客做出一项购买决策前,可能已经有了相关经验或者知识,但并不熟悉,需要做出有限的努力,同时会有一定程度的风险。调研人员喜欢用一个连续的过程来描绘顾客每次做出一个决策所必需的努力程度。其一端

是习惯性决策,另一端是扩展性决策,许多决策落在中间区域,被措述为有限性决策过程,即是实际上确定解决问题方案的过程。参见【习惯性决策】。

【诱发集合】亦称"考虑集合"(Consideration Set)。存在于消费者心智中的特定产品类别的一个品牌集合。消费者在考虑选择商品过程中,某些品牌是被积极考虑的备选方案。消费者考虑选择商品时的备选品牌分成三个集合:诱发集合、惰性集合、无能集合。在选购高度介入产品时,这和集合分隔会很明显地存在;而在购买低度介入产品时,如牙膏、饼干等便利品时,这种集合分隔就不太明显。诱发集合由那些存在于记忆中的可恢复集合的品牌和那些在购物环境中重要的品牌组成。

【早期大多数】消费者分类方法。对新产品的接受速度比革新消费者、早期使用者慢,比晚期大多数、迟滞者快的消费者群体。在新产品的推广研究中,有人提出了一种消费者分类法,其分类标准是采用革新产品的速度。其中,"早期大多数"约占总消费群体的34%。

【早期使用者】消费者分类中较早接受并使用新产品的消费者群体。他们对新产品的接受速度仅次于革新消费者。在新产品的推广研究中,有人提出了一种消费者分类法,其分类标准是采用革新产品的速度。其中,"早期使用者"约占总消费群体的13.5%。

【知觉示意图】借鉴于心理学,用来帮助市场经营者了解市场结构的技巧。消费者根据对象(企业、商品、品牌)特性、价格以及实际或想象价值,可以将对象树立起某个明确形象(如品牌形象)。上述认识过程明确后,可以将对象在图表中表示出来。对象在图中位置越接近,说明二者的竞争越大。在调查中,如果能识别出所谓"理想"对象的特征,那么某个被测对象位置离该点越近,该对象在市场上可能比其他竞争对手更有优势,图中的距离表示潜在的市场机遇。知觉示意图可以从不同的分析方法导出。事实上,在运用知觉示意图对品牌进行分析时,形成的就是品牌定位图。

【直接参照群体】亦称"成员群体"。某人所属的群体或与其有直接关系的群体。成员群体又分为首要群体和次要群体两种。

【中性】无显著性别特征的、男女皆适用的服饰、发式等。传统衣着规范强调两性角色的扮演。男性需表现出稳健、庄重、力量的阳刚之美;女性则应该带有贤淑、温柔、轻灵的阴柔之美。男性借以扮演角色的服装道具有西服、领带、硬领衬衫等;富有女性特色的服饰则有裙子、高跟皮鞋、丝袜、文胸等。20世纪初,风起云涌的女权运动为中性服饰的流行扫清了一道路障。盛行于20世纪60~70年代的"嬉皮风貌"将中性装扮推向高潮。20世纪80年代初,留着长长的波浪型发式,穿花衬衫、紧身喇叭牛仔裤,提着进口录音机的国内青年曾被视为社会的不良分子,成为各种漫画嘲讽的题材。20世纪90年代末,中性成了流行中的宠儿。社会也越来越无法以职业对两性做出明确的角色定位。T恤衫、牛仔装、低腰裤被认为是中性服装;黑白灰是中性色彩;染发、短发是中性发式等。中性在人们的变化中将更为活跃。

【重度消费者】在市场中占有大量销售额的市场细分群体。帕累托原理认为,比例不高的消费群体消费了比例很高的产品,他们是产品的高获利消费者。不是所有的市场中都有明确的集中买主,但如果市场中确有这样的重度消费者群体存在,也就没有多大必要向其他消费群体做大量直接营销工作了。

【属性权重】消费者对产品有关属性所赋予的不同的重要性权数。

【属性特征】对研究或者评价对象的定性特点的统称。定性特点要求保持相对稳定和长期的一致性。如性别是消费者的属性特征,而"具体年龄"就不是,它是一个变量,但是"年龄层"可以是消费者的属性特征。属性特征对消费者具有指导意义,如香味、口感、咖啡因含量及价格是速溶咖啡的主要属性特征;口感、颜色、味道、咸度及结构成分则是鸡汤的属性特征。营销者尽力用产品属性来描述其产品:速溶咖啡具有"新鲜过滤咖啡之芳香",而鸡汤则"味浓且含固状物"或者"像妈妈亲手熬制的"。不同消费者对某一商品属性特征中所重视的内容有所不同。向不同消费者传递与之相适应的产品属性特征,是营销技巧的一个组成部分。

【专家型消费】消费者在整个消费过程中的消费专业化倾向。是我国经济体制变革的必然产物。过剩经济意味着商品的丰富和多元化,在这种状况下,消费者的角色也相应发生了变化,从被配给到自由选择,从自由选择到精于选择。企业必须致力于在同类产品中保持领先的专业水准,并且树立自己的专业形象。只有具有专业形象,才能实现与专家型消费者有效沟通。真诚对待消费者,产品宣传中的任何疏漏或欺骗都有可能导致消费者的抛弃甚至愤怒。在产品上市之前,企业应该在说明书里对产品提供完整、准确的解说,以免误导消费者从而引发诉讼。

第八篇　形象营销

【形象】社会公众,包括企业员工对企业的整体印象和评价,以及由此产生的特有的期望。企业形象通常由企业的品牌、商品、员工、服务、经营管理、购物环境、公共关系、社会影响等综合形成。建立零售企业的良好形象是一个长期的系统工程,必须依靠全体员工的共同努力才能达到。

【企业形象】亦称"企业识别"、"企业形象识别"。通常缩写为"CI"。常常用"CI 战略"、"CI 系统"、"CI 设计"等来通称。不同专家从各自学科的角度有不同理解。代表性观点包括:个性形象学说、形象传播学说、企业革新说、文化战略说等。核心思想是:企业对自身的理念文化、行为方式及视觉识别进行系统的革新、统一的传播,以塑造出富有个性的企业形象,获得内外公众组织认同。基本特点包括:(1)差别化。企业形象的差别不仅体现在企业的视觉标识上,而且表现在企业的产品、经营宗旨、目标及企业风格、企业文化和企业战略上。(2)标准化。企业形象必须在企业整体上得到贯彻执行,并实施标准化的管理,如标准字、标准色的使用都有严格的规范。(3)传播性。企业形象必然借助各种媒体和渠道进行传播,使企业得到社会的认同,从而达到企业实施 CI 的目的。(4)系统性。企业形象战略,是一项涉及面广泛的系统工程,需要整体推进、全面实施,而且各个子系统要相互协调、互相促进。(5)战略性。企业必须把 CI 作为一种长期战略来实施,因为它深入到企业的"灵魂"(即企业文化),它代表企业未来发展方向,是企业发展的目标。企业形象建立在两个重要的基础上:(1)建立在企业对社会和公众所做的贡献并

为社会所认同的基础上,包括企业的标志、注册商标、产品设计、产品质量、装潢和广告,以及各种附属印刷品的设计。所有这些,都可以使人们对企业产生一种可以信赖的印象。(2)建立在职工是否与企业荣辱与共,关心企业经营和效益,珍视企业信誉的基础上。即企业必须使企业职工在工作中产生和企业同命运的信念,并且能够在统一价值观念的基础上团结一致,创造出宽松舒畅的工作环境,发挥每一个职工的创新意识和才能,不断推出新产品,扩大企业的社会影响。目前,现代企业对自己的形象已进入到一种精心设计、全面贯彻的阶段。即三大识别系统共同构成了企业形象的构成要素。它们是理念识别(Mind Identity)、行为识别(Behavior Identity)和视觉识别(Visual Identity)。这三个子系统共同构成企业整体识别系统,即企业识别。企业形象的提出和应用可以追溯到第一次世界大战前。第二次世界大战后,国际经济复苏,工商企业发展,各行各业的营运范围日益扩大,企业经营指向多角化、国际化的远大目标,需要建立一套统一化、组织化、整体化、层次化的形象识别系统,以传达正确的企业经营宗旨、经营战略、经营行为、经营形式等信息,通过精心设计的企业视觉形象识别,建立起既显示企业主体意识,又具有独特理念、独特行为和独特形象的具有差异性风貌的企业形象,CI 开始被企业所重视。1950 年美国国际商用机器公司率先全面导入 CI 计划,将产品识别标志和企业识别标志两者统一起来,经过设计师精心构思设计的蓝色标志 IBM,成为电脑世界的最著名厂商,被称为"蓝色巨人"。20 世纪 80 年代末,CI 开始

为我国企业所认识和应用。广东太阳神集团公司曾经是我国 CI 的先驱者。杭州娃哈哈集团公司、青岛海尔集团公司是 CI 的成功典范。

【企业形象定位】亦称"形象定位"。企业目前在公众中是什么样的形象，而企业又希望给公众一种什么样的形象的塑造与培育。有效的形象营销是建立在准确的形象定位基础之上的。它主要包括：（1）外在企业形象。一个企业在本企业人员以外的公众心目中，主要是在顾客、社区居民和政府公务人员心目中所留下的印象。社会公众一般不会去对一个企业做长期和全面的观察和研究，而只是就他们和企业发生关系的那个方面去认识企业，并形成关于该企业的形象。和企业发生关系并形成企业印象的社会公众类别，大致可分成三类：①顾客，使用企业产品或享受企业服务的人和团体；②企业所在社区的居民与组织，即企业能与之发生相互作用的个人和团体；③政府中的各级公务员，看企业是否能正确处理企业利益和国家利益的关系。企业应该在与每一类公众的交互作用中，都贯彻一致的经营理念，并在其指导下统一行为，那就会在社会公众中有效传达其定位，获得大家的认可。（2）内在企业形象。企业形象的塑造首先要从企业内部去塑造，尤其是要从员工的内心世界去塑造。这就要求企业的经营者要把企业的经营理念化为员工的内心追求，形成一致的价值观。在这种企业精神推动下的企业，才能珍视企业形象，让自己的行为融于企业的整体定位之中。任何一个企业的员工，一方面会对企业形象加以反映和评价；另一方面，它自身也是企业形象的一个有机组成部分。

企业在塑造企业形象、进行企业形象定位时，尤其要注重企业内在形象，它需要通过企业自我完善和自我管理，通过企业精神的培育和企业素质的提高来达到。

【企业自觉形象】企业根据自身特点，有意识地进行塑造和传播扩散，在社会公众中树立起来的形象。通过自觉的形象塑造和传播，企业克服缺点和不足，发挥优点和长处，既能够促进自身的发展，又能够树立起良好的形象。所以，自觉的形象是企业对自在形象的认识、改造和升华，它使企业跳出自我封闭的空间，走向更广阔的市场，让社会公众了解、认识并评价自己，再依据社会公众信息不断调整和改善自己的形象，从而得到社会各方面的信任和支持。企业自觉地进行形象塑造，是选择自己、设计自己、引导自己、发展自己的有效方式。

【企业自在形象】与企业同时诞生、同时发展的自然而然存在的形象。是一种无意识、非自觉的企业形象。正由于它是非自觉的，所以很大程度上不能成为完整的良好的企业形象，不能通过传播而成为社会公众眼中的良好形象。

【形象竞争力】保障企业在相当长时期内获得竞争优势的自身内在形象和外在形象。形象竞争力是企业的无形资产，它具有偷不去、买不来、拆不开、带不走、流不掉、变不了等特征。企业形象最早源于 1914 年的德国。我国企业导入的第一个成功案例是 1988 年广东省东莞市黄岗保健饮料厂实施的 CIS 战略。目前，市场竞争已经由单纯的质量和价格竞争逐步转化为形象竞争，这是社会经济高度发展成熟的一个特征。因此,企业越是保持并且展示自己与众不同的独特个性和形象,就越能获得成功。

【形象思维原理】 在对客观事物感性形象认识的基础上,通过意象、联想、想象等思维形式来揭示客观对象的本质及其运动规律的思维方式的原理。此说由我国著名科学家钱学森创立。1984 年,他在《关于思维科学》一文中指出:"形象思维学属思维科学的基础科学。建立形象思维学要通过研究语言和识别图形。"它的方法主要有心理学方法、语言学方法和生理学方法等等。形象思维的作用有:(1)营销策划的工具。形象思维发展到现在,已经渗透到市场营销管理活动的一切领域、一切方面。它不再仅仅研究产品艺术设计中的形象思维,还要研究营销观念、营销战略、营销决策以及市场设计、产品开发、品牌塑造、技术发明、质量创新中的形象思维。(2)营销管理人员素质的重要组成部分。形象思维是一种能力、一种技巧,是企业宝贵的无形资产。(3)知识营销的主要特征。知识经济的兴起,使形象思维地位发生了重大变化,它不再局限于研究指导生产艺术创作的规律,还研究市场营销过程形象思维的具体机制、模型,为信息技术、生物工程等高科技开发提供理论根据。形象思维策划的要点包括:(1)心理形态。在市场营销管理活动过程中,人们对企业形象、产品形象、品牌形象等,都有个心理定位。肯定什么,反对什么,追求什么,都有特定的想象与认识。营销策划如何去把握人们形象思维的心理形态,是营销管理人员的基本责任。(2)机制和过程。客观物体在大脑中形成映象有一个复杂的机制。这就要求人

们善于进行形象的观察、比较、选择和提炼,科学地设计、策划企业形象和产品形象。(3)形象思维与形象识别理论的融合。自从 20 世纪 80 年代以来,形象识别系统在中国市场得到普及。企业通过理念识别、活动识别、视觉识别等形象识别系统,产生了巨大的形象竞争力。从一定意义上说,形象识别是运用形象思维的一种实践。正确使用形象思维,可以大大提高企业的形象塑造效果。(4)形象思维与市场创新。在高科技快速发展的条件下,信息识别、发明创造、人工智能等领域的进一步的开发与完善,给市场带来了重大的创新。

【营销形象设计】 "企业形象设计"在营销策划中的应用,运用企业设计理论与方法,强化经营理念、行为识别、视觉识别的功能组合,以提升企业的形象力,增强企业市场竞争力。企业要在竞争中取胜,必须全面系统地实施形象营销策略,灵活地塑造经营理念、行为识别、视觉识别,并且采取广告、公关、现场会、电视等方式和渠道,将企业形象准确、快速、有效地传播出去。企业形象营销的根本是不断创新,向社会提供优质产品或服务。营销形象设计的意义是:(1)将企业形象作为营销管理的关键环节,有利于塑造企业的市场形象;(2)不断深化形象营销主题,有利于提高企业的市场竞争力;(3)科学进行市场形象培育,有利于促进全社会的市场进步。营销形象设计,是专家推动型的高级营销管理活动。其特点是专家往往富有丰富的经验,使形象营销能高起点、高水平地进行。同时专家所主持的专业公司在形象营销设计时有许多操作技巧与方式,能辅佐企业更好地推动经营管理活动,大幅提升企业员工的

相关知识水平。这是自我启动型形象营销所做不到的。专家推动型的缺点是专家对于企业资源配置状况、产品开发状况和市场运作状况等问题了解有限，得出的创意方案不一定切合实际，这需要专家与企业充分"互动"，多沟通多相互学习。另外，由于合作有一定期限，形象营销实施出现的新问题必须由企业自己解决。

【口碑营销】通过口碑实现营销目标的市场行为。口碑巨大的可信性、促销力，已经使企业坚信"信息传播，口碑第一"，"好口碑才是效力最好的广告形式"。同类产品，对于广告宣传和朋友推荐的品牌，消费者容易对朋友推荐的产品产生认知度、信任度，会主动选择和接受它。如果企业在营销产品的过程中巧妙地利用口碑的作用，必定会达到很多常规广告所不能达到的效果，降低市场运营费用。《口碑营销》一书的作者伊曼纽尔·罗森认为："口碑是关于品牌的所有评述，是关于某个特定产品、服务或公司的所有的人们口头交流的总和。"口碑营销在具体的应用上，应注意针对市场环境和产品发展的阶段，结合其他营销方式进行。其关键是要找准意见领袖，并与顾客建立良好的互动合作关系。意见领袖一般都是某方面的专家，他们热心主动、关注外部事物，对新事物接受能力较强，而且社交广泛。企业只要依据产品所处品类市场的具体情况，找出意见领袖，然后对这些顾客进行针对性营销，利用他们的影响力劝说更多的人购买产品。

【CI】参见【企业形象】。

【CI策划规则】企业形象策划的规则。从CI策划角度要求，企业形象应是企业在观众眼中的一幅画，必须通过策划、实施、传播，将企业身份向员工、消费者、社会公众传递而产生视觉和心理的效果。基于这种要求，CI策划应有如下几个步骤：(1)界定企业身份。企业身份是企业历史的战略的积累，由所有权、技术性质、目标、观念、战略、员工、领导者人格等组成。(2)进行企业形象定位。这是对企业形象的创意，也就是将企业身份用富有个性的、准确的、鲜明生动的语言表达出来，并以此作为塑造企业形象的依据。(3)建立企业识别系统。根据企业实际，导入CI策划，从表层视觉形象直到深层经营理念都进行系统规划，建立从经营宗旨、发展战略、组织体系、市场策略、公共关系、广告行销到人员素质全方位的综合治理的系统工程。其中，企业理念识别是识别系统的灵魂和原动力，是塑造完美企业形象的关键；行为识别是理念识别的执行系统；视觉识别是反映理念识别和行为识别的标识系统。这三者构成完整的CI系统。(4)开展企业传播活动。企业传播是将企业身份转变为企业形象的过程。它是通过传播载体将企业身份及识别标志，向传播对象进行信息传递来实现的。传播载体包括企业自办的快讯、动态、刊物，员工及各种类型的活动、会议等；企业外部电视台、广播电台、报纸、期刊、大型社会活动、公共场所广告等。传播对象主要有员工、股东、各地分公司、国外合资公司、消费者、购销商、政府、社区、银行等。(5)做好企业形象的反馈与评价工作。企业的传播对象是多种多样的，所有的传播对象都将从企业传播出来的各种信息中形成对企业的看法。企业要能够比较准确地掌握公众看法，就要建立企业形象反馈系统，通过反馈系统将各种不同的信息汇集起来,加以归类分析,做出结论。然后将结论与企业实际情况进行对比,查明企业形象是有助于还是有阻于公司目标的实现。如果企业的实际状况比企业形象要好,那就意味着存在传播的问题;如果企业的实际状况和企业形象相吻合,那就意味着企业的发展战略和企业形象策划是成功的。不论哪种情况都要写出评价报告,提出利于企业发展的意见和建议,通过企业形象再塑造,将企业推向一个新的发展阶段。

【CI设计】参见【企业形象】。

【CI系统】参见【企业形象】。

【CI战略】参见【企业形象】。

【VI】Visual Identity 的缩写,通译为视觉识别,是CIS系统中最具传播力和感染力的层面。人们所感知的外部信息,有83%是通过视觉通道到达人们心智的。也就是说,视觉是人们接受外部信息的最重要和最主要的通道。企业形象的视觉识别,即是将CI的非可视内容转化为静态的视觉识别符号,以无比丰富的多样的应用形式,在最为广泛的层面上,进行最直接的传播。

【标志】代表企业形象或特征的具有某种意义的图案或符号。作为某一品牌商品象征性符号或图案的标志由来已久,只不过在当代受到了营销广告界的特别重视。品牌对商品有多重要,标志对品牌就有多重要。厂商在推出品牌时,也推出了象征这一品牌的标志。

【产品形象】企业产品在一定社会群体中的总的印象。它包含着企业文化、经营战略与设计理念、制造水平等方面,是企业形象在产品上的体现,包括产品整体设计、产品质量、产品包装、产品宣传、产品售后服务等产品形象,同时它也是产品品牌、企业知名度、销售网络机制、产品市场占有率等综合因素的直接反映。在一定意义上,产品形象就代表了企业形象。在竞争日趋激烈的现代市场,企业要获得市场的一席之地、打开产品销路,就必须从树立产品形象着手,提高产品质量,亮出产品风格,打出产品特色,保持网络通畅,搞好售后服务。

【产品形象设计】为实现企业的总体形象目标而进行的产品形象塑造。它是以产品设计为核心而展开的系统形象设计。需要将产品形象系统的各项要素(包括企业文化取向、经营战略思想、产品设计理念、视觉形象要素等)整合考虑,通过对产品的功能、结构、造型、材料、色彩、加工工艺等进行一系列统一的策划、统一设计,形成统一的包含产品内在品质的视觉感官形象。形态是营造形象的一个重要方面,主要通过产品造型的尺度、形状、比例及其相互之间的构成关系营造出一定的产品氛围,使人产生夸张、含蓄、趣味、愉悦、轻松、神秘等不同的心理情绪,使消费者产生某种心理体验,让用户产生亲切感、成就感,从而建立起一定的产品形象。精致的细节关系处理,能体现产品的优异品质、精湛工艺;通过产品整体造型关系、局部典型造型等来体现某一产品的等级和与众不同;在电器类、机械类及手工工具类产品设计中造型语义还可以表达出安全性象征意义,浑然饱满的整体形态、工艺精细的构造、细节的处理都会给人以心理上的安全感,合理的尺寸、避免错误操作的防故障设计等会给人以生理上的安全感。

【公益营销】通过举办或借助公益

慈善活动与消费者拉近距离从而为企业树立良好的形象。借此来影响消费者,并使其对企业的产品或服务产生偏好,以促使其做出购买决策时优选本企业产品或服务。公益营销主要是通过对消费者、社会的关心,加强与目标群体的关系,提升企业知名度,取得公众的支持和信任,以企业形象去带动产品形象的提升。

【客情形象】合作双方在对方心目中的合作价值形象,它决定了对合作伙伴的选择。一个好的品牌虽然可以为经销商树立自身形象发挥一定的促进作用,却不是经销商自我形象的本身。经销商可以选择这个品牌,也可以选择那个品牌,这种选择能力来自于经销商自身的企业形象与营销实力。反之对厂商而言,选择经销商的能力取决于其自身的品牌形象与产品的可销程度和获利能力。只有当这二者互为重视,并有可能互为依赖、共同发展时,才能达成统一,结为同盟。

【理念识别】参见【企业理念识别】。

【连锁企业识别系统】通过统一的企业形象的识别系统来构筑市场营销优势。代表性企业包括美国的"肯德基"、英国的"马狮集团"、中国香港的"7—11"方便连锁店等。(1)运用视觉设计,将企业经营理念与精神文化等特色予以视觉化、规范化、系统化。(2)塑造鲜明、独特、诚实可信的企业形象,取得消费者和社会公众对企业的信赖与支持。(3)统一企业形象识别系统。工作重点是:统一的店铺装潢设计,统一的店号、商标和服务标志,统一的商品类别、规格和包装,统一的服务程序和标准,统一的店堂布局和陈列,统一的

广告促销、营业设施和设备等。(4)强化连锁经营的整分结合、集中与分散相统一的"协同效应",提高企业的知名度。(5)研究消费者的"注意力",在商品、服务、环境等企业形象方面培养忠诚顾客。(6)创造"无差别服务"氛围,让消费者在同一店名的连锁系统,享受到同样的服务。

【绿色形象】企业应认识到绿色需求已经形成,社会已在积极倡导绿色消费,绿色营销必将成为营销中的核心和亮点,也必将成为企业兴衰成败的关键因素。长期以来,我国企业开展的是粗放式经营,忽视保护消费者的长远利益、生态环境和社会利益,导致环境恶化。绿色营销要求企业在经营决策时,综合考虑消费者的近期需求和长远利益、企业利益和社会利益、有形利益和无形利益,并以此观念策划市场营销,使企业既考虑社会和消费者长远利益,又适应社会和消费者观念变换,变被动为主动,开展长视野的营利性经济活动,并得以持续生存和发展。这样可使企业在公众中树立良好的绿色形象,有效地获取广大消费者的信赖与支持,扩大企业的绿色影响。

【名人背书】亦称"名人证言"。让一个名人使用某品牌(产品),或者为某品牌(产品)做广告,通过名人的影响力提高品牌或产品的竞争力。如果名人选择得合适,往往可以把该名人称为品牌代言人、产品代言人、形象代言人等。

【名人证言】参见【名人背书】。

【品牌形象】消费者对某一品牌的总体印象和判断。企业根据自己的优势、产品或服务的特点、消费者需求、市场状况等因素,确立起品牌核心价值和品牌文化要素,然后以品牌核心价值和

品牌文化为指导,设计品牌标志、选择品牌名称组合、定义品牌属性、制订品牌传播方案,通过执行品牌管理的各项职能,让企业所预设的品牌形象进入目标消费者心中。形象是消费者经过一段时间通过处理不同来源的信息所形成的有关对象的一个总体感知。品牌形象代表了消费者对品牌的总体感知,是依据消费者有关品牌的推断形成的。这种推断基于外部的刺激或想象,是消费者从经验中形成的对产品的信念。这是品牌形象的本质。

【品牌形象创意】"品牌形象"观念是20世纪60年代中期由美国著名的广告人大卫·奥格威所倡导的。他认为,每一则广告都应该从产品的长远考虑,为每一产品及品牌发展,投射一种生动、美好的形象,并使这一形象传达给所有的顾客,使顾客在购买产品的同时,也享用这种品牌形象所赋予的各种乐趣,即物质、心理上的需求满足。广告设计者在广告中赋予产品何种形象,消费者就会自然而然地根据这种形象去理解这个产品。

【品牌形象代言】亦即以形象代言的方式传达品牌独特、鲜明的个性主张,使产品得以与目标消费群建立某种联系,顺利进入消费者的生活和视野,达到与之心灵的深层沟通,并在其心中树立某种印象和地位,使品牌变成一个有意义的带有附加价值的符码。它通过一定的媒介或载体传播诉诸目标受众,从而在品牌如云的市场中树立和打造个性化的品牌形象。

【品牌延伸】亦称"品牌延伸策略"、"产品线扩展"。品牌策略用语。在已有相当知名度与市场影响力的品牌的基础上,将成名品牌运用到新产品和服务上,以期减少新产品进入市场风险的一种策略。它可以增加新产品的可接受性,减少消费行为的风险性,提高促销性开支使用效率,满足消费者多样性需要。一般可以分为显性延伸和隐性延伸。传统意义上的延伸,是产品到产品之间的延伸,属于显性延伸,如海尔延伸非常明显。隐性延伸是主品牌与子品牌关系没有那么密切、那么明显,但还是有一些联系,是公司品牌向产品品牌的延伸。影响品牌延伸效果的要素有:(1)品牌的可延伸性;(2)延伸产品与核心品牌的相似性;(3)品牌可转移的资产;(4)延伸产品的营销环境以及企业的因素。

【品牌专业权威形象策略】一种极具扩张性、竞争性和飞跃性的形象策略。一般为那些在某一行业占据领先地位的企业所采用,以突出该品牌的权威度,提高消费者的信任度。

【企业标志】通过造型简单、意义明确的统一标准的视觉符号,将经营理念、企业文化、经营内容、企业规模、产品特性等要素,传递给社会公众,使之识别和认同企业的图案和文字。企业标志是视觉形象的核心,它构成企业形象的基本特征,体现企业内在素质。企业标志不仅是调动所有视觉要素的主导力量,也是整合所有视觉要素的中心,更是社会大众认同企业品牌的代表。企业标志的基本特征是:(1)识别性。识别性是企业标志的基本功能。通过整体规划和设计的视觉符号,必须具有独特的个性和强烈的冲击力。(2)领导性。标志的领导地位是企业经营理念和经营活动的集中表现,贯穿和应用于企业的所有相关的活动中,不仅具有权威性,而且还体现在视觉要素的一体化和多样性上,其他视觉要素都以标志构成整体为中心而展开。(3)同一性。只有企业的经营内容或企业的实态与外部象征——企业标志一致时,才有可能获得社会大众的一致认同。(4)造型性。企业标志设计表现的题材和形式丰富多彩,如用汉字设计商标,标志要利用汉字的字形、字义、字音以及集形、义、音为一体的特点,掌握具体的字面特征与形体结构,运用形式美法则设计出既具意象美、形式美,又符合现代造型特征,切合主题的内涵的标志。(5)延展性。标志图形要针对印刷方式、制作工艺技术、材料质地和应用项目的不同,采用多种对应性和延展性变体设计,以产生切合、适宜的效果与表现。(6)系统性。企业标志一旦确定,随之就应展开标志的精致化作业,其中包括标志与其他基本设计要素的组合规定。企业标志设计不仅仅是一个图案设计,而且是要创造出一个具有商业价值的符号,并兼有艺术欣赏价值。标志图案是形象化的艺术概括。设计师须以自己的审美方式,用生动具体的感性形象去描述它、表现它,使标志主题思想深化,从而达到准确传递企业信息的目的。

【企业公共新闻】指对一个企业的建立、维持、发展和完善其形象的新近发生的事实的报道。其职能主要是:(1)加强企业与公众之间的沟通和理解;(2)矫正企业在社会公众心目中的不利、失真的形象;(3)扩大企业的社会知名度、美誉度,提升企业的整体形象。

【企业理念识别】简称 MI。亦称"理念识别"。整个企业经营管理的指导思想、进取精神和行为准则。包括企业使命、企业精神、企业哲学、行为准则和道德规范等。CI 的核心。一个企业,如果其企业使命不正确,企业精神面貌委靡不振,企业经营哲学就是赚钱第一,是很难树立起令公众产生好感的企业形象的。理念识别应该具有鲜明的特色,体现出企业的内在本质,并且能够用比较确切的文字和语言描述出来。获取利润是企业的经营目的,但不是唯一甚至第一的目的。随着社会的进步发展,在实现社会目标的前提下获取最大利润的观念已为更多的企业所接受。不同的企业从各自不同的企业使命出发,融进自身行业和产业的独特性,提炼和确定自己的经营理念,既明示了企业为之奋斗的目标,也确定了企业的业务宗旨,有助于在公众中树立良好的企业形象。

【企业识别】参见【企业形象】。

【企业形象广告】企业向公众展示企业实力、社会责任感和使命感的广告。通过同消费者和广告受众进行深层的交流,增强企业的知名度和美誉度,产生对企业及其产品的信赖感。形象广告基本上可以分为:(1)展示企业规模和实力的广告,比如白沙集团的"我心飞翔"的电视广告;(2)公益广告;(3)活动类广告,借助企业的某项活动,如以周年庆典、赞助活动、会议展览、重要促销等来展示公司的形象。

【企业形象色彩识别】企业用象征自己特征的色彩(即企业标准色)达成识别。色彩能造成差别,色彩能引发联想,色彩能渲染环境。海尔集团用"海尔蓝"作为标准色,体现空调、冰箱、冷柜等家电产品的功能特征和产品形象;同样,美的集团用蓝色调表现美的空调、风扇等家电产品形象和企业形象,给人以美感。而生产口服液的"太阳神"，则是用红、黑、白三种强烈对比的色彩，形成反差，表现热情欢乐、健康向上的企业精神、产品形象和经营理念。

【企业形象识别】 参见【企业形象】。

【企业形象图像识别】 企业用象征本企业特色的图形，如标志、标准字体、标准色等图案，形象达到识别的目的。世界名牌标志，它们都具有以下特点：造型简洁、明快、个性强；寓意明确，避免歧义；色彩鲜明，易记，容易引起联想。比如麦当劳的大写"M"标志，健力宝的体操健儿的运动特征标志，海尔集团的英文标准字和儿童吉祥物，科龙的象征前卫性、科技感标志等。

【企业形象语言识别】 企业用象征本企业特征的语言，包括企业精神口号、企业产品广告语、企业制度宣传语等，达到识别的目的。其中，最富魅力、最具鼓动意义的是企业精神口号语，国外称之"关键语"（Keyword），即用简练的语言来表达企业形象，测定某种象征行为，代表企业的思想、精神。例如"IBM就是服务"。海尔的"真诚到永远"，长虹的"以民族昌盛，振兴民族经济为己任"等。

【汽车模特】 简称"车模"。在汽车展销中起陪衬作用的女模特。1391年在法国第一次出现了"Model"（模特）一词。1886年，德国人卡尔·本茨和戴姆勒发明了汽车以后，模特一词不知不觉地便和汽车联系在一起。车模是要表现车，不是展示自我，主要以形体动作融会以艺术的立体表演形式，并通过气质、装束、造型、语言、表演、创意及汽车知识表现等方面来体现汽车的品位和用途。汽车模特所展示的是一种与汽车相关联的文化概念，更趋句于间接

和抽象，并且表现形式是多种多样的。1985年我国在北京举办了首届中国国际汽车博览会。1993年在北京的汽车展览会上，"香车美女"的概念终于由西方引入中国。"汽车模特"从此为中国汽车博览会增添了一道亮丽的风景，同时在某种程度上推动了中国车展业和中国汽车工业的发展。

【日本型CI战略】 明确认知企业理念与企业文化的形象设计活动。它侧重于改革企业理念与经营方针，整个CI策划是以企业理念为核心开发的。在注重视觉美感的同时，还着重于从企业理念、企业行为等方面对企业进行综合性的重新检讨，整理企业各项问题，从整体的经营思想、企业定位、价值取向、企业道德入手来规范员工行为，带动生产，创造利润。

【商标形象】 形象营销中，商标往往处于特殊的地位。特别是著名商标，有强烈的传播力与冲击力。通过商标形象，可以带动企业形象和品牌形象的提升。如上海冠生园（集团）总公司拥有"大白兔"、"天厨"、"佛手"、"华佗"、"沙利文"等著名商标、品牌，为了充分利用这些无形资产，总公司分别将其组建成独立的品牌公司，效果极其显著。

【商业街形象设计】 商业街的建设是现代城市的形象工程。商业街既是消费者的购物中心，又是作为特大中心城市的标志性地段来设计的。形象设计包括：（1）环境美的设计。环境美包括区域环境美、街道环境美、店堂环境美等方面，也包括自然生态美、人造景观美以及传统美与现代美等方面。比如，商业街的雕塑、喷泉、草地、花坛等等。由于"夜生活"发展，商业街的"灯光美"受到普遍关注。夜晚的车行道

灯,人行道灯,广场灯,地灯,草坪灯,喷泉灯,树池灯等各种颜色的灯使得商业街流光溢彩。(2)建筑美的设计。商业街的建筑美包括设计美、材料美、装饰美、效果美、组合美,使消费者在购物活动中得到美的享受。(3)商业美的设计。商业街姓"商",商业美必须为"商"服务。商业美的设计,包括商业氛围、商业规模、商业时尚、商业流行、商业资源等等方面。(4)文化美的设计。商业文化是综合的文化现象,包括产品文化(服饰文化、饮食文化)、品牌文化、消费文化等等。文化美既是历史的积累,又是现实的创造。

【**视觉识别系统**】企业形象的、富有感染力的识别系统。其包括企业名称、企业品牌标志、标准字、标准色、企业象征图案、企业口号、服饰、吉祥物,以及事务用品、办公用具、建筑外观、交通工具、包装、展示、广告等。视觉识别系统并非简单的视觉表现手段,它是建立在视觉传播理论、视觉传达设计和视觉传播媒体控制管理基础上的一项系统的科学的传播工程。将企业的信息概括、提炼、抽象并顺利转换成企业视觉符号,是整个传播工程的关键。

【**消费品橱窗**】以商店临街的橱窗或商店内的橱窗为媒体的一种消费品广告宣传形式。橱窗通过巧妙的构思,精美的设计,综合运用各种道具、模型、模特、衬景,悬挂、陈列商品图样或实物。橱窗可分为特定橱窗、专业橱窗、联合橱窗、混合橱窗等。它可以宣传商品,提高消费品知名度;加深消费者对消费品的认识,建立消费者偏好;保持消费者对产品的记忆,稳定市场;还可以美化城市,是体现城市文明的一个窗口。

【**形象大使**】被选定以自身的影响力为社会公益活动或企业及其产品在公众中树立良好形象而进行各种活动的人。

【**形象定位**】在产品质量、价格、服务水准、经营方针、管理水平、员工素质、办事效率、商标名称和办公设施等形象要素中,挑选最具生气的局部形象进行强化和放大,突出个性,以争取公众的指定选择。其具体内容包括:(1)在多面体中突出一面。形象定位首先得决定在形象的多面体中究竟突出哪一面。这要考虑自身、竞争对手、目标公众三极的综合平衡。衡量的标准是:既能体现自身特色,又与目标公众有互补性,还具有竞争对手的不可替代性。(2)形象符号。形成目标公众认同的符号标志。(3)形象宣传。对最具生气的一面进行强化和放大,不仅要考虑到"现实存在",还得考虑到"可能存在"。(4)追求知名度。它是形象定位追求的目标。需要注意两个关键步骤:①要确立对竞争对手的相对优势;②将相对优势转化为向公众承诺的利益。

【**营销形象设计体系**】形象识别系统构成要素。一般认为,企业形象识别系统的基本构成要素,主要由三部分构成:一是企业理念识别;二是企业行为识别;三是企业视觉识别。(1)企业理念识别设计。企业理念识别是企业在长期运作过程中形成的并为员工们所认同和接受的价值观念、精神境界和理想追求的发育、完善和成熟的标志。企业理念是企业的灵魂。具有正确的价值观念、良好的精神境界和崇高的理想追求的企业,才能充满生气、活力并超群出众。(2)企业行为识别设计。在CIS的基本构成中,企业的行为识别

（BI）是企业整体形象的动态识别形式。它规范企业内部的组织、管理、教育以及与社会的一切活动，因而是企业理念的具体化和系统化，也是 CIS 构成的主体。企业行为识别设计包括内部设计和外部设计：内部设计主要包括干部教育、员工教育（服务态度、营销技巧、接待礼仪及工作精神等）、工作环境、职工福利和研究发展项目等领域的识别设计；外部设计包括市场调查与预测、产品开发推广、公共关系、促销活动、流通对策、商务代理及公益文化活动等环节的识别设计。（3）企业视觉识别设计。企业的视觉识别是企业的整体形象的静态识别符号系统，它是企业全部经营理念和行为规范的集中反映，是企业理念识别和行为识别的具体化与视觉化

的传达形式，它属于 CIS 构成中的物化信息传达与表征系统。企业的视觉识别设计一般分为基本要素体系和应用要素体系两个层面。

【营业商标】亦称"厂标"。用生产或经营企业的名称或标记作为商标。使用这种商标容易使同一厂家生产的商品统一质量、建立市场信誉。营业商标的优点是与厂名、店名相统一，便于记忆与呼叫，但其大都局限于一些有悠久历史和传统的老企业。

【自我营销】一种由个人或者团体作为主体参加的展示性活动。个人或者团体通过自我介绍履历表等形式手段，采用包括惊奇性、创意性、幽默性等策略，展示自我形象、人品以及情感，以达到个人或团体预期目的的活动。

第九篇 关系营销

【关系】人和人或人和事物之间的某种性质的联系。在社会学上，关系是随着人类社会的诞生而出现，随着社会发展而发展的。营销实践是建立在非常简单的哲学基础即（商业）交换关系的相互满足之上的。关系营销则更进一步认为企业与顾客是一个命运共同体，在经济利益上是相关和联系在一起的，建立、保持并发展与顾客之间的长期关系是企业经营中的核心理念和最重要的内容。企业应当向顾客在平等的基础上建立互利互惠的伙伴关系，保持与顾客的密切联系，认真听取他们提出的各种建议，关心他们的命运，了解他们存在的问题和面临的机会，通过提高顾客在购买和消费中的产品价值、服务价值、人员价值及形象价值，降低顾客的货币成本、时间成本、精力成本及体力成本，从而更大程度地满足顾客的价值需求，让顾客在购买和消费中得到更多的享受和满意。

【关系营销】与顾客建立长期合作、互利互惠关系的营销方式。建立在交易基础上的营销。市场营销者与顾客、分销商、经销商、供应商等建立、保持并加强合作关系，并通过互利交换及共同履行诺言，使各方实现各自市场营销目的。基本要求是，为关系方提供长期承诺和优质产品，良好服务和公平价格，以及加强经济、技术和社会各方面联系等来实现。达到节约交易的时间和成本，使市场营销宗旨从追求每一笔交易利润最大化转向追求各方利益关系的最大化。关系营销包括两个基本点：（1）在宏观上，认识到市场营销会对范围很广的一系列领域产生影响，包括顾客市场、劳动力市场、供应商市场、内部市场及利益相关者市场。（2）在微观

上，认识到企业与顾客相互关系的性质在不断改变，市场营销的核心从交易转到了关系。在这些观念的支持下，关系营销主张把客户关系作为企业营销的根本。关系营销以系统论为基本指导思想，将企业置于社会经济大环境中来考察其市场营销活动，认为企业营销乃是一个与消费者、竞争者、供应商、分销商、政府机构和社会组织发生互动作用的过程，正确处理与个人、组织的关系是企业营销的核心，是企业成败的关键。关系营销将建立与发展同相关个人及组织的关系作为企业市场营销的关键变量，把握住了现代市场竞争的特点，被西方舆论界视为是"对传统营销理论的一次革命"。

【人际关系】社会公众中人与人之间的关系。是影响人力资源开发的重要因素。和谐的人际关系，有利于满足人们心理和交往的需要，有利于发挥人们的积极性和创造性。"人际关系"一词于1918年首次出现在美国的报刊上。有关人际关系的系统研究是从著名的霍桑实验开始的。霍桑实验以后，在美国形成了人际关系学派。从此，"人际关系"一词开始被广泛应用于经营管理和人力资源开发领域。影响人际关系密切程度的因素有：（1）距离远近。人与人之间在地理位置上越接近，越容易发生人际交互关系，相互建立紧密的联系。（2）交往频率。相互交往、接触次数越多，越容易形成密切关系。（3）观念的相似性。人与人之间有着共同理想、信念、价值观和人生观，对某些问题的看法、观点相同或相似，则比较容易形成密切关系。（4）兴趣爱好的一致性。兴趣爱好相同的人在一起不仅有共同语言，而且有广泛的交往基础。

【公共关系】亦称"公众关系"。某一组织为改善与社会公众的关系，促进公众对组织的认识、理解及支持，达到树立良好组织形象、促进商品销售的目的的一系列促销活动。工商企业必须与其周围的各种内部、外部公众建立良好的关系。它是一种状态，任何一个企业或个人都处于某种公共关系状态之中。它又是一种活动，当一个工商企业或个人有意识地、自觉地采取措施去改善自己的公共关系状态时，就是在从事公共关系活动。公共关系的基本职能包括：评估社会公众的态度，确认与公众利益相符合的个人或组织的政策与程序，拟定并执行各种行动方案，以争取社会公众的理解与接受。公共关系的对象很广，包括消费者、新闻媒体、政府、业务伙伴等，公共关系被用来促进品牌、产品人员、地点、构思、活动、各种组织机构甚至国家关系。它强调为了本组织的长远利益而采取真诚服务于公众利益的原则，通过有计划的长期努力和传播沟通，树立良好组织形象，达到组织与内外公众的信息沟通，实现公众对本组织的理解、支持与合作。菲利浦·科特勒在他著的《营销管理》一书中定义道："公众是对公司达到其目标的能力具有实际的或潜在的兴趣或影响力的任何一组群体。公共关系包括用来推广或保护一个公司形象或它的个别产品的各种设计与计划。"公众有促进或阻碍企业达到其目标的能力，一个聪明的企业应采取具体的步骤来管理与它有关的关键公众的关系。大多数企业有一个公共关系部来策划它们的关系。公关部门监视组织的种种公众关系，发布信息，以建立良好信誉，并且向管理者提出咨询意见，建议采用积极方案并消除有问题的活动，从而在第一时间就不让负面公共宣传出现。主要工作程序包括：（1）其着眼点，是在社会公众中树立良好的企业形象与产品形象。（2）其工作对象，不单纯是企业产品的购买者而是各种社会关系。（3）其基本方针是着眼于长远打算、着手于平时努力。（4）注重运用现代信息的沟通理论、方法和形式去实现企业与社会公众之间的双向沟通。（5）基本原则是真诚合作、互利互惠。公共关系的特点包括：（1）公关活动不是一种直接的促销，因此消费者不易产生抵触情绪。（2）公关活动面对的受众一般要比广告的受众更加广泛，所以其影响力比较深远。（3）公关活动一般不是直接地宣传企业的商品或服务，而是宣传企业的形象，改善公众对企业的态度，所以它对商品的促销作用是间接的。（4）公关活动以真诚合作、平等互利、共同发展为基本原则。公共关系以一定的利益关系为基础，这就决定了主客双方必须均有诚意、平等互利，并且要协调、兼顾企业利益和公共利益。（5）公共关系是一种长期活动。公共关系着手于平时努力，着眼于长期打算。

【共生营销】由两个或两个以上的企业联合起来开发一个营销机会的企业行为。它充分借用双方的优势，并进行营销配套组合，优化消费结构，以产生"1＋1＞2"的效应，从而使品牌在竞争中实现"双赢"。

【合作营销】亦称"联合营销"、"协同营销"。厂商之间通过共同分担营销费用，协同进行营销传播、品牌建设、产品促销等方面的营销活动，以达到共享营销资源、巩固营销网络目标的一种营销理念和方式。合作营销的最大好处是可以使联合体内的各成员以较少费用获得较大的营销效果,有时还能达到单独营销无法达到的目的。合作营销的研究,最早由艾德勒1966年在《哈佛商业评论》上提出,合作营销指的是两个或两个以上的品牌或企业,为了实现资源的优势互补,增强市场开拓、渗透与竞争能力,达成了长期或短期的合作联盟关系,共同开发和利用市场机会。一般认为,通常所说的品牌合作(Co-Branding)、品牌联盟(Brand Alliances)、协同营销(Joint Marketing)和共生营销(Symbiotic Marketing)等都基本和合作营销是同一概念。合作营销大约有三种形式:(1)水平合作营销。企业在某一特定营销活动内容上的平行合作。如两个企业在开发某一新产品上通力合作,或者在对产品的广告和促销上进行合作,或者互相为对方产品提供销售渠道等。水平合作最有可能在同行业的企业中展开。(2)垂直合作营销。即企业在不同的营销活动内容上的合作。企业分别承担某一营销活动,最终组成合作优势。(3)交叉合作营销。即两个企业的综合,主要在不同行业的企业之间进行。随着企业多角化战略的不断应用,这种交叉合作已越来越为企业所喜好。交叉合作又被称为全方位合作或全面合作,它在国际营销中的重要性将受到更高的重视。同传统营销方式比较,其特征在于:(1)合作营销的核心是建设性的伙伴关系,通过与经销商、供应商甚至竞争者的合作来更好地满足顾客需要,企业之间的关系既有合作又有竞争。(2)在合作过程中,合作双方保持各自实体上的独立性。合作营销过程中的合作并不是指合作各方在企业整体层面的共同运作,

仅限于成员企业各职能的跨组织合作,合作各方仍保持各自实体上的独立性。(3)合作营销范围广泛。一个企业可以根据实际需要同产业链甚至产业链以外的多家企业建立合作营销关系,以涉及不同的行业和地域。企业在运用合作营销时,要在营销观念、营销目标、营销手段、合作程度、参与人员、环境因素等方面体现出与传统营销方式的不同。

【关系喜好】以个人喜好决定关系建立或者维持的基础。喜欢就是认同、接受和购买的强大理由,它会超过理性。通常情况下,吸引人的外表、相似的经历或兴趣,以及真诚的称赞和接触,都会加深人们对彼此的喜好。人们的喜好做为影响力被厂商广泛地利用,如会员制促销即是通过一些活动,营造一种相互认同的组织氛围,最终达到促进销售的目的。

【影响者关系营销策略】通过改善与企业有直接或者间接关系的社会群体利益状态的策略安排。关系营销,需要正确处理企业的社会责任和正确处理与政府、社区以及其他公众之间的关系。影响者关系营销策略通常可借助公共关系模式来实施。(1)宣传型公共关系模式。包括举办展览会、经验和技术交流会、座谈会、新闻报道、专题通讯、记者专访、记者招待会等,即企业运用大众媒介和内部沟通方法,开展宣传工作,树立良好的企业形象。(2)服务型公共关系模式。即企业通过向公众提供各种形式的实惠服务,强化企业信誉和形象,使消费者得到最大限度的满足。(3)社会型公共关系模式。即企业利用举办各种社会性、公益性、赞助性活动,塑造企业形象,扩大企业的社会影响,提高企业社会声誉,赢得公众的

支持。(4)交际型公共关系模式。即企业在人际交往中开展公共关系工作。目的是通过人与人的直接接触，进行感情上的联络，为企业广结良缘，建立广泛的社会关系网络，形成有利于企业发展的人际环境。(5)征询型公共关系模式。即以采集信息为主，目的是了解民情、民意，了解社会舆论，为企业的决策者提供咨询，保持企业与社会环境之间的动态平衡。

【垂直合作营销】企业在不同的营销活动内容上的合作。企业分别承担某一营销活动，最终组成合作优势。

【地区联盟战略】位于同一地区的各类企业为了获得发展的有利的地区商业环境而进行的联盟。这种联盟可以吸引其他地区流动性的社会购买力。促进本地区经济繁荣，从而带动本地区企业的发展。

【防御型公关策略】企业为了预防和减少不利的营销环境因素的影响，而开展的针对性较强的公共关系策略。需要尽快利用公共关系，以发挥收集信息和监督环境的职能，弄清情况，查明原因，然后对症下药，开展有针对性的防御性公共关系活动；同时，还要及时调整营销组织的结构和经营方式，以适应外部环境的变化，更好地满足社会公众的要求。

【公共关系策略】企业利用各种传播媒介与公众搞好关系，以树立企业及其产品的良好形象的方针。要搞好公共关系，就必须在进入市场之前，了解该市场的社会信仰、态度和价值观。进入市场后，企业力图在广大公众中树立起良好的形象，如为公共事业捐款、赞助市政和文化教育事业的发展、与当地的舆论界搞好关系等。

【公共关系促销】企业为促进产品的销售而通过各种公共关系采用非直接付费方式所进行的宣传活动。常用的方法有一般新闻报道、社会公益活动、提供各种社会服务等。公共关系促销可以低于广告的代价而对社会和公众心理产生较强的影响。建立公共关系的步骤一般为：(1)制定公关目标、明确公关努力的方向；(2)选择公关主题及载体(公关主题要服从企业整体的营销战略)；(3)执行公关计划；(4)评估销售与利润方面的效果。

【公共关系对象】公共关系工作目标。可以分为外部公众和内部公众。外部公众是指企业外部的消费者、中间商、政府和社团等公众；内部公众则主要指股东、员工及其家属等。(1)消费者。消费者是最为重要的公众之一。他们是现代市场营销活动的核心。针对消费者的营销公关活动包括：通过大众媒介向消费者提供新产品上市、商品使用和价格变动等企业信息；正确处理消费者的抱怨，消除由于抱怨引起的对企业的不良态度和看法；通过各种使消费者感受得到的存在给予他们购买的信心和保证；向消费者提供教育与咨询服务，培养他们新的消费方式。(2)中间商。包括供货商、经销商以及商品销售渠道中的其他中间环节。良好的中间商关系，是增强企业商品流通能力的保证。对中间商的营销公关活动主要有：增强本企业对供货商、经销商的了解；帮助中间商了解本企业的营销宗旨和营销能力，增强它们对企业的信心，提高它们与本企业合作的积极性；通过中间商改善与最终顾客的交流。由于很多企业是通过中间环节间接地与最终顾客发生联系的，他们对企业的认识是模糊的,所以企业必须通过中间商以及相关的公关手段,增强与最终顾客之间的交流,改善与最终顾客的关系。(3)企业外部的其他公众。主要包括政府的有关机构、社区及新闻专媒,以及对企业营销有影响的社会事业团体等。企业开展外部的公关工作重点包括:提高企业的形象。企业通过运用各种传播手段广泛地宣传自己各方面的工作成就,让公众对本企业有深入的了解。当公众对企业产生某种误解时,还要积极慎重地做各种解释工作,同时根据公众的看法调整改进自己的工作;加强企业的外部联系。企业通过与外部公众的良好沟通,与社会各界、政府部门和社区等建立广泛的横向联系,争取尽可能多的支持和帮助;推动产品销售。企业通过广泛的外部联系,疏通各类分销渠道,扩大产品的销售。(4)企业内部的公众。包括企业的股东、员工及其家属。一个企业要实现自己的营销目标,必须获得企业内部全体员工的理解、支持,并为之努力。企业内部公关的重点主要包括:建立企业共同的价值观念,即让全体股东和员工了解企业应该追求什么,并为之付出什么;创造良好的人事环境,就是要创造一种使全体员工都能够充分发展,树立自尊和积极参与企业及社会各项活动的环境;培养融洽的工作气氛,就是在企业的工作空间内创造良好的人际工作关系,形成一个和谐、合作和富有亲切感的工作气氛。

【公共关系模式】公共关系工作的方法系统,是由一定的公共关系目标和任务,以及这种目标和任务所决定的数种具体方法和技巧构成的有机体系。公共关系模式具有明显的对应性特征,仅适用于特定的公共关系和公共关系任务。

【沟通】人们进行的思想或情况交流,以此取得彼此了解、信任和建立良好的人际关系的活动;同时,沟通又是保证人们在共同活动中协调一致的基础。一切组织的存在与发展都必须以成员间的沟通为基础,只要是两个人以上在一起共同活动,就需要沟通的手段来保证他们的动作协调一致。管理就是要使沟通规范、有序地进行,以保证管理体系的运行处于各部门协调互动的良性发展中。根据沟通的功能、方式、渠道和方向的不同,可以把沟通分为不同的类型。从沟通的功能看,可以分为工具沟通和情感沟通;从沟通的方式看,可以分为口头沟通和书面沟通;从沟通的渠道看,可以分为正式沟通和非正式沟通;从沟通的方向看,可以分为下行沟通、上行沟通和平行沟通。此外,根据沟通是否存在着反馈,又可以把它分为单向沟通和双向沟通。不同类型的管理系统对沟通方式的要求是不同的,管理者应当根据自己所处系统的性质、规模和活动内容,采用经济高效的沟通方式。

【顾客个人信息】顾客在学习、生活、工作和社会交往过程中所产生的资料。诸如姓名、性别、出生时间、血型、身高、体重、职业、职务、收入状况、婚姻状况、健康状况、生活经历、存款证明、房产证、私家车牌号、身份证号、通讯地址、联系电话、传真、电子信箱、购物偏好等等。营销活动越来越依赖顾客私人信息的获得和利用。

【关系短缺】关系作为一种资源常常发生"短缺"的情况。人们需要进行各种各样的感情投资,来建立和维持某种关系。

【关系功利】人际关系的建立与维

持是依据一定的价值观进行选择的结果。对于那些对自己来说是值得的，或得大于失的交往，人们就倾向于建立和保持，而对于那些对自己来说不值得的，或失大于得的交往，人们就倾向于逃避，疏远或终止。市场活动中，人们都趋于获利或贪利，许多厂商正是利用了消费者这种贪图小利的心理，诱使消费者心动，从而购买、多买或提前购买，因为利益的诱惑可能使人在一定的氛围中失去正常的判断。人们这种社会交换的功利本质，也适用于厂商与中间商之间建立和维持持久、稳定的商业伙伴关系，即需要让中间商感受到与厂商交往所能获得的利益，以及比其他合作伙伴更大的利益。当然，这种利益包括了短期的经济利益和长期的综合利益。

【关系互惠】人际关系的基础是人与人之间的相互重视、相互支持，并且存在一定的利益关联。任何人都不会无缘无故地接纳对方，承认他们的价值，或对他们起支持作用。商场的促销人员以优质的服务，真诚的微笑表达对顾客的关心和体贴，顾客自然也会被这种具有亲和力的服务所吸引，或者留下良好的印象；而服务质量低劣、表情呆滞的促销人员给顾客留下较差的印象，顾客自然想要疏远、逃离。

【关系权益】顾客与品牌相连接后，超出对商品本身价值的主客观评价。影响关系权益的子因素是忠诚、特殊识别和处理、社区建立以及知识建立。当个人关系很重要时，以及当顾客出于习惯或惯性倾向与供应商交流时，关系权益就显得特别重要。

【关系网】一种特殊的人际关系形式。有两层含义：(1)通俗意义上讲，指社会生活中的个体为了其自身的利益或与之有关的小团体的利益，而与他人结成的隐秘的无特定组织形式的相互作用的人际关系网络。(2)社会学意义上的术语，是用来研究和揭示社会结构中的个体之间以何种方式相互联系，相互交往，相互沟通，以及这种个体关系网络对社会结构的构成的影响。还包括个体之间遵循怎样的原则形成关系网络，以及他们如何加强、减弱或改善这种人际关系网络。关系网的构成包括小范围人际关系网和大范围人际关系网，前者人与人之间关系较为亲密，后者则在感情上缺乏亲密性。良好的人际关系网络，有助于人与人之间感情的交流，能满足个体心理上交往的需要，对于促进人际间互动和个体发展都有积极的意义。

【合伙型营销】参见**【关系营销】**。

【合争】融合"合作"与"竞争"于一体，以实现"双赢"的竞争观。要求产业中的相关企业在共同创造一个市场时合作，而在进行市场分配时竞争。由于"合争"的特殊意义，许多 MBA 学院大都开设"合争"的课程，系统介绍"合争"的理论与实践。

【合资开发产品联盟】以合资企业的方式同其他企业建立伙伴关系，共同进行产品的开发和生产的合作方式。合资开发联盟是一个具有自身地位和管理结构的全新实体，它也是新公司不可避免的经营和战略方面的问题。联盟一般都以 50∶50 的股权式合资。

【合作博弈】各博弈方能达成某种有约束力的契约或默契，以选择共同的策略，此种博弈就是合作博弈，能够使资源使用合理化、最大化。

【合作营销 PRAM 模式】合作营销是追求合作双方共同的、长期的利益,合作必须是互利的、长期的。因此,企业在考虑开展合作营销时,必须对由此产生的后果有正确的评估;而且,合作双方都应有足够的诚意,以共同利益为重,不能仅仅把眼光盯在自身利益上。企业在开展合作营销时,应经过计划(Plan)、关系(Relationship)、协议(Agreement)、维持(Maintenance)四个步骤,一般称之为PRAM模式。(1)计划。制定双赢式合作营销计划需要企业首先搞清楚供应商、经销商以及竞争对手为什么愿意和自己合作,如何才能使对方愿意与自己合作,即要找出双方共同利益所在。(2)关系。建立双赢式合作营销关系,这种双赢式关系要建立在一种相互信任的基础上,使彼此都相信对方能通力合作,实现双方共同的目标。企业要采取一系列措施赢得对方的信任。企业一定要尽量从对方的角度考虑问题,按照既定计划,在既对对方有利又不损害自己重大利益的前提下来赢得对方的信任,借以培养和巩固这种相互之间的信赖感,然后才进行正式的事务协商。(3)协议。建立双赢式合作营销协议,即通过前面两步,企业在明确双方目标并取得对方信任,从而初步建立起合作关系的基础上,把这种合作关系固定下来,使双方能真正成为长期稳定的合作伙伴。由于双方不可避免地存在着利益冲突,因而建立协议也就是要努力协调不一致的地方,找到双方都可以接受的双赢协议方案。(4)维持。维持双赢式营销,只有协议是不够的,重要的是把协议内容付诸实施。要把这种合作营销关系长期维持下去,双方才能真正由此获利。

【合作愿意度】由先验合作意愿与调节合作意愿两部分构成,它是群体各成员对先验合作意愿的偏好,表明某次博弈的合作意愿度是各成员对先验合作意愿和博弈历史信息的折中。

【横向联盟战略】经营相同或类似产品和服务的企业为了获取规模经济效益而进行的联盟。这种联盟可以更加充分地挖掘各个企业的生产能力和管理能力。

【建设型公关】组织的初创时期,或某一产品、服务刚刚问世的时候,以提高知名度为主要目标的公关活动。这时组织的形象尚不确定,产品的形象也没有在公众的头脑中留下什么印象。此时公关策略应当是以正面传播为主,争取以较大的气势,形成良好的"第一印象"。从公众心理学的角度讲,就是争取一个好的"首因效应"。其常用的手段包括:开业庆典、剪彩活动、落成仪式、新产品发布、演示、试用、派送等等。

【交叉合作营销】合作营销的一种形式。水平合作营销与垂直合作营销主要是在同一行业的企业之间进行,而交叉合作是两者的综合,主要在不同行业的企业之间进行。随着企业多元化战略的不断应用,这种交叉合作已越来越为企业所喜好。交叉合作又被称为全方位合作或全面合作,它在国际营销中将受到企业的更多重视。

【矫正型公关策略】社会组织公共关系状态严重失调,组织形象受到严重损害时所进行的一系列活动。社会组织要及时进行调查研究,查明原因,采取措施,做好善后工作,平息风波,以求逐步稳定舆论,挽回影响,重塑组织形象。在开展这一策略时,首先应取得新闻媒体的理解,通过举行记者招待会或新闻发布会等形式,利用新闻媒介来传播正确的信息,以恢复企业应有的形象。其次要开诚布公地向社会公众说明事实的真相，甚至敞开大门让公众走进来监督，重新了解和认识企业。

【经济关系】人们在生产劳动过程中所形成的社会关系，核心是经济利益关系。

【竞合】在竞争中追求合作，最终达到"双赢"的营销理念。所谓"双赢"，就是要把传统的企业之间非赢即输、针锋相对的关系，改变为更具合作性、共同为谋求更大利益而努力的关系。竞合理念认为，当竞争利益相关双方都从竞争的角度出发进行自己的决策时，最终结果可能是"共输"。反过来，只有当双方都抱着一种合作与信任的心态共同处理一件难题时，才能实现最终的"双赢"。"竞争者"一词有碍于正确理解参与者的相互作用，它使人们仅仅想到双方的激烈竞争，却忽略了双方也可以携手合作。而既竞争又合作才是博弈论所追求的均衡状态——全新的互惠互利型合作竞争。由此可以得出结论，企业界中的大多数竞争都属于博弈竞争，都存在着共同将市场做大的可能性，也都存在着共享利益的愿望。

【利益相关者】企业在市场营销活动中与之发生关系，并相互影响的社会活动的主体。它主要包括：最终顾客、供应商、分销商、内部员工、政府部门、合作者、竞争者、新闻单位以及社会公众。企业与利益相关者之间关系的好坏会在很大程度上影响到其目标市场营销活动的成败。

【零和效应】营销活动中，参与者有输有赢，一方所赢正是另一方所输，该活动的总成绩永远为零。零和效应所以广受关注，主要是因为人们在社会的方方面面都能发现与"零和效应"相类似的局面，胜利者的光荣后面往往隐藏着失败者的辛酸和苦涩。"零和效应"观念正逐渐被"双赢"观念所取代。"利己"不一定要建立在"损人"的基础上。通过有效合作皆大欢喜的结局是可能出现的。但从"零和效应"走向"双赢"，要求各方面要有真诚合作的精神和勇气，在合作中不要小聪明，不要总想占别人的小便宜，要遵守游戏规则，否则"双赢"的局面就不可能出现，最终吃亏的还是合作者自己。

【内部营销】从事内部营销调研、内部市场细分和营销组合策略等营销技术和方法运用于企业内部来实现员工满意，是以人为本的具体体现的一系列活动。内部营销理论建立在如下假设框架内：满意的员工产生满意的客户，要想赢得客户满意，首先要让员工满意；只有满意的员工才可能以更高的效率和效益为外部客户提供更加优质的服务，并最终使外部客户感到满意。满意的员工产生满意的客户，是内部营销的基本前提。内部营销的对象是企业内部员工，目的是通过吸引、保留和激励员工，开发员工的服务理念和客户意识，以满意的员工来实现企业外部客户的满意，从而获得企业竞争优势。

【品牌关系价值】建立、保持并发展某一品牌与顾客的长期关系的投入和由此给顾客与企业所带来的利益所体现的价值。在品牌竞争时代，建立与发展顾客关系需要很大的投入，这种投入一部分进入品牌的成本价值，另一部分则形成品牌的关系价值。例如为保持老顾客所进行的跟踪调查、走访费用等。更重要的是，这种顾客关系一旦建立起来，又能给企业和顾客带来一定的好处。

【企业内部公众】企业内部全体员工。包括领导（董事长）、经理、管理人员、职工。企业内部公共关系的目标是关系和谐。这些和谐包括：(1)股东之间的和谐；(2)股东与企业业务领导的和谐；(3)企业领导之间的和谐；(4)企业领导和职工的和谐；(5)企业各部门之间的和谐。

【契约关系】不以意思的达成一致为要素，而以一定事实过程的完成为要素而形成的契约关系。

【水平合作营销】合作营销的一种形式。企业在某一特定营销活动内容上的平行合作。如两个企业在开发某一新产品上通力合作，或者在对产品的广告和促销上进行合作，或者互相为对方产品提供销售渠道等。水平合作最有可能在同行业的企业中展开。

【态度】一个人对人和物所持有的评价。人们几乎对于所有的事物都持有态度，其导致人们对同一事物产生好感或者恶感，同时也会使人们对于相似的事物产生相当一致的行为。人们由此就没有必要对每一个事物都以新的方式做出解释和反应，态度就可以节省精力和脑力。态度一旦形成也就不易改变。一个人的态度会在很大程度上影响他的购买决策。

【拓展型公关策略】企业为提高自身及其产品的知名度和美誉度，或为推销新产品、开拓新市场等目的而开展的公共关系活动，可采取召开记者招待会或新闻发布会，举办大型的展览会、展销会或演示会，还可以开展一些品尝、试穿、试用、试销等活动。一方面利用新闻媒介扩大广告宣传，另一方面利用声势大、信息强，能给公众留下深刻印象的各种促销措施，以吸引经销商和广大消费者，为企业的进一步发展与壮大创造舆论环境。

【维系型公关策略】维系型公共关系策略是一种经常性的公共关系策略，即企业为了巩固和维持现有的知名度和美誉度，通过不断地向社会公众传播有关营销组织方面的和产品方面的信息，以加深社会公众对企业的了解和认识，增进对企业的感情。常见的活动是举办开业周年纪念会，或利用节假日邀请社会不同层次的公众参加联谊活动，如春节茶话会、招待会，春秋季组织内部职工开展春游或秋游活动，以融洽干群关系。

【消费关系】人们在消费过程中结成的社会关系。包括一定社会不同阶级、阶层、社会集团以及不同劳动者，在消费中各自的地位及其相互关系；一定社会不同阶级、阶层、社会集团和不同劳动者在消费水平、消费结构、消费方式等方面的差别和联系及其发展趋势；一定社会整体在消费水平、消费结构、消费方式、消费效果、消费模式等各方面各自的发展趋势和规律性等内容。社会再生产过程是由生产、交换、分配、消费四个环节构成的，人们在这四个环节中都会结成一定的社会关系，它们共同构成社会生产关系。

【消费联盟】以消费者加盟和企业结盟为基础，以回报消费者利益的驱动机制的一种新型营销方式。具体来说，是指某个营销主体以自愿入会的方式吸纳消费者加盟消费，取得该主体及其行销网络(结盟企业)的消费资格，营销主体将消费者在其行销网络中的累计消费金额换算成消费积分，然后根据消费者积分的多少，按一定比例给予消费者回报的一种营销方式。这种营销方式类似于一些传统营销手段，如累计数量折扣、会员制销售、消费合作社等，但消费联盟由于实现了企业结盟和将促销手段与渠道设计进行了系统化、制度化、网络化的管理,调动了联盟中各成员的积极性,使得它与后者相比更具优势和效率。目前,美国、日本、欧洲等国及中国港台地区的多家航空公司、饭店、信用卡公司、俱乐部、知名服饰等纷纷开始尝试和采用这种新型营销方式,并在短期内取得了极大的成功。

【隐私权】公民享有的私人生活安宁与私人信息依法受到保护,不被他人非法侵扰、知悉、搜集、利用和公开的一种人格权,主要包括个人活动自由权、个人信息和私有领域的控制权、个人通讯秘密权以及个人隐私利用权等内容。从法律角度看,隐私权是公民私生活上的权利,是一种为国际社会和各国法律广泛承认与保护的公民的基本权利。

【营销公关工具】包含一组由首字母缩略词 PENCILS 表示的工具。P 为出版物(Publications)。即企业杂志、年度报表、实用性的顾客手册等等。E 为事件(Events)。包括赞助运动、艺术活动或商展。N 为新闻(News)。即对企业、员工与产品有正面宣传的报道。C 为谁去参与活动(Community Involve-ment Activities)。即把时间和金钱奉献给当地社区所需的事物。I 为身份媒介(Identity Media)。包括印有企业名称与标志的文具用品、名片、企业的服装规范。L 为游说活动(Lobbying Activi-ties)。即推动具有正面影响或劝阻具有负面影响的立法和规范。S 为社会责任活动(Social Responsibility Activi-ties)。为企业的社会责任建立起良好的名声。

【员工关系营销策略】通过改善员工关系实现营销目标的策略安排。是实施关系营销的基础。员工是企业赖以生存的活细胞,是企业产品的生产、服务的承担者,对外又是企业形象的代表者,与企业的利益和目标关系最密切,企业的一切方针、政策、计划、措施,首先必须得到他们的理解和支持,并身体力行付诸实施。员工的技术水平、创新精神、职业道德、精神风貌、服务态度等直接影响社会公众对企业的整体印象和评价。通过员工的协作以实现资源转化过程中的价值最大化。主要包括:(1)造就良好的员工信念。员工信念是企业及其员工所公认的、在实践中奉行的一种文化价值观念。确认一个具有挑战性的、统一的、独一无二的并且让人信服的信念,可以把大家凝为一体,激励员工不断奋发向上。(2)满足员工的不同层次的需要,即满足员工不断增长的物质需求,使企业具有光明的发展前景;满足员工对企业的情感需要,使企业内部建立融洽的人际关系;满足员工的成就感,企业要为员工提供实现个人价值和充分成长的机会。(3)建立企业内部良好的沟通气氛。在企业内部沟通过程中,企业领导要作风民主,平易近人,要善于倾听不同的意见,鼓励下属大胆提出批评和建议,消除沟通中的地位障碍,形成轻松和谐的沟通环境和气氛。

【运营收入】商品的销售商向供应商收取的在商品价格以外的一部分固定收入。其按类别分主要有以下几类:(1)一次性固定收入,如:进店费、加盟费等,这种费用一般是供货商入市时一次性交纳的,退租时无法收回。(2)经营过程中的收入,这类收费品目最多,金额也比较大,按项目又可划分为:赞助费类:新店开业费、店庆费、节庆费等;经营费类:水电费、折旧费、堆头费、海报费、装修费、运费、耗材费等;服务费类：服务费、管理费、物流费等；其他杂费类：参展费、促销费等。（3）佣金类，佣金是指供货方根据合同约定，按一定比例向超市支付的费用。（4）风险抵押金或质量保证金，超市根据双方合同或协议的约定收取，用于供货方发生合同违约或质量问题时，是承担对超市或消费者赔付责任的保证。

【赞助】 一种营销沟通方式。企业为了实现自己的目标而向某些活动或组织提供资金支持的一种行为。这些活动包括体育、艺术、娱乐，甚至是一项有益的事业、博览会和节目庆典活动等。其目的是树立赞助者形象，以多种方式来刺激公众对企业形成一种积极的认知和反应。赞助是一种新型的营销沟通工具，它与企业的公共关系实现了有机结合。

【战略联盟】 两个或者两个以上有着对等经营实力的大企业，出于对整个市场的预计和本公司总体经营战略目标的考虑，在平等互利的基础上通过以各种协议、契约的方式建立起来的一种合作伙伴关系。它由美国 DEC 公司总裁简·霍普兰德和管理学家罗杰·奈格尔提出。主要特征：（1）组织的松散性，战略联盟是一个动态的、开放的体系，是一种松散的企业间组织形式。（2）竞争与合作共存，战略联盟改变了传统的以竞争对手消失为目标的"对抗性"竞争，联盟中竞争与合作并行不悖，为竞争而合作，靠合作来竞争。（3）行为的战略性，联合行为注重从战略的高度改善联合体共有的长远经营环境和经营条件。（4）地位的平等性，战略联盟各方是在资源共享、优势相长、相互信任、相互独立的基础上通过事先达成

的条款或协议而结成的平等关系。（5）联合的协同性，战略联盟可将各相关企业独特的优势结合起来，建立一个"全优"的机构，其中每项工作、每个环节都可能是一流的，这是任何单个企业所望尘莫及的。（6）范围的广泛性，战略联盟可以产生于企业价值链的各个环节，涉及众多行业，范围相当广泛。

【战略联盟竞争观】 超越胜负角逐意义上的一种崭新竞争观念。它强调企业竞争要把重点放在自身优势上，而不是击败竞争对手。在这里，竞争优势是指存在于企业内部的勃勃生机与生存发展能力。它突出表现在企业把握市场新机遇与满足用户新需要的潜力上。战略联盟竞争观能够超越传统竞争的胜负对抗思想，看到竞争企业之间不仅存在着一方受益必以他方受损为代价的互为消长的负和输/赢关系，而且还大量存在着共同受益的互为共生的正和赢/输关系。巨大的竞争压力和争夺全球市场的强烈动机迫使企业采取联盟竞争战略，通过横向联合与纵向兼并，创造竞争优势，以保持其市场地位与市场份额。

【战略营销联盟】 两个或两个以上的跨国企业为了抓住战略营销机会，为达到共同的战略营销目标而结成的联盟。联盟的成员之间相互合作、共担风险。但是联盟中的成员都保持着自己的经营自主权，彼此之间只是通过协议而结成一个松散的联盟组织。

【纵向战略联盟】 纵向战略是指构成某一价值链的上下游企业为了向顾客提供完整的价值而进行的联盟。这种联盟可以更好地适应现今迅速变化的市场需求。

第十篇 产品

【产品】能够满足人们各种需求的物品或服务。企业市场营销对于产品的理解是,认为它不仅包括物质产品,同时也包括非物质产品,因而它是一个整体产品的概念。所谓整体产品即是指能够提供给市场以满足需要和欲望的任何东西,它一般包括实物、服务、人员、地点、组织和观念等等。整体产品可以用五个层次来表达即:核心利益、基础利益、期望产品、附加产品和潜在产品。产品的整体概念体现了以顾客为导向的市场营销观念。

【整体产品】一切能满足顾客某种需求和利益的物质形态产品和非物质形态的服务。产品是企业赖以营销的基础,是市场营销组合中最重要的手段,也是企业开拓和占领市场、竞争取胜的根本。市场营销观念认为产品不仅指物质产品,还包括非物质形态的服务即整体产品概念。分为核心产品、形体产品和延伸产品三个层次。整体产品概念的提出,清楚地体现以顾客需求为中心的现代市场营销观念。企业只有向顾客提供效用更好、更完善的整体产品,才能在竞争中取胜。就产品本身而言,企业既可以分层次、分内容、分重点地开展与竞争者的竞争,也可以从整体上突出产品的优势。参见"核心产品"、"形体产品"、"延伸产品"

【形式产品】产品的本体,核心产品借以实现的外在形式,即产品的外观部分。是消费者得以识别和选择的主要依据。形式产品一般表现为产品的形状、特点、包装、品牌等。由于同类产品的基本效用都是相同的,因此,企业要获得竞争优势,吸引消费者购买自己的产品,必须在形式产品上多动脑筋,在产品设计时,应着眼于消费者所追求的基本利益,同时市场营销人员也要重视如何以独特的形式将这种利益呈现给消费者。如通过改良外观,在满足消费者基本需要的同时,满足审美需要;通过提高质量,延长使用寿命来满足其经济性需要。

【核心产品】整体产品最基本的层次。即通过产品物质形态提供给消费者的基本效用和利益。消费者购买时追求的最实质性的东西。消费者购买某种产品不是为了获得产品本身,更重要的是为了满足某种需要。人们购买饮料是为了满足清凉止渴的需要,购买电视机是为了满足娱乐、休闲和了解信息的需要。产品的外观和表象只不过是产品核心的表现形式,满足需求的核心问题是消费者购买产品时寻求的利益,企业必须把相应的利益和服务提供给消费者。核心产品只是一个抽象的概念,它必须通过一定的产品形式来体现。

【产品创新】通过一系列技术、社会、经济、管理等手段,改变产品功能与特征,实现企业市场目标活动的总称。产品创新理论、方法与工具技术研究的宗旨是从产品的工作特性和功能目标出发,在特定技术、经济和社会等具体条件下,根据相邻学科的原理,创造性地设计产品,并使它在技术及经济上达到最佳水平。在一般的产品创新中,顾客需要转化为产品概念(或产品规范)的过程,首先必须应用相应的市场调查技术与方法,如主成分分析法、交会分析法等来实现。但是,对于全新的产品创新来说,顾客和社会对这种未来的新产品没有基本的概念,因此不可能成为产品创新中调查的对象。此时开发人员的创造性和技术轨迹的推动,具有更重要的意义。当然,开发人员的创造性和技术推动性也要以满足需要为前提。因此,对需要的系统性探索,可以为产品开发提供方向,具有特别重要的指导意义。产品的属性及其水平值,可以有多种多样的组合,而确定产品方案是一项极为复杂的系统工程。(1)产品外观。包括:局部创新,整体创新,"新卖点",新结构,新颜色和质感。产品外观上一些简单的改变,都可以使产品形成很有冲击力的视觉创新效果,如今在技术差异化越来越小的情况下,很多企业都把希望寄托在这一方面。(2)产品理化性能和技术。包括:具有新的更经济的工作原理;新的更有优势的构造设计;采用更有市场竞争力的新的材料和元件;有了更能满足消费者需求的新的性能和功能;具备人们需要的新的用途;满足客户的市场需求新的使用方式;具有新的审美性;新的技术。(3)软创新。包括:管理制度上的创新,经营理念的创新,营销策略、技巧的创新,生产、制造流程的创新,人力资本管理的创新,知识管理的创新,品质管理的创新,设计管理的创新,企业关键岗位人员的使用方式创新,资金运作技巧创新,公关技巧创新等。

【产品差异化】 亦称"产品异样化"。企业为使自己的产品有别于竞争者而突出产品的一种或数种特性,形成明显差异,用以增强产品吸引力的一种方法。主要用于消费者选择性强的异质产品的营销活动之中。主要表现为:(1)整体产品的差异化。即对整体产品的三个层次,以及每一层次的每一个因素都实行差异化。(2)市场营销组合因素的差异化。即在定价、分销渠道、促销措施等方面突出特色,寻求差异。实施产品差异化策略,可以采取以下具体方法:(1)促进产品质量形象化。产品质量形象化有助于产品差异化的显现。产品质量形象化的主要做法有:高价显示优质;高级精美的包装显示优质。(2)促进产品信息传递。可以通过声音、图像、文字等信息符号,或报刊、杂志、广播、电视、因特网、多媒体等各种信息传播工具,将有关产品特征的信息传递到目标顾客之中;让他们认识产品的差异;熟悉产品的特色,从而在市场上树立与众不同的产品形象。(3)科学利用商标。商标是产品质量、声誉、特性及其效用的象征,名牌商标显示产品的优质,大众商标显示产品的实用价值,产品的质量与特色同商标的信誉与知名度紧密相联。(4)完善分销渠道。经销商是产品同消费者的桥梁,也是树立产品形象、突出产品特色的一个重要方面。经销商规模大小、声誉好坏,不仅会造成产品质量形象的差异,也会给消费者带来产品整体形象的差别。(5)实现优质服务。良好周到的服务可以形成整体产品的差异化。产品的差异化符合需求的一般原理。这是因为:根据市场的具体需求采取与之相适应的营销策略,有利于产品进入市场;市场环境因素的变化,也要求企业必须采取差异化策略。产品差异化的主要目的是为了适应市场的不同需求。这种适应主要体现在对通用标准差异的适应、对不同自然环境的适应、对不同技术水平的适应、对不同收入水平的适应以及对不同社会文化的适应等方面。

【产品风格】 产品所表现出的一种基本的视觉效果和独特的质量形式。它表达了产品特有的精神功能,体现了产品的内在品质与外在质量的相一致相统一的完美结合。风格一旦形成,就会维持许多年,在此期间时而风行,时而衰落。人们正是通过产品风格来认知民族风格和时代风格的,它的形成、变化和发展受到时代风格和民族风格的影响;同时,也对它们的形成具有一定的作用。从设计风格的构成内容中已不难看出,设计风格的更替和变化实际上是时代风格、民族风格和产品风格互为作用的结果,在设计实践中,追求树立起完美的风格特征,必须充分考虑到三者的综合影响,有机地转换和调整它们之间的比例关系,从而达到既有特色又不失整体的境界。在风格差异化中,包装是一种必须的有力武器,尤其是在食品、化妆品、卫生用品、礼品和小型的消费品方面。它作为顾客对产品的第一印象,在很大程度上影响了顾客对该产品的购买决策。据国外一次调查结果显示,在超市购物中,第一次对某种产品做出买与不买的决策,其主要依据在于包装的消费者超过了60%。可见,产品包装是吸引购买者注意产品的最有效方式。

【产品力】产品与需求之间存在的对应的关系与对应的程度。对应的程度越高,产品力越强,则生命周期越长。在营销运作中,产品是营销人员运作市场的武器与前提,塑造产品力则成为运作市场的首要任务,但产品的内在、外在等一系列因素将直接影响到产品上市后在市场上的表现。

【产品开发】以满足现有市场需求的一种产品战略。经过商业分析以后,构思中的产品必须经由研究开发部门使之产品化。通常包括工程设计和消费者偏好测定两个步骤。工程设计一般要考虑新产品在消费市场的可使用性和当地的环境特性,并针对这些内容对工程设计做必要的适应性变更。根据对消费者偏好的测定,修改原有的工程设计,使之更适合当地消费者的需求。开发新产品

可以通过对老产品的更新换代,或增加产品品种,对产品的特色、外观等进行改变等方式,以更好地满足现有市场的顾客需求。

【白色商品】亦称"白色家电"。是根据产品外型颜色的分类,包括洗衣机、冰箱、冰柜、空调、电熨斗,以及电饭煲、微波炉、洗碗机等厨房用具这些外观经常被涂为白色的耐用消费品。

【便利品】消费者需要频繁且能方便地购买到的商品。商品价格较低,耐用时间不长,需要消费者经常地、重复性地购买。购买时,消费者一般不花很多精力与时间去比较、挑选,也不太重视商品信息。这些商品多属于基本生活日用品。经营便利品的企业(主要指零售商店)一般应设置在便利顾客购买的地点,在接待顾客时,要求成交迅速、手续简便,不需多做介绍。

【产品包抄】一种竞争性营销战略。一家公司推出很多款式的产品,往往是同一品牌,目的是迎合各个细分市场的需求,同时占据更多的货架空间,限制竞争对手的进入。这些产品有时叫做侧翼产品,是相对于主导产品而言的。

【产品并行系列】产品品种创新的途径。在新产品开发中,以两种或两种以上的骨干产品为主,几种产品同时进行系列开发,从而形成几种产品系列并行状态。美国国际商用机器公司是国际上著名的大型跨国公司。该公司的产品开发以电子计算机硬件和软件为主干,形成并行系列产品群体。

【产品差异营销】企业生产销售各种外观、式样、质量、型号不同的产品策略。

【产品成熟期】产品在市场上销量达到顶点的饱和时期,系产品生命周期

的第三阶段。这一时期的产品主要特点是:销售量很大,并达到最高峰,利润额也相当高,但销量和利润额的增长速度减慢,市场容量已饱和,竞争处于白热化状态,消费者选择性强。为使产品的销量和利润额不至于下降,这时的企业宜采取以下对策:(1)改进市场。千方百计寻找新的市场和促使现有顾客增加购买。(2)改进产品。提高产品质量,改进产品外观、式样,吸引更多买者。(3)改进营销组合。调整营销组合中的某一或某些因素,如降价出售、积极开展促销活动、改进服务或提供新的服务等,以刺激顾客购买。(4)做好产品升级换代的准备,以防不测。

【产品创新多功能化】将各种产品功能组合、移植成新产品的模式。它是国际上比较流行的一种产品创新开发方式。多种产品功能组合的新产品,不仅能满足消费者多方面的需求,而且企业在开发此类新产品时风险也大大降低。

【产品创新集成化】利用集成化的成果参与新产品开发的产品开发模式。传统的建立在劳动分工基础上的功能部门管理方式,阻碍了产品创新的快速发展,单一的管理技术、方法的运用难以取得好的效果。集成管理通过创造性的思维和优势互补的竞争合作机制,推动产品创新要素的优化组合,增进产品创新设计、工艺、制造和营销等基本活动之间的交流协作。以技术、组织和人有效集成的现代集成制造系统,在产品创新过程中发挥着越来越大的作用,通过计算机化、信息化、集成优化,最终达到产品上市快、高质量、低消耗、服务好的目标。集成化已成为进一步提高企业产品创新水平的迫切要求和必然方向。

【产品创新加速化】速度竞争与快速生产等新型思想在实践中的应用。由于经济全球化进程逐步加快,产品更新换代的速度不断加快,产品生命周期逐渐缩短,企业要想在竞争激烈的市场环境中取胜,必须具备快速的新产品开发能力。统计表明,近30年来出现的新技术、新产品,已经远远超过了过去两千年的总和。企业加快产品开发速度,缩短产品开发时间,尽早将产品投入市场,就能在竞争中处于主动地位,取得竞争优势。

【产品创新绿色化】利用绿色革命的成果参与产品创新的产品开发模式。保护生态环境,节约资源消耗,提高人类生存质量,已成为人们的共识。随着“保护环境、崇尚自然”为宗旨的绿色消费浪潮声势日高,“绿色产品”、“绿色消费”、“绿色营销”等“绿色”系列将使绿色产品创新成为最具有前景的一种大趋势,消费者将越来越青睐不包含任何化学添加剂的纯天然食品或天然植物制成的绿色产品,社会发展也迫使企业必须开发对环境无害或危害极小,有利于资源再生和可回收利用的绿色产品,担负起发展经济和保护环境的双重任务,走可持续发展之路。

【产品创新智能化】利用智能化成果参与产品创新的产品开发模式。由于知识和技术在经济发展中的作用日益显著,产品中的知识技术含量也日渐增多。高新技术得到广泛采用,人工智能、多学科合作及产品重构技术被应用于产品功能及产品开发过程中。未来新产品正朝着高科技化和智能化的方向发展,为人们的生活创造更多的便利。

【产品创意】企业从自己的角度考虑能够向市场提供的可能产品的构想。

【产品搭配】参见【产品组合】。

【产品导入期】新产品投入市场的最初时期,系产品生命周期的第一阶段。这一时期的产品主要特点有:成本高、销量小、渠道窄、风险大、竞争不激烈,通常无利可图甚至亏损,消费者对产品缺乏认识。据此,企业在该时期应加强市场调研和预测,准确掌握市场容量;展开宣传攻势,让大众消费者认识;改良产品的设计,选择合适的中间商,制定恰当的售价策略。在价格与促销的组合上,可供选择的策略有:(1)高价—高促销策略。即企业制定高价和花费大量促销费用推广某种新产品。适合于大多买者缺乏认识、或有所认识但急需购买的产品采用。(2)高价—低促销策略。即企业制定高价和花费少量促销费用推广某种新产品。适合于大多买主对产品有所认识、并愿出高价购买的产品采用。(3)低价—高促销策略。即企业制定低价和花费大量促销费用推广某种新产品,适合于大多买主缺乏认识而对价格十分敏感的产品采用。(4)低价—低促销策略。即企业制定低价和花费少量费用推广某种新产品,适合于大多买主对产品有所了解但对价格很敏感的产品采用。

【产品复杂性】认识创新产品的困难程度。

【产品概念】企业从消费者的角度对这种创意所做的详尽描述。

【产品概念测试】新产品开发的基本程序。一般是对新产品概念的前途,及时进行必要的修正。以便全面确认新产品的技术价值、市场价值。测试内容主要包括:(1)产品概念是否清楚?(2)新产品的特点是否容易被接受?(3)是否喜欢这个新产品,有哪些用途?(4)是否会购买,买给谁用?(5)该产品还需做哪些改进?

【产品概念设计】设计过程的初始阶段。其目标是获得产品的基本形式或形状。广义上的概念设计是指从对产品的需求进行分析之后,到详细设计之前这一阶段的设计过程。主要包括功能设计、原理设计、布局设计、形状设计和初步的结构设计等五部分。它们虽存在一定的阶段性和相互独立性,但在实际的设计过程中,由于设计类型的不同,往往具有侧重性,而且互相依赖,相互影响。概念设计工作高度地体现了设计的艺术性、创造性、综合性以及设计师的经验性。实践表明,一旦概念设计被确定,产品设计的60%~70%也就被确定了;然而,概念设计阶段所花费的成本和时间在总的开发成本和设计周期中占的比例通常都在20%以下。由于工业产品由传统的机械产品向机电一体化产品、电子产品方向发展,市场竞争日趋激烈,消费观念不断变化,从而导致一个产品的功能已不再是决定消费者购买的最主要因素。产品的创新性、外观造型、宜人性等因素愈来愈受到重视,在竞争中占据着突出地位。这种趋势促使企业在着手进行新产品开发时把面向产品的创新性、外观造型、人机工程学的设计提到一个新的高度,从而也迫切要求对产品概念设计的研究能有进一步的突破,以提高产品的设计水平和市场竞争力。

【产品概念试验】把筛选出的新产品设想用文字描述或用实体模型或以实体样品,向选定的目标顾客征求意见,获得顾客对产品概念的反映。当用文字描述或模型(简单产品也有用样品)测试顾客的反应称早期概念试验。当根据顾客意见改进后而试制推出的实体样品(即产品)称改进后概念试验。新产品概念试验可获得产品品质、外观、包装、价格、销售方面大量可贵的信息。它有助于把抽象的产品设想变成概念明确的实体产品，发现不同消费者的偏好，找出产品概念的缺陷，为开发与否做决策，为进一步改进产品提供了客观依据。

【产品功能放大】产品功能创新的方法。产品的功能比原产品的功能增多了，或者是对原有功能作用力度的增加，从而使新产品的功能放大，形成多功能产品。如新型塑料，其应用范围比以前扩大了许多倍，广泛用于工业生产和人民生活的各个方面。现在不仅可以生产出全塑料的新型汽车，还可用塑料生产出火车。

【产品功能开发】产品功能创新的方法。企业运用现代科学技术和新的手段来不断开发潜伏在产品中的新功能，形成一系列新的产品。计算机自 1946 年问世以来，其功能应用已由简单的数学运算发展到社会、经济、文化、生活等各个领域。随着对计算机功能的不断开发，现在的计算机已进入第 5 代开发，功能又将发生一次大的飞跃。

【产品功能延伸】产品功能创新的方法。沿着产品自身原有功能的方向，通过研究和试制，使开发出来的同类新产品的功能向前延伸。既保留了原有的功能，又在原有基础上扩大了功能，延伸了的功能往往优于原有的功能。

【产品功能组合】产品功能创新的途径。把不同产品的不同功能组合到一种新产品中，或者是以一种产品为主，把其他产品的不同功能移植到这种新产品中去。开发出来的新产品具有多功能性，形成一物多用。

【产品核心卖点】产品的独特销售主张。核心卖点(Unique Selling Proposition,USP)是产品核心价值的外在表现，是传递给消费者的最重要的产品信息。这种主张应该是消费者能够认可的，是竞争对手无法提出或未曾提出的，并且在传播过程中易于理解和记忆，从而形成极大的吸引力。(1)"产品卖点"从本质上说就是产品卖给消费者的利益点是什么，即满足消费者的需求点是什么。任何产品都有其市场存在的理由，这些理由是因为消费者对该产品的利益存在着一定的需求。(2)卖点应当是消费者的"买点"。市场的主动权掌握在消费者手中，只有消费者认可企业的卖点，企业才能够在市场中继续生存。同时，在对消费者所认可的卖点的选择中，亦要考虑该卖点的目标顾客的覆盖面，因为只有战略性的选择，才会为企业后续产品的推出做好前期的准备。(3)核心卖点的提炼应根据产品生命发展周期的不同阶段有所侧重。对于产品核心概念的提炼应当充分考虑产品的生命周期。因为产品处于不同的时期，对于产品核心概念的提炼以及传达给消费者的信息亦是不同的。当行业进入了成熟期时，在核心概念的提炼上，一定要结合自己独有的优势资源，尽力做到所要表达的产品特性是竞争者所不具备的。

【产品僵化】产品处于生命周期的衰退期，市场需求小，但总是有一些忠诚顾客持续稳固地购买。

【产品阶梯】为了应付层出不穷的产品，消费者学会了在脑子里给产品或者品牌分类。对于每一类产品，消费者的头脑中差不多都有一组梯子，每个梯子代表一类产品，梯子的一个阶梯上停留着一个品牌。梯子最上一层的是其中的佼佼者，位居第二的产品(品牌)停在第二层，依次类推。梯子的层级不一，最常见的为三层，最多一般不会超过七层。

【产品可靠性】在一定时间内产品将保持不坏的可能性,或者说在特定时间内不发生故障的产品。消费者一般都希望能避免花费故障所引发的成本及修理时间。他们愿意付更多的钱购买在可靠性方面享有声誉的产品。

【产品可维修性】产品出了故障或失效时可以修理的难易程度。理想的可维修性是指用户可以花少量的钱甚至不花钱和花少量时间,自己动手修复产品。用户也许只要简单地将坏掉的零件取下来,换上好的零件即可,或者用户可以通过电话通知维修人员修理,或以电话直接告知用户如何修理。照此推理,一辆用标准化零部件组装起来的汽车因容易调换零件,其可维修性就高。

【产品空间图】描述某个现有产品所体现的价值与理想产品的靠近程度。是衡量产品效用的基本尺度,是价值和满足概念的具体表现形式。

【产品明确性】创新产品在使用时,是否容易被人们观察和描述,是否容易被说明和示范。

【产品耐用性】产品预期的使用寿命。通常购买者愿意支付更多的钱,购买经久耐用的产品。由于它具有高于其他同类产品的耐用性,享有较高的售价是正当的。但是这将受到一些限制:(1)价格不能过高,不能超过其所值。(2)时髦产品或一些技术更新较快的产品不在此列。时装、个人电脑等产品,如果宣传其经久耐用性,其意义不仅十分有限,有时甚至适得其反。

【产品升级】对原有产品的重新塑造。其途径是:对原有的老品牌可以通过技术创新、产品创新、功能创新、概念创新、包装创新、形象创新、营销方式创新、品牌延伸等手段对产品进行升级。

【产品生命周期】产品从进入市场到退出市场所经历的市场生命循环过程。现代营销学中一个重要的概念。如同人的生命要经历婴儿—儿童—少年—青壮年—老年到死亡的生命周期一样。产品在市场上有一个投入、发展到淘汰的过程。一个新产品投入市场,对消费者来说,有一个接受和放弃的过程;对企业来说,有一个从亏损到赢利的过程。在市场营销中,没有一种产品是永久不衰的,能永远保持旺销的势头。一种新产品出来,就意味着旧产品的寿命终了。因此,企业只有不断推出新产品,更替老产品,延长产品寿命周期,才能占有市场,在竞争中立于不败之地。该过程一般经历四个阶段,即介绍期、增长期、成熟期和衰退期。介绍期的主要特点是:消费者对产品不了解,只有少数人尝试购买,销售量低,销售渠道少,利润少,有时还会出现亏损,同时市场竞争者也较少。这也是企业承担风险最大的时期。根据这些特点,营销策略的重点应是提高产品的生命力和竞争力,促使其向增长期过渡。增长期的特点是:消费者对这种产品已相当熟悉,销售量迅速增加,竞争者也随之增加;生产规模扩大,成本降低,利润较高;由于竞争激烈,迫使许多企业进行市场细分;产品品种增多,销售渠道增加。针对这些特点,市场营销策略的重点是提高市场增长率和市场占有率。成熟期的特点是:销售量继续增长,但已接近或达到饱和状态,增长率呈下降趋势;竞争十分激烈,竞争者之间的产品价格趋同;类似的产品增多,市场上不断出现各种品牌的同类产品和仿制品;竞争激烈,企业营销费用增加,利润开始下降。衰退期的主要特点是:产品销售量和利润急剧下降,更多的竞争者退出市场,消费者期待着新产品的出现。在这一阶段,企业可能面临两种情况:一种是产品已失去吸引力,或被别的产品所代替,销售量会迅速下降;另一种是剩下的消费者会变得更加忠诚,因别的竞争者退出市场,企业尚有余下的购买力可以吸收。

【产品寿命周期】参见【产品生命周期】。

【产品树型系列】产品品种创新的途径。以一种基础产品为树干,向多种方向进行产品开发,使新产品开发呈树型发展。

【产品衰退期】产品在市场上销售量不断下降的老化时期。产品生命周期的最后一个阶段。出于该时期的产品特点有:消费者的兴趣已转移,销量和利润不断下降、不可能再回升,竞争者相继退出市场,新产品崭露头角。在这种情况下,企业可考虑的营销策略有:(1)维持。继续生产经营老龄化产品,希望当竞争者退出市场之后能增加赢利。(2)削减。减少产品的开发和促销等费用开支,希望销售暂不下降。(3)淘汰。停止生产经营老龄化的产品,转产新产品。

【产品淘汰】把产品从市场上撤回的有序过程(也称"产品下市")。产品不会永远存在,它们中的大多数获利期都很短,就连多数已存在很久的产品最终也会走下坡路。许多公司不想面对这一事实。由于管理不善或怀旧,它们经常会在产品持续亏钱的时候继续提供该产品。不过,一种不能赢利的产品也不是没有任何好处。在某些情况下,它对于销售其他产品会有贡献。

【产品藤蔓系列】产品品种创新的途径。企业抓住一种关键性产品,如同抓住一根藤蔓一样,向四周扩展,四处牵藤、顺藤发展,开发出多种产品,这是现代企业系列产品开发的一种主要形式。日本旭化成公司是一家生产衣、食、住产品的多种经营综合企业,是靠制造合成氨起步的。为了氨的综合利用,顺藤而进,开发了硫酸、火药、人造丝等产品。目前已开发食品、医药、塑料、合成橡胶、建筑材料、高级住宅、医疗器械等产品系列。

【产品维度】产品属性的各个角度,包括外形、包装、重量、质量、特色、价格等方面。消费者在决定是否购买时,往往会参考这几个方面的因素。

【产品系列】参见【产品线】。

【产品线】亦称"产品系列"。产品在技术上和结构上密切相关,具有相同使用功能,规格不同而满足同类需求的一组产品。之所以构成一条产品线,是由于在产品功能的相似性、替代性、配套性等方面能提供给同一顾客群;或有同一销售渠道或类似的价格。一家公司可有一条或多条产品线,每条产品线可由一个或多个产品组成。一些超级企业的每条大类产品线上甚至有多个品牌,这样每个品牌又可以分出第二级的产品线。产品线决策与整体营销战略应一致。当公司采用大规模无差异性覆盖营销战略时,产品线一般非常短,集中在一两个项目上,这样成本最低,可以保持低成本的竞争优势。采用差异性营销战略时,产品线一般比较长,通过在各个地区形成产品项目的多样化优势,容易化解单一产品大规模销售的困难。产品线决策除了要与公司整体营销战略相匹配之外,也要与公司管理能力和财务能力相配合,才能完成产品线的延展。产品线过长,会对管理能力和财务能力提出很强的挑战。

【产品线扩展】参见【品牌延伸】。

【产品线删除】产品线缩减。删除企业的一条产品线，从而缩小了产品组合宽度。与产品线修剪不同，产品线删除是去除整条产品线，这往往是品牌延伸失败后的举措。参见【产品线修剪】。

【产品线填补】在现有产品线的范围内增加一些产品项目，以增加产品线长度和深度的策略。表现为通过增加产品功能的角度来增加产品项目，以区别于产品扩展。基本优势有：获取超额利润；满足那些经常抱怨由于产品线不足而使销售额下降的经销商；充分利用剩余的生产能力；争取成为领先的产品线完整的公司；设法填补市场空隙，防止竞争者的侵入。需要注意的问题是：每一个产品项目必须具有显著的差异；产品线的填补不会导致企业新旧产品的自相残杀。

【产品线填充】在一条产品线中，导入一个新的产品，使产品线更加完整。新产品往往是针对竞争对手已经存在的产品，定价与竞争产品一致。

【产品线削减】产品策略用语。企业必须在适当的情况下削减产品线的长度。企业削减产品线有如下三种情况：（1）通过对销售额和成本的分析，发现产品线中含有使利润减少的积压产品，就需削减产品项目，保留那些销售量和利润最大并且具有长远发展潜力的项目。（2）企业缺乏使所有项目都达到期望数量的生产能力，于是削减利润水平低或亏损的项目，集中力量生产利润较高的项目，根据需求情况灵活缩短产品项目。（3）企业产品线过长，降低了规模经济效益，同时也影响了生产效率。

【产品线修剪】在一条产品线中，删除一个赢利情况差的产品，缩小产品线深度。与产品线删除不同，产品线修剪只是去除线上某个产品，产品线依然存在。这可能是产品线延伸失败后的举措，与品牌延伸无关。

【产品线延伸】在一条产品线上导入新产品。在产品组合中，一般理解是，产品线延伸是纵向的，它增加了产品线的深度；相对地，品牌延伸是横向的，是增加产品组合的宽度。

【产品相关性】延伸产品与原品牌之间的"相似性或关联性"，即消费者头脑中原品牌知识与新产品认同的相关联程度。而原产品与延伸产品相关联性越高，消费者对延伸产品评价（认知与情感）越高；反之则越低。

【产品向上延伸】在市场上定位于低档产品的公司可能会打算进入高档产品市场。它们也许被高档产品较高的增长率和较高的利润率所吸引；或是为了能有机会把自己定位成完整产品线的制造商。向上延伸的决策可能有些风险。因为市场上高档产品的竞争对手不仅会固守阵地，而且还会反过来进入低档产品市场进行反击。潜在顾客也许不相信低档品公司能生产优质产品。此外，公司的销售代表和分销商可能会因为缺乏才能和培训，不能很好地为较高档的产品市场服务。向上延伸即在原有的产品线内增加高档产品项目。实行这一策略的主要条件是：高档产品市场具有较大的潜在成长率和较高利润率的吸引；企业的技术设备和营销能力已具备加入高档产品市场的条件；企业要重新进行产品线定位。采用这一策略也要承担一定的风险，要改变产品在顾客心目中的地位是相当困难的，处理不慎，还会影响原有产品的市场声誉。

【产品向下延伸】在高档产品线中

增加低档产品项目。需具备的市场条件是：利用高档名牌产品的声誉，吸引购买力水平较低的顾客慕名购买此产品线中的廉价产品；高档产品销售增长缓慢，企业的资源设备没有得到充分利用，为赢得更多的顾客，将产品线向下伸展；企业最初进入高档产品市场的目的是建立品牌信誉，然后再进入中、低档市场，以扩大市场占有率和销售增长率，补充企业的产品线空白。主要风险包括：市场操作难度比较大，如处理不慎，会影响企业原有产品特别是名牌产品的市场形象；必须辅之以一套相应的营销组合策略。

【产品项策略】将某一单项产品打入国际市场的策略安排。企业根据自身所具备的特殊资源条件和特殊技术专长，专门生产某些具有较大市场的产品项目。

【产品项目】亦称"产品品种"。产品线内不同品种、规格、质量和价格的特定产品。即就是通常所说的某一产品的具体品名和型号。很多企业都拥有众多的产品项目。

【产品性能】亦称"产品用途性能"。产品主要特征在实际操作运用中应该达到的功能。每一个产品必须具备：(1)确定的目标市场与目标顾客；(2)确定的产品的性能类别与技术含量、技术指标；(3)产品性能的比较优势。改变产品性能通常可供采用的战略：(1)不断改进产品，提高产品质量；(2)维持产品原有品质；(3)随着时间的移动而逐渐降低品质，这种做法对企业的长期利益有诸多不利的影响，企业应慎用。

【产品性质】产品是否同质，即产品在性能、特点等方面差异性的大小。产品的性质不同，应分别采用不同的策略。产品

选择不同的目标市场。如果企业生产同质产品，可选择采用无差异性市场营销策略；如果企业生产异质产品，则可选择采用差异性市场营销策略或集中性市场营销策略。

【产品需求】某一特定产品或服务的市场需求。反映消费者对某一特定产品或服务的购买意愿和购买能力。一个人可能会有无限的欲望，但却只有有限的财力。只能在购买力范围内选择最佳产品来满足自己的欲望。这样，欲望就变成了产品需求。营销人员最重要的任务就是分辨出消费者的购买力层次，提供相对应的产品来最大限度地满足他们的产品需求。

【产品延伸策略】全部或部分地改变原有产品的市场定位，实现向下延伸、向上延伸和双向延伸的产品开发策略选择。其优点主要有：(1)有利于批量生产，降低成本；(2)简化产品设计和产品工艺；(3)满足顾客旅行和迁居的需求；(4)可调剂各不同市场间的产品供需。实现方式包括：(1)向下延伸。参见【产品向下延伸】。(2)向上延伸。参见【产品向上延伸】。(3)双向延伸。即原定位于中档产品市场的企业掌握了市场优势以后，向产品线的上下两个方向延伸。参见【产品向下延伸】、【产品向上延伸】。

【产品语义学】研究产品语言的知识体系。其理论架构始于1950年德国乌尔姆造型大学的"符号运用研究"。美国工业设计师协会(IDSA)所举办的"产品语义学研讨会"中的定义是：产品语义学乃是研究人造物的形态在使用情境中的象征特性，以及如何应用在工业设计上的学问。它突破了传统设计理论将人的因素都归入人机工程学的简单做

法,拓宽了人机工程学的范畴;突破了传统人机工程学仅对人物理及生理机能的考虑,将设计因素深入至人的心理、精神因素。人们在购买、使用产品的过程实际就是对产品的解读过程,通过对显在的形态的语义符号的解读,进入隐藏在表层注释背后的意义象征,从而得到物质上和精神上的满足,完成从表层的实用功能到深层的文化积淀的转向。

【产品整体概念】全面、系统理解产品功能与产品特征的营销思想。消费者购买某种产品,不单是为了取得一件有形的、可以使用的物体,而且是为了取得实际利益和满足需要。中国学术界曾用三个层次来表述产品的整体概念,即核心产品、形式产品和附加产品。西方学者菲利浦·科特勒等更倾向于使用五个层次来表述产品整体概念。(1)核心产品。产品能为消费者提供某种效用和利益,从而使消费需求得到满足。每一种产品实质上都是为解决问题而提供的服务。这是消费者需求的中心内容。企业营销人员向顾客销售的任何产品,都必须具有反映顾客核心需求的基本效用或利益。(2)形式产品。核心产品借以实现的形式或目标市场对某一需求的特定满足形式。由5个特征所构成,即产品所具有的品质、外观、品牌及包装和特色等。产品的基本效用必须通过特定形态才能实现。营销人员应努力寻求更加完善的外在形式以满足顾客的需要。(3)期望产品。购买者在购买产品时期望得到的与产品密切相关的一整套属性和条件。(4)延伸产品。顾客购买形式产品和期望产品时,附带获得的各种利益的总和,包括产品说明书、保证、安装、维修、送货和技术培训等。(5)潜在产品。现有产品包括所有附加产品在内的、可能发展成为未来最终产品的潜在状态的产品。潜在产品指出了现有产品可能的演变趋势和前景。

【产品属性列举法】新产品开发的方法。将某种现有产品分解为若干属性(如电子计算机的属性包括存储能力、图像显示能力、软件的适用性、体积、重量、式样等),一一列出,然后寻求改进每一种属性的方法,从而改良这种产品。

【产品专门化策略】为不同细分市场有相同需求的顾客群提供同一产品的策略安排。

【产品专门系列】产品品种创新的途径。企业以一种产品为主或以某一功能为主进行专门的系统开发,形成产品品种系列。

【产品专业化】在可选择的几个产品中,专门生产一种产品提供给消费者的产品策略。采用这种策略可以使企业在某一产品方面树立较高信誉,市场容量也较大,但往往会受到替代产品和替代技术的威胁。

【产品组合】亦称"产品搭配"。企业生产或经营的全部产品线、产品项目的有机组合方式。优秀的企业通过产品组合形成总体品牌形象,在各类产品市场上形成总体营销的优势,达到产品组合的最优状态。产品缺少优秀组合时,公司的品牌形象会受到损害,出现所谓"盲目多角化"的状况。产品组合是根据企业的一定条件进行的,脱离自己的能力而过度追求产品组合优势,可能适得其反。产品组合与总体营销战略相配合才会有良好的效果。任何企业的产品组合一般都由其广度、深度及关联性构成。所谓广度是指企业产品组合中所包含产品线的多少。产品线越多,说明广度越大;产品线越少,则广度越小。所谓深度是指企业经营的每个产品线所包括的产品项目的平均数多少。平均项目越多,深度越大;反之则小。所谓关联性是指各产品线之间在最终用途、生产条件、销售渠道等方面的相互关联程度。例如,某电视机厂生产的产品都与电子有关,那么它的产品组合关联性就强;相反,实行集团式多角化经营的混合型公司,其各类产品线间的关联性则较小或毫无关联性。参见【产品组合广度】、【产品组合深度】、【产品组合关联性】。

【产品组合关联性】亦称"产品组合密度"。各产品线在最终用途、生产条件、分销渠道及其他方面相互关联的程度,即产品种类之间的一致性。一般而言,实行多角化经营的企业,因同时涉及几个不相关联的行业,各产品线之间相互关联程度较为松散,而实行专业化经营的企业,各产品线之间相互关联的程度则较为密切。

【产品组合广度】亦称"产品组合宽度"。企业生产经营的产品线的数目或经营项目。产品组合的广度越大,说明企业的产品线越多;反之,广度窄,则产品线少。增加产品组合的广度,扩大企业的经营范围,有利于企业更好地满足消费者的需要,扩大企业销售额,也有利于减少因经营单一种类的产品而带来的经营风险;但增加产品组合的广度要求企业增加投资,不能集中使用企业的资源,从而导致企业领导精力分散。缩减产品组合的广度能带来的利益就是使企业集中资源去经营那些赢利高的产品线,增大企业的投资收益率,但由于经营范围缩小,一旦消费者对单一品种产品的兴趣发生转移或对企业产生不信任感,就会使企业陷入经营的困境。因此企业在制定产品组合广度决策时应综合考虑企业内外多种因素。

【产品组合宽度】参见【产品组合广度】。

【产品组合密度】参见【产品组合关联性】。

【产品组合深度】企业的每一条产品线中各牌号产品所包含的具体品种、规格、花色、款式等的数量。产品组合的深度则越大,企业产品的规格、品种就越多;反之,深度浅,则产品就越少。专业商店经营的产品种类较少,但同一产品种类中规格、品种、花色、款式较为齐全,产品组合的深度则较大。企业增加产品组合的深度,可增加消费者对产品的挑选余地,有利于满足不同需求消费者的需要,但同时也会受到企业资源的制约,企业应考虑实际可能制订合适的产品组合深度决策。

【产品组合相关性】亦称为"产品组合一致性"。企业产品组合中各产品现在最终用途、生产工艺、分销渠道或目标市场等方面相似的程度,比如洗衣粉、洗发液、香皂这几条产品线都与洗涤去污有关,其产品组合就具有较强的相关性。

【成本降低新产品】新产品开发的基本策略。以较低成本提供同样性能的新产品。一般通过提升技术水平,加强成本管理,强化劳动效率,优化工艺过程,改变原料结构等手段,既提高产品的技术含量,又以比较低的物化成本而开发的新产品。

【冲动品】消费者没有经过计划而冲动购买的产品,如搁置在结账出口处的口香糖。

【仿制新产品】模仿市场上已有的产品企业首次生产的产品。这类产品,由于生产技术已公开,有能力的企业均可生产。因此,仿制品的竞争是全方位的,不仅限于产品的质量、价格,而且在售后服务方面的竞争也同样激烈。生产仿制品的企业应综合分析市场供求状况,分析竞争企业的实力,以尽可能减少或避免盲目仿制所带来的市场风险。

【附加产品】亦称"延伸产品"。消费者购买产品时随同产品所获得的全部附加服务与利益,从而把一个公司的产品与其他公司区别开来。包括由产品的品质保证、送货上门、安装调试、维修、技术培训、融通资金等服务带来的附加价值以及由产品的品牌与文化、企业的形象、员工技能与形象带来的价值等。在商品竞争激烈的现代社会里,附加产品也成为企业竞争的重要手段。正如美国著名营销专家李维特所言:"未来竞争的关键不在于工厂能生产什么产品,而在于该产品提供的附加价值:安装、维修、用户咨询、购买信贷、及时交货和人们以价值来衡量的一切东西。"

【改进新产品】采用各种改进技术,对原有产品的品质、特点、花色、款式以及包装等做一定改变与更新的产品。改进后的产品或性能更加良好,或结构更加合理,或精度更加提高,或特征更加突出,或功能更加齐全。主要特征大多表现为产品使用功能的改进、规格型号的多样化和花色款式的翻新。这类产品与原有产品差别不大,容易为市场迅速接受;但竞争者易模仿,因此,此类新产品的竞争要比上述两类产品更为激烈。这类产品一旦进入市场,比较容易为消费者接受,也容易被竞争者所模仿。大多数公司实际上着力于改进现有产品,而不是创造一个新产品。在日本的索尼公司,80%以上的新产品创新都是改进和修整其现有产品。

【概念测试】对一个新的构思进行调查测试,以检验它是否能符合原先的设想效果。概念是指某种构思或者创意。一个新产品的构思就叫产品概念。一个广告创意构思就叫广告概念。新产品概念可用符号或实物的形象提供给消费者。市场营销人员正在寻找新办法,使产品概念更接近于概念测试标的。

【概念产品】具备独特的销售主张(USP)的产品或是具备独特消费观念的产品,可提升品牌形象更能够给企业带来巨大的经济效益。概念产品的推广的基本原则:(1)选择"概念"的原则。①市场适应性。即消费者的适用性。必须经过严密科学的调查分析,明确目标消费者并能够满足目标消费者的需求,了解市场潜力及市场容量。②不可跟踪性。企业必须设立壁垒,以确保自己能够成为这一概念的最大受益者。③延伸性。将一个产品延伸为一条产品线,增强品牌整体竞争力,占领更多的市场份额。(2)概念产品的原则。①核心概念原则。②全新产品原则。(3)宣传产品概念的原则。①对比宣传原则。对比产生价值,需要进行效果对比、过程对比、消费者心理感觉对比等。②信任支持原则。企业必须通过各种方式对概念产品进行证明,以防受到攻击。

【感情型消费心理】消费者希望自己的购买和消费商品的行为符合其感情需要的一种心理状态。这类消费者一般感情丰富细腻,想象力和联想力丰富,容易激动,情感体验深刻,审美能力强,在购买商品时容易受感情的影响,也容易受广告宣传的诱导,常以商品的品质是否符合其感情需要来决定自己的购买行为。

【革新产品】那些已经投入市场,而根据消费者需要,重新采用各种科学技术进行较大革新、改造后的产品。革新产品的特征及其价值，并不在于要改变或增加产品的使用功能，而在于影响和改变人们使用这种产品的习惯与方式，突破产品使用的时空限制。在这一方面，日本企业的产品革新给我们提供了很多较好的例子。

【核心卖点】产品核心价值的外在表现，是传递给消费者的最重要的产品信息。一个好的产品核心概念不仅可以使你的产品和其他产品区别开来，而且对产品的传播、销售、品牌树立有着不可估量的拉动效应。相反，缺乏好的核心概念往往会给产品带来致命的伤害。在产品设计中，产品核心概念的提炼就显得极为重要。

【黑色商品】亦称"棕色商品"、"褐色商品"。一种按照产品外型色彩的分类。曾经指的是老式收音机、电视机和留声机等被装入包装箱的耐用消费品。现在意义上的黑色商品是指音响、摄像机、家庭影院、DVD 等家用电器。黑色商品通常与白色商品对照使用，多用黑色或灰色外包装。

【红色商品】人们对快流量消费品的一种说法。可以与绿色商品和橙色商品进行比较。

【互补品】一种商品价格的上涨（下跌）导致另一种商品需求量下降（上升）的互补关系。如果速溶咖啡价格的上升，造成咖啡消费减少，可以预期方糖的消费也会减量，因为很多消费是咖啡和方糖一起使用的，它们是互补品。互补品的极端案例就是完全互补品，如左鞋和右鞋就是完全互补品。

【换代新产品】在原有产品的基础上，部分采用新技术、新材料、新结构制成，在性能上有显著提高的产品。这类新产品与原有产品相比，由于性能有显著改善，因此具有较好的市场潜力，但消费者对这类产品的接受通常需要有一个过程。

【经验曲线】当某一产品的累积生产量增加时，产品的单位成本趋于下降。经验曲线的根本原因在于劳动生产率的提高、工艺的改进和工人技术熟练程度的提高。

【快餐】品种有限、按产品标准化的菜单生产、在自助式柜台上向客户提供的、可以在店里吃或带走的食物。快餐店有四个主要特征：（1）店内要明亮、简洁而且干净；（2）员工训练有素，不但活泼开朗，并且乐于助人；（3）食品的质量稳定；（4）店面经过授权加盟。

【快流量消费品】经常被重复购买的商品。大多是在超市销售且很快被买走的消费品。快流量消费品需要有一定量的店内存货以便销售随补。无论何时，在路上运输的快流量消费品都比在其他任何地方多。

【扩大产品组合】产品组合策略的一种。包括拓展产品组合的宽度和加强产品组合的深度。前者是在原产品组合中增加一个或几个产品大类，扩大经营范围；后者是在原有产品大类内增加新的产品项目。企业在预测现有产品大类的销售额和利润额在未来一段时间内有可能下降时，应考虑在现行产品组合中增加新的产品大类，或加强其中有发展潜力的产品大类；当企业打算增加产品特色，或为更多的细分市场提供产品时，则可选择在原有产品大类内增加新的产品项目。一般而言，扩大产品组合，可使企业充分地利用人、财、物资源，分散风险，增强竞争能力。

【雷同产品】刻意模仿成功竞争对

手的产品,即市场上与已有产品没有任何区别特征的产品类型。雷同产品可以看做是被复制的产品市场营销成功的信号。.

【联合分析】用以测评产品的属性特征中各种特征组合力度的方法。目的是为了寻找最受消费者喜爱的商品组合设计。通常用于新产品开发阶段的调研。

【绿色产品】无公害的环保产品。绿色产品的开发是绿色营销的支撑点,面对大量的商机,企业要从市场需求出发,及时开发绿色产品。生产绿色产品要使用无公害、易分解的新能源、新资源;要采用新技术、新设备,节能降耗;要力求资源的回收再生,提高资源利用率;还要考虑产品的使用安全与使用后的废弃物无环境污染。同时,企业经营者应具有敏锐的嗅觉,及时收集绿色信息,充分了解国际国内的绿色需求,开发出符合国际潮流的绿色产品。在产品设计上,应着眼于资源的有效利用和废物的有效处理;在产品生产过程中立运用"清洁技术"实现"清洁生产";在产品的包装上,企业应积极改进包装技术、材料,采用无污染的绿色包装。同时,企业应积极申请产品的环保标志,树立企业及产品的绿色形象,扩大知名度,创造绿色品牌。

【耐用品】可以多次使用或长期使用的产品。产品的分类方法之一。根据其耐用性和实质性,将产品分为三大类:耐用品、非耐用品和服务。耐用品指能够使用三年以上的有形产品。一般需要较多地采用人员推销和服务的形式,它应当获得较高的利润,需要销售者提供较多的担保条件。

【疲软产品】已经进入衰退期,销售量连续下降,利润也持续下降乃至亏损不能给企业带来赢利的产品。要注意区分的是,疲软产品是指已经进入衰退期的产品,但已经进入衰退期的产品并不一定是应该马上淘汰的疲软产品。

【期望产品】消费者在购买产品时期望得到的与产品密切相关的一整套属性和条件。主要包括产品的科技含量高;产品的性价比高;产品的安全性能高等。

【潜在产品】包括所有附加产品在内的、可能发展成为未来最终产品潜在状态的产品。展示了现有产品的可能的演变趋势和前景。

【强行关系法】新产品开发的方法。列举不同物体之间的关系,引发联想,得到更多的新创意。

【全新产品】采用各种新技术、新材料、新设计或新工艺所制成的前所未有的崭新产品。该类产品对企业和市场来说都是崭新的,成本高,风险大。全新产品的市场投入往往可能会带来人们生活方式和企业生产方式的改变,对社会经济的发展会产生重大的影响。全新产品的开发需要投入大量人力、物力和财力,且一般需要经历相当长的开发周期。对绝大多数市场经营的企业来说,将是不容易办到的事情。一般来说,在所有"新产品"中只有10%是真正属于创新或新问世的产品。

【全新新产品】亦称"无可置疑的新产品"。运用新理论、新技术、新结构和新材料制造而成的新产品。该类产品开发极为艰难。往往包含着发明创造,通过科技领域的重大突破才能成功。据统计,近100多年来,全世界公认的新产品只有近50项。对绝大多数企业来说,是很难研制和生产出全新新产品的。但一旦开发成功,就会给企业带来巨大的利益。

【日用品】消费者经常购买的日常消费品。

【日用消费品】日常生活所需要的各类消费品的统称。日用消费品成本相对比较低,产品差异较小,高科技技术含量有限,单位价值与耐用消费品相比而言相对比较小。人类的生活有着丰富的内容,分别由不同的物品来满足,但最经常和大量使用的是日用消费品。日用消费品种类繁多,包括衣、食、住、行等所需要的一切物品,与人们的生活关系极为密切,为每一个家庭或个人所需要,故需求量巨大,它的生产和销售直接关系到居民的生活。努力发展日用品生产,制定和实行合理的日用品价格,对稳定和提高居民生活水平有重要作用。

【时尚商品】极度注重风格和设计的一类商品。女士服装最能说明这个问题。对这类上架时间很短的商品进行营销需要特殊的技巧。

【市场倒逼法】新产品开发的方法。企业在确定研发一项新产品时,根据市场的实际状况,在新产品研发的品类、数量、性能、成本、周期上对企业的产品研发机构进行逆向指导。

【市场新产品】能给予消费者新的满足的产品。市场营销中的新产品,包括四种类型:(1)独创型新产品。主要指采用新原理、新结构、新技术、新材料等制成的产品。这类新产品是前人根本没有的,因而发明很不容易,一般需大量的人力、财力和很长的时间进行研制,且失败率相当高。但一旦研制成功并投入使用,将会对人类社会生活产生重要影响。在一般情况下,这类新产品主要适合资力雄厚、技术力量强大的大型企业开发。(2)换代型新产品。主要指在原有产品的基础上,部分采用新技术、新材料制成的性能有显著提高的产品。这类新产品比原有产品先进,能取代其地位,适合于资力较雄厚、技术力量较强的企业开发。(3)改进型新产品。主要指对现有产品在品质、规格、型号、花色、式样、包装等方面进行技术改进的产品。这类新产品虽只做较小的改进,但能给消费以新的利益或更大的便利。适合于具有一定资金和技术力量的企业开发。(4)仿制型新产品。仿照市场上已有的、但在本地区或本企业首次生产的产品。这类新产品没有在技术上做任何变动,完全仿照市场上已有产品生产的,因而开发较易。一般说来,那些资金不足、技术力量薄弱的中小型企业适宜开发此类新产品。

【数字商品】数字商品的种类有很多,除了计算机软件之外,音乐、影片、书籍,这些所谓的传统内容被数字化电子化成为计算机可处理的档案之后,就形成了数字商品。原先这些数字商品也是透过有形的载体来贩卖的,比如说音乐光盘、电影 VCD 或 DVD 等等。因特网兴起之后,计算机软件流行在网络上贩卖,而其内容在网络上免费地疯狂地传递,让原有的版权所有者无不伤心泣血。

【双向延伸】产品延伸策略的一种。即原定位于中档产品市场的企业掌握了市场优势以后,决定向产品大类的上下两个方向延伸,一方面增加高档产品,另一方面增加低档产品,扩大市场阵地。在现代市场经济的条件下,企业的产品大类具有不断延伸的趋势。生产能力过剩会促使企业不断开发新的产品品目;推销人员和经销商也渴望产品种类更加齐全,以满足顾客多方面的需求。但是,产品组合并非越长、越宽、越深越好。实施产品组合策略时，要特别注意这一点。

【缩减产品组合】产品组合的一种。在市场不景气或原料、能源供应紧张的条件下，企业调整产品开发规模的策略安排。主要是从产品组合中剔除那些获利很小甚至亏损的产品大类或产品项目，使企业可集中力量发展获利多的产品大类和产品项目。一般情况下，企业的产品大类有不断延长的趋势，原因主要有：生产能力过剩迫使产品大类经理开发新的产品项目；经销商和销售人员要求增加产品项目，以满足顾客的需要；产品大类经理为了追求更高的销售利润，增加产品项目。但是，随着产品大类的延长，设计、生产、仓储、运输、促销等费用也随之增加，如果不及时缩减产品组合，反而会减少企业的利润。

【误舍错误】产品开发思想方法。一个公司错过了某一有错误但能改正的好创意。

【误用错误】产品开发思想方法。发生于公司容许一个有错误但创意投入开发和商品化阶段。

【新产品】与市场已有产品在结构上、性能参数上、外观上完全不同的产品。一般认为，只要在功能或形态上得到改进与原有产品产生差异，并为顾客带来新的利益，即视为新产品。包括：国内外或本地区从未生产过、首次试制的全新产品；在原有产品的基础上，为满足市场新的需要采用新技术、新材料、新结构制造的换代新产品；在现有产品的基础上，改进参数性能，变化规格、型号和花色、款式，以满足不同市场需要的改进新产品；特定企业仿照市场上的已有产品做了部分改进而推向市场的本企业新产品。也可以概括为以下类型：（1）真

正创新的产品。首次在市场上出现，能满足消费者某种新的或潜在的需求而不同于其他产品的产品。它往往是采用了新技术、新发明或新材料，具有新原理、新结构、新功能等特征。（2）改变性替代产品。经过某些程度的变化，与市场中原有产品相比有了某些程度的差异，并且能替代或改变原有产品的用途和功能。（3）相对性新产品。某产品对甲公司而言虽不是新产品，但对乙公司来说却可能是新产品；或者相对甲市场不是新产品，而在乙市场从未上市，也可称为新产品。参见【全新产品】、【换代新产品】、【改进新产品】、【本企业新产品】。

【新产品创新标志】成为新产品并且能够吸引消费者的功能体现。（1）创新的相对优势。即新产品优于现行产品的程度。新产品相对优势越明显、越突出，被顾客采用的速度就越快。（2）创新的一致性。即新产品与社会、个人价值观、经验等相吻合的程度。微波炉是一种新型的厨房用具，不仅使用方便，而且价格也合适，本应容易被推广，但事实上是它出现30年后才被广泛应用，原因就是它与人们的传统观念和消费习惯差距较大。（3）创新的复杂性，即人们了解和使用新产品的相对困难程度。技术性能简单、易学易用的新产品，人们更容易接受和采用；比较复杂的新产品，其推广所需的时间就相对较长。（4）创新的关联性。即新产品在一定的基础上，可与其他产品联系的程度。例如向手机用户推广短信业务，手机业务和短信业务有很密切的关联程度，故短信业务很快就会普及和推广。

【新产品创意】一种能够满足消费者某种需要或欲望的产品或服务的构想。是产品开发思路不断延伸和探索的

结果。好的新产品创意来源于正确判断和好的创意方法。新产品创意的主要来源包括:(1)顾客。通过调查,了解消费者或用户对现有产品的购买、使用、印象、意见等,可以对现有产品的各种属性加以改造,从而得到不同的新产品创意。(2)竞争者。分析竞争者产品的成功与失败之处,获得新产品创意。(3)科研机构。科学实验中新原理、新工艺、新材料的发明、发现,往往是开发新产品的突破口。(4)企业销售人员。他们经常与消费者、用户接触,与竞争者的产品接触,因而对市场需求和竞争动向最了解。(5)企业高层管理人员。他们站在整个企业的角度观察市场、考虑战略和考察新产品开发,从中往往可以悟出不少的新产品创意。(6)市场调研机构和广告公司等商业机构。他们对消费者、用户的偏好及发展趋势较为了解,而且信息都是在深入调查、分析之后所得,比较真实和科学。

【新产品创意筛选】新产品开发的基本环节。其目的是尽可能早地发现或放弃错误的创意。经过粗略的分析,要求把创意分为三种:有前途的创意、暂时搁置的创意和放弃的创意。只有有前途的创意才能进入全面筛选程序。在进行筛选时要避免发生两种错误:误舍和误用。误舍会使企业失去市场发展的机会;而误用则可导致产品开发的失败。筛选工作的步骤:(1)把新产品创意填入一张标准的表格内,表格内包括产品名称、目标市场、竞争状况,以及粗略推测的市场规模、产品价格、开发时间和开发成本、制造成本、报酬率。(2)根据一套标准来检查每一个新产品创意。如果一个创意对技术、市场、质量、竞争力、品牌力等问题的回答不令人满意,则应该放弃。

【新产品工业设计原则】新产品开发的核心要素。新产品的生命力取决于工业设计的创造力。在工业设计过程中,必须掌握的原则包括:(1)创新原则。新产品作为一种成果,是具有新颖本质的创造性思维的产物,离开了创造性思维的创新活动,就无法产生新产品。(2)人体工程学原则。进行产品设计时,要考虑到人体的结构,以及人的感觉、知觉和运动特性等,使产品在供给消费者使用时灵活方便、强度适宜,能保持心率、血压等生理状态的正常,减少疲劳,避免因人的机体负荷过重而引起厌烦心理和紧张心理。(3)形式美原则。即实际设计产品的形状、颜色、包装等方面要强调美学特征。产品的功能、结构和形式之美是紧密相关的,形式美直接影响使用者的视觉、感觉和情绪,影响产品的使用效果,具有招徕价值,能刺激购买、激发消费,提高产品的竞争力。

【新产品开发】新产品开发包括:新问世产品、新产品线、现有产品线的补充、现有产品的改造以及对现有产品开发新的用途。一般新产品开发遵循原则有:以市场为导向、选择有特色的产品、以企业的资源为依托,还要具有经济优势。新产品开发的方法包括:(1)产品属性列举法:将现有某种产品的属性一一列举出来,然后寻求改进每一种属性的方法,从而改良这种产品。(2)强行关系法。列举若干不同的物体,然后考虑每一个物体与其他物体之间的关系,从中引出更多的新创意。(3)顾客问题分析法。首先调查顾客在使用某种产品时所发现的问题或值得改进的地方,然后对这些意见进行综合分析整理,转化为创意。(4)召开主意会:企业管理人员召集若干有关方面的人员和专家一起座谈,寻求创意。企业主管人员在会前提出一些问题,让参加座谈会的人员事先考虑、准备,然后在座谈中交流各自的想法。座谈会要畅所欲言,以争取得到尽可能多的创意。(5)群辩法。企业的主管人员挑选若干性格、专长各异的人员座谈,自由交换看法,无拘无束地讨论,以发展新的构想,发生更多的好创意。

【新产品开发程序】新产品开发必需的工作过程。主要阶段包括:(1)构思产生。为满足新的需求而提出的设想,是对潜在新产品的基本轮廓结构的设想。寻找新产品构思是新产品开发的基础和起点。企业通常可以通过顾客、技术人员、专家、竞争对手、销售人员、中间商和高层管理者等几个渠道获得新产品构思。(2)构思筛选。挑选、保留少数几个符合本企业发展目标和长远利益、与企业资源相协调的产品构思的过程。筛选的原则:可行性原则,包括经济上的、技术上的和政策法规上的可行性;效益性原则,要能使企业获得较高的经济效益;适应性原则,新产品开发工作必须与公司现有的研发力量、生产力量、销售力量以及顾客需求相适应,与公司长期目标一致。(3)产品概念的形成和测试。新产品概念是企业从消费者的角度对产品构思进行的详尽描述。概念测试指了解一群能代表未来新产品的目标市场的消费者对新产品概念的反应过程。(4)营销战略。企业把新产品引入市场营销计划。包括:描述目标市场的规模、结构和顾客购买行为、产品定位,以及在开始几年内的销售量预期、市场占有率和利润目标;概述产品第一年的预定价格、分销策略与营销预算;描述预计今后

的长期销售额、利润目标和营销组合策略。(5)商业分析。即经济效益分析,是在初步拟订营销计划的基础上,审查新产品概念的未来销售额、成本和利润计划,从财务上进一步判断它是否符合企业的目标。(6)产品研制。研究开发部门及工程技术部门将新产品概念发展成为实体产品的过程。(7)市场试销。在更真实的市场环境中对产品进行试验,以了解消费者和经销商对销售、使用和再次购买新产品的实际情况以及市场规模的过程。(8)商品化。在对市场试销获得的信息进行分析后,若决定最后推出新产品,企业就需决定新产品在何时、何地、向何人以及如何推出。

【新产品开发流程】新产品开发必须经过的环节。一般流程包括:了解企业优势→开发新产品→采购→加工制造→市场营销→顾客。以顾客为中心开发流程则为:顾客→市场营销→构思的选择→研究开发→采购→加工制造→市场营销→顾客。

【新产品商品化过程】新产品的商业推广。新产品从实验室成为畅销产品的工作程序。关键问题是企业科学选择新产品进入市场的时机、进入地域、目标市场和营销策略。(1)必须分析何时是新产品推出的最佳时期。当存在竞争者的条件下,就面临三个选择:即首先进入、平行进入还是后期进入。企业应权衡利弊择其一而为。(2)投放新产品区域选择。必须对不同市场的吸引力做出评价。其主要评价标准是:市场潜量、企业的当地信誉、渠道建设的成本、该地区研究数据的质量、该地区对其他地区的影响和竞争渗透。(3)新产品的目标市场。最早的促销对象应该是最有可能购买的一个群体,由这些创新使用者带动

其他群体。最理想的潜在顾客,一般具有下列特征:创新使用者、喜欢冒险、可能是大量使用的用户、对新产品颇有好感、是某一方面的"意见领袖"、有宣传影响力、向他们促销和分销的成本不高、对价格敏感。(4)营销策略。新产品开发过程自始至终要有营销活动参与,企业必须制定把新产品引入扩展市场的实施计划,新产品营销预算也要合理分配到各营销组合因素中,时机不同,地域不同,营销重点也不同。

【新产品设计方法】新产品开发的思维方法、技术方法、市场方法和产品方法的结合体。是决定产品生命力的方法论基础。主要方法包括:(1)正反列举法。通过改变已有事物的因果关系来引发新产品的设想和思路。现实社会,往往都具备正反两方面的意义,正反列举将事物的因果关系反转。(2)系列延伸法。属于纵延横伸的常规线状设计方法。思维方式是按纵线向前或向后延伸,或是按横线向左或向右延伸,从而设计出新产品。企业利用现有产品,在多品种、多用途延伸上下工夫,从而形成自己的产品系列。(3)差异渐变法。企业在原有产品的基础上,开发出系列新产品或相互补充的新产品,在功能、外形上有一些微小的变化,产品容易被消费者接受。(4)移植组合法。将其他事物的特长和功能合理地移植组合到另一种产品上,设计出新产品。(5)逆向开拓法。要求打破人们的习惯思维方式,在异中求特,标新立异,创造出质量好的、有别于他人的产品。

【新产品试销】新产品开发的基本程序。新产品的试销就是在更符合现实环境的条件下,推出少量正式生产的新产品,以了解消费者或用户、中间商的反应和市场的大小,进一步完善新产品开发策划方案和对策。消费者试验由潜在顾客对产品概念、样品或实体模型的内、外质量进行评估,主要目的是收集市场反应,验证产品概念的准确性,确保新产品大规模投入市场的安全性,减少产品的上市风险。大多数新产品上市都有一个试销期,特别是消费日用品。一般而言,选择性较强的产品应当试销,因为消费者可能提出企业未曾料想到的问题;销售前景不甚明朗及投资较大的新产品,成败难以把握时,更要进行试销。

【新产品试销计划】新产品开发的基本程序。对新产品试销工作的全面安排。(1)确定新产品的试销区域和布点。是城市还是农村? 东西南北中什么方位? 如果选择城市试销,选择多少? (2)明确试销的具体地点。比如在一个城市试销,那么选择高收入、中等收入还是低收入水平的地区? (3)确定试销期的长短。试销期的长短要考虑产品重复购买的时间间隔、竞争者情况以及试销费用等因素决定,一般以不使竞争者夺取发展该产品的市场时机为好。

【新产品推广计划】新产品开发的基本程序。新产品推广是向潜在顾客介绍新产品特色,促使他们认识和接受,以及分析他们拒绝新产品的原因并改进市场营销战略的过程。从顾客一方来说,新产品推广是他们对新产品的采用过程。一般来说,新产品采用会经历以下五个阶段。(1)知晓。顾客对该创新产品有所觉察,但缺少关于它的信息。(2)兴趣。顾客受到激励,寻找有关该创新产品的信息。(3)评价。顾客考虑试用该创新产品是否明智。(4)试用。顾客小规模地购买、试用该创新产品,以形成对该创新产品的评价。(5)采用。

顾客决定全面和经常地使用该创新产品。

【新产品研制方案】 新产品开发的关键程序。产品由概念进入实际研制过程的实施途径与措施。一般情况下，一个新产品要经过小试、中试和终试三个过程。企业要试制出新产品样品或实体模型。样品生产要经过设计和实验、再设计和再实验的反复过程，还要进行品牌和包装设计，一直到符合生产和市场营销的要求为止。若是实体模型，既要具备产品概念中所描述的特征，又要以经济的成本和可行的技术制造出来。产品样品经过实验室试验以后，还要经过消费者或用户的试用，以帮助企业进一步修改产品设计，确定新产品是否值得投入市场。如果新产品经过这一阶段被保留下来，生产就可以开始。先生产足够数量的试销产品，或越过试销阶段直接投入市场正式销售。

【新产品营销战略计划】 新产品开发的基本环节。是新产品引入市场的必要准备。并在以后的发展阶段中不断完善。主要包括：(1)描述目标市场的规模、结构、消费者的购买行为、产品的市场定位以及开始几年的销售量、市场占有率、预期利润率等。(2)概述产品的预期价格、分销渠道及第一年的营销预算。(3)描述新产品预期的长期销售额和利润目标，以及不同时期的市场营销目标。(4)描述新产品的品牌宣传与品牌培育。(5)描述新产品的市场推广和媒体选择。(6)描述新产品的国际化能力。

【延伸产品】 购买者在取得产品后或使用产品过程中所能获得的进一步利益与服务的总和。主要包括运送、安装、调试、维修、产品保证、零配件供应、技术指导等。消费者购买产品的根本动机是为了满足某种需要，这一需要是综合性、多层次性的。企业必须提供综合性的产品和服务，才能充分满足顾客需要。企业只有向顾客提供效用更好、更完善的整体产品，才能在竞争中取胜。情况表明，新的竞争并非是各公司在其工厂中所生产的产品，而是附加在产品上的包装、服务、广告、顾客咨询、资金融通、运送、仓储及其他具有价值的形式。人们需求日益多样化，企业生产和销售产品必须重视消费者对产品的式样、色调和包装等的需求，为顾客提供更多的附加利益。

【应急品】 当消费者的需求十分紧迫时购买的产品。

【棕色商品】 "白色商品"的对称。多为棕色外壳的耐用消费品。目前，棕色商品越来越多地具有黑色或灰色外壳，因此棕色商品这个说法便逐渐被弃用。参见【黑色商品】。

第十一篇　品牌

【品牌】用来识别某一卖主(或群)的货物或劳务的名称、名词、符号、设计及其组合。品牌是由多种名词组成的一个总名词,主要包括:(1)品牌名称。即品牌中可以用语言表达的部分。(2)品牌标志。即品牌中可以辨认但不能用语言称呼的部分,包括符号、设计、颜色等。(3)商标。即企业在政府工商管理部门登记注册,用来区别不同厂家生产的同种产品的一种标志,它是产品的品牌或品牌的一部分,该企业享有专用权并受到法律的保护。(4)品牌化。即企业为某产品规定品牌名称、品牌标志,并向工商行政管理部门注册登记的一切业务活动。作为品牌的要点,除了是向买方提供一系列特定的特点、利益和服务外,它还传达了如下内容:(1)品牌属性。品牌所能带来的主要的品性,是工艺精湛,还是实惠耐用。(2)品牌利益。上述主要品性能被转换成情感利益和功能。(3)品牌价值。体现了制造商的价值观。(4)品牌文化。由企业文化、产品文化、商品文化凝聚的市场文化。品牌具有如下特征:(1)品牌可以暗示产品的特性或性能,使顾客有鉴别的根据。(2)强势品牌可以排挤其他品牌,使顾客通过购买达到某种程度的心理满足。(3)利用品牌的特殊背景和条件,可以达到差别定价的目的。(4)品牌经过注册登记后,可以保护本品牌,对抗仿制品。

【品牌标志】品牌中能够识别、又不能用语言直接读出的部分。它的主要功能是产生视觉效果。品牌标志作为工业革命时代的产物,基本作用在逐渐发生着变化,它不仅是企业品牌的商业化识别和企业核心价值的负载符号,而且成为在社会和行业内传播企业特性和角色的某种识别。以客户为终极目标的经营哲学成为品牌标志变革的指导思想,现代企业识别已经成为产品或服务与消费者之间沟通的组成部分,以往被用来持久反映行业属性的品牌标志已经无法传递出新经济时期所需要的服务、人性和客户关系等内容。现在,传统企业的品牌也开始改变或建立新的品牌体系,以适应不断变化着的市场需求。

【品牌差异】品牌的基本属性。在众多竞争者中使自己的产品成为独一无二的市场专有身份。通过向消费者或用户提供一组特定的特点、利益和服务,并通过申请法律保护(即成为商标),建立起持久性的差异化特性。由于品牌是一个复杂的符号标志系统,差异性应该包括:(1)属性。(2)利益。属性转换成功能和情感利益:如属性"耐用"可以转化为"我可以用很长时间"的功能利益;而属性"昂贵"则可以转换成"这东西体现了我的重要性和令人羡慕"的情感利益。(3)价值。品牌还体现了制造商的某些价值观。(4)文化。品牌象征了一定的文化。(5)个性。品牌代表一定的个性。(6)使用者。品牌还暗示出购买或使用这种产品的消费者。

【品牌意识】企业对品牌进行定位、运营以及创新的一种战略性理念。它是一个企业的品牌价值观、品牌资源观、品牌权益观、品牌竞争观、品牌发展观、品牌战略观和品牌建设观的综合反映。

【品牌营销】个人和群体通过创造品牌价值,并同他人交换以获得所需所欲之物的一种社会及管理过程。品牌营销的过程就是发现企业市场(消费者)对企业品牌需求并通过创造品牌价值去满足这种需求的过程。品牌营销应该既注重自身品牌的建立与品牌资产的积累,还强调在品牌经营过程中对促进销售的作用;同时还要使品牌能满足消费者的识别需求和情感需求。品牌营销的要素包括:(1)品牌的内在构建。即企业品牌的内在培养。企业品牌的内涵要素是企业经营理念、经营方式、经营方针、服务理念、服务特色、服务质量等方面的有机结合。品牌营销则是在充分了解消费者需求的基础上,塑造契合消费者需求的企业品牌内涵,使消费者对企业品牌产生认可和好感,进而形成品牌忠诚。(2)品牌的外在传播。企业品牌的外在传播一方面是借助于广告、公关宣传等促销手段来达到目的。通过这些措施,企业可以向目标受众宣传自己的品牌:品牌形象所代表的企业实力和信誉;品牌内涵与消费者需求的一致之处;给消费者带来的正面积极的情感体验和象征等。另一方面还可通过企业员工和顾客之间的人际接触来实现品牌的外在传播:员工积极主动地与顾客进行交流,了解顾客的偏好与需求,为顾客提供优质服务,提高了顾客的满意度,从而使顾客对企业的品牌留下深刻印象,企业的品牌形象也得到了提升。(3)品牌的深度扩展。在上述两者的基础上,企业品牌进一步从现实顾客向潜在顾客扩展,营销中的口碑效应开始显现:企业的良好品牌形象通过现实顾客的消费和体验被潜在顾客所认知,许多抱着尝试心理的潜在顾客转化为现实顾客。

【品牌文化】品牌中所内在具有的文化底蕴、文化品位、文化意识。追求品牌的文化特性是现代企业吸引消费者、优化品牌形象、提高品牌生命力的重要途径。建立一种清晰的品牌定位,在品牌定位的基础上,利用各种内外部传播途径形成受众对品牌在精神上的高度认同,从而形成一种文化氛围,通过这种文化氛围形成很强的客户忠诚度。这种忠诚度是将物质与精神高度合一的境界,人物合一是对品牌文化的总结。它代表了某一种人群的生活方式、价值观和个性。品牌文化其实是一种价值观、一种生活方式和习惯,它的魅力就在于它不仅仅提供给顾客产品或服务,而且帮助顾客去实现他们的梦想。

【品牌营销组合】组合方法在品牌营销中的应用。越来越多的品牌带来了复杂性成本,影响从产品开发、采购(更多研发资源)、制造、分销(要协调更多的人员计划)、销售、渠道管理(更多的培训和品牌让销售队伍无法集中精力)到营销活动(营销供应商和代理商之间的协调工作)的整个产品生命周期。需要采取灵活的组合方法,对满足需求所产生的经济效益以及新品牌对现有品牌的适应度进行培育与塑造。在实现品牌组合目标时一般有两种选择:(1)可以重新定位已经对目标细分客户失效的品牌,整合两种或多种针对同一细分客户存在彼此竞争的成熟品牌,或淘汰耗用资源超过所能提供资源且基本扭亏无望的品牌。品牌重组不涉及开拓新客户;品牌重组指的是更换目前为客户提供的品牌。(2)通过推出新品牌、从其他公司收购品牌、获得品牌使用许可或重新定义现有品牌针对新的消费群等方法,来改变品牌组合,以推动增长。品牌组合可以通过三种途径实现:(1)创造新品牌;(2)品牌兼并;(3)品牌联盟。通过兼并与联盟创造品牌组合是品牌领域新近出现的一个现象,似乎成为大公司扩展市场的首选方式。

【品牌战略】以建立强势品牌、创造品牌价值为目标的企业经营战略。品牌是可以提升产品附加价值的产品或企业形象,是企业综合价值的体现。大凡知名企业都有自己的特色与专长,由此形成了独特的品牌。企业经营只有提供优质的个性化服务,树立自己的品牌,才能赢得市场,办强企业。(1)个性化服务。个性化服务体现为其经营特色,体现为其适应市场的特殊产品。企业经营要根据自身拥有的资源,在深入研究市场的基础上,建设有自己特点的一系列产品,逐渐形成自己的特色和专长。(2)品牌服务。要想在企业林立的市场方阵中崭露头角,企业经营必须不断打造自己的拳头产品和品牌产品。集中力量,锻造品牌与特色 不失为一种明智的选择。(3)宣传包装。对产品进行宣传包装已成为现代市场大多数企业的共识。生存于市场经济发展的信息时代,企业经营要不断创新经营理念,在注重产品质量的同时,更加注重自身的宣传和包装,打造具有良好信誉的品牌,以利于进一步发展壮大。

【品牌知名度】亦称"品牌认知度"、"品牌知晓度"、"品牌熟悉度"。一个品牌被目标市场(或总人群)知晓的程度。用目标市场(或总人群)中知道该品牌存在的人数百分比来表示。考察知名度可以从三个不同角度进行:公众知名度、行业知名度、目标受众知名度。公众知名度,是指品牌在整个社会公众中的知晓率。行业知名度,是指品牌在相关行业的知晓率或影响力。

目标受众知名度,是指品牌在目标顾客中的影响力。

【品牌畅销度】品牌在市场上的销售状况。是品牌生产力的反映,也是营销网络是否健全科学的评价指标。打造品牌的同时,必须建立科学的营销网络,综合运用促销组合方式,在促进产品的营销时,将品牌信息传递给广大消费者,扩大并加深消费者对品牌文化及其内涵的了解。

【PB】Private Brand 的缩写。零售企业自己策划开发并贴有本公司特定商标的商品。实行 PB 战略有三大优势:(1)流通环节减少,流通成本也因此降低。一般 PB 商品的定价比生产厂商的同类产品要低20%~30%。(2)构造了零售业中流通企业主导下的生产体制,拉近了消费者和厂商的距离,能适时、适量、适需地提供消费者需要的商品。(3)有助于提高企业的知名度,增加无形资产,提高竞争力,包括与供应商竞争的能力。

【背书品牌】出现在某个产品品牌或者服务品牌后的支持性品牌。某张票据的收款人或所有者在转让票据时,需要在票据背面书写相关事项和签名。这种手续称之为"背书",转让人称之为"背书人",接受者称之为"被背书人"。取其信誉之意,后在经济界被广泛引申应用。背书品牌就相当于"背书人",背书的相当于"被背书人"。为了便于理解,有时背书品牌叫做"父母品牌",被背书的叫做"子品牌"。在品牌应用上,向消费者确认,品牌产品一定会带来所承诺的功能优点,该品牌背后的公司是一个实质的、成功的组织,该组织只可能生产优秀的产品。当一种产品是全新时,背书品牌策略显得更有意义。背书品牌优势包括：（1）帮助企业快速切入目标市场。（2）更完整、突出地凸显独立产品品牌个性。（3）全新产品的再保证。任何情况下，象征性托权人都不会占据中心位置，受托品牌才需要特写。（4）规避和降低企业经营风险。消费者在实际购买产品的过程中，对于品牌的认同往往会因为其背书者的效应而改变。这种消费者的心理需求正是需要企业在树立美好的企业、品牌形象的同时，兼顾背书品牌形象的原因之一。

【产品品牌】参见【品牌】。

【产品线品牌】产品线品牌结构形态。表现为给一条产品线取的品牌名，该品牌被产品线中所有产品使用，或者被产品线中多个产品使用。

【产品线品牌扩张策略】品牌扩张跨越产品线，不同产品线中的产品使用同一品牌。企业品牌扩张使用产品线品牌扩张策略，也要寻找一定的前后相关性，使品牌的基本元素相似或相同。产品线品牌扩张策略可以有效地促进品牌扩张，但运用时应注意：（1）产品线是相对有限的，因而限制了已有品牌资源的扩张范围，使品牌不能发挥其最大的潜在价值。（2）产品线品牌策略要求与已有产品相近或相关，有重大创新的突破性新产品常在扩张中受到影响，这样阻碍企业创新步伐。（3）不同产品使用同一品牌，若其中一种广告出现问题，其他产品也会受到不良影响。

【产品项目品牌扩张策略】品牌扩张时，使用单一品牌，对企业同一产品线上的产品进行扩张。同一产品线的产品面对的往往是同一消费群，产品的生产技术在某些方面也存在联系，在功能上相互补充，都是用来满足同一消费群体不同方面的需求，因而产品项目品牌扩张策略扩张相关性较强，容易取得成功。

【长期品牌】品牌生命周期随着产品生命周期的更替，仍能经久不衰，永葆青春的品牌。

【传媒品牌】传媒所提供的精神产品在受众心目中的品质评价以及这种品质评价所具有的潜在的商业价值。

【地区品牌】在一个较小的区域之内生产销售的品牌。一般属于地区性生产、销售的特色产品。主要在一定范围内生产、销售，产品辐射范围不大，并且受产品特性、地理条件及某些文化特性影响。

【短期品牌】品牌生命周期持续较短时间的品牌。这类品牌由于某种原因在市场竞争中昙花一现或持续一时。

【多品牌】企业为一种产品设计两个以上互相竞争的品牌。如宝洁公司上市了九种不同品牌的洗衣粉。一个公司可以选择一种产品一个品牌或一种产品多个品牌。（1）一种产品一个品牌。一种产品设计一个品牌，产品内不设置竞争，使一种产品有整体感。（2）一种产品多个品牌。一种产品设计多个品牌的好处在于多品牌产品占领货架，可更多地吸引消费者的注意力；也可吸引品牌转换者，满足其求新好奇消费心理；还可以使企业深入不同的细分市场，有助于企业内部各产品部门之间的竞争。

【多品牌营销策略】对同一种类产品使用两个或两个以上的品牌的策略。企业利用多品牌营销策略，使公司在顾客心目中树立起实力雄厚的形象，利用一品多牌从功能、价格、包装等各方面划分出多个市场，能满足不同层次、不同需要的各类顾客的需求,从而培养消费者对本企业的品牌偏好,提高其忠诚度。此外企业使用多品牌策略能使自己各类品牌的产品摆满货架,而使竞争者产品的陈列空间相对减少,就等于从销售渠道中减少了对手进攻的可能,从功能、价格诸方面对市场的细分,更是令竞争者难以插足。设置此类进入障碍,等于大大加大了对方的进攻成本,而为自己增加了一副抵御对手的盾牌。

【个别品牌】"统一品牌"的对称。企业在进行品牌决策时对各种不同的产品分别使用不同的品牌。其优点为:(1)产品品牌代表特定的一种产品,易被消费者接受;(2)有利于企业进行产品线的延伸;(3)产品之间不受品牌的相互影响。但此策略需为各种产品分别制定品牌名称,分别进行促销工作,自然增加了经营费用。参见【统一品牌】。

【个别品牌名称】企业对不同的产品使用不同的品牌名称。可以避免失败产品的不利影响,有利于企业产品向多个细分市场渗透。

【国内品牌】国内知名度较高、产品辐射全国、全国销售的产品。

【合作品牌】亦称"双重品牌"。品牌策略的一种。企业通过战略联盟与产品组合,共同开发并且使用同一品牌。基本形式包括:(1)中间产品合作品牌;(2)同一公司合作品牌;(3)合资合作品牌;(4)多发起人合作品牌。

【集中度】某些商品和销售集中于某几个主要品牌(企业)的程度。它表征了该类商品的垄断或竞争状态。具体数值就是某一行业中排名前几位的品牌销量占总销量的百分比。例如某一行业中排名前四位的品牌销量占行业总销量的40%,则称集中度为40%。

【家族品牌】多种产品共同使用一个品牌的品牌结构。(1)产品层面家族品牌。即有关联的系列产品使用同一品牌。(2)企业层面的家族品牌。亦称"大族群品牌"、"企业硬背书品牌"。相对应地,被家族品牌率领的品牌叫做"个体品牌"。产品层面的家族品牌,往往与产品线品牌难以区分。

【家族品牌政策】参见【使用统一品牌策略】。

【嫁接品牌】通过合资、合作方式形成的带有双方品牌的新产品。

【经销商品牌】经销商根据自身的需求、对市场的了解,结合企业发展需要创立的品牌。

【零售商品牌】零售商开发并使用的自有品牌。零售商为了突出自身形象维持竞争地位,充分利用自身的无形资产和优势而采取的一种竞争策略。它是商业竞争发展到一定阶段的产物。具体做法是零售商通过了解消费者信息,自行设计、开发产品,并选择生产企业进行生产,然后利用自我品牌把产品推向市场。零售商品牌的商品在发达国家已很流行,欧美的大型超级市场、连锁店、百货店几乎都出售标有其自有品牌的商品。零售商品牌商品多集中于服装、日用品和食品。随着我国经济的迅速发展,市场需求结构呈现层次化、多样化,特别是由于外商进入我国零售业而导致的商业零售业之间的激烈竞争,我国一部分大型零售企业在通过连锁经营获得规模扩张的同时,也借鉴西方国家的成功经验,利用"后发性"优势,实施零售商品牌战略,谋求自身在新的商业零售体系中的市场地位。实施零售商品牌战略必备的基本条件包括:(1)要求零售商要有相当的规模和足够的实力。在实施零售商品牌战略过程中,作为零售商不仅要负责品牌的开发设计与管理、进行市场调查和产品项目的选定,还要自行组织生产或委托厂家定牌加工生产、确定商品的价格和商品的市场促销策略,没有足够实力的中小型零售商是无力承担所有这些工作的。所谓相当的规模是指零售商的经营面积、经营项目和销售量要达到一定的规模,只有具备相当的规模,才能体现出规模的经济意义。(2)要求零售商具有良好的商誉。良好的商誉是培养自有品牌的价值内涵中最主要的一部分。如果某零售商在消费者心目中树立起良好的企业形象,具有相当高的商誉,那么该企业创立的自有品牌从其诞生之日起就具备了名牌的许多特征,极易被广大消费者认可和接受。(3)要选择恰当的商品项目。零售商应当选择最能凸显其营销优势的商品项目实施品牌战略,这些商品项目主要是:时尚化商品、科技含量不高的非专业性产品、售后服务程度高的商品及保鲜、保质要求程度高的商品等。

【名牌产品延伸】企业利用已成功的品牌来推出改进型产品或新产品。名牌优势理论认为:著名商标产品能够得到消费者信赖和认同,信赖缘自于一种特定的商品,而后消费者的信赖脱离具体商品,上升到一种品牌,只要挂上这种品牌的商品,就能得到消费者的认同。名牌产品延伸并非只借用表面上的品牌名称,而是对整个名牌资产的策略性使用,一方面在新产品上实现了名牌资产的转移,另一方面又以新产品形象延续了名牌的寿命。名牌产品延伸策略的运用,可以使企业节约促销新产品所需的大量费用,而且能使新产品被消费者很快接受。

【名牌公司】至少拥有一个提供主要收入的产品是名牌产品的公司。

【名牌光环效应】人们对名牌吸引力的形象比喻。名牌企业或产品作为同行业中的佼佼者,会给其产品带来一道美丽的光环,在这美丽的光环的照耀下,企业及产品会受到一种正面的经济效应的影响。名牌的名气、声誉对消费者、政府、合作者及其他社会公众产生一种亲和力、吸引力及认同感。消费者会慕名而来,购买使用名牌产品,也会由此及彼,爱屋及乌,选购企业的其他产品,享受企业的其他服务;政府会因名牌企业或产品而给予支持、爱护,促使名牌的实力得到加强;合作者看到名牌的效应,也会加强合作,建立起良好的关系,而对于社会其他公众,也会较关心名牌、谈论名牌、推荐名牌,给名牌创造更佳的成长环境。

【名牌资产价值】与西方学者提出的品牌权益这一概念相类似。有两层含义:(1)名牌资产价值的表现。名牌资产价值具体表现为:该品牌产品具有高附加价值,即在出售该产品时可以获得超额利润;该品牌自身具有高附加价值,即在出售该品牌资产时可以获得超过资产账面值的余额。另外,在竞争中使用该品牌也可以取得竞争优势价值。(2)名牌资产价值的来源。它具体表现为品牌知晓度、美誉度、忠诚度、对品质的认知、对品牌的联想及拥有的销售渠道等。参见**【品牌权益】**。

【内销品牌】适应中国国内市场销售的品牌产品。一般属于灵活的外贸企业铺设内销网点,以"出口转内销"牌子发掘内贸市场。

【品牌测试】 企业为验证品牌名称是否符合产品定位、营销策略而采取的验证与评估活动，一般需要建立测试指标体系与品牌研究模型。指标体系包括：(1)品牌知名度。包括未提示状态下第一提及知名度、未提示知名度、提示知名度；品牌知名度指数；品牌认知渠道；品牌的广告印象；广告评价。(2)品牌忠诚度。承诺消费者、情感购买者、满意购买者、习惯购买者、无品牌忠诚度者的构成比例；品牌的总体满意率、品牌美誉度；品牌接触率、使用率、购买率、占有率、再次购买率、再次推荐率及原因；品牌渗透率、品牌流失率、品牌忠诚度、品牌缺憾。(3)品牌定位。理想品牌及首选品牌比率；测试品牌对购买商品的影响程度；运用度量表技术及模糊评价技术测试目标消费者对品牌形象的评价；对目标品牌及其主要竞争品牌使用判别分析；应用 SWOT 分析技术研究进行品牌定位。(4)品牌联想。品牌对应之拟人、拟物联想；由品牌联想到的形容词或句子；由理想品牌联想到的形容词或句子等。

【品牌差异优势】 在营销中相对于其竞争者的品牌更能使目标顾客(消费者)产生喜欢该品牌的理由、偏爱或态度。

【品牌承诺度】 企业按照消费者需求给出的某个品牌的承诺水平。品牌是企业的所有承诺的集中。企业之所以要采用品牌，就是要把承诺公开，把自己置身于消费者和整个社会的监督之下。原始社会的陶器工匠在器沿刻上自己的名字、现代企业塑造品牌，都是为了做出承诺、接受监督。承诺天然是差异化的。社会中的每个个体，信誉度各有不同，信誉样式各有侧重，千差万别，企业更是如此。企业对顾客的选择，对提供物的种类、价格等的选择，对渠道的选择，对竞争手段的选择，无不反映了投资者、经营者的实力与"心"。所以，企业的品牌形象，包括道德形象、责任心形象、人才形象、公益形象、实力形象、赢利能力形象、行业前途形象等，实际上是企业品牌承诺的集中展示。

【品牌传播】 向目标受众传递品牌的信息过程或者活动的总称。以期望在消费者及社会公众中树立预期的品牌形象，实现品牌与目标市场的有效对接，使品牌获得增值。关键点就是要在深入了解消费者及目标市场的基础上，针对不同的消费群体，从他们的"期望需求"中找到与目标品牌的价值契合点，通过广告、公关、销售促进等手段大力宣传、重现、强化公司个性化的定位理念，不断传播公司品牌的利益点。其基本要素包括：(1)以产品为先导。创品牌首先要有性能优良、品质超群的产品，要保持品牌产品的旺盛生命力。(2)以质量为基础。质量是品牌产品的生命。严格的质量管理，是开拓品牌、保持品牌、发展品牌的先决条件；只有通过规范、科学、严谨的工作才能提高产品质量，实现品牌战略。(3)以市场为标准。品牌是属于消费者的，实施品牌战略必须树立市场导向观念。从产品的研发到市场营销，必须牢牢把握市场变化，最大限度地满足市场的需要。品牌的传播要达到两个目的：(1)希望消费者相信什么；(2)凭什么使他们相信。

【品牌传播度】 塑造品牌的知名度目标。广泛的传播度是品牌建立的坚实基础，是品牌发展的有力支持，尤其是在品牌建立的初始阶段，传播的支持尤为重要,是打开市场的关键环节。覆盖面广、影响力深的传播是品牌打开市场的第一步。

【品牌磁场效应】产品或者服务成为名牌后会拥有较高的知名度、美誉度及追随度,在消费者心目中树立起较高的威望并导致对该产品或服务的忠诚。消费者认为,该品牌的产品可靠,服务质量好,买此种产品,是一种享受,此种品牌就如同磁石一样强烈地吸引着消费者。消费者重复地购买此品牌的产品,促进产品的销售,提高此种品牌的市场占有率,品牌形象进一步提高,形成品牌的良性循环。由于磁场效应能够吸引更多的消费者,企业应该努力维护和提升品牌的原有形象,加大品牌的宣传力度,让更多的潜在消费者知晓此种品牌产品,逐步培养他们的品牌忠诚度,提高企业品牌在市场中的地位。

【品牌代言人】受企业委托为企业宣传产品品牌的社会公众人物。包括歌星、影星、体育明星、社会名流和其他特殊人群。成功的品牌代言人是产品打开市场的一个关键因素。

【品牌淡化】原本在顾客心目中比较明晰的品牌形象被冲淡或稀释,从而使得品牌形象模糊化的现象。品牌淡化可能是品牌本身的策略所导致的。

【品牌等同度】在同一类产品中,不同竞争品牌之间的类似或差异程度。用来表征顾客对不同竞争品牌的差异化是否关注、差异化认知是否足够。在不同的产品类别中,品牌等同度的差别很大。根据BBDO的调查,汽油的品牌等同度很高,80%的被访者认为不同汽油品牌之间没有实质性差异;相反,汽车的品牌等同度很低,只有约25%的被访者认为不同品牌的汽车很相似。

【品牌定位】树立形象,在目标顾客心中确立产品及品牌与众不同的有价值的地位。从某种意义上说,品牌定位实际上是一个基于心理过程的概念。因为消费者购买多具有非专家购买的特点,在购买过程中存在着信息不对称问题,那么决定买或不买某一产品,在很大程度上取决于对该产品认知的积累及其鲜明的个性和品牌知晓程度。根据美国宾夕法尼亚大学沃顿商学院的一项观察表明,消费者把商品从货架上拿到购物筐里平均要用12秒钟,平均能仔细考虑1~2个品牌。消费者选择某品牌主要依据在于该品牌所能给消费者带来自我个性宣泄的满足,在于品牌形象对他们持续而深入的影响;而品牌定位是塑造成功品牌形象的重要环节,是求得目标顾客认同与选择的重要手段之一。产品定位与品牌定位相适应。消费者认知和选购某个品牌的产品,或出于理性,或是出于感觉,或因为感情共鸣,甚至是直觉喜欢。对不同的产品,企业可根据不同的目标市场,通过透视该市场消费者的消费心理,采用不同的定位。在市场调查中把握消费者的消费心理动机是定位的基石。

【品牌定位度】品牌的独特档次与个性特色,是依据企业自身优势和消费者评价对其品牌风格、市场和发展战略进行的选择与确定。定位度具有个性化、独特化、专门化的特点。品牌定位度受到品牌适应度与品牌(核心)竞争力这两个因素影响。

【品牌定位图】品牌定位的一种工具。是将知觉示意图技巧运用于探讨不同品牌的定位。要求消费者针对事先列出的属性,并根据他们对不同品牌的认知来回答。经过统计分析后,可以从消费者的角度,了解不同品牌的定位及各竞争品牌之间定位的区隔。

【品牌发展指数】 某一品牌在一个市场中的营业额与在其他市场中的营业额之比。用于确定一个市场相对于另一市场的相对销售价值。有助于确定媒体推广活动的适用地区。

【品牌分布】 品牌在地理区域的分布状况。一般认为,品牌分布有如下特点:(1)全球流行类型。例如可乐(可口可乐、百事可乐)、彩色胶卷(柯达和富士)、电脑(IBM)和手机(摩托罗拉和爱立信)。(2)区域流行类型。例如某些品牌的电冰箱、热水器、方便面与巧克力等产品,只是在一定的区域流行。(3)民族流行类型。例如某些品牌的电视机、洗衣粉、时装与牙膏等产品,只是在一定的民族国家流行。(4)特殊流行类型。比如某些品牌的食品、服饰、白酒等产品,是受到各种各样条件限制的。

【品牌感知度】 消费者对品牌的"感知质量"。消费者对品牌所传达的信息与同类产品相比的优势综合体验,决定着品牌的效应价值比。而消费者品牌感知特别是体验到原品牌质量越高,他们对延伸产品的接受程度也越高;反之则越低。品牌感知度的提高主要是通过产品广告、公关活动、服务等方式实现,同时消费者参与和体验也是提升感知度的重要方面。

【品牌个性】 品牌的人性化表现。如果一个品牌没有人性化的含义与象征,那么这个品牌就会失去了个性。品牌的个性特征是由人的个性特征所决定的;同时,谙熟这些特征,才有利于品牌个性的塑造。塑造品牌个性的目的是完成并强化一个品牌与竞争对手的差异性。品牌个性的塑造往往需要长时间的广告运动(尤其是线上广告)和统一的包装策略。品牌个性与品牌的其他所有属性一起,构建了品牌形象。品牌个性的核心价值包括:(1)品牌个性的人性化价值。产品或服务是提供给人使用的,品牌个性使企业所提供的产品或服务人性化,从而使消费者消除戒备心理,较易接受企业的产品或服务。(2)品牌个性的购买动机价值。品牌个性契合了消费者内心最深层次的感受,以人性化的表达触发了消费者的潜在动机,从而使其选择那些独具个性的品牌。品牌个性是消费者购买的动机触发器。(3)品牌个性的差异化价值。没有差异性,一个品牌很难在市场上脱颖而出。(4)品牌个性的情感感染价值。品牌个性还具有强烈的情感感染力,它能够抓住潜在消费者的兴趣,不断地保持情感的转换。品牌个性能够深深感染消费者,这种品牌的感染力随着时间的推移会形成强大的品牌动员力,使消费者成为该品牌的忠实顾客,这是品牌个性的重要价值所在。

【品牌个性形成机制】 构成品牌个性的基本因素与推动力量。在残酷的市场竞争中,具有品牌个性的产品,消费者往往乐意购买。品牌个性契合了消费者内心最深层次的感受,以人性化的表达触发了消费者的潜在动机,使它选择代表自己个性的品牌。品牌个性的形成是长期有意识培育的结果。(1)产品自身的表现。产品是品牌行为的最重要载体,企业产品本身的发展随着在市场上的展开而逐渐广为人知,从而形成自身鲜明的个性。(2)品牌的使用者。一群具有类似背景的消费者经常使用某一品牌,久而久之,这群使用者共有的个性就被附着在该品牌上,从而形成该品牌稳定的个性。(3)品牌的代言人。通过借用名人,也可以塑造品牌个性。通过这种方式,品牌代言人的品质可以传递给品牌。(4)品牌的创始人。一家企业由于不断的发展,其创始人的名声渐渐广为人知,这样创始人的品质就会成为该品牌的个性。品牌个性是一个品牌最有价值的东西,它可以超越产品而不易被竞争品牌模仿。品牌个性的人性化价值、购买动机价值、差异化价值和情感感染价值构成了品牌的核心价值。塑造品牌就必须要塑造品牌个性。一旦形成一个鲜明、独特的个性,就会形成一个强有力的品牌。

【品牌估价】把企业的资产负债表与它的品牌结合起来的过程。国际品牌公司发明了一套计算品牌价值的公式。它先对品牌的现有赢利能力进行客观评价,然后再乘上一个数字(最多是20)。这个数字是基于对品牌的七方面进行的主观判断:(1)它在市场中的领导地位(或相反);(2)它的稳固性(或长期性);(3)市场的性质:它是大而稳定的(如食品和饮料),还是易受到快速变化的时尚(如绿色染发剂)的影响;(4)它的国际性:国际性品牌通常比单纯的国内品牌更强大(不论在国内还是国外);(5)该品牌的发展趋势;(6)对该品牌的营销支持;(7)品牌的法律保障等。

【品牌机会指数】品类发展指数与品牌发展指数之差。当市场拥有比较高的品类发展指数,且品牌发展指数比较低时,理论上来说,一个品牌就会拥有比较大的发展机会。

【品牌阶梯】对市场上某一类别产品按知名度高低排列的具有相对同质性的品牌群组。即同一品牌阶层的成员在产品品质、企业规模与其他品牌阶层相比更为接近。品牌是建立在消费者心目中的,是产品与消费者之间的一种关系和纽带,成功的品牌能抓住消费者的心,使企业成为市场竞争中的佼佼者。品牌的形成非一朝一夕所能完成,是通过阶梯式的累积、层层锻造逐步完成的。

【品牌结构】一个企业不同产品品牌的组合。它具体规定了品牌的作用、各品牌之间的关系,以及各自在品牌体系中扮演的不同角色。合理的品牌结构有助于寻找共性以产生协同作用,条理清晰地管理多个品牌,减少对品牌识别的损害,快速高效地做出调整,更加合理地在各品牌中分配资源。

【品牌经理制】设立专职人员负责品牌培育与控制的管理制度。一般是为每个品牌的产品线配备一名具有高度组织能力的经理,使他对该品牌的开发、产品的销售负全部责任,并且还让其负责协调产品开发部门、生产部门以及销售部门工作,也即负责品牌管理的全过程。

【品牌经营】将品牌视为独立的资源和资本,并以此为主导,来关联、带动、组合其他资源和资本,从而取得最大经济效益和社会效益的一种经营活动和经营行为。它包括两个递进的过程:品牌创造和品牌运作。

【品牌竞争力】企业的品牌拥有区别或领先于其他竞争对手的独特能力,能够在市场竞争中显示品牌内在的品质、技术、性能和完善服务,可引起消费者的品牌联想并促进其购买行为。品牌竞争力是企业核心竞争力的外在表现,品牌竞争力具有不可替代的差异化能力,品牌竞争力是企业所独具的能力,是竞争对手不易甚至无法模仿的。品牌竞争力具有使企业能够持续赢利的能力,更具有获取超额利润的品牌溢价能力。品牌是企业最重要的资产,强势品牌竞争力强,有更高的认知品质,企业的品牌产品可比竞争者卖更高的价格,攫取超额利润。

【品牌竞争者】以与本企业相同的价格向同一顾客群提供同样产品的其他企业群。品牌竞争是企业最直接的竞争对手。在大多数传统产业部门或成熟产业部门中,企业之间的竞争均表现为品牌之间的竞争。品牌竞争者之间的产品相互替代性较高,在竞争者之间竞争非常激烈,通过品牌战略,培养顾客品牌忠诚度是争夺消费者的重要手段。

【品牌聚合效应】在特定市场、区域或者产品项目上汇聚多家知名品牌以达到"1＋1≤3"效果。通过品牌聚合可以构筑具有强大影响力和竞争力的市场中坚;可以引进一些有资质的厂商、批发商与经销商,最大限度地实现商品流通的方便、快捷和低成本;可以用名牌带动企业创品牌,致力于聚名牌、去杂牌、创品牌,促进企业的自我发展。产品品牌在市场上占有一定的拥有率,知名度与美誉度都很高,企业凭借着强大的品牌优势,依靠企业的规模,兼并收购已有品牌,形成品牌垄断。由于品牌具有聚合效应,企业在市场开拓之中,应该走集团化发展之路,利用集团化的规模曲线效应,提高企业品牌的竞争能力。随着品牌的发展壮大,企业的规模必将随之不断扩大,适时通过资产经营,组建"航空母舰",有效利用规模效益。

【品牌均势】市场处于群雄割据的状态,诸多品牌势均力敌的现象。主要是由于:(1)科学技术的进步促使产品同质化程度日渐提高。不同品牌的产品在品质、价格、功能作用、促销手段等方面的差距在缩小,而消费者可挑选范围在扩大。(2)某些品牌虽然知名度高,但消费者对其缺乏忠诚度。(3)消费新生代喜欢张扬个性,冷落了传统品牌。经济全球化、信息全球化的大趋势,缩短了产品的生命周期。以往百年老品牌让几代人钟爱的现象日益减少。企业的基本措施包括:打造质优产品企业应在通过产品宣传、促销公关等手段提升品牌的同时,加大对重点产品和新产品的开发力度,多站在消费者的角度看待产品开发,用质量过硬、安全有效的产品来争取消费者的信赖,确立品牌在消费者心目中的地位,从而在市场上立足。同时,企业有必要按细分市场来调整产品结构,按照市场需要,适时改进产品的包装和推出新产品,增加产品的渗透力,扩大客户群。

【品牌扩散效应】企业品牌在消费者心目中的印象向广度与深度传播的现象。当企业以原有品牌打出新产品之后,由于消费者对原有品牌具有相应的忠诚度,进而愿意接受企业的新产品。针对品牌的扩散效应,企业可走品牌多元化、系列化之路,利用已有品牌优势进入新的产品经营领域,利用新产品来开拓变化着的市场,降低企业的经营风险。

【品牌扩展策略】企业利用原来成功的产品品牌的声誉来推出改良产品和新产品。这种策略为企业节省大量的宣传新产品的广告费用,并能使新产品很快地被消费者所认识,有利于在较短时间内建立起其市场形象。但若利用成功品牌推进的新产品不尽如人意，则会影响该品牌的市场信誉。

【品牌利益定位】为突出品牌及其代表的产品能够给消费者带来的好处和利益的一种品牌定位方式。

【品牌联合】品牌策略用语。在品牌内涵的最高层次上，两个强大的互补品牌结合在一起来生产一个产品。它不仅仅是零部件的相加，而且是依赖于每个合作伙伴都不断地选择他的核心技术和竞争力来投入到这个产品上。元素组合的品牌联合要求初级合作伙伴为高级合作伙伴的产品贡献一个特定的可分离元件，能力互补型品牌联合涉及了一系列的元素，可能是有形的，也可能是无形的。品牌联合的内容一般包括：品牌的联合效应（即建立品牌认知、建立品牌相关、建立品牌差异）；品牌联合的条件；影响联合的因素——调节变量（即熟悉性、依赖性、排他性）；品牌联合的理论基础（即信息整合理论、联想记忆的网络效应、信号理论）；品牌联合的分析模型；品牌联合与相关领域的关系（即战略联盟、品牌延伸）。

【品牌联想】所有通过品牌感知而产生的联系和想法。是消费者关于该品牌的认识、情感和信任等简单或复杂的看法。

【品牌买断】一次性出卖品牌资产的行为。包括长期买断、短期租赁、品牌变相买断（品牌合作）。买断的主要原因是生产者拥有闲置的资源尤其是闲置的品牌延伸空间，却没有相应的市场开发能力；或者由于体制原因，它的所有权不明晰，营销能力无法发挥出来，退出机制又不完善。所以，它愿意"出卖"或"联合开发"新品牌，使闲置资源变成现实的财富。目前，我国买断品牌的经营行为最多的是白酒行业。"五粮液"率先以"品牌买断"的经营方式进入市场，在短短几年的时间内占据了白酒市场的半壁江山，一举成为白酒行业的龙头老大，各行各业于是纷纷仿效。

【品牌满意度】品牌在消费者心目中的受欢迎程度。品牌营销时代，消费者对品牌的满意度是企业发展进步的重要环节。当消费者的满意度得以实现时，他们就会对品牌保持长时间的忠诚度，并且会对企业的绩效进行有力的宣传。企业必须不断提高产品质量和服务质量，不断追求自身的进步，多方面达到消费者的满意要求。

【品牌美丽度】塑造品牌的形象目标。品牌从视觉心理上对人的冲击能否给人以美的享受。美丽的东西通常会给人们留下深刻的印象，美好的形象将会打动人们的心。打造品牌的前期阶段，首先勾勒美丽形象，着重建立美丽度，为品牌的后续工作诸如建立品牌的知名度、美誉度、忠诚度等做铺垫。

【品牌名称】品牌中能用语言称呼的部分。成功的品牌是基于品牌名称、标志等品牌识别元素的系统规范。好的品牌需要好的命名，因为"一个好的命名是品牌成功的一半"，品牌命名在商业竞争中具有重要的作用，一个企业的品牌一定要有一个好的名称，好名字是企业的一笔巨大财富，能够为企业创造价值。好名字要具有易记、易懂、上口、国际通行、引起联想、文化韵味和与众不同等特点。常见的品牌名称命名主要有：根据产品所提供的利益和主要功能、主要成分、外观特点命名；根据产品创始人或企业名命名；根据名人、名地或名胜命名;根据外语读音命名;根据数字或无意义的杜撰文字命名;根据激发积极联想的文字命名等。

【品牌偏好】顾客在面对多种品牌选择时,会有自己偏好的优先选择的品牌。在营销中,品牌偏好被认为是顾客品牌忠诚度形成过程中的一个阶段。在这个阶段,顾客虽然有了偏好,但如果一时购买不到该品牌,依然会选择竞争品牌。

【品牌偏好度】某类品牌的消费者占此类产品消费者的比例。其计算方法是:A 品牌偏好度 =(使用过或购买过 A 品牌人数 ÷ 此类产品消费者)× 标准数 10。

【品牌平台】由 Inter-brand 公司开发并拥有知识产权的一个定义品牌的模型。该品牌平台模型包括以下元素:(1)品牌愿景(Brand Vsion)。进入并洞察该品牌世界的向导品牌使命(Brand Mission)。(2)品牌如何对自己所洞察的世界进行行动品牌价值(Brand Values)。(3)品牌生存的密码,用来测量品牌行动和表现的基准品牌个性。(4)品牌的显著特性,品牌声音。

【品牌权益】能够给顾客和企业带来不同于产品的特别价值或利益。20世纪 80 年代以来欧美营销学术界研究的重点。我国学者们从不同的角度对其进行定义。主要观点有:(1)品牌权益是企业以往在品牌方面的营销努力所产生的赋予产品或服务的附加价值。(2)品牌权益是附于品牌之上,能够在未来为企业带来额外收益的顾客关系。(3)品牌权益是消费者对企业营销活动在认知、情感、行为意向、行为方面的差别化反应。

【品牌认知度】消费者对品牌的知晓程度。品牌发展的主要标志。随着消费者对品牌的注意不断提高,对接触的该品牌产品有所了解,消费者开始关注品牌,并对品牌有了深入一层的了解。

【品牌设计】围绕企业经营战略目标制定的品牌发展目标、方向、价值以及资源组合的方案选择。广义的品牌设计包括产品设计、商标设计、企业形象设计。主要以全面服务于企业经营目标,最大化体现企业发展战略思想为目的;工作方向主要是基于专业判断而制定的品牌系统策略,它包括品牌形式、品牌架构、品牌核心价值、品牌管理体系等。正确的品牌设计是一切成功品牌的基础。品牌设计有助于潜在顾客记住企业所传达的信息。品牌设计使潜在顾客能够对该品牌产生正确的认识,进而产生品牌偏好和购买行动,它是企业信息成功通向潜在顾客心智的一条捷径。

【品牌渗透率】某类品牌的消费者占居民总体的比例。其计算方法是:A 品牌渗透率 =(使用过或购买过 A 品牌人数 ÷ 居民总体人数)× 100% A 品牌消费者在 B 报的渗透率 =(A 品牌消费者中读 B 报的人数 ÷ 总体中读 B 报的人数)× 100%。

【品牌时尚效应】品牌的时尚功能表现。在特定的时间里,由于某种品牌产品知名度与美誉度很高,消费者争相购买,还劝告另一部分消费者前来购买,述说此种品牌的好处,为了随大众,另一部分消费者也前来购买,形成一种消费趋势和时尚。企业可以利用品牌的时尚效应,在一定时间里,使用各种促销手段,优待老主顾,开发潜在用户,增加品牌的时尚观念,以此来提高市场份额,增强竞争能力。

【品牌识别】可代表一个品牌特征和鲜明个性的外在表现。主要指品牌名称及其视觉表现形式。

【品牌市场占有率】反映品牌的市场销售量份额和市场覆盖面的综合市场占有率的指标。

【品牌适应度】品牌所适用的目标市场范围。反映品牌的宽度状态,在延伸过程中具有重要意义。它是企业开发独特产品、发展独特技术和运用独特营销方式的能力,决定着品牌具有超常性、独特性、领先性和整合性特点。

【品牌双向延伸】品牌功能发挥的表现。随着市场发展,企业对原来定位于中档的品牌做向上和向下两个方向的延伸。双向战略有利于在掌握市场优势以后扩大市场阵容,但是大部分企业的可用资源是有限的,产品线范围涵盖过广也容易造成企业品牌定位模糊。

【品牌特色定位】在产品定位上强调品牌或产品的特色。

【品牌体验】顾客了解一个品牌的过程与经历。通过这些品牌体验,顾客在心目中形成对品牌的总体感觉,逐渐形成品牌形象。有些品牌体验是可以被品牌主所控制的,有些品牌体验是不能被品牌主控制的。

【品牌协调】确保一个特定品牌中所有产品应该有足够的一致性和统一性。品牌协调体现在该品牌下属的所有产品要有协调的名称、视觉识别,让顾客看到这些产品就能认识到它们是特定品牌的产品,只是根据不同的细分市场进行定位。

【品牌信念】即消费者对某品牌优劣程度的总的看法。消费者会根据各品牌的属性及各属性的参数,建立起对各个品牌的不同信念。消费者的需求只有通过购买才能得以满足,而他们所期望从产品中得到的满足是随产品每一种属性的不同而变化的。每一消费者对不同产品属性的满足程度不同,形成不同的效用函数。消费者对产品的认知程度(信念)要比情感(态度)更容易转变。消费者心理学研究表明:消费者在高介入(参与)的情况下,信念变化要先于品牌态度的变化。当消费者基于情感购买某一产品时,他们依靠的是情感(态度)而不是认知(信念)。对享受性产品来说,这一点更为重要。

【品牌延伸策略】 参见【品牌延伸】。

【品牌营销外包】一种企业经营的战略思维。并不是指品牌营销部门这种外在形式的外包,而是品牌营销的职能、功能上的外包。通常,一个企业的品牌营销职能主要表现为三大板块:(1)营销职能板块。主要包含企业营销诊断、营销战略规划、终端提升工程、销售管理工程、区域营销辅导、样板市场打造。(2)品牌职能板块。主要包含品牌诊断与研究、品牌战略规划、年度品牌整合传播、品牌形象设计系统、品牌推广设计系统。(3)市场职能板块。主要包括市场调查与研究、新产品上市策划、招商策划、市场推广策划、市场推广设计系统。面对激烈的市场竞争,凭借企业现有实力和人才供应管理的现状,要非常系统和完善地组建并运作企业自己的销售部、市场部和品牌部,显然面临诸多困难也并不经济。适应社会分工和专业化的大势,将专业化的企业职能板块交由专业化的公司来运作,让整个社会的品牌、市场、营销的优势资源在企业的平台上得到整合,这必将为企业带来"1＋1＞2"的整合效应，起到四两拨千斤的效果。

【品牌游离定位】品牌定位与自己的属性完全相反的一类定位方式。

【品牌有序度】考核品牌的重要指标。品牌自适应、自学习、自搜索、自调控、自繁殖、自修复功能的一个集中性指标，反映了品牌的自我更新及适应环境的能力。品牌不但是一组符号，而且是一个庞大复杂的自组织系统与动态进化系统。有序度是当代自组织科学一个综合性的概念，它是系统进化水平的功能性尺度，是要求品牌的吐故纳新、自我更新及适应环境的自组织能力。特别在当今瞬息万变的信息社会中，品牌有序度的高低直接决定着企业的生死存亡。

【品牌预购率】某品牌的预购者占居民总体的比例。其计算方法是：A品牌预购率＝（预购A品牌的人数÷居民总体人数）×100%。

【品牌运营】包括知识产权、质量信誉、广告宣传以及人才科技的品牌运作管理。从企业经营的角度看，自商品经济产生以来经历了产品经营型、资本经营型、品牌经营型三个阶段，经历了从产品经营型向资本经营型、从资本经营型向品牌经营型两次质的飞跃。品牌运营的内容包括：（1）知识产权的运营。在市场经济条件下，一个企业必须具备两种资产：有形资产和无形资产；必须进行两种注册：注册资本和注册商标。运营知识产权是品牌运营的起点。（2）质量信誉的运营。质量是商标的物质基础，质量是企业生存的保证。就像储蓄一样，品牌是本金，随质量信誉的投入，品牌便不断升值。（3）广告宣传的运营。成功的广告宣传活动会产生"轰动效应"，使销量节节上升，使品牌的知名度、美誉度、市场占有率不断扩大。（4）人才科技的运营。创造名牌、创造驰名商标，重要的是拥有高技术含量优势、质量优势、成本优势，而这些都离不开先进科学技术，离不开人才。参见【品牌经营】。

【品牌占有率】特定品牌在特定市场所占有的市场比例，是衡量一个品牌发展状况的重要指标，有"综合品牌占有率"、"国外品牌占有率"、"自主品牌市场占有率"等指标。许多生产商常常把市场占有率作为挑选代理商的标准，并把市场占有率作为考核其区域独家代理绩效的主要指标。

【品牌战】企业以品牌为武器，进行市场争夺的现象。企业品牌和中间商品牌之间经常展开激烈竞争，是现代商战的基本手段。

【品牌战争】对品牌市场竞争的形象比喻。美国广告专家莱利莱特曾说："未来的营销就是品牌的战争。"现代市场的品牌竞争战略总体上有：（1）市场领导者品牌的战略——全面防御战略；（2）市场挑战者品牌的战略——主动进攻战略；（3）跟进品牌竞争战略——侧翼突围战略；（4）拾遗补阙者——灵活多变游击战略。一些企业常常认为可以通过价格战来扩大市场占有份额，树立一个知名的品牌，所以品牌战争也成为少数企业树立品牌的选择。

【品牌质量】使用该品牌的产品质量。主要反映该品牌产品的耐久性、可靠性、精确性、易于操作和便于修理等有价值的属性。决定使用自己品牌的企业，还要考虑使用何种质量的品牌，以保持该品牌在市场上的地位。从市场营销观念的角度，品牌质量应从顾客感受的角度来度量。品牌的质量水平一般有四种选择，即低质量、一般质量、中上质量和高质量。每种质量的品牌都可能有其相应的市场，如高质量品牌满足精品消费者，一般质量的品牌服务于大众消费者，它们都可以成为市场名牌，并非所有企业都一定要推出高质量的品牌。对于品牌质量决策，必须考虑如下问题。(1)决定品牌的初始质量水平。决定某种品牌的初始质量，企业必须考虑其目标市场的特性、定位的要求、生产能力及技术、工艺上的可行性。(2)随着时间的推移管理品牌质量。在确定了品牌质量起点之后，随着时间的推移，企业面临如何管理其品牌质量的问题。

【品牌忠诚度】消费者对品牌的偏好而在长时间内产生的重复购买倾向。它是品牌资产中的最重要部分。消费者的品牌忠诚度一旦形成，就会很难受到其他竞争品牌产品的影响。所以，必须提高品牌在大众消费者心目中总的受欢迎的程度，积极建立符合消费者利益、欲望、情趣、爱好的品牌，牢牢抓住消费者的心，与消费者沟通交流，培养其品牌的忠诚度。

【品牌种类】依据不同的标准划分的品牌群。(1)根据品牌知名度的辐射区域划分，分为地区品牌、国内品牌、国际品牌。(2)根据产品生产经营的所属环节，可以将品牌分为制造商品牌和经营商品牌。(3)根据品牌来源划分，有自有品牌、外来品牌和嫁接品牌。(4)根据品牌的生命周期长短来划分，有短期品牌、长期品牌。(5)根据品牌产品内销或外销划分，有内销品牌和外销品牌。(6)根据品牌的行为划分，有家电业品牌、食用饮料业品牌、日用化工业品牌、汽车机械业品牌、商业品牌、服务业品牌、网络信息业品牌等几大类。(7)根据产品或服务在市场上的态势划分，分为强势和弱势品牌。(8)根据品牌的原创性与延伸性划分，有主品牌、副品牌、副副品牌等。(9)根据品牌的本体特征划分，又可将品牌划分为个人品牌、企业品牌、城市品牌、国家品牌、国际品牌等。

【品牌重量】品牌价值、品牌资产、品牌形象等要素在市场的地位。品牌的智能当量越大，表示品牌重量越大。

【品牌重新定位】对品牌进行再次定位。旨在摆脱困境，使品牌获得新的增长与活力。主要动机包括：原有定位是错误的；原有定位阻碍企业开拓新市场；原有定位削弱品牌的竞争力；消费者偏好和需求发生变化。品牌再定位，不仅仅关注品牌的发展，而且应该去评价顾客钟爱品牌的地方是什么，然后对品牌进行微调，直到想要的定位与产生结果的定位之间更加一致，再定位是扬弃而不是抛弃。

【品牌重新定位策略】依据市场环境变化，对品牌进行重新定位的策略安排。当竞争者推出一个与本企业产品类似的产品，侵占了本企业品牌产品的一部分市场，使其市场占有率下降时，就必须对原有品牌进行重新定位。当消费者的偏好发生变化，对本企业品牌产品需求减少时，也要求企业对原有品牌进行重新定位。企业在对产品品牌进行重新定位时需要考虑两个因素：(1)品牌重新定位过程中所发生的成本费用，包括改变产品品质、性能、包装及促销方面的成本。(2)品牌重新定位所能获得的收益，即企业需要在重新定位的损益之间进行权衡。

【品牌属性】品牌的市场特征。品牌属性可归纳为：（1）品牌就是产品。美国品牌大师戴维·阿克（David A. Aaker）认为品牌是产品的代表。人们一般从以下角度认同"品牌就是产品"：品牌与产品类别；品牌与产品质量；品牌与产品特点；品牌与使用价值；品牌与生产地。（2）品牌就是企业，归根到底是消费者对生产商的一种认同。（3）品牌就是人格。人们一直是根据自己的喜好去购物。（4）品牌就是象征。这一属性可以解释为什么消费者喜欢某一品牌。有学者将品牌属性总结为三个层次。其中，品牌识别、品牌形象、品牌利益是品牌的第一层属性，是品牌结构的外在形式。品牌社会属性、品牌文化、品牌个性等是品牌的第二属性，是品牌结构的中间体。品牌的核心价值属于品牌的最核心部分，它往往把整个品牌提炼成一句话，成为该品牌一切行动的指南。组成品牌的三层属性是精神的。品牌的本质属性是精神的，是意识的产物、意识运动的结果。

【品牌注意度】品牌引起公众注意的能力表现。即品牌在与公众接触时的引人注目的程度。当消费者对某品牌有了一次或几次消费后，就会形成对品牌的印象，评价该产品的功能、价值，形成品牌注意。一般情况下，品牌注意度与品牌形象、品牌历史、品牌时尚、品牌价值、品牌推广有密切关系。提高品牌注意度，是企业品牌培育的基本任务。

【品牌专卖】依据品牌生产商的意愿专门销售某一特定品牌的营销行为。品牌专卖是企业形象、品牌形象、产品形象推广传播的窗口，是建立销售网点、销售网络最有效的方式和手段。

【品牌转换成本】消费者品牌消费时的一种成本支出。消费者在习惯于A品牌后，如果让他转而使用B品牌，实际上消费者自身就会存在一定风险，如有效益上的风险、适应性上的风险等。

【品牌转换行为】消费者停止购买正在使用的品牌转而购买使用其他品牌的现象。在一定的市场环境下，消费者的品牌转换行为已经变得越来越寻常。过去一个品牌被消费者使用几年以上的情景已经一去不复返，品牌忠诚逐渐成为企业的一种单方面奢望。在快速消费品行业尤为如此，如饮料、方便食品和洗发水等。

【品牌追随度】品牌使用者能否随品牌变迁而追随品牌的市场行为。企业必须不断地提高产品质量和服务质量，不断追求自身的进步，在多方面达到消费者的满意要求，增加消费者对品牌的信任和依赖，促进消费者的品牌追随。

【品牌资产】品牌给产品带来的超越其功能的附加价值或附加利益。品牌资产（Brand Equity）一词于20世纪80年代被西方国家广泛使用。品牌给消费者提供的附加利益越大，它对消费者的吸引就越大，从而品牌资产价值就越高。加利福尼亚大学伯克莱分校的戴维·阿克（David A. Aaker, 1991）教授认为：品牌资产是这样一种资产，它能够为企业和顾客提供超越产品或服务本身利益之外的价值；同时品牌资产又是与某一特定的品牌紧密联系的；如果品牌文字、图形发生改变，附属于品牌之上的财产将会部分或全部丧失。品牌资产实质上反映的是品牌与顾客（包括潜在顾客）之间的某种关系，或者说是一种承诺。这种顾客关系不是一种短期的关系（比如偶尔一次购买，并且没留下任何印象），而是一种长期的动态的关系。那些有助于增加消费者购买信心的记忆、体验和印象，以及在此基础上形成的看法与偏好，是构成品牌资产的重要组成部分。

【品牌资产价值】反映消费者根据自身需要对某一品牌的偏爱态度和忠诚程度。特别是指消费者赋予一个品牌超越其产品功能价值之外，在心目中的形象价值部分，是消费者对企业产品或服务的主观认知和无形评估。品牌资产价值需要品牌经营者不断地去维系，才能赢得消费者的心，以实现增加其品牌资产价值的目标。美国著名品牌研究专家凯勒（Kevin L. Keller）提出的品牌资产价值概念主要是从消费者对品牌的心理反应，而非从财务方面去衡量的价值。根据他的观点，品牌资产价值构成要素主要包括两个部分：品牌知晓和品牌形象。从消费者心理学角度来说，成功品牌大部分资产应是品牌资产价值，因为成功品牌不仅代表企业（产品）的过去、现在，更代表其未来。它是很难用计算的方法来确定其价值的大小。从消费者选择品牌心理角度思考品牌经营，还需要在以下四个方面加深认知，以保证创建品牌战略措施的有效执行：（1）不断地了解消费者的需求变化与特点，寻求新的差异优势；（2）不断地强化品牌的差异优势；（3）不断地认识当今消费者价值观和生活方式的变化；（4）不断地建立与维持品牌忠诚。

【品牌自由度】衡量品牌竞争力的指标。有两层意思：（1）品牌竞争弹性。该品牌在市场竞争中在保持一定的张力的同时仍有相当大的回旋余地，仍能游刃有余。（2）品牌的商业机会。其中，每一种商机都有可能隐含潜力巨大的"新品牌"、"副品牌"、"子品牌"、"孙品牌"，从而成为托起母品牌的"造山运动"。

【渠道品牌】参见【中间商品牌】。

【软背书品牌】"硬背书品牌"的对称。产品品牌前并不直接冠以背书品牌的品牌样式。一般具有"隐含"、"婉转"的色彩。

【商标注册】商标注册申请人向国家商标主管机关提出商标注册申请并获得核准的文字、图形或其组合标志。注册商标在其有效期限内，注册人享有该注册商标的专用权，严禁任何组织或个人仿冒、抄袭，未经注册人许可，他人不得使用该注册商标，其专用权受到国家的法律保护。

【商标专用权】包括商标使用权和商标禁止权两个方面。商标使用权，是指商标所有人在商标局核准的商品上或服务项目上使用其注册商标的权利；而商标禁止权则是指商标所有人可以禁止其他单位或个人，未经许可擅自在与核准的商品或服务项目相同或类似的商品或服务项目上使用与其注册商标相同或相似商标的权利。

【使用个别品牌策略】企业为它所有的产品分别规定各自的品牌名称的策略选择。主要优势在于：（1）可以为每种产品寻求最适当的品牌定位，有利于吸引购买。（2）可以起到隔离作用。企业推出的即使是相同性质的同类产品，价格和质量也难免有高低之分。大多数人在心理上不乐意用较高的价格购买与低档产品同名的产品。（3）利于优质新品种的推广。如果一家企业生产某中低档产品,要想发展高档品种,就不能沿用原有品牌,因为原有品牌留给人的印象就是低档次的形象。所以,企业要发展高档次产品,就要于发新的品牌,通过不断开发新的品牌,不断提高产品档次,树立新的企业形象。每种产品使用各自的品牌,即使其中某个品牌表现不佳,也不至于影响其他品牌的形象。

【使用个别统一品牌策略】企业依据一定的标准将其产品分类,并分别使用不同的品牌名称的策略选择。包括:同一类别所属的产品实行统一品牌,不同类别的产品之间实行个别品牌,以兼收统一品牌和个别品牌两种做法的好处:(1)根据产品所属分类。在同一企业集团,由于存在多种产品类别,甲类产品使用甲类品牌名称,而乙类产品使用乙类品牌名称。(2)根据产品质量分类。虽然产品性质相同或相似,但质量档次有差别,也应使用不同品牌,以便识别。

【使用统一的个别品牌策略】属于使用统一品牌与个别品牌相互融通的策略选择。通常是把企业的商号或商徽作为统一品牌,与每一种产品的个别品牌联用。这样,在产品的个别品牌前面冠以企业的统一品牌,可以使新产品正统化,享受企业已有的声誉;在企业统一品牌后面跟上产品的个别品牌,又能使新产品个性化。

【使用统一品牌策略】亦称"家族品牌政策"。企业的各种产品使用相同的品牌推向市场。可以节省发展过多的新品牌的时间、费用,而且有诸多好处:(1)推出大批产品,可以显示企业实力,提高企业声望,有利于在顾客心目中留下良好、深刻的印象。(2)新产品

上市可以借助已有品牌的影响力,减少和消除人们对它的陌生感,缩短适应过程,更快也更容易打入市场。(3)统一品牌覆盖多种产品,企业既可以以多种市场传播手段,集中力量突出品牌形象;又可以节省促销费用,收到更大的促销效果。在使用统一品牌时,要注意各种产品的质量水平应大体接近或相似,质量水平参差不齐,势必影响所有产品的声誉;同时,还要注意一种产品出了问题,也会殃及统一品牌之下的其他产品。

【双重品牌】参见【合作品牌】。

【私人品牌】参见【中间商品牌】。

【统一品牌】"个别品牌"的对称。企业所生产的产品在选择品牌时的决策。企业生产的所有产品均使用同一个品牌名称。优点是:(1)无须为每一种新上市的产品都制定一个品牌,有利于节省销售费用。(2)有利于使消费者对企业产品产生偏爱,树立企业的信誉。(3)有利于利用名牌带动全部产品销售,迅速扩大销售量。但这种策略有时也会给企业带来损害。当企业产品种类较多时,其中任何一种产品的质量波动都会给其他产品带来不良影响。参见【个别品牌】。

【外来品牌】企业通过特许经营、兼并、收购或其他形式而取得的品牌。

【无主商标】由于企业破产、解散、关闭或商标人死亡,在主管机关的商标注册簿内仍然存在的注册商标。

【新品牌】企业在推出新产品时创立全新的品牌名称。当公司在新商品目录中推出一个产品时,它可能发现原有的品牌并不适合于它。

【新品牌策略】为新产品设计新品牌的策略。当企业在新产品类别中推

出一个产品时,它可能发现原有的品牌名不适合于它,或是对新产品来说有更好更合适的品牌名称,因此企业需要设计新品牌。

【形成品牌信念】消费者根据各品牌的重要属性以及各个重要属性的评分得出各品牌的最后总评分,并在此基础上形成品牌偏好的过程。

【硬背书品牌】"软背书品牌"的对称。在产品品牌前面冠以背书品牌(口头上和视觉上)的品牌样式,一般有"强烈的"、"统治性"的色彩。

【预购品牌偏好度】品牌的预购者占预购总体的比例。其计算方法是:预购品牌偏好度=(预购 A 品牌的人数÷预购此类产品的人数)×标准数 10。

【整体广告战略】将企业形象与产品(服务)形象作为一个统一整体进行宣传的一种广告战略。在广告内容上,既宣传产品,又宣传企业;在广告范围上,是全方位的广告宣传;从广告媒体上看,则采用多种媒体组合搭配方式;从宣传层次看,则是建立多种宣传渠道,形成多层次宣传网。整体广告战略常用在新产品的导入期和成长初期,它有利于运用各种媒介宣传统一的广告内容,迅速提高产品和企业的知名度,以达到创牌的目的。整体广告战略还适应有实力的企业用于产品的成长后期和衰退期。因为产品的市场生命周期要短于企业的社会生命周期。消费者对产品和企业都了解后,企业的产品即使因成熟过度而衰退,企业也可利用消费者对本企业产品的信任而赢得消费者等待企业新一代产品问世的耐心。

【整体品牌】即以单一的公司品牌冠大多数公司的各类产品,取得消费者的统一认同。建立公司品牌,需要 CI 系统的思想,动员公司全体部门。传达一种一致的信息,使客户通过与他们接触的公司员工及公司或成员所展现的技巧、态度、行为、沟通方式而产生认同。"公司品牌"的实质是向外界沟通公司的组织文化。

【知名度】亦称"认知度"。人们对某一事物的知晓程度。可用两种方法来测试:(1)有提示知晓;(2)无提示知晓或自然式,如:向一个人提出这样的问题,"提起速溶咖啡你会想到哪些品牌呢?"认知测试作为营销策略的有效指示工具而被广泛使用。参见【品牌知名度】。

【制造商品牌】由制造商(生产者)对其产品自命名或设计的品牌。主要特点包括:(1)在市场上有一定知名度,易使消费者产生信赖;(2)是企业的核心竞争力,与企业利益紧密相连;(3)支配着市场,绝大多数制造商都使用自己的品牌。

【中间商品牌】亦称"渠道品牌"、"私人品牌"。批发商或零售商开发并使用的自有品牌。一般而言,使用者基本上是实力雄厚的大型零售商。主要优势包括:(1)价格优势。商品的价格通常比生产者品牌的要低,能吸引众多顾客。(2)信誉优势。信誉是商业中的一笔巨大的无形资产,大型零售商,特别是国有大中型零售企业的信誉好,这是小型零售商或个体户所无法比拟的。(3)自主优势。零售商通过开发自有的中间商品牌,就可以取得商业竞争的自主权,可以取得价格制定的主动权,不但取得了商业利润,还取得了加工制造利润,增强了抗击市场风波的能力。(4)柜台优势。一种商品的销售业绩如何,除有好的质量和巨额的广告支出外,还与商家把该商品摆放在哪一位置有很大的关系。(5)把握市场需求优势。相对而言,中间商比生产商更能准确地把握消费者需求的变化。随着市场经济的发展,市场竞争日趋激烈,品牌的作用日益为人们所认知,中间商对品牌的拥有欲望也越来越强烈。中间商品牌有明显的增长之势。至于选择制造商品牌还是中间商品牌,关键是要看生产者和中间商谁在这个产品分销链上占主导地位,拥有更好的市场信誉和拓展市场的潜能。

【属性归类】品牌管理方法。目的在于了解各品牌之间相似及差异点,并用品牌的语言及品牌的定义来归类。方式是:准备受测品牌及其竞争品牌;然后要求消费者以他们自己的分类标准来将这些品牌分组,此动作不断重复,直到消费者无法想出其他用来分组的"区隔元素";接着由消费者解说其标准及呈现分类结果。

【注册商标】按照法定的程序申请,经法定机构核准注册,注册人享有商标专有权的商标。一般情况下,商标采取自愿注册的原则,但药品和烟草制品必须使用注册商标,也就是强制注册。注册商标享有知识产权,是一种无形资产。

【注释品牌策略】在同一种产品上同时出现的两个或两个以上的品牌,其中一个是注释品牌,另外的是主导品牌。主导品牌说明产品的功能、价值和购买对象,而注释品牌则为主导品牌提供支持和信用。注释品牌通常是企业品牌,在企业的众多产品中均出现。注释品牌策略可将具体的产品和企业组织联系在一起,用企业品牌增强商品信誉。

【自有品牌】企业依据自身需要创立的产品品牌。如本田、东风、永久、全聚德等。自有品牌从流通渠道中分销商(如杭州家友超市)的立场来命名,意思是想表述家友超市在销售生产商供应的"鸿光"牌豆腐的同时,也在销售自己"家友"品牌的同类商品。在分销渠道的地位越来越高的市场环境中,大型连锁超市创建自有品牌的条件也越来越好。某些商品如豆腐、衣架、鸡蛋、山核桃等,自有品牌的销售占有较大的份额。

【自主品牌】品牌用语。由企业自主开发,拥有自主知识产权的品牌。它有三个主要衡量因素:市场保有量、生产研发的历史及其在整个行业中的地位。

第十二篇　价格

【价格】商品价值的货币表现形式。价值是凝结在商品中的人类抽象劳动，它不能靠商品自身包含的社会必要劳动时间直接表现，只能在交换中，通过一种商品的使用价值同另一种商品的使用价值交换的数量相对地表现。商品交换最初是直接的物物交换。一种商品的价值量用另一种商品的实物数量表现出来，是简单的价值表现形式。随着交换的扩大，一种商品的价值量可以分别表现在多种不同的商品使用价值量上，这是扩大的价值表现形式。当交换进一步扩大，并经常进行的时候，某种商品经常地充当交换媒介，其他商品的价值量都表现在这种商品的使用价值量上，这是一般的价值表现形式。当交换媒介最后固定在黄金或白银的身上时，金（银）成了货币，其他所有商品的价值量都用金（银）的数量来表现，这就是价值的货币表现形式。无论是生产者、经营者，还是消费者，都非常关注商品的价格。价格是实现商品流通的工具和条件，是市场经济的晴雨表，是供求关系的指示器。它综合反映了商品生产和交换过程中各种复杂的经济关系状况，在经济运行中发挥着多种职能：（1）有利于促进社会经济资源在市场机制作用下自由流动，实现资源的有效利用和合理配置。（2）有利于刺激生产者和经营者改进技术，加强管理，提高效益，搞活流通，实现企业的利润目标。（3）影响市场供求关系，对消费者、生产者和经营者的经济行为具有利益诱导和调节作用。（4）价格信号是企业参与市场竞争的重要工具和手段，在一定程度上决定了商品流通和资金周转的速度及方向，影响着企业在市场领域中的地位与活动空间。价格的形成、运行过程及其调节作用体系共同构成了价格机制。它具有动力作用、信息作用、流通作用、平衡作用和分配作用，是市场经济体系中的重要机制之一。

【价格策略】企业通过对顾客需求的估量和成本分析，选择一种能吸引顾客、实现市场营销组合的价格策略。它包括了基本价格、价格的折扣与折让、付款方式等。价格优势对企业分享市场和增加利润至关重要。常见的价格策略有：（1）偏高价策略，也称为高价撇脂策略，实施这一策略的基础是"需求大于供给"，比如对于新开发的品种，因为市场无竞争对手，所以通常采用此定价策略。（2）偏低价定价策略，又称为渗透性定价策略，即定出较低的价格以争取初始市场占有率，主要用于价格敏感和薄利多销的产品，以及防止竞争者争取较大的市场占有率。（3）亏损价格策略，一般是为了迅速占领市场，扩大社会影响，或者是为了用低价吸引客户的同时，向客户推销其他更赢利的服务。（4）弹性定价策略，即对业务人员以一定的价格浮动权限，业务人员根据实际需要，在浮动权限内灵活确定价格。（5）差别价格策略，即对特定市场和特殊客户制定特殊价格。（6）成本定价策略，即以成本为导向的定价方法。

【价格促销】企业或者机构利用价格的手段对目标顾客进行宣传、说服，激发其购买欲望并且促使顾客采取购买行为的沟通活动。一般价格促销有这样几种类型：（1）单独对某类商品进行大幅度降价，鼓励求廉消费者的购买。（2）拉开与某类商品价格差距，以显示其独特性。（3）不同区域间的价格差，刺激当地的购买，并且借此造市，扩大该类商品的影响力与知名度。

【价格领导者】活动在某一市场领域内,并对该市场内提供的产品或者服务价格有绝对控制权或者很大程度影响力的企业。作为行业内的价格领导者,他们往往享有价格决定权:降价、提价或者维持原价不变。

【价格战】企业通过把价格降到竞争对手以下来获得市场份额的一种策略。如果竞争者都这样做,就会导致恶性循环,许多企业就会亏本,一些企业甚至会破产。为了避免这样,一些制造商(出于自身的内部考虑)会定出一个最低价格,他们要保证永远不低于此价格,即使是在最激烈的价格战中。

【综合定价策略】在价格决策时,公司全面综合成本、需求、竞争和企业可控制的有关顾客利益的其他因素作为附加条件的定价策略。其优点是:能充分利用本企业的优势,不变动价格水平,使企业在竞争中获胜。但应该注意的是:(1)列入基本价格的附加内容有哪些因素,对顾客会产生多大的影响。(2)竞争者可能会采取什么对策,与本企业的价格水平及附加内容相比,本企业的价格决策是否对顾客更有吸引力。

【价格敏感】价格的变动(上涨或下跌)对产品或服务的销售量的影响。一种价格高度敏感的产品,即使小幅提高价格都会使销售量产生巨大变化。一般来说,低价的日用型商品对价格很敏感,高价的奢侈品则相反。

【价格歧视】价格用语。一种价格差异,通常指商品或服务的提供者在向不同的接受者提供相同等级、相同质量的商品或服务时,在接受者之间实行不同的销售价格或收费标准。经营者没有正当理由,就同一种商品或者服务,对条件相同的若干买主实行不同的售价,则构成价格歧视行为。价格歧视是一种重要的垄断定价行为,是垄断企业通过差别价格来获取超额利润的一种定价策略。它不仅有利于垄断企业获取更多垄断利润,而且使条件相同的若干买主处于不公平的地位,妨碍了它们之间的正当竞争,具有限制竞争的危害。因而,世界各国的反垄断法规基本上都对它做出了限制。

【FOB原产地定价】价格用语。顾客(买方)按照厂价购买某种产品,企业(卖方)只负责将这种产品运到产地某种运输工具(如卡车、火车、船舶、飞机等)上。交货后,从产地到目的地的一切风险和费用一概由顾客承担。

【安全定价】消费者在决定购买大件耐用消费品时,不仅注重其价格高低,而且更注重其能否长期安全使用。不少品种尽管价格不贵,消费者也需要,但仍担心其质量是否可靠、安装和维修是否方便、易耗件能否保证供应、搬运过程中会不会损坏等问题。倘若企业加强售后服务,实行免费送货、安装以及定期上门维修、免费赠送易损耗备件等措施(尽管这些费用实际上已按加权平均估算额加到了价格中,仍由消费者负担),因提高了消费者对商品的安全感,从而可大大促进销售。

【必需附带产品定价】用于连带产品的定价策略。企业常常把主要产品的价格定得较低,而把连带产品价格定得较高,顾客一旦买了主要产品后就非得买连带产品不可。这样,可以通过大量销售连带品获得高利。类似的定价策略也可用于服务行业,具体方法是将价格分为固定部分和变动部分。大都是将固定部分的价格定得低些,以吸引顾客;而变动部分的价格定得高些,以获取利润。

【庇护定价】在一个需求大于供应的市场状况下，占有优势地位的大公司、大品牌把自己产品的价格保持在一个高价位，从而为小公司创造了空间使它们以较低价格销售同类产品也能获利生存的这样一种定价策略。

【边缘定价】参见【尾数定价】。

【补充产品定价法】把一个产品的价格定在最有利的水平，不考虑其成本和利润，以便其他互补产品的需求增加，达到利润最大化。

【不变价格】 亦称"固定价格"、"可比价格"。在一段较长时间内选定作为计算产品价值量的固定不变的尺度的某一时期或时点的价格。国民经济核算中的一些指标，如国内生产总值、净产值等是以现行价格进行统计的。为了分析其在一段时期内的增长变化情况，需要将现价换算成不变价格。在产品品种不多、更新换代慢、价格变动较小时，不变价格具有简便易行、计算的指标有代表性等优点。但其不足也是十分明显的：一是编制浩繁的不变价格标准目录的工作量太大；二是符合不变价格标准选取的产品或规格毕竟有限，很难适应产品更新换代快、物价变动频繁的新情况；三是执行不变价格标准时的随意性很容易影响核算质量。新中国成立后，随着工农业产品价格水平的变化，国家统计局先后五次制定了全国统一的工业产品不变价格和农业产品不变价格。从1952～1957年使用1952年工（农）业产品不变价格，从1957～1970年使用1957年不变价格，从1971～1980年使用1970年不变价格，从1981～1990年使用1980年不变价格，从1991年开始使用1990年不变价

格。用不变价格计算的经济指标，消除了价格变动的影响，反映的是经济的物质规模和结构，以这种指标进行对比，才能反映出国情、国力发生的实际的变化。为了使不变价格科学反映商品价值的变化，不变价格也必须适时地做出新的确定。

【参照定价】 当顾客在选购产品时，头脑中经常会形成一定的参照价格标准。对参照价格的判断既可能是顾客对已了解到目前市场上某种产品的一般价格，也可能是把以前的价格当做参照价格。企业在定价时可以利用和影响顾客心目中的参照价格。例如，时装店常把妇女服装按不同价格放在不同柜台里出售，明确显示其档次的不同，强调高、中、低价格的比较，以适应不同层次的需要。营销者还可用其他方式影响顾客的参照价格，如在价格标签上标明原价和现价，启发顾客进行价格比较和判断等。

【差别定价策略】企业定价策略的一种。根据交易对象、交易时间和地点等方面的不同，定出两种或多种不同层次的价格，以适应不同顾客的不同需要，从而扩大销售，增加收益。（1）顾客差别定价。对同类产品或劳务以不同价格售给不同的顾客群。如公园、展览馆的门票对某些社会成员（学生、军人和残疾人等）给予优惠；有些企业对会员、非会员实行不同价格；乘坐火车、飞机和轮船对不同等级的座位实施差别定价等，均属此类定价。但也应防止"价格歧视"。（2）产品差别定价。对不同质量和成本的不同花色、款式及包装的产品定出不同的价格。这主要是依据市场对该产品的需求情况而定的。（3）产品部位差别定价。对处于不同位

置的产品或劳务确定不同的价格,即使它们的成本并无差别。(4)时间差别定价。在不同季节、不同日期,甚至同一天的不同时间定价不同。差别定价可满足不同的需要,促进销售,对买卖双方都有利。差别定价必须具备一定的条件包括:(1)市场具有细分的条件和可能。(2)差别定价必须合法,并能获得社会公众的认同。(3)差别定价的最低价格幅度不能低于产品销售的成本费用。

【产品部位差别定价】企业对于处在不同位置的产品或服务分别制定不同的价格,即使这些产品或服务的成本费用没有任何差异。

【产品成本】为生产一定种类和数量的产品所消耗的各项费用。是构成产品价格的主要部分和决定产品价格的最低界限,也是综合反映企业生产经营管理水平的一个重要指标。按其所包括的费用范围的不同,有车间成本、生产成本和完全成本。按其计算的时间和所根据资料的不同,有计划成本、定额成本、标准成本和实际成本。按产品完工程度的不同,有产成品成本、自制半成品成本和在产品成本。生产某种或某批产品所消耗的生产费用的总和,为该种或该批产品的总成本。

【产品群定价】对连带关系的产品综合定价的方法。为了促进销售数量的增加,有时营销者不是销售单一产品,而是将有连带关系的产品组成一个群体,一并销售,达到优势互补。采用这种策略时,必须使价格优惠到有足够的吸引力,否则不会诱导消费者乐于掏钱消费。同时,还必须防止引起顾客反感的硬性搭配。

【产品线定价】依据产品线产品特征进行企业定价的方法。一般利用顾客对产品线系列的理解来确定产品的组合,并制定相应的价格。经营者的任务就是使顾客确信本企业是按质论价,"一分钱,一分货"。

【产品形式差别定价】企业对不同型号或形式的产品分别制定不同的价格。但是,不同型号或形式产品的价格之间的差额和成本费用之间的差额并不成比例。

【成本导向定价法】一种以成本为主要依据的定价方法。主要包括:(1)成本加成定价法。即在单位产品成本的基础上,加上预期的利润额比率作为产品的销售价格。"加成"的含义就是指一定比率的利润。成本加成定价的公式如下:$P=C(1+R)$。其中:P代表单位产品销售价格;C代表单位产品的成本费用;R代表成本加成的百分率。这是成本导向定价法的基本形式。成本加成率的方法有两种:①用产品的销售价格来衡量:加成率=毛利(加成)÷售价。这一计算方法使用较为普遍,尤其适合于销售型企业。②用产品成本来衡量:加成率=毛利(加成)÷产品成本。这一计算方法一般为生产型企业所运用。采用这种定价方法,要求企业必须准确核算成本(一般以平均成本为准)及根据产品的市场需求弹性合理、恰当地确定加成率,否则加成率定得太高将受到消费者抵制;反之,企业经营会发生困难。(2)目标利润定价法。企业根据总成本和对目标利润的追求所实现的销售额,再除以预期总销售量,得出的单位产品定价方法。其计算公式为:商品的单位价格=(总成本+目标利润)÷预期销售总量。目标利润定价法的优点是可以保证企业对目标收益率的实现;其缺陷在于忽视了市场需求及状态的变化,仅仅反映了生产导向的观察。(3)盈亏平衡分析定价法。当企业定价处于一个需求变动的市场条件下,可以通过盈亏平衡分析定价法,帮助企业得出在既定价格下的保本点销售量或销售额。即以盈亏平衡点为定价基准点,当市场需求降到或接近这一点时,企业必须对现有价格政策采取相应的调整行动,以避免遭遇更多的风险。盈亏平衡点销售量及销售额的计算公式如下:盈亏平衡点销售量 = 固定成本 ÷ (单价 − 单位变动成本)。盈亏平衡点销售额 = 固定成本 ÷ (1 − 单位变动成本率)。其中,"单位变动成本率"是指单位变动成本与商品单位价格的比值。由于盈亏平衡分析定价法仍然以成本分析为基础,并未考虑到价格对顾客需求量的影响,所以与成本导向定价法一样有相同的局限性。

【成本加成/溢价定价法】价格用语。把价格定为平均成本加上按目标回报率算出的加成。它之所以在企业中得到广泛的使用,是因为成本加成定价法的优点是价格相对稳定,定价公式简单和能为价格变化提供正当理由。其不足是没有使用边际成本,没有考虑需求条件。不过其加成部分是与需求弹性及竞争状况相关。如果需求弹性大和竞争很激烈,加成就小。

【促销定价】利用价格杠杆进行市场促销的价格策略。一般是利用消费者求廉动机,把几种商品的价格调整到低于正常水平的价格,甚至低于成本,以促进销售。例如,大型零售商店通过降低少数几种商品的价格,来吸引消费者前来购买其他正常价格的商品;或者利用节假日举行"减价酬宾"等活动,把部分商品按原价打折出售,来吸引更多的消费者。

【促销活动】围绕促销所进行的一切营销活动的总称。(1)针对一般消费者的主要有竞赛、游戏、抽奖、特价、买赠、现场展示、以旧换新、免费使用、现场演示、培训等。要求体现趣味性、主题性、新奇性和时机性等特点。(2)针对中间商的主要有培训、旅游、经销商会议、销售竞赛、实地参观、进货折扣、随货赠送、销售奖励、陈列展示会、公共关系活动等。要求把握时机。时机把握的要求有:新产品上市或产品进入新的销售区域时;新产品导入市场的速度必须加快时;购买本企业产品的新顾客人数增加幅度较小时;顾客认为购买该产品有困难时;顾客在购买商品之前,要求说明或建议时;顾客购买频率或单次购买量下降时;某地区或某一时期内市场竞争特别激烈时。(3)针对厂商销售人员的促销活动主要有销售会议、培训、销售竞赛等。其主要时机有:本企业产品在中间商和零售店的库存较少时;使销售人员访问零售店的活动更加有效时;零售商对本产品的注意关心程度降低时;由于中间商经营品种类繁多,对本企业产品较难大量进货时;竞争企业积极举办各种促销活动时;想要获得更多的渠道情报时,需要激发营销团队的士气时。

【到岸价】亦称"到岸价格"。指以由卖方租船装船,支付从装运港到目的港的运费和保险费为条件的价格,即等于离岸价格加上运费和保险费,这是以交货地点为准的一种价格术语。在采用到岸价格成交时,卖方应负责:租船或订舱,支付由发运港到目的港的运费(只包括船舶在海上正常运行的费用,用），并在货物装船后及时通知买方；负责货物保险并支付保险费；负责办理出口手续，缴纳出口税；提供装船单据和出口国政府签发的证件等。买方负责：受领卖方提供的装船单据和有关证件，并支付货款和支付卖方应买方要求而提供有关证件的费用；在约定目的港受理货物，负担卸货费用；办理进口手续，并支付关税和有关货物进口的捐税等并承担货物在装运港越过船舷以后的一切风险。在国际贸易中，到岸价格对卖方较为有利。因此，我国出口商品应尽可能地按到岸价格出售。这样，既能得到更多的外汇收入，又能发展我国的海洋运输业和保险业。

【低价策略】参见【渗透定价策略】。

【低价渗透】参见【渗透策略】。

【地区定价】　参见【地区定价策略】。

【地区定价策略】亦称"地区定价"。企业根据原产地与不同地区（当地与外地）的距离差别，所做出对同种产品的不同定价策略。主要形式有：（1）FOB 原产地定价。常用于国际贸易。顾客（买方）按出厂价购买某种产品，企业（卖方）只负责将该产品运抵产地某运输工具（如火车、船舶和飞机等）上交货。交货后，从产地到目的地的一切风险和费用均由顾客承担。（2）统一交货定价。与前者正好相反，企业对于出售给不同地区顾客的某种产品，不论远近，都以相同的出厂价加上平均运输费之和来定价，在全国或一定区域内实行统一定价，也叫邮资定价。这样做方便了顾客，买卖双方均乐于接受。（3）分区定价。企业按市场远近程度划分

为若干个价格区，对某种产品分别制定出不同的地区价格。其产品价格幅度高低取决于企业与市场距离的远近。（4）基点定价。在寡头市场中，以某一地点或几个地区作为基点进行定价的做法。这是生产同一产品而运输成本相对较高，且生产规模十分庞大的寡头企业之间勾结的一种做法。这是寡头企业对由于各自所处地理位置不同而产生的产品空间性差别的一种反应。即使各企业生产的产品在物质结构上和形态上都完全相同，也还会有地区上的差别。基点定价分单一基点和多基点两种。在单一基点中，寡头企业均同意以某一地点为基点，所有企业在任何地点的产品售价都等于基点价格加上从基点到销售地点的运费。而在多基点中，寡头企业以几个地区同时作为基点，各企业在某一地区均以同一价格销售。基点定价制除产生超额利润外，对一国经济还有以下影响：①价格同一，卖者之间无价格竞争，只有非价格竞争。因此，在基点制下，企业缺乏降低成本的推力。②企业有可能相互在对方的市场范围内销售，引起相向运输，浪费运输能力。③阻碍一个行业为适应长期需求而应该进行的生产能力的调整。④影响企业对厂址的选择。因为在基点设厂比较有优势。基点定价制源自匹兹堡附加运费制度。20 世纪 20 年代的美国钢铁工业以匹兹堡为基点实行基点定价制。

【非价格策略】企业采取定价策略以外的有关产品方面的技术、创新、开发、服务和促销等多种活动的措施和技巧。企业在选择、确定定价策略时，必须考虑影响定价的主要因素：定价目标、产品成本、市场需求、竞争者的产品

与价格。

【非整数定价】参见【尾数定价】。

【分档定价】依据商品档次进行定价的策略。一类商品往往有许多品牌、规格、型号，据此，可分成几档，不同的档次定不同的价。这既可满足消费者的不同要求，又有利于商品的销售。但要注意，分档不可太细，且各档间的差价要适中。

【分区定价】企业把全国（或某些地区）分为若干价格区，对于卖给不同价格区经销商或消费者的某种产品，分别制定不同的地区价格。距离企业远的价格区，价格定得较高；距离企业近的价格区，价格定得较低。在各个价格区范围内实行一个价。

【风险型价格战】在机遇与风险并存的条件下，以价格为中心的市场竞争行为。这种价格战的基本后果是：可能在短时间内能击垮对手；可能在短时期内被对手所打垮；也可能两败俱伤。

【感受价值定价法】企业根据购买者对产品的感受价值来制定产品价格的一种方法。所谓感受价值，是指购买者将产品价格与其使用价值相比较，从而在观念上判断并认同的产品价值。它与产品的实际价值并不一定互相吻合。（1）消费者偏好。即消费者对不同商品，或不同商品组合的喜好程度。消费者偏好也是消费者在心理上对商品满足程度或效用的选择。（2）消费者预期。即消费者在心理上对未来市场供求及价格变动等因素的预计性判断。消费者预期行为对市场需求变动和产品定价具有强化反馈的意义。营销工作者应充分掌握消费者预期行为，因势利导，搞好产品销售。

【高价低费用策略】以高价格和低促销方式推出新产品。推行高价格是为了尽可能多地回收每单位销售中的毛利；而推行低水平促销是为了降低营销费用。采用这种策略的产品必须具有独创的特点，填补了市场上的某项空白。它对消费者来说主要是有无问题，选择性小，并且竞争危险不大。

【高价快速促销策略】以高价格和高促销水平的方式推出新产品。采用高价格，花费大量广告宣传费用，迅速扩大销售量来加速对市场的渗透，向市场说明虽然该产品定价水平较高，但有其值得的优点，以图在竞争者还没有反应过来时，先声夺人，把本钱捞回来。采取该策略的条件是：消费者对该产品求购心切，并愿意支付高价，但大部分潜在消费者还不了解此种产品；同时，这种产品应该十分新颖，具有老产品所没有的特色，适应消费者的某种需求。

【功能折扣】亦称"贸易折扣"。制造商或大宗批发商根据中间商所能够承接的不同类型、不同分销渠道和不同服务功能，而给予不同折扣的批发价和零售价。是生产厂家对履行了某种功能的渠道成员，如批发商和零售商销售产品时给予的报酬，为零售价格中扣除的部分。功能折扣按中间商在营销中的功能不同而不同，对批发商的折扣要比零售商大。

【顾客差别定价】企业按照不同的价格把同一种产品或劳务卖给不同的顾客。

【顾客导向定价法】定价用语。根据市场需求状况和消费者对产品的感觉差异来确定价格的方法叫做顾客导向定价法，又称"市场导向定价法"、"需求导向定价法"。其特点是，灵活有效地运用价格差异，对平均成本相同的同一产品,价格随市场需求的变化而变化,不与成本因素发生直接关系。需求导向定价法主要包括理解价值定价法、需求差异定价法和逆向定价法。

【缓慢掠夺策略】企业为新产品定较高的价格,但花费较小的促销费用进行销售促进工作。采用这种策略的条件:(1)市场规模和容量都比较小;(2)通过以前的促销工作,消费者对生产该产品的企业、牌号等已经有较多的了解;(3)消费者愿出高价来购买新产品,因为新产品的使用能给其带来更多的利益;(4)由于产品的生产工艺复杂、申请了专利或技术严格保密等原因,竞争者不容易进入该市场。

【缓慢渗透策略】企业以低价和低促销费用推销产品。其目的是使产品尽快地为消费者所接受,并节省大量的促销费用。其条件是:(1)市场规模较小,但容量较大;(2)通过以前的促销工作,消费者对该产品已有所了解;(3)消费者对价格很敏感;(4)企业面临潜在竞争。低价能有效地防止竞争者的介入,花费较小的促销费用又不至于因为竞争者的介入而使企业损失过大。

【基点定价】企业选定某些城市作为基点,然后按一定的厂价加上从基点城市到顾客所在地的运费来定价(不管货物实际上是从哪个城市起运的)。

【吉芬商品】英文 Giffen Goods 的意译。当商品是劣等商品,而收入效应又大到足以抵消替代效应时,商品价格的下降反而导致了其需求量的减少。

【级差价格体系】一种价格策略。在将销售网络内的经销商分为总经销商、二级批发商、三级零售商的基础上,由制造商销售网络管理者制定的包括总经销价、出厂价、批发价、团体批发价和零售价在内的综合价格体系。操作要点包括:(1)为保障总经销商的利润,厂家应要求总经销商在各地按出厂价出货,总经销商的利润应包含在出厂价当中。厂家在各种场合,可以公布出厂价,而对总经销价格要严格保密。(2)为保障二级批发商的利润,总经销商对外应实行四种价格,即对二级批发商执行出厂价;对零售商场执行批发价;对团体消费者实行团体批发价;对个人消费者实行零售价。(3)为保障零售商的利润,总经销商和二级批发商在对团体消费者和个人消费者销售时,要严格按照团体批发价和零售价销售,确保零售商在相同的价格水平上销售也有利可图。

【季节折扣】亦称"季节差价"。企业为那些购买过季商品和服务的顾客提供的价格减让。其目的是为了保持企业能够均衡持续地生产和销售。

【加权平均价】最高价、最低价和其他销售价格加权得出的平均价格。

【价格线】对同一产品线下的不同产品定出的价格系列。产品线中的不同产品往往是针对可识别的细分市场而推出的,这些细分市场的差异性要求产品差异化,同时也可能要求价格差异化。

【价格选择性】本企业平均价格同所有其他企业平均价格的百分比。

【价格折让】减价的一种形式。如"以旧换新折让",多用于汽车行业或其他耐用品;"促销折让",是对中间商提供促销的一种让利报酬;"老客户折让"是对经常购买或光顾服务的"回头客户"的一种优惠折让。

【建议价格】制造商向零售商建议产品销售的价格。可以帮助在同一市场运作的零售商,对它们进行价格指导,此外它还可能决定制造商向零售商出售货物的价格。

【建议零售价】制造商建议其产品的零售价。在竞争的状况下,零售商可能卖更低的价格,消费者付出的价格在大多数的情况下比建议零售价低。建议零售价亦称制造商建议价。这样做的部分用意是给同一市场中的零售商统一的价格指导,但在过去,建议零售价还有其他的作用。制造商担心零售商的降价会带来一个不稳定的市场因而拒绝向定价低于其建议零售价的零售商供货。但这种做法在多数自由市场经济中是不合法的。

【降价倾销】一种不规范的价格战行为。倾销(Dumping)的原意为"随意地、不负责地抛弃"。具体表现为经营者在依法降价处理商品之外,为排挤竞争对手或独占市场,以低于成本的价格倾销商品。(1)不同区域市场因窜货引起的降价倾销。(2)同一区域市场的经销商为争夺客户而引起的降价倾销。导致降价倾销的原因包括:(1)价格体系不健全,利润空间过大。很多厂家在制定价格政策时,只考虑出厂价而不考虑各级经销商的出手价,市场价格不是掌握在企业手中,而是被各级经销商任意操控,企业从一开始就失去了对市场价格的调控权。(2)促销政策不科学。促销是一把双刃剑,一方面扩大了市场,另一方面却使企业的利润下降,市场价格也是一滑再滑。(3)客户布局不合理。企业在开发市场时,为了在一个市场中尽快形成气候,往往寻找多家经销商,相互竞争以求炒热市场。经销商之间最直接、最有效的竞争往往是价格竞争,而价格竞争又极易引起降价倾销。(4)市场窜货。窜货和降价倾销是相伴相生的。(5)经销商恶意破坏市场。

【交易折扣】亦称"功能折扣"。生产企业根据各个中间商在市场营销活动中所担负的功能不同,而给予不同的折扣。采用这种策略有利于调动中间商经销本企业产品的积极性,扩大销售量。

【经验曲线定价法】把一个产品的价格定得比平均成本低,但随着产品销售增长和生产量的扩大,成本会逐步减少,从而赢得利润。

【竞争导向定价法】为了应对竞争,争取更多的顾客购买,而采取的特殊定价方法。市场经济条件下,企业之间的竞争十分激烈,企业定价可以依据竞争者的价格来确定本企业商品的价格。或与主要竞争对手价格相同,或高于或低于竞争者的价格。这种定价法的特点是:竞争者价格不变,即使成本或需求变动,价格也不动;反之亦然。竞争导向定价的形式包括:(1)随行就市定价法。企业根据本行业产品的一般现行价格水平来定价。一般是同质产品市场惯用的定价方法。在竞争激烈、产品需求弹性小,或者供求基本平衡的市场条件下,属于稳妥的定价方法。一般适合于下列情况:①对某些产品的成本难以估算,随行就市可以降低风险,确保行业内同质产品的收益。②企业容易与同行业竞争对手和平共处,起码在产品定价方面可以回避挑战威胁。③如果企业单方面定价,则可能发生与消费者、竞争对手相背离的局面,企业的风险将增加。(2)投标定价法。在大型工程承包、商品或劳务贸易中,以招标(投标)的方式,由一个卖主(或买方)对两个以上并相互竞争的潜在买主(或卖主)的询价(或报价)择优成交的一种定价方法。投标成交的方式主要有两种:①公开或秘密开标的招标。公开开标须有投标人员或公证人参加监视,秘密开标则由招标人自行选定中标者。②两段招标。第一阶段公开招标决标后,再请报价低的三四家进行第二阶段报价,最后通过竞争选择最有利的价格成交。投标定价的方法,包括三个方面:①客观分析自身优势和确定机会目标;②分析对方和判断中标概率;③确定最优报价。(3)拍卖定价法。即由拍卖行受出售者委托,在特定场所用公开叫卖方式引导买方报价(也可密封报价),利用买方竞争求购的心理从中选择最高价格成交的定价方法。这种价格是在买方之间通过竞争形成的,是一种真正的市场价格。拍卖行按照每笔成交额向卖方(或买卖双方)收取一定比例的佣金。这是一种历史悠久的定价方法,目前流行于西方发达国家,特别是出售古董、珍品、工艺品及大宗商品时常采用这种方法。拍卖在我国已经流行,如企业资产文物拍卖、文稿拍卖等。这种方法的优点是公开竞争,有利于形成真实市场价格,增强了交易的透明度,但这种方法受拍卖商品性质制约较大,要重视拍卖商品的选择工作,并严格按照《拍卖法》及拍卖程序进行。

【距离跟随】企业定价的一种方法。表现在基本方面,如目标市场、产品创新、价格水平和分销渠道等方面都追随领导者,但仍与领导者保持若干差异。如果这类跟随者不对领导者发起挑战,领导者不会介意。在钢铁、肥料和化工等同质产品行业,不同企业的产品相同,服务相近,不易实行差异化战略,价格几乎是吸引购买的唯一手段,价格敏感性高,随时可能爆发价格大战。正因如此,各企业常常模仿市场领导者,采取较为一致的产品、价格、服务和促销战略,市场份额保持着高度的稳定性。

【可比价格】在不同时期的价值指标对比时,扣除了价格变动的因素,以确切反映物量的变化。按可比价格计算有两种方法:一种是直接用产品产量乘某一年的不变价格计算;另一种是用价格指数换算。

【可变定价法】亦称"议价"、"柔性定价"等。因时间和地点的差异,相同的产品或服务以不同价格销售的方法。消费品中的选购品和特殊品往往采取公开讨价还价的方式进行交易,最终的价格取决于双方的临场表现。

【快速掠夺策略】企业给新产品定较高的价格,并花费大量的费用进行促销的策略安排。高价是为了尽早补偿成本,取得较多的利润;高促销费用是为了使产品尽快地渗透到广大市场。应该具备的条件包括:(1)多数潜在消费者还不知道市场上已存在这种产品,新产品处于投入阶段,还鲜为人知。(2)消费者对产品抱有极大兴趣,会出高价购买。(3)企业面临潜在竞争威胁,急需树立名牌,而采取快速掠夺策略可给消费者以先入为主和高质高价的印象。

【快速渗透策略】企业以较低的价格和较高的促销费用销售新产品。其目的是使产品尽快地为市场所接受,在产品寿命周期的初期就占有较高的市场份额。采取这种策略应具备的条件是:(1)市场的规模和容量都比较大。

(2)多数消费者还不知道市场上已存在这种产品，且大多数消费者对价格敏感。(3)该产品的生产成本会随产品生产批量的扩大而进一步降低。(4)企业面临较大的竞争威胁，低价可有效地防止竞争者介入。

【理解价值定价法】企业按照买主对价值的理解来制定价格的定价方法。一般不依据企业生产商品的实际价值确定价格。该方法的关键在于准确地计算产品所提供的全部市场认知价值。企业既不能过高地估计消费者的理解价值，也不可以过低地估计消费者的理解价值。为准确把握市场认知价值，必须针对相应产品的消费者的理解价值进行市场研究。有两种方法可供使用：(1)直接价格法。要求被调查的消费者为产品确定能代表其价值的价格，然后将所有参与调查的消费者的定价进行平均，以最后的平均价格作为该产品的市场价格。(2)理解价值评比法。运用直接理解价值评比法，要求被调查的消费者对A产品以及在市场上销售的同类B、C产品，在产品的质量、性能、服务等方面按照一定的评分标准进行打分，然后综合三种产品的评分，并参照B、C产品的市场价格定出A产品的市场销售价。企业在根据理解价值定价法确定了产品的价格后，还要将该价格结合产品的成本以及企业的期望利润进行相应的调整。

【连锁经营价格管理】据美国学者研究，连锁经营最重要的因素就是降低商品价格，不是个别商品，而是所有商品低价。低价的基础是连锁独特的经营及管理方式。(1)通过大量采购，获较低采购价；通过低加价率，获大量销售和高周转速度，从而降低流通费用率。(2)以经营需求量大、购买频繁，需求价格弹性较充分的商品为主。(3)由于通常直接从制造商处采购，减少了中间环节，从而减少了由于预测的错误、存货较多及重复推销导致的浪费，更有效地连接了生产与消费。(4)零售商品价格管理权限归总部，门店无定价、调价及变价权，这是连锁经营的基本准则之一。从一些连锁企业正常定价经验分析来看，"价格上限"要求价格总体水平必须比其他零售店低2%~5%；"价格下限"是确保分店有8%~10%差率（加工商品及少量特价商品除外）。超越上述条件的商品定价均会影响到企业的竞争能力和经营效益，必须采取措施进行调整：或者重新选择进货渠道，降低进货成本；或者转向经营其他同类商品。

【零售物价指数】参见【消费者物价指数】。

【掠夺性定价】亦称"劫掠性定价"、"掠夺价"、"掠夺性定价歧视"。作为一种典型的滥用市场地位行为，其行为特征是一个或多个优势企业为了排挤竞争对手，而在一定时期、一定市场以低于成本的价格销售产品。在达到排除竞争对手形成垄断的目的后，优势企业即大幅提高产品价格，以攫取高额垄断利润。由于这种行为的目标针对有直接竞争关系的企业，故其损害被专家称为"第一线竞争的损害"。掠夺性定价不仅在短期内损害了竞争对手的利益，造成了对市场竞争秩序的破坏，从长远来看，也必然损害广大消费者的利益，其对竞争造成的巨大损害是不言自明的。因此，各国政府都非常重视对掠夺性定价的规制，并在反垄断立法中予以规定并加以禁止。

【满意标准】一种定价策略。把产品的价格定在比较合理的位置上,达到消费者与销售者双方满意的效果。既不太高,也不偏低,比较适中,使买卖双方都有利,都能满足。这种价格对大多数消费者来说是可以接受的,从而能较快地打开销路,企业也能因此而迅速收回投资。目前大多数企业对产品定价多采用这种策略。

【目标利润定价法】企业根据总成本和对目标利润的追求所实现的销售额,再除以预期总销售量,得出的单位产品定价方法。使用这一方法需要确定三个因素:(1)估计不同产量所发生的总成本;(2)预期可能达到的销售量;(3)确定目标利润率。只有在以上因素确定的基础上,才能制定目标利润价格。其计算公式为:单位产品价格 =(产品总成本 + 目标总利润)÷预期销售量。目标利润定价法的优点是可以保证企业实现既定的目标利润,使企业管理具有计划性。但这种方法只考虑企业自身的利益,忽略了市场竞争和需求情况的动态性。另外,这种方法是先估计产品销售量,再通过计算确定产品价格,而在实际营销过程中,价格高低反过来会对销售量产生很大影响,企业必须解决价格与销售量的均衡问题。一般情况下,这种方法只有市场占有率很高的企业或垄断企业才采用,对于大型公用事业型企业更为适用。

【拍卖定价法】市场经济中常用的一种定价方法。拍卖行受出售者委托,在特定场所用公开叫卖方式引导买方报价(也可密封报价),利用买方竞争求购的心理从中选择最高价格成交的定价方法。这种价格是在买方之间通过竞争形成的,是一种真正的市场价格。

参见【竞争导向定价法】。

【撇油策略】参见【高价保利】。

【撇脂定价】一种定价战略。往往设计一个高的初始价格,之后逐渐降低,以尽可能多地获取单位利润。撇脂定价所对应的细分市场比较强调价格的感召力。

【撇脂定价策略】亦称"取脂价格策略"。"撇脂"或"取脂"一词是假借在牛奶中撇取奶油的形象性用语,表示价格比生产成本和进货成本高得多。该方法就好像从牛奶中撇取奶油一样,从初上市的产品或服务销售中撇取丰厚的利润。即当新产品或服务投入市场时,将其价格尽可能定高,利用新产品的特点和尚无竞争对手的条件,尽可能在短期内赚更多的利润,尽快收回投资。有些新产品,如时尚产品、风潮型产品、时装、花色拎包、流行性玩具等,刚投入市场时,一般会立即引起那些高收入阶层的消费者重视,而且产量又比较小,暂时又无竞争对手出现,销售基本不成问题,撇脂价格策略正是利用高收入阶层愿意比别人支付更高的价格,达到率先消费目的的情况,通过制定非常高的价格,使企业在短期内迅速收回投资并取得高额利润的一种定价策略。该策略的优势包括:(1)可以在短时间内获得较大利润,并且在价格上占有主动权,当发现高价难以推销商品时,降价较主动。(2)由于消费对象主要是高收入者和喜欢猎奇者,他们比其他消费者较少关心商品价格,因此,高价不会对销量造成太大的影响,有时还会在一定程度上引起市场注意,反而会扩大商品销售。该策略的不足是:(1)当新产品声誉还未迅速建立起来时,高价难以打开市场,容易导致产品销售受阻,不利于新产品的迅速推广和市场占有率的提高。(2)一旦企业和商品的撇脂定价策略取得成功,获得高额利润时,容易招致竞争者加入,从而使价格大幅度降低,易使消费者产生一种受骗上当的感觉,有损企业形象。所以,只有那些市场寿命周期短,需求弹性小,而且产品新颖,有明显的优势,投放市场时,消费者感到新奇,愿意付高价的商品,才适宜采用这种策略。在实际经济生活中,那些零售商圈的消费者是高收入阶层,对品牌比较重视的专业店、特色店采取这种高价策略,有利于进一步扩大企业的知名度,尽快取得高额利润。该策略不是任何情况下都能实行,一般应在具备下列条件时采用:(1)产品的质量性能与高价相符合;(2)市场调查表明有足够多的消费者能够接受并愿意购买高价商品;(3)竞争者在短期内不易进入该产品市场。

【欺骗性定价】经营者利用虚假或令人误解等各种带有欺骗性质的定价方法,诱骗消费者或用户与其进行交易的行为,是市场活动中普遍存在、危害严重的一种不正当竞争行为。常常以虚构的"出厂价"、"批发价"、"破产拍卖"、"清仓处理"、"停业抛售"的告示误导消费者。主要特征:(1)一种典型的违背诚实信用商业道德的不正当竞争行为,其在客观上表现为:行为人以价格的表现方式为手段对消费者或用户进行"欺骗、误导与引诱",将向公众展示价格作为实施不正当竞争行为的工具,恶意地利用消费者需求低价的一般心理特征,通过各种方法诱使其误认误购,以达获取非法利益之目的。(2)常常与广告形式联系在一起,同虚假或引人误解的广告多有某种程度的交叉。

这是因为,商品和服务的价格,往往是广告宣传的一项重要内容,而虚假或引人误解的广告,也多与价格欺骗有关。但二者在表现形式上有重大区别:广告需经特定的媒介表现与传播,而欺骗性定价则一般不需要通过特定媒介来表现;相反,部分欺骗性价格行为还带有一定的隐秘性。(3)侵害的对象具有多元性。①欺骗性定价可直接使消费者陷入价格误解而上当受骗,遭受损失。②欺骗性定价扭曲了经营者之间基于产品真实质量、价格和服务等的正常竞争,使诚实的经营者的利益受到损害。③欺骗性定价误导市场价格信息,造成竞争秩序混乱,影响竞争机制的正常发挥和市场的正常运行,对社会公共利益造成危害。

【奇数定价】亦称"尾数定价"。就是使商品价格带个零头结尾,特别是奇数结尾。根据消费心理学家的调查发现,价格尾数的微小差别,能够明显影响消费者的购买行为。一般认为,五元以下的商品,末位数为9最受欢迎;五元以上的商品末位数为95效果最佳;百元以上的商品,末位数为98、99最为畅销。尾数定价法会给消费者一种经过精确计算的、最低价格的心理感觉。

【认知价值定价法】企业根据购买者对产品的认知价值来确定价格的方法。

【商业价格】商品在流通过程中各个环节价格的总称。主要包括商业收购价格、批发价格和零售价格等。商品的价值最终是通过零售价格得到体现。各个环节价格通过各种差价相互联系,又通过不同商品之间的比价相互制约,从而构成了商业价格体系。在国民经济价格体系中,生产者价格体系是商业价格体系的基础。而商业价格体系则全面反映着商品从生产领域，经过流通领域，直到消费者手中的整个社会生产过程的社会必要劳动耗费，是直接关系到商品价值能否得到全面实现的重大问题。因此，商品定价是否合理，不是商品经营者单方面意愿的体现，而是社会商品价值通过市场价格实现程度的集中反映。

【渗透策略】亦称"低价渗透"。通过低价位、大量广告提高市场份额的策略安排。为了迅速占领市场，打开销路，尽量把产品价格压低，实行薄利多销，利用低价的优势把产品渗透到市场中去。在市场激烈竞争的环境下，采用这种策略，会给竞争者造成一个价低利少甚至无利可图的印象，从而抑制竞争者插足，保持自己在市场上的独占地位。但采取这种策略也有不足之处，即收回投资慢。该策略适用于技术较简单、同行易于仿造、竞争较激烈的产品，或生命周期较长、价格需求弹性较大的产品。

【渗透定价策略】亦称"低价策略"。在新产品投放市场时，制定比较低的价格，接近消费者、刺激需求、争取市场的主动权的定价策略。一般适用于需求弹性大的商品，企业可以通过增加需求、扩大产销量、降低成本，实现企业的获利目标。低价销售容易为市场所接受，能吸引更多的顾客，迅速扩大市场；低价薄利能有效地阻止竞争者进入市场，能较长时间地占领市场；随着产品销售量的增加，市场份额的扩大，成本会大幅度下降，只要保持原价格水平或略有提高，就能获得大量利润。但低价销售收回投资的时间较长，当产品寿命周期和需求弹性预测不准时，具有一定的风险性。一般在市场上存在代用品、竞争激烈、需求弹性大、销量大、市场寿命周期长的产品，采用这种策略比较合适。采用该策略应具备条件：(1)产品需求的价格弹性大，消费者在价格感受方面比较敏感，低价可以刺激市场需求快速增长。(2)生产和分销成本有可能随着产量和销售量的扩大而降低。(3)低价不会引起市场激烈的竞争。

【生活费用指数】参见【消费者物价指数】。

【声望定价】利用消费者追求高贵、名牌商品而并不计较价格高低的心理来制定价格。当一种商品在消费者心目中已赢得较高的声誉时，可以以较高的价格出售。为了不给人以廉价的感觉，故意把价格定成整数，或者定成高价，来迎合一般人所认为的"优质必高价"的崇尚心理，以显示其商品或企业的名贵高超，所以又称炫耀定价，以满足某些消费者炫耀心理的需要。以声望定价的商品和服务，其基本要求是：商品必须具备社会公认的名牌效应，质量上乘，制作精美、包装华丽，给消费者以精神上的高贵感和满足感。这种策略的选用必须慎重，如果缺乏声望、缺乏名牌效应的企业滥用此法，很可能弄巧成拙，失去市场。同时，采用这种策略时，价格应定得适宜，过高会使消费者难以置信，降低购买欲望。

【时间差别定价】在不同季节、不同日期，甚至同一天的不同时间定价不同。差别定价可满足不同的需要，促进销售，对买卖双方都有利。但是实行差别定价必须具备一定的条件：(1)市场具有细分的条件和可能；(2)差别定价必须合法，并能获得社会公众的认同；

(3)差别定价的最低价格幅度不能低于产品销售的成本费用。

【数量折扣】当购买的产品达到一定数额时,对购买者给予的折扣。一般购买数量越多,折扣越大,以鼓励购买者大量购买或集中购买。实质上是将因买方大量购买而使卖方节约的销售费用额中的一部分以价格折扣的形式分配给买方。其折扣方式分为累积数量折扣和非累积数量折扣两种。(1)累积数量折扣。即规定在一定时期内顾客购买商品达到一定数量(额),给予一定的价格折扣。它适合于长期性的交易活动,以便吸引住顾客,建立长期交易关系。(2)非累积数量折扣。指按照顾客一次购买总量多少给予不同的折扣。目的是鼓励顾客一次大量购买,从而降低企业销售成本,对买卖双方都有利。这样做可以降低企业用来产品分销、储运和零售等环节的成本费用,节省人工耗费,快速回笼货币。仓储式、批零兼营式的商业企业普遍采用这一策略。

【随行就市定价法】以本行业中主要竞争者的价格作为企业定价的基础。一般是同质产品市场惯用的定价方法。在竞争激烈、商品需求弹性较大时,随行就市是一种比较稳妥的策略,可以减少风险,保证获得适当收益,有利于处理好与同行的关系。该方法适合的情况包括:(1)对某些产品的成本难以估算,随行就市可以降低风险,确保行业内同质产品的收益。(2)企业容易与同行业竞争对手和平共处,起码在产品定价方面可以回避挑战威胁。(3)如果企业单方面定价,则可能发生与消费者、竞争对手相背离的局面,企业的风险将增加。

【讨价还价】在商务谈判中,其狭义含义仅指买卖双方对价格的争议和协商。其广义含义则是指谈判双方为了获得己方最大利益,提出种种以价格为中心的有关条款,多次反复争议较量的过程。这个过程,双方通过公开争论并施展策略手段,迫使对方变换价格或其他条件,使谈判向双方共同有利的方向进行。

【提价策略】价格调整的方式之一。产生提价的主要原因是:(1)应付产品成本增加,减少成本压力。这是所有产品价格上涨的主要原因。(2)为了适应通货膨胀,减少企业损失。(3)产品供不应求,遏制过度消费。(4)利用顾客心理,创造优质效应。作为一种策略,企业可以利用涨价营造名牌形象,使消费者产生价高质优的心理定式,以提高企业知名度和产品声望。为了保证提价策略的顺利实现,提价时机可选择在这样几种情况下:(1)产品在市场上处于优势地位;(2)产品进入成长期;(3)季节性商品达到销售旺季;(4)竞争对手产品提价。在方式选择上,企业应尽可能多地采用间接提价,把提价的不利因素减到最低限度,使提价不影响销量和利润,而且能被潜在消费者普遍接受。同时,企业提价时应采取各种渠道向顾客说明提价的原因,配之以产品策略和促销策略,并帮助顾客寻找节约途径,以减少顾客不满,维护企业形象,提高消费者信心,刺激消费者的需求和购买行为。价格调整的幅度,最重要的考虑因素是消费者的反应。

【投标定价法】社会集团(企业或事业单位)购买者通过公开媒介披露信息进行批量采购、购置大型成套设备或为工程项目选择承包商(承建商或承造商)时通常采用的一种竞价方法。其目的是通过引导卖方竞争,从而筛选出最合适的应征者。征求承包人的一方(买方)为"招标方",应征前来参加竞争的应聘者为"投标方",经过竞争以后的优胜者为"中标方",三者均被要求具备法人资格。供货企业作为投标方的目的在于赢得合同获取中标,所以在报价时,往往要根据竞争对手投标价格的判断来确定本企业的投标价格。参见【竞争导向定价法】。

【尾数定价】　亦称"边缘定价"、"非整数定价"。利用消费者对数字认知上所持有的某种主观性临界判断心理,故意保留产品定价的尾数或零头的定价方法。使消费者产生价格低廉和销售商品是经过认真核算成本之后才定价的感觉,有助于增强购买者对定价的信任感。有的觉得奇数比偶数便宜,认为1、3、5、7、9作为尾数时有价廉的感觉;有的觉得零数比整数真实,消费者通常以价格来衡量商品的价值,认为价格尾数是精确计算出来的,更真实可信;有的将某些数字与自己的心理期望联系起来,形成偏爱。以尾数定价迎合了消费者的心理偏好,在一定程度上可促进销售。该策略适用于价格较低的商品。

【现金折扣】　促销的一种方式。厂商对于在约定时间内提前付清货款或用现金付款的客户,给予一定比例折扣的行为。其目的在于鼓励客户以现金付款和尽快付款,提高销售回款率,加速资金周转,减少收账费用,预防坏账发生。

【削价】　价格用语。减价。企业削价的原因有很多,有企业外部需求以及竞争等因素的变化,也有企业内部战略转变,成本的变化,还有国家政策、法令的制约和干预。

【消费品价格选择】　消费者在购买消费品时对同类但不同价格的消费品进行挑选的行为。消费者在一定时期的收入水平是有限的,为了满足自己多方面的消费需要,必然要在以不同价格出现的商品和劳务中做出最符合自身情况的选择。影响不同消费者对消费品价格选择的因素包括:收入水平、个人心理、社会风气、消费品本身质量、式样以及对消费者的吸引程度等。

【销售时间差别定价】　企业对于不同季节、不同时期甚至不同钟点的产品或服务分别制定不同的价格。

【心理定价策略】　企业定价时,利用消费者不同的心理需要和对不同价格的感受,有意识地采取多种价格形式,以促进销售。主要有:(1)声望定价;(2)尾数定价;(3)招徕定价;(4)参照定价;(5)整数定价;(6)习惯定价。

【心理定价法】　一种运用营销心理学原理,利用顾客心理因素或心理障碍,依据各种类型顾客购买商品或服务时的心理动机制定商品或服务价格,引导和刺激购买的价格策略。参见【心理定价策略】。

【形象定价】　把价格作为确定企业特定形象的表现手段的定价目标。价格是消费者据以判断企业行为及其产品的一个重要因素。一个企业的定价与其向消费者所提供服务的价值比例协调,企业在消费者心目中就较容易树立诚实可信的形象;反之,企业定价以单纯的获利,甚至以获取暴利为动机,质价不符,或是质次价高,企业就难以树立良好的形象。为优质高档商品制定高价,有助于确立高档产品形象,吸引特定目标市场的顾客;适当运用低价或折扣价则能帮助企业树立"平民企业"、以普通大众作为其服务目标对象的企业形象。

【需求导向定价法】 企业对产品的定价,应该以消费者对产品的需求程度及其对产品价值的理解为依据的定价方法。包括:(1)感受价值定价法。企业根据购买者对产品的感受价值来制定产品价格的一种方法。所谓感受价值,是指购买者将产品价格与其使用价值相比较,从而在观念上判断并认同的产品价值。它与产品的实际价值并不一定互相吻合。旨在了解消费者对产品价值是如何感受的。(2)需求导向定价法。亦称"反向定价法"。企业根据市场需求终端环节即消费者或最后购买者所能够接受的最终销售价格,计算并扣除成本和利润后,逆向推算出产品的批发价和零售价。该方法是以市场需求为出发点,力求使所定价格被消费者所接受。常用于新产品首次投放市场的定价,同时也适用于分销渠道中批发商和零售商对产品的定价。

【需求的交叉弹性】 亦称"交叉弹性"。相关的两种商品中一种商品的价格变动比率所引起的另一种商品的需求量变动比率,即一种商品的需求量变动对另一种商品价格变动的反应程度。对于不同的商品关系而言,交叉弹性的弹性系数是不同的。如果交叉弹性为负值,则这两种商品为互补关系,其弹性的绝对值越接近于1,互补关系越密切;如果交叉弹性为正值,则这两种商品为替代关系,其弹性的绝对值越接近于1,替代关系就越强;如果交叉弹性为零,则这两种商品之间没有关系。

【选择性附带产品定价】 定价策略的一种。许多工商企业在提供主要产品的同时,还提供一些与主要产品密切相关的可供选择的附带产品。这些非必需的附带产品是根据顾客意愿选购的,因此,企业需要根据市场的环境、购买者的偏好等因素认真分析、合理定价,否则就会影响产品销售。例如,有些饭馆将饭菜的价格定得较低,而酒水的价格定得较高,以低价饭菜吸引顾客,以高价酒水赚取利润。

【引诱性价格广告】 卖主在广告中表明自己将以某一非常诱人的价格销售某种商品。其实际目的并不在于销售这种商品,而只是以低价做诱饵,把对这种商品感兴趣的人引诱过去,以便与其进行接触,从而进一步想办法卖给他们另一种价格更高、利润更大的商品。这是经营者常用的一种转换销售手段。当顾客被引诱进入商店后,销售者会以各种方法诱使顾客改变购买广告商品的初衷,转而购买同类的其他商品。如销售者声称广告商品已经"卖完",贬低广告商品的功能或售后服务,陈列次品,出示破损、肮脏的样品等,使顾客对购买广告商品大失所望,只好随卖主诱导而另行考虑购买同类价高的商品,从而实现自己转换销售的目的。

【运费免收定价】 定价方法。企业因为急于和某些地区做生意,负担全部或部分实际运费。

【招徕定价】 亦称"促销定价"。企业利用消费者求廉、从众心理,择时将少数商品降价销售的定价策略。消费者购物时大多希望商品价廉物美,同时,为了减少购物风险,购买时往往表现出从众倾向。企业为招徕顾客,选择一定时期将某几种商品的价格降低到一般市价之下,或者利用节庆日和换季时机举行"大甩卖"、"酬宾大减价"等活动,把部分商品按原价打折出售,以吸引大量顾客登门,促进所有其他商品的销售;餐饮业每天推出一二种价廉的特价菜吸引并带动顾客增加对其他菜品的选购。采用该策略须确定适宜的品种和降价幅度,品种太多或幅度过大,会使消费者对产品质量产生不信任感,品种太少或幅度过小,则起不到吸引顾客的作用。除此之外,企业应取信于顾客,廉价品必须是正常的商品,注意与因残次而削价的商品明显分开。不能把原价虚增后再打折扣欺骗顾客;否则会损害企业形象,而且会因损害了消费者的利益而受到法律或经济的惩罚。

【折扣】促销策略术语。企业为了更加有效地吸引顾客,鼓励其购买自己的产品,而给予顾客一定比例的价格减让。其实质就是一种优惠价格,它是企业重要的价格竞争手段之一。折扣一般包括现金折扣、数量折扣、功能折扣以及季节性折扣等多种形式。

【折扣定价策略】企业促销价格策略的一种。企业为产品定出基本价格后,在营销过程中还需要根据市场供求情况、服务对象和交易条件等因素的变动而减让折扣的价格策略。为了刺激购买欲望,鼓励大量购买、淡季购买及提早付款等,许多企业都要对基本价格做一定幅度的调整,实行折扣和折让价格。常用的策略有:(1)现金折扣。企业为了鼓励顾客尽快付清所购买商品货款的价格减让。一般按原价给予一定折扣,这种折扣在西方较为流行,它可加强卖方收现能力,减少信用成本和呆账。(2)数量折扣。企业对那些大量采购商品的顾客在价格上给予一定幅度的减让,以鼓励他们大批量购买商品。减让折扣的金额随着购买数量的增加而增加。这样做可以降低企业用于产品分销、储运和零售等环节的成本费用,节省人工耗费,快速回笼货币。现在有许多仓储式、批零兼营式的商业企业普遍采用这一策略。(3)功能折扣。亦称"贸易折扣"。制造商或大宗批发商根据中间商所能够承接的不同类型、不同分销渠道和不同服务功能,而给予不同折扣的批发价和零售价。(4)季节折扣。亦称"季节差价"。企业为那些购买过季商品和服务的顾客提供的价格减让。其目的是为了保持企业能够均衡持续地生产和销售。(5)价格折让。多用于汽车行业或其他耐用品的促销折让,是对中间商提供促销的一种让利报酬。(6)老客户折扣。是对经常购买或光顾服务的"回头客户"的一种优惠折让。

【智能化议价系统】互联网上设立"价格讨论区",并在网上直接议价,为网上购物带来实际便利的电子商务。消费者可通过因特网与"卖家"做一对一的价格讨论,这种不用见面的智能化议价系统,避免了面对面的尴尬,可以在理智化的状态中,将羞于情面的事情轻松化。因特网的这一功能,解决了消费者的心理矛盾,使买卖双方能够完成任何一件商品的共同认同。这一功能特性体现出的消费者心理认同的静态功能,反映出卖家有了更广阔的价格天地的动态特质。卖家为了争取更多的消费者,则必须在服务管理上做足文章,尽其可能地减少成本,将价格空间让给消费者。

第十三篇　渠道

【分销渠道】产品从一个生产领域进入另一个生产领域或进入消费领域的流通途径。包括产品从生产者向消费者或用户转移的过程中所经过的一切路线、环节、方式、机构和完成商品运动的交换结构和形式。商品分销渠道的起点是生产者,终点是消费者和用户,商品完成从生产者到消费者的流通过程发生了时间、地点和所有权等变化。商品分销渠道的参与者是商品流通过程中各种类型的中间商。在商品经济条件下,产品必须通过交换,发生价值形式的运动,使产品从一个所有者转移到另一个所有者,直至消费者手中,这称为商流。同时,伴随着商流,还有产品实体的空间移动,称之为物流。商流与物流相结合,使产品从生产者到达消费者手中,便是分销渠道或分配途径。分销渠道由五种流程构成,即实体流程、所有权流程、付款流程、信息流程及促销流程。(1)实体流程。即实体原料及成品从制造商转移到最终顾客的过程。(2)所有权流程。即货物所有权。从一个市场营销机构到另一个市场营销机构的转移过程。其一般流程为:供应商—制造商—代理商—顾客。(3)付款流程。即货款在各市场营销中间机构之间的流动过程。(4)信息流程。即在市场营销渠道中,各市场营销中间机构相互传递信息的过程。(5)促销流程。即由一单位运用广告、人员推销、公共关系、促销等活动对另一单位施加影响的过程。在以上流程中分销渠道发挥的功能是:(1)调研。即收集制定计划和进行交换时所必需的信息。(2)促销。即进行关于所供应货物的说服性沟通。(3)接洽。即寻找可能的购买者并与其进行沟通。(4)匹配。即使所供应的货物符合购买者需要,包括制造、装配、包装等活动。(5)实体分配。即从事商品的运输、储存等。(6)谈判。即为了转移所供货物的所有权,而就其价格及有关条件达成最后协议。(7)财务。即为补偿渠道工作的成本费用而对资金的取得与使用。(8)风险承担。即承担与从事渠道工作有关的全部风险。如下图所示:

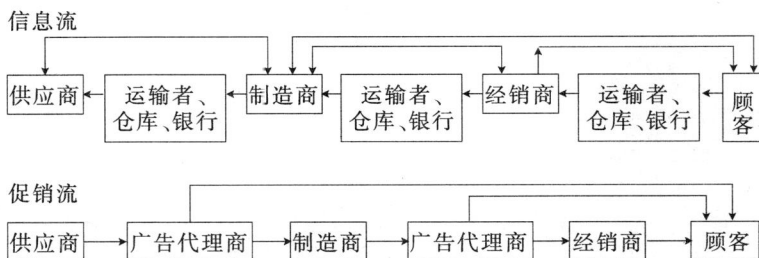

【销售通路】渠道用语。由各种旨在促进商品和服务实体的流转以及实现其所有权由生产者向消费者或企业用户之间转移的各类型机构以及与之相互关系构成的一种有组织的系统。它一般由制造商、经销商和零售商三部分组成。

【终端】渠道用语。在市场营销过

程中最末阶段的空间位置。即商品与消费者直接进行等价交换的地点。从广义上讲,它是商品从生产厂家到真正购买者手中的最后一个环节。终端也可以是零售场所,也可以是人员直销、生产厂家直销、邮购、展会,直至有购买能力的消费者。而狭义的终端即指商品的零售场所。通常的终端一般有商场、超市、量贩店(大卖场)、便利店、批发市场、专业商场、专卖店、店中店、专柜、社区或街口零售摊点等。

【渠道定位】拟定产品分销或分配的目标通道。即确定产品(服务)从生产者向消费者转移所经过的有形和无形的环节。渠道不仅仅只是产品的流通管道,更重要的是,产品在流通中会实现价值增值。营销渠道可以看做是又一条"产品线",只是该"产品线"生产的不是产品本身,而是为产品如何销售提供服务。在渠道系统中,渠道成员参与不同渠道流程,承担各种渠道职能,为产品提供增值服务,以满足目标市场消费者的特定需求。这类由渠道成员创造的,连同产品一起被消费者所消费的增值服务称之为渠道服务产出。市场上的消费者千姿百态,需求变化无常。为更好地服务目标市场的消费者,提高渠道系统的效率,可以根据消费者对渠道服务产出需求水平的差异,来细分渠道。在进行渠道细分时,要遵循一个基本的原则:要保证不同目标市场之间消费者需求的差异性,同一目标市场内部消费者需求的同一性。消费者对服务产出的需求千差万别,不同产品,同一产品不同目标市场的消费者服务产出的需求各具差异。可以通过分析目标市场渠道服务产出需求水平,来确定目标市场渠道定位。在进行渠道细分、定位时,可以借助分析工具——渠道服务产出需求分析来进行具体的分析。

【渠道整合】渠道策略用语。利用多种渠道模式,涉及更广泛的市场覆盖的企业行为。它将销售过程中的任务进行分解,并分配给能以较低成本或更多销售量,较好地完成该项任务的渠道,其目标是取得广泛的交易,提高产品的销售量,扩大市场份额。当今,营销正由粗放型走向集约型,缺乏整合的渠道模式已经不适应新的营销环境。因此,渠道升级,向高层次整合已势在必行。

【渠道促销】促销的形式之一。以各级经销商或零售商作为促销主体,针对次级经销商部门及销售人员开展的各类促销活动。渠道促销是提升销量最直接有效的手段,不仅可以降低企业的营销费用,减少促销流程的复杂程度,可控性强,同时还可以争取渠道商的资金,使渠道商投入更多的精力分销产品。渠道促销的形式包括:进货奖励、搭配促销、限量赠送、销售折扣、联合促销等。由于渠道促销常常采取的是在一定时期内可以让渠道商获得可观利润的方式,因此,如果不把握良好的促销尺度和加强监控管理,很容易让经销商"钻空子",会将渠道促销变成急功近利的短期行为。

【渠道规划】企业为实现其不同渠道类型在空间上与资源配置上的合理、科学、有效的分布与组合而进行的计划制定、计划实施等各方面的工作。渠道规划是立足当前渠道的实际情况,结合市场预测对下阶段营销渠道的管理模式做出的整体设计。渠道规划的指导思想是渠道整合的纲领,提高渠道的销售能力、服务水平、忠诚度和确保有效竞争是整合渠道的目的，是渠道规划的主要部分。

【渠道经济效果】渠道投入与渠道产出的比率。从经济效果来看，中间商的存在减少了商品由生产者到消费者流转过程的交易接触次数，降低了交易成本，使交易更加方便快捷，促进了交易活动。假设三家生产者分别将其产品出售给三个消费者，在未经过中间商的情况下，需经9次接触才能完成全部交易，而在经由中间商的情况下，只需6次接触就能完成所有的交易。由于中间商的存在，使得一部分原来属于外部的交易行为内部化，也可以理解为中间商与自身进行了一部分交易。从产权经济学角度来说，通过内部化降低了交易成本，从而节约了交易费用。

【渠道目标】渠道发展的方向性安排。企业的渠道目标，一般是在考虑顾客需要和一些对渠道选择起限制作用的因素的基础上确定的。可以确定渠道目标是体现在渠道管理、产品管理、订单管理、库存管理、事件管理等方面。市场网络规模越大，对渠道能力的要求也就越高。在快速食品行业、鲜活品行业、农业批发行业，对产品的转运有更高的时间要求，对渠道能力要求也同样很高。提升渠道能力在产品周转、资金周转等方面都有明显的贡献。快鱼吃慢鱼的基本原则，最能体现在渠道能力提升上。

【渠道设计】对建立企业分销渠道体系的总体规划。建立四通八达的市场渠道，完善企业商品流、物资流、信息流的网络体系。只有这样，才能保证企业的产品或者服务高效率地进入市场，并且通过渠道网络转移到消费者手中，从而实现市场营销目标。基本工作包括：(1)评价、分析世界市场渠道建设的发展趋势，汲取国际著名跨国公司渠道扩展的先进经验。(2)减少产品在渠道流通的层次与时间，提高流通效率。(3)开展专家营销，使渠道促销成为企业竞争力的关键环节。(4)把握营销渠道全球化的历史必然性，全方位开辟海外市场。渠道设计应该努力实现如下功能：(1)市场分销渠道功能。一般说来，产品销售网络一端是生产企业，另一端就是市场。企业通过分销渠道网络开拓市场，市场网络就像"滚雪球"一样，不断扩大。(2)市场份额扩展功能。市场竞争的主要任务就是为了提高企业产品的市场占有率。市场渠道愈是发达，企业产品的市场份额就愈高。(3)产品渗透功能。市场渠道的产品渗透功能，主要体现在市场利益导向一致性的基础上，要通过利益共同体的营造，形成对目标市场的"蚕食力"。(4)市场信息反馈功能。市场主体的每一个成员单位，实际上就是一个市场情报站，一个信息反馈点；而且，抗风险市场内信息反馈的速度，应该远远快于其他非抗风险市场信息调查组织。

【博览会】参见【展览会】。

【产品通路】产品在市场上的分销网络。其功能在于使产品到达目标市场。产品通路的有效性，在很大程度上取决于零售终端的结构。如果零售终端不符合目标人群的购买习惯，不能提供购买方便，或者增加了购买的成本与风险，都会对市场的形成和发展产生不利影响。

【长渠道】渠道用语。企业在分销过程中利用的中间环节比较多，产品由生产领域流通到消费领域的通路比较长的一种渠道模式。它一般具有以下特点:市场覆盖面广;企业(厂家)可以将渠道优势转化为自身优势;向一般消费者销售较为适宜;可以减轻企业的费用压力。但同时,厂家对渠道的控制程度较低;增加了渠道服务水平的差异性和不确定性;加大了与经销商进行协调的工作量。

【**超级终端**】具用极强的控制力和铺货率销售终端。超级终端的快速发展,极大地改变了产品的流通方式和消费终端,成为产品特别是快速消费品流通的主渠道。企业进入超级终端的主要目的:抢占更多的销量;树立品牌的战略需要。

【**传播渠道**】企业在向目标受众传递信息过程中所借助的一系列营销传播工具。具体包括人员推销、营业推广、广告、宣传与赞助、口碑、企业形象识别等等。企业建立有效的传播渠道,能够确保企业和目标顾客之间的双向沟通,以更好地实现企业的营销目标。

【**传统营销渠道系统**】缺乏现代市场观念且以各自为政为特点的营销渠道组织。一般由一个生产企业、若干个营销渠道中介商组成。在进行产品推销的过程中,生产企业以及营销渠道中介商都以本企业的利益为中心,追求自身利润最大化,而对于整个营销渠道系统是否达到最佳效益毫不关心。并且生产企业对各个渠道中介商没有足够的控制权,往往因各方意见不一,导致产品推销乏力。

【**垂直渠道冲突**】渠道冲突的一种类型。不同渠道层次里的渠道成员间的冲突构成了垂直渠道冲突。渠道的长度越长(渠道的层次越多),可能的垂直渠道冲突往往越多。对消费品而言,

一个典型的渠道包括制造商、批发商(代理商)、零售商,那么制造商与批发商(代理商)间的冲突、制造商与零售商的冲突、批发商(代理商)与零售商间的冲突便属于垂直渠道冲突。家电零售连锁企业国美与众多家电厂商的冲突就属于垂直渠道冲突。

【**垂直渠道系统**】渠道用语。即由生产企业、批发商和零售商组成的统一系统。垂直分销渠道的特点是专业化管理、集中计划,销售系统中的各成员为共同的利益目标,都采用不同程度的一体化经营或联合经营。它主要有三种形式:(1)公司式垂直系统。一家公司拥有和统一管理若干工厂、批发机构和零售机构,控制分销渠道的若干层次,甚至整个分销渠道,综合经营生产、批发、零售业务。这种渠道系统又分为两类:工商一体化经营和商工一体化经营。(2)管理式垂直系统。制造商和零售商共同协商销售管理业务,其业务涉及销售促进、库存管理、定价、商品陈列、购销活动等。(3)契约式垂直系统。不同层次的独立制造商和经销商为了获得单独经营达不到的经济利益而以契约为基础实行的联合体。它主要分为三种形式:特许经营组织;批发商倡办的连锁店;零售商合作社。

【**垂直营销渠道系统**】拥有营销渠道系统中介商的部分或全部产权为特征的、由生产企业、渠道中介商组合在一起的营销渠道联盟。生产企业或某一渠道中介商因为实力雄厚而成为该营销渠道系统的主导者或支配者。克服了传统营销渠道系统缺乏凝聚力和市场活力的弊端,而由渠道主导者统一目标,控制渠道系统行为,消除各成员之间的矛盾,以渠道效益最优为目的,

达到最佳的产品推销效果。主要形式有:(1)公司式垂直营销渠道系统。该系统的主导者同时拥有全部生产企业与部分渠道中介商的大部分股份,企业生产的大部分产品的销售就在公司下属的渠道中介商手中进行,或者是某公司同时拥有大部分生产企业的股权和全部的渠道中介商的股权。渠道中介商成为生产企业产品的承销者。产品生产与销售部门的控制权同属于一个主体。生产商与销售中介商之间的利益分配属于同一战略联盟,有比较强的利益协调性。(2)管理式垂直营销渠道系统。该系统中生产企业与渠道中介商分属不同的所有者,但营销渠道系统是以某一家规模大、实力强的企业为主而形成的营销渠道系统。系统的组织者起着管理、协调的作用。(3)契约式垂直营销渠道系统。它以契约来协调各部门之间的利益分配,统一各部门之间的行动方向,以取得更大的经济和销售成果。渠道各成员之间都非常明确自己和他人的权利与义务,这样就可大大避免渠道各成员之间无效的竞争和冲突。同时,也可在认同契约的基础上迅速扩大渠道网络,吸纳更多的成员参与渠道的运作。现有的契约式垂直营销渠道系统有自愿连锁组织、零售商合作组织、特约代理组织等等。

【垂直营销系统】传统营销渠道由一个(或一组)独立的生产者、批发商和零售商组成。每个成员都是作为一个独立的企业实体追求自己利润的最大化,即使它是以损害系统整体利益为代价也在所不惜。没有一个渠道成员对于其他成员拥有全部的或者足够的控制权。传统的特许经营系统是制造商倡办的零售特许经营系统。另一种是制造商倡办的批发特许经营系统。一种新的系统是服务公司倡办的零售商特许经营系统。由一个服务公司组织整个系统,以便将其服务有效地提供给消费者。

【等级渠道】一级、二级、三级渠道统称。该营销渠道中包括中介商、批发商和零售商,是最常见的营销方式。企业利用等级渠道分销自己的产品,其等级越高往往分销的网络越大,所面向的消费群体也就越大。但是商品价格往往也会因为渠道中介商多,销售成本大大增加而上升。所以,如何选择合适的等级渠道销售产品是非常重要的。

【短渠道】渠道用语。企业在分销过程中所利用的中间商比较少,产品流向消费者手中的通路比较短的一种渠道设计模式。一般来说,厂家对渠道的控制程度较高;该模式对于专用品、时尚品较为适用。但是,厂家要为此而承担大部分或全部渠道功能;市场覆盖面也比较窄。

【多渠道冲突】渠道冲突的一种类型。当企业采用多条渠道面对消费者的时候,渠道之间的冲突就称为多渠道冲突。在互联网时代,多渠道冲突有了一种新的形式——网络渠道和传统渠道间的冲突。

【多渠道分销系统】渠道用语。对同一或不同的细分市场,采用多条渠道的分销系统。多渠道系统大致有两种形式:(1)制造商通过两条以上的竞争性分销渠道销售同一商标的产品;(2)制造商通过多条分销渠道销售不同商标的差异性产品。此外,还有一些公司通过同一种产品在销售过程中的服务内容与销售方式的差异,形成多条渠道以满足不同顾客的需求。

【分销渠道策略】企业为了使其产品进入目标市场所进行的路径选择活动,它关系到企业在什么地点、什么时间、由什么组织向消费者提供商品和劳务。企业应选择经济、合理的分销渠道,把商品送到目标市场。分销渠道因素包括渠道的长短、宽窄决策,中间商的选择以及分销渠道的分析评价和变革等内容。渠道术语。分销渠道策略可以从长度与渠道宽度两方面进行研究。渠道长度策略主要有:(1)长渠道策略;(2)短渠道策略;(3)零渠道策略。分销渠道宽度策略主要有:(1)密集分销渠道策略;(2)选择分销渠道策略;(3)独家分销渠道策略。

【分销渠道层次】产品分销渠道的类别。(1)零级渠道,即由制造商直接到消费者。(2)一级渠道,即制造商通过零售商到消费者。(3)二级渠道,即制造商—批发商—零售商—消费者,或者从制造商—代理商—零售商—消费者。(4)三级渠道,制造商—代理商—批发商—零售商—消费者。

【分销渠道的设计】渠道用语。分销渠道的设计必须立足于长远。设计分销渠道时,一般要经历三个阶段,主要涉及渠道结构及中间商类型、中间商数量、渠道成员的权利与责任等方面的抉择。

【分销渠道类型】按照不同的分类方法,分销渠道的类型也可分为:(1)直接分销渠道和间接分销渠道。直接分销渠道是指生产者将产品直接供应给消费者或用户,没有中间商介入。间接分销渠道是指生产者利用中间商将商品供应给消费者或用户,中间商介入交换活动。(2)长渠道和短渠道。分销渠道的长短一般是按通过流通环节的多

少来划分的。(3)宽渠道与窄渠道。渠道宽窄取决于渠道的每个环节中使用同类型中间商数目的多少。企业使用的同类中间商多,产品在市场上的分销面广,就称为宽渠道。企业使用的同类中间商少,分销渠道窄,称为窄渠道。(4)单渠道和多渠道。当企业全部产品都由自己直接所设的门市部销售,或全部交给批发商经销,称之为单渠道。多渠道则可能是在本地区采用直接渠道,在外地则采用间接渠道;在有些地区独家经销,在另一些地区多家分销;对消费品市场用长渠道,对生产资料市场则采用短渠道等。

【分销渠道选择市场因素】确定分销渠道的市场因素。主要包括:(1)购买批量大小。购买批量大,多采用直接销售;购买批量小,除通过自设门市部出售外,多采用间接销售。(2)消费者的分布。某些商品消费地区分布比较集中,适合直接销售;反之,适合间接销售。工业品销售中,本地用户产需联系方便,因而适合直接销售。外地用户较为分散,通过间接销售较为合适。(3)潜在顾客的数量。若消费者的潜在需求多,市场范围大,需要中间商提供服务来满足消费者的需求,宜选择间接分销渠道。若潜在需求少,市场范围小,生产企业可直接销售。(4)消费者的购买习惯。有的消费者喜欢到企业买商品,有的消费者喜欢到商店买商品。所以,生产企业应既直接销售,也间接销售,满足不同消费者的需求,也增加了产品的销售量。

【分销体系】渠道用语。产品从生产者手中被生产出来之后到消费者手中的整个传递过程。一般包括:产品的提供—运输—仓储—销售—售后服

务等。

【公司式渠道系统】由一家公司拥有和管理若干工厂、批发机构和零售机构,控制渠道的若干层次,甚至整个分销渠道,综合经营生产、批发和零售业务的渠道系统。

【购物亭营销】新发明的"顾客订货机"。被放置在商店、机场和其他一些场所内。顾客可以向机器说明他所要商品的式样、颜色和尺码,机器便会按照顾客的要求在屏幕上显示出商品的图像。如果顾客所要的某种商品在本店没货,他可以拨打旁边的电话,并输入信用卡的号码以及送货地点。

【关系型营销渠道战略】渠道成员基于整体利益最大化的角度,以团队工作的方式的合作,使其形成一个紧密的利益共同体的渠道战略。厂家以协作、双赢、沟通为基点来加强对销售渠道的控制力,为零售商、消费者提供更具价值的全方位服务,最终确保整体营销战略目标的实现。其不同于传统的营销渠道,改变了传统渠道中厂商之间"零和博弈"的关系,而通过厂商之间的战略性合作,将企业与渠道成员变成一个利益共同体,即在共赢的基础上实现系统价值的最大化,从而提高了渠道运作的效率,进一步降低了企业渠道运作中的市场风险。主要渠道类型包括:(1)企业零售商生产、销售紧密型。零售商直接参与企业的生产、营销决策,厂家给予零售商足够的信任,向零售商给予高额返利和提供各种物质和精神奖励。做出确保零售商利益的承诺,提高零售商经营自豪感、责任感和经营信心。(2)企业代理商销售紧密型。企业与代理商之间结成关系紧密的利益共同体,通过彼此认同的协议和规定,共同分销

商品,共同开发和控制市场。(3)企业批发商销售紧密型。企业吸收批发商股份,向批发商提供物质和精神奖励,派员工协助代理商开展销售工作,共同进行营销和销售决策,共同开发和管理市场。

【管理式渠道系统】制造商和零售商共同协商销售管理业务,其业务涉及销售促进、库存管理、定价、商品陈列、购销活动等。由于这一做法能使其他渠道成员产生被竞争淘汰的危机感,进而能促进契约式渠道系统与管理式渠道系统的发展。

【广泛分销】生产厂商尽可能地通过适当的批发商、零售商推销其产品。属于宽度最宽,广度最广,而长度可能是最短的渠道。其目的是在短时间内对目标市场实现迅速渗透。新产品推广以及产品生命周期短的产品的分销特别适宜采用这种分销渠道。采用这种分销渠道策略要求渠道越短越好,应尽可能减少中间环节。广泛分销中如果形成各种长短不一的渠道形式,必然会导致各类渠道冲突的增加。

【合同式渠道系统】不同层次的独立的制造商和中间商,以合同为基础建立的联合渠道系统,如批发商组织的自愿连锁系统、零售商合作系统、特许零售系统等。

【间接渠道】生产者通过流通领域的中间环节把商品销售给消费者的渠道。基本模式为:生产者—中间商—消费者,是社会分工的结果。通过专业化分工使得商品的销售工作简单化;中间商的介入,分担了生产者的经营风险;借助于中间环节,可增加商品销售的覆盖面,有利于扩大商品市场占有率。该渠道的典型形式是:生产者—批发商—

零售商—个人消费者(少数为团体用户)。具体方式有厂店挂钩、特约经销、零售商或批发商直接从工厂进货、中间商为工厂举办各种展销会等。约有80%的消费品和20%的工业品采用间接渠道进行分销。中间环节越多,分销渠道越长,产品的分销范围可能越大,但厂商获得消费者信息越困难,对渠道控制的难度也越大。

【交易会】参见【展览会】。

【宽渠道】渠道用语。在渠道的每一个层次中使用较多同类型中间商,以增强市场覆盖的一种渠道设计模式。其"宽度"取决于渠道的每一个层次中使用同种类型中间商数目的多少。其特点主要有:宽营销渠道范围广,广大消费者可以随时、随地买到企业的产品;而且可以造成中间商之间的竞争。但由于同类型的中间商数目多,使中间商推销企业的产品不专一,不愿为企业付出更多的费用;另外,在宽营销渠道下,生产企业和中间商之间的关系松散,使得在交易中中间商会不断变化。

【零级渠道】亦称"直接营销渠道"。由生产者直接向消费者进行销售。营销渠道最短的销售方式。包括煤气、自来水、电的销售。目前,企业将产品通过互联网进行网上销售,企业职工携带商品上门推销,或通过邮寄来销售企业自己生产的产品等都是零级渠道销售。其好处是:生产者可以直接与用户广泛交流,了解市场需要,掌握第

一手的产品销售信息,便于企业及时根据市场变化,调整自己的产品结构和生产进度;又因为是零级渠道,企业可以独享产品的销售利润。缺点是:这种营销渠道对企业来说产品占用资金量过大,不利于资金周转,同时企业必须为这种营销渠道设立专门的销售机构,培养专门的推销人员。另外,更为重要的是,企业必须自己承担营销风险。

【密集分销】企业在有限的市场范围内尽可能多地采用渠道中间商进行销售的一种分销方式。当企业采用成本领先战略并假设目标细分市场是价格敏感型且注重购买的方便性要求的情况下,密集分销是较适合的方式。日用消费品,大多情况均采用这种密集分销方式。

【区域多家代理制】生产企业在一定的市场范围内选择多家批发企业代理分销自己产品的渠道形式。其具体做法是:在省级市场下分为多个区域,除一级市场的大商场直接从分公司进货外,每个区域设两家或两家以上的一级批发商。在该区域内,一级批发商除直接面对一级市场的部分小零售商外,还对所辖的二级市场设两家或两家以上的二级批发商,除二级市场的大商场可直接从一级批发商进货外,二级市场的二级批发商分别负责二级市场的部分小零售商和各自管辖的三级市场。三级市场一般只有零售商,直接从二级批发商进货。网络结构,见下图。

区域销售分公司

一级市场大零售商　　　区域 C、D……

一级批发商:A 区域　　　一级批发商:B 区域

一级市场部分小零售商　二级市场大零售商　二级市场批发商 A1　二级市场批发商 A2　二级市场大零售商　二级市场批发商 B1　二级市场批发商 B2　一级市场部分小零售商

二级市场小零售商　三级市场小零售商　二级市场小零售商　三级市场小零售商　二级市场小零售商　三级市场小零售商　二级市场小零售商　三级市场小零售商

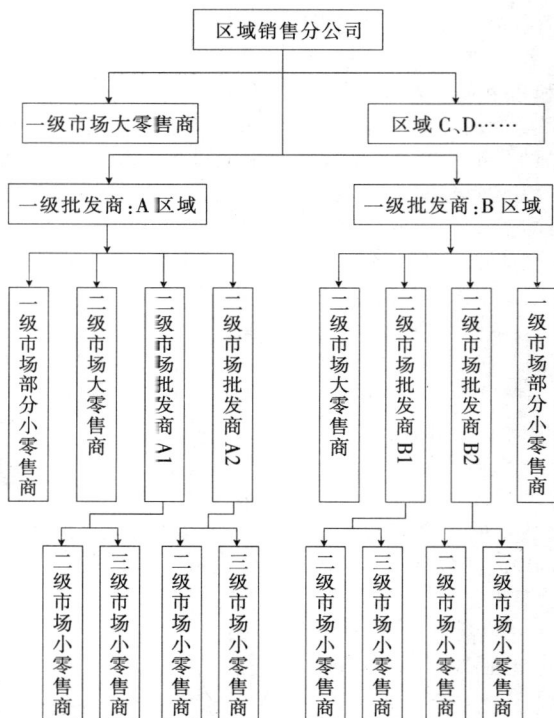

　　由于是多家批发商同时代理,在价格上不可能进行垄断,只能靠拓展自己的销售网络,在产品配送、终端促销、精心做市场等方面加倍努力来扩大销售,有利于铺货率的提高、网络的拓展、销售政策的下放和销量的提升。多家批发商之间的竞争往往又会导致为了冲量而各自压价倾销,从而导致市场价格混乱、区域内窜货等现象,最终使经销商无利可图,积极性受挫,降低经销商与厂家的亲合力和对品牌的忠诚度。厂家在通路控制上应注意把握好经销商的选择和严格控制市场零售价格,维护终端价格的统一。

　　【区域渠道主管】区域渠道的经营管理人员。根据市场规模的大小,将3~5个地级市划分成一个销售区域,每个区域设立一个常驻渠道主管(在当地市场招聘),直属省级销售经理管辖,按照企业的营销计划开展工作。主要工作职责包括:(1)协助经销商共同制订销售目标和销售计划;(2)建立经销商档案和批发商档案,并进行系统拜访;(3)制订进销存报表,并协助管理经销商库存;(4)制订促销计划并负责实施;(5)协助市级经销商开发和管理县级经销商;(6)督促经销商按厂家要求进行市场推广。渠道主管费用项目主要包括工资、奖金、差旅费三项,实行计划定额标准,规定其工作程序和总体费用。

【渠道成本】企业建立、发展与维持渠道所支付的各项费用。应考虑选择那些能够承担部分经营费用的中间商,使企业的渠道费用最小化。

【渠道成员】构成分销渠道的不同环节的企业和个人。

【渠道冲突】渠道内不同层次之间、渠道内同一层次的不同成员之间以及企业不同渠道之间关系的不协调性、摩擦性状态。主要原因包括:(1)目标不相容。每个渠道成员都有与其他成员差别很大的一系列目标,这种差异导致渠道冲突。(2)归属差异。渠道成员在有关目标顾客、销售区域、渠道功能分工和技术等方面的归属上存在的矛盾和差异。(3)对现实认知的差异。渠道成员之间对渠道中事件、状态和形势的看法与态度存在分歧。渠道成员对现实的认知差异主要包括:对现实事件当前状况的理解,对其未来发展的可能性的预测和进行抉择时对信息的掌握情况,对各种抉择后果的认识情况以及对目标与价值观念理解等方面的差异。渠道成员的认知主要取决于其先前的经验以及可获取信息的数量和质量。

【渠道领袖】分销渠道(从生产商到批发商再到零售商)中规模大、实力强的核心企业。一般意义的渠道领袖主要是生产商。品牌化的时代,分销渠道存在众多企业,它们承担生产、销售、流通职能,起决定性作用的只会是少数企业。它们在该品牌的某个区域市场或某个渠道中起着举足轻重的作用。渠道领袖对分销政策的制定和分销业务管理具有非常大的影响力和决定权,领导着其他渠道分销商共同推动品牌向前发展,市场占有率和销售增长率在很大程度上依赖于他们的观念和意见。经销商的协同发展将是未来渠道领域的发展方向。所谓协同发展,就是指协调两个或者两个以上的不同资源或者个体,协同一致地完成某一目标,以达到共同发展的过程或能力。渠道领袖是协同发展的核心。同时,渠道不同,客户类型也不同,相应的营销策略和渠道管理组织方法也不同,从而在各个渠道形成独特的渠道关系。由于实力、管理能力和对市场需求变化的领悟力的不同,就会在每个渠道中形成以少数分销商为核心的分销链,这些少数分销商就是渠道领袖。

【渠道矛盾】分销渠道中不同成员基于利益的矛盾冲突。这种矛盾可以是水平的,也可以是垂直的。水平渠道矛盾发生在零售商之间。垂直渠道矛盾发生在零售商和他们的供应商(生产商)之间。减少渠道矛盾需要:(1)制定全方位的营销目标管理,规划设计合理有序、充满活力的多方位渠道体系。在渠道出现冲突时,应以实现共同目标、共同利益为纲领,来统一协商解决问题,这是解决新旧渠道冲突的基础。企业必须做好渠道各层次间的整体匹配设计,提高渠道整体的协调性,避免市场冲突、资源浪费。(2)在同一区域市场内同时进入新兴网络渠道和传统渠道时,应进行合理的产品区分,分别提供不同的各适其所的产品和品牌的方法来化解冲突,或进行品牌分流,实现多品牌组合等,避开同一产品在同一区域因在不同渠道的分销而引发冲货、压价等风险。(3)通过引导性分群或者客户群细分是市场营销的基本方法,也是解决渠道冲突的有效方法。引导性分群是指企业为了营销目的,在掌握客户特点和需求的基础上,通过产品或服务设计、渠道设计、信息传播设计等营销手段来进行的客户群体划分,把一部分用户群留给传统渠道,另一部分划归新型的网络渠道,使新旧渠道进一步互为规避礼让,和谐共存。(4)对新兴渠道与传统渠道进行有效分工,充分发挥新旧渠道互补性,企业可把传统渠道商发展成为提供货物运输配送服务的专业配送公司或演变成自己的子公司,实现渠道和谐共存。

【渠道权力】渠道的控制权。渠道权力的来源有两种说法:权力基础说和依赖—权力说。权力基础说认为,与其他权力一样,渠道权力有六种基础,即奖赏权、强迫权、法定权、感召权、专家权和信息权。依赖—权力说认为渠道权力的本质是依赖性的反映。在传统营销渠道中,渠道控制权将最终取决于各渠道成员的实力大小,实力相对较大的一方将能够获得对整个渠道的控制,而处于被控制的一方又会千方百计地增强自身的渠道权力来与之抗衡。由于生产商和中间商之间渠道权力分布的不均衡性,所以渠道的控制与反控制便永远不会停止。生产商、中间商和消费者三者都有可能控制渠道控制权,但并不是想控制就控制,渠道控制力的大小取决于市场状况。当生产或技术成为市场消费的主要瓶颈或关键成功因素时,生产商掌控渠道控制权,消费者指名购买、依赖品牌购买是主流,在营销渠道系统中,无论是生产商,还是中间商,都希望能够获得一定的渠道控制权,以此来谋求更大的利益。

【渠道势力策略】应用渠道势力来解决冲突问题。主要有以下几种方法和途径:合理使用渠道势力,减少渠道冲突;利用渠道势力预防渠道冲突;利用渠道势力化解渠道冲突。

【渠道营销】亦称"代理营销"。企业通过代理商销售产品的方法。为了保证被选中的商家能最有效地销售产品(手机、汽车或度假),企业营销总部应专门开展以代理营销为特定目标的宣传活动。在某些情况下,还包括向代理商提供奖励以使其销售自己的而不是竞争对手的产品。

【深度分销】渠道策略用语。一种全新的营销管理技术,企业依照产品特性、区域市场营销网络的实际情况、企业品牌规划以及目标区域市场的风土人情来制定系统的分销策略。大部分企业在区域市场高度成熟、同质化竞争激烈、消费者观念日新月异的各个区域市场中如果仍然沿用传统的代理、经销战略,依靠传统的批发、零售网络来实现产品销售,就必然会出现只重结果而不重过程的畸形营销。而在竞争异常激烈的终端,深度分销的意义不仅在于控制销售过程、掌握竞争动态。更加重要的是,深度分销建立起品牌稳固表现的平台,建立起封闭的分销系统,为品牌的销售创造良好的硬件设施。

【水平渠道冲突】渠道冲突的一种类型。同一渠道层次里的渠道成员间的冲突构成了水平渠道冲突。当渠道的宽度唯一,即独家分销时,水平渠道冲突往往不存在。但是同一渠道层次中有多个渠道成员时,由于种种原因,渠道冲突往往不可避免。典型的水平渠道冲突,如某制造商某层级的渠道成员既有便利店又有折扣店,那么便利店和折扣店间的冲突就属于水平渠道冲突。

【消费品流通渠道】消费品被生产出来后到最终被购买需要经过的环节。百货商场、大型购物广场、超级市场、农贸市场、专卖店等都是消费品流通渠道实体。在我国,这些实体按所有制形式划分,包括全民所有制形式、集体所有制形式、个体所有制形式、中外合资经营等;按出售方式划分,包括批发、零售、批零兼营等;按产销的关系划分,包括产销结合的直接流通方式和产销分离的间接流通方式。保证消费品流通渠道的畅通,有利于整个社会生产的顺利进行,有利于消费品价值的顺利转移。

【选择性分销渠道策略】企业在同一目标市场上有选择地使用部分条件优越的批发商和零售商销售本企业商品的策略安排。该策略对所有商品都适用。任何一个企业都不可能在某个市场上让所有中间商都经销本企业的商品。对于生活资料中的选购品(服装、家具等)、特殊品和工业品中的零配件等,常采用这种策略。其优点是:(1)优选的中间商能够与厂商配合,共担风险,分享利润。(2)有利于厂商集中力量,从整体上促销。(3)有利于厂商对渠道成员的控制。不足之处是:(1)受厂商条件限制。①能否为中间商提供较优的推销条件和服务;②能否为中间商提供紧俏商品。(2)受合约履行影响。

【营销渠道复式化】产品销售过程中不是简单运用单一的渠道,而是选择两种或两种以上的渠道来销售产品。同一个企业既可在不同的目标市场上采用相同的渠道,也可以在同一目标市场上采用多种不同的渠道。复式化渠道是较高层次的渠道策略,在资金实力、技术水平、质量标准、营销技巧、对渠道的控制能力等方面都对企业提出了更高的要求。从实践来看,它也给企业提供了更为广阔的选择空间和活动余地,可以更广泛和深入地开拓市场,满足消费者不断变化的需求。

【营销渠道覆盖】企业产品的市场覆盖面,即企业产品在目标市场能达到的最大市场范围。基本目的包括:在渠道所覆盖的市场获得目标销售量;达到特定的市场占有率;达到满意的市场渗透。

【营销渠道控制】运用控制理论与措施对营销渠道的管理行为。企业如果能控制渠道系统,就能在执行产品、价格、促销等策略以及在信息收集方面处于有利地位;反之则不利于其他策略的执行。控制渠道系统最积极的方法是建立自己的渠道系统,亦可通过缩短渠道长度来相对提高对渠道的控制力度。渠道越长和越宽,企业对渠道的控制力就越弱。企业在广泛利用中间商时,对渠道的控制程度既取决于利用中间商的层次数量,还取决于中间商的势力或愿意接受控制的程度。渠道控制还和产品的性质有一定的关系,对于工业品或高技术产品来说,由于客户相对较少,中间商需要依靠制造商提供相应的服务,故制造商对营销渠道的控制能力较强。消费品领域,市场分散、人数众多、渠道既宽又长,制造商对渠道的控制能力较弱。

【营销渠道联合化】营销渠道资源组合策略。有纵向联合和横向联合两种形式。纵向联合销售系统是指从制造商到批发商,再到零售商的纵向联合。其特点是在系统内部实行专业化管理,集中制订计划,并由一家大公司承担指挥作用。在这一联合中,打通了过去衔接流通渠道的不同中间环节,实现了从产品到最终销售的一体化运作,加强了计划程度,减少了不必要的摩擦,提高了营销效率。横向的联合营销网络也被称做平行的联合营销网络,一般是由两个或两个以上的同级企业(制造商之间或批发商之间)共同组成的联合体,这是一种在资金上互相支持、经营上彼此合作、风险共担、利益分享的联合营销的组织形式。

【营销渠道资本】企业建立营销渠道时对资本规模的计划与安非。营销渠道系统的建设,通常需要大规模的投资。使用独立中间商虽可以减少投资,但有时却需要向它提供财务方面的支持。使用代理中间商可能不需要直接投资,但在商品售出之前需要是供存货形式的资本投资。因此,除了财力雄厚的大企业有能力通过大量投资建立自己的营销渠道外,中小企业一般适宜于利用中间商来销售产品。在通常情况下,资本不是渠道设计时最为关键的因素,除非企业产品刚刚进入市场并想通过自建渠道经营销售。

【邮购】将邮购服务作为一个分销渠道。可提升制造商、批发商、零售商与顾客间的销售联系。早先,邮购以商品目录为基础,给目标客户邮寄商品目录,取得客户订购电话或汇款后,直接向客户邮寄商品。现在,邮购业务的开展更多地借助于专业杂志、电视直销、专业网站等媒体力量。许多信用卡公司(美国运通卡、万事达卡)也经营邮购业务,发送小型目录时附上账单说明。特点是在任何情况下,公司都必须承担发送大量的邮件费用,当然,信封中还可以附带其他材料。

【窄渠道】营销渠道术语。企业在分销过程中所利用的同一种类型的中间商比较少,生产覆盖面比较窄的一种渠道模式。其特点主要有:窄营销渠道使用范围较窄,适用于销售技术性强、生产批量小的商品,生产企业只选择那些熟悉本企业产品技术性能的中间商经销自己的产品。它的优点是生产企业和中间商之间的关系密切,相互间有较强的依附关系,销售和生产相互促进。不足的是风险较大,一旦双方关系出现变化,便会影响生产或销售。

【展览会】亦称"交易会"、"展销会"、"博览会"。通常情况下,展览会和交易会是指中等规模、以贸易和宣传为主要目的的集会,展销会是指中小规模、以零售为主的传统展览会,而博览会则指较大规模的综合性展览会。本质特征是通过某种形式把各个厂商或公司汇集到某个地方。在最初的发展阶段,展览会并不是一项独立的商业活动,它仅仅是作为某项社会活动。但是随着它在商业上的价值不断显露,商家和企业开始大量地使用它,进而使之逐渐演化成为一个独立的商业活动形式。展览会是一个系统工程。其基本过程包括:选择参展活动;确定参展目标;制定参展计划;设计和制作展览;签订展览合同;执行展前促销;其他展前准备(检查展览现场、检查展览用设备、确定展品与设备、运输、印刷宣传资料、选配主要参展人员、准备相关人员使用的信息手册和工作指导手册、准备参展人员的号牌资料、组织参展人员进行展前培训、确定参展人员和重要客户住宿、招聘临时工作人员、准备展览应急措施和相应的应急工具等);正式展览;拆展;评价展览结果;展后回访等。

【展销会】参见【展览会】。

【整合渠道系统】渠道成员通过一体化整合而形成的分销渠道系统。强势的分销渠道是新产品成功进入市场的基本保证。整合渠道应着重考虑产品重量、产品易腐性、产品时尚性、产品单位价值、产品标准化、产品技术化、产品生命周期、产品耐用性、市场规模、市场布局、购买批量、购买频度、购买时间、购买空间等14种变量因素。整合渠道操作规则包括:(1)产品对分销渠道长度的影响:产品越重,渠道越长,反之则短;产品越易腐,渠道越短,反之则长;产品价值越高,渠道越短,反之则长;产品越是非规格化,渠道越短,反之则长;产品技术性越强,渠道越短,反之则长;产品生命周期越短,渠道越短,反之则长;产品越耐用,渠道越短,反之则长。(2)产品对分销渠道宽广度的影响:产品越重,渠道越窄,反之则宽;产品价值越高,渠道越窄,反之则宽;产品越是非规格化,渠道越窄,反之则宽;产品技术性越强,渠道越窄,反之则宽;产品周期越短,渠道越窄,反之则宽;产品越耐用,渠道越窄,反之则宽。(3)消费需求对分销渠道长度的影响:市场规模越大,渠道越长,反之则短;市场聚集度越弱,渠道越短,反之则长;顾客购买量越大,渠道越短,反之则长;顾客购买季节性越强,渠道越长,反之则短;顾客购买频度越高,渠道越长,反之则短;顾客购买探索度越强烈,渠道越短,反之则长。(4)消费需求对分销渠道宽广度的影响:市场规模越大,渠道越宽,反之则窄;市场聚集度越弱,渠道越宽,反之则窄;顾客购买量越大,渠道越则

宽;顾客购买季节性越强,渠道越宽,反之则窄;顾客购买频度越高,渠道越宽,反之则窄;顾客购买探索度越强烈,渠道越窄,反之则宽。

【直递】亦称"直邮"。将广告或促销材料直接邮寄给消费者。与邮寄销售相比,直递通常有更广的目的性,被多种机构使用。直递的最大好处就在于厂商可以精确地定位其消费群。

【直接渠道】生产者直接把商品出售给最终消费者的分销渠道。基本模式为:生产者—消费者。具体销售形式有接受用户订货、设店销售、上门推销、利用通讯、电子手段销售。直接分销的方式包括:(1)订购分销。生产企业与用户先签订购销合同或协议,在规定时间内按合同条款供应商品,交付款项。一般来说,主动接洽方多数是销售生产方(如生产厂家派员推销),也有一些走俏产品或紧俏原材料、备件等由用户上门求货。(2)门市部销售。生产企业通常将门市部设立在生产区外、用户较集中的地方或商业区。也有一些邻近于用户或商业区的生产企业将门市部设立于厂前。(3)联营分销。如工商企业之间、生产企业之间联合起来进行销售。主要优点包括:(1)有利于产、需双方沟通信息,可以按需生产,更好地满足目标顾客的需要。由于是面对面的销售,用户可更好地掌握商品的性能、特点和使用方法;生产者能直接了解用户的需求、购买等特点及其变化趋势,进而了解竞争对手的优势和劣势及其营销环境的变化,为按需生产创造了条件。(2)可以降低产品在流通过程中的损耗。由于去掉了商品流转的中间环节,减少了销售损失,有时也能加快商品的流转。(3)可以使购销双方在营销

上相对稳定。一般来说,直销渠道进行商品交换,都签订合同,数量、时间、价格、质量、服务等都按合同规定履行,购销双方的关系以法律的形式于一定时期内固定下来,使双方把精力用于其他方面的战略性谋划。(4)可以在销售过程中直接进行促销。企业直接分销,实际上又往往是直接促销的活动。

【直接营销渠道】参见【零级渠道】。

【直销制模式】将产品与服务直接行销给消费者的,一种充满活力、充满生机、迅速扩张的销售管道模式。它要求:(1)目标产品的分销体系更具有目的性与互补性,更能体现企业营销策略。(2)企业对市场推广及控制必须具有直接手段的销售模式。直销制模式的特点是:(1)在结构上直销制要求其直接控制的分销网络具有清晰的主线结构并逐步形成排他性与一致性,使分销渠道带有明显的企业特征。(2)在组织上通常要有意回避实力过强的经销商,对单一成员的推广能力不做过高要求,而是培养分销渠道的整体推广能力。对营销资源的需求很高。

【直邮】参见【直递】。

【终端分级】把营销人员所管辖区域内的零售终端按层次定位。一般依据各终端所处位置、营业面积、社区经济条件、营业额、知名度等情况进行划分。各方面条件最好的为 A 类终端,至少要占终端总数的五分之一,作为工作重点;条件一般的为 B 类终端,至少要占终端总数的三分之一,作为工作次重点;其余为 C 类终端。

【终端人员】承担终端服务的工作人员。工作内容大致包括产品铺市、产品陈列、POP 促销、价格控制、通路理顺、客情关系、报表反馈等七项。

【终端生动化】使企业终端与其他产品,尤其是竞品,有明显的展示差异,使消费者能够明显地看到产品、了解并信任企业,以产生购买行为。一般终端生动化的主要内容包括商品或配件的陈列位置、陈列方式、整洁度、鲜明性、售点宣传品张贴位置、发放方式以及对售点人的要求。

【专营性分销渠道策略】生产者在某一目标市场上选择有限数的中间商经销其商品的策略安排。属于独家经销。即只选择一家中间商经销本企业商品。常常是一种排他性的专营。特别规定这些中间商不能经营其他厂商生产的同类竞争产品。适用于高档特殊品(珠宝、金制品等)或技术服务要求高的商品。最大优点是:(1)商品生产者和中间商关系密切,相互之间有较强的依附关系。(2)有利于厂商在价格、促销、信贷和其他服务方面对中间商加以控制。(3)经销商全力推销企业商品,以实现营销目标。该策略的缺点是:(1)双方依附关系过强,一旦中间商经营失误,厂商将蒙受巨大损失。(2)当生产企业产量增加时,如果仍使用此策略,将会失去更多的市场和顾客。

【综合式垂直分销渠道系统】参见【公司系统】。

第十四篇　业态

【业态】 亦称"商业形态"。销售市场向确定的顾客群提供确定的商品和服务的具体形态。商业发展的基本问题是：卖什么（业种）、怎么卖（业态）。前者涉及经营方向、商品结构问题；后者涉及商场规模、商场样式和经营方式等问题。1852 年法国出现了近代百货商店；1858 年美国创办了连锁店；20 世纪 30 年代美国产生了超级市场。这些新的商业形态的问世，是社会生产力进步的表现，适应了市场发展的要求，为消费者享受方便的、自由的、现代的服务方式提供了可能。改革开放为中国的业态革命创造了条件，一举改变了 20 世纪 90 年代前少数业态一统市场的格局。百货店（大商场）、超级市场、便利店、专卖店、仓储商店、购物中心、无店铺（通信）销售、网络销售等，给市场带来了生机与活力。

【新兴业态】 适应经济全球化与消费需求而形成的市场形态。包括网络营销、电视营销以及邮购、目录购货等等。其中以直销为主导。直销就是跨过中间环节直接把产品推向渠道终端和消费者见面的销售形式。它的积极意义在于：减少周转环节、周转费用，以最快速度反馈市场信息，利于生产操作；迅速提高目标市场占有率，并为广告提供市场基础；保证了产品以正确导向控制市场，抵御竞争。1998 年 8 月，戴尔公司在厦门建立了它在中国的第一个工厂时，曾有不少人相信，戴尔根本不可能把完全美国化的销售模式带到中国。但仅仅 10 个月后，它的计算机销量就跃居中国市场的第 8 位。其凭借的正是新型业态模式。

【业态区位】 某一业态主体为其社会经济活动所占有的场所。区位的实质是反映不同的地理坐标（空间位置）所标示的经济利益差别。在一定的经济系统中，由于社会经济活动的相互依存性、资源空间布局的非均匀性和分工与交易的地域性等特征，各空间位置具有不同的市场约束、成本约束、资源约束、技术约束、信息约束等，从而具有不同的经济利益。

【市场业态类型】 现代市场营销学从不同的视角对市场业态进行的分类。主要包括下五个方面：（1）按零售商经营范围分类。包括普通商店；专业商店；超级市场；大型百货商店；超级商店和特级市场。（2）按零售商的价格、服务策略分类。包括提供一般顾客服务、价格中等的商店（如普通商店和专业商店）；提供更多顾客服务、价格较高的商店（如百货公司）；提供较少顾客服务、以廉价招揽顾客的商店（如廉价商店）；顾客自我服务、价格较低的商店（如超级市场）。（3）按照制造商和零售商是否设立门市销售分类。包括有门市的零售业；无门市的零售业（如自动售货机、访问推销、邮购和电话订购、街头摊贩）。（4）按照零售机构所有权性质分类。包括独立商店；自愿连锁商店；连锁商店；特许经营商店；企业集团商店；消费合作社。（5）按照零售商店地理位置及集群化程度分类。近邻居民区型商店（单一商店或商店群）；区域型商业街；繁华街区型商业街；统一规划的郊区购物中心。

【商业区业态设计】 根据不同营业形式的特点，对其经营行为、经营策略等问题所进行的优化设计。基本要求是：（1）商业中心区。是顾客购物、逛街、休闲的理想场所，也是商店开业的最佳地点。这一地段的特征是：区位优势使得销售额相对较高,投资费用相对较大;竞争性强。此地段除了适应大型综合商店经营之外,较适合有特色的专营店发展。(2)娱乐场所周围。该地段是娱乐、旅游地区,顾客消费需求主要集中在娱乐、休闲方面,食品、娱乐等方面的商店受欢迎。(3)工厂、机关集中地区。该地段"上班族"集中,顾客光顾商店的目的主要是采购生活用品、办公用品;谈生意、进餐等。故该地段的经营特点是午间和晚间时间为营业高峰期,周末与节假日的生意清淡。(4)教育文化区域。学生去商店的动机主要是购买学习用品、书籍、生活必需品以及餐饮、聚会等,应针对学生的需要为其提供所需要的服务;另外,寒暑假期间是生意的淡季,这一点需要考虑到。(5)住宅区。家用消费品需求大,为家庭生活提供服务的各种类型的商店、服务公司受欢迎。

【7-11便利店】一家遍及全球20余个国家和地区的便利商店。因营业时间是从早上7点到晚上11点,故为Seven-Eleven。1927年创立于美国德州达拉斯。初名为南方公司,主要业务是零售冰品、牛奶、鸡蛋。1964年,推出了当时便利服务的"创举",将营业时间延长为早上7点至晚上11点。除经营日常必需的商品外,还协助附近社区居民收取电费、煤气费、保险费、水费、有线广播电视收视费,甚至快递费、国际通讯费,对附近的生活居民切实起到了便利的作用。1999年4月28日,美国南方公司正式改名为7-11。

【销品茂模式】"销品茂"取自英文Shopping Mall,俗称"带盖子的商业街"。发源自美国的封闭式大型购物中心,犹如一个室内商业街区。它占地面积巨大,经营商品种类齐全,其内部有数量众多的零售经营主体,还有宽敞的人行街和休息场所,从而涵盖了购物、餐饮、文化、休闲、娱乐、社交等多项功能。销品茂是与世界市场接轨最快速的新兴业态。它可以分为两种类型:立体式和平面式。前者指位于城市的商业中心,占地面积有限,主要向高空发展;后者则指位于郊区附近,占地面积广大,空间非常充裕的购物中心。在国外,销品茂75%开在郊区,其中有40%的销品茂甚至落户远郊。目前销品茂已经取得了许多成功的经验。销品茂目前在国内尚处于萌芽时期。它作为一种新颖的商业市场,正以一种全新的经营方式吸引广大游客。

【CBD】 Central Business District(中央商务区)的简称,它最初起源于20世纪20年代的美国,意为商业会聚之地。现代意义上的商务中心区是指集中大量金融、商业、贸易、信息及中介服务机构,拥有大量商务办公、酒店、公寓等配套设施,具备完善的市政交通与通讯条件,便于现代商务活动的场所。CBD的概念核心是基于产业聚集效应,搭建一个商务交易集中的平台,成为一个与商务活动相关的金融、商贸、传媒、广告、服务、酒店、展览等行业聚集的场所。

【百货公司】一般坐落于大城市的商业购物街的中心地带,商品种类繁多的商店。世界上第一家百货公司由玻马舍百货公司(Bon Marche)于1852年在巴黎开设。因为要支付黄金地段的高额租金和人员费用,百货公司是以高成本运作的。20世纪80年代后,由于来自出售与其产品相类似商品的折扣店和自助式商店的激烈竞争,百货公司面临许多问题。

【百货商店】以经营日用工业品为主的综合性零售商店。通常采用售货员、柜台或开放式货架的传统售货方式。经营品种范围广、种类繁杂。一般商店设有许多不同的商品部门,如服装部、文化用品部、副食品部、五金部、家电部等。大都销售几条产品线的产品,尤其是服装、家具和家庭用品等,每一条产品线都作为一个独立部门由专门的采购员和营业员管理。此外,还有一些专门销售服装、鞋子、美容化妆品、礼品和皮箱的专用品百货商店。由于百货商店之间竞争激烈,还有来自其他的零售商,特别是来自折扣商店、专用品连锁商店、仓储零售商店的激烈竞争,加上交通拥挤、停车困难和中心商业区的衰落,百货商店正逐渐失去往日魅力。

【便利店】设在居民区的小规模的零售店。主要向周边居民提供有限的日常用品、食品及杂货。一般规模较小,营业时间较长,每天营业。消费者重复购买率高,为了方便,消费者愿意为这些便利品支付相对高于超市的市场价格。

【仓储商场营销管理】仓储商场营销管理的内容包括:(1)实施先进的管理手段。仓储商场大都采用了全面电脑化管理,建立了一套全方位的电脑操作系统,达到了经营、管理的自动化、现代化、高效化。电子信息技术在仓储商场各个环节全方位的运用,使商流、物流、资金流、信息流等畅通无阻。(2)严格"进销分离"的管理体制。促使采购部更好地发挥集中管理、规范运作的优势,从而提高了商品采购效率;而卖场不负责采购,可专心于销售,这样促进

了卖场管理水平的提高。(3)合理调整商品布局。

【仓储商场营销规则】仓储商场的营销制度与营销模式。主要内容包括:(1)核心问题为"两低两高",即低成本、低毛利率、高销量、高效率管理。(2)突出"价格低廉"。这是仓储式销售的"生命线",其商品价格低于市场同类商品零售价10%～15%左右。(3)商场地点大多位于次商业区,城乡结合部,地皮价低,既避免了与实力雄厚的大商场的直接正面竞争,又顺应了居民向城市外围扩展的趋势。(4)商场规模巨大、商品品种繁多。美国超级市场学会就把"仓储商场"定义为销售在5000万美元以上,以会员俱乐部形式的购物商场。仓储营业面积不得低于1万平方米。(5)所有商品标明价格,开架销售,顾客自选,从业人员少,节省了人工费用。(6)商品以中低档为主,主要经营日常生活必需品,品种齐全,货物充足,便于顾客采购。(7)会员制购物,实行市场定位的有限性。包括准入会员制、非准入会员制两种。

【仓储商场营销特色】仓储商场的营销特色主要有:(1)区位特色。仓储式商场设在城乡结合部,既避开了主商业区,又保证了客流畅通。(2)规模特色。仓储式销售的"低成本、低毛利、低价格",是建立在一定的营业面积、仓储条件以及连锁经营的规模效益基础上的。(3)品种特色。品种多为畅销产品,货物充足,以方便消费者批量购买。(4)规范经营特色。仓储式销售因实行直接从厂家进货,减少各种流通费用,降低成本。同时,又严把质量关,建立了健全内部管理机制,可以在保证质量的前提下,以较少的服务、较低的价格

向顾客推销大量的商品。

【仓储式商场】亦称"货仓式销售",在我国常常简称为"仓储商场"。是一种没有装饰、给顾客折扣优待、服务项目少的经营形式。其目的是要以低价大量销售商品。仓储式商场是将商品的销售和储存场所合而为一,减少了商品仓储费用和人员,减少了经营成本,降低了流通费用。在营业场所装修上,只求为顾客提供一个宽敞、舒适、朴实无华的购物环境。商品大部分采用开架销售、顾客自选的形式,节省了人工服务费用。因此,仓储商场出售的商品与其他商场比,价格普遍低10%~30%左右,毛利率在8%左右。仓储商场是一种经营中低档商品、廉价销售的零售企业。最早起源于荷兰,20世纪70年代后迅速波及欧美及亚洲发达国家和地区,并呈兴旺发达趋势。仓储式商场的优势和经营特点主要表现在:(1)薄利多销。这是仓储式商场最根本的特征。(2)会员制。国外仓储式商场经营大都实行会员制销售方式,即向特定的消费者发放会员卡,一般交纳少量费用以组织入会,会员持卡可以享受信息、商品、价格等方面的优惠,通过这种组织可以稳定基本客源和骨干客源。同时,会员卡制度也是一种价格促销手段。(3)连锁经营管理。目前,我国的连锁经营局限于超市和少数的特色商店、快餐业等方面。但从国外连锁店发展的历程看,连锁经营最终是全方位的。(4)主营大众化商品。(5)目标顾客以中下层收入者为主。

【产品陈列室推销店】新兴的商业零售业态。它将产品目录推销和折扣原则用于品种繁多、加成高、周转快和有品牌的产品。包括珠宝首饰、动力工具、提包、照相机及照相器材。这些商店已经成为零售业最热门的形式之一,甚至对传统的折扣商店形成威胁。产品陈列室散发的印刷目录,上面标有每一项产品的定价和折扣价。顾客可以用电话购货,商店送货上门,也可以自行到商店亲自挑选商品。

【超级市场】采用顾客自我服务的方式,经营日常生活必需品,实行薄利多销,一次结算的零售业态。我国国家内贸局发布的《零售业态分类规范意见(试行)》中做了如下表述:超级市场指采取自选销售方式,以销售食品、生鲜食品、副食品和生活用品为主,满足顾客每日生活需求的零售业态。其基本特点是:规模巨大、全部商品开架销售、成本低廉、薄利多销、自我服务,主要经营各种食品、洗涤剂和家庭日常用品等。超级市场的主要竞争对手是方便食品店、折扣食品店和超级商店。

【存储商店】亦称"仓储商店"、"仓储式商店"。实行储销一体化的,以大批量、低成本、低价格的微利方式经营的连锁式零售商店。一般以工薪阶层、机关团体的福利消费服务为主,常以会员制消费为主要形式,注重加盟店之间的网络管理。仓储商店的特点是:服务对象特定;销售价格低廉;经营品种是市场畅销品牌;实行会员制消费;低成本经营;借助计算机进行零售管理。

【大店】零售终端用语。大型零售店。它是重要的利润来源,也是生产商建立企业形象、品牌形象的有利场所。因为大店客流量、知名度、信誉等优势,因而对品牌宣传与推广具有极大的广告效应。

【大卖场】一种比超市大的商店,

它销售的产品也比消费者想要在超市中找到的日用消费品的范围要广。这个词源自法文"Hypermarch"，后转变为英语词。由于大卖场的规模较大，它通常坐落于郊外，而且周围有大型停车场。因此，光顾者多为富裕、有车、体能充沛的消费者。

【电视商场】介绍商品、引导购物的电视节目。观众可拨打节目中提供的电话号码订购商品。其中的商品大都是价格昂贵的消费品，节目主持人在镜头前反复地展示一种商品，介绍它的用法、特点和价格，然后再提供一个电话号码。观众只需拨通电话，就会获得送货上门的服务。

【电影超市】多厅式影院。环境舒适，设施先进，更能给人们带来全新的影院感受。

【店铺组合营销模式】企业外部的店铺用契约和协议的方法组合起来，使其成为企业的经销店、特约经销店、特约批发商、连锁店、代理店。它主要通过企业内部的销售公司、销售分支机构、办事处、营业所，在零批、零售渠道组成营销网络体系，用于解决中间商、代理商不能很好配合营销过程的矛盾，使企业的销售重心贴近市场，接近顾客，促进最终消费，提高企业的市场支配能力与市场影响能力。

【调剂商店】参见【信托商店】。

【公司连锁】亦称"团体连锁店"。由两个或更多的共同所有、共同管理的商店所组成的零售商业集团。把现代化大生产的组织原则、经营原则运用于商品流通领域，达到提高协调能力和规模经营的目的。实行店名、品牌、店容、商品、服务的统一化和标准化；采购、送货、销售、决策、经营的专业化；信息汇集、广告宣传、员工培训、管理规范的一致化；雇佣专业管理人才，采用科学管理来处理定位、促销、销售、存货控制、销售量预测等，以提高效率，降低成本。

【购物实验室】一种模拟的购物商店。用于在实验室试销中，让被试消费者进入购物，实验者通过控制营销组合的各个元素来实施影响，检测各个元素变化带来的效果。

【购物中心集聚功能】购物中心最大限度地集聚商业资源的状态。是特定区域的商流、物流、客流最集中的地方。其特点有：（1）规模大。总体规模一般都在10万~20万平方米之间。大的达40万~50万平方米。也可以为单体。每一个专门店在500~1000平方米。百货店在5000~10000平方米之间。（2）共享空间大。宽阔的购物通道，与营业面积构成1:1或1:2的比例关系，中间设有豪华舒适的顾客休息室和长廊椅。（3）停车场大。停车场是购物中心的生命线。发达国家98%以上的顾客是开车来的，没有停车场就没有顾客，也就没有规模效益，其面积与营业面积比，一般都在2:1或3:1。

【购物中心理论模式】购物中心设计、开发可能存在的基本模式。包括：（1）"条型"购物中心。将商店沿着街道成一直线摆开，建筑物面向主要街道，停车场在前。（2）庭院式购物中心。将建筑物建成庭院状，停车场在庭院外围，一般为四方型。（3）室内街道型购物中心。将商店安排成像在街道上一样，但实际是在室内，通常是在两端各设一个大型商店。（4）街道连接型购物中心。通过将各个购物街道环绕着连接起来，让人们在整个购物中心购物，而不是仅在靠近停车场的商店购物。

(5)花园簇拥式购物中心。将商店公园化,突出购物环境的构建。

【寄卖商店】亦称"寄卖行"。与委托人依据新旧程度或质量协商寄卖物品价格,为委托人代卖该物品的商业机构。其主要功能是为顾客销售旧货提供代办服务,组织旧货市场的营销活动。顾客将不再时兴或对自己使用价值不大的商品拿到商店,根据商品的质量、完好程度、使用价值及市场销售行情议定价格,由商店代为销售。经营方式包括:(1)寄卖。顾客把有价值的物品拿到寄卖行请寄卖行帮助卖出,寄卖行从中收取一定的手续费和服务费。(2)卖断。顾客直接把物品售给寄卖行,寄卖行卖出提取差价。(3)抵押。顾客把物品抵押在寄卖行,寄卖行付一定款项给顾客,顾客在一定的期限内赎回物品,寄卖行收取一定保管费。

【连锁经营】把现代化大工业、大生产的组织原则应用于商品流通领域,以达到提高协调运作能力和规模效益的目的。它不仅是大流通最具代表性的组织形式,而且还广泛地存在于制造业、饮食业、金融业及其他服务业。现代意义的连锁经营产生于19世纪中叶的美国。以后传入欧洲、日本。在20世纪50年代后得到迅速发展。我国连锁经营在20世纪90年代获得大发展。

【连锁经营产品策略】连锁经营产品策略的主要内容有:(1)有相对低廉的市场价格,低价不等于低质。(2)选择优质知名品牌,形成"品牌效应",如沃尔玛在深圳的山姆会员店,在商品上实行"限制商品品种,精选高品质品牌"策略。(3)注意市场与消费者需求变化,及时调整产品结构。(4)实行"单品管理",加快商品流转。比如麦德龙主要商品的周转期一般仅为2～3天。(5)经营时尚商品,以创新赢得市场。

【连锁经营规范化】连锁经营制度的基本前提与条件。规范经营最重要的内容是七个"统一",即统一进货、统一价格、统一库存、统一核算、统一管理、统一商号、统一服务规范。我国有些学者在以上"统一"的基础上又提出了统一信贷、统一店堂陈列、统一建筑风格、统一广告宣传、统一营业时间等新内容。(1)确定向分散的消费者提供有特色的统一商品和一系列服务的计划。(2)规定经营内容的统一性。"麦当劳"、"肯德基"等都是以统一的、独具特色的系列服务展示在消费者面前的。(3)科学确定各家连锁店的经营品种,统一制定价格,采取一致的经营手段和营业现场布置。(4)严格进行监督、指导、培训。(5)提供服务质量,保证便利地为各分店提供服务,做到商品不积压、不脱销、不损坏。(6)迅速配送,迅速及时地满足消费者的需求等等。

【连锁经营规模效益】连锁经营的产业或者产量达到一定数额时所产生的利润。其基点是"以小胜大,以多胜大",其本质是规模。连锁经营规模效益用"连锁"这一网络将成百上千家经营企业统一起来,形成集团军,拥有成本优势和价格优势,从而产生经济效益。通过集中、统一进货,不仅能够降低经营成本,且有利于增强对货源渠道进行选择的能力;通过统一管理,实行标准化、规范化,不仅节省了管理费用,促进管理水平的提高,且各店铺可以共享商誉、先进的经营管理技术,扩大和增强其社会影响力,能使各店铺均以最少的资源投入而发挥出更大的效益。

【连锁商店】在同一所有者控制

下,拥有数个经销同类商品、统一名称、统一管理的商店的商业集团。连锁商店的经营采取核心化控制,集中大批量进货,可获得规模经济效益。其经营成本较低,售价也相应较低,在许多方面实行标准化,如商店的建筑风格、店内外布局一致等。连锁商店是20世纪零售业最重要的发展之一,已在各类零售经营形式中出现,运用最多的是百货商店、食品商店、药店、鞋店和妇女服装商店。其优势在于:大量进货,可享受数量折扣,运输费用低;聘用优秀管理人员,在定价、商品宣传、推销、存货控制和销售预测等领域实现科学管理;统一广告宣传,可获得促销规模经济;给予连锁分店一定的自主权,以适应市场上消费者不同的偏好,有效地应付竞争。现代大型连锁店是1859年创立于美国的"大西洋和太平洋茶叶公司"。第一次世界大战后10年(1917~1927年),连锁店在美国获得迅速发展,目前美国连锁商店的销售已占零售商品总额的35%左右。日本连锁店销售已占零售商品销售的第一名。连锁商店形式包括:(1)正规连锁店。同属于某一个总部或总公司。统一经营,所有权、经营权、监督权三权集中,也称"联号商店"、"公司连锁"、"直营联锁"。分店的数目各国规定不一,美国定为12个或更多;日本定为2个以上;英国是10个以上分店。共同特点有:所有成员企业必须是单一所有者,归一个公司、一个联合组织或单一个人所有;由总公司或总部集中统一领导,包括集中统一人事、采购、计划、广告、会计等;成员店铺不具企业资格,其经理是总部或总店委派的雇员而非所有者;成员店标准经营,商店规模、商店外貌、经营品种、商品档

次、陈列位置基本一致。(2)自愿连锁。各店铺保留单个资本所有权的联合经营,多见于中小企业,也称"自由连锁"、"任意连锁"。正规连锁是大企业扩张的结果,目的是形成垄断;自愿连锁是小企业的联合,抵制大企业的垄断。自由连锁的最大特点是,成员店铺是独立的,成员店经理是该店所有者。自由连锁总部的职能一般为:确定组织大规模销售计划;共同进货;联合开展广告等促销活动;业务指导、店堂装修、商品陈列;组织物流;教育培训;信息利用;资金融通;开发店铺;财务管理;劳保福利;帮助劳务管理等。(3)特许连锁。亦称"合同连锁"、"契约连锁"。它是主导企业把自己开发的商品、服务和营业系统(包括商标、商号等企业象征的使用,经营技术,营业场合和区域),以营业合同的形式给规定区域的加盟店授予统销权和营业权。加盟店则须交纳一定的营业权使用费、承担规定的义务。特点是:经营商品必须购买特许经营权;经营管理高度统一化、标准化。麦当劳连锁店一般要求特许经营店在开业后,每月按销售总额的3%支付特许经营使用费。肯德基连锁店的这一比例一般是5%左右。20世纪80年代,国外许多连锁店等纷纷进入我国,并取得成功。借鉴国外连锁经营的成功经验,我国零售商业改革的方向之一,是发展具有中国特色的连锁经营体系,以形成集团的优势和规模经济,强化商业专业化分工和社会分工;进行集约经营,有利于采用现代化技术,有助于提高效率、增进服务、提高经济效益。

【连锁总部】 亦称"连锁总店"、"连锁本部"。在连锁经营活动中制定经营方针,领导和管理分散的、经营同

类商品或服务的零售企业的核心企业或总公司。连锁总部并不直接产生业绩,它只是为连锁分店提供经营管理决策和提供后勤服务而存在的。它本着"统一"的原则,围绕销售这一中心环节,制定商品策略、价格策略、采购制度、配送制度、作业标准、工作流程等一系列规范。

【量贩店】销售终端用语。便利超市的一种。所谓量贩,就是一种以量定价的经营形式。"量贩"源于1963年法国的一家超大型类似超级市场的大卖场,后来日本把这种购物经营业态叫做量贩,日语中"量贩"的意思是指"大量批发的超市",由此引申的量贩式经营,指的就是透明、自助和平价的消费方式。1983年量贩出现在台湾。"量"是指商品的数量,"贩"是低价销售,是一种以量定价的经营形式。目前量贩已在我国的上海、武汉、成都、郑州等城市扎根,当地的不少大型百货公司都通过量贩运作获得成功,营销量实现了规模扩张。

【零售企业业态创新】按照市场发展规律的要求,业态自我完善的过程。创新内容包括:(1)店铺选址的创新。如门店选址从传统商业区转移到城乡结合部,既降低了企业的店铺运营成本,也避开了竞争激烈的商圈。(2)门店形式的创新。如有店铺销售到无店铺销售应该说是零售业态在创新过程中的一个创举。(3)店铺开发方式的创新。如百货店转变成为了购物中心等商业业态,不仅使得门店的集客能力获得大大增强,同时也满足了顾客一站式购物的相关要求。(4)商品流转环节减少。从商品的多级代理销售到设立厂家专卖店、会员制店铺等方式,有效地降低了商品的经营和销售成本,吸引了更多消费者的光临。(5)自有品牌策略。企业为了有别于其他的商业企业,采取了自己开发设计,委托专业厂家贴牌生产加工的方式来形成产品的差异化。

【零售业态巨型化】市场规模、消费规模与业态革命共同作用的必然趋势。第二次世界大战后特别是20世纪70年代中期以后,西方发达国家的零售商的规模越来越大,与此同时,零售商的数量在不断减少。这一趋势不仅在发达国家,而且在发展中国家也有明显的表现。其特征是:地处市郊、采用仓储方式、有较大的停车场、自助式购物、统一结算等。出现这一趋势的原因可能是家庭用汽车的逐渐普及、家庭储藏条件的改善、双职工家庭的增加以及购买方式趋向自助化的转变等。这种转变还大大改变了制造商和零售商的地位平衡,使零售商对产品分销的控制权增大,同时还使其在价格谈判中的实力增强。

【零售组合】零售企业以消费者为导向的营销资源的配置活动。零售业组合的任务,需要从审视生活方式出发,获取消费者认同的价值信息;再从整合战略资源出发,实现满足和创造需求的目的。(1)"业种"、"业态"、"业制"的组合。零售具有独特的三大要素:业种、业态、业制。"业种"表明"卖什么";"业制"表明"为谁卖";"业态"则表明"如何卖"。通过组合,使它们之间拥有良好的运作系统与模式。(2)产业链、价值链的整合产业资源,而今我们还必须学会用"面"和"体"的视角和方式,去处理今天复杂多变、个性多样的商业问题。用生活方式的视角,寻找顾客与顾客之间的不同点和相似点，来创造我们的零售组合；用资源整合的方式，以跨行业跨地域跨时空的大视角大手笔，来创造我们的零售模式。任何零售业在消费者心目中都有一个特定的形象，这个形象其实就是零售组合中各要素的组合而形成的一种整体效应。制定零售组合必须要注意：(1)先制定零售战略，然后才能制定零售组合。零售组合必须和零售业的战略保持一致，否则的话，企业的零售组合都是游离于战略之外的无用的技巧，企业难以形成一种统一的形象，也无法实现它的战略目标。(2)零售组合里的各个要素必须协调一致，否则，零售业的形象将是混乱和模糊的。

【卖场生动化】零售业态销售气氛的状态。在零售点，经由厂家、经销商和零售商的共同努力，达成以下方面的销售势态：(1)以最佳陈列位置、最大陈列空间、最高清洁度、最优化理货管理和终端促销品布置，展示良好的品牌形象，营造出消费者强烈的感官刺激和售卖环境，以及形成完全优于竞争品牌的压迫式的气氛。(2)以营业员的直接推荐造就良好口碑。(3)以多样化、高实效的售点促销活动营造热烈的销售气氛。

【贸易货栈】一种传统的民间性、服务性商业组织。它组织买卖双方直接成交，接受委托，进行代购代销、代办托运、代储等业务，也展开一部分自营。具有联系面广、耳目灵通，对市场供求变化反应灵敏，交易方式灵活等特点，起到疏通商品流通渠道，打开商品销路，扩大城乡和地区之间的物资交流，调剂余缺，平抑物价，促进生产，活跃市场的作用。

【门店】零售、批发终端的统称，并且多指连锁超市的门店。

【门市部零售】参见【商店零售商】。

【旗舰店】旗舰是一些国家的海军舰队司令、编队司令所驻的军舰，因舰上挂有司令旗，故叫"旗舰"。顾名思义，旗舰店是企业在营销过程中设在某地最高级别的品牌形象展示店，一般来讲就是所处地段极佳、客流极强、销售极好的样板店，是代表某品牌或某大类商品的专卖店或专业店。例如阿玛尼旗舰店就属于品牌专卖店，而茂昌眼镜公司旗舰店就属于品牌专业店。旗舰店是竞争加剧的市场经济时代的产物，对促进连锁经营、树立品牌形象均大有益处，而且也是企业拓展市场份额的有效手段。

【商店零售商】亦称"门市部零售"。设有摆放商品和顾客购物的店面，顾客的购买活动在商店内完成的商业组织。由于经营的产品线、规模、价格和服务方式的差异，具体类型有：(1)专业商店；(2)百货商店；(3)超级市场；(4)便利商店；(5)超级商店；(6)联合商店；(7)特级市场；(8)折扣店；(9)独立减价零售店；(10)仓储俱乐部。

【商业街】集中体现城市经济文化特点，具有多样复合功能和相当辐射力、吸纳力的商业生态群落，通常位于城市或者街道的中心地域，由大批店铺组合而成。其本质及生命力在于最大限度满足消费者的需求，商业街建设和发展应追求其核心要素的存量及其组合与顾客需求的最佳匹配。商业街的出现是商业达到一定规模的体现：(1)商业街是现代城市"心脏"。从历史上看，"城"与"市"是密不可分的。随着市场在经济发展中地位的日益突出,商业街成为城市发展的关键因素。(2)商业街是推动工业进步的基石。工业的发展离不开市场的支持,而市场的活力在于"商业街效应"。(3)商业街是传播商业文明的阵地。商业街是商业文明的"集散地"。(4)商业街是引导时尚消费的桥梁。商业街是新潮、时尚的倡导者,是现代消费与休闲的发源地。

【商业街服务功能】商业街所具有的为国内外的各种经济活动、商品和各类要素自由流动提供全面、高效、便捷服务的能力。商业街必然是一个服务中心,拥有一套高效的服务系统。特大城市的商业街既要为区域经济发展服务,也要为全国经济发展服务。要为中国经济与世界经济的接轨服务,必须强化服务功能。主要包括:交通运输服务、通信信息服务、中介咨询服务、会务展示服务、娱乐休闲服务。

【商业街功能设计】商业街建设目标是在完善商业街功能的基础上完善城市的功能。在这方面,王府井商业街的建设是进行了非常有益的探索的。建设者们本着"统一"、"人本"、"文化"、"简洁"的设计原则,在保留传统精华的同时,也创造了许多现代理念,使王府井商业街的"购物、旅游、观光、休闲、服务"五大功能得到充分体现。

【商业街管理功能】商业街通过汇集众多的大公司和跨国公司的总部,成为区域生产经营决策和企业战略策划中心的功能。跨国公司的集中程度成为衡量商业街等级的重要指标。在世界一些特大城市,著名的商业街由于地处黄金地段,一般是跨国公司进驻的理想区域。比如上海陆家嘴商业街就成为一批全国大公司、大企业集团总部以及跨国公司总部或地区总部的汇集地,通过这些企业的指挥决策系统,发挥投资决策和产业配置、生产组织功能。

【商业街集散功能】商业街所具有的在一定范围内集聚和扩散商品与各类生产要素的能力。特大城市的商业街,必须在国内外经济活动中有效地实现商品和要素的集聚和扩散,成为国内外商品、资金、技术、人才和信息"五流"流动的中心,成为资金循环的吞吐中心,资金运转的调度中心,大宗商品交易的中心,进出口货物的中转枢纽。

【商业街生产功能】商业街的商品制造功能。在中国,许多商业街不仅是销售基地,而且是工业基地,拥有比较完整的工业生产体系、较大的生产规模、较高的科技开发水平。比如,北京中关村的电子一条街,就有比较强的综合性工业实力。随着高科技市场的不断开拓,以技术经济为主要特征的商业街将不断涌现。但是,作为商业街的生产功能在内涵上要有根本转变。商业街要充分利用原有的工业基础,从数量的扩张转向质量的提高,着重强化技术创新、产品开发和加工制造功能,生产高附加值、高技术含量、高出口率产品。

【售点支持系统】售点媒介的一种类型。一般包括经营特色、卖场区域、行走路线、内部装潢、商品陈列、橱窗展示,以及灯光、色彩、音乐等组成的购物环境。良好购物环境的最直接效果是使消费者产生愉快心情,激发他们的购买动机,进而达到促进销售的目的。

【特许经营进入模式】企业(许可方)将商业制度及其他产权诸如专利、商标、包装、产品配方、公司名称、技术诀窍和管理服务等无形资产许可给独立的企业或个人(特许方)。被特许方用特许方的无形资产投入经营,遵循特许方制定的方针和程序。作为回报,被特许方除向特许方支付初始费用以外,还定期按照销售额一定的比例支付报酬。特许进入模式的优点是:特许方不需太多的资源支出便可快速进入外国市场并获得可观的收益,而且它对被特许方的经营具有一定的控制权。它有权检查被特许方各方面的经营。如果被特许方未能达到协议标准和销售量或损害其产品形象时,特许方有权终止合同。另外,这种模式政治风险较小,且可充分发挥被特许方的积极性,因而它是广受欢迎的一种方式。特许进入模式的缺点是:特许方的赢利有限;特许方很难保证被特许方按合同所约定的质量来提供产品和服务,这使得特许方很难在各个市场上保证一致的品质形象;把被特许方培养成自己未来强劲的竞争对手。

【特许连锁店】以一个规模较大、声誉较高的零售商或品牌为龙头,其他零售商按照自愿参与、共享技术、共同开发市场和共担风险的原则加入而组成的连锁店。是目前零售业发展最快的一种组织形式,在快餐业、音像商店、医药业、旅行社和汽车旅馆等行业都有非常成功的特许连锁经营集团。一般是核心商店向加盟成员提供专门的技术和品牌商品,并对加盟分店的组织在管理上进行指导,在人员方面进行培训。

【特约维修商店】专门从事维修特定生产单位的特定产品的门市部。分为保修和一般维修,也有兼营产品代销的。在保修范围的修理,不收取修理费用,其开支由生产单位支付;一般维修,收取修理费用,收费标准同其他专业修理店一致。特约修理商店必须与生产单位签订合同,建立特约维修关系,修理对象和范围由生产单位确定,生产单位以优惠的价格提供维修零配件和技术资料,并负责培训维修技术人员。

【团体连锁】参见【公司连锁】。

【网络商店】实行网上购物的商业网络。顾客上网选购商品,在网上填好订单,即有人送货上门。网上购物是现代快节奏社会的必然产物,随着计算机网络的发展,网络商店也必将成为适应现代社会的新型购物方式。任何人只要拨通某个特拨号码,或者通过全球交互网络进入某个网页,就能到达网上商店。顾客可随心所欲,或驻足,或漫游。当顾客看到喜欢且价格合理的商品时,即可在网上填好订单,将有服务员送货上门。所有过程都可用键盘和鼠标完成。

【网上商店】新兴商业业态。通过商业网站,向顾客推荐和介绍商品。主要利用电话和电子邮件接受顾客的订货,大多数网站派人送货上门,并取得货款。有些网站通过网上银行交易系统实现商品所有权的转移,通过快递公司送货上门。生产企业也直接开设网站,介绍产品和接受订货。

【委托商店】参见【信托商店】。

【无店铺零售业】销售商品不在商店内进行,而能够为消费者提供方便的一类零售业。这种零售业前景广阔,发展很快,其主要形式有:(1)直接推销;(2)直复营销。

【销品茂】即 Shopping Mall(大型购物消费中心)。它实际上是一个庞大的单体建筑,内部有众多的零售经营主体、宽敞的人行通道和休闲场所,经营内容几乎与整个商业街区相等,有购物、休闲、娱乐、餐饮等项目，是不同商品和商业服务功能的总汇。在国外，销品茂75%开在郊区，其中有40%的销品茂甚至落户远郊。目前销品茂已经取得了许多成功的经验。

【信托商店】　亦称"委托商店"、"寄卖商店"、"调剂商店"。主要业务是接受货主委托，代货主出售旧货。通常是货主将旧物送到商店，根据按质论价、旧不超新的原则，由双方议定价格，商店代售。商品出卖后，商店收取一定比例的手续费。商店也可以先作价收购，然后再作为自营商品出售。这类商品有综合性的，也有专业性的，既有利于群众的余缺调剂，又可促进社会节约。

【虚拟卖场】在互联网上以电子方式连在一起的一些购物网站。在其中一个商品的网页上浏览的人会以电子方式进入其他类似网页，由此在虚拟购物中心选逛。

【业态大批量销售思想】有关适应大工业、大市场的市场需要的营销方式的思想。期货业、批发业、展览业就是这种思想的产物。比如贸易中心，主要是展示商品样品，客户先看样选购，进行现场交易或签订供货单，然后再在一定时期内交货，交易的数量都比较大。

【业态反传统思想】业态的推陈出新的基石是"反传统"。百货商店就是因破除传统家庭零售店的经营方式而出现的。

【业态理论】揭示商业经营形式发展变化规律的知识体系。商业自成为独立的经济领域以来，始终围绕这样一个基本问题：卖什么（业种）、怎么卖（业态）。前者涉及市场营销活动中的产业结构、产品结构、经营结构与经营战略等方面的问题；后者涉及市场营销中的经营方式、经营规模、经营水平、经营技术与经营策略等问题。

【一站式购物】消费者在一家商场内可以一次购齐家庭生活所需的全部物品。在这些大型商场购物，环境宽敞明亮，并有营业员热情周到的服务，全无集贸市场脏乱差的现象，购物省时省心，方便快捷。随着国际大型连锁商业企业沃尔玛、家乐福、万客隆等相继在我国国内开设商场，将一站式购物这一全新的消费方式引入我国，国内大商场也群起仿效。对经营者来说，由于增加了经营品种，服务对象面向广大工薪阶层，吸引了更多的顾客，销售额大幅上升，重新确立了国有大商场的主渠道作用，因而受到各方面的普遍欢迎。一站式购物带来的方便、实惠、省事省时，既适应了都市人快节奏的工作生活方式，又增加了休闲娱乐时间，提高了生活质量。如今，全家老小在双休日一齐逛商场，一次购齐一周的生活用品，已成为越来越多家庭的习惯。

【折扣商店】实行对店内商品作15%~25%的折扣，优惠顾客购买的商店。于1945年首先在美国创立。具有下列特点：(1)商店经常以低价销售产品；(2)商店突出销售全国性品牌，因此价格低廉并不说明产品的质量低下；(3)商店在自助式、设备最少的基础上经营；(4)店址趋向于在租金低的地区，要能吸引较远处的顾客。

【中心商务区】参见【CBD】。

【专业商店】仅销售一类产品或者有限的几类产品的商店。经销的品种不多，但是产品线的深度可以很大，出售那些既需要一定商品知识水平又需要提供销售服务的商品，这样来满足某些消费者的特别需求。

【专用品商店】亦称"专卖店"。通常经营的产品线少,但产品线(系列品种)齐全。有单一产品线商店,如服装商店,较典型的有李宁服饰(运动服系列)等;有限产品线商店,如金利来(男士)服饰、劲霸男装等;超级专用品商店,如锐步运动鞋专卖、Lee牌牛仔裤专卖等。实际上,随着市场组分化的应用,经营产品专业化的超级专卖机会将越来越大。

【自由连锁】亦称"自愿连锁"。连锁公司的店铺均为独立法人,各自的资产所有权不变,在公司总部的指导下共同经营。各成员店使用共同的店名,与总部订立有关购、销、宣传等方面的合同,并按合同开展经营活动。在合同规定的范围之外,各成员店可以自由活动。根据自愿原则,各成员店可自由加入连锁体系,也可自由退出。

第十五篇　促销

【促销】"促进销售"的简称。企业利用人员和非人员的方法沟通信息,影响和劝诱顾客购买某种产品和劳务,或者促使顾客对卖方及其产品产生好感和信任度的一种活动。包含两层含义:(1)促销的方法。即人员促销的方法和非人员促销的方法。(2)促销的目的。即促进产品和劳务的交易,提高企业的信誉。其实质是向消费者传递有关商品和劳务的信息,使消费者了解认识商品和企业。促销活动的作用包括:(1)提供信息。一种商品进入市场后,甚至在尚未进入市场的时候,为了更多的顾客了解认识这种商品,企业就必须向用户或消费者提供商品信息,介绍产品,引起他们的注意。大量的批发商也需要向零售商和消费者介绍商品,以便沟通信息,促进产品销售的顺利进行。(2)增加消费需求。生产者和中间商通过各种有效的促销活动,不仅可以诱导需求,有时还可以创造需求,使消费者充分认识本企业产品的特色,对其产生偏爱,反复购买,增加对本企业产品的购买量。当某种产品销售量下降时,采取适当的促销策略,可重新唤起需求,扩大销量。(3)突出产品特点。市场上同类产品竞争激烈,消费者往往不易觉察同类产品之间的细微差别,影响了购买选择。企业通过促销活动,宣传本企业产品区别于竞争产品的特色,加深消费者对本企业产品的了解和印象,使其知道购买该产品能够得到特殊利益,激发其购买欲望。(4)稳定市场地位。一个企业或某种产品的市场地位,是通过销售和市场占有率反映的。在市场竞争中,由于种种原因,使得每个企业或某种产品的市场地位不可能长期稳定不变,这时企业就需要通过促销活动,使更多的消费者形成对本企业或某种产品的一种特殊的偏爱心理,以便获得稳定的销售量或稳定的市场占有率,保证企业市场地位的相对稳定。促销的主要任务是传递信息。现代信息沟通可分为两种类型:(1)单向传递,由一方发出信息,另一方接收信息。(2)双向沟通,双方都既是信息的发出者,又是信息的接收者,即双方互通信息。现代促销活动,是这两类信息沟通的复合过程。企业的产品或服务要顺利地通过市场,必须主动及时向消费者提供有关信息,在产品或服务投向市场的前后,广泛开展宣传活动,使更多的消费者能认知产品或服务。同时,要求企业善于接受消费者信息,以利更好地满足消费者的需要。促销的目的是引起消费者的注意与兴趣,激发其购买欲望,促成其购买行为。企业促销的目的要服从于市场营销的目的,为了获得较好的赢利必须争取更多的买主,因此要通过促销活动促成大量的购买行为的实现,以实现企业的销售任务。促销的手段是宣传与说服,即宣传产品或服务知识,说服消费者购买。现代企业经营者若不重视产品宣传,不重视对消费者的说服工作,消费者将对有关产品缺乏认知和购买兴趣,即使再好的产品也难以在市场上谋得立足之地。促销的方式分为人员推销和非人员推销两大类,其中非人员推销又包括广告、公共关系与宣传和营业推广等方式。人员推销是通过推销人员、售货人员、销售服务人员直接进行推销活动,主要是说服顾客采取购买行为。非人员推销是间接推销活动,主要是通过广告等宣传活动传播产品信息,引起消费者的注意和兴趣,促使消费者产生购买欲望。一般说来,人员推销具有较强的针对性,但影响面比较窄;非人员推销的影响面较大,但针对性不强。企业促销过程中,应注意人员推销和非人员推销的有机结合,以发挥更好的促销作用。

【促销类型】按照不同的分类方式,所表现的促销手段与组织模式。(1)按促销主体分类,促销活动从实施的主体上看,分为厂商促销和渠道促销。①厂商促销。即产品制造商或服务供应商作为促销主体,针对中间商(各级经销商和零售商)、消费者和内部销售人员开展的各类促销活动。②渠道促销。即各级经销商或零售商作为促销主体,针对次级经销商部门及销售人员开展的各类促销活动。(2)按促销对象分类以厂商促销为例,促销活动从实施的对象上看,分为推式促销和拉式促销。①推式促销。是指以中间商或内部销售人员作为促销对象的各类促销活动。在推式促销中,厂商通过各类促销活动,把产品推广给经销商或零售商,激励内部销售人员积极开发市场、扩大销售,鼓励中间商更积极地向消费者推广自己的产品。这种将产品在渠道中推动的促销方式,被形象地称做"推式促销"或"经销促销"。②拉式促销。是指以终端消费者作为促销对象的各类促销活动。在拉式促销中,厂商通过各类促销活动,促进消费者购买本企业的产品,进而产生零售商向批发商求购商品,批发商向厂商进货的良性循环。这种拉动产品销售的促销方式,被相应地称做"拉式促销"或"消费促销"。

【促销组合】通过创造性设计把广告促销、人员促销、营业推广促销和公共关系促销等有机地结合起来,形成整体的促销管理活动。在确定促销组合时,必须以对影响促销组合的各种因素的分

析为基础。影响促销组合的因素有产品种类、企业规模、促销目标、市场特点、产品生命周期等。促销策划的运用是否成功,很大程度上取决于组合促销的比例结构是否合理。促销组合要素包括:广告促销、人员促销、销售促进以及公共关系。选择、搭配、有效地运用促销组合,应考虑这样几个选择:预算选择、产品选择、策略选择、购买阶段选择、生命周期选择等。乔治和贝里总结了促销组合的基本原则:(1)顾客购买的是一种利益过程而非物体。企业利用促销因素可以为顾客提供服务的有形线索。(2)让服务得到消费者充分了解。(3)保持传播的连续性。(4)兑现企业的服务承诺。(5)加强口头传播的重要作用。(6)保持与雇员的直接沟通。

【促销组合策略】企业对人员推销、广告促销、销售促进和公共关系等促销方式的选择、搭配和综合运用的决策。总的来说可分为"推动"策略和"拉引"策略两大类。

【推销】推销人员说服潜在顾客购买某项商品或劳务,以实现企业市场营销目标的一种销售活动。推销的最大特征就是生产者主动地满足顾客需求,把适当的产品在适当的时间和地点以适当的价格推销给潜在顾客,通过与顾客面对面地交谈、劝说,促其购买。推销的任务表现在五个方面:(1)发掘和培养新客户,扩大销售领域,推动企业不断开拓新市场。(2)把有关企业产品和服务的信息传递给潜在顾客,沟通企业和广大用户的联系,树立企业的形象。(3)以适当的方法和技巧说服顾客,达到销售。(4)向顾客提供各种服务,如提供技术指导、帮助安装调配、传授修理养护知识等。(5)收集市场情报信息。推销的最

终目的是满足需求,赢得利润,实现企业的市场营销目标。推销的三个要素是推销员、产品和顾客。要完成一次推销,这三者缺一不可。另外,推销员是推销的灵魂,他在整个推销过程始终发挥着重要作用。

【推销策略】适应消费者心理需求,推销人员在推销过程中的策略使用。包括:(1)"刺激—反应"策略。即通过推销人员的"劝讲"来刺激顾客反应的策略。其做法是,推销人员在不了解顾客需要的情况下,事先准备好几套介绍方法。在访问时,推销人员先讲(刺激),看顾客的反应;再讲,继续看顾客的反应,通过运用一系列刺激方法来引起顾客的购买行为。该策略主要适宜于推销日用品。(2)"爱达(AIDA)公式"策略。即通过推销人员的说服工作,设法使顾客经历引起注意(Attention)—产生兴趣(Interest)→激起购买欲望(Desire)→决定购买(Action)这几个阶段,引导顾客走向成交的一种策略。其做法是,推销人员根据事先基本掌握的顾客某方面的需求情况,在访问中以各种技巧去引导顾客积极参与交谈,在相互交谈中步步深入,促成交易。(3)"需要满足"策略。即通过"劝讲"引出顾客的需要,然后说明怎样满足的一种策略。其做法是,推销人员先要设法准确地发现和引发顾客的需要,然后说明所推销的产品如何能满足其需要,促使顾客接受所推销的产品。这是一种创造性推销策略,要求推销人员具有较高的推销技巧,才能使顾客感到销售人员了解他的需求,是他们购买决策的好参谋。上述策略,各有所长,必须灵活加以选用。当推销只是简单地接受订单时,宜用"刺激—反应"策略;当大多数顾客各有类似的需要和要求时;不论是招揽定货还是接受订单,"爱达"公式策略都可适用;而在顾客有不同需求时,"需要满足"策略就尤显重要。

【人员推销】企业派出专职或兼职人员,直接向消费者和用户推销商品或服务的一种促销方式,是最古老的推销方式,大多数企业常采用的促销方式。尤其对工业品的推销更为重要。人员推销的内容非常广泛,从最简单的送货到创造性推销,都包括在人员推销的范围之内。人员推销特点包括:(1)针对性强,灵活机动,能有效地发现并接近顾客。通过推销人员与消费者的直接接触,将目标顾客从消费者中分离出来,能可靠地发掘推销对象,把推销努力集中在目标顾客身上,避免了许多无效劳动。由于目标顾客明确,推销人员可在接近顾客前后,根据特定对象的需要、动机、行为、态度等特点,随时调整自己的推销策略与技巧,充分发挥推销者的主观能动性,保证推销效率。(2)信息双向沟通,市场信息反馈迅速。在收集、传递、反馈市场信息,指导市场营销,开拓新的市场领域等方面,具有特殊的地位和作用。推销人员处在市场第一线,在与顾客的直接接触中,一方面能将企业和产品的有关信息及时、准确地传递给顾客,另一方面又可以听取到顾客的意见和要求,并迅速反馈给企业,以指导企业经营,使产品更符合消费者的需要。(3)能直接提供咨询和其他技术服务,促进顾客购买行为。从了解产品信息到完成实际购买行为之间总是存在一定的距离,而人员推销具备完成交易的条件。推销人员能当面向顾客提示、演示产品,针对顾客的疑问,马上做出解答,使顾客确信产品的特征。有的产品需要提供安装或操作使用服务,推销人员可当即解决,这有利于顾客放心大胆地购买。对于专业性很强和技术性能复杂的商品的促销,人员推销的长处尤为突出。(4)易于联络与顾客的感情,建立友谊,争取长期买主。推销人员与顾客的直接交往,有利于买卖双方的沟通、理解和信任,使得在双方买卖关系的基础上增进友谊,培养感情,促使单纯的买卖关系发展成友好合作关系,为长期交易打下了坚实的基础。人员推销局限性包括:(1)人员推销费用支出较大,势必造成企业定价较高,既不利于消费者,同时也影响到企业市场占有率和竞争能力的提高。(2)人才难得。人员推销的有效性,与推销员的素质有直接关系。现代观点认为:推销员必须懂得如何使顾客满意并为企业产生、创造利润,必须懂得如何分析销售资料,测定市场潜力,收集市场情况,制定营销策略和计划。但找一个理想的推销员并不是一件容易的事情。(3)人员推销面向个别用户,宣传面窄,多应用于产业用品的推销。

【人员推销组织结构】推销人员的组织分布状况。按照适当的组织结构形式,正确分派推销人员,这是充分发挥推销人员的作用,保证推销工作效率的重要条件。(1)区域结构式。即将企业的目标市场分为若干个区域,每个推销人员负责一个特定区域内各种商品的推销业务。这是最普遍的一种组织结构形式。其优点是:推销人员的活动范围特定,责任明确,便于考查其工作绩效,激励其工作积极性;有利于与顾客建立良好的人际关系,发掘新顾客;减少了推销人员的流动性,节省费用。适宜于产品或目标市场类似的企业采用。如果所推销的产品或进入的市场差异较大,推销

人员则不易深刻了解各类顾客的需求和各种产品的特点,从而影响推销的成交率。(2)产品结构式。即每个推销人员专门负责一种或一类产品的推销工作。其优点是:利于推销人员深入掌握某一种或一类产品的专门知识和推销技术,并运用这些专业知识去争取顾客。这一结构形式适宜于产品种类多、产品间无关联、技术性强的情况下的产品推销。(3)顾客结构式。即按照顾客的类型分派推销人员,每个推销人员负责一个或几个顾客群体的推销工作。其优点是:便于推销人员深入掌握某一类顾客的工作和需求特点并与之建立密切的联系,有针对性地开展沟通活动。缺点是:易造成推销人员所负责的区域出现重叠,导致人力、财力的浪费。(4)综合式结构。即结合运用上述三种结构分派推销人员的方式。如区域—产品组合式;区域—顾客组合式;产品—顾客组合式以及区域—产品—顾客混合式等。该方式是在企业推销人员不足而产品品种较多的情况下才加以采用的组织结构形式。

【营业推广】亦称"销售促进"。除了人员推销、广告和公共关系等手段以外,企业用以激发较早或较强的市场反应而采取的各种短期性促销方式的总称。常常作为广告或人员推销的一种辅助手段而使用,在加速新产品进入市场、抵御和击败竞争对手、刺激消费者购买以及影响中间商等方面起着十分显著的作用:(1)促使顾客购买和使用新产品或新品牌产品。(2)应付或对抗竞争者的促销活动。(3)加深顾客对企业或产品的印象。(4)刺激顾客大量购买产品和减少库存。世界各国无论是企业还是非营利组织,都广泛应用这一手段进行宣传。据相关统计,营业推广费用支出

的增长速度远快于广告费用的支出,其原因是:世界市场消费疲软,消费者更加精打细算和讲究实惠;广告的泛滥也降低了其自身对消费者的刺激程度;市场竞争的加剧也要求企业运用营业推广方式来配合进行促销,以追求最佳的效果。与广告、人员推销和公共关系相比较,其基本特征包括:(1)非规则性和非周期性。常常用于短期的和额外的促销工作,其着眼点在于解决一些更为具体的促销问题。(2)灵活多样性。营业推广可以根据不同产品特点、顾客心理和市场营销环境,采取各种有针对性的方法,在营业推广十分繁多的方式中加以灵活的选择和运用。(3)短期效果。营业推广宣传攻势大,形式多样,给顾客提供特殊的购买机会,具有强烈的吸引力和诱惑力,能刺激消费者立即做出购买决策,能比较快地提高销售额。一般说来,只要营业推广的方式选择得当,其效果往往可以很快地在其经营活动中显示出来。营业推广最适宜完成短期的具体目标。营业推广也有其局限性。如果经常使用或不慎使用,会显示企业急于出售的意图,顾客会产生疑问,怀疑产品和价格,不利于长期效果。

【营业推广对象】营业推广的目标。可以是任何人,也可以是选择或细分的某一部分人。企业可以通过向不同顾客提供不同的营业推广条件,限制那些不可能成为企业长期用户或购买量极少的人参加,而集中向那些能够最有效扩大销售的现实和潜在顾客进行推广。但限制条件应适当,否则,可能影响潜在顾客的加入。

【AIDA策略】亦称"AIDA推销法"。西方企业推销的经典方法。代表了推销的四个阶段:集中顾客的注意力,引起顾客的兴趣和认同,激发顾客的购买欲望,促使顾客采取购买行动。主要通过人员的说服工作,设法使顾客经历引起注意(Attention)、产生兴趣(Interest)、激起购买欲望(Desire)、采取购买行为(Action)这几个阶段,逐步引导顾客走向购买的一种策略。

【FBI】汽车营销策略用语。首先说明商品车辆的"卖点、特色、配置"等事实情况(F,Feature-Just fact);其次将这些事实加以解释、说明,并辅以点评,阐述它的好处及可以带给顾客的利益(B,Benefit);最后用F、B给顾客以观念上的冲击(I,Impact),进而使顾客产生购买动机。

【USP理论】促销用语。USP学说为"独特的销售主题"。这一学说由罗瑟·瑞夫斯提出,他主张广告活动要获得成功,就必须依靠产品的独特销售主题。这个独特的销售主题包括三部分内容:(1)每条广告都必须给消费者提供一个主题,不光靠文字、图示等。每条广告都必须告诉受众:"买这个产品吧,你将从中获益。"(2)提出的主题必须是竞争对手没有或无法提出的,无论在品牌方面还是在承诺方面都要独具一格。(3)提出的主题必须要有足够的力量感动消费者,也就是说,主题要有足够的力量吸引顾客购买你的产品。

【包销】包销商一次性从企业打包拿走所有发行标的后销售,销售不完剩下的包销商要自己出钱买下,然后由自己处理。对于企业来说,包销有商品积压的风险。

【避重就轻成交法】参见【小点成交法】。

【财务激励促销】促销方式的一种。厂商借助金融手段,参与消费者个人理财的促销行为。常常被用于高额的耐用消费品。大都通过抵押、信用担保等方式,向消费者提供一定数额的资金融通,从而减轻了消费者的财务负担,激励他们做出即期购买的决定。在该促销方式中,厂商不仅向消费者提供了合格的产品,还提供了商业信贷,帮助消费者提前实现了消费。

【产品经销搭配策略】针对中间商或者零售商商品促销策略。通常,产品经销搭配策略有宽泛搭配、纵深搭配、独家搭配、趋同搭配几种。(1)宽泛搭配是指经销商经营较多的有相关性的产品系列。(2)纵深搭配是指经销商经营某个产品系列的各种不同的品牌或产品项目。(3)独家搭配是指经销商经营单独一家生产商的产品系列,或者单独经营一个品牌的系列产品。(4)趋同搭配是指经销商经营多种不相关的产品系列。

【产品直销化】产品销售模式的发展方向。随着人们生活方式、获得信息方式和购买方式的改变,通过上门推销、电话推销、网络推销和邮售等直接销售方式日益普遍。

【厂商促销】促销的形式之一。产品制造商或服务供应商作为促销主体,针对中间商(各级经销商和零售商)、消费者和内部销售人员开展的各类促销活动。

【陈列竞赛】销售竞赛方式的一种。陈列竞赛有质的竞赛和量的竞赛。质的竞赛包括对商品陈列和外观美感等方面的竞赛,目的在于提高经销商和零售商的商品陈列技术;量的竞赛包括对陈列在货架上的促销商品数量和陈列位置两个方面的竞赛,目的在于提高和确保促销商品在经销商及零售商货架上的占有率。

【承诺销售】对顾客给予一种承诺,使顾客增加信任感,顾客就可以放心购买。如承诺无效退款、承诺销售三包,就可以降低顾客的风险意识,以达到促销目的。

【抽奖】有奖销售的一种形式。消费者在购买某种产品或累计购买达到一定数额时,可参与厂商事先安排的抽奖活动,最后由厂商从参与者中抽出幸运者并赠予其奖品的促销方法。一般是利用人们追求刺激、希望侥幸获奖的心理,来吸引消费者踊跃参加促销。它为消费者提供了获得意外收获的机会,还迎合了他们"以小博大"即以抽奖赢得现金、礼品或旅行机会的心理。抽奖的形式有摇奖、摸奖、转奖、兑奖、刮奖等。

【抽奖与摸奖】顾客在购买商品或消费时,对其给予若干次奖励机会的促销方式,是消费加运气并获得利益的活动。主要形式有:刮卡兑奖、摇号兑奖、拉环兑奖、包装内藏奖等。

【次要问题成交法】参见【小点成交法】。

【促销黄金定律】由日本、德国等国的企业率先在促销活动中提炼的基本规则。要求以顾客满意为宗旨,并围绕这一目标实现来展开的关键性工作。它包括五个方面的定律:(1)定义企业概念时,从顾客利益出发;(2)高层次主管都要投入;(3)重视与顾客的沟通;(4)运用科技来提高顾客的满意程度;(5)以创新超越顾客的期待,让产品超越顾客的期待。

【促销调查】对影响企业促销活动的有关资料进行收集和整理,分析企业促销的外部环境和内部状况等活动的总称。目的是为企业的促销决策提供依据,是促销策略设计的重要基础工作。

只有在深入彻底地进行促销调查的前提下,促销活动才有可能获得成功。基本要求是,促销调查应着重调查市场当前状况,分析市场需求和竞争态势,寻找企业面临的机会与威胁;调查目标消费者的需求、动机和购买行为,以及他们对各种促销活动的反应;调查符合产品特性的各种促销方法和促销媒介的适用性,调查企业的营销能力、营销现状、现有资源状况,在上述调查基础上的市场分析与预测等。

【促销事件】可以用来进行促销,并能达到理想效果的活动或者事件的总称。包括积极事件与消极事件。使之成为大众关心的热点,并通过媒体的报道和传播,吸引消费者参与,从而达到提升企业形象和扩大销售业绩的目的。利用各种事件开展促销活动时,应遵循以下原则:(1)只有选择合适的目标消费群,才能达到预期的目的;(2)事件不仅要具有创新性和新闻价值,还要与企业及品牌形象相关;(3)应以企业和品牌的长远发展为着眼点。

【促销折让】营销策略用语。为了报答那些参加广告活动及支持销售计划的经销商,而向它们提供的付款或价格减让。

【搭售】提供给顾客购买一种产品后可以免费或以相当吸引人的价格获得另一种产品的机会的促销形式。这是一种非常受化妆品制造商欢迎的方法。

【店铺装饰竞赛】销售竞赛方式的一种。在促销活动中,零售商利用厂商提供的POP广告,或利用店内自有的器材对店铺进行装饰,厂商根据装饰的效果评比优劣,并对优胜者给予一定的奖励。主要评比售点广告数量的多少和售点广告感染力的强弱。经过精心设计且有利于厂商的店铺装饰,实际上是以整个店铺作为一种特殊的广告媒体。需促进更多的零售商参加销售竞赛,提升店铺装饰效果。

【店头营销】依托销售终端与店铺而进行的一系列促销活动。与目标消费者进行沟通,以提升品牌知名度,建立品牌认同,并增加销售量,都是店头营销的范畴。

【订货周期】客户从发出订单到收到订货的时间,包括发出订单、确认订单、发运货物、验收货物等环节。订单的发出与确认,可以通过网络快速地实现,但是货物运输不能依赖网络。如果客户订货量大,生产者又没有足够的运输条件,按照常规办理零担托运或其他货运,时间就会拖延,影响客户供应的及时性。为了克服这一问题,现在许多企业与当地的实体分配部门(第三方物流)签订协议并实现计算机联网,只要订单被确认,实体分配部门可以迅速按照客户要求进行配货并及时将货物运送到指定的地点,大大缩短了订货周期。

【非专柜促销】渠道终端用语。商家在没有产品专柜的商场或超市内利用临时搭建的促销专柜、借助海报和宣传手册等促销工具所进行的促销活动。一般的方式有:有奖销售、打折销售、赠送礼券等等。

【附赠品包装策略】在包装内附有小赠品,希望凭借赠品引起消费者购买,特别是重复购买。这一策略,在儿童用品市场上效果尤为显著。

【公益赞助】促销方式的一种。厂商赞助某项社会活动,借助该活动产生的良好社会效应进行营销宣传,以获得社会公众的关注与好感,从而达到传播和提升品牌形象、刺激产品销售的目的。

该方式将直接的金钱交易关系隐藏在有益的活动主题中,淡化了商业气氛。适当的社会活动又激发了消费者强烈的兴趣和好感,消费者通常对活动的赞助商也较能接受和认同。基本作用主要在于:淡化企业的商业性和功利性,促销效果自然;促销沟通面广,沟通对象数量大,亦有一定的针对性;活动气氛热烈,容易激发消费者的购买热情。

【购买档次提升】试图说服现有或潜在的产品所有者,使其购买同一产品的更豪华档次更高的版本。相对地,有购买档次下降。

【购买档次下降】针对一个产品,增加一个低价位的版本,以吸引价格敏感的新细分市场。

【鼓动销售】亦称"强力推销"。任何一种被认为是进攻性销售的形式。在美国20世纪30~50年代的销售观念时代,这种方法被普遍使用。在鼓动销售中,销售人员往往会通过各种承诺来给购买者施加压力。

【广泛配货】中间商决定经营种类繁多、范围广泛但尚未超出行业界限的产品。

【后付款】促销方式的一种。消费者可在使用产品或服务后的一段时间内支付其费用。主要作用是为消费者的支付行为提供方便。先消费后付款在无形中也鼓励了消费者增加消费金额和消费次数,故常用于周期性或连续性消费项目。其实质是由厂商向消费者提供一定时间内一定额度的使用资金。需要通过签订正式协议来约束购销双方的交易行为。

【会议推销】企业利用各种形式的会议,介绍和宣传商品,开展推销活动的一种形式。这种推销形式具有群体性、接触面广、推销集中、成交额大的特点。在推销会上,往往是许多企业同时参加推销活动,各自都有明确的目标,只要商品对路,价格合理,容易达成大批量的交易。

【会员制经营】商品的经营者采用消费者入会,可以享受内部优惠待遇的促销方式。会员制一般列有明细的入会条款、受惠条款及需交纳一定的入会费用。会员享有购物权、消费权、保护权、服务权、折扣权等。会员制可以保留自己的基本顾客,使经营处于一种稳定状态。

【基本销售量】亦称"市场底量"。即使没有任何需求刺激,不开展任何营销活动,市场对某种产品的需求仍会存在,并达到一定的销售额。

【加速试销】参见【实验室试销】。

【竞赛】生产商组织有奖竞赛(与抽奖不同),来吸引客户试用其产品。如果以这种方式推出一种新型冰激凌,竞赛的奖品可以是去参观迪斯尼主题公园。为了避免变成赌博(以免受到严格的监管检查),竞赛必须纳入知识技能成分,比如猜猜照片上是哪个城市。

【竞赛SP】利用人们的好胜和好奇心理,通过举办趣味性和智力性竞赛,吸引目标顾客参与的一种促销手段。

【俱乐部营销】企业通过组建俱乐部吸收会员参加,并提供适合会员需要的服务,培养企业的忠诚顾客,以此获得经营利益的营销方式。营销意义的俱乐部,属于企业出面组织,让会员在平等、自愿、互利、互惠的基础上自主参加,并享有相应权利和义务的协会或团体。营销俱乐部功能包括:(1)社交功能。俱乐部不局限于企业与会员的双向沟通,更鼓励会员之间的交往,通过经验交流、联谊、娱乐、学习等活动方式来实现。(2)沟通功能。要有必要的沟通工具、多种沟通形式、充足的沟通场所,以保证企业与会员、会员之间、会员与潜在会员、企业与潜在会员之间沟通顺畅。(3)服务功能。这是最基本的功能之一,要求俱乐部能够根据行业特点面向会员提供基本服务(销售产品、服务跟踪)和增值服务(如个性化服务、允许会员自助式服务等)。(4)心理功能。要能满足会员的多重心理需求,如受到尊重、消费安全、心理满足等心理需求。(5)促销功能。这也是最关键的功能,因为俱乐部最根本的目标就是服务于产品(或服务)营销,因此要有区别于非会员的消费优惠和其他超值享受。(6)凝聚功能。一个俱乐部能否生存下去,能否吸引会员是关键,因此打造俱乐部的核心凝聚力至关重要。因此,要通过采取必要的激励措施吸引并留住会员。俱乐部营销的特征:(1)会员制。采用俱乐部营销体制的企业,一般来说都实行会员制的管理体制。其营业对象主要是加入本俱乐部的会员。(2)资格限制。一般来说各种各样的俱乐部都有自己独特的服务内容,其服务有一定的共性,往往对加入俱乐部的人员施加一定的限制条件。(3)自愿性。是否加入俱乐部,完全建立在自愿的基础上,而非外界强迫所致。(4)契约性。会员和俱乐部之间以及会员之间的关系,建立在一定的契约基础上。(5)目的性。它有一定的共同目的,如社交、娱乐、科学、政治、社会活动等。(6)结构性关系。俱乐部成员之间以及与俱乐部组织者之间往往存在着一种相互渗透、相互支持的结构性关系。他们之间不仅有交易关系,更有伙伴关系、心理关系、情感关系作为关系

的坚实基础,因而这种营销体制不是竞争对手可以轻易染指的结构性关系。

【宽泛搭配】经销商经营较多的有相关性的产品系列。相当于产品组合宽度大,有较多的产品线。经销商决定经销哪些商品和服务类别时,所应采取的产品经销搭配策略通常分为宽泛搭配、纵深搭配、独家搭配、蔓延搭配几种。

【捆绑】以某一特定价格向购买某产品的消费者提供相关服务的过程。例如,套装软件经常在消费者购买电脑硬件时捆绑销售。银行也会为户头里保持高额平均存款结余的客户提供免费的支票账户或是免费的保险箱服务。

【捆绑销售法】亦称"打包销售法"。两个或更多的商品(服务)被捆绑在一起以特别优惠的价格销售。出售价格低于被捆绑商品单独销售的价格总和。这是一种常见的促销手段。

【拉式策略】企业针对最后消费者,花费大量的资金从事广告及消费者促销活动,以增进产品的需求。如果做得有效,消费者就会向零售商要求购买该产品,于是拉动了整个销售渠道系统,零售商会向批发商要求购买该产品,而批发商又会向生产者要求购买该产品。

【拉式促销】促销的形式之一。终端消费者作为促销对象的各类促销活动。表现为,厂商通过各类促销活动,促进消费者购买本企业的产品,进而产生零售商向批发商求购商品,批发商向厂商进货的良性循环。其目的是拉动产品销售。

【拉式战略】利用广告和促销活动引导潜在的最终消费者或使用者的营销策略。需要关注消费者购买能力、购买欲望以及促使消费者购买的广告和促销力量。制造商承担大部分的促销责任。

该战略一般用于密集分销渠道销售的低单价、非复杂商品,中间商所得毛利也较低。相对应的有推式战略和推拉战略。

【两步收费】要求消费者为购买一种产品的权利预先付一定费用,然后消费者再为他们希望消费的每单位产品付一个额外的费用。

【门槛效应】由小变大、由低到高的心理行为。心理学家查尔迪尼在替慈善机构募捐时,仅仅是附加了一句话"哪怕一分钱也好",就多募捐到一倍的钱物,这就是著名的"门槛效应",也称为"不用压力的依从"。这一效应的基本内容是由低要求开始,逐渐提出更高的要求。

【派送】促销用语。企业为了达到一定的营销目标,在指定的时间和区域内,派人向一定数量潜在目标顾客免费发送该企业的产品或日用品的商业行为。因为派送有较高的使用频率及品牌影响率,因此,为许多企业所普遍采用。派送的一般方式为:有奖销售、打折出售以及赠送礼品等等。

【配销】配销联合体的营销手段。通过整合优势资源,联盟双方通过配销合作共享渠道资源、广告宣传资源,节省营销费用,降低营销成本,扩大市场占有率,提升企业品牌形象和产品形象。(1)配销的两个或多个产品必须具有关联性。(2)配销各方(包括消费者)具有突出的利益点。(3)配销联合体中的各种产品针对的是同一细分市场的目标消费者。(4)配销联合体中各产品价格须具有同一性。(5)配销联合体中的各产品不能是竞争替代品或相互排斥的产品。(6)配销联合体中的各产品要有相当规模的零售市场的支撑,并且形象好、价位相对高,否则就体现不了配销联合体的促销价值。

【皮球品】零售商通过频繁变动价格来吸引顾客的商品。

【品类发展指数】品类在某一个地区的销售占它在整体销售的百分比与该地区在全国人口数的百分比的比值。品类发展指数=(品类在某区域销售量÷品类的整体销售量)÷(该区域人口数÷整体人口数)。主要用来衡量某个品类在该区域的发展程度。与普及率有相似之处,后者实际上可视为累积的品类发展指数。区域也可以用其他的市场区分法来代替。

【凭证退费】促销方式的一种。消费者购买一定商品或累计达到一定金额时,厂商凭消费者提供的购买证明退还一定数额的现金或折价券。退款可能是商品售价的一部分,也可能是全额甚至是超额。该方式起源于20世纪70年代美国能源危机时期,克莱斯勒汽车制造商为了挽救下降的汽车销量,首先采用了这种促销方式。即在交易成功以后,顾客会得到一张即期的现金支票。

【凭证优惠】促销的形式之一。消费者依据某种凭证,即可在购买产品时享受一定优惠的一种促销方法。优惠可以是直接的价格减免,亦可以是事先规定的某种折扣,本质是在价格上满足了消费者利益需要。

【铺货奖励】对经销商的销量奖励的方法。分定额奖励和坎级奖励两种。其意义在于,通过铺货率的提升促进本品的销售机会;通过对通路资金的挤占和本品实际单位价格的降低,为竞品的市场工作设下障碍。另外,促销品随着活动的结束而取消,不会出现直接降价导致日后价格难以回升的状况。

【铺货运作】将产品通过中间环节,迅速地生动地呈现终端顾客的面前的市场活动。其中,"迅速"强调的是物流的速度,追求的是货畅其流;"生动"强调的是产品的终端陈列,追求的是展现效果。铺货所作用的对象为中间商、一批商、二批商、零售商等通路成员。铺货的手段需要"推力"。其含义就是将产品通过中间环节迅速地推到目标消费群的面前。推力包括三个方面:(1)人员推销。人员推销的目标就是要与商家形成交易,促成交易成功取决于两个方面:①业务人员的素质及专业水平;②选择商家的标准。厂家看重商家的信誉、网络实力、资金实力、人员能力、配送能力等。(2)通路促销。通路促销的目的就是促进物流,它运用实物让利的手段来满足商家对附加利益的需求,使商家得到除单件利润外更多的利益,从而提高商家铺货的积极性,使产品通过各个中间环节快速抵达终端。(3)广告宣传。这里的"广告宣传"专指对商家的广告宣传,其目的就是通过广告宣传的方式来提升商家运作产品的信心,提高其对未来的预期,从而促进物流。

【企业促销工具】营业推广工具的一种。包括许多向消费者、中间商促销所用的工具以及其他工具:(1)展览和展销会。即通过举办展览会、展销会及其他形式的展览,进行现场表演、示范操作、招徕顾客。该方法销售集中,说服力较强。目前世界上有许多企业和行业协会组织行业会议和商品展销会来促销他们的产品。(2)销售竞赛。即企业确定销售奖励的办法,刺激、鼓励中间商及企业销售人员努力推销商品,展开竞赛,业绩优异者给予奖励。销售竞赛是企业激励销售人员或经销商增加商品销售的一种较好的促销工具,大部分企业每年会举办一次或多次销售竞赛,业绩较好者

可获得免费旅游或者礼物。

【强力推销】参见【鼓动销售】。

【情感策略】以"情感"为纽带培育消费群体的市场促销活动。情感是人们对客观事物的态度体验及其相应的行为反应。在营销活动中,情感既是营销的目标之一,也是营销的策略之一。情感策略的运用,既有利于完成营销目标、增强营销效果,又有利于促进企业的全面发展。情感成为销售过程中的润滑剂。制造商应将情感策略作为整个营销策略的一部分,有计划地加以执行。可以制定零售商拜访计划、厂商座谈会计划、厂商联谊会计划、零售商庆功会计划、小礼品赠送计划等,以建立融洽的情感关系。

【全线商品搭配】一种捆绑式合同。销售者要求购买某一所需商品时还要以同一价格购买整个产品线。一般认为全线商品搭配和其他捆绑式合同(不包括专利、版权和特许权)都是非法的,除非所搭配的产品既不能独立存在也没有足够的吸引力可导致限制该市场的竞争。

【人员销售竞赛】促销方式的一种。在一定的时期内,在销售小组或销售员之间开展形式多样的竞赛活动,竞赛项目包括:销售总额、特定产品销售额、销售增长率、销售目标达成率等;开发新客户、拜访客户次数、贷款回款、销售毛利、销售费用率、退货率,以及销售技术、客户服务等。奖励形式可以是物质层面的,也可以是精神层面的,还可以是综合层面的。主要为优秀销售员提供了一个获得赞赏和承认的机会,树立学习的榜样;还有利于提高销售队伍的士气,激发销售人员的工作热情。这样不仅可以提高销售业绩,还可以增强销售人员的自信心和自尊心;同时,在竞赛中销售员为了争取较高的销售业绩,必然会主动充

实销售知识,改善销售方法,提高销售技术。

【软推销】"硬推销"的对称。使用静态和柔和的方法推销产品。

【三人组访】深度访谈的一种形式。参见【友情配对访谈】。

【商品陈列】参见【商品展示】。

【商品展示】亦称"商品陈列"。通过管理商品在销售场所的展示和陈列方法而达到直接推动商品销售的一种途径。商品展示不是一般意义上的商品的摆设,而是强调通过对商品展示的管理来增强商品的销售,提升销售量。商品展示应促使消费者"停、看、买",以增加销售。商品展示内容包括:(1)争取有利的商品展示位置;(2)扩大商品展示的空间;(3)确保展示空间里包括所有规格、种类的商品;(4)确保展示空间里的商品没有缺货、断货情况发生;(5)通过合理和有创意的商品展示,制造有利的售点气氛,刺激消费者冲动性的购买欲望。

【市场底量】参见【基本销售量】。

【双赢SP】两个以上市场主体(企业)通过联合促销方式,以达到互为利益的促销手段。"双赢SP"成功的根本是互补性、互利性与统一性。

【随货赠送】促销的方式之一。买产品时厂商赠送其他产品以促进销售的行为。赠品可以是本厂商生产的相关产品,也可以是其他企业生产的产品,还可以是赠品券、折价券、抽奖券、优惠券等。包括"箱外赠送"、"箱内赠送"等形式。其中,赠品是放在箱外随货送出的,叫做"箱外赠送"。能够让消费者感受到实实在在的优惠。放在箱内赠送的,属于"箱内赠送"。常常能给消费者一个惊喜。

【推式策略】利用推销人员与中间商促销将产品推入销售渠道,是指生产者将产品积极推销到批发商手上,批发商又积极地将产品推销给零售商,零售商再将产品推销给消费者。

【推式促销】亦称"经销促销"。促销的形式之一。以中间商或内部销售人员作为促销对象的各类促销活动。目的是,厂商通过各类促销活动,把产品推广给经销商或零售商,激励内部销售人员积极开发市场、扩大销售,鼓励中间商更积极地向消费者推广自己的产品。是利用渠道推动的促销方式。

【推销程序】推销人员围绕具体的产品或劳务,为达到预定的推销目标而设计的工作步骤。一般认为,现代推销过程大体可分为九个阶段:准备工作、寻找顾客、接近顾客、激发兴趣、推销洽谈、处理异议、推销成交、建立联系和推销服务。其中,准备工作、寻找顾客、接近顾客、和激发兴趣是推销成功的前提和基础;推销洽谈,处理异议、推销成交是推销活动的核心,是推销人员运用推销艺术和技巧的机会,也是显示自己聪明、智慧、才华的阶段;建立联系、推销服务是推销活动的继续,良好的推销服务会进一步增进推销人员与顾客感情,为以后推销创造良好条件。

【推销人员素质】推销人员应该具备的工作条件。人们已经形成这样的共识:"没有推销员就没有企业","优秀推销员是企业的生命线"。要想造就出优秀的推销人员,首先必须挑选好"苗子",企业对合格(优秀)的推销人员应具备的条件应提出明确的标准,以利甄选。合格的推销人员应具备的条件主要是:了解企业的历史、目标、组织、财务及产品销售状况;熟悉产品的制造过程及产品的质量、性能、型号及各种用途;掌握产品用户的需要、购买目的与习惯等各种特点;了解竞争对手的产品特点、交易方式及营销策略等;熟练掌握各种推销策略与技巧;具有较敏锐的观察判断能力。能通过顾客的各种反应,对其真实意图迅速做出准确判断;具有较强的应变能力。在毫无思想准备的情况下,能得体地应付突然出现的问题;具有良好的表达能力。推销人员的工作性质是说服他人,良好的表达能力,是接近和打动顾客的必要条件;具有较丰富的社交经验。推销人员直接与各类顾客打交道,必须擅长社交,有与人共处的本领,才能获得更多的顾客和朋友。一般情况下,企业要直接获得各方面均符合要求的推销人员比较困难。多数情况下,企业都应按上述条件从一定甄选对象中择其优者进行培训,并从中聘用合格者。培训推销人员,应采用理论讲授与实践模拟相结合的方法。理论讲授可以系统地介绍推销知识,使受训人从理论上掌握推销活动的全部做法与要求。实践模拟可以弥补理论讲授之不足,使受训人通过仿照实际销售活动进行训练,消化和理解理论讲授的内容,提高实际工作的能力。此外还可以采用集体训练和个别训练的方法。集体训练的主要方法有:专题讲演与示范教学、考试与品评、分组研讨、职位演练等。个别训练的方法有:在职训练、个别谈话、函授课程等。

【脱销】在销售过程中暂时短缺的商品。造成脱销的原因主要有:(1)库存量过小,不敷周转。(2)经营上"重大轻小",品种不全。(3)进货调拨不及时。(4)生产发展赶不上需要。解决脱销的主要途径有:(1)克服经营思想上"怕积压,不怕脱销","重大轻小"的问题。(2)加强业务衔接,根据商品供求规律,做到批发有货,零售有货。(3)了解货源情况,广开进货渠道。(4)积极协助生产部门生产缺门短线商品,尽量避免发生脱销现象。

【现场营销】找人亲自向客户推销某个品牌的做法。它通常的形式是向客户提供免费样品,以此从公众中获取一些信息。现场营销的热门地点是那些有很多过路人的地方,包括商业街、火车站、广场或是酒吧。

【限制成交法】亦称"机会成交法"、"无选择成交法"、"唯一成交法"、"最后成交法"。推销人员直接向顾客提示最后成交机会促使顾客立即购买推销品的一种成交技巧。

【向上销售】亦称"增量销售"。根据既有客户过去的消费喜好,提供更高价值的产品或服务,刺激客户做更多的消费。这里的特定产品或者服务必须具有可延展性,追加的销售标的与原产品或者服务相关甚至相同,有补充、加强或者升级的作用。例如汽车销售公司向老客户销售新款车型,促使老客户对汽车更新换代。

【消费品陈列】商业企业或经营者将所经营的各种消费品用一定方式展出,以供购买者选购的一种消费品促销方式。消费品批发企业一般设置样品展览室,将所经营消费品按品种、规格、花色等分类展出,供购买者看样选购。消费品零售企业的商品陈列有样品陈列和待售商品陈列两种:前者是将所经营的全部商品的样品摆放出来,起广告宣传的作用;后者是商品陈列在柜台货架上,同顾客见面,以供其选购。消费品陈列讲究美观新颖,将新产品和需要重点推销的消费品可置于醒目位置,突出重点。

所有陈列的商品都应辅以必要的说明和明码实价。

【消费者促销工具】 营业推广工具的一种。消费者促销方法与技巧的总称。主要包括:(1)赠送样品。向消费者提供免费试用品,使其了解产品的性能。最有利于推销新产品,为新产品打开销路,但此法费用较高。试用者一般类型有:非本产品的使用者;另一品牌的忠实顾客;经常更换品牌者。吸引的主要目标是经常转换品牌者。(2)赠券。赠券是一种有价证券,当持有者用它来购买某一特定商品时,可享受一定幅度的优惠。赠券能刺激成熟品牌的销售,促进新产品的试用。企业一般通过邮寄、广告赠送、附在其他产品上等方式向消费者或企业关系单位发放赠券。(3)消费奖励。消费者在一定时期内其消费金额达到一定标准或者购买某些商品可获得一定的货币或商品奖励。(4)有奖销售。即企业销售某种产品时设立若干奖励,并印有奖券,规定购买数量,顾客达到购买数量后可获奖券。然后由销售者按期宣布中奖号码,中奖者持券兑奖。该推广方法,利用人们的侥幸心理,对购买者刺激性较大,有利于在较大范围内迅速促成购买行为,但应注意奖励适度。(5)特价包装。即制造商以低于正常价格向消费者提供产品。制造商可以直接将优惠价格写在包装上,给予消费者优惠。或者是"组合式"包装,即把两种或多种商品包装在一起按一种商品价格或者较低价格出售。该种方式用于短期促销效果较好。(6)广告赠品。消费者在购物时,商家赠送的印有企业名称或品牌名称的物品,有利于消费者加深对企业或品牌的印象。(7)购买现场商品陈列或演示。在购买现场橱窗内或货柜前集中陈列商品,突出特色,吸引顾客的注意力。现场商品陈列因其可见、可闻、可触,能使消费者较确切地了解产品而对产品产生好感。或者在购买现场演示、证明产品的性能、效果、使用方法等,刺激消费者购买欲望,促成购买。

【销售百分比法】 企业根据历史资料计算出销售队伍的各种耗费占销售额的百分比以及销售人员的平均成本,然后对未来销售额进行预测,从而确定销售人员的数量。

【销售促进】 参见【营业推广】。

【销售分解法】 一种市场销售方法。该方法是把每一位销售人员的产出水平进行分解,再同销售预测额相对比,就可判断销售队伍的规模大小。

【销售分析】 衡量并评估实际销售额与计划销售目标之间的差距的一种分析方法。主要包括:(1)销售变异分析。评估造成差异的因素。即销售绩效的差异有多少是由价格因素引起的,又有多少是由于销售量的变化引起的。这样,就可以衡量出不同因素对销售绩效差异的相对影响程度。(2)市场占有率分析。衡量市场占有率的关键在于市场的界定。在不同的市场界定方式下,其市场占有率的差异很大。

【销售工具箱】 销售人员在市场推广中使用的所有工具的集合。典型的有销售专集(各种销售工作策划书、工作手册、通讯手册、销售指南),以及各种各样的小册子,各种各样的促销礼品、海报,以及专门为销售人员准备的处理各种反对意见的销售手册。通常,一个完整的广告运动计划都需要有相应的销售工具箱设计。

【销售技术竞赛】 销售竞赛方式的一种。以经销商或零售商的店员为对象,评比项目包括接待技巧、劝说技巧、推销口才、商品知识、商品功能现场演示技巧、包装技巧、理货速度、计算技能、商品库存管理、商品货架摆放技巧、售后服务技术等。要求以店员教育为着眼点,以培训销售能手为中心,以提升劳动效率为宗旨,促进产品的销售,完善服务水平。

【销售奖励】促销方式的一种。根据进货的数量、品种、时间,以及承担的职能等提供折扣优惠。包括"年度销售奖励"和"阶段销售奖励"等形式。前者要求厂商在年初事先设定销售目标,如果经销商或零售商在一个经营年度内达到了这个目标,则给予一定的奖励,如果超额完成,则提供更高的奖励。销售目标可以是单一的年度销量指标,也可以是一系列的销售指标。在许多情况下,短期奖励就更具有即时的激励性,同时结合市场特性制定的销售目标,也为中间商实现目标提供了现实的可能性。

【销售竞赛】促销的方式之一。在经销商之间、零售商之间依照一定的规则,厂商对销售目标完成情况展开竞赛,并对优胜者进行奖励。目的在于激发参赛者的热情,鼓舞参赛者的士气,增强厂商凝聚力,提升销售业绩,实现销售目标。销售竞赛如果配合其他广告和促销措施,将产生加倍的效果。销售竞赛时,要求设置合理的竞赛目标和公平的竞赛规则,奖品的设置也要对参赛者具有吸引力,如使用现金、实物、旅游机会等;同时在奖励面上,不仅对优良者给予奖励,对大多数参赛者也要有一定的奖励。对获奖者的获奖理由也应明确解释,使所有参赛者都能清楚其获奖的原因和努力的方向,以达到教育的效果。

【销售利润率】利润与销售额之间的比率。表示每销售 100 元使企业获得的利润,其公式是:销售利润率 = 本期利润 ÷ 销售额 × 100%。

【销售量竞赛】销售竞赛方式的一种。一般以一定时期内(如半年或一年),中间商以销售本企业产品的数量和金额作为竞赛项目,优胜者获奖。在开展销售量竞赛时,由于很多中间商受自身实力和客观因素的影响,很难达到前几名而获奖,参加活动的积极性都不是很高。厂商可以采取与上年同期比较、与其他商品构成比较、目标达成率等作为竞赛基本准则,也可以把同类经销商按不同规模划分为几个等级,不同的等级设立不同的销售量考核标准,以促使更多的中间商参加销售量竞赛活动。

【销售漏斗】系统集成商和增值服务商分销时普遍采用的一个销售工具。借用"漏斗"形象地比喻销售状态。其中,漏斗的顶部是有购买需求的潜在用户,漏斗的上部是将本企业产品列入候选清单的潜在用户,漏斗的中部是将本企业产品列入优选清单的潜在用户(两个品牌中选一个),漏斗的下部是基本上已经确定购买本企业的产品,只是有些手续还没有落实的潜在用户。漏斗的底部就是企业所期望成交的用户。为了有效地管理自己的销售人员或系统集成商、增值服务商,就要将所有潜在用户按照上述定义进行分类,处在漏斗上部的潜在用户的成功率为 25%,处在漏斗中部的潜在用户的成功率为 50%,处在漏斗下部的潜在用户的成功率为 75%。

【销售买断制】企业内部推行的由销售人员或分支机构买断企业产品进行独立销售的管理制度。这种制度的实施使得企业的销售管理活动大为简化,企业只要明确给出产品底价,销售人员会最大限度地调动自己的社会关系和发挥个人能力去搞好销售工作。这种制度也使销售人员拥有最大限度的销售自主权,而且许多企业在价格政策上提供了十分宽松的条款,销售人员具有一定的定价自主权,从而使这种制度具有更大的吸引力。销售买断制的实质是一种高额报酬制度。销售人员只要肯冒风险,愿意投入,自身又具备一定的能力,能够把产品销售出去,就一定会获得高额的回报。

【销售响应功能】依据营销组合各元素的不同程度投入与商品销售量之间的关系对一个销售系统的职能评价。如企业的广告投入增加10%,而销售增长20%,竞争对手广告投入增加20%,而销售只增加10%,这意味着本企业销售系统响应功能优秀。

【销售增长率】亦称"销售成长率"。计划期产品销售增加额与基期产品销售额的对比关系。即:销售增长率=(计划期销售额－基期销售额)÷基期销售额×100%。其他条件一定,产品销售额的增长意味着企业能够实现更多的利润。追求一定的销售增长率也是企业的重要目标之一,尤其是在新产品进入市场之后的一段时期内。在许多情况下,销售增长率的提高并不必然会导致投资收益率的提高,有时前者提高了,后者并未提高,甚至还会下降。

【销售增长速度】利用一个相对数来表示销售业绩的动态指标。如果企业能达到预定的销售增长速度,一定程度上可以表明企业发展前景良好。但必须注意的是,某种产品现在的销售增长率高,而利润并不一定大,衡量竞争地位的市场份额也不一定高。要想使一种产品维持销售额的递增,需要投入大量的人

财物,因而企业通常应该有足够的把握使该种产品在将来能获得巨额利润。

【销售赠奖】促销方式的一种。厂商在销售人员正常的薪酬制度之外,按照事先约定的奖励规则,根据其销售业绩的目标完成情况支付一定奖励的行为。要求将企业的总销售目标层层分解下来,激励销售员在特定的时期内,集中全力完成既定的业绩目标,提高销售效率。在赠奖的时间上,注重对销售员奖励的及时性,以发挥激励的效果。赠奖时间可按年、季、月、周等。销售赠奖促销方式已经成为企业绩效管理系统的一部分,因此还应与企业整体绩效管理方针保持一致。具体应符合以下原则:(1)经济原则,即考虑企业成本,并发挥奖励的调节作用;(2)激励原则,即制定合理的业绩目标才能够产生激励作用;(3)均衡原则,即督促销售人员维护企业长期整体利益。

【销售专集】供应商编辑出版的印刷材料。往往为一本独立的印刷品,内容包括产品目录、销售信、广告、小册子、价格清单等,是销售人员的必备工具,可作为分销商推广产品时的参考手册。

【销售组合】某制造商生产的系列产品中不同产品的销售比例。服装制造商的销售组合可能是这样的:3款衬衫、2款裤子和1款外套。如果已知每种产品的利润率,那么制造商就可以计算出该怎样调整这个组合。

【小点成交法】亦称"次要问题成交法"、"避重就轻成交法"。推销人员依据顾客的心理活动,利用成交的次要问题来间接促成交易的一种成交技巧。优点在于:在顾客犹豫不决时不直接提出成交,避免在顾客心里造成压力,而是通过一系列的试探性的提问,逐步消除顾

客心中的疑惑,从而帮助顾客决策。其适用情况包括:(1)顾客不愿直接涉及决策的重大问题只对成交的某些具体问题产生兴趣。(2)推销人员看准成交信号,购买决策的关键只在于某一小点,或款式,或颜色,或交货时间,或付款方式等。(3)推销人员未发现任何成交信号,需做出能够避免冷遇或反感的成交尝试。(4)成交气氛比较紧张,顾客的成交心理压力太大,交易无法直接促成。(5)顾客对某些特殊品的购买决定只依据某一特定的小点问题。

【效果阶层】劝说某人购买某物的过程。步骤依次如下:认知、了解、喜爱、偏好、相信、购买。在进行营销沟通时,人们就是以这个阶层为基础,销售人员也经常会按这些步骤做销售演示。

【以旧换新】促销形式之一。企业利用旧产品或用过的产品包装盒作为优惠凭证进行的促销。当产品进入成熟期后,有些企业往往采用以旧换新的促销策略,鼓励消费者以自己用旧的产品抵一部分现金去购买新产品。一方面扩大新产品的销售,促进产品的更新换代;另一方面也为消费者解决了存放旧产品的顾虑,同时还能树立起节约资源的环保形象。

【银行按揭】促销方式的一种。通过银行提供大宗消费品资金融通的促销行为。表现为消费者以所购买的商品作为抵押,向银行贷款支付商品金额;同时和银行签订还款协议,并按照协议还款。在款项未付清之前,消费者须将商品的所有权证抵押给银行,并以这样的法律形式来约束还款行为。

【银行卡】促销的一种方式。由商业银行(含邮政金融机构)向社会发行的具有消费信贷、转账结算、存取现金等功能的信用支付工具。包括具有“信用”意义的贷记卡(信用卡)和不具有“信用”意义的借记卡两种形式。用贷记卡的消费者可在银行规定的信用额度内先消费后还款,或存入一定备用金后在规定的信用额度内透支消费;而借记卡则只能先存款后消费。我国目前发行的银行卡主要是借记卡。由于银行卡涉及发卡银行、持卡人和厂商等三方当事人,因此银行卡促销的实质是,厂商向持卡人提供商品或服务的商业信用,然后向持卡人的发卡银行收回贷款或费用,再由发卡银行向持卡人办理结算。

【营业推广费用】营业推广过程各种支出的总和。企业可采用两种方法来确定营业推广费用:一种是根据所选用的推广方式来确定开支;另一种是按一定比例从总的促销费用中留一部分作为营业推广费用。营业推广成本费用可分为刺激成本和实施成本,刺激成本通常是指赠品、减价等直接成本,实施成本包括印刷、邮寄以及其他推广活动费用等间接成本。

【营业推广工具】营业推广的方法与手段的总称。营业推广的工具繁多,不拘一格。企业应根据市场类型、顾客心理、销售目标、产品特点、竞争环境以及各种营业推广的费用和效率等择优使用。根据营业推广活动所面对的对象的不同,营业推广方法可分为:(1)面对消费者的,有赠品、奖券等;(2)面对中间商的,有销售折扣、广告津贴等;(3)面对销售人员的,有销售竞赛等。

【营业推广规模】营业推广所投入的人力、财力和物力。其规模并非越大越好。随着推广规模的扩大,刺激水平的提高,可能带来较好的销售效果,但随之会出现效用递减和成本递增的情况。

有些企业在实施营业推广时,只求营业收入能大于支出,有时为了销售库存,可能将收支状况作为次要因素来考虑。企业可以通过推广费用和销售额之间的相互关系来确定最优的推广规模。

【营业推广目标】市场促销的努力方向及达到的营销效果。包括促进短期销售和建立长期市场份额的预期效益。(1)促进短期销售。通过刺激消费者试用新产品,吸引其他品牌的忠实者,促进成熟品牌的销售量,奖励忠实顾客达到该目标。(2)建立长期市场份额。一般来讲,营业推广应是帮助企业建立市场和巩固品牌的形象与地位,与顾客建立长期的信赖关系,而不应是短期销售额的增长。

【营业推广时间】营业推广时机选择与安排。既包括推广的时机,又包括推广持续的时间。推广的时机应根据产品和市场的不同来具体确定,一般是在产品的销售淡季,或产品遭遇竞争,或产品市场地位下降,或产品购买周期将至等情况下适时开展营业推广活动。推广持续的时间应该适当,推广的时间过短,许多潜在顾客来不及购买;时间过长则不易激起顾客的积极性,还会导致成本提高,甚至使顾客对企业产生怀疑。

【营业推广途径】营业推广手段及其措施的选择、安排。需要考虑企业营业推广的具体目标、各种推广手段的效用特征,以及目标市场在推广方式上可能存在的限制等,然后再结合企业自身内部条件、市场状况、竞争动态、消费者需求动机和购买动机等进行综合分析,最终确定推广方式的先后组合顺序。

【影响力等级】促销效果的评价指标。此等级依以下步骤进行:(1)认知;(2)了解;(3)喜欢;(4)偏好;(5)确信;(6)购买。市场传播就是以头脑中的这种等级为基础建立的,营销人员也经常依此行事。

【硬推销】"软推销"的对称。使用野蛮和强硬的方法推销产品。例如,利用垄断企业的垄断地位,利用权力或者利用粗暴手段推销产品。

【硬性推销】任何被认为是有侵犯性的销售活动。常常表现为硬性摊派、权力推销、垄断推销和强制推销等。根据销售活动发生的场所不同,硬性推销也有很大不同。在高级时装店,硬性推销的可能是丝质上衣,而在街边的水果摊,硬推销的可能是核桃。

【优惠券】亦称"折价券"、"优待券"。企业通过一定的形式向顾客免费赠送的、可享受一定价格减让的凭证。持券人凭此优惠券在指定的地点购买特定产品时,可享受一定折扣的价格或者特惠价。

【有奖销售】促销方式的一种。以赠送物品或发放奖品为促销诱因,以刺激消费者购买产品和扩大产品知名度的促销方法。消费者通过参加厂商组织的各种有奖销售活动,不仅得到了额外奖励,还在了解品牌和购买产品的过程中感受到了乐趣,可以激发消费者的购买欲望,通过活动主题来强化产品形象,提高产品和品牌的知名度。运用有奖销售的条件大体是:厂商开辟新市场、推销新产品、更换新包装、鼓励重复购买,以及重大事件和节庆活动时。

【诱因营销】所有用来劝说消费者购买产品或服务的技巧。

【预收货款销售】根据购销合同买主将购货款预先交付卖方,以取得稳定的货源和良好销售条件的一种销售方式。

【展销】通过展销会的形式使消费者了解商品，增加销售的机会。如为适应消费者季节性购买的特点而举办的"季节性商品展销"；以名优产品为龙头的"名优产品展销"，为新产品打开销路的"新产品展销"等。

【折价 SP】在目标顾客购买产品时，所给予不同形式的价格折扣的促销手段。

【直陈接近法】亦称"报告接近法"、"陈述接近法"、"说服接近法"、"说明接近"。推销人员利用直接陈述来引起顾客的注意和兴趣进而转入面谈的接近方法。其优点是：有利于推销人员直接推出推销品牌及其亮点，立即吸引住顾客，迅速进入正式面谈。推销人员应注意陈述必须高度概括，简单明了。

【直效 SP】具有一定的直接效果的促销手段。直效 SP 的特点，就是现场性和亲临性。通过这两大特点，能够营造出强烈的销售氛围。

【制造事件】通过制造有传播价值的事件，使事件社会化、新闻化、热点化，并以新闻炒作来达到促销目的。事件包括各种公关活动、危机事件、品牌新闻、公司动态、研发创新等等。"事件促销"可以引起公众的注意，并由此调动目标顾客对事件中关系到的产品或服务的兴趣，最终达到刺激顾客去购买或消费。

【中间商促销工具】营业推广工具的一种。大多营业推广是针对批发商和零售商等这些中间商的，用于说服它们经营或经销自己的品牌产品。工具类型包括：(1)销售折扣。制造商给予长期经销或者销售业绩较好的中间商一定的折扣，包括批量折扣、现金折扣、业务折扣。批量折扣就是购买一定数量的商品，制造商会再额外赠送一些；现金折扣其实就是给予中间商的推销奖金；业务折扣是制造商依据中间商营销职能的不同给予不同的价格折扣，一般而言，给予批发商的折扣要大于给予零售商的折扣。(2)广告津贴。制造商出资帮助中间商在当地媒体上进行广告宣传，开发市场。(3)公关活动。举办招待会，邀请中间商参加。很多公司还定期在各个区域的中间商中选出业绩良好者，邀请他们到公司总部或世界其他地方的产品制造地或经销地观光考察，增进沟通与合作。日本的松下公司，每年都会邀请一些销售业绩较好的经销商到国外免费旅游。

【重复接近法】亦称"连续接近法"、"多次接近法"、"回访接近法"。推销人员利用第一次或上一次接近时所掌握的有关情况实施第二次或下一次接近的接近方法。

第十六篇　物流营销

【物流】通过有效地安排商品的仓储、管理和转移，使商品在需要的时间到达需要的地点以满足顾客需要的经营管理活动。其基本含义可以理解为"按用户（商品的购买者、需求方、下一道工序、货主等）要求，将物的实体（商品、货物、原材料、零配件、半成品等）从供给地向需要地转移的过程。这个过程涉及运输、储存、保管、搬运、装卸、货物处置、货物检验、包装、流通加工、信息处理等许多相关活动。物流涉及对原料及最终产品从起点到终点转移的全部过程，不仅包括了产品的运输、保管、装卸及包装，而且还包括在开展这些活动过程中所伴随的信息的传播。物流的职能是将产品从其生产地转移到消费地，从而创造地点效用。1935年，美国销售学会最早对物流进行了定义：物流（Physical Distribution）是包含于销售之中的物质资料和服务从生产地点到销售地点流通过程中伴随的种种经济活动。

【物流产业】简称"物流业"。在社会再生产过程中，从事物质实体产品的包装、运输、仓储、装卸搬运、库存控制和订单处理等作业的部门的总称。这一概念于 20 世纪 60 年代首先在日本使用。我国原来称之为"商品储运"。物流产业是把社会经济活动领域中的物流职能独立出来而形成的产业。物流产业有六大要素：（1）包装。分为内包装和外包装。内包装是最终销售给消费者时的包装，要求精美，利于促销；外包装是为保护商品、便于运输的包装，它与商品的特性和其他因素（如运输、仓储、搬运等）相关。（2）运输。实现商品空间位置的转移。根据距离的远近又可分为运输和发送。长距离送货称为"运输"，市内或区域内送货称为"发送"。（3）仓储。利用一定的仓库设施收储和保管商品。（4）装卸搬运。易腐、易碎、易燃、易爆等商品需要特别的装卸与搬运。（5）库存控制。包括决定和记录商品的存放地点、实际储存数量、进货周期及进货的数量等。库存控制涉及很多费用，包括库存物品占用资金的利息、保管费、保险费、搬运费、出入库手续费以及库存贬值损失费等。（6）订单处理。包括接受、记录、整理、汇集订单和准备发送商品，它直接关系到物流运动的效率。物流产业通过物流的这几个环节的运转来获得服务性收益。整个产业的服务质量和服务效率直接影响到物流产业的收益和物流产业中各个企业的竞争力。现代物流业是依托现代信息网络技术和现代经营管理方法的新型物流业。它通过信息技术对物流产业的各个环节进行系统化组织和管理，形成完整与便捷的供应链，从而提高其效率。同时，随着经济的发展，物流产业的很多职能更加专业化，如配送中心、专业储运公司等都是为发挥专门的职能而设立的。

【物流业】参见【物流产业】。

【第三方物流】亦称"合同制物流"。让独立的批发与配送业成为流通的主渠道。表现为：生产经营企业为集中精力搞好主业，把原来属于自己处理的物流活动，以合同方式委托给专业物流服务企业，同时通过信息系统与物流服务企业保持密切联系，以达到对物流全程的管理和控制的一种物流运作与管理方式。从事第三方物流的企业在委托方物流需求的推动下，从简单的存储、运输等单项活动转为提供全面的物流服务，其中包括物流活动的组织、协调和管理、设计建议最优物流方案、物流全程的信息搜集、管理等。第三方物流企业通过其掌握的物流系统开发设计能力、信息技术能力,成为建立企业间物流系统网络的组织者,完成个别企业,特别是中小企业所无法实现的工作。第三方物流的产生是社会经济发展和技术进步的结果。(1)随着社会经济的发展,分工的不断细化,专业化分工的结果导致第三方物流的产生。(2)在物流现代化的推动下,一些中小型企业由于资金限制,难以装备现代物流技术系统,而传统的物流手段和技术又在市场中缺乏竞争力。将企业的物流管理委托于专业化物流公司,可以在节约成本的同时,享受物流现代化带来的益处。(3)物流领域的竞争日益激烈化,迫使过去只提供单一服务的物流企业不断拓展物流业务,导致了综合物流业务的发展。(4)在管理技术现代化和管理理念创新化的新时代,物流管理理念也在不断创新。

【流通】商品的运动过程。物流的"流",常常被人误解为"流通"。"流"和"流通"的区别,主要在两点:一是涵盖的领域不同,"流"不但涵盖流通领域也涵盖生产、生活等领域,凡是有物发生物流的领域,都是"流"的领域,流通中的"流"从范畴来看只是全部"流"的一个局部;另一个区别是"流通"并不以其整体作为"流"的一部分,而是以其实物物理性运动的局部构成"流"的一部分。流通领域里商业活动中的交易、谈判、契约、分配、结算等所谓"商流"活动和贯穿于其间的信息流等都不能纳入到物理性运动之中。

【资金流】在商品从生产领域向消费领域转移过程中产生的资金的运动过程。资金流以价值形式综合反映商品流通经营过程,主要包括资金筹集、资金使用、资金耗费、资金补偿与积累分配等活动。在现代商品流通企业经营活动中,资金流贯穿于全过程,决定着企业经营状况和营利水平。商品的购销过程,也是资金不断运动的过程。企业从事商品流通活动首先要筹集资金,如通过发行股票筹集资本金,通过发行债券或向金融机构借入款项筹集业务经营所需的资金,用以采购经营资料和购进商品,此时,资金由货币形态转化为实物形态和商品形态。

【精益物流】企业能够以最低的总成本,通过企业系统的设计和管理,对原材料、在制品和制成品的整个供应链运作中的流动状况进行控制和实现定位。通过精益物流技术可以实现更好的用户服务、更低的库存和降低成本。从精益物流的角度来说,每一个企业所要做的是:将物料、实物和产品以时间为准在供应链内流动,在供应链中不断增加其价值(价值的增加要求大于成本的增加)。要实现精益物流要做到以下几点:(1)缩短计划周期;(2)缩短提前期;(3)小批量的单位库存,并频繁地更新前一时间段所消耗的物料;(4)供应链从预测需求—推动制,转向给予实际用户需求的需求—牵引制;(5)减低制造和分销的批量。实现精益物流的三个技术方法是:基于时间的模拟、成本—服务模型和引导变革。精益物流的概念由阿伦·布莱斯维特和马·克里斯托夫提出。

【宏观物流】社会再生产总体的物流活动,从社会再生产总体角度认识和研究的物流活动。这种物流活动的参与者是构成社会总体的大产业、大集团,宏观物流也就是研究社会再生产总体物流,研究产业或集团的物流活动和物流行为。

【中观物流】区域性社会再生产过程中的区域性物流,它是从区域上的经济社会来认识和研究物流。如城市物流、农村物流或经济区划等的物流。

【微观物流】消费者、生产者企业所从事的实际的、具体的物流活动属于微观物流。在整个物流活动之中的一个局部、一个环节的具体物流活动也属于微观物流。在一个小地域空间发生的具体的物流活动也属于微观物流。

【第三利润源泉】对物流提供巨大商业价值的形象比喻。"第三利润源泉"的说法主要出自日本。从历史发展来看,人类历史上曾经有过两个大量提供利润的领域:第一个是资源领域,第二个是人力领域。在前两个利润源潜力越来越小,利润开拓越来越困难的情况下,物流领域的潜力被人所重视,按时间序列排为"第三个利润源泉"。

【包装】产品的容器和外部包扎物。采用适当的包装材料或包装容器,以一定的科学技术手段,将产品包封,并以适当的装潢和标志而成。一般来说,商品包装应包括商标或品牌、形状、颜色、图案和材料等要素。其中,商标与品牌是最主要的要素,被誉为"无声的推销员"。国外有些营销学者为了强调其重要性,还将包装称为除产品、价格、分销和促销之外的第5个"P"。包装按其作用可分为销售包装和运输包装两大类。销售包装的主要作用就是促进商品的销售,又分为内包装和中包装:内包装即产品的直接容器;中包装即保护"内包装"的中层包装物,以有利于进一步保护内装商品质量,以及方便流通环节中的清点、整理和零售部门进货。运输包装的主要作用是方便产品的储存、运输、装卸搬运和堆码等作业,能提高产品防护能力,同时也便于通过外包装进行识别。目前,包装功能已经扩展成为重要的产品策略和手段:(1)容纳和保护产品,以防止商品损坏。(2)列出产品成分和含量,突出特点并告知使用方法。(3)运用包装的设计、颜色、形状和材料去强化和影响产品的形象,从而影响消费者的购买行为。(4)与环境保护一致性和相容性。有利于再循环,减少环境损害的包装也日益影响产品的销售。

【包装策略】产品策略的一个重要组成部分。主要有:(1)类似包装策略。企业的各种产品,在包装上采用相同的图案,近似的色彩和共同的特征,使顾客易于辨认是同一企业生产的产品。其优点为:节省包装设计费;有利于利用老产品声誉推出新产品;消除或减少顾客对新产品的不信任;扩大企业声势。一般只适用于质量相同的产品。(2)等级包装策略。按质量的高、中、低等级分别采取不同的包装。其优点为:有利于区分不同品质产品;有利于满足不同消费者的需求与爱好。其缺点为:包装设计费用高。主要适用于品质相差悬殊的产品。(3)配套包装策略。将数种有关联的商品包装在同一容器中,以方便消费者购买和使用。该策略利于扩大销售和推出新产品,但要注意配套包装的产品必须在某一方面有密切的关联性,并符合消费者的心理需求和使用习惯。(4)再使用包装策略。产品的包装物可以多次使用或做他途的包装。该策略能节约资源、降低费用,能给消费者提供更多的满足。(5)附赠品包装策略。在包装物内附有赠品,以刺激顾客购买。该策略促销效果较明显。(6)创新包装策略。企业随着产品改进、更新及市场需求的变化,对包装进行改进与创新。(7)绿色包装策略。企业使用不对人体和生态环境造成污染和危害的包装。

【包装功能】 包装在经营活动过程中所表现的基本作用。一般有三种:(1)保护功能。保护功能是包装的最基本功能。是指保护内容物,使不受外来冲击,防止因光照、湿气等造成内容物的损伤或变质。(2)当今由于消费市场饱和与超市的兴起,人们购买商品的方式与产品的陈列方式都发生了巨大的变化,产品包装的好坏直接影响着产品的销售。因此,包装是产品"无声的推销员"。(3)流通功能。产品生来就是要流通的,一种产品,从工厂到商店要经历无数次的运输、搬运、仓储等环节,这就要求产品的包装适应这一过程。好的包装应方便搬运,利于运输,在仓储时能够牢固、安全地存放。

【包装化】 设计并生产容器或包扎物的一系列活动。实现产品包装化,有利于提高产品质量,丰富产品品种,还可方便销售,有助于推广自动售货和自我服务售货。实现产品包装化,还可使产品损耗率降低,提高运输、储存、销售各环节的劳动效率。这些都可使企业增加利润。

【包装品牌】 从商标、图案、色彩、造型、材料等构成要素入手,在考虑商品特性的基础上,遵循品牌设计的一些基本原则包装品牌。品牌包装图案和色彩设计是突出商品个性的重要因素,个性化的品牌形象是最有效的促销手段。

【包装设计】 按照包装质的规定性而产生的设计方案与创意。是商品包装生产最重要的环节。产品便于销售和保存;可以以最有效且最出彩的方式包装产品;可以告诉消费者产品的特点是什么,帮助消费者了解使用产品的方法。

【储备】 有目的的储存物资的活动。其目的是保证社会再生产连续不断地、有效地进行。所以,物资储备是一种能动的储存形式,或者说,是有目的的、能动的生产领域和流通领域中物资的暂时停滞,尤其是指在生产与再生产、生产与消费之间的那种暂时停滞。马克思讲的任何商品"只要它不是从生产领域直接进入生产消费或个人消费,因而在这个间歇期间处在市场上,它就是商品储备的要素"(《马克思恩格斯全集》第24卷,第161页)就是指的这种情况。储备和库存的本质区别在于:第一,库存明确了停滞的位置,而储备这种停滞所处的地理位置远比库存广泛得多,储备的位置可能在生产及流通中的任何节点上,可能是仓库中的储备,也可能是其他形式的储备;第二,储备是有目的的、能动的、主动的行动,而库存有可能不是有目的的,有可能完全是盲目的。

【储存】 包含库存和储备在内的一种广泛的经济现象。物资储备的目的是保证社会再生产连续不断地、有效地进行。所以,物资储备是一种能动的储存形式,或者说,是有目的的、能动的生产领域和流通领域中物资的暂时停滞,尤其是指在生产与再生产、生产与消费之间的那种暂时停滞。在任何社会形态中,对于不论什么原因形成停滞的物资,也不论是什么种类的物资,在没有进入生产加工、消费、运输等活动之前或在这些活动结束之后，总是要存放起来，这就是储存。这种储存不一定在仓库中，也不一定是储备的要素，而是在任何位置，也有可能永远进入不了再生产和消费领域。但在一般情况下，储存、储备两个概念是不做区分的。和运输的概念相对应，储存是以改变"物"的时间状态为目的的活动，从克服产需之间的时间差异获得更好的效用。

【储存合理化】用最经济的办法实现储存的功能。储存的功能是对需要的满足，实现被储物的"时间价值"，这就"必须有一定储量"。马克思讲："商品储备必须有一定的量，才能在一定时期内满足需要量。"(《资本论》第二卷，第164页)这是合理化的前提或本质，如果不能保证储存功能的实现，其他问题便无从谈起了。但是，储存的不合理又往往表现在对储存功能实现的过分强调，因而是过分投入储存力量和其他储存劳动所造成的。所以，合理储存的实质是，在保证储存功能实现前提下的尽量少的投入，也是一个投入产出的关系问题。

【传统物流】物的流动，即物质实体的流动过程，具体指运输、储存、配送、装卸、保管、物流信息管理等各种活动。

【船边交货】卖方在规定时间将货物运到装载港码头，安放在船舶旁边，并负担相应的费用。买方负责租船，并承担货物运到船边以后的一切费用和风险。

【等级包装策略】按照产品等级进行包装的策略。需要将产品分成若干等级，对高档产品采用优质包装，对一般产品采用普通包装，使产品的价值、质量和产品包装相投，表里一致，方便不同购买力的消费者选用。

【改变包装策略】改变和放弃原有的产品包装，改用新的包装。由于包装技术、包装材料的不断更新，消费者的偏好不断变化，采用新的包装能够弥补原包装的不足，企业在改变包装的同时必须配合好宣传工作，以消除消费者以为产品质量下降或其他的误解。

【工业生产企业物流】承担生产经营活动的物流。包括供应物流子系统、生产物流子系统、销售物流子系统及废弃物流子系统。工业生产企业种类大体分为四种：(1)供应物流。在组织各种类型工业企业物流时，供应物流组织和操作难度较大。例如，采取外协方式生产的机械、汽车制造等工业企业便属于这种物流系统。(2)生产物流。生产物流突出的典型是生产冶金产品的工业企业，供应的是大宗矿石，销售的是大宗冶金产品，而从原料转化为产品的生产过程及伴随购物流过程都很复杂。(3)销售物流。例如小商品、小五金等，大宗原材料进货，加工也不复杂，但销售却要遍及全国或很大的地域范围，是属于销售物流突出的工业企业物流类型。此外，水泥、玻璃、化工危险品等，虽然生产物流也较为复杂，但其销售时物流难度更大，问题更严重，有时会出现大事故或花费大代价。(4)废弃物物流。制糖、选煤、造纸、印染等工业企业，废弃物物流组织得如何几乎决定企业能否生存。

【供应链】核心企业通过信息流、物资流和资金流等，与相关的制造、组装、分销和零售企业共同建立的一种网链结构。企业通过网链，将原材料转变为产品，再销售到最终用户。早期的观点认为,供应链是制造企业内部的链式联结,由采购、生产、销售等环节构成,主要集中在企业内部资源优化领域,集大成的是企业资源计划系统的内部供应链。现代观点将供应链的概念拓展到了企业外。每个企业在激烈的市场竞争的压力下必须突出自己的独特优势,并通过网链状的供应链体系进行分工和交易,分享供应链带来的价值增值。这就要求企业实行战略联合。供应链的主要特征是网链状结构,它是在核心企业推动下形成的一个多结点的企业加盟的体系。该体系的建立依赖于信息系统的完善。一个供应链可能包含数百家企业,且可能分布于世界各地,要求对用户需求的反应比原有的企业内部系统要快。供应链的概念在1980年提出。已经引起人们的广泛关注,尤其受到那些致力于完善精益生产、TQM(全面质量管理)、JIT等管理思想的企业的重视。而互联网的出现,使得客户接入系统的成本变得非常低廉,实时的信息可以在供应商、经销商和客户之间自由流动,他们之间的边界也进一步消融,从而为实现供应链管理提供了机会。

【供应链管理】在满足一定的客户服务水平的条件下,为了使整个供应链系统成本达到最小而把供应商、制造商、仓库、配送中心和渠道商等有效地组织在一起来进行的产品制造、转运、分销及销售的管理方法。基本特点是,从战略层次和整体的角度把握最终用户的需求,通过企业之间有效的合作,获得成本、时间、效率、柔性等最佳效果。包括从原材料到最终用户的所有活动,是对整个链的过程管理。基本内容包括:(1)采用合适的管理策略。必

须锁定自己的战略目标并制定供应链策略来适应这个战略目标。不同行业、不同产品类型要求采用不同的供应链管理策略,供应链管理的首要目标是建立与自身行业及产品特征适合的供应链类型。(2)加强供应链上各协同业务的管理。协同是供应链思想的核心,是供应链管理的最终目的,供应链协同表现为供应链的组织成员间互相配合来完成价值创造的某种工作,其至供应链成员一起实现共同的战略构想。供应链各个环节之间必须进行协作才能够实现供应链的最优化。(3)要以订单协同为核心,实现订单的快速响应。订单记载和传达了从最终客户到零售商、经销商、产品商和制造商、部分供应商的需求信息,订单的下达、响应和满足是供应链业务流程开始和结束的标志,订单协同是各协同工作开展的基础和最终目的。(4)对供应链渠道组织、非渠道组织进行管理。基于最终客户需求,重点关注以核心企业为中心渠道的商业流程优化。条件成熟时适当扩展到金融服务提供商、物流服务提供商、制造外包商和研发服务提供商等。(5)实现整条供应链的成本最低。供应链管理的一个目标是实现整条供应链的成本最低,以增强供应链上各企业的竞争能力,给最终客户创造最大的让渡价值。供应链的成本是巨大的,因而,通过改善供应链管理来实现产能提高的机会也是相当大的,即便是供应链实施成本的细微减少都会显著影响到公司获利能力。供应链管理的实现,是把供应商、生产厂家、分销商、零售商等在一条供应链上所有节点的企业都联系起来进行优化,使生产资料以最快的速度,通过生产、分销环节变成增值的产

品,到达有消费需求的消费者手中。这不仅可以降低成本、减少社会库存,而且使社会资源得到优化配置。更重要的是,通过信息网络、组织网络,实现了生产及销售的有效链接和物流、信息流、资金流的合理流动,最终把合适的产品以合理的价格,及时送到消费者手上。研究表明,有效的供应链管理总是能够使供应链上的企业获得并保持稳定持久的竞争优势,进而提高供应链的整体竞争力。统计数据显示,供应链管理的有效实施可以使企业总成本下降20%左右,供应链上的节点企业按时交货率提高15%以上,订货到生产的周期时间缩短20%~30%,供应链上的节点企业生产率增值提高15%以上。

【共同配送】为提高物流效率对某一地区的用户进行配送时,由许多个配送企业联合在一起进行的配送。它是在配送中心的统一计划、统一调度下展开的。有两种运作形式:(1)由一个配送企业对多家用户进行配送。即由一个配送企业综合某一地区内多个用户的要求,统筹安排配送时间、次数、路线和货物数量,全面进行配送。(2)仅在送货环节上将多家用户待运送的货物混载于同一辆车上,然后按照用户的要求分别将货物运送到各个接货点,或者运到多家用户联合设立的配送货物接收点上。这种配送有利于节省运力和提高运输车辆的货物满载率。

【货物】我国交通运输领域中的一个专门概念。交通运输领域将其经营的对象分为两大类,一类是人,一类是物,除人之外,"物"的这一类统称为货物。

【货物流向流量】货物在空间流动的方向和流动的数量。由于某些物资生产和消费在地区间分布的不平衡,这些物资就由生产地向消费地流动,形成货流。根据产销平衡差距和市场供求大小,货流具有强度和方向性,即流量流向。这种货流要通过交通运输来实现。人们常常关注大宗货物的流量流向,如北煤南运、西煤东运、西气东输、西电东送等。

【集中配送】由几个物流据点共同协作制订的计划,共同组织车辆设备,对某一地区的用户进行配送。在具体执行配送作业计划时,可以共同使用配送车辆,提高车辆实载率,提高配送经济效益和效率,有利于降低配送成本。

【库存】仓库中处于暂时停滞状态的物资。(1)物资所停滞的位置,不是在生产线上,不是在车间里,也不是在非仓库中的任何位置,如汽车站、火车站等类型的流通节点上,而是在仓库中。(2)物资的停滞状态可能由任何原因引起,而不一定是某种特殊的停滞。这些原因大体有:能动的各种形态的储备;被动的各种形态的超储;完全的积压。

【库存控制系统】以控制库存为共同目的的相关方法、手段、技术、管理及操作过程的集合,这个系统贯穿于从物资的选择、规划、订货、进货、入库、储存及至最后出库的一个长过程,这些过程的作用结果,最后实现了按人们目标控制库存的目的。

【快速流通消费品】在超市出售的很快就会从货架上被买走的产品。快速流通消费品要求能及时补充存货,因此无论什么时候,在运输途中的快速流通消费品都比别的地方要多。

【类似包装策略】包装策略的一种。企业所生产的各种不同产品在包装上采用相同的色彩、图案或其他有共同的特征的标志,使消费者能迅速识别产品的生产厂家。采用这一策略可以增强消费者对本企业产品的印象,也有利于新产品进入市场,而且还可以节省包装设计和生产成本。这一策略比较适宜于用途和质量相近的产品,对于品质差异大或质量水平悬殊的产品则不宜采用。同时,对于忠实于本企业的顾客,类似包装无疑具有促销的作用,企业还可因此而节省包装的设计、制作费用。但类似包装策略只能适宜于质量相同的产品,对于品种差异大、质量水平悬殊的产品则不宜采用。

【码头交货】卖方按合同规定的时间和港口,将货物运到目的港码头,负担到此为止的一切费用、责任和风险,并向买方提供从码头运出货物的提单或其他凭证。买方必须按合同规定接受货物,支付货款,并负担货物置于其控制之下以后的一切费用和风险。

【毛毯合同】亦称"无存货采购计划"。建立一种长期合作关系,在这种关系下,供应商答应在特定时间内根据需要按照协议的价格向买方继续供应产品。当需要存货时,采购者的计算机就会自动地传一份订单给销售商。

【逆向物流】关于逆向物流的表达有多种,根据物流管理协会(CLM)的定义,逆向物流就是对由最终消费端到最初的供应源之间的在制品、库存品、制成品以及相应的信息流、资金流所进行的一系列计划、执行和控制等活动及过程,目标是对产品进行适当的处理或者恢复一部分价值。逆向物流更多的是针对"返回"供应链渠道中的产品或者材料,所以逆向物流主要是指处理由损坏、不符合顾客要求的退回商品、季节

性库存、残值处理、产品召回等,另外还包括废物回收、危险材料的处理、过期设备的处理和资产的回收。

【配送中心】从供应者手中接受多种大批量货物,经过倒装、分类、保密、初步加工后,按照各类用户的不同需要备货,并分别送至用户的物流中心。

【配套包装策略】亦称"多种包装策略"。把使用时相关联的多种商品,纳入同一个包装容器内,同时出售。它使消费者在不知不觉中接受新观念、新设想。是一种既便于消费者购买和使用,也有利于新产品的推销的策略。如,将系列化妆品包装在一起出售,便是典型的配套包装。实施该策略,需要按各国消费者的消费习惯,进行个性化设计,注意在配套产品中推广某种新产品,可使消费者不知不觉地习惯使用新产品,有利于新产品上市;将新产品与其他原有产品放在一起,使消费者在不知不觉中习惯新产品的使用。

【企业供应物流】企业为保证本身生产的节奏,不断组织原材料、零部件、燃料、辅助材料供应的物流活动。这种物流活动对企业生产的正常、高效进行起着重大作用。企业供应物流不仅是一个保证供应的目标,而且还是在最低成本并以最少消耗、最大的保证来组织供应物流活动,必须解决有效的供应网络、供应方式、零库存等问题。其基本任务是保证适时、适量、适质、适价、齐备成套,经济合理地供应企业生产经营所需要的各种物资,并且通过对供应物流活动的科学组织与管理和运用现代物流技术,促进物资的合理作用,加速资金周转,降低产品成本,使企业获得较好的经济效果。

【企业物流合理化】通过改进各种

物流作业和物流组织工作减少以至杜绝企业物流活动的不合理现象，提高物流效率，降低物流成本。与企业生产经营系统中的物流领域相适应，企业物流合理化包括供应物流合理化、生产物流合理化、销售物流合理化。

【区域物流】全面支撑区域可持续发展总体目标而建立的适应区域环境特征、提供区域物流功能、满足区域经济、政治、自然、军事等发展需要，具有合理空间结构和服务规模，实现有效组织与管理的物流活动体系。区域物流主要由区域物流网络体系、区域物流信息支撑体系和区域物流组织运作体系组成。

【实体分销】有形产品的储存、处理和物理位移并使产品从产地转移到消费或使用地的流动过程。除了生产商参与外，还有仓库和运输企业的参与。它以满足顾客需要，并从中获利为目的。主要目标是：以最低的成本，将适当的产品在适当的时间，运到适当的地点。而订单处理、仓储存货、运输正是任何一个实体分销中介商在参与营销渠道运作时必须做出的决策。随着社会分工的越来越细，实体分销已经成为任何一个营销渠道中连接生产企业与渠道中介商以及连接渠道中介商与消费者不可缺少的一个重要环节。

【双用途包装策略】亦称"再使用包装策略"。将原包装的产品使用完后，空容器用做其他用途。如空罐头瓶可做玻璃杯用。包装其他效用，可以吸引消费者，促进销售；容器上刻有品牌、商标，可发挥广告的作用，引起重点购买。但这类包装成本较高，并使包装单独成为产品。

【统一包装策略】采用相同的图案、相同的色彩及共同的外形特征的包装策略。由于采用规格化的包装，可以节省包装的设计成本，有利于大批量生产，降低包装成本。同时，可以使消费者易于联想起同一企业的产品，有利于扩大企业声势，特别是新产品上市时，能利用企业原有的信誉，消除消费者的不信任感，为迅速打开销路提供条件。宜应用于同一品质产品，如品质过分悬殊，会造成增加低档商品的包装费用，且对优质商品产生不良的效果。

【物料】我国生产领域中的一个专门概念。生产企业习惯将最终产品之外的，在生产领域流转的一切材料（不论其来自生产资料还是生活资料）、燃料、零部件、半成品、外协件以及生产过程中必然产生的边角余料、废料及各种废物统称为"物料"。

【物流成本】物品流动过程中产生的成本。物流成本有三种分类：（1）按物流领域分为供应物流成本、生产物流成本、销售物流成本、退货物流成本、废弃物的物流成本。（2）按支付形式分为材料费、人工费、公用事业费、维持费、一般经费、委托物流费。（3）按物流机能分为包装费、运输费、保管费、装卸费、流通加工费、情报流通费、物流管理费。物流成本是应物流管理需要而计算的，产生于第二次世界大战期间美国海军的后勤供应管理，后为企业界采用，被誉为"第三利润源泉"。

【物流管理】对原材料、在制品、半成品、成品等物料在企业内外流动的全过程进行计划、组织、控制的管理活动。物流管理的概念产生于第二次世界大战期间美国对军用物资的调配管理。战后，随着经济的发展，物流管理被引入美国企业；20世纪60年代又被日本引进,得到进一步的发展。企业内部的物流管理有多种模式,并已成为企业管理的一个独立职能,在企业中发挥着重要作用。物流管理的内容涉及物料的输送、装卸、包装、保管、流通、加工和信息收集等,是与企业生产过程及产品实物物理位置转移有关的全部经济活动。物流管理的目的是保障供应、降低成本、加速库存周转、提高服务水平和反应能力。在运作中,物流管理首先要求对物料按照标准化要求进行分类,做出标志;其次要求对相关的各个部门进行科学的管理和改革,使各个部门在自身优化的前提下形成一个降低生产成本、提高产品竞争力的有机的高效组合。

【物流规模】在物流活动中运输、储存、包装、装卸搬运和流通加工等物流作业量的总和。现代物流服务的需求之一。在当前没有系统的社会物流量统计的情况下,由于货物运输是物流过程中实现位移的中心环节,用货物运输量的变化趋势来衡量社会物流规模的变化趋势是最接近实际的。

【物流基地】从事专业物流产业、具有公共公益特性的相对集中的独立区域。它可以拉动相关产业的发展,降低社会生产总成本;可以解决城市功能紊乱,缓解城市交通拥挤,合理规划调整产业布局;可以带动制造业和零售业的发展,为基地服务辐射半径内创造更好的投资环境。随着经济的发展和社会的进步,物流领域与生产领域逐步分离,一些大的生产厂家,已经很难明确产品的集中生产基地,某一种产品可能有许多不同的零件生产地,出现了分类生产的倾向,为了使物品能在生产基地和部件引进地之间及时、准确地运送,必须要有专业物流企业来支撑。物流基地的产生就是适应了这种社会分工的需求,一般来讲,其独立专业性体现在以下两个方面:(1)在物流基地中,原则上不单独发展制造业。(2)在物流基地的服务半径内,原则上不应该再发展分散的自用型物流业,在充分发挥物流基地的整体功能的条件下,尽可能地减少重复投资造成的浪费。物流基地的公共公益是它不同于自用型物流中心的另一个特征,以公共公益为特征的物流基地面对的客户更广泛,服务辐射的半径更大,规模更大,配套服务的综合性更强,从这个意义讲,物流基地的产生,不仅可以提高物流袋子服务的专业化水平,而且更有利于提高物流行业的资源利用效率。

【物流技术】物流活动中所采用的自然科学与社会科学方面的理论、方法,以及设施、设备、装置与工艺的总称。物流技术概括为硬技术和软技术两个方面。物流硬技术是指组织物资实物流动所涉及的各种机械设备、运输工具、站场设施及服务于物流的电子计算机、通信网络设备等方面的技术。物流软技术是指组成高效率的物流系统而使用的系统工程技术、价值工程技术、配送技术等。

【物流配送】在一定的区域内,把商品及时准确地送到供货商指定的用户手中的物流业务活动。现代物流配送更强调物流、信息流和货币流的统一和优化配置,更强调物流配送是一个重要的独立业务。电子商务产生后,现代物流配送体系已经必不可少,并且要求以低廉的成本在更广的地域及时准确地完成货物的运送。这就要求物流配送业务的独立化和配送手段的现代化。其运营主体主要有分别以制造商、批发商、零售商和仓储运输业者为主体的配送中心。

【物流中枢】设置于主要的换装、中转地点,控制货物的销售、集中和发送的基地。物流中枢与设置在终点的发送中心相结合,能有效地履行运输和发送义务。在美国设置于内陆腹地的物流中枢,也常承担着发送中心应承担的义务。

【物流准确位置】进入物流中的货物的流动路线、停留时间、场所地点等各种信息,通过电子地图让生产商或货主、运输企业和货物接收人等消费者及时准确地得以掌握和了解。目前在海运物流领域内,由于卫星定位系统(GPS)的广泛应用,确定掌握货物位置和流动路线的问题已基本解决。现在需要解决陆路物流过程中货物的流动路线和位置。采用这种能明显提高效率的电子技术是物流业的发展方向,具有巨大的市场前景和潜力。

【物品】在生产领域中,一般指不参加生产过程,不进入产品实体,而仅在管理、行政、后勤、教育等领域使用的与生产相关的或有时完全无关的物质实体;在办公生产领域则泛指与办公、生活消费有关的所有物件。在这些领域中,物流学中所批之"物",就是通常所称之物品。经济活动中涉及实体流动的物质资料。

【物资】专指生产资料,有时也泛指全部物质资料,较多指工业品生产资料。其与物流中的"物"区别在于,"物资"中包含相当一部分不能发生物理性位移的生产资料,这一部分不属于物流学研究的范畴,例如建筑设施、土地等。另外,属于物流对象的各种生活资料,又不能包含在作为生产资料理解的"物

资"概念之中。

【现代物流】根据客户的需求,以最经济的费用,将物资从供给地向需求地转移的过程。它主要包括运输、储存、加工、包装、装卸、配送和信息处理等活动。迄今为止世界各国的理论界对现代物流尚无统一的、完整的定义。例如:(1)美国物流管理协会认为,现代物流是以满足消费者需求而进行的对原材料、中间库存、最终产品及相关信息从起始地到消费地的有效流动与存储的计划、实施和控制的过程。(2)美国后勤管理协会认为现代物流是,有计划地将原材料、半成品及产成品由产地送至消费地的所有流通活动。它包括为用户服务、需求预测、信息联系、物料搬运、订单处理、选址、采购、包装、运输、装卸、废料处理及仓库管理等。(3)日本通产省的研究所认为,现代物流是卖方到买方的全部转移过程。(4)还有一种说法认为现代物流,是在合适的时间、地点和合适的条件下,将合适的产品以合适的方式和合适的成本提供给合适的消费者。

【效益背反】物流的若干功能要素之间存在着损益的矛盾,即某一个功能要素的优化和利益发生的同时,必然会存在另一个或另几个功能要素的利益损失;反之也如此。它是物流领域中很经常的很普遍的现象,是这一领域中内部矛盾的反映和表现。

【虚拟物流】以计算机网络技术进行物流运作与管理,实现企业间物流资源共享和优化配置的物流方式。虚拟物流最初的应用是为了满足高价值、小体积的货物要求,如航空货物、医疗器械和汽车零部件等。特别是中小企业在大的竞争对手面前经常处于不利的

地位,它们从自己的物流活动中不但无法获取规模效益,而且还会加大物流成本的消耗。虚拟物流可以使这些小企业的物流活动,并入到一个大的物流系统中,从而实现在较大规模的物流中降低成本,提高效益。虚拟物流的要素包括:(1)虚拟物流组织:它可以使物流活动更具市场竞争的适应力和营利能力。(2)虚拟物流储备:它可以通过集中储备、调度储备以降低成本。(3)虚拟物流配送:它可以使供应商通过最接近需求点的产品,并运用遥控运输资源实现交货。(4)虚拟物流服务:它可以提供一项虚拟服务降低固定成本。

【虚拟物流组织】一种非正式的、非固定的、松散的、暂时性的组织形式。它突破原有物流组织的有形边界,通过整合各成员的资源、技术、顾客、市场机会等,依靠统一、协调的物流运作,以最小组织来实现最大的物流权能。

【硬性包装】亦称"硬包装"。用金属、木材、玻璃、陶瓷、硬质塑料等质地较硬的材料制成的包装容器。其优点是硬性包装质地密实、防潮性强、具较高的机械强度、耐压而不变形,适宜盛装易吸湿变质的商品、液体商品和怕压商品。

【运输货柜标记】在运输包装箱上用标识码做标记以利于识别每个货品包装箱。在标记中可以记录货品的销售者、订单编号和货品目的地等内容。运输货柜标记能够适应商品快速转运的需要,还便于零售商直接将货柜运到商场而无须打开包装箱和货物进行分类。

【再使用包装】包装内的产品使用完后,还有其他用途的包装物。如各种形状的香水瓶可做装饰物,精美的食品盒也可被再利用等。这种包装策略可使消费者感到一物多用而引起其购买欲望,而且包装物的重复使用也起到了对产品的广告宣传作用。应谨慎使用该策略,避免因成本加大引起商品价格过高而影响产品的销售。

【直运商品销售】简称"直调"。批发企业将从供货单位购进的商品,不通过自己的仓库,直接从供货单位发运销售给购货单位的一种商品销售方式。其优点是:能减少商品出入库验收、整理、保管等手续和周转环节,加快商品流通、减少商品损耗、节约商品流通费用、加速资金周转、提高资金使用效率、增加积累等。

【智能物流系统】指 ILS(Intelligent Logistics System),通过 ITS(智能化交通运输系统)和相关信息技术采集物流作业实时信息,并在一个集成的环境下对采集的信息进行分析和处理,通过在各个物流环节中的信息传输,为物流服务提供商和客户提供详尽的信息和咨询服务的系统。智能物流系统是一个电子商务化运作的现代物流服务体系。目前 ILS 应至少包括如下技术:集成化的物流规划设计仿真技术(物流规划设计的可视化技术);物流实时跟踪技术;网络化分布式仓储管理及库存控制技术;物流运输系统的调度与优化技术;物流基础数据管理平台和软件集成技术。ILS 希望实现以下两个目标:(1)对物流企业本身进行过程重组。(2)在 EC 的运营环境下,为客户提供从前所不能提供的增值性物流服务,从而增强物流服务的便利性,加快反应速度和降低服务成本,延伸企业在供应链中上下游的业务。

第十七篇　广告

【广告】一种通过媒体向大众传播信息的活动和方式。源于拉丁文 Advertere，意为"注意"、"诱导"等。广告有广义与狭义之分。前者除经济广告外，还包括政府、政党、社会集团、文化、教育、征婚、寻人等公告、声明、启事等。后者仅指生产、销售、服务等经营单位的以赢利为目的的广告。狭义广告的作用主要有：宣传介绍商品，沟通产需联系；促进销售，吸引顾客，开拓市场；指导消费，方便顾客选择购买，丰富商品知识。商品广告起源很早。我国奴隶社会时期就出现了口头广告及实物广告。古希腊，人们亦通过叫卖，来贩售奴隶、牲畜。商标字号广告源于圣经时代的以色列、庞贝和古希腊。在古罗马帝国，人们用字号标记来做角斗及马戏团表演的广告。我国在唐宋先后出现音响广告、旗帜广告、招牌广告、图画广告等。印刷术的发展促使出现印刷广告。1597 年，在佛罗伦萨第一次出现了报纸，并每周刊出一次商业广告。《伦敦周报》是英国最早的报纸，1622年发刊后便登出第一个售书广告。20世纪初，广播广告兴盛起来。20 世纪50 年代前后，电视迅速发展，成为最重要的广告媒介。目前，广告形式甚多，手法多样，如专用邮递广告、交通广告、包装广告、路牌广告、杂志广告等，渗透社会各个角落。我国于 1994 年 10 月制定了《中华人民共和国广告法》，对在我国境内从事商业广告活动的广告主、广告经营者、广告发布者进行了行为规范。相对于其他促销手段，广告具有以下特征：（1）大众化。广告是高度大众化的促销手段，是以广大消费者为传播对象的。（2）渗透性。广告是一种渗透性很强的信息传递形式，同样的信息可以重复多次，能把企业有关经营规模、经营观念、产品特色及企业声誉等信息渗透到广大的消费者中间。（3）艺术性。广告能通过富有艺术性的印刷品、声音、动作和颜色表达企业和产品的特点，具有较强的表现力。（4）非人员促销。广告只是单向地把有关信息传递给听众或观众，区别于人员推销那种双向沟通信息形式。（5）广告是付费的。就是说，做广告的人必须明确，并愿意为使用广告媒介而付出费用。广告的基本功能是传递有关企业和商品的信息。随着近代商品经济的高速发展，现代广告不仅仅是一种信息传递的形式，它还是一种创造性活动，它可以在刺激欲望、创造需求、树立形象、培养偏爱和改变人们的生活方式等方面起到独特的作用。因此，企业都十分重视广告这一威力巨大的促销手段，西方国家的广告费支出一般要占国民生产总值的 2%~3%，广告正越来越成为消费者生活中一个重要影响因素。

【广告创意】创作人员按照一定的原则和方法所进行的构思和想象，是表现广告主题并最终形成美好意境的一种创造性思维活动。广告创意的目的在于寻求和获得新思想。广告创意的精髓就在于创造性，寻求一种新的思想和方法，获得一种前所未有的新感觉，作品令人耳目一新。广告创意的前提是科学的调查与分析。广告创意不是随心所欲的，应充分地占有各种素材，把所掌握的材料，塑造成一个形象或形成一个意念。在占有材料的基础上，对此加以科学的分析，是寻求最佳创意的唯一出路。广告创意的表现形式，是一个反复酝酿、反复构思的过程，需要集思广益，同时要备有多套方案，进行优选。在这一过程中，要勇于否定自我，在一次次的否定中提出新思路，从而形成最佳创意。广告创意的关键是符合公众心理。广告创意的成功与否，不是自我认同，而是必须在主客体的互动中加以体现。广告创意的重点是挖掘产品个性和寻找"销售难题"。广告创意的成果是形成富有吸引力的美好意境。广告创意的成果与文学创意的成果具有一定的相似性，即以构筑意境为目标。不同的是文学创意强调通过意境表达某种思想、观念，而广告创意则通过意境来展示商品信息和品牌特性。

【广告诉求方式】广告制作者运用各种方法，激发消费者的潜在需要，形成或改变消费者的某种态度，告知其满足自身需要的途径，促使其出现广告主所期望的购买行为。通常把广告诉求方式分为两类，即理性诉求方式与情感诉求方式。从心理学角度看，理性诉求广告欲达到预期的最佳效果，须遵循下列策略或准则：（1）拟定说服的重点。文字广告不可能很长，形象广告呈现的时间亦很短。（2）论据比论点、论证更重要，提供论据比漂亮的说辞更重要也更有力。（3）适度利用"恐惧唤起"。美国心理学家施肯认为，宣传必须使人们的内心感到有压力与威胁，只有听从劝告，按宣传者说的去做，才能消除心理上的负担。（4）运用双向信息交流，增加可信度。人是一个高度非线型的系统，任何单一的推论都不能涵盖全部心理现象。并非任何宣传说服都是以提供双向信息为佳。当目标市场消费者文化水准较高时，以双向信息为佳；文化水准偏低时，以单向信息为佳。此外，当人们原先的认识与宣传者所强调的方向一致时，单向信息有效；而在最初的态度与宣传者的意图相左时，双向宣传的效果比较好。

【广告目标】企业以创造理想的经济效益和社会效益为自己所追求的方向。确定广告目标是广告计划中至关重要的起步性环节，是为整个广告活动定性的一个环节。广告目标类型包括：（1）根据广告目标效果划分。①广告促进销售的目标。广告促进销售，这是广告的最基本功能，也是最重要的功能之一。②改变消费者态度和行为的目标。"当广告目标不能直接以最后销售制定时，可用消费者某种行为上的活动类型作为一种广告讯息效果的测定标准。"③社会效果目标。一个广告对于社会公众能够产生什么样的影响，必须综合研究和分析。（2）根据广告目标在市场营销不同阶段作用划分。①创牌广告目标。其目的在于开发新产品和开拓新市场。②保牌广告目标。其目的在于巩固在市场上拥有的领域，并且在此基础上进一步开发潜在市场和刺激购买需求，加深社会公众对于已有商品的认识，促使既有的消费者养成对商品的消费习惯趋势，强化潜在的消费者对商品产生兴趣和购买欲望。③竞争广告目标。其目的在于加强企业和品牌的宣传竞争，提高市场竞争能力。

【广告效果】广告投入所产生的经济效益与社会效益。广告要有效果，必须有足够多的目标用户接触到广告。广告还应该带来广告认知度、品牌认知度、公司认知度等方面的提高。在广告业的操作流程中，广告主的"广而告之"是通过"广告主（广告公司）→媒体→消费者→广告主"这样的迂回过程实现的。在这个过程中媒体是不可替代的中间环节，没有媒体作为广告载体，广告就成了空中楼阁。广告主必须借助于媒体才能够实现与消费者的沟通。广告效果评估通常是从两个方面结合展开的:(1)广告的发布方,也就是根据广告发布方的原始意图,来评价该意图与发布方的营销战略的匹配程度,进而研究这种意图如果能够实现所带来的营销效果。(2)广告接收方对广告效果的感知,通常这一部分需要对消费者进行各类特殊环境的心理测试,用以回归消费者接触广告过程中的深度心理状态,进而研究广告发布方的意图是否能够得以实现,同时也需要研究消费者在目前心理感知条件下广告的真实作用。

【广告主体】广告活动的提议者、策划者、创意者、实施者。主要有三个方面,即广告主、广告经营者、广告发布者。

【媒体影响力】媒体通过信息传播等方式,左右社会大众观念和行为的作用力。它的发生建立在受众关注、接触的基础上,是由吸引注意(媒体及媒体内容的接触)和引起观念和行为变化(认知、情感、意志行为等的改变)两大基本的部分构成的。影响力是对受众"注意程度"的反映,受众的注意力是媒体市场价值的源泉。媒体市场价值的大小不仅仅是由注意力的规模和数量决定的,媒体的市场价值也受到受众"注意程度"的影响。

【整合营销传播】美国4A广告协会的定义是,一种作为营销传播计划的概念。确认一份完整透彻的传播计划有其附加价值存在,这份计划应评估不同的传播技能在策略思考所扮演的角色(例如一般广告、直效回应、销售促进以及公共关系)。并且将之结合,通过天衣无缝的整合以提供清晰、一致的讯息,并发挥最大的传播效果。我国学者认为,整合营销传播是运用多种营销传播工具(如新产品上市),或将多种营销传播工具(如品牌管理)以统一的讯息、主题、画面进行统合,从而使营销传播更能够针对消费者的需求,效果最大化的营销传播方法。其核心都是强调向消费者传递信息的一致性、清晰性,其追求的都是营销传播效果的最大化。整合营销传播是美国著名学者哈伯在20世纪50年代提出的,已成为广告营销界最为流行的营销传播理论之一。整合营销传播公认的集大成者是美国的著名学者唐·舒尔茨,其《整合营销传播》一书被认为是整合营销方面的经典著作。整合营销涉及企业内部理念、形象、管理组织的变化,不是由营销、传播所能直接解决的,而能够提供一个"一揽子采购"服务的营销传播机构也还有待时间培育,所以,所谓的整合营销传播,依然受到了企业资源的严重限制。

【整体效果】通常被称为"完形理论"。广告的整体认知比其各组成部分的影响和效果大的现象。作为完形心理学的主要内容被营销界广泛应用。理论基础为"格式塔理论"。"格式塔"是德文Gestalt的译音,中文常译为"完形",有"由知觉活动组织成的经验中的整体"的意义。故营销界或者广告界,习惯用"整体效果"来表示。一个标志单独看很好看,一个模特单独看也很迷人,但是平面设计师把它们放在一起时,其"整体效果"可能不好。整体效果不理想的广告设计,哪怕其组成的部件相当优秀,也是不好的设计。在市场调研中普遍认为:针对部件元素的原子层级测试可以省略,但整体测试却是首先需要考虑的。

【CPM】英文 Cost Per Milli-impression 的缩写。即每千人印象成本。依据播放次数来计算的收费模式。广告图形或文字在计算机上显示，每 1000 次为一收费单位，这样就有了计算的标准。该方式可以将广告投入与广告播放联系起来。

【DM 广告】DM 是英文 Direct Mail Advertising 或 Direct Magazine Advertising 的省略表述，直译为"直接邮寄广告"。即通过邮寄、赠送等形式，将宣传品送到消费者手中、家里或公司所在地。DM 是区别于传统的广告刊载媒体（报纸、电视、广播、互联网等）的新型广告发布载体。传统广告刊载媒体贩卖的是内容，然后再把发行量二次贩卖给广告主，而 DM 则是贩卖直达目标消费者广告通道。

【POP 广告】英文 Point of Purchase Advertising 的缩写。其中 Point 是"点"的意思，Purchase 是"购买"的意思。这里的"点"，具有双重含义，即时间要领上的点，时点和空间的点。因此，POP 广告的具体含义就是在购买时和购买地点出现的广告。亦即 POP 广告是在有利的时间和有效的空间位置上，为宣传商品、吸引顾客、引导顾客了解商品内容或商业性事件，从而诱导顾客产生参与动机及购买欲望的商业广告。简称"购买点广告"。一般认为，POP 广告有广义的和狭义的两种：广义的 POP 广告的概念，指凡是在商业空间、购买场所、零售商店的周围、内部以及在商品陈设的地方所设置的广告物，都属于 POP 广告。如：商店的牌匾、店面的装饰和橱窗、店外悬挂的充气广告、条幅、商店内部的装饰、陈设、招贴广告、服务指示，店内发放的广告刊物，进行的广告表演，以及广播、录像电子广告牌广告等。狭义的 POP 广告概念，仅指在购买场所和零售店内部设置的展销专柜以及在商品周围悬挂、摆放与陈设的可以促进商品销售的广告媒体。POP 广告起源于美国的超级市场和自助商店里的店头广告。1939 年，美国 POP 广告协会正式成立，POP 广告获得正式的地位。20 世纪 30 年代以后，POP 广告在超级市场、连锁店等自助式商店频繁出现，于是逐渐为商界所重视。60 年代以后，超级市场这种自助式销售方式由美国逐渐扩展到世界各地，POP 广告随之走向世界各地。POP 广告的功能包括：(1)新产品告知。大部分的 POP 广告，都属于新产品的告知广告。当新产品出售之时，配合其他大众宣传媒体，在销售场所使用 POP 广告进行促销活动，可以吸引消费者视线，刺激其购买欲望。(2)唤起消费者潜在购买意识。有时当消费者步入商店时，已经将其他的大众传播媒体的广告内容所遗忘，此刻利用 POP 广告在现场展示，可以唤起消费者的潜在意识，重新忆起商品，促成购买行动。(3)编外售货员。POP 广告有"无声的售货员"和"最忠实的推销员"的美名。在超市中，当消费者面对诸多商品而无从下手时，摆放在商品周围的一则杰出的 POP 广告，忠实地、不断地向消费者提供商品信息，可以起到吸引消费者促成其购买决心的作用。(4)创造销售气氛。利用 POP 广告强烈的色彩、美丽的图案、突出的造型、幽默的动作、准确而生动的广告语言，可以创造强烈的销售气氛，吸引消费者的视线，促成其购买冲动。(5)提升企业形象。

【TPO 广告】英文 Time Position Occurrence 的缩写。广播电视台广告部门采用节目编排技巧,把时间、场所、事件三者有机地联系起来,在一天内数次播放的同一品牌的广告。它根据接收对象的时间、场所的不同,分门别类,连续播映,在形成比较强大的广告攻势的同时,又力求用最亲切委婉的表现手法去赢得每一位观众。这种广告形式从不同的时间、地点、场所反复地传播品牌的广告信息,从心理上加强人们的记忆,强化了品牌形象,更重要的是,它改变了传统电视广告中高密度、强刺激、单一硬性灌输的做法,把广告信息与人们生活周围的特定事件挂起钩来,其促销作用是不言而喻的。

【USP 广告策略】USP 是英文 Unique Selling Proposition 的缩写。指在广告宣传中,利用本产品与其他产品相比所具有的独特的地方进行宣传。应该注意:广告主题需包括一个产品具体的好处与效用;广告所宣传的主题必须是独一无二的,并且是能够感动用户,使之产生共鸣;必须能够推动产品的销售,能够影响消费者的购买决策。

【报道式广告】以介绍商品的性质、用途、价格等方式来实现广告目的的广告形式。其任务就是促使消费者对推销的商品产生兴趣,进而产生购买愿望。可见,报道式广告是一种开拓性广告,起着刺激需求、拓宽市场的作用。

【比较广告】通过与竞争者的产品对比的方式做广告,目的在于表示其优势。这是一种颇有争议的做法。这种做法优于对广告产品和(匿名的)某品牌进行对比的老办法,因为它对所有的品牌都指名道姓。比较广告可能非常有效,但它可能会引起官司。如果被指

责为查无实据,那法律诉讼就会和销售订单来得一样快。

【壁面 POP 广告】陈列在商场或商店的壁面上的 POP 广告形式。在商场的空间中,除墙壁为主要的壁面外,活动的隔断、柜台和货架的立面、柱头的表面、门窗的玻璃等都是壁面 POP 可以陈列的地方。在形式上有平面的和立体的两种形式。平面的壁面 POP,即招贴广告。而立体的壁面 POP,主要是以半立体的造型为主。所谓半立体的造型,也就是类似浮雕的造型。

【表象创意方法】广告创意方法。广告人员在创意目标的指导下,通过心理想象活动,运用分析、综合、比较、类比等逻辑方法,对已有的意念进行改造加工、组合拼接,最终建立新的意念形象的一种方法。运用表象创意方法,广告人员必须掌握比较丰富的感性材料,否则就没有想象的余地。同时,还要善于把抽象概念和主题转化为直观具体的图像,以此表现广告创意概念和主题,展示商品形象和品牌形象。

【不真实广告】参见【虚假广告】、【欺骗性广告】。

【侧向创意方法】利用其他领域的运作模式、观念知识、手段方法或现象等,来寻求广告意境的方法。这种方法主要是利用局外事物、偶然现象的启发,探索出不同于本行业、本领域、超越惯性思维的广告主题和表现方式,形成广告意境。

【差别阈限】感觉系统辨别变化或者两种刺激之间差别的能力。彩色电视机上有意设计的一幅黑白广告会引人注意,是因为它的颜色浓度变小,不同于普通的节目。而同样的黑白广告在黑白电视上观看则并不突出,从而可

能会被完全忽略。一项变化何时或能否被消费者注意到与许多营销情形有关。

【产业广告】参见【企业对企业广告】。

【长期POP广告】使用周期在一个季度以上的POP广告类型。主要包括门招牌POP广告、柜台及货架POP广告、企业形象POP广告。该类广告形式所花费的成本都比较高，使用周期都比较长，而企业形象和产品形象的POP，要求保持一定的稳定性，才能达到理想的宣传效果。

【承诺性广告】广告主在广告宣传中向消费者表示的某种许诺或某种保证。承诺的构件是：承诺必须由受约人提出；承诺必须在产品的有效期内进行；承诺要与产品或劳务的水平相一致。承诺的内容包括：(1)功能性承诺。以产品的功能为广告诉求点。(2)质量承诺。以产品质量为广告诉求点。(3)利益承诺。以产品能给消费者带来什么样的切身利益为广告诉求点。(4)安全承诺。以产品的安全性为广告诉求点。(5)服务承诺。以产品附加的服务为广告诉求点。

【地面立式POP广告】置于商场地面上的广告体。以广告宣传为目的的纯粹的广告体。商场外的空间地面、商场门口、通往商场的主要街道等也可以作为地面立式POP广告所陈列的场地。该广告的体积和高度有一定的规模，而高度一般要求要超过人体的高度，在1.8~2.0米以上。同时，由于其体积庞大，为了支撑和具有良好的视觉传达效果，一般都为立体造型，并需要从支撑和视觉传达的不同角度来考虑，达到良好广告效应。

【吊挂POP广告】广泛运用在商场或商店上部空间及顶界的一种POP广告类型。所有各类POP广告中用量最大、使用效率最高的一种。吊挂POP的种类繁多，其中吊旗式和吊挂物是两种基本种类。(1)吊旗式。是在商场顶部吊的旗帜式的吊挂POP广告。其特点是，以平面的单体向空间做有规律的重复，从而加强广告效果的传递。(2)吊挂物。属于完全立体的吊挂POP广告。其特点是以立体的造型来加强产品形象及广告信息的传递。

【短期POP广告】使用周期在一个季度以内的POP广告类型。包括柜台展示POP展示卡，展示架以及商店的大减价、大甩卖招牌等。该类广告的存在都是随着商店某类商品的存在而存在的，只要商品一卖完，该商品的广告也就无存在的价值。特别是有些商品由于进货的数量，以及销售的情况，可能在一周甚至一天或几小时就可售完，所以相应的广告的周期也可能极其短暂。该类广告的投资一般都比较低。广告设计效果需要符合促销商品风格。

【公益广告】利用电视媒体，利用广告手段，借助于广告公司专业沟通能力，呼唤公众对某一问题引起注意，其目的在于向公众传播一种健康社会、造福于民的公益观念，或对公众进行教育引导，以便提高公众素质，达到规范大众行为的目的。从广告发布者身份来分，公益广告可分为三种：第一种是媒体直接制作发布的公益广告；第二种是社会专门机构发布的公益广告；第三种是企业发布制作的公益广告。从某种意义上说，一个城市、一个地区、一个国家公益广告的水平，是这一城市、地区、国家民众文化道德水准和社会风气的重要标志。公益广告的主要作用有两个:一是传播社会文明,弘扬道德风尚;二是企业通过它树立自身良好的社会形象,巩固自己的品牌形象。

【故事板】展现电视广告诸多元素的工具。由设计师在图板上将动作一幕一幕地画出来,以展示广告创意。是广告公司创意部门的重要工具,有时用于广告预检验,也叫分镜头稿。

【广播收听率】某广播电台在某一时段(一般以5分钟或15分钟为一时段)的听众占调查总体的比例。其计算方法是:收听率=(某一时间段收听某电台的人数÷总体人数)×100%。严格地说,收听率只能通过日记法对每一时段的收听记录得出。在CMMS中,对广播周一至周四、周五、周六、周日的时段收听记录在此称做收听比例。

【广告黄金规则】由可口可乐公司提出的独特的广告策略,即无时不在的广告宣传,无所不在的广告宣传,无事不与之相联系的广告宣传。这三个"无"使得可口可乐深入人心,使人们觉得喝可口可乐是生活中不可缺少的一部分和生活习惯。目前"黄金规则"已经被许多企业所认同。

【广告版面比】印刷媒体质量的常用参数。报纸或者杂志中,广告所占版面与文章所占版面两者的比率。广告版面比小的媒体,上面的广告效果一般会好一些。

【广告比重】广告在不同媒体或不同地区的比例。不同媒体的受众都是不同的,常看报纸的可能不会听电台,常听电台的就没时间看电视,所以人们喜欢把自己的广告"均匀"散播到各种不同的媒体。

【广告承揽额】所经手的媒体花费体现的广告代理公司营业额。

【广告创意方法】思维的科学性、艺术性和技巧性在广告创意中的应用。主要技巧包括:(1)感性化创意法。要求把抽象意义的商品文化意念、社会消费观念和人类理想境界转化为直观化的具体形象的思维过程。要求抽象化的说教内容变得形象具体,公众的印象自然比较深刻。(2)主题化创意法。根据产品特性和公众情况,进行准确的主题定位和提炼,选择适合的主题内容,在鲜明的主题意识支配下,构思具体的广告情节和宣传用语。(3)商品本位创意法。要求以商品为本位,在整个广告中,商品自身就是宣传的主角,无论宣传内容、广告画面还是表现意境,都是商品的艺术化展示。(4)顾客主体创意法。根据消费者的生活背景和时代特点,以公众形象为主体,以商品为"道具"而进行意境创造的方法。(5)观念倡导创意法。要求通过创造旨在倡导对社会进步、人类发展具有促进意义的意境,来宣传商品的创意思维。(6)演示生活情景创意法。要求在广告作品中,有意设置符合商品基本消费途径的日常生活情景,在生活化、真实化的情景中展示商品的特点与功效。(7)附加形象创意法。要求根据公众的社会性消费心理,运用文化融合、强化、装饰、包装等手段,在商品固有形象之外进行人格化、情感化、心理化的形象定位和渲染,使公众获得一种全新的商品形象、企业形象。(8)时机捕捉创意法。广告人员根据特定时机人们所特有的心理、大众心理,以节日文化或特定热线电话下的生活情景为主题,策划出相应的宣传意境,来开展广告宣传。

【广告促销模式】通过大众传媒来

做宣传,达到事半功倍的推广效果的促销模式。它包括:(1)电视促销;(2)电话促销;(3)报纸促销;(4)灯箱路牌促销;(5)自编刊物促销;(6)公关促销;(7)博览会促销;(8)VCD促销;(9)杂志促销;(10)形象促销。

【广告道德】广告活动中的行为主体在其社会经济活动中应当遵循的行为规范和道德原则。广告的道德规范包括:(1)广告所传达的信息,包括商品的性能、产地、用途、质量、价格、生产者、有效期限和服务的内容、形式、承诺等方面,必须真实而又客观。坚决反对虚假、欺骗性的广告。(2)内容要健康。(3)要尊重社会的风俗习惯。(4)要有利于社会的稳定。在市场经济中,广告对社会的经济发展和社会风尚、人们的思想道德都有着重要的影响。

【广告非语言模式】"广告语言模式"的对称。主要有姿态语言与物体语言。其中,姿态语言也称"行动语言"或"体态语言"。它基本上不发音,消费者可从广告作品中人的面部表情,四肢姿态,躯干动作及全身姿势来接受有关传播的广告信息。物体语言指广告作品中出现的构图、色彩及其他一些有形实体所传达的广告含义。

【广告份额】亦称"声音份额"。商品品牌在特定市场中所做广告占市场中所有品牌所做广告的比例。

【广告涵盖率】在确定的诉求对象阶层中,一个媒体工具可能接触的人数占阶层总人数的比例。

【广告回忆度】测量一段广告片中的哪些广告内容给视听众留下了记忆。应与知名度区分开,后者用于测量视听众对所看过的一个品牌的任何广告的记忆。

【广告净效值】评价广告效果的指标。在广告传播后的一段时间内,产品销售额的提升有多少是因为广告的传播效果带来的。这一指标由美国斯塔齐所创立。广告净效值的应用前提与广告效果指数一样,认为看过广告并购买的人中不是因为广告刺激而购买的比例与没有看过广告而购买的比例相同。

【广告口号】希望消费者牢记的广告词语。成功的口号既简单又能打动人。

【广告礼品】企事业单位在经营或商务活动中为了提高或扩大其知名度,提高产品的市场占有率,获取更高销售业绩和利润而特别采购的。作为礼品的产品,一般是带有品牌标志或企事业标志的,具有某种特别含义的产品。同时礼品也是一种广告,一种宣传,合适的礼品能在客户的心目中建立起恒久而深刻的印象。

【广告联想意境】广告创意的环境条件。广告创意人员根据公众心理联想规律和暗示机制,设计具有鼓动色彩的广告作品,策划具有导向意义的宣传活动,引导公众产生美好联想的意境。这种意境具有一定的诱导性和鼓动性,能够满足人们向往美好、追求理想的心理需求。

【广告列车】一种以企业或产品名称命名的旅客列车。广告列车上的广告是在列车上进行宣传的广告。在单调的旅途生活中,列车广告针对流动人群,以视、听双向途径,进行立体宣传。其有列车广播广告,列车电视广告等形式。

【广告媒介计划】广告媒体投资的策略及执行方案,包括媒体目标、媒体策略和媒介执行方案等部分。

【广告媒介目标】广告活动在到达率目标和平均接触频次目标之间的适当媒体量安排。

【广告媒介载体】亦即在媒体类别下的特定媒体,即一个特定的电视节目或一份特定报纸。广告信息需要通过一定的媒介物才能传递给消费者,不同的媒体对同一信息的传播作用各不相同。(1)大众载体。针对全面人群,具有广泛社会影响力和阅读率的媒体,这类媒体发行渠道广泛,发行量大,阅读人群涵盖普遍阶层。(2)分众媒体。市场化的要求下广泛地应用定位理论,对消费群体进行了细分。在这一类别中,户外广告和互联网广告作为其重要代表经过了迅速发展,已经成为了企业主媒介投放方案中必不可少的内容。(3)创新媒体。创新媒体是指经过思考和发现,创造或寻找出的全新的媒介载体。创新媒体由于载体的新颖,往往在第一眼接触就能够被受众记忆,具有很高的认知度。(4)自有媒体。指的是广告主自己创造的广告载体。(5)行业媒体。行业媒体是指行业共同营造的媒介载体以及各媒体对该行业关注形成的有效载体。

【广告媒体组合】在广告媒体实务中,选择多于一个的媒介工具接触受众的战术。广告媒体组合的一般方法是:首先是准确选择并确定几种媒体。(1)视觉媒体与听觉媒体的组合。视觉媒体属于借助于视觉要素表现的媒体。听觉媒体属于借用听觉要素表现的媒体。视觉媒体更直观,给人以一种真实感,听觉媒体更抽象,可以给人丰富的想象。(2)瞬间媒体与长效媒体的组合。瞬间媒体属于广告信息瞬时消失的媒体,如广播电视等电波电子媒体,由于广告一闪而过,信息不易保留,因而要与能长期保留信息、可供反复查阅的长效媒体配合使用,长效媒体一般属于那些可以较长时间传播同一广告的印刷品、路牌、霓虹灯、公共汽车等媒体。(3)大众媒体与促销媒体的组合。报纸、电视、广播、杂志等大众媒体和传播面广、声势大的广告媒体,其传播优势在于"面"。但这些媒体与销售现场相脱离,只能起到间接促销作用。邮寄、招贴、展销、户外广告等促销媒体传播面小、传播范围固定,具有直接促销作用的广告,它的优势在于"点"。若在采用大众媒体的同时又配合使用促销媒体能使点面结合,起到直接促销的效果。

【广告设计策略】企业为达到广告宣传的最佳效果,而在广告创作中所应采用的科学方法和艺术手段。不同性质、不同类别的广告,应采用不同的广告设计策略。常用的广告设计策略有:(1)一贯性策略。企业在长期的信息传播中,其口号、内容、风格、商标、包装、服务特色等,应尽可能保持一贯的形象和特点,使消费者有长期固定的好印象。(2)竞争性策略。即针对竞争对手的广告策略,着力突出自己的经营实力,商品特色和经营风格,以压倒竞争对手的优势,争取顾客的偏好。(3)柔软性策略。在广告语言设计方面,不用硬性词调向消费者强行推销商品,而是与消费者站在同一个立场上,以间接方式,使消费者在受教育、学知识的过程中,逐步接受本企业的产品或劳务。

【广告视听机会】在某一目标视听众中宣称(在受众研究中)有机会收看或收听某个广告的人口数值。

【广告销售比率】一段时间内用于广告的总支出额与同期总销售额的百分比。广告/销售（A/S）比率可适用于一个品牌产品、一家公司甚至全行业，并广泛用做制定广告预算的标准尺度。

【广告厌烦】消费者对广告的反感情绪。广告重复播放使得暴露度太高，会让消费者产生适应性，从而减少了他们对广告的注意力，对广告的记忆度下降，并引起消费者的厌烦。

【广告语】品牌标语，也就是该品牌的主张或承诺。品牌广告语一般情况之下都很简洁、短小、精练，具有一定的稳定性、识别性。字数控制在7~10个字左右，诉求方向上集中在品牌的主张、承诺或对消费者的利益点层面。目前广泛见到的广告语按性质功用可分为五大类别：（1）品牌广告语；（2）品类广告语；（3）产品广告语；（4）服务广告语；（5）企业广告语。这五类广告语，各司其职，相得益彰，在整合营销传播中互为奇正，遥相呼应。

【广告语言模式】广告有声语言模式。有声语言是指诸如广告口号、广告歌曲，广告中的以对话、旁白等声音为载体的广告模式。它是电子媒体的主要表现手段，因最有感染力而被人们广泛采用。广播媒体的广告信息几乎都是用有声语言表达的。

【广告预算方案】对广告活动经费的匡算和分配计划，是广告策划整体方案的重要组成部分。一般以数字说明与图表的形式将广告预算方案的列支、计划和分配详尽地表示出来。内容分为项目、开支内容、费用和执行时间，以及项目的明细分类，如市场调研费、广告设计费、广告制作费、广告媒体租金、服务费、促销与公关费等。广告预算方案后一般还附加一段说明文字，对预算书的内容进行解释。

【广告噪声】亦称"拥挤广告"。大量简短的商业广告连续播出，尤其是竞争者相类似的广告大量投放，增加了广告目标受众混淆的可能性，从而形成障碍性效果。

【广告正文】阐述广告所要向公众宣传的商品、企业形象等方面内容的文字部分。一般而言，广告方案除去标题、标语和附文以外的说明文字，都属于广告正文。商品的性能、价格、造型、规格、布料、特点、获奖情况、企业的社会形象、历史、设备、技术力量、员工、管理特色、服务宗旨、特色项目，以及企业的服务文化、服务规则、服务项目、传统项目等，都可以成为广告正文的创作素材。广告正文应该围绕广告主题和创意，选择相对贴切的、少而精的信息内容作为素材，以进一步渲染广告意境，强化广告作品的吸引力。

【广告正文模式】作为大众媒体有效传播广告文字的基本样式。（1）记叙式广告正文。即以记叙为主要表达方式而撰写的广告正文。（2）描写式广告正文。即以描写为主要表达方式而撰写的广告正文，它主要为公众提供具体形象的商品形象，即通过描摹、描绘、描述手段，勾画出广告宣传内容的形状、姿态、样式、大小等，给公众以形象感，产生身临其境的感觉。因此其主要特点是"以形见长"。（3）抒怀式广告正文。即以抒怀为主要表达方式而撰写的广告正文，它立足于渲染一种情感氛围，激起公众的情愫，以情感人，诱导公众产生美好的联想，形成强烈的动机。（4）说明式广告正文。即以说明为主要表达方式而撰写的广告正文。（5）消息式广告正文。即以新闻消息为主要表达方式而撰写的广告正文。(6)诗歌式广告正文。即以诗歌为主要表达方式而撰写的广告正文。(7)幽默式广告正文。即以幽默为主要表达方式而撰写的广告正文。

【广告主】为了实现自己的某种意图特别是商业性意图而自行或者委托他人设计、制作、发布广告的社会组织或者个人。

【广告主题构思】以广告宣传核心概念为轴心,明确广告作品和宣传活动的中心思想、主题基调、核心内容的思维过程。在这个过程中,广告创意人员要善于把广告作品和宣传活动视为文学作品、影视作品、戏剧小品,进行编写、编导、编演,这样才能提高主题构思的水平,使广告宣传作品既有明确单一的主题思想,又有丰富愉快、感性化强的美好梦想,从而赢得公众的注意,有效地影响公众的消费心理。

【广告组合套餐】媒介机构将若干种媒体载具捆绑、包装、整体出售的方式。

【广告作品观察】保证广告安全与效果的手段。广告作品经审查后,根据广告策划书的实施方案和广告代理合同,就可以把广告作品交由有关媒介单位发布,开展宣传工作。在这个过程中,广告人员不能袖手旁观,而应积极参与实施过程,并发挥监督作用,确保整个实施工作井然有序,实现最优状态,取得最佳效果。广告人员首先做好观察,为最终进行评估总结准备来源于实践过程的素材。

【柜台 POP 广告】置于商场地面上的 POP 广告体。以陈放商品为目的,并且达到一定商品规模。要求在满足商品陈放的功能同时考虑广告宣传的功能。由于造价比较高,所以用于以一个季度以上为周期的商品陈列,特点适合于一些专业销售商店,如钟表店、音响商店、珠宝店等。该广告的设计,从使用功能出发,综合考虑与人体工程学有关的问题,比如人身高的尺度、站着取物的尺度以及最佳的视线角度等尺度标准。

【合作式广告】由生产商支付部分或全部费用的零售广告,也可以是由两个或更多生产商合作投放的单个广告。

【核心受众】信息接受的主要对象。包括:核心读者、核心听众、核心观众、核心网民等等。

【户外广告】利用户外场所、空间、设施等发布的广告。已成为我国第三大媒体。与传统的媒体相比,户外广告有更好的针对性、实效性,同时性价比更高。如路牌广告和霓虹灯广告、灯箱广告等。国外还有广告塔、广告柱等形式,美国目前称 Out-of-Home Advertising。在科学技术迅速发展的现代社会,户外广告是引进新技术、新材料、新工艺的热点,并成为美化城市的一种艺术品,是城市商品经济发达程度及人的精神面貌和文化素养的标志。户外广告发布空间广阔,在城市道路、公路、铁路两侧、城市轨道交通线路的地面部分、河湖管理范围和广场、建筑物、构筑物上,以及利用灯箱、霓虹灯、电子显示装置、展示牌等,都可以设置商业广告。

【黄金时段】受众人数最多的时段。电视或广播节目播出时间对受众人数有极大的影响。媒体一般把播出节目的时间分成若干档次,并按不同标准收取费用。无线电广播的黄金时段一般指早餐时间。许多广告主对自己的广告能否在黄金时段播出倾注了极大的热情，中国中央电视台甚至为在黄金时段播出广告进行招标，从而产生所谓的"标王"。

【货架展面】一个产品在零售店货架上可以被顾客看到的单位面积。体积大的产品自然可以获得更大的货架展面。为此，有些产品有意设计出展面大的包装。

【基本读者】报纸、杂志、全球互联网等媒体的成功，取决于它们是否能准确描述自己的基本读者。对于报纸和杂志而言，基本读者就是那些"购买"者，他们通过家庭订阅和报摊购买来获取读物。对于互联网而言，那些付费用户才是基本用户。

【集中式广告投放】"滴流式广告投放"的对称。在有限时间内集中投放广告以达到高曝光率的广告宣传活动。往往是为了满足季节性产品的需求。

【记忆性】广告创作原理之一，追求广告表现让受众记住。广告人往往为了追求广告的记忆性，通过多种渠道，采取多种方法寻找广告记忆点。"味道好极了"的"记忆性"就非常典型。

【夹报广告】夹在报纸中间随报纸发行而接触到消费者的广告单页、小册子等。夹在报纸中，随报纸发行是成本节约的选择。

【驾驶时段】广告效果测试的方法。广播广告中早上和晚上的时段。这段时间正好是人们驱车上下班的时间。广播收听与电视收视行为常互补，而早上驾驶时段听众最多，晚上驾驶时段听众较少。

【交换广告】一种广告媒介方式。广告主以商品或其他非货币形式向媒介换取广告时间或空间。它也可以是节目内容供应商将节目提供给电视台，以节目间的广告段落作为交换。

【接触人次】亦称"接触人口"。一个广告对一个人的一次暴露影响度和信息量。一个接触人次代表有一个人声称（在视听众调查过程中）收看/收听过广告。两个接触人次可能代表同一个人两次收看/收听过同一广告或两个人收看/收听过一次广告。接触人次可累加以得到一次广告宣传活动的总接触人次。总接触人次表示在特定活动期间浏览/收看/收听任何或全部广告的特定目标视听众的累计人数。接触人次通常使用"总"来表示，说明其中有重复累计的情况。

【惊骇广告】对广告诉求令人恐惧、画面冲击令人胆战心惊的所有广告的统称。惊骇广告依靠这些恐惧诉求与惊人的画面冲击来推广观点和产品，从而常常引起公众的争议，当然也引起公众的共鸣。惊骇广告被认为是广告创作中感性战略应用的典型例子。参见【恐惧诉求】。

【恐惧诉求】广告的表现形式。在很多广告中，会向消费者诉求一种不利的后果，如果消费者不改变某种行为或态度，这种结果就会产生。统计表明，有 15% 以上的广告利用了恐惧诉求。尤其是在公益广告中，这一方法的运用更加常见，如在说服消费者不要吸烟、不要使用一次性筷子等市场调研还发现，通常只有当恐惧诉求的感染力引起的恐惧程度适中时，它才最为有效。

【口碑广告】通过消费者口头传播所产生的广告效果。据说，广告通过知识竞赛游戏在美国的传播速度比任何媒体广告都快。

【跨媒体营销】综合利用现代媒体资源，达到传播最优化的营销模式。科学技术特别是计算机技术和网络技术的迅速发展，传承人类知识、思想和信息的技术手段和介质都发生了深刻的变化。从雕版、泥活字、金属活字，到照相排字、激光照排，从雕版印刷、凸版铅印，到近代的数码印刷，大大提高媒体技术手段；从传统的纸介质，现代的电子音像，到近代的网络媒体，形成了纸质媒体、电子音像媒体、网络媒体的跨媒体新格局。其中，电子媒体信息比纸质媒体信息更直观，对其信息更容易重组、更方便分析、容量更大、保存方式更简化。网络媒体则是在纸质媒体与电子音像媒体的共同优势上，突破了其信息地域性的限制，具有实时性（随时更新），流通更为方便，构建了一个广域、实时、按需的信息传播，应用与再利用的新格局。

【冷信息】广告策划术语。在广告创作中，故意让广告故事结构不完整，让受众自己想象完成故事的结局。近年来，冷信息比较流行，其理论是消费者对强迫所下的结论产生心理上的反弹，由消费者自己来思考结论比强制所下的结论来得有效。

【理性诉求】亦称"说明性沟通与传播"。采用理性说服方法的沟通形式。通过诉求消费者的理智来传达产品或服务内容，从而达到促进销售的目的。这种方式说理性强，常常利用可靠的论证数据揭示商品或服务的特点，以获得消费者理性的承认。它既能给消费者传授一定的产品知识，提高其判断产品的能力，又会激起消费者对产品的兴趣。

【毛评点数】俗称"毛评点"。亦称"总视听率"。将某特定载体在不同时段的视听率相加起来，得到它所送达的视听率总数。该指标将到达人数与暴露频次相乘得出（即一次广告观众的总人数乘以每个观众的平均观看次数），计算毛评点，还可以用公式：GPR = 到达率（%）× 平均暴露频次。毛评点是一种全球通用的表现广告活动强度的方法，电视时段的购买者或广告商用这一指标测量自己的节目对整个市场的影响。

【媒介排期表】对全年的广告媒介购买的日程安排表，是媒介计划的主要指南。

【媒介行程安排】广告何时在媒体上发布的策略，包括行程模式、开始和结束时间和露出周期等。

【媒介行程组合】在媒介行程设定时会遇到广告与促销活动的配合，或品牌下的多项商品的广告行程组合问题。

【媒介折扣】媒介为广告主提供的价格优惠包括数量折扣、浮动版位（时段）折扣等。

【媒体分析】媒体传播效果的综合诊断。研究各种媒体影响大众的效果，找出诸如下列问题的答案：（1）有多少人买了杂志后看封底、内封和主要内容等。（2）有多少人在以每小时100公里速度驾车时能够看到2米高的广告牌。（3）有多少人能够头脑清醒地理解晚场电影广告内容。

【媒体公众】报纸、杂志、广播、电视等具有广泛影响的大众媒体。

【媒体通路】企业连接市场、社会、公众的宣传载体的渠道状态。无论是传统营销理论4P中的"促销"要素，整合营销传播理论4C中的"沟通"要素，还是营销新论4R中强调的"关系"要素,媒体通路建设都属于核心要素。媒体通路与销售通路同等重要。企业必须长期、互动、真诚、有计划地建设并维护与媒体的关系,逐步构建起来的一个以企业或者专业公关公司为核心的媒体网络。在新闻宣传方面达到互相促进、互相需求,共同营造"关心、关注、关照"的理想境界。

【媒体组合】在同一时期内运用各种媒体,发布内容基本相同的广告。媒体组合是大中型企业常用的媒介策略,它比运用单一媒体的广告效果要大得多。任何一种媒体都不可能覆盖广告的全部目标市场,因此广告主在策划一个广告活动时,常常不只使用单一的广告媒体,而是有目的、有计划地利用多种媒体来开展广告活动。媒体组合不仅使广告对象接触广告的机会增多,还能造成一种大的声势,因而容易引人关注。媒体组合产生的效果有两种。(1)相辅相成的效果:同一内容的广告,在不同媒体上出现,比在单一媒体上反复出现,给人的印象深刻。(2)相互补充的效果:企业在不同媒体上做同一内容的广告,让更多的人反复接受同一信息,可以增强广告的接触度和暴露频次。媒体组合的效果是为了使更多的广告对象接触广告,提高广告的到达率,因而应考虑综合利用各种媒体,使它们能够紧密配合;发挥各种媒体的特长,使媒体组合有主有次,有先有后,成为全方位、多渠道的广告传播活动。

【密集度】某一广告在特定媒体(某频道、某天、某时段)播出后,目标受众占总体受众人数的百分比。

【名人广告】由社会知名人士推荐产品、或是为产品优点佐证、或作为产品的广告代言人的一种广告策略。名人广告手法早在20世纪初就已出现。美国智威·汤普逊广告公司率先在力士香皂的印刷广告中使用国际影星照片之后,许多广告公司纷纷模仿,成为广告策略中的基本策略。名人广告的功能是可以形成广告影响,主要影响包括:(1)相关群体的影响。人是社会的人,其言行举止、价值观、审美观等会直接或间接地受到他人的影响,这就是所谓的相关群体的影响。(2)思维定式的影响。对正面的知名人群,人们有一种隐含的认同感,在社会上存在一种可信度,这种思维定式普遍存在。(3)爱屋及乌的影响。因为喜欢一个人而连带喜欢同这个人有关的人或物。(4)消费认知心理的影响。名人广告利用人们对名人的关注借此引起人们对新产品的注意,从而提高产品知名度。同时,名人的容貌、名人的气质、名人的威望也能激发人们丰富的联想,使人产生名人推荐的产品质量好、档次高、企业实力雄厚等方面的良好印象,从而增加对企业和产品的信任,最终促成购买。(5)从众心理的影响。在不成熟的消费市场,人们的自信心不足,在购买行为上普遍存在着从众倾向,而名人通常是他们的意见领袖,因此,许多消费者潜意识地听从着名人的推荐,模仿着名人消费过的产品。

【名人效应】传播用语。名人的出现所形成的引人注意、强化事物、扩大影响的效应,或人们模仿名人的心理现象。名人效应是不直接介入商业行为的,但有助于借用名人强化自身形象,"名人"是被动的被仿效或借用。人们对有名望的人一般都十分崇敬。因而在商品销售中,经营者可利用消费者敬慕名人的心理来销售商品。名人效应法的推销原理是利用人们的羡名心理，在商品销售过程中，利用名人效应，选择大明星、歌星形象做广告，效果就很好。国外体育用具厂商利用世界级著名运动员大做广告，一些专供大型比赛的衣服和用品由此而在全世界风行，也是利用的名人效应。

【旁侧聚焦诉求】不直接诉求主营业务，而是在辅助业务中寻找一个亮点进行聚焦，而后强烈地诉求它。在营销广告界，早就发现有些商品不能或不宜直接诉求以吸引顾客购买，这个时候往往需要另想办法，旁侧聚焦诉求是其中的选择之一。

【平均接触率】在一个媒体排期计划中，(根据受众研究)在至少会接触一次广告的目标人口内表示有机会接触到广告的平均次数，可测量出暴露于一个媒体执行方案的人口中平均每人的接触次数。通过接触率分布分析可以获得特定接触率的视听众到达率。

【平均每期读者人数】指某报刊在某一时间或时间段平均每期的读者人数。平均每期读者人数是报纸和杂志的核心阅读指标，其他的阅读指标如男性平均每期读者人数都是白这一核心指标派生出来的。

【平面广告】广告用语。发布在报纸、杂志以及户外媒介等媒体上的广告，其投入低、渗透力强、波及范围广，它可以有效地弥补电视广告与网络广告无法达到某些客户群的局限性。

【奇特创意方法】是谋求广告宣传"奇特"成分，以个性鲜明的手法满足公众的好奇心和娱乐需求，进而实现广告目标。在公众看来，奇特的东西就具有娱乐性，所以对新奇的事物始终都有强烈的兴趣。这是开展广告宣传极好的切入口。具有新奇色彩的广告作品，一般都能产生良好的宣传效果。

【企业对企业广告】亦称"产业广告"。绝大多数广告是直接针对消费者个人的，但是还有一个企业对企业的重要细分。专业贸易杂志和交易会是这类广告的重要载体，这里一般会涉及企业对企业(B2B)的广告。因为许多不同的行业都有其专业议题，因此纵向同业刊物的规模要比类似的消费者刊物大得多。

【千人成本】比较不同媒介宣传效力的便利方法。即计算使用每一媒介以接触到 1000 名听(观)众所需的成本。对于杂志和报纸来说 CPM 很容易计算：如果某种杂志上的整页广告成本是 1 万元人民币，而该杂志的发行量是 25 万册，那么 CPM = 10000 ÷ 250 = 40 元/千人。电视的广告成本和观众人数均取决于广告播放的时间。CPM 只是媒介效益的接近值。对于营销者来说，重要的不是其所接触到的每千人的简单成本，而是既作为潜在消费者，又能够注意到销售信息的千人观众。

【潜意识广告】利用消费者的潜意识知觉进行广告刺激的广告行为。广告信息的传播一般都带有强制性，消费者每天面对的是庞大的广告信息，他们不可能在意识层面上对这些信息进行加工，人们对那些对自己工作、生活至关重要的信息已感到难以对付，于是在消费者意识当中对广告信息总是有一种强烈的抵触情绪。潜意识诉求便成了许多广告制作者的一种策略，其目的是让消费者在毫不费劲的同时不知不觉地接受广告信息。潜意识诉求的另外一个作用是激发消费者的潜在需要。对于潜意识，许多心理学家对它进行过解释,利用好这些解释对我们进行广告诉求有很好的帮助。潜意识诉求的策略主要有:合理运用感性诉求,激发受众的个性本能;打破常规,满足受众的集体潜意识;越过社会禁忌,激发受众的社会潜意识;运用隐喻,解构受众的潜意识。

【情感象征】在以移情作用理论创作广告时,要找到合适的、系统化的、隐约的符号、图片或语句,以准确表述消费者的真正心理。

【情感性关心点】利用情感心理进行广告创意的方法。人是最富情感的,在情感付出、情感享受、情感幻想方面,具有特殊的需求。在广告创意中,如果能够根据商品特性、品牌形象特点和目标公众的情感心理,设计表现某种情感生活的广告画面、情节和文案,营造具有情感感染力的意境,那么就可以促使公众产生相应的情感心绪,萌发情感幻觉,力图通过商品消费来获得美好的情感体验。广告创意中,公众情感关心点包括:(1)乡情。人们一般拥有强烈的乡情,在广告作品中,只要创造出展现悠悠乡情的意境,必定能吸引公众,并使公众形成良好的印象。(2)亲情。广告作品创造出爱意融融的亲情意境,形象地展示人类亲情生活,设计出富有亲情意义的图画、文字,演示人类亲情生活,就可以深深地打动公众的心理,取得良好的宣传效应。(3)友情。广告宣传作品应该充分利用公众追求友情和表现友情的心理,创造友情意境,营造友情氛围,这在吸引公众方面具有特殊的意义和功效。(4)恋情。恋情在广告意境创造中具有特殊的意义。营造浪漫气氛,烘托恋情氛围,展开恋情生活,勾画恋情向往,渲染幸福情调,是广告

宣传的重要主题。(5)移情。在广告中,利用公众的移情心理,设置能满足他们移情需要的意境,同样能产生良好的广告效用。

【全国性涵盖度】把全国都笼罩在广告轰炸范围之内。

【劝说型广告观】广告理论的一种。该观点认为,广告是一种广义性的劝说与说服工作。广告的目的是影响广泛的公众,使他们认同广告倡导的价值观念和介绍的商品与服务,按照广告主的期望进行社会活动、消费活动。这在一定程度揭示了广告的本质意图,即说服顾客、劝导消费。同时,突出了广告主在整个广告宣传过程中的主导、支配地位,强调了广告主的主观需要和动机。不足之处是:忽略公众的积极能动作用,看不到公众的主观能动性,广告主只能凭自己的主观想象进行"劝服"、"影响",由此而常常陷入困境并影响整个广告战略的成效。

【人际媒介】传播媒介的一种。通过人与人之间的面对面的直接交流来传递信息。如谈话、演说、座谈会、报告会、新闻发布会等,其主要手段是口头语言和肢体语言。如果完全从媒介是传播的中介物来理解,这种亲身传播有时又称为"无媒介传播"。

【软文】即付费文章。一种特殊的广告,故意设计成像一篇普通文章形式,以吸引读者。刊登的目的是为了宣传企业或产品。由于软文本身所具备的"润物细无声"的特点,与广告相比,具备某些优势。软文发布成本低、承载信息量大,可以轻松担纲各种任务:塑造企业形象、介绍产品特色、发布销售信息、评述业界风云、探讨市场趋势、模拟用户体验等。

【软文广告】由企业的市场策划人员或广告公司的文案人员来负责撰写的"文字广告"。软文广告的定义有两种，一种是狭义的，指企业花钱在报纸或杂志等宣传载体上刊登的纯文字性的广告。这种定义是早期的一种定义，也就是所谓的付费文字广告。另一种是广义的，指企业通过策划在报纸、杂志或网络等宣传载体上刊登的可以提升企业品牌形象和知名度，或可以促进企业销售的一种宣传性、阐释性文章，包括特定的新闻报道、深度文章、付费短文广告、案例分析等。

【软性广告】广告策略。（1）基于委婉诉求的广告手段。（2）让品牌或商品在媒体中的非广告时段、版面出现的广告方式。有偿新闻与软性广告是孪生姐妹。参见【软性促销】。

【受众】信息传播的接受者。包括报刊和书籍的读者、广播的听众、电影电视的观众。第四媒体网络的兴起使得受众的范围越来越大了。

【网络广告】企业通过各种形式发布在互联网上的广告。由于网络本身有独特的互动能力，因而网络广告具有高度的可测量性，它可以立刻实现与消费者之间的互动，即是网络广告的优势所在。

【文案创作】广告实务工作的重要组成部分。撰写各种广告文案是广告从业人员的基本职责之一。这就要求广告从业人员除了具有高超的创意策划能力之外，还要具备很强的文案创作能力。

【销售点现场广告】在广告的现场能买到广告所宣传的产品，这样的广告就是销售点现场广告。

【欣赏指数】由英国 BBC 等组织从20 世纪 60 年代开始用于电视广播节目品质鉴定的参数，并发展出"观众反应评估"等许多二级参数。使用"兴趣"和"享受"两个层面来进行节目评估。"欣赏指数"有六个等级用以测试观众对节目的看法，包括"极度有趣/享受"、"非常有趣/享受"、"颇为有趣/享受"、"普通"、"不大有趣/享受"、"完全没有趣/享受"。至 20 世纪 90 年代，欣赏指数修改成 0～100 分的量表工具。一般而言，英国节目的"欣赏指数"最低约为50 分，最高约在 88 分。

【新闻发布会】活动举办者以召开新闻发布的方式来达到促销目的。这种方式十分普遍。它利用媒体向目标顾客发布消息，告知商品信息以吸引顾客积极地去消费。

【音乐广告】在广告中设计一段优美的音乐，以流畅快乐的音乐引导消费者牢记某一品牌，激发消费者的参与意识，强化记忆力，并引发对此品牌的偏好。

【印象广告】给人以鲜明印象而求得认可的广告。它是一种知名度广告，主要为企业名称、标志和为产品的名称、商标牌号所做的广告。

【楹联广告】以对联形式制作的广告。楹联广告是中国独有的广告形式。

【硬性广告】亦称"硬广告"，指直接诉求式的传统广告。具体来说就是在报刊、杂志、电视、广播四大媒体上看到和听到的那些宣传产品的纯广告。相对软广告来说，硬广告的优点是：传播速度快，"杀伤力"强；涉及对象最为广泛；经常反复可以增加公众印象；有声有色，具有动态性。其缺点是：渗透力弱；商业味道浓，可信程度低，时效性差；广告投入成本高，强迫性的说教；传递内容简单,时间短。

【拥挤广告】参见【广告噪声】。

【有效到达率】广告效果的检测指标。满足了有效暴露频次的目标视听众比例,规定为在某一时段内收看机会OTS 的起码次数或范围。如果目标视听众有机会收看同一广告2~6次,则此排期的有效到达率是有机会接触广告2~6次的目标受众百分比。

【有效接触频率】参见【有效频次】。

【有效频次】亦称"有效接触频率"。一种被广泛接受的广告效果理论。认为受众在多次收看同一广告后才会采取行动。多数广告主希望在一定暴露水平或 OTS 水平上达到最大的净到达率。通常认为这也就是有效到达率。一些广告主进一步设立了一个频次通道目标,在一定的有效接触频率范围内实现最高到达率。因此,有效接触频率可被描述为媒介目标中所规定或媒介策划人员所建议的可完成传播目标的最佳受众暴露水平。有效接触频次提升方法面临的挑战是创意策划。

【阅读来源】在媒体研究中,用来区分报刊等印刷媒体来源的术语。阅读来源分为五个类别,即家庭订阅、报摊购买、单位订阅、赠阅和其他来源。其中,赠阅指报社赠送,或免费投递,或在报社促销阶段获奖从而得到免费订阅。根据阅读来源可以将读者分为两种:基本读者指在阅读来源上选择家庭订阅和报摊购买的读者;传阅读者指在阅读来源上选择单位订阅、赠阅和其他来源的读者。参见【读者】。

【增援广告】旨在使购买者更安心的广告。告诉他们购买特定商品是对的,然后告知怎样合适地使用产品,以便达到最佳效果。增援广告的目的是保持市场份额。

【赠券回收分析】对广告和活动的事后测试方法。广告运动或者促销活动中,通过赠券回收分析能检验广告和活动的效果。

【整合化策划思维】广告策划思维方式。IMC(整合营销传播)策略在广告策划中的具体运用,其基本目标就是谋求广告工作的规模效应,具体要求主要有四个方面:(1)广告内容的规模效应;(2)广告媒介的规模效应;(3)广告活动的规模效应;(4)广告时间的规模效应。

【直觉创意方法】一种不遵循严格逻辑规则的思维方法。具有跳跃性、非规范性、非模式化的特征,整个思维过程是不稳定的,思维的起点与终点未必有明显的必然联系。这种方法能够突破形式逻辑规则的束缚,有助于形成具有创造性的设想,提出全新的广告意境方案。

【直效广告】让客户立即做出回应的广告,包括致电该公司表达意见或者剪下赠券或是到商场换取赠券。

【直效回应广告】包含客户可以直接使用它来订购产品或服务的电话号码或网站的广告。直效回应广告在平面媒体中一直很盛行,现在也越来越多地被用于电视和广播广告中。在这些媒体中,慈善机构经常会给出一个电话号码,只要播放了它的广告,号码即刻被公布,观众就可以立即拨打这个号码。这样就刺激了立即行动,而且联系方式被重复多次。

【指名式广告】在广告制作时突出商品和企业名称,以提高产品和企业知名度和信任度,给消费者以深刻印象和感染的广告。

【中期 POP 广告】使用周期为一个季度左右的 POP 广告类型。主要包括季节性商品的广告,商场以季节性为周期的 POP 等。如服装、空调、电冰箱等因使用时间上的限制,橱窗使用周期要求跟随商品更换周期的限制等,使得该类广告的使用周期也必然在一个季度左右。中期 POP 广告的设计与投资,可以在长期 POP 广告的档次下,做适当的考虑。

【重叠率】在不同的时间收看同一个载体的人口,或者在同一个时间收看不同载体的人口。用百分数简单表示就是:在收看过某一特定节目的 100 个人中,多少人看过别的节目。

【主题化创意法】广告创意方法。根据产品特性和公众情况,进行准确的主题定位和提炼,选择适合的主题内容,在鲜明的主题意识支配下,构思具体的广告情节和宣传用语。该方法创作出来的广告作品可以达到浑然一体的效果,具有较大的冲击力。一般而言,具有鲜明主题意境的广告作品,实际上就是一个比较完整而又富有情节效果的故事。

【专题式广告】主要刊登在杂志上的一种与专题混合的广告文章。广告主付费给杂志编辑部,由后者依该杂志的风格编写宣传广告主产品的专题文章,以期通过该报导将杂志的价值转承体现在该产品或服务的价值上。

第十八篇 服务营销

【服务】亦称"劳务"。主要不是以实物形式而是以活劳动（体力劳动和脑力劳动）的形式为他人提供的产出成果。其特点是,它提供的不是有形的使用价值,而是无形的效用。它既可以满足人们精神上的需要,也可以满足人们物质方面的需要。服务包括不直接创造物质财富的部门、行业和职业的活动,按其性质可分为生产服务、生活服务、流通服务和一般社会服务四种。服务部门和物质资料生产部门一样,也是国民经济的组成部分。服务与营销的关系包括:(1)营销产生服务,服务离不开营销;(2)营销是目的,服务是手段;(3)服务质量好,营销效果才能好;(4)服务是可以重复营销的"商品"。随着社会化大生产的发展和人民生活水平的提高,服务的范围、内容将会不断扩大,质量将会不断提高。美国经济学家奥尔布雷克在《服务管理》一书指出:服务本身就是商品,如用"服务管理"作为日常工作的有效工具,进而增加竞争优势,应是企业的努力目标。

【服务营销】为满足消费者的需要而在营销过程中所采取的一系列服务增值活动。它把服务业的市场营销活动和实物产品市场营销活动中的服务过程作为研究对象。服务业泛指第三产业的各个行业,其社会覆盖面相当宽阔,包括生产性服务业、生活性服务业、流通性服务业、知识性服务业及社会综合服务业等。立足点是建立顾客服务系统,培养客户忠诚度,推行客户让渡价值,加强服务人员内部管理和服务过程管理上的全面研究。它始终强调企业在迅速变化的市场环境中只有通过优质的服务才能取得营销的成功。服务性产品的营销组合策略一般由五个组成。除了产品（Product）、价格（Price）、渠道（Place）、促销（Promotion）之外,还有人员（People）,并且人员是其中最为重要的一个因素。在此基础上,美国的布恩思和比特勒在《服务企业的组织结构和营销战略》一文中提出,对服务营销来说,除了传统的4P之外,还要再加三个P:即人（People）、实体证明（Physical Evidence）、过程（Process）,其中人仍然是最重要的。服务营销特点如下:(1)对服务效用判断的间接性。服务产品是无形的,生产和消费具有同步性。(2)生产过程的直接参与性。服务营销过程中,顾客参与服务产品的生产过程是提供服务的基本前提。(3)服务主客体之间的互动性。服务的生产过程和消费过程是同时进行的,提供服务的人员和顾客之间的互动关系直接影响服务产品的质量和企业与顾客的关系,需要在服务过程中进行动态性管理。(4)供需难以平衡。企业销售有形产品的同时,也销售其服务,因而销售的增加或减少,在平衡供需上是较为困难的。

【服务营销观念】以服务为导向的营销观念。该观念的意义在于:(1)赢得顾客,扩大市场份额。企业要真正树立"顾客是上帝"、"全心全意为顾客服务"的宗旨,了解、满足顾客的需要,在产品的各个环节贯彻服务营销观念,为顾客提供优质的服务,赢得顾客的好感,从而获得顾客的满意度和忠诚度,在市场竞争中占据有利地位。(2)重视产品和服务的个性化、差异化。企业加强产品的设计改进、生产、广告宣传、销售、服务等各个环节,比竞争对手更快、更详尽地了解客户的需求,而且能更快、更好地满足用户的需求。(3)提升企业对内部员工的服务。员工是企业组织核心的基本单元,企业要从学习、生活、技术或业务培训、职业生涯设计等方面为每位员工做好服务,使员工的利益与企业的发展紧密结合,充分发挥每一位员工的积极性和创造性,从而形成优秀的企业品牌文化。20世纪70年代,经济的进步和人民生活水平不断提高,服务业由此迅速发展,服务营销观念开始形成。

【服务营销战略】通过取得顾客的满意和忠诚来促进相互有利的交换,最终实现营销绩效的改进和企业的长期成长方式。其主要内容是:(1)从顾客的需求出发,开发让顾客满意的产品。通过加强市场调查研究,了解市场需求,确定顾客的产品需要,并让顾客参与产品的设计和革新。(2)为顾客提供满意的服务,增强客户的忠诚度。为了培育顾客,企业必须在提供优质产品的同时,提供各种各样的服务方式,给产品增加额外的"价值",使消费者感受到"上帝"的滋味。经验说明,主动关心顾客、培育顾客,企业会变成一个巨大的利润中心。(3)坚持情感投资,注意长期利润。企业要认识到,市场是永恒的,顾客是永恒的,利益是永恒的。只有和顾客保持长期的、正常的联系,企业才可能成为顾客"心中"的企业。能使顾客有一种长期被关注的感觉,从而提高顾客的忠实程度。(4)分级授权,调动积极性。这是及时完成令顾客满意的服务的重要一环。授权还可以增强员工的责任意识。(5)建立激励机制,用满意标准作为晋升、奖励的依据。美国电报电话公司建立了征询意见的制度,并把顾客的回答作为奖励员工的依据。了解用户愿望实际上是了解市场的关键,也是企业和产品能否成功的关键。

【服务营销组合策略】企业在确定了自己的服务营销战略后,在实施中所采取的一整套营销策略的组合。(1)服务产品组合。企业必须明确提供什么样的产品、服务产品的广度和深度,以及如何进行服务产品的开发。服务市场的需求内容是不断变化的,这就要求企业在决策时要不断调查、分析和预测顾客对服务的需求变化,合理地配备企业资源。企业不但要确定自己的服务产品组合,还要根据市场环境的变化对产品组合进行经常性的评价并及时进行调整,同时还要开发出新的服务产品,淘汰那些处于衰退阶段的产品。服务产品本身虽然不存在包装、花色和样式等问题,但在品牌的制定、质量控制、批量生产、规模经济等方面比有形产品困难得多,因而需要在产品质量、产品差异化等方面下更大的工夫,以确立自身的优势地位。(2)服务价格组合。服务营销很难在市场实行统一的价格,即使服务项目、服务内容和服务价值相同,也会由于细分市场的不同而必须对其价格做较大的调整。(3)促销组合。服务的促销和渠道可能需要根据不同的市场做较大幅度的调整。在促销方面,由于不同市场的顾客对待服务的观念不同,对同一服务可能提出不同的需求模式。如对于航空服务,有的顾客注重准时,有的顾客关注服务和舒适,有的顾客可能更关心价格,因而针对不同的顾客应该有不同的促销重点。和一般产品相比较,顾客在购买服务产品之前,可能缺乏对渠道的形象化认识,而且有些服务的分销并不存在固定的程序,有时还可能由顾客来决定采取什么样的程序,因而服务的渠道策略应具有较大的弹性。

【服务质量】由有形产品的服务和无形产品形成的服务在满足人们已有的或潜在要求(或需要)时所展示的特征和特性的总和。特性用来区分不同类别的产品或服务;特征则用来区分同类服务中不同规格、档次、品位的服务。一般地,服务质量内容包括服务的可识别性、安全性、适用性、有效性和经济性等。提高服务质量基本措施包括:(1)贯彻服务标准,增强全民质量意识。首先要积极宣贯 GB/T19004.2-ISO9004-2,该标准是世界服务质量管理经验的科学总结,是国际公认的服务质量的共同依据,要结合当地实际情况,选好重点服务行业,进行全面、系统、生动的宣讲,通过宣传,使服务企业掌握服务标准化的系统思想和科学管理方法,从而提高服务组织各层次的人员素质、管理水平、经济效益,满足顾客和社会的需要与所要求的质量,促进服务组织进入国际市场,开展国际合作。(2)制定行业服务标准,完善服务标准体系。为逐步规范服务行业行为,提高服务质量水平,适应国际化要求,省级以上技术监督部门应协同有关行业主管部门,依据 GB/T19004.2-ISO9004-2 要求服务组织应具有的服务特性(功能性、经济性、安全性、时间性、舒适性、文明性),抓紧制定行业统一的服务标准,确定管理幅度,规范管理尺度,强化管理质量,完善我国服务标准化体系,使服务行业的监督管理有章可循。(3)制定实施管理办法,进行具体指导服务。地(市)县级技术监督部门当前应结合行业服务标准,重点解决好饮食服务业和娱乐场所的服务质量问题,制定本行政区域内服务质量管理办法,并纳入标准化法制管理轨道。

【品牌服务】以品牌为标准的服务。基本要求是:(1)服务源于内而形于外,神形兼备。(2)服务是有明确目的的,不是仅仅用来与销售做配套的工作环节。(3)有可以衡量的始终如一的高质量标准,不是因人因地而异、参差不齐的。(4)代表企业形象、折射品牌个性的,不是与企业、与品牌相脱节的。(5)是亲情化、令人舒畅的等。

【超值服务】销售部门、服务行业为顾客提供的售后服务、额外服务,如送货上门、上门安装、免费修理、雨天送伞等。

【服务SP】为了维护顾客利益,并为顾客提供某种优惠服务,便利于顾客购买和消费的促销手段。"服务SP"最能够表现出顾客满意的理念,它是CS主义的具体体现。

【服务不可分离性】服务的生产过程与消费过程同时进行,亦即服务人员给顾客提供服务时,也正是顾客消费服务的时刻,两者在时间上不可分离。服务的这种特性表明,顾客只有而且必须加入到服务的生产过程中才能最终消费到服务。

【服务不可分性】服务与实物商品最重要的差异之一。服务的提供与消费一般是同时进行。这与有形商品的情况不同,有形商品制造出来以后,总是先储存,后销售,最后消费。它的生产和消费在时间上和空间上可以分割。服务及服务的提供者不可分离,服务人员已成为服务的一部分。服务的提供者和购买者都要参与服务过程,两者相互作用、相互影响,共同决定服务的最终质量。

【服务不可感知性】服务产品与有形的消费品或工业品比较,服务的特质及组成服务的元素,很多都是无形无质,让人不能触摸或凭肉眼看见其存在。同时,服务产品不仅其特质是无形无质,甚至使用服务后的利益也很难被察觉,或是要等一段时间后,享用服务的人才能感觉到"利益"的存在。

【服务不可储存性】基于服务产品的不可感知形态以及服务的生产与消费同时进行,使得服务产品不可能像有形的消费品和工业品一样被储存起来以备未来出售。这一特征要求服务企业必须解决由缺乏"库存"所引致的产品供求不平衡问题、如何制定分销策略来选择分销渠道和分销商以及如何设计生产过程和有效地弹性处理被动的服务需求等。

【服务差异性】服务产品的构成成分及其质量水平存在区域、技术、材料、工艺等差异。一方面,由于服务人员自身因素(如心理状态)的影响,即使由同一服务人员所提供的服务也可能会有不同的水准;另一方面,由于顾客直接参与服务的生产和消费过程,于是顾客本身的因素(如知识水平、兴趣和爱好)也直接影响服务产品的质量和效果。

【服务产品】可以参与交换并具有特定消费者群体的服务生产成果。如旅游产品、医疗服务产品等。由于服务较之有形产品具有显著的特点,它们大多是无形的、不可感知的,顾客购买服务产品的过程实际上是感知服务的过程。主要特点包括:(1)无形性或不可感知性。服务的许多因素是无形无质的、看不见的、抽象的,顾客除了直接接受服务以外,很难预先了解服务的感受。服务的不可感知性是相对的,在服务的实际提供或消费中,往往给服务赋予了较多的有形特征。如饭店、旅游公司和娱乐场所等的服务都存在较明显的有形过程。服务具有无形或不可感知性,主要是为了突出与有形产品的区分。(2)生产和消费的不可分离性。服务的生产过程和消费过程是同时进行的,服务人员提供服务的过程,也就是顾客享受服务的过程。顾客接受服务的前提是本身必须加入到服务生产的过程中来,否则就无法享受到服务。(3)非标准性和感受的差异性。由于服务主体的原因,不同的服务主体提供的同种类服务在质量和方式上可能不同,即使是同一服务主体在不同的时间和环境下提供的服务也有差别。同时,由于顾客的原因,如知识水平、偏好等,也会直接影响其对所享受服务的质量和效果的感受程度和评价。此外,由于服务主体和顾客相互作用的结果,使得不同时间提供的同种服务之间也存在若干差异。(4)不可储存性。任何顾客对于住宿、旅游、观看比赛、医疗服务等都不能先储存,然后再消费。(5)缺乏所有权。即在服务生产和消费过程中,一般不涉及任何所有权的转移过程。服务生产一旦结束,消费即告终止,消费者并没有实际拥有对服务的所有权。服务产品的主要内涵包括:(1)顾客利益。顾客利益的概念是理解服务产品的基础。顾客在购买服务的过程中,追求的并非服务本身,而是这种服务所带来的利益或好处。(2)服务观念。即服务企业基于顾客的追求而提供的普遍化利益。它所要回答的基本问题是:企业从事什么样的业务以及企业所要提供的需求和欲望是什么?(3)基本服务组合。亦称为"服务出售物"。它由一系列无形和有形的要素构成,能够满足顾客的一系列需求,它决定顾客究竟能从企业那里得到什么东西。(4)服务递送体系。即服务的产销统一过程。包含三要素:服务的易接近、顾客与企业的服务交换过程和顾客参与。

【服务产品本土化】在进入国际市场时,服务企业应根据当地的文化风俗、消费习惯对服务产品加以适当改进,使之更加符合当地消费者的需求。例如麦当劳公司的产品在不同国家有显著差异。例如,在法国有葡萄酒,在德国有啤酒,在马尼拉有菲律宾风格的香汉堡,在新德里有蔬菜汉堡,在中国则推出"老北京鸡肉卷"。

【服务产品类型】产品为顾客创造和提供的核心利益主要来自无形的服务。服务产品可以分成四种类型:(1)纯粹的形体产品。这种提供物主要由有形产品所组成,如肥皂、牙膏以及盐。此类产品不附带任何服务。(2)附带服务的形体产品。这种提供物由附带一项或几项服务的形体产品所组成,以增加对顾客的吸引力。(3)主要是服务,附带少量的产品和附加服务。提供的内容由主要服务构成,带有少量的附加服务及(或)辅助性产品。(4)纯粹的服务。精神分析学家提供的是一种纯粹的服务,仅有的形体要素是办公室和卧榻。这样,公司的产品可能是一种商品或一种服务,也可能包括一些额外的服务。

【服务产品所有权缺乏】服务的生产和消费过程中不涉及任何东西的所有权转移。既然服务是无形的又不可储存,服务产品在交易完成后便消失了,消费者并没有"实质性"地拥有服务新产品。缺乏所有权会使消费者在购买服务时感受到较大的风险,如何克服此种消费心理,促进服务销售,是营销管理人员所要面对的问题。

【服务促销】促销方式的一种。通过向顾客提供各种服务,达到预期营销目标的一系列促销方法。基于服务在促销过程的特殊地位,该方式具有连续性和长期性的特征。从某种角度上看,它已经成为厂商所提供产品或服务的一部分,消费者在购买时也将这部分服务考虑成自己应得的利益。服务促销表现为售前服务、售中服务和售后服务。

【服务促销本土化】据各国市场的情况,采用不同的广告主题和有形展示促销商品。这样可以入乡随俗,取得当地消费者的认同,拉近与消费者在心理和文化上的距离感。例如麦当劳公司在我国的促销方式,其广告主角都是普通的我国老百姓,其营业推广手段常常是利用价格折扣、优惠券和赠品,赠品也往往与我国的节日相联系。

【服务促销组合】为扩大服务市场,提升服务价值而进行的营销要素组合活动。主要包括广告、人员推销、营业推广、公共关系、口头传播以及直接邮递等方面的促销活动。(1)辨别目标公众。即要求企业清楚地说明促销行动将要面对的目标公众。(2)确定促销的具体目标。具体包括:加强服务定位;开发和提高品牌及其形象;培育忠诚顾客,扩大新产品信息宣传;说服顾客购买;提升顾客服务基础工作。(3)开发信息。促销信息开发的模式较多,常见的就是"AIDA"模式。促销信息开发主要考虑的因素是:信息的内容,即将要说什么;信息的结构,即传播的逻辑顺序;信息传播的风格;谁来制定信息。(4)选择促销组合。服务企业促销组合主要考虑的因素有:服务的关键特征、服务的类别以及服务的竞争性和部门限制等。

【服务促销组合原则】提升服务水平,促进服务销售的指导思想。主要包括:(1)提供有形线索。服务在感觉上是无形的,顾客购买的是一种利益过程而非物体。企业利用促销因素可以为顾客提供服务的有形线索。(2)让服务得到了解。(3)保持传播的连续性。如果促销组合出现中断,那么就不利于企业集中体现服务的差异性和中心内容。(4)兑现企业的服务承诺。(5)加强口头传播的重要作用。(6)保持与雇员的直接沟通。由于服务无一明确的标准,企业在原则性下面应做灵活变通。

【服务价格本土化】服务企业根据每个国家的经济水平、购买力水平以及一些特殊国情来制定价格。例如,肯德基快餐,在世界各地的价格都与当地大众化的购买力相适应。

【服务价格战略】企业依靠价格水平和一些作为竞争手段的特殊价格来争取市场份额。只有当企业能够长期保持低成本时,低价战略才是有利可图的。企业在制定服务价格战略时,需要考虑价格水平、折扣、折让和佣金、付款方式和信用等因素。

【服务价值】伴随产品实体的出售或者单独地向顾客提供的各种服务所体现的价值。包括产品介绍、送货、安装、调试、维修、技术培训、产品保证等所产生的价值。是构成顾客总价值的重要因素之一。在现代市场营销实践中,随着消费者收入水平的提高和消费观念的变化,消费者在选购产品时,不仅注意产品本身价值的高低,而且更加

重视产品附加价值的大小。特别是在同类产品质量与性质大体相同或类似的情况下,企业向顾客提供的附加服务越完备,产品的附加价值越大,顾客从中获得的利益就越大,从而购买的总价值也越大;反之,则越小。在提供优质产品的同时,向消费者提供完善的服务,已成为现代企业市场竞争的新焦点。

【服务经济学】研究在服务产品的生产和流通过程中,发生的人与人之间的经济关系及其规律的学科。服务是一个极为广泛的概念,服务经济学研究的对象和范围,是生产和经营服务产品的服务业的经济活动。服务经济学是一门新兴学科。从20世纪30年代,英国经济学家费希尔在《安全与进步的冲突》一书中提出"第三产业"的概念以后,人们开始对第三产业进行理论研究。第三产业又称服务产业,是对服务经济理论研究的开始。

【服务类产品质量】服务类产品功能发挥的质的规定性。包括:(1)功能性。反映某项服务所发挥的效能和作用。(2)经济性。反映了顾客为得到不同的服务所需费用的合理程度。(3)安全性。反映了保证在服务过程中顾客的生命财产不受到危害、健康和精神不受到伤害、货物不受到损失的能力。(4)时间性。反映了服务在时间上能够满足顾客需求的能力。时间性包括了及时、准时和省时三个方面。(5)舒适性。反映服务过程的舒适程度。(6)文明性。反映在接受服务过程中满足精神需求的程度。

【服务品牌分析】被用户认可的服务品质和服务形象。服务品牌的基本要素包括:服务名称、服务理念、服务价

值、服务功能、服务机构、服务标准、视觉识别等。其优势为:(1)有利于企业广告宣传和产品陈列,加深顾客对企业和服务的印象,使企业领先于对手。(2)有利于以顾客为中心,保寺和扩大市场占有率,吸引消费者重复购买和交叉购买,建立顾客偏好。(3)有助于减少价格弹性,使企业自然地与竞争对手发生差异,对新的进入者也有竞争壁垒作用。(4)有助于企业服务的组合扩张。(5)有利于维护企业的正当权益,防止别人模仿、抄袭,受到法律保护。(6)有利于企业接受社会和消费者的监督,提高产品质量。

【服务品质战略】企业在经营中保持和发展其产品或服务的技术领先地位,通过技术主导来获得竞争优势,通过产品或服务中卓越的技术品质来占领市场。企业在制定该战略时,应考虑提供服务的范围、服务质量、服务水准、服务保证以及品牌和售后服务等因素,制定出在服务质量和分销渠道方面与众不同的策略。特别是要加强技术开发和技术改造,在服务中广泛运用高新技术材料和先进的服务设施,运用科学的服务手段来取代落后的手工服务方式,从而进一步提高服务质量。

【服务人员本土化】利用本地区人员从事服务工作的情况。服务人员就是顾客眼中的组织和营销者。服务人员的本土化不仅可以降低成本,而且由于本地人熟悉当地的环境、文化传统、风俗习惯,与本地顾客的价值观和行为方式更加接近,可以更好地与顾客进行互动,提供优质服务。例如沃尔玛在各国分店的管理层和员工绝大部分都是当地的人员。家乐福中国分店95%的员工都在当地招聘,只有少数高层管理人员是法方的员工。

【服务市场】提供劳务和服务场所及设施,不涉及或很少涉及物质产品的交换形式。传统的服务市场主要指旅社、照相、饮食和服务等手工业所形成的为生活提供服务的经营场所或领域。现代服务市场所涉及的行业范围比传统服务市场要宽广得多,它不仅包括了现代服务业的各行各业,还包括物质产品交换过程中的服务活动。

【服务市场定位】企业根据顾客对其服务的一种或数种属性的重视程度而给企业服务确定一定的市场位置的过程。(1)差异化是服务市场定位的中心。任何一家服务企业所提供的服务在顾客心中都留下了一定的形象,从而左右着顾客的购买决策。服务企业价值链上的活动可根据服务业的特点划分成两个方面:其一是基本活动,比如进出货物资金管理、营销及后勤活动;其二是支持性活动,如企业的硬件设施、人力资源管理、技术开发等。(2)服务市场定位的基本原则。①重要程度高。即服务企业所确定的差异是顾客所非常关心的,对于顾客的消费需求至关重要。②明显性。即企业推出的服务与竞争对手相比具有明显的差异。市场细分本来就是遵循求大同存小异的原则来分割市场的。在每一个细分市场内部要求客户的需求或偏好相同或接近,而每两个细分市场之间的差异明显。假如竞争对手经过市场细分后所得出的目标市场与本企业相同或接近时,不推出有明显差异的服务是很难树立企业的服务形象的。③可传达性。即企业所突出的服务的差异性,企业自身有能力传播并"运送"出去,而顾客也很容易理解并接受。④专有性。即企业所推出的有差别的服务在一定时期内不易被竞争对手复制。⑤可支付性。即服务企业的服务差别明显，并应该支付这种由服务的差异所引起的额外的差异价格。⑥赢利性。即企业创造的有差异的服务能够给自己带来更多的利润。(3)服务营销定位时服务特征数量的选择。一个成功企业的定位战略必须首先考虑到顾客对市场服务的现有感觉，以便企业遵循这一既定模式，然后，识别并确定哪些是竞争对手还没有推出的、顾客尚未被满足的、急需满足的服务需求。

【服务市场细分】按照一定的方法分割服务市场的动态过程。(1)按顾客自身的特征因素细分。包括：按人口和社会经济因素细分；按顾客的心理因素细分；按顾客所处的市场地理因素细分。(2)按顾客对服务及服务企业营销的反应细分。①按顾客的利益细分。以银行业为例，有的顾客喜欢选择信誉好的大银行，以期获得安全、全面的服务；有的顾客在存款时，喜欢选择利率高的银行，而不太注重其他条件等。②按顾客的使用频率细分。可以根据顾客使用服务的频率将顾客划分成经常使用者、一般使用者、较少使用者和不使用者。③根据顾客对促销的反应来细分。促销活动由人员推销、营业推广、广告以及公共关系等方面构成，由于它们各自有着不同的特点和效果，顾客对它们的反应是不同的。④按服务要素细分。彼得·吉尔摩（Peter Gilmour）对仪表供应行业进行了认真的研究，他就9个服务要素对5个顾客群体做了考察。结果显示，顾客和供应商对某种服务要素重要性的感知是不同的，特别是在销售服务、电话订单、问讯、订货的方便程度、服务人员的技术能力等方面存在着较大差异。所以，服务企业通过测定顾客对不同服务要素的看法，能更好地选定细分市场，满足顾客的需求。

【服务无产权转移】服务与实物商品最重要的差异之一。在服务的生产与消费过程中，不涉及任何所有权的转移，服务在交易完成后便消失了，消费者并没有实质性地拥有服务。缺乏所有权会使消费者购买服务风险增大。有的企业采用"会员制度"以维系企业和客户的关系。

【服务无形性】服务与实物商品最重要的差异之一。实物商品是一种有具体特征和用途的物品，由某种材料制成，是有一定重量、体积、颜色、形状和轮廓的。而服务是无形的，顾客在购买之前是体验不到的。因此，很难对服务的过程和最终的结果进行准确描述和展示。服务质量很难找到一个客观的评价标准，它完全取决于客户自己的心理感受和主观评价，而不像有形产品那样，可以根据一些外在的技术标准来衡量。

【服务形象战略】通过从商标、品牌、名称、广告到分销渠道、员工素质、服务质量、公共关系等服务传递和服务展示的多个方面来反映企业的形象，使形象在顾客心中树立起来，从而取得社会公众的认可，提高企业的竞争优势。

【服务要素】构成服务产品并使其获得消费者满意的基本条件。从管理的角度考察包括：(1)核心服务。即使消费者利益所得最大化的服务。企业的产品为市场所接受，消费者的服务价值得到充分实现，是企业最基本的功能。比如，饭店提供住宿，航空公司提供运输等。一个企业可以有多个核心服务。例如,一家航空公司既可提供短距离旅游服务,也可提供长距离货物运输。(2)便利服务。即方便核心服务使用的服务。为了让顾客能够获得核心服务,必须有便利服务来配合。比如,饭店要有专门的接送服务,航空公司要有订票服务等。离开了这些服务,顾客就无法使用核心服务。(3)辅助服务。其作用是增加服务的价值或者使企业的服务同其他竞争者的服务区分开来。辅助服务并不是便利核心服务的使用,而是被企业作为差异化战略而使用的。例如,饭店房间内供住客洗澡用的肥皂、牙膏,供住客旅游用的地图和旅游手册等。

【服务异质性】构成区分同一服务产品质量水平的显著标志。服务业是以"人"为中心的行业。不同的人,由于受自身的职业、教育程度、性格、业务水平、敬业精神、职业道德等多个因素的影响,使得同一项服务内容,由于不同的人来提供而产生差异。服务的这种异质性特征在很大程度上有赖于公司员工在生产服务时的投入程度。比如,一家审计事务所,它是直接与各种企业、政府机构以及个人打交道的。事务所里每个员工所提供的服务受其自身素质的影响而存在一定的差别,这直接影响到各种不同类型的顾客对事务所的整体评价。有时,在服务过程中,由于个别员工的失误,也会影响到顾客对企业的服务质量水平的评价。

【服务易变性】服务与实物商品最重要的差异之一。在现代社会中,有形商品的质量可以通过建立统一的质量评定标准来衡量和控制;而服务产品的质量往往缺乏稳定性,难以像有形产品那样实行标准化的生产。服务质量是多个因素综合作用的结果,不仅取决于服务人员、时间、地点、方式和顾客满意标准的不同,也会令同一服务在不同人看来会有所不同。此外,服务质量也会因服务提供者自身的因素而改变。

【服务易消失性】服务因不能储存,不能供今后销售或使用而表现出的基本属性。一个厂家可以先生产一个产品,储藏在仓库里等待销售,但服务却不可能把它储存起来等待消费。因为服务的生产与消费同时进行,服务是一种在特定时间内的需要,它即时生产、即时消费,不能储存,不能供今后销售或使用。服务在可以利用的时候如果不被购买和利用,它就会消失。需求管理是服务企业的一项极为重要的工作。在旺季,为满足市场需求,服务企业往往会增添服务设备,增加服务人员;在淡季,许多服务企业经常削价促销,希望增加销售量,提高服务设施的利用率。

【服务营销创新】以实现营销目标为目的的服务创新活动。主要体现在:(1)提升企业服务中的技术含量,在服务中广泛运用高新技术材料和先进的服务设施,运用科学的服务手段,从而进一步提高服务质量。(2)提供各种安全保障措施,让顾客买得放心,用得顺心。(3)提倡温情服务,即用"心"服务、用"情"服务,努力满足消费者的各种心理需求,使服务对象感受温情。持续性推出亲情化的、能够满足顾客潜在需求的服务新举措,才能提升企业服务形象,最终使顾客感动,实现与顾客的零距离。(4)突出文化服务,满足顾客精神需求。随着社会的进步,人们文化层次的不断提高,积极开发出新的能提高人民生活质量的文化服务项目,并努力营造具有文化氛围的服务环境,增加服务中的文化含量,提高服务产品的文化品位,丰富服务产品的文化内涵,提供产品的精神文化体验,进一步提高服务产品的附加价值。(5)提供个性化服务,将标准化的产品服务转化为定制的服务产品,根据顾客的真实需求采取行动,利用企业对每个顾客需求的了解制定服务标准,以适应顾客特殊的个人需要。(6)增加特色服务。由于现代服务消费的个性化趋势和服务行业的特殊性,企业应针对顾客的特殊需求,努力开发特殊的服务项目,即使是普通的服务产品,也应根据企业自身的人才优势和资源优势,实行差异化服务,确立服务特色,树立企业的服务优势,打造自己独特的经营特色。

【服务有形展示管理】按照现代管理理论与方法,对服务过程的有形展示进行控制、监督与约束。(1)让服务有形化。即使服务的内涵尽可能地附着在某个产品或者服务项目上。(2)让顾客在心理上更容易把握服务。要求将服务与顾客易于接受的有形物联系在一起。有形展示越容易被顾客接受,服务的销售就越容易。企业运用这种方法应当注意:用来展示的有形物在顾客看来很重要,并且这些物体在该服务中也是顾客所需要的一部分;确保有形展示所暗示的承诺,使有形展示不失信于顾客。同时,要将重点放在发展并维持企业同顾客的关系上,利用有形展示的最终目的是建立企业与顾客的长期利益关系,鼓励顾客去寻找和认同服务企业中的人或人群或组织,而不是认同单个的服务本身。即要突出有形展示给企业带来的整体的、长期的利益。

【服务质量管理】企业维系顾客、获得顾客忠诚的主要办法,就是不断提高自己的服务质量。所提供服务质量的好坏,要由顾客来评价,如果提供的服务与顾客的期望一致或更好,顾客就会感到满意。企业要控制和提高质量,需要做到:(1)服务承诺一致可靠,具有可信性。对顾客做了保证或答应提供的服务项目,必须认真执行,不得找借口推托,或打折扣。(2)企业员工有高度责任心。企业员工时刻不忘自己的工作职责,热情与顾客沟通,真正为顾客着想,热心替顾客排忧解难。(3)严格控制服务细节,制定服务流程的标准,做到服务规范化。这不仅使员工在服务时有标准可依,企业员工的语言、行为、礼貌和责任心在不同顾客面前、不同场景下都会保持一致,而且使顾客对服务的评价有一个参照和对比。

【服务质量管理方法】以提高服务质量为前提,从服务交易前、交易过程中以及交易结束后的各环节上进行检查和控制的科学方法的泛称。(1)标准跟近法。即企业将自己的产品或服务和市场营销过程等同市场上主要的尤其是最好的竞争对手的标准进行比较,在比较和检验的基础上,逐步提高自身水平的一种方法。采用该方法的要点包括:①在策略上,应当把自身的营销策略与成功企业的营销策略进行比较,比较它们在目标市场策略、营销组合策略等方面的异同。从中总结经验,制定出新的、符合自身条件和市场需要的策略。②在具体竞争中,要集中了解竞争对手是如何降低竞争成本而又提高了竞争差异的。③在职能管理上,企业根据竞争者的做法,重新评价有关职能部门在整个企业中的作用。(2)蓝图技巧法。亦称"服务过程分析法"。企业通过分解组织系统和结构，鉴别顾客同服务人员的接触点，并从这些接触点出发来改善服务质量的一种方法。主要步骤包括：①描绘服务的所有成分，使得服务过程能够清楚地、客观地展现出来。②找出在服务过程中容易出现的失败点。③制定执行标准和规则，以充分体现服务的质量标准。④提供顾客看得见的服务展示，并把每个展示看成企业与顾客的服务接触点。在每一个接触点，雇员都会向顾客提供不同的服务职能质量和服务技术质量，而这种差异性将影响顾客对整个服务质量水平的评价。

【个人服务品牌】营业员（导销员、信息员）个人在服务实践中根据主管的经营商品的特点，总结提炼并得到社会认可的服务技能和服务经验。例如张秉贵的"一团火"精神，卖糖果时的"一抓准"、"一口清"的服务特点。

【个性化服务】一种基于规范服务之上的，有针对性的个性化特点的服务。它符合人自身的特点，同时又体现人员素质和能力的一种服务方式，它突出地体现在服务的细微之处。要求以消费者为本，并根据消费者层次及需求上的差异，对不同消费者采取不同的服务方式。包括对消费环境的要求，消费档次的要求，对购买品种的要求，对商品质地以及对服务用语的要求。个性化服务要点包括：（1）企业服务定位在高起点。应根据本企业的规模安排素质较高的服务人员，在服务工作中要严格执行本企业切实可行的服务规范，每个服务细都要有严格标准，并把个性化服务贯穿在整个服务过程中。（2）潜心研究消费者消费心理。个性化服务

的关键是要了解不同消费者在消费过程中的不同需求。（3）强化员工的服务意识。在全面提高员工素质的同时，让员工认识到自己的工作岗位在企业经营中的重要作用。（4）提高灵活服务技巧。要求服务员不仅要掌握各项服务技能，而且要善于根据不同消费者的需求灵活掌握好各种礼节。（5）企业的设备设施要利于不同消费者的需求。

【核心服务】向目标消费者提供最核心的价值和利益，使其所感受到的效用最大化。

【连锁经营社会服务功能】连锁经营服务对社会生活产生诸多影响的社会功能。根据发展连锁经营的一些发达国家和地区的经验，人均年收入达到250～600美元的水平时，连锁商业就会开始发展，人均年收入达到600～850美元时，大规模、国际化的连锁商业就会出现，并在国民经济中发挥重要作用。我国已经基本实现小康生活目标，连锁经营有广阔的发展潜力。其社会功能主要表现在：（1）发展连锁经营的宗旨是"为民、便民、利民"。（2）重点培育经营蔬菜、食品、副食品、日用小百货的超市连锁店。（3）注意发展经营粮油制品、副食品的便民连锁店。（4）重视开发经营服装、钟表、黄金首饰及国内外名牌商品的专卖连锁店。（5）培育营业面积在一万平方米以上，以百货类为主的大型百货连锁店。（6）培育经营汽车及配件、建筑材料、五金工具的生产资料连锁店。（7）培育提供标准化、系统化、大众化服务的快餐连锁店。（8）培育经营饭店、照相、家庭服务化的便民连锁店等。

【朋友式服务】让员工以朋友的角色、关系和身份对顾客进行多方位、立

体化的服务。要求以"真诚相待、追求完美"为企业理念,结合"技能服务"、"智能服务"、"品牌化服务"以及"三米微笑"等"星级服务"系列内容,与顾客(客户)交朋友,通过建立员工与顾客、与客户之间的朋友网,使顾客(客户)参与服务过程,创造顾客(客户)服务导向,其最终目的不仅是让顾客(客户)满意,还要让顾客(客户)高兴,真正实现消费者购买商品和接受服务的"零风险",营造了一个健康、放心的市场消费环境。

【企业服务品牌】 以企业名义向社会推出的服务承诺、服务项目、服务标准、服务特色的总和,是企业员工共同遵守的服务准则。如王府井百货的"一团火"精神,"一切从顾客出发,一切让顾客满意"的服务理念,向社会推出的25项服务承诺,服务满意工程等。

【三S服务】 为顾客服务时做到微笑、迅速、真诚。因 Smile、Speed、Sincerity 三个英语单词均以 S 开头,故称"三S服务"。

【商业服务品牌】 消费流通、服务企业及从业人员在提供销售、服务中,形成独特的服务模式、业务技能、接待艺术,被社会或消费者所认可和信赖的特定服务方式。是商业企业的服务宗旨、服务理念、经营战略、营销措施、企业精神、服务特色的综合反映。有个人服务品牌和企业服务品牌之分。商业服务品牌基本特征包括:(1)以满意服务为前提。顾客满意是服务营销的核心内容,为顾客提供满意服务是企业的价值取向,也是售货员的价值取向。(2)以个性化的服务为特色。(3)以消费者的认同为标准。市场认同的重要标志是市场占有率,消费者认同购买,

市场份额必然扩大。(4)以情感化的营销为载体。(5)以知识化的技能为依托。(6)以明星化的标兵为主体。由于服务明星、服务标兵的共同特点是职业道德好、知识含量高、服务质量优、社会信誉佳,服务品牌一经推出,很快就获得社会公众承认,产生显著的品牌效益。

【售后服务】 服务促销的一个过程。厂商在产品销售以后继续为顾客提供部分服务,包括免费送货,免费安装调试,免费为所出售的产品提供质量保险,免费在一定时间内包退、包换、保修甚至终身保修,以及开设用户免费投诉电话,定期拜访,定期上门保养产品,定期向用户寄送产品资料和服务资料等。

【售前服务】 在商品出售前企业或商家为顾客提供的各种服务。其包括:调查用户的市场需求,根据需求并结合企业自身条件设计适销对路的产品,提供品种齐全、花色多样、价廉物美的商品满足顾客的需求;选择合适的广告宣传媒体,向顾客传播商品信息,使顾客了解产品的基本性能;组织好货源,及时供应市场,满足需求;搞好商品的陈列、拆零和分装等工作,方便顾客购买;预约服务;向顾客提供必要的产品技术资料、图纸和软盘等。

【售中服务】 商品销售过程中企业或商家为顾客提供的各种服务。主要内容包括:分析顾客心理,了解顾客需求,提出合理的购买建议;提供优良的购物环境,为顾客提供方便购买的各种条件,缩短顾客等候购买的时间;耐心而真实地向顾客介绍产品的性能,解释各种技术问题,做好性能展示和功能实验,让顾客用得放心;包装服务;支付方

式服务等。

【无缝隙服务】在各种服务环节和服务水准的满意程度上不留缝隙,使顾客享受满意的服务。基本特点包括:(1)服务网络化,顾客没有空间上不便利的感觉。(2)过程连续,顾客体会到的是流畅的服务。(3)主动服务,每个节点让顾客从被动接受服务变为主动享受服务,以自然亲切的柔性服务去打动顾客,从而赢得顾客。(4)服务及时,节省时间和烦琐的手续。(5)智慧服务,每项服务有一定的标准,同时有一定的灵活性,给服务人员留下发挥的空间。(6)服务增值,以最快的速度、最简便的程序、最有效的方式服务顾客,让顾客舒心、省心。

【消费服务竞争】企业通过向顾客提供各种优质消费服务来取得竞争优势的手段。具体包括服务时间竞争、服务方式竞争、服务项目竞争、服务质量竞争等方面。它是市场竞争的重要内容之一,尤其在现代社会主义市场经济条件下,消费者素质越来越高,对消费品的选择性越来越强,当企业生产的消费品在质量、品种、规格上差异不大时,谁能为消费者提供优良的服务,谁就能争取更多的顾客,扩大销售量。

【销售服务】在消费品销售过程中,为满足消费者利益,确保其对消费品满意,树立良好品牌形象而向消费者提供的各项服务。销售服务分为售前服务、售中服务和售后服务。售前服务包括创造顾客第一的服务环境,提供服务咨询,制定完美的促销策略,建立良好的供货渠道,掌握商品陈列的技巧,做好商品广告宣传等;售中服务包括注重外表礼仪和态度,真诚对待顾客,为顾客提供购买方便;售后服务包括提供超值的感动服务。良好的销售服务是企业市场营销观念的最好体现,也是企业赢得消费者、取得竞争优势的重要手段。

【用户满意度指数】用特定的模型测量出来的产品或服务用户满意程度的指标。可分为多种层次,如品牌的用户满意度指数、企业的用户满意度指数、地区的用户满意度指数、行业的用户满意度指数、国家(机关)的用户满意度指数等。瑞典、德国、美国和西方其他发达国家和地区都在测量并公布用户满意度指数。其模型都包括用户预期质量——用户在购买前对产品或服务质量水平的估计,用户感知质量——用户在购买和使用后对质量的实际感受,用户感知价值——用户在考虑了价格因素后对产品或服务质量的实际感受,用户满意度——用户对产品或服务的直接满意程度,以及用户忠诚——用户重复购买该品牌的可能性等方面。用户满意度指数的基本功能包括:(1)可帮助企业了解用户对自己产品或服务的评价。(2)改进经营活动,提高用户的满意程度和忠诚度,并进而提高企业的赢利水平。(3)为企业提供了本企业产品同竞争者产品的比较。通过这种比较,企业可以发现自己的优势,并进一步形成差异,形成更强的竞争能力;同时,也可以找出自己的不足,有针对性地加以改进和提高。(4)可预测企业未来的发展前景。高满意度是企业健康发展的保证;反之,即使企业当前的经济指标,如市场占有率、利润率等表现良好,但用户满意度指数较低,企业也一定会在将来的经营中遇到市场危机。(5)有利于改进资产回报率。研究表明,若用户满意度指数平均每年提高一个百分点,5 年内资产回报率将提高 11%。(6)可以作为企业一项重要的无形资产。如果企业通过自身的努力,达到较高的用户满意度指数,则会对提高企业和产品形象产生积极的影响;同时,在企业进行对外合作、相互融资等方面增加讨价还价的能力。

【优点处理法】亦称"抵消处理法"、"补偿处理法"。推销人员利用顾客的反对意见以外的其他有关优点来补偿或抵消顾客反对意见的一种处理法。

【忠诚营销】企业组织围绕和针对建立客户忠诚而全面展开的市场活动和策略。旨在通过能够给双方增值的长期沟通,发现、维持并赢得由最主要的客户带来的增量收益。忠诚的根源是顾客对自己与产品生产者、服务提供者之间关系的良好感受。真正的忠诚来自于顾客感受到的、通过双向沟通所传递的价值和相互关系。贝恩策略顾客公司认为,顾客忠诚营销项目的成功者之所以成功,是因为这些企业的整个经营活动是围绕顾客的忠诚建立的,而且没有将建数据库的经费挪用到竞争激烈时的短期反击中去,或将其用到其他形式的促销手段上。他们深知顾客的忠诚是通过不懈的超值产品或服务取得的。旅游业是顾客忠诚营销的先驱,率先推出经常乘客和经常房客项目。真正意义上的顾客忠诚营销项目属于金融服务业。社会忠诚营销项目,需要最高管理层的参与、长期不懈的维护和资金支持,要以全新的企业文化和营销经费的重新投向为先决条件,即配置营销经费必须本着针对性更强、更具战略性的原则。

第十九篇　质量营销

【质量】产品或服务的特色和品质的总和。"质量"一词，在某些华语地区和国家也称之为"品质"。根据最新的国际标准的释义，"质量"和"品质"是同一个概念，可以作为同义语来对待。在GB/T19000－2000中，被定义为一组固有特性满足要求的程度。其含义为：（1）在合同情况下，或是在法规规定情况下，需要明确规定；而在其他情况下，隐含的需要则应加以识别并确定。（2）在许多情况下，需要会随着时间而变化，这就意味着要对质量要求进行定期评审。（3）一般根据特定的准则将需要转化为特性。需要可包括：性能、合用性、可信性、可用性、可靠性、维修性、安全性、环境、经济性和美学。（4）术语"质量"不应作为一个单一的术语来表示在比较意义上的优良程度，也不应用于定量意义上的技术评价。需要表达这些含义，应使用恰当的形容词。（5）取得满意的质量，涉及质量环中的所有阶段。这些不同阶段对质量的作用有时为了强调而加以区别，例如，有关确定需要的质量、产品设计的质量、符合性质量和全寿命周期产品保障的质量。（6）在某些文献中，质量是指："适用性"、"适合目的性"、"顾客满意"或"符合要求"。按上述定义，这些仅表示了质量的某些方面。

【全面质量营销】一个企业对所有生产过程、产品和服务、营销组合策略等进行一种广泛的有组织的全面质量管理，以便不断改进质量工作和提高营销绩效。在实施全面质量营销的企业中，营销者有两项责任：（1）参与制定旨在帮助公司通过全面质量管理并获胜的战略和政策。（2）必须在生产质量之外传递营销质量，每项营销活动（如营销研究、销售人员的培训、广告、顾客服务等

等），都必须高质量高标准地执行以确保顾客满意。营销者在实施全面质量营销中应帮助企业向目标顾客定义和提供高质量的商品与服务时发挥以下重要作用：（1）营销者在正确识别顾客的需要和要求时承担着重要责任。（2）营销者必须确保顾客的要求正确地传达给产品设计者。（3）营销者必须确保顾客的订货正确而及时得到满足。（4）营销者必须检查顾客在有关如何使用产品方面是否得到了适当的指导、培训和技术性帮助。（5）营销者在售后还必须与顾客保持接触，以确保他们的满足能持续下去。（6）营销者应该收集顾客有关改进产品服务方面的意见，并将其反馈到公司的各有关部门。

【质量观念】在生产过程形成并指导质量管理的思想与学说。质量观念是一个古老的观念。现代质量观念的发展经历了三个阶段。（1）传统的质量观念。以在产品生产过程中单纯依靠检验的手段来剔除不良品为其特征。在手工业生产方式时代，生产人员自身就是检验人员。该状况一直延续到机器大生产方式的20世纪初。大生产方式的出现，生产组织分工细化，出现了专门从事产品质量检验的人员——检验员。20世纪的20年代，在工厂的组织机构中出现了专事检验工作和检验人员管理的机构——检验部门，标志着检验的质量观念已发展到成熟阶段。质量检验，在保证产品质量方面起到一定的作用。但是，它仅仅是依靠剔除在生产中已经出现的不良品来保证质量。对于工厂来说，发现不良品，意味着损失已经发生。所以，这种以检验手段为主的质量观念已不能适应日趋发展的机械化大生产。（2）统计的质量观念。由于生产发展的

需要,开始把数理统计方法应用于质量控制。1924 年,美国贝尔电话实验室的休哈特发明了第一张用于质量控制的控制图。休哈特把产品质量的波动区分为正常波动和异常波动,异常波动是由于生产过程中影响产品质量的五大因素"人、机、料、法、环"的失控所造成。利用控制图,可以及时发现产品质量的异常波动,从而采取措施,使质量回复到受控状态。1928 年,贝尔电话实验室的道奇和罗密格提出了统计抽样方案,并编制了抽样检验表。休哈特的控制图和道奇等人的统计抽样检验表,把数理统计方法引入质量观念,把单纯依靠"事后检验"的传统质量观念发展到具有"预防不良"功能的统计质量观念阶段,并为其奠定了理论基础。(3)全面质量观念。1961 年,美国的费根堡在其所著的《全面质量管理》一书中正式提出了"全面质量观念"的概念,从而开创了现代质量观念的一个崭新时代。参见【全面质量观念】。

【质量意识】人们对于质量的基本看法。质量是企业的生命。质量包括产品的材料质量、技术质量、工艺质量、外观质量、包装质量、服务质量等。经营者必须树立以 ISO9000 系列为标准的现代质量观念,建立和健全质量观念体系。高质量的产品离不开高科技含量,企业要按国际质量标准规范产品质量和工作质量,不断开发出高科技含量的产品投入市场,引导消费。企业不仅创造名牌,而且要保护名牌、发展名牌。同时,服务也是商品,消费者在基本生活得到满足后,最关心的是服务。在市场竞争中,价格竞争不足以让企业在市场中立足,难以获得消费者的认可。企业不但要重视产品质量营销,而且要关心服务质量营销,应建立一套完整的服务体系,以服务营销为核心,以消费者满意为服务标准,以服务开拓市场,以服务占领市场。

【全面质量管理】英文缩略语为"TQM",由顾客的需要和期望驱动的管理哲学。其目的在于长期获得顾客满意、组织成员和社会的利益。ISO8402 对 TQM 的定义是:一个组织以质量为中心,以全员参与为基础,目的在于通过让顾客满意和本组织所有成员及社会受益而达到长期成功的管理途径。核心内容包括:(1)全员,指该组织结构中所有部门层次的人员。(2)最高管理者强有力和持续的领导,以及该组织内所有成员的教育和培训是这种管理途径取得成功所必不可少的。(3)在全面质量管理中,质量这个概念与全部管理目标的实现有关。(4)"社会受益"意味着在需要时满足社会要求。(5)全面质量管理或它的一部分称为"全面质量"。TQM 蕴涵着如下含义:(1)强烈地关注顾客。"以顾客为中心"的管理模式受到企业的高度重视。全面质量管理注重顾客价值,其主导思想就是"顾客的满意和认同是长期赢得市场,创造价值的关键"。全面质量管理要求必须把以顾客为中心的思想贯穿到企业业务流程的管理中,即从市场调查、产品设计、试制、生产、检验、仓储、销售到售后服务的各个环节都应该牢固树立"顾客第一"的思想,不但要生产物美价廉的产品,而且要为顾客做好服务工作,最终让顾客放心满意。(2)坚持不断地改进。TQM 是一种永远不能满足的承诺,"非常好"还是不够,质量总能得到改进,"没有最好,只有更好"。在这种观念的指导下,企业持续不断地改进产品或服务的质量和可靠性,确保企业获取对手难以模仿的竞争优势。(3)改进组织中每项工作的质量。TQM 采用广义的质量定义,它不仅与最终产品有关,并且还与组织如何交货、如何迅速地响应顾客的投诉、如何为客户提供更好的售后服务等都有关系。(4)精确地度量。TQM 采用统计变量组织作业每一个关键变量,然后与标准和基准进行比较以发现问题,追踪问题的根源,从而达到消除问题、提高品质的目的。(5)向员工授权。TQM 吸收生产线上的工人加入改进过程,广泛地采用团队形式作为授权的载体,依靠团队发现和解决问题。

【QS】 质量安全"Quality Safety"的英文缩写。我国实施的食品质量安全标志。"QS 认证制度"是食品质量安全市场准入制度,是食品生产者向社会做出"质量安全"的承诺。

【QSCV 系统】 麦当劳标准化营销模式的核心内容。所谓的 QSCV 是指品质(Quality)、服务(Service)、卫生(Cleanness)和价值(Value)四个方面一整套的考核方法,它成为了麦当劳区别于其他快餐店的重要标志。

【产品召回】 当制造商发现或怀疑产品有瑕疵时就会召回某一产品线。汽车的操控有问题、冷饮包含酒精、玩具有尖角等都是产品召回的例子。企业在这种情况下的行动效率和信息公开的程度,会极大影响其品牌声誉。

【产品质量控制】 按照产品质量标准所进行质量检查、分析、评估一系列工作的泛称。控制的对象是产品质量和工作质量。要通过收集"进货、过程、最终检验和试验记录"、"内部体系审核记录"、"体系认证评审记录"、"过程控制质量记录"、"产品售后服务报告"、"三包件调换统计表"、"市场走访及客户座谈会记录"等信息进行追溯、原因分析。

【产品质量整合】 提升产品质量竞争力一系列措施、方法的综合运用。基本要求有:(1)产品质量好、服务到位、价格合理,满足了顾客明确和隐含的需求。(2)企业要以质量(含产品质量、服务质量)走向市场,不断听取顾客对产品和服务的意见,获取质量的第一手信息,进行产品质量整合。(3)要特别关注:产品经过长途运输,开箱合格率可以作为包装质量和产品结构刚性的改进依据;使用过程的顾客投诉可以作为零配件、元器件的可靠性、工艺装配质量的改进依据;产品保修期满的质量信息反馈可以作为产品提高耐久性和升级换代的改进依据。

【货架存放期】 商品(主要是食品)能在零售店货架上存放的时间期限。对于像食品这样的商品,货架存放期是一个很重要的需要考虑的因素,并且受食品的保质期制约。

【货架寿命】 产品(尤其是食品)在商店的货架上保持销售状态的总时间。只要给产品注明日期,便能知道它的货架寿命结束和撤离货架的日期。

【六西格玛】 一项以数据为基础,追求完美的质量管理方法。几个西格玛是一种表示品质的统计尺度。任何一个工作程序或工艺过程都可用几个西格玛表示。六个西格玛可解释为每 100 万个机会中有 3.4 个出错的机会,即合格率是 99.99966%。而三个西格玛的合格率只有 93.32%。六个西格玛的管理方法重点是将所有的工作作为一种流程,采用量化的方法分析流程中影响质量的因素,找出最关键的因素加以改进从而达到更高的客户满意度。六西格玛(Six Sigma)是在 20 世纪 90 年代中期开始从一种全面质量管理方法演变成为一个高度有效的企业流程设计、改善和优化技术,并提供了一系列同等地适用于设计、生产和服务的新产品开发工具。继而与全球化、产品服务、电子商务等战略齐头并进,成为全世界上追求管理卓越性的企业最为重要的战略举措。六西格玛逐步发展成为以顾客为主体来确定企业战略目标和产品开发设计的标尺,追求持续进步的一种质量管理哲学。

【品牌质量定位】依据企业目标市场及消费者购买意向确定品牌质量的位置。可供选择的策略包括:(1)提高品牌质量定位。在研究与开发领域不断增加投入,在原有基础上进一步改进产品质量,以取得更高的投资回报和市场份额。例如,宝洁公司,其品牌已是较高质量,再配合提高产品质量的战略,精益求精,使得该公司在多个市场保持和占有领先地位。(2)保持品牌质量定位。品牌的初始质量水平经过时间的考验,仍然可以适应目前及可预测的未来市场的需要,企业可保持品牌原有的质量水平,基本不做改变。(3)逐渐降低品牌质量定位。企业之所以采用降低品牌质量的政策,通常是由于以下原因:该品牌的产品已进入其生命周期的衰退阶段,淘汰已成定局,这是降低品牌质量的时机;该品牌的产品价格下跌,或原材料等价格上涨,改用廉价的替代品降低了质量水平;因贪图利润,企业偷工减料或掺杂使假,影响了品牌质量。后两种情况会败坏品牌的声誉,损害企业的长远利益。

【品牌质量水平】反映品牌产品的质量状态或标准。一般来说,品牌质量水平表现为四种状况,即低质量、一般质量、中上质量和高质量。每一种质量的品牌都可能有其相应的市场,如高质量品牌对应精品商品消费者,一般质量品牌对应大众消费者,它们都可成为市场名牌。并非所有企业都会或一定要推出高质量的品牌。决定某种品牌的初始质量,企业必须考虑其目标市场特性、定位的要求、生产能力以及技术、工艺上的可行性。

【品牌质量战略】将品牌质量作为经济发展战略的安排。质量已经成为解决经济问题的关键武器,是国际竞争的标准,国际竞争已把质量置于最前线;质量是销售额、利润、生产率的推动力,是企业成长与生存的决定因素;买方市场对产品需求的范围更加广泛,质量的主导地位迅速地在国际间起作用,各国将以提高质量来取得繁荣,这是今后世界经济发展的趋势。早在1984年,在英国布莱顿召开的第六届世界质量大会上就提出了"以质量求繁荣"的主题。1987年10月在日本召开的第七届世界质量大会的主题是"质量第一,永远第一"。

【品质认同】消费者对某一品牌在品质上的整体印象,产品品质主要包括功能、属性特征、可依赖度、耐用度、服务度和高品质的外观。

【企业建模】一种全新的企业经营管理模式。它可为企业提供一个框架结构,以确保企业的应用系统与企业经常改进的业务流程紧密匹配。企业建模以分析方法和建模工具为主体,其参考模型的建立以及建模工具的研制,是当前帮助企业不断缩短产品开发时间(Time)、提高产品质量(Quality)、降低成本(Cost)、提高服务层次(Service)的重要手段。

【企业质量文化】包括产品质量、服务质量与企业形象、员工精神、员工素质等在内的质量知识体系。企业文化的核心是质量文化,质量文化是员工为追求完美的产品质量以及对本企业信誉的责任感和进取心。(1)质量文化基本内容包括:①质量目标。确立鼓舞全体员工积极进取的质量方针、提出体现企业经营目标的质量目标,并动员全体员工为实现这一方针目标而奋斗。②质量观念。要求全体员工,特别是管理层在质量观念上有个转变,明确提高质量的目的不是为了应付上级的抽查、评比或完成某些考核指标,而是为了满足市场顾客的需要,为了自我生存的需要。③质量管理。从市场调查开始到为顾客服务的整个过程都能处于正常的受控状态;防止不合格品、不合格项的发生,而不是事后的检验和处理;质量管理要实现全过程受控,管理人员、执行人员、验证人员必须要有明确的职责与权限;每个岗位、每一件工作都应当有可操作的规范、程序,而不是无章可循随意的"人治";质量管理体系的运行要着眼于持续改进并进行定期评审,建立自我完善机制而不是消极地保护现状。④质量制度。建立一套科学的奖惩制度。奖惩的立足点应当以激励积极性、进取性为主。(2)借鉴发达国家的质量文化。发达国家经济是建立在优秀的质量文化基础上的。它们始终以高技术、高质量为核心,形成了独树一帜的企业管理体系。①严格认真的质量传统作风。为保证稳定的高质量,更是从管理体制、科技创新、服务培训、营销文化以及法律制约等诸方面形成了一个全方位的保障体系。②质量是企业的生命。企业家和生产者都抱有相同的理念:高质量是生产出来的,而不是检验出来的,企业从所有者到管理者,从技术人员到生产销售人员,普遍重视质量管理。③对高质量有更深层次的理解。必须站在使用者的角度对产品提出和更新质量要求,企业的长期利益才能获得维护。

【企业质量营销】 以市场为导向,以消费者满意为标准的企业产品质量与服务质量的经营过程。质量营销内容包括:(1)质量。即产品与服务的质量指标达到消费需求,并全面提升质量保证系数各种特性总和。(2)质量策划。即确定质量以及采用质量体系要素的目的和要求的活动。(3)质量方针。即由组织的最高管理者正式发布的该组织总的质量宗旨和质量方向。(4)质量观念。即确定质量方针、目标和职责并在质量体系中形成的质量思想。(5)质量控制。即为达到质量要求所采取的作业技术和活动。(6)质量保证。即为了提供足够的信任表明实体能够满足质量要求,而在质量体系中实施并根据需要进行证实的全部有计划和有系统的活动。

【全面质量观念】 企业为保证其产品质量,从管理对象、管理范围、管理人员和管理方法等各个方面所进行的全方位、全流程的管理学说。1961 年,美国的费根堡姆在其所著的《全面质量管理》一书中正式提出了"全面质量观念"的概念。此后,经过日本以及其他各国质量观念专家们的实践与总结,全面质量观念理论又经历了以下几个新的发展阶段:(1)全面质量观念的初始阶段。质量观念由统计的质量观念发展到全面质量观念阶段,除了继续广泛地采用数理统计方法和强调"以预防为主"思想之外,在质量观念上又有了新的发展,主要表现在:引进了质量观念的"系统性"概念。质量观念的领域由原来的生产现场扩展到包括市场调研、产品开发、生产、销售乃至服务的生产全过程。质量观念的主体也由原先的以工程技术人员、管理人员为主扩大到企业全体人员都参加的管理。也就是说,全面质量观念认为:一个企业,要想有效地提高产品质量,单纯地依靠少数专家在生产现场进行产品质量管理是远远不够的,应该把这种管理扩大到包括企业所有部门、全体人员参加的管理。这一观点揭示了质量观念的"系统性"。有人把全面质量观念概括为"三全",即全员参加、全企业、全过程的质量观念。而这"三全",就是由质量观念的"系统性"所决定的。(2)全面质量观念的发展阶段。20世纪70年代,质量观念出现质的飞跃:人们首要考虑的问题是"顾客需要什么样的产品",尔后才是如何把它做好的问题。识别需求是质量观念的第一步,这就是所谓"开发"的质量观念的基本思路。全面质量观念的发展阶段——"开发"的质量观念的主要特征是:把"全过程"的质量观念的重点移到了产品的开发阶段。(3)全面质量观念的成熟阶段。质量观念的主体由技术专家、专职管理人员转移到企业的决策层特别是企业"一把手"的身上。作为质量观念所要考虑的已不再仅仅是"怎样把产品做得更好",而更首要考虑的、更多要考虑的是"要生产什么产品?它应具备什么性能?花多大的成本把它做出来?什么时候投入市场?投入多少?"以及"为此需要筹集多少资金?如何筹集?如何配置资源?"等等,而这些问题全是经营领域所要考虑的事情,并且是企业决策层特别是企业一把手所要考虑的事情。质量观念已经由"产品的质量观念"发展到"经营领域的质量观念"阶段。

【全面质量管理方法】实施全面质量管理各种方法的泛称。(1)"人的质量"管理方法。人的质量提高了,自然而然地会带动质量管理提高。企业要实行层层把关、道道设卡,从原材料的进厂到产品出厂均进行质量检验把关,责任到人,整个过程实行"自检"、"互检"、"专检"三检制;严格执行"四不"规定:不合格的原材料不准进厂、不经过检验的原材料不准入库、上道工序不合格的不准进入到下道工序、不合格的产品不准出厂。在包装生产线上,还在"三检制"的基础上,增加专职质量检验员采取首件检验、中间巡回检验、抽样开箱检验的办法,以保证出厂产品的合格率。(2)PDCA循环方法。在产品生产过程中,严格按照PDCA循环的步骤方法,组织各种各样的考核小组,包括现场管理考核小组、产品质量审核小组、工作质量审核小组对各部门、各工序和岗位进行分类考核、评审,行使质量"一票否决权"制度,从技术层面保证品牌质量的提高。质量管理是企业不断提高管理水平的一部分,质量管理方式改进了,势必会给企业整体管理水平带来影响;反过来,企业整体管理水平的提高,必将对质量管理水平形成冲击。(3)质量监督与审核方法。质量监督在我国,主要由国家技术监督局主管全国产品的质量监督工作,各级政府的有关管理部门负责管理本地区的产品质量监管工作,并按产品类别设置国家级、省级产品质量监督测试中心。质量审核在日本叫"质量诊断"。它是全面提高企业质量管理水平和保证产品质量的前提。它不仅对产品进行质量审核,而且对影响企业产品质量的诸多因素,如企业经营方针、质量目标、质量计划,进行全面的审核。因此,能够全面检查企业质量管理水平,发现问题,及时采取对策,保证企业质量管理水平的提高,保证产品质量。(4)质量投资方法。质量投资的作用是通过推动产品质量的提高来提高经济效益;国际市场上质量竞争异常激烈,质量差价日益扩大,增加产量投资遇到了质量竞争的威胁;只有增加质量投资并提高质量投资效益,才能跨越各国的贸易壁垒,带来出口价值量和经济效益的增长。欧美国家的质量投资主要用于新技术、新产品的开发,质量监督、质量咨询费用。日本的质量投资主要用于加强对各级员工的质量教育和培训,及分析质量反馈信息的费用,增加质量预防和鉴定成本。

【条形码】一项自动识别技术。商品国际化的标志。实现物流自动化与商品管理自动化的基础。商品条形码,由一组用不同条纹和数字组成。表示商品的生产国(地区)、制造厂商和商品特征等信息的图案。该图案一般是由黑白条纹或不同颜色条纹组成的,图案下方标有数字代码。商品身份证的国际统一编号。通过商品包装上的条形码,顾客可以了解商品的原产地、制造厂商、产品代码、计数码;售货员可以通过阅读机器查找单价、累计,结算、输出总金额;商场可以对商品进行分类、汇总及更新库存,并对经营情况进行分析,从而及时掌握市场动态,剔除滞销商品,确定合理库存和进货。条形码产生于20世纪70年代初。美国在1970年率先在非食品零售行业进行了应用条形码的尝试。1973年,专事条形码工作的美国统一编码协会在众多的条形码方案中,选定了IBM公司的条形码,并加以改进,建立了UPC条形码系统。现在已经普遍用于美国和加拿大市场。1977年,英国、法国、联邦德国等12个国家成立了欧洲物品编码协会(后改为国际物品编码协会,英文缩写为EAN)。EAN条形码系统已经为世界上许多国家所使用。UPC和EAN是目前世界上两大条形码系统。这两个条形码系统有相似之处,但也有差别。UPC条形码图案下面的数字代码一般有12位,第1位数字是编码系统字符,表示规则数量包装的商品;第2~6位的5位数字是制造商的代码;第7~11位的5位数字是商品代码;最后1位数字是校验码。条纹图案是数字代码的标志符号,其含义与数字代码相同。EAN条形码图案下面的数字代码一般有13位,第1~2位或1~3位为国别码,即生产地的标志,此号码由各国专属的条形码机构向EAN总会申请后确定,我国的国别码为"690";第3~7位或4~8位的5位数代表制造商,即生产厂商的标志,由厂商向当地条形码机构申请;第8~12位或9~13位的5位数是商品代码,表示商品属性、制造日期等,由厂商自行设定;最后1位数字是校验码,用以检查前面的码是否被正确读取。我国于1988年成立了中国物品编码中心。1991年4月,中国物品编码中心代表中国正式加入国际物品编码协会,并于该年7月1日起正式履行该会会员的权利和义务。条形码在包装上印刷的位置十分重要,一般在商品包装的底部和下面且与包装物的一边平行以便于扫描识别。为了防止标贴的条形码边缘可能被磨损、卷叠等因素造成的不易读出,条形码与包装边缘至少要保持5毫米的距离。

【质量保证】为确保质量保证的有效性,企业应加强质量管理,完善质量管理体系,并采取各种活动使顾客对企业建立起信心质量保证,是一种系统的、有计划的活动。质量保证是针对所有质量要求的活动,它必须服务于提供信任的目的,所以确定提供证据的范围、种类、方式、方法和相应的程序以及证实的程度时,均应以满足需要和能够提供信任为准则。为了提供足够的信任,质量要求必须全面、系统地反映供、需、社会三方的要求。根据目的不同可将质量保证分为内部质量保证和外部质量保证。内部质量保证是质量管理职能的一个组成部分,它是向企业内各层管理者提供信任的,使管理者相信本企业提供给顾客的产品满足质量要求。外部质量保证是为了向顾客或其他方面(如认证机构等)提供信任,使顾客相信该企业有能力持续提供满足质量要求的产品,这就需要把顾客对企业的质量管理体系要求写在合同中,然后对企业的质量管理体系进行审核及评价,企业需向顾客提供其质量管理体系满足合同要求的各种证据。质量保证的作用是从"外部"向企业的质量管理体系施加压力,促使其更有效地运行,并向管理者提供信息,以便及时采取改进措施,尽早解决问题,以避免大的经济损失。

【质量保证体系】为实现企业全面质量管理而建立的一套系统、完整的制度和组织机构的总称。它包括产品设计和试制过程的质量保证体系、产品制造过程的质量保证体系、产品辅助生产过程的质量保证体系以及产品使用过程的质量保证体系。由此,企业产品质量从制度上、组织上得到长期而稳定的保证。

【质量本质】某事或某物具备的某种"能力"。产品不仅要满足固有特性要求,而且要满足赋予特性要求。

【质量第一战略】依据消费者的需求,按照科学的质量标准和措施,使质量处于第一地位的战略安排。(1)用户导向。在满足用户需求的速度上争第一。企业必须以用户和产品为中心,抢先研究、设计、开发、改进、生产、销售满足国内外用户需求的产品,不断完善企业系统内部、外部质量制衡管理模式,确保产品质量和服务质量满足细分市场的需要。(2)竞争导向。在与假想敌品牌的竞争中,提高竞争优势的速度上争第一。企业必须有开放的眼界,根据阶段性目标的不同,不断树立假想敌品牌,分析、研究企业与假想敌品牌的竞争优势和劣势,选准突破口,抢时间争速度超越假想敌品牌的产品质量和服务质量及其管理方式和发展战略。在此基础上,注重提高与假想敌品牌竞争的无形和有形资本双重优势,并营运两种资本,寻求低成本扩张企业规模,扩大市场占有率,在竞争中保持优势地位。(3)否定自己导向。在否定保守倾向、确立新的竞争战略的速度上争第一。企业满足用户需求和战胜假想敌品牌的过程,是一个不断变化的动态过程。成功企业家的优秀品质就在于,有能力以更开放的眼光战胜自己,把握住总的前进方向,提出新的水准的阶段性目标,瞄准细分市场用户。(4)OEC管理方式。即"日清日高海尔模式"。OEC管理的内涵包括:是贯穿在企业各项工作中的"日日清"控制系统,采用"OEC日清表"和"OEC日清台账"的形式进行系统控制,持之以恒,日复一日,年复一年地坚持,成为员工自主管理的自觉行为;是贯穿在企业各项工作中的"日日高"控制系统,即每日寻找工作中的差距,以求第二天的工作干得更好。

【质量定位】在开发、生产一个产品时,产品的质量控制在一个什么样的档次上。对质量层次的确定应考察质量的边际效益,即质量的边际投入和边际收益应相等。

【质量方针】由组织的最高管理者正式发布的该组织总的质量宗旨和质量方向。作为企业文化的一个组成部分，它反映了组织在质量方面的追求和对顾客的承诺，体现了利益相关方的愿望和追求。同时作为组织总体经营方针的一个组成部分，应与组织的其他职能层的方针协调一致。应以质量管理原则为依据并结合企业实际来制定，并为全体员工所理解，并得到最高管理者的批准。

【质量改进】通过提高活动和过程的效率和有效性，不断减少质量损失，从而为本企业和顾客提供更多的收益，是企业长期坚持不懈的奋斗目标。持续的质量改进可持续地提高组织内各项工作和各个过程的效率。从而使企业获得长期的质量效益。持续的质量改进也可提高过程输出（如提供给顾客的产品）的质量，增强满足质量要求的能力，使顾客不断获得由于组织持续的质量改进所带来的价值增值。在质量改进的工作中，必须以客观的数据资料为基础，通过科学、合理的分析，制定相应的决策。正确地使用有关的工具和技术是质量改进成功的关键。

【质量改进体系】以质量创新为基础，提升质量竞争力的一系列工作安排。质量改进是全面质量管理和ISO9000族标准的精髓之一，这些规定明确提出了质量改进是企业完善质量体系，开展经营的必要手段。（1）制定中长期的质量方针和目标以后，每年应有分解的年度目标和完成年度目标任务的措施计划，其中应规定明确的质量改进目标。（2）按质量手册程序文件规定，组织管理评审。按受益者的期望和内部审核的结果，及时组织实施纠正和预防措施。

（3）集中或滚动式地开展内部质量体系审核，对每一过程（环节）进行检查，以确定质量体系的符合性和有效性，对薄弱环节采取纠正措施并跟踪验证。（4）根据评审情况动态地不断完善质量体系文件，使文件更适应体系运转。（5）为配合质量改进活动，不断对员工进行培训教育、提高员工素质，包括组织专题讲座和研讨活动。（6）发动员工提出质量改进的合理化建议，发扬团队协作精神。（7）有针对性地开展群众性的QC小组活动，挖掘人的工作潜力和合作精神，承认成就并予以必要的物质奖励。

【质量管理】现代管理理论与方法在质量控制中的运用。企业管理的主要领域。其演变过程主要是：（1）质量检验阶段。20世纪20至40年代。由于美国贝尔电话研究所休哈特博士发明的管理图在工业中的应用，自30年代起，现代质量管理（Modern Quality Control，简称 MQC）、统计质量管理（Statistical Quality Control，简称SQC）在美国开始实行。第二次世界大战将其推广到全国。它主要是采用统计方法对质量进行监测管理，及采用泰罗方式（或专家管理方式），即由专家、技术人员制定技术标准、操作标准，操作人员按照标准干活就行了。这些管理方法的应用，要求企业对产品严格把关，全数检验。但实际上，对质量问题无法进行系统的控制和调节。无法做到事先预防，而且造成了企业内部各部门的矛盾。（2）质量控制阶段。20世纪40年代到60年代。1946年和1974年，美国质量管理协会和国际标准化组织相继成立，世界范围内质量管理的气氛再次热烈起来。1950年，W. E. 戴明博士到日本讲授统计质量管理课程，使应用管理图和抽样检查等统计方法的

MQC、SQC 在日本得以推广。日本对此种方法的重视和推广强于美国,并设立了戴明奖(分本奖和实施奖),大大推进了日本企业的质量管理。1954 年,J. M. 朱兰博士访日,讲授了企业经理和企业中层干部在质量管理中的作用。促使日本的质量管理从以往那种工厂现场的,可以说是从技术为主体的质量管理转向了着眼于经营整体的质量管理,这一方法日后带动了世界质量管理潮流的变革。1956 年,欧洲质量管理机构也成立了。这一时期,实际上是在对 MQC 和 SQC 的推广与改进。由于过分强调质量控制统计方法和依靠专家,一定程度挫伤了全体职工的积极性;由于数理统计本身的局限性,也难以促进质量管理的全面提高。(3)全面质量管理阶段(Total Quality Control,简称 TQC)。最先使用 TQC 这个词的是美国质量管理专家费根堡姆博士,他于 1961 年出版了 *Total Quality Control* 一书。他说:"所谓 TQC,就是从消费者完全满意着想,企业内部综合进行开发、保持、改进质量的努力,以便最经济地进行生产和服务的有效体系。"他特别强调,执行质量职能是公司全体人员的职能。需要组织市场调查、产品设计、产品生产、质量检查、产品上市的所有部门都进行质量管理。同时,必须质量管理专业人员起骨干作用。从欧美的专业化来说,这是由质量管理专业人员作为核心来进行的质量管理。世界各国在接受 TQC 的同时,也根据各自不同的情况和条件,形成了具有各自特色的 TQC。如日本的全公司质量管理(Company-Wide Quality Contrail,简称 CWQC),这是由石川馨教授于 1968 年在日本的质量管理讲座会上提出的。与欧美质量管理相比较,其特点在于:

(1)全公司质量管理,全员参加的质量管理;(2)注重质量管理的教育与训练;(3)开展质量管理小组活动;(4)进行质量管理诊断(戴明奖实施奖审查和公司经理诊断);(5)统计方法的应用;(6)全国性质量管理推进活动。我国从 1978 年开始推选全面质量管理,是"以我为主,博采众长,融合提炼,自成一家"的中国的质量管理。各国吸收和采纳了全面质量管理的思想与方法,即质量第一,用户第一,预防为主,一切用数据说话、全员责任的观点和"PDCA"、"SDCA"循环方法,并根据自身情况因地制宜地加以适用,取得了良好的效果。

【质量管理方法】用于质量管理与控制各种工作技能的泛称。(1)广泛收集质量改进信息。质量改进的对象是产品质量和工作质量。要通过收集"进货、过程、最终检验和试验记录"、"内部体系审核记录"、"体系认证评审记录"、"过程控制质量记录"、"产品售后服务报告"、"三包件调换统计表"、"市场走访及客户座谈会记录"等信息进行追溯、原因分析。(2)正确进行质量改进设计。设计是确定质量以及采用质量体系要素的目标和要求的活动。包含产品策划和管理作业设计等等。公司质管部门、工厂技术负责人首先要按收集到的质量改进信息提出明确的质量改进目标,接着组织协调、编制切实可行合理完整的质量改进措施计划,改进计划重点的是新问题的改进方法和老问题的充分纠正、实施不完善进一步纠正等项目。计划项目现状、目标要求、改进措施应明确,便于各层次展开实施。(3)认真实施质量改进措施。经过设计提出改进措施计划后,关键是实施,不折不扣地予以落实。改进过程要解决好组织保障和提供适宜、充足的资源配备两个方面问题，还要解决好部门内部之间和外部的彼此接口关系，使组织上和技术上通过信息流动形成良好的接口。公司质管部门、工厂技术负责人要在实施过程中做好组织协调和检查工作，以确保实施取得预期的效果。（4）评价质量改进结果。将已完成的质量改进工作所取得的效果与计划规定的目标进行对比、验证，判断其有效性，以保证质量改进计划正常贯彻实施。

【质量管理过程】管理各个环节工作的状态。（1）确立制造过程质量方针。优质产品从本道工序开始，下道工序就是用户。为此，生产系统按"用户引导质量"、"采用客户的思维方式"组织生产。每道工序必须不打折扣地按照"作业指导书"、"产品质量检查指导书"的要求"第一次就完全做对"，并做好"检查记录卡"、"关键工序数理统计表"，真正做到"3N"要求，即不接收不合格产品、不制造不合格产品、不转交不合格产品，人人都是优质产品的制造者。这样就把市场竞争中用户和供应商的关系导入生产过程，由此促使员工主动学习掌握本岗位的技能和各种规范、要求、标准，严格按工艺规程操作，人人树立质量第一、用户第一的观念，环环紧扣，保证产品质量。（2）在ISO9000质量保证体系有效运行的基础上，运用TQM原理、时间管理原理、木桶理论、水准行为理论等科学方法，不断进行质量改进。在质量改进过程中突出"兵贵神速、不快则亡"的市场竞争法则。对于质量体系中出现的任何质量问题，都必须迅速追查根源，据此制定并采取纠正和预防措施，并跟踪纠正效果，把有效的纠正和预防方法纳入技术文件和管理文件中，使解决问题的经验转化为知识和技术，用于教育培训新的员工。（3）采用"直通率"的概念。在评价产品生产水平方面，放弃国内通常使用的"合格率"概念，采用发达国家更为严格的"直通率"概念，即生产过程中没有返工过的产品与投产数量的比率。由于注重控制生产线上的返工量，所以"直通率"更能有效地提高生产效率和产品质量。（4）实行严格的产成品质量控制。包括：①产成品经检测合格后才能出厂，检测不合格产品绝对不准出厂；②回访用户要形成制度，用户提出的任何改进意见都要当做市场的命令认真执行，把用户的改进意见作为改进质量、产品开发的信息源之一；③要形成本品牌与假想敌品牌剖析、比较制度，从产品实物质量、交货期、更新换代速度、成本、性能价格比、售后服务等方面全面剖析、比较，把比较结果作为质量改进、技术创新、管理创新、发展战略的信息源和动力源之一；④企业在开发新市场时要敢于接受高标准的苛刻用户的订单。这是快速增强企业素质的有效途径之一。（5）完善供应商质量保证系统。对供应商的基本要求概括为以下四点：合格、稳定的产品质量；灵活、迅速的应变能力；准确的交货期；不断进行产品开发，及时升级换代。开发一个合格的供应商要经过的程序是：①实地考察供应商的生产环境，包括：厂容、厂貌、人员素质、生产管理系统和质量管理系统等；②要求供应商按照外商提供的标准改进设备、提高效率，以达到一定规模的产量并建立严格的生产管理体系和质量保证体系；③对供应商的产品进行认证（一般要在外资企业的国外某公司进行）；④对认证合格的产品进行小批量试用;⑤规定批量合格后,方可正式订货。

【质量管理原则】质量管理过程的行为规范与实施规则。(1)戴明14条原则。1987年,美国质量管理专家戴明博士提出了著名的"戴明14条",被视为现代质量管理的基本原则:①持续不断地改进产品和服务的质量;②提倡新的质量观念,不能容忍劣质产品;③摒弃对大批量检验的依赖性,积极采用统计质量控制技术;④要求供方提供质量统计资料;⑤持续地改进过程质量;⑥对全体员工进行培训;⑦为全体员工提供适宜的工作环境;⑧沟通信息;⑨重视部门间的协调;⑩反对形式上的"质量运动";⑪广泛运用统计技术;⑫重视工作质量的提高;⑬不断充实质量专业知识,以适应不断更新的产品和生产工艺的需要;⑭质量是企业最高领导层的永恒的义务。(2)ISO9000族标准中的8条原则。1998年出版的2000版ISO/CD19000族标准(草案)中,明确提出了质量管理的8条原则:①以顾客为中心。企业依存于它们的顾客,因此企业应理解顾客当前和未来的需求,满足顾客要求并力争超过顾客期望。②领导的作用。企业领导应建立一个统一的宗旨和目标,并创造一种能使员工充分参与实现企业目标的活动的内部环境。③全员参与。各级员工都是企业的一员,只有他们的充分参与才能使他们的才干为企业带来收益。④过程的概念。将相关的资源和活动作为过程来进行管理,可以更有效地达到预期的目的。⑤系统管理的概念。针对既定的目标,识别、理解和管理一个由相互联系的过程所组成的系统,使之有助于提高企业的有效性和效率。⑥持续改进。持续

改进是企业的一个永恒的目标。⑦以事实为决策的依据。有效的决策是建立在对数据和信息进行合乎逻辑和直观的分析的基础上。⑧互利的供方关系。企业和供方(向企业提供产品的提供方)之间保持互利的关系,可增进双方创造价值的能力。

【质量控制】对流程和产品的符合性的评估,独立分析不足并予以更正使得产品与需求相符。通过对质量环境中的所有阶段进行控制,以消除导致不满意的原因,确保产品的质量能满足顾客、企业和社会、法律法规等方面所提出的质量要求(如适用性、可靠性、安全性等)。其工作内容包括:(1)作业技术。质量形成全过程各环节所采取的专业技术,例如制造和检验技术。(2)活动。质量形成全过程所开展的控制活动,例如市场调研、设计评审、过程控制、产品防护等活动,它贯穿于产品质量形成全过程。质量控制可分为两个阶段:(1)预防阶段。确定控制对象、确立控制计划和标准、实施控制计划和标准等内容。(2)评定和处置阶段。对控制对象进行连续监视、评价和验证以及纠正不合格、预防再发生等内容。

【质量目标】企业在质量方面所追求的目的,即在一定时间范围内,企业所规定的与质量有关的预期应达到的具体要求、标准或结果。其要求:(1)应依据质量方针制定,包括满足产品质量要求所需的内容。(2)企业应将质量目标分别在横向上按相关部门或岗位分解,在纵向上按管理层次分解,应将质量目标展开和分配落实到企业的相关职能部门和层次上,建立质量目标体系。(3)应当量化,尤其是产品目标要结合产品质量特性和顾客满意度加以

指标化,达到便于操作、比较、监控和不断改进的目的。

【质量损失率】产品质量成本的内部、外部损失成本之和与工业总产值(现价)或工业增加值之比。它是全国工业产品质量指标体系中的主导指标之一,是一项重要的经济性指标。通过该指标的统计、核算、分析,实施质量成本管理,可以引导企业加强生产过程控制,降低内部、外部质量损失,减少活劳动和物化劳动的消耗,降低产品总成本;促进企业改进产品结构,寻求经济合理、用户满意的产品质量水平,增加经济效益和社会效益。

【质量特性】产品、过程或体系与要求有关的固有特性,满足顾客对产品的需要的程度。它是在设计、生产运作和销售服务的全过程中实现并得到保证的,过程中各项活动的质量决定了产品质量。固有特性可分为:(1)关键特性。复杂产品的这种特性不满足要求,将可能发生人身安全等危险性,并可导致产品不能使用。(2)重要特性。这种特性不满足要求,将导致产品不能正常使用。(3)一般特性。直接反映顾客对产品质量要求的质量特性也可称为真正质量特性,而企业为了便于生产,往往将其转化为生产中用于衡量产品质量的标准或规格。由产品标准所反映的质量特性称为代用质量特性。

【质量体系标志】质量发展的指标性规定。质量体系运行过程中,质量改进活动永无止境,只有通过抓体系建设才能保证产品质量不断提高。质量体系的完善和提高表现在:(1)质量体系(组织结构、过程、程序、资源)有系统性地、动态地循序渐进。(2)质量体系适应内外客观环境的变化,具备持续保证产品质量的能力。(3)在深刻理解ISO9000族标准的基础上,制定的体系程序文件有可操作性,使每个形成质量的过程连续受控。(3)质量体系运行具有经济性,使各类成本和产品质量达到最佳优化组合。

【质量维度】消费者对于某一商品质量好坏的判断标准。一般判断的标准有产品的耐用性、使用的便利性、产品的物理生命周期以及产品的技术含量等。质量维度是取悦于消费者的一个极为重要的产品自身因素。

【质量责任制】明确规定企业中每个职工在质量管理中的具体任务、职责和权限,以便做到质量工作人人有专则、事事有人管、办事有标准、工作有检查、考核有奖惩的管理制度。

【主观质量】消费者使用产品后直接的主观体验,由此构成品牌价值和品牌态度。品牌个性是指品牌具有同人相似的个性特征,选择品牌代言人就是要赋予品牌以特定的个性,以形成品牌之间的差异点。品牌个性影响到品牌态度、品牌联想和与品牌相联系的情感。

第二十篇 营销管理

【经营管理】面向市场和用户,不断谋求企业外部环境、内部环境与企业目标的平衡,而对企业全部经济活动的管理过程。两种经营管理模式是指生产型管理模式和经营型管理模式。在我国进行企业改革之初,就提出了要由生产型管理模式向经营型管理模式转变。

【管理机制】使管理对象不断向管理目标趋近的客观作用力。管理机制具有下述特点:(1)管理对象是人或组织。(2)管理机制是客观的,具有外在强制力。(3)在社会范畴内,管理机制在一定程度上是可以选择的。(4)同类型的管理机制,在不同的社会条件下有本质的区别。在市场经济条件下,主要的管理机制有:(1)利益机制,即推动管理对象为获得一定物质利益而向目标趋近的客观作用力。(2)权力机制,即利用一定的社会管理制度规定的权力对管理对象施加影响的客观作用力。(3)竞争机制,即同类管理对象在经济活动中为争取有限机会而产生的客观作用力。(4)信仰机制,即由人或组织出于一定的精神信念而产生的推动力。

【营销管理】企业识别和分析市场机会,研究和选择目标市场,制定有效策略,实施营销控制和实现营销目标与任务的过程。它是企业市场活动中不可或缺的重要环节。

【管理博弈】现代管理学与博弈论的交叉融合发展的结果。其理论体系为管理学与博弈论的交叉领域。管理博弈的产生、发展、基本理论体系、管理激励与约束的基本原理、管理激励与约束机制的基本原理、管理激励与约束机制设计的基本原理,对领导者和管理工作者的现代管理实践具有较强的指导作用。

【管理创新】用新思想、新技术和新方法对管理系统(包括管理观念、组织战略、组织结构、管理技术、管理文化和管理流程等)进行重新评价、设计、改造与重构,促进管理系统的动态发展,达到不断提高组织管理效能目标的活动。具体内容包括管理战略创新、组织创新、管理流程创新和管理文化创新等方面,其中战略创新是管理创新的指南,组织创新是管理创新的保证,流程创新是管理创新的基础,文化创新是管理创新的支柱。创新是人类社会不断发展的根本动力,随着人类社会生产力发展水平和社会组织结构复杂性的提高,管理创新以其特有的整合性、综合性、非线性、不间断性等基本特征而逐渐成为创新体系的关键和核心,对其他创新活动起到了有力的组织、推动、强化和提升的作用,从而将一切创新活动整合成一个完整的创新系统,组织管理创新能力的强弱直接决定着组织的兴衰。

【刚性管理】"柔性管理"的对称。一种以行政强制手段简单粗暴的对人的管理办法。往往是暂时的、表面的,口服心不服的,使人有一种压迫感,没有凝聚力、向心力和亲和力。刚性管理不是体贴员工、爱护员工的积极性,关心员工疾苦,而是压制员工说话,对人的价值、地位、作用统统贬低,结果在员工队伍中毫无动力。这种刚性管理有损于企业形象,更有损于管理人员的自身形象,是企业经营管理的大敌。

【柔性管理】亦称"人格化管理"、"个性化管理"。"刚性管理"的对称。一种以人为本、以非强制手段对企业员工进行管理的管理方式。这种管理依据企业的共同价值观,依据企业的文化和精神氛围,在把握人的心理和行为规律的基础上,通过激发企业员工的自主性和创造性,达到提高生产效率的目的。它是在现代电子计算机和信息技术迅速发展的情况下,适应柔性制造系统等现代生产方式,以市场需求和知识创新为核心的管理方式。

【精益管理】 "精益求精"在营销管理中的应用。要求对"精益求精"有目的、有系统地研究、分析,并把它应用到实际管理、生产服务甚至产品销售的各个环节。中心思想是只做增加价值的事情,消除不必要的浪费,对完成目标过程的每一步不断质疑,持续改善。这不仅仅是一种工具和方法,更是如何做事的理念、意识和哲学。

【目标管理】 企业领导与员工围绕总目标,共同制定具体分目标并自觉执行的管理方法。管理大师彼得·德鲁克于1954年在其名著《管理实践》中最先提出了"目标管理"的概念,这一概念在美国迅速流传。其后他又提出"目标管理和自我控制"的主张,遂被人们广泛应用,并很快为日本、西欧国家的社会经济活动所仿效,尤其是在日本,获得巨大成功。目标管理理论其基本内容是一种管理程序或过程,它使社会经济活动中的上下级一起协商,根据社会经济活动的使命确定一定时期内(一般为一年)社会经济活动总目标,由此决定上下级的责任和分目标,并把这些目标作为社会经济活动经营、评估和奖励每个部门和员工个人贡献的标准。目标管理机制把管理者从烦杂的行为管理中解放出来,强调计划和控制,分清职责,并对下属给予充分授权。目标管理的实施分为三步:(1)目标的设置。

上级和下级共同参与战略目标的制定;依据企业总目标,各个部门制定相应的策略目标;职工个人依据所在部门的目标,制定自己的任务目标。由此形成自上而下的目标连锁。(2)目标的实现。企业各级管理者根据目标和实施计划,授予下级部门和职工相应的权力,充分发挥职工的积极性、创造性和主动性,使其能够实现部门目标,达到最后完成企业总目标的目的。上级管理者在放权的同时,要定期检查、评定、反馈,并加以支持和诱导。(3)总结和评估。预定的期限达到或目标实现以后,将结果和原定目标进行对比考核,决定奖惩;在总结的基础上,进入下一个周期的目标管理。目标管理的思想核心是重视成果,重视人的因素。社会经济活动中的每一个人都必须为着一个共同的目标做贡献,朝着同一方向,融成一体,产生出一种整体的业绩,管理者围绕目标进行管理,而不是对下属行为的监控,其工作由控制下属变成与下属一起设定客观标准和目标,让他们靠自己的积极性去完成。

【时间管理】 指个人在一定时间内,以正确处事观念,以正确处世方法,善于利用和开发自己的时间资源,尽全力于自己的目标奋斗,使自己的成就达到最大。把重要的事情摆在第一位是时间管理的要诀所在。所谓重要的事情,是指真正有助于达成我们的目标的事情,是让我们的工作与生活更有意义,更有成就的事情。

【战略管理】 着眼于对企业发展有长期性、根本性影响的问题进行决策和制定政策,以便在市场中取得竞争优势,确保有效完成公司目标的活动过程。战略管理思想对成本会计系统的影响主要体现在战略成本管理的提出。战略成本管理就是运用成本数据和信息，来发展及确认能促进公司竞争优势的最优战略。战略成本管理所包括的范围，目前还没有定论，一般包括三个方面：(1)价值链分析；(2)市场定位；(3)成本动因分析。每一方面都包含非常丰富的内容。

【盈亏平衡分析定价法】通过盈亏平衡分析，帮助企业得出在既定价格下的保本点销售量或销售额定价方法。即以盈亏平衡点为定价基准点，当市场需求降到或接近这一点时，企业必须对现有价格政策采取相应的调整行动，以避免遭遇更多的风险。盈亏平衡点销售量及销售额的计算公式：盈亏平衡点销售量＝固定成本÷(单价－单位变动成本)；盈亏平衡点销售额＝固定成本÷(1－单位变动成本率)。其中，"单位变动成本率"是指单位变动成本与商品单位价格的比值。由于盈亏平衡分析定价法仍然以成本分析为基础，并未考虑到价格对顾客需求量的影响，所以与成本导向定价法一样有相同的局限性。

【赢利性控制】对不同产品、不同市场的赢利情况进行监控，以检查所制定的赢利目标能否实现。要求对不同产品、不同市场的收入和投入进行认真的记录和报告，以便营销管理部门定期做出评价报告。通过评价报告，如果发现赢利目标没有完成，就应进行诊断分析，找出赢利目标没有完成的原因，以对相关的营销职能部门加强管理，提高其营销效率。

【营销警戒线】企业设立的营销预警安全区与非安全区的分界线。营销警戒线设立必须具备的条件：(1)营销预警人员有综合的预警能力；(2)企业建立完备的预警系统；(3)营销过程有科学的预警制度。

【BCG模型】参见【波士顿咨询公司模型】。

【BCG评价法】参见【波士顿咨询公司模型】。

【GE矩阵法】参见【通用电气公司模型】。

【白皮货】没有商标的商品。

【报酬制度】企业营销管理的重要政策制度。企业报酬管理规范化和流程化的表现。健全合理的报酬制度应能符合公平性、竞争性、激励性、经济性与合法性的要求，同时必须与企业的目标、策略和文化相配合。在设计报酬制度时，应采取以下步骤：调查报酬管理中存在的问题，确定报酬总额，制定报酬结构，编写报酬制度。

【扁平化管理】企业为解决层级结构的组织形式在现代环境下面临的难题而实施的一种管理模式。当企业规模扩大时，原来的有效办法是增加管理层次，而现在的有效办法是增加管理幅度。当管理层次减少而管理幅度增加时，金字塔状的组织形式就被"压缩"成扁平状的组织形式。扁平化得以在世界范围内大行其道的原因：(1)分权管理成为一种普遍趋势，金字塔状的组织结构是与集权管理体制相适应的，而在分权的管理体制之下，各层级之间的联系相对减少，各基层组织之间相对独立，扁平化的组织形式能够有效运作。(2)企业快速适应市场变化的需要。传统的组织形式难以适应快速变化的市场环境，为了不被淘汰，就必须实行扁平化。(3)现代信息技术的发展，特别是计算机管理信息系统的出现，使传统的管理幅度理论不再有效。

【扁平化经营管理】通过缩短经营管理通道和路径,扩大经营管理的宽度和幅度,进而提高经营管理效率和市场竞争力。扁平化经营管理的主要特征是精简了经营管理层次,缩短经营管理通道和路径,扩大经营管理的宽度和幅度。其主要内容有:(1)扁平化管理思想倡导企业内部沟通不再受限于各层次之间的上下区分,每一个人都可以毫无阻碍地同其他人进行交流。(2)扁平化管理市场反应较快;也避免因为层级过多,导致员工发挥余地较小、成长速度慢。(3)这一切旨在快速响应不断变化的市场需求,减少政策执行中效能传递流失。

【标杆管理】通过学习他人而寻求生产改进和提高的管理方法。20世纪70年代最先由美国施乐公司开始实施,80年代后期在美国企业中广泛推行。标杆管理的主要内容为:选定一个值得学习的企业,立下一个发展的目标,通过建立学习网络,相互观摩学习,将该企业的长处纳入到自己的行为之中,使组织获得全面革新,最终达到领先的目的。标杆学习的内容涵盖流程、产品、服务以及企业内各个部门的功能发展和协调。标杆学习在空间范围上可分为内部的标杆学习、外部的标杆学习、功能(通用)的标杆学习三种。内部的标杆学习是与组织内表现最好的企业相比较,进行学习改进;外部的标杆学习是对相同产业中最好的企业(往往是直接的竞争对手)的比较与学习;功能的标杆学习是对拥有最先进的产品、服务、流程的企业(可以是产业内的,也可以是产业外的)的比较与学习。

【波士顿咨询公司模型】亦称"波士顿模型"、"BCG模型"、"BCG评价法"。一种通过考察市场份额和增长率来分析和归类多样化经营的大型公司各经营单位业绩的方法。该方法由波斯顿咨询公司于1970年首创(该公司是一家战略咨询公司)。该方法在一个二维模型中列示了四个主要种类,它致力于寻求那些能产生现金和使用现金的经营单位,并将经营单位的情况与整体企业战略联系起来。操作方法是,主要用"销售增长率—相对市场占有率矩阵"来分类和评价企业的所有产品业务(战略业务单位)。它把企业的7种产品分成四类,以便分析。其要求是,先建立"市场增长率—市场占有率"矩阵。在矩阵中,纵轴表示各战略业务单位的年市场增长率。增长率的高低可依具体情况而定,假设以10%为分界线,则高于10%为高增长率,低于10%为低增长率。矩阵中的横轴代表各战略业务单位的相对市场占有率。即本企业的产品的市场占有率与该企业最大竞争对手市场占有率之比。如前者为10%,后者为40%,相对市场占有率则为0.25,即本企业的市场份额相当于最大竞争者的25%;一般市场占有率通常以1.0为界分为高低两部分。这样,BCG矩阵就可分为四个不同的区域,将企业每项业务的市场增长率和相对市场占有率指标计算出来,标在图中,清楚说明企业经营的不同业务在市场中的不同地位。图中圆圈的大小可按销售额大小分别展示。分为明星业务、金牛业务、问题业务和瘦狗业务。如相对市场占有率为6,则本企业的市场占有率相当于最大竞争者的6倍;如相对市场占有率为1.0,则表示该业务单位的市场占有率和该行业的最大竞争对手的市场占有率相同。该模型对企业的业务组合，可以看到它们的生命周期。即一个成功的战略业务单位，在 BCG 矩阵中的位置，随时间的变化立该依问题业务—明星业务—金牛业务—瘦狗业务这一顺序变化，直到最后从企业的业务组合中退出。采用此矩阵评价具有简洁明了的优点，但存在局限性。该矩阵运用的前提是：行业吸引力由市场增长率来表示，企业实力用市场占有率来表示，企业销售量的大小与赢利多少是一致的，企业在各项业务的资金回收与投入应当是平衡的。以上假设均带有一定的片面性，它与经验曲线一样，较多地强调市场占有率和降低成本的作用而忽视了其他的因素，容易导致决策的不够周密。参见【明星业务】、【金牛业务】、【问题业务】、【瘦狗业务】。

【财务分析方法】通过企业的资产负债表、现金流量表和损益表，利用大量的财务分析模型，分析厂商的财务状况和行业的利润率、生产成本等。

【财务营销】将营销绩效和预算成本结合，关注营销预算中的费用的合理化和每笔费用对股东价值所能做的贡献，以提高营销的财务收益和公司价值的营销模式。在财务营销下，营销人员必须把他们的营销数据与财务数据挂钩。公司可以通过提高营销的效率和有效性来提高营销的财务收益。

【产品扩散过程管理】企业通过采取措施使新产品扩散过程符合既定营销目标的一系列活动。目标主要有：在导入期销售额迅速起飞；成长期销售额快速增长；成熟期产品渗透最大化；尽可能维持一定水平的销售额。

【产品业务组合】产品业务管理方法。在明确了企业任务和目标的基础上，企业的最高管理层还要对产品（业务）组合进行分析和评价，确认产品（业务）的命运和前途问题，进行"发展"、"维持"、"缩减"、"淘汰"的选择，以做出相应的投资安排。由于一些企业规模很大，提供多种多样的产品和服务，往往使对整个企业进行战略制定变得困难甚至是不可能的。于是，为了进行有效的计划和管理，许多大企业把它们的业务划分为几个主要的产品或市场部分。

【成本分析】按照一定的原则，采用一定的方法，利用成本计划、成本核算和其他有关资料，控制实际成本的支出，揭示成本计划完成情况，查明成本升降的原因，寻求降低成本的途径和方法，以达到用最少的劳动消耗取得最大的经济效益的目的。

【纯薪水制度】"计时制"。一定的工作时间之内获得一种定额报酬。多用于销售文秘兼内勤，或适用于集体劳动的销售工作。其优点是：易于了解，计算简单；销售人员收入可获得保障，以使其有安全感。该制度的缺点是：缺乏鼓励作用，无论销售人员的销售额有多少，不能继续增加成果。

【窜货】亦称"倒货"、"冲货"。商品越区销售。窜货一般可以分为以下几类：（1）恶性窜货，即经销商为了获得非正常利润，蓄意向自己所在的区域市场之外的区域市场倾销商品的行为，即是恶性窜货。一般经销商采用的方式是以低于企业规定的出手价格向非所在的区域市场销货。（2）自然窜货，即经销商在获取正常利润的同时，无意之中向自己区域市场之外倾销商品的行为。（3）良性窜货，企业在区域市场开发初期，有意或者无意选中了流通性较强、影响范围较大的经销商,使其商品流向非重要经营区域市场或空白区域市场。一般说来,应该避免恶性窜货,因为它会搞乱渠道的价格体系;当然在适度控制的前提下可以进行良性窜货,因为这可以减少物流费用并提高商品知名度和市场占有率。

【单位成本】单个产品的生产费用总和,是总成本(TC)除以产量(Q)所得的商。同样,单位成本(AC)也是单位固定成本(AFC)与单位变动成本(AVC)之和。单位变动成本(AVC)是发生在某一产品的直接成本之上,其与产量变化的关系一般成正比。从中可见,企业在制定单位产品价格时,应考虑等于或接近、或高于单位变动成本(AVC)。而单位固定成本(AFC)作为间接分摊的成本,在一定规模内,其与产量变化的关系成反比。即产量越大,单位产品中包含的固定成本比例就越小;反之则越大。总之,单位成本(AC)的变化,取决于单位变动成本(AVC)和单位固定成本(AFC)的变化。

【德尔菲法】亦称"德尔菲投票法"。美国兰德(RAND)公司于20世纪40年代末期提出的一种决策与预测方法。德尔菲(Delphi)是古希腊的城名,以有代表主神宙斯宣告神旨的阿波罗神的庙宇而著称于世,相传希腊神能降妖,人们便以"德尔菲"比喻神的高超预见能力。20世纪50年代这种方法盛行于西方国家,20世纪80年代日本也开始采用。德尔菲法以两个基本观点为基础:(1)精通某一行业的专家,有可能综合运用他的全部知识和经验来对有关事件做出合理的判断和预测。(2)多位专家共同预测的结果要比个别人预测更好,因为通过综合可将各预测数

值中的偏大或偏小互相抵消,从而有助于提高预测结果的准确性。这种综合的预测方法,对于其他的预测方法来说也有一定的参考价值。企业利用德尔菲法进行预测的步骤为:(1)确定调查预测目标。调查的组织者明确调查的主题,设计调查问卷或调查提纲,并整理有关调查主题的背景材料,做好调查前的准备工作。(2)选聘市场方面的专家。根据市场调查主题的需要,事先挑选一些专家,并征得他们同意,然后正式确定聘请专家名单(人数一般为0~50人,如果是重大预测项目,可以超过此数)。专家名单确定后,即可将调查问卷或调查提纲及背景材料提交给每个选定的专家,请专家用书面方式,在规定的时间内(一般定在收到调查问卷后的两个星期内)各自作答,寄回调查的组织者。组织者与专家建立直接的信函联系关系。(3)反复征询专家意见。在第一轮调查意见回收后,调查的组织者以匿名的方式将各种不同意见进行综合、分类和整理,然后分发给各位专家,再次征询意见。各位专家在第二轮征询过程中,可以坚持自己第一次征询的意见,也可以参考其他专家的不同意见,修改、补充自己原来的意见,再次寄回给调查的组织者。如此几经反馈,一般在3~5轮后,各位专家的意见就渐趋一致。(4)对各专家最后一次征询的意见进行统计处理,做出调查预测结果。

【德尔菲预测法】参见【征求专家意见法】。

【电子商务伦理】利用电子信息网络进行的商品和服务交易活动的伦理准则。电子商务伦理构建是要建立一种依靠网际公民的舆论和内心信念来

调整的道德规范,受外在的社会舆论和传统习惯的制约越来越少。电子商务伦理包括关心公益、有利于社会、互利互惠、以诚相待、杜绝欺诈、维护网络安全等。

【多因素业务矩阵法】参见【通用电气公司模型】。

【工艺管理】产品生产过程中按照质量与技术要求对加工方法和流程的管理。企业在日常生产活动中,需要指导工人严格执行工艺操作规则,正确使用生产设备,对原材料、半成品进行加工生产。工艺管理是技术管理的组成部分,是技术管理的核心,是体现企业的生产方针——实现优质、高产、低耗、高效益的保证,是衡量企业管理水平的标准之一。

【固定成本】成本总额在一定时期和一定业务量范围内,不受业务量增减变动影响而能保持不变的成本。这里是就总业务量的成本总额而言的。若从单位业务量的固定成本来看,则情况有所不同,它是变动的,与业务量的增减成反向变动。它通常可区分为约束性固定成本和酌量性固定成本。

【顾客关系管理】跟踪消费者和客户的行为。目的是建立联系并发展关系营销,把顾客与品牌进一步拉近。往往要开发顾客数据库管理系统等软件,以实现一对一的沟通和服务。

【管理宽度】每一个上级所能控制的下级人数。影响管理宽度的主要因素有:(1)主管人员与其下属双方的能力。能力强,则管理宽度可增大。(2)面对问题的种类。问题是复杂的、较困难的或涉及方向性战略时,管理宽度不宜过大。(3)组织沟通的类型及方法。下属人员相互沟通较易或采用有效的控制技术,对下属考核的制度较健全,则管理宽度可加大。(4)授权。适当的授权可减少主管的监督时间和精力,可增大管理宽度。权责划分明确,也可增大管理宽度。(5)计划。事前有良好的计划,可增大管理宽度。(6)组织的稳定性。这一点也影响到管理宽度。

【广告管理】依法对广告活动进行的监督和管理。为了加强广告管理、规范广告活动,我国于1994年10月制定了《中华人民共和国广告法》,对在我国境内从事商业广告活动的广告主、广告经营者、广告发布者进行了行为规范。该法规定:广告应当真实、合法、符合社会主义精神文明建设的要求,不得含有虚假内容,不得欺骗和误导消费者;其内容应当有益于人民的身心健康,有利于促进商品和服务质量的提高,并应遵守社会公德和职业道德,维护国家的尊严和利益。另规定,县级以上人民政府工商行政管理部门是广告监督管理机关。广告主、广告经营者、广告发布者从事广告活动,均应遵守法律和行政法规,遵循公平、诚实信用的原则。对违反法律和行政法规的行为,要依法追究责任。企业的广告管理是在遵循广告法的前提下利用广告这一促销手段,通过各种传播媒体,向公众传达商品、劳务或企业的信息,以激起消费者的注意和兴趣,促进商品销售和企业形象树立的一系列计划、组织、协调、控制等活动。企业广告管理的基本原则是:(1)真实性。要求广告的内容必须准确、如实地反映所推介的产品,不能虚构、夸大和杜撰。(2)思想性。即广告的主题和内容应该健康,符合社会风尚、民族习惯以及社会主义精神文明建设的要求。企业广告管理的主要内容包括:确定广告目标和促销宣传的对象,确定广告预算,选择广告代理商,协助广告代理一同进行有关广告信息、广告媒体的决策,调查广告的效果,办理或协助办理刊登广告的手续(如开出证明、交验营业执照和商品质量鉴定书等)。

【灰色市场】渠道商未经商标所有者授权而销售该品牌商品的市场分销渠道。与销售假冒伪劣产品的黑色市场不同,灰色市场所销售的产品是经过品牌拥有者的授权与认可而生产,并且附有真实商标的真品,只不过是在非授权的市场上销售。

【灰市交易】现实生活中因某些消费品市场紧缺而出现的一种特殊的商品交易方式。一些掌握紧缺消费品销售权的单位和个人,同有权力关系、人情关系的单位和个人之间进行既不依照国家商业流通的原则和方式,也不依照市场竞争的原则和方式的不正当交易。突出特征是双重价格并存:同种商品,受到优待的顾客以低价优先获得,普通顾客支付高价尚不一定能得到。灰市交易与黑市交易活动的区别在于,灰市交易虽然是不正当的,但不是非法的,而黑市交易则是非法的。

【回扣】经营者销售商品时在账外暗中以现金、实物或者其他方式退给对方单位或者个人的一定比例的商品价款。

【基准管理】选择其他行业中诸如竞争战略、职能管理、业务流程或组织设计等层面的最佳实践作为基准,将本企业的相同层面与其进行比较,找出其间的差距,进而研究并实施相应赶超措施的一种管理活动。其核心思想在于寻找、选择最佳实践学习,在学习中提升管理理论、管理方法。(1)竞争基准管理。通过拟定业界处于优势地位的竞争对手,分析其竞争优势的来源,寻找自身与竞争对手之间的差距,向竞争对手学习。(2)内部基准管理。跨国公司常用的管理策略便是直接比较各地区生产与销售部门的业绩、分析差异。(3)流程基准管理。善于学习的企业亦能识别自身业务流程的优劣,并基于差距向最佳实践学习。(4)职能基准管理。身处市场竞争环境中的企业可以同时向各自拥有不同最佳职能实践的多家企业学习。企业学习最佳实践必须加强自身的重新思考及相关层面的整合。(5)技术基准管理。通过基准管理推动新技术的逐步实施,沿学习曲线发展。实践中,企业新技术的引进与应用均有一个技术基准管理的过程,员工对技术的掌握则遵循学习曲线规律。

【激励】激发人的动机和内在动力,鼓励人朝着所期望的目标采取行动的心理过程。这也就是说,激励在本质上就是激发、鼓励和努力调动人的积极性的过程。作为管理手段的激励,是利用人的需要的客观性和满足需要的规律性,在帮助组织成员满足需要的同时,促使满足需要的行为朝着实现组织目标的方向运动。激励手段的运用,赋予了管理活动以主动性的特征。激励的类型有:(1)目标激励;(2)物资激励;(3)任务激励;(4)荣誉激励;(5)信任激励;(6)强化激励;(7)数据激励;(8)工作激励。

【价值管理】依据组织的远景,设定符合远景与企业文化的若干价值信念,并具体落实到员工日常工作的管理方法。价值管理的意义在于,不仅能够传承落实企业的发展远景,更能设定企业员工守则、工作信条等原则、内容。

在组织内部进行各种层面的激励与沟通,凝聚组织、团体、团队与个人的目标成为共同信念,以增加组织成员的生活品质满意度,提升组织的竞争力。同时,以价值为基础的管理是持续实现企业价值最大化的一个过程,能够指导企业各级的决策,包括董事会一级的战略决策,以及具体业务管理部门的业务决定等。它的实施,有助于在强调业务的关键价值驱动因素的管理过程中,增强价值创造观念。它基于一种共同语言,改善双向交流。企业一旦强化关于价值驱动因素方面绩效的对话和以价值为基础的薪酬制度,是可以大幅度提高员工凝聚力的。

【价值链】企业互不相同但又相互关联的生产经营活动,构成了一个创造价值的动态过程。“价值链”的概念,是哈佛大学商学院教授迈克尔·波特于1985年提出的。波特认为,“每一个企业都是在设计、生产、销售、发送和辅助其产品的过程中进行种种活动的集合体。所有这些活动可以用一个价值链来表明”。每一项经营管理活动就是这一价值链条上的一个环节。企业的价值链及其进行单个活动的方式,反映了该企业的历史、战略、实施战略的方式以及活动自身的主要经济状况。价值链可以分为基本增值活动和辅助性增值活动两大部分。企业的基本增值活动,即一般意义上的“生产经营环节”,如材料供应、成品开发、生产运行、成品储运、市场营销和售后服务。这些活动都与商品实体的加工流转直接相关。企业的辅助性增值活动,包括组织建设、人事管理、技术开发和采购管理。这里的技术和采购都是广义的,既可以包括生产性技术,也包括非生产性的开发管理,例如,决策技术、信息技术、计划技术;采购管理既包括生产原材料,也包括其他资源投入的管理,例如,聘请有关咨询公司为企业进行广告策划、市场预测、法律咨询、信息系统设计和长期战略计划等。价值链的各环节之间相互关联,相互影响。一个环节经营管理的好坏可以影响到其他环节的成本和效益。虽然价值链的每一环节都与其他环节相关,但是一个环节能在多大程度上影响其他环节的价值活动,则与其在价值链条上的位置有很大的关系。根据产品实体在价值链各环节的流转程序,企业的价值活动可以被分为“上游环节”和“下游环节”两大类。在企业的基本价值活动中,材料供应、产品开发、生产运行可以被称为“上游环节”;成品储运、市场营销和售后服务可以被称为“下游环节”。上游环节经济活动的中心是产品,与产品的技术特性紧密相关;下游环节的中心是顾客,成败优劣主要取决于顾客特点。企业的价值创造是通过一系列活动构成的,这些活动可分为基本活动和辅助活动两类,基本活动包括内部后勤、生产作业、外部后勤、市场和销售、服务等;而辅助活动则包括采购、技术开发、人力资源管理和企业基础设施等。

【价值链管理】对参与经营的设计、生产、销售、服务等创造价值活动实施管理的行为。现代营销管理方法之一。可降低产品的成本,为顾客提供高质量产品和服务,从而增加企业的竞争力。从竞争角度而言,价值是买方愿意购买产品所支付的价格,价值一般用总收入来衡量。如果企业的总收入超过创造产品所花费的成本,那么企业就有赢利,任何企业的战略目标都是为客户创造出超过其成本的价值。价值链管理的基本问题包括:(1)价值信息管理。包括价值信息标准的制定、实际工作流程中价值信息的跟踪、价值信息的评价。价值信息标准的制定是通过事前分析,包括对以前各会期价值信息的分析和同行业企业相同业务流程价值信息的分析,以及企业未来发展趋势的预测,制定全面财务预算和各部门的财务预算,作为企业价值管理活动的指南。价值信息的跟踪是通过在企业内部各业务流程实施信息技术,实现财务业务的在线操作。利用信息网络监督企业财务预算的执行情况,同时对财务预算管理中出现的"例外管理"、特殊异常业务进行例外审批。价值信息的评价方法有平衡计分卡法、基准指标法、经济增加值法等。平衡计分卡法从顾客角度、内部业务流程角度、发展角度、财务角度测评企业绩效,克服了传统管理体系的重大缺陷,把企业长期战略目标和短期财务指标联系起来。基准指标法采用相对比较方法,这种方法需要识别最强的竞争对手或其他行业的佼佼者作为范例与自身进行比较。这种方法使企业产生强烈的改进意识,利于克服骄傲自满情绪。经济增加值法是一种能够全面衡量企业价值创造和生产经营的真实业绩和业绩评价方法。它等于公司税后经营利润扣除债务和股权成本后的利润余额。不同的评价方法各有长短,企业财务人员应在实际的管理工作中不断探索,寻求适合本企业的评价方法。(2)增值活动管理。包括业务流程管理、成本管理和公司财务管理等三个方面。业务流程管理主要是优化业务流程,实现企业价值增值最大化。财务会计人员应利用掌握的各部门价值信息,分析企业价值链各环节业务活动的增值量,协助企业进行业务流程的改造。成本管理是增值活动中一项最基本的工作。企业每项价值活动的成本包括:外购经营投入成本,如为生产投入的原材料、低值易耗品等;人力资源成本,如职工的招聘、安置费用、教育培训费用、保险福利费用等;资本化费用,如无形资产的购置费用、固定资产的更新改造费用等。在成本管理中,企业必须将以上成本分摊到价值链的各项价值活动中去,分摊的目的是产生一个反映成本分布的价值链,比较各价值活动的成本的分布,从而找出可以改善成本的突破口。除此之外,成本管理人员还需要了解与产品有关部门的整个价值链成本,并与处于价值链上的其他厂商合作,共同控制成本,寻求最大收益率。公司财务管理是增值活动中的重要组成部分,它主要包括筹集资金、投放资金、现金管理、信用管理和股利分配等多种理财活动。

【看板管理】日本丰田汽车公司于1962年创立的一种生产管理方法。看板也叫"传票卡",是下道工序传给上道工序、列明所需物料的卡片,载有在制品的名称、材质、重量、加工地点、运送地点、工位器具等项目。看板管理的运作以最后一道工序为起点,根据每批产品的需要,依次向上道工序递交看板。上道工序只按看板的要求组织生产和供应,下道工序也只根据看板领取物品。看板管理与在制品工序流程逆向运转,起着使各道工序紧密衔接和同步运行、压缩各部分在制品储备、提高企业经济效益的作用。其实行需要一定的条件,如产品生产工艺稳定,各工序加工质量稳定,工序间的组织合理,设备、工具、材料供应井然有序等。

【客户管理】对企业客户各项管理活动的总称。管理即控制,管理客户不比管理下属,无法运用职位赋予的权力去命令及控制客户的行为。管理客户,厂方代表更多的是运用专家力、威慑力,还有部分奖惩力,通过沟通、谈判、说服,从而达到管理客户及市场的目的。企业强化客户管理,以确保企业能有效的把公司产品或售后服务送到消费者手中。主要工作包括:(1)客户数据管理。建立客户基本资料档案;建立客户信用资料;客户分级管理建档(按销量分 A、B、C 三类客户,重抓 A 类大客户,维护 B 类客户);客户需求和售后服务建档,将前者的资料输入电脑数据库,便于随时查阅。(2)销售政策管理。保证客户充足的货源,避免缺货、断货;根据不同客户及季节的变化,制定一系列促销方案,协助客户做到"淡季不淡";对客户制定奖励、返利政策;安排公司高级人员定期拜访客户,解决一些实质问题;公司与客户经常保持市场信息传递,把握市场命脉。(3)库存管理。定期盘存客户的总库存量,并记录下月销量及单品销量,看库存是增加、减少,还是稳定;根据单品的销量制定要货计划,避免库存过多或断货现象;及时调整库存积压较多的品种(做特价、买赠活动);根据季节变化保持客户的安全库存量。(4)沟通与倾听管理。经常沟通与认真倾听,可以将客户的需求结合起来,建立一个有计划、有步骤的销售体系,处理好与厂商的关系,产品的销售就能在某一个地区甚至整个企业的销量中占很大的比例,大大提高产品市场占有率及覆盖率。

【拉式市场管理】以消费者作为企业营销努力的对象,通过各种有效的营销活动去刺激消费需求,也即由消费者需求带动产品流通。

【老字号升级工程】目前全国的老字号企业,70% 勉强维持,20% 长期亏损,只有 10% 经营良好。北京的百年老字号还有 90 家,按 1956 年公私合营前计算的老字号还有 320 家。老字号作为中华民族的一笔宝贵财富,其珍贵价值已形成社会各界的共识。为此北京市相继推出老字号"寻亲"工程、老字号"升级"工程和老字号"年轻化"工程。老字号"升级"工程是指陆续推出的抢救老字号历史、提升老字号经营模式和管理理念、重塑老字号品牌、建立老字号基金等新思路和新模式,其目的在于组织有关方面的专家和精英,以及关爱老字号的消费者,对老字号企业进行具体的把脉诊断,出谋划策,重铸老字号的辉煌。

【零售终端管理】运用管理理论与方法,对零售终端进行控制、监督等活动的总称。因销售工作的特殊性,终端工作人员 70% 以上的工作是在办公室以外进行的,企业很难进行直接的监督。同时,终端工作人员日复一日地在固定的零售终端之间巡回,终端管理难度大。主要管理内容包括:(1)报表管理。运用工作报表追踪终端人员的工作情况,是规范终端工作人员行为的一种行之有效的方法。主要报表有:工作日报表、周报表、月总结表、竞争产品调查表、终端岗位职责量化考评表、样品及礼品派送记录表、终端分级汇总表等等。(2)终端人员的培养和锻炼。加强岗前、岗中培训,增强终端工作人员的责任感和成就感,放手独立工作同时与终端工作人员协同拜访,并给予其理论和实践的指导,发现问题及时解决,使终端工作人员的业务水平不断提高。(3)终端监督。要定期、不定期地走访市场,对市场情况做客观的记录、评估,并公布结果。终端市场检查的结果,直接反映了终端人员的工作情况。同时,建立健全竞争激励机制,强化人力资源。(4)终端协调。企业对终端工作人员所反映的问题,一定要给予高度重视,摸清情况后尽力解决,这样既可体现终端人员的价值,增强其归属感、认同感,又可提高其工作积极性。同时鼓励他们更深入全面地思考问题,培养自信心。(5)任务控制。终端人员在零售终端所需完成的工作任务大致包括产品铺市、产品陈列、POP 促销、价格控制、通路理顺、客情关系、报表反馈等七项。

【麦当劳培训手册】麦当劳总部制定的用以培训员工的企业内部行为准则规范。麦当劳总部对分店的重要责任之一,就是对所有员工提供全面的培训。其意义在于:帮助员工了解麦当劳的总体精神,以严格系统的员工培训来支持优良服务。除了学习全球通用的《麦当劳培训手册》、观看电视录像带、听取评估报告外,管理人员还要参加管理开发培训,课程内容包括营运、管理技巧和设备使用。高一级经理将对下一级经理和员工实行一对一的训练。将麦当劳的经营理念和行为规范,深深地渗透到麦当劳员工的行为之中。麦当劳于 1964 年建立了汉堡包大学,专为餐厅经理和第一副经理开设营运课程。《麦当劳培训手册》的三大原则为:(1)简单化(Simplification)。即将作业流程尽可能地"化繁为简",减少经验因素对经营的影响。(2)专业化(Speciali-

zation)。即将一切工作都尽可能地细分专业,在商品方面突出差异化。(3)标准化(Standardization)。即将一切工作都按规定的标准去做。

【木桶效应】亦称"木桶原理"、"木桶定律"、"短板理论"。一种对关键性问题进行管理的理论。该理论认为,通常盛水的木桶是由许多块木板箍成的,盛水量也是由这些木板共同决定的。若其中一块木板很短,则此木桶的盛水量就被短板所限制。这块短板就成了这个木桶盛水量的"限制因素"(或称"短板效应")。若要使此木桶盛水量增加,只有换掉短板或将短板加长才行。

【内部报酬】员工从自身得到的报酬。这多半是由于员工对自己的工作比较满意的结果。

【年度计划控制】营销管理的基本措施。企业在本年度内采取控制步骤,检查实际绩效与计划之间是否有偏差,并采取改进措施,以确保市场营销计划的实现,是市场营销控制的重点。目的是保证企业完成在年度计划内建立的销售利润目标和其他目标。核心是目标管理。包括四个步骤:(1)确立月度、季度目标。(2)对市场上的绩效进行控制。(3)找出造成严重绩效偏差的原因。(4)必须采取正确的行动来缩小目标和实际之间的差距,这就需要改变行动方案甚至改变目标。年度计划控制过程为:设定目标—绩效测定—绩效分析—校正行动。

【品牌管理】运用管理理论与方法控制、监督、规范品牌活动的总称。传统品牌管理的做法是塑造和传播品牌形象。我国许多企业创名牌的基本做法就是打广告,这是一种比较幼稚的做法。品牌管理的最高境界就是打造消费者对品牌的某种信念和在此基础上的对品牌的忠诚。品牌管理是一项系统工程。为了实现品牌管理的战略目标,企业应在利润考核指标之旁设置一套品牌资产的考核指标,在完成利润和销售收入的同时,评价品牌知名度、品牌美誉度,尤其是品牌忠诚度是否提高。品牌质量管理是品牌管理的核心。消费者是通过质量代用符号感知质量的。一切与品牌产品有关的人、事、物都是质量代用符号,包括产品外观设计、包装风格、价格、颜色、说明书、企业形象和员工的言行举止等。消费者正是通过这些符号来认知质量的。品牌战略管理同品牌战术管理有不同的特点,自然也适用不同的行业。结合自身情况,选择合适的品牌管理方式,是企业经营的关键。(1)品牌战略管理适用的行业。①食品、饮料、酒、药品、保健品、洗涤用品等快速消费品行业。②家用电器、汽车等耐用消费品行业。③体现身份地位的产品行业。(2)品牌战术管理适用的行业。①文化、娱乐、金融以及交通、水、电等行业。②工业用品、原材料行业。③餐饮、零售批发行业。④一些低价值的消费品行业。⑤学校、医院、政府、城市等非营利组织。

【品牌质量管理】对品牌形成、成长与发展的所有要素进行科学控制的一系列活动的总称。品牌质量已成为国际市场竞争的焦点。我国政府在引导企业加强质量建设方面,采取了监督管理"以质量为中心,标准化、计量为基础"的工作方针,针对企业的不同情况,实行了分类指导、分步引导、分期提高的工作策略。对于管理基础较好、品牌质量稳定的企业,主要是引导贯彻国际通行的质量管理和质量保证系列标准并不断提高品牌标准水平,深化全国质量管理,鼓励和支持企业实施"名牌战略",扶持发展一批在国际市场上有影响的名牌品牌;对于品牌质量不够稳定的企业,引导它们严格质量管理,运用科学的质量管理方法,加大对质量的投入,搞好基础性建设,配备计量检测手段,加强对生产工艺及过程的监控和成品的检测,以提高品牌的实物质量并保持稳定;对基础较差的企业,特别是乡镇企业和个体私营企业,重点进行标准化和计量法制宣传,抓好质量培训,提高全员质量意识,加大监督力度,促进企业严把品牌质量检验关,达到品牌标准水平,提高品牌质量合格率。同时,引导企业品牌标准与国际接轨,积极采用国际标准和国外先进标准。建立以市场评价、质量评价、效益评价和发展评价为主要评价内容的评价指标体系。市场评价主要评价申报品牌的市场占有水平、用户满意水平和出口创汇水平;质量评价主要评价申报品牌的实物质量水平和申报企业的质量管理体系;效益评价主要对申报企业实现利税、工业成本费用利润水平和总资产贡献水平等方面进行评价;发展评价主要评价申报企业的技术开发水平和企业规模水平,评价指标向拥有自主知识产权和核心技术的品牌适当倾斜。

【欺骗性包装】在包装上出现与实物不符的信息的包装物。包装常常扮演着无声推销员的角色来吸引顾客。当这种角色功能被过度强调时,就导致过度的商品包装泛滥和浮华欺骗性包装的存在,从而又引发消费者被欺骗包装误导、为浮华性包装掏空口袋,更重要的是不必要的包装造成不必要的环境污染。主要体现在保健品、食品和日用化妆品等几类商品上。一般表现为包装体积虚泡过大、用料过度过量、装饰豪华多余,有的生产者或经营者甚至会在包装上出现与实物不符的信息。

【欺骗性购买】企业针对竞争对手的一种不道德的战术。让自己的人假装成顾客不断光顾或者接触竞争对手,并声称要进行购买或消费,其实目的是获取竞争对手的产品信息和各种计划。

【欺骗性广告】传播虚假信息对消费者带有蒙骗性、误导性的广告。在信息化的社会中,广告在传递商品信息方面的作用已是显而易见的,但是,由于社会主义初级阶段所固有的市场经济特征,广告并未完全遵循规范的方式运作,表现为大量欺骗性广告的存在。欺骗性广告不仅严重地损害了消费者的利益,而且也造成了社会财富的极大浪费,已成为社会的一大公害,所以,如何根治欺骗性广告是当前急需解决的课题。

【欺诈消费者行为】经营者在经营商品或者服务中,采取虚假或者其他不正当手段欺骗、误导消费者,使消费者的合法权益受到损害的行为。具体表现形式有:销售掺杂、掺假、以假乱真、以次充好的商品的;采取虚假或者不正当手段使销售的商品分量不足的;销售"处理品"、"残次品"、"等外品"等商品谎称是正品的;以虚假的"清仓价"、"甩卖价"、"最低价"、"优惠价"或者其他欺骗性价格表示销售商品的;以虚假的商品说明、商品标准、实物样品等方式销售商品的;不以自己的真实姓名和标记销售商品的;采取雇用他人等方式进行欺骗性的销售诱导的;做虚假的现

场演示和说明的;利用广播、电视、电影、报刊等大众传播媒体对商品做虚假宣传的;骗取消费者预付款的;利用邮购销售骗取价款而不提供或者不按照预约条件提供商品的;以虚假的"有奖销售"、"还本销售"等方式销售商品的;以其他虚假或者不正当手段欺诈消费者的行为。

【企业内部市场管理】管理制度创新的产物,它围绕提高管理效益和效率,将企业行为由总体转向个体、内部交易由计划转向市场、经营管理制度由静态转向动态,以适应不断变化的客观环境需要。

【区域营销管理平台】控制、协调区域营销的组织模式。区域市场的开发和改造必须要有各项营销职能的系统支持,并在区域营销平台的组织形态、管理规范、业务流程和营销人员投入等方面得到保证。对于重点的模本市场,要成立由营销副总、咨询专家、大区经理、区域经理和业务骨干等组成的项目小组,集中资源,统一指挥,协调实现重点突破。建立区域市场营销管理平台,由区域经理全面负责,包括对其下属的聘用、培训、监督、指导和评价激励,健全相应的管理规范和工作制度(各岗位描述、责任权力、销售报告制度、例会制度和绩效考核制度等);同时,设计和确定各种工作流程(市场维护、客户巡访、促销管理、价格协调、物流配送、市场调研、信息反馈管理、费用财务管理等业务流程),实现有组织的努力,加强营销前、后台的整体协同,提高响应市场的速度和能力。

【趋同式经营】亦称"争夺经营"。表示零售商从专卖特定商品向销售任何赢利商品转轨的趋势。导致各种不

同类型的零售店趋同化。该现象在每个城市普遍存在。其后果是使所谓的"类型间竞争"更加剧烈。例如，超级市场开始经销药品，药店也经销以往由超级市场出售的化妆品。

【渠道管理】对产品分销通路各个环节、各个方面的协调与控制。大多数企业必须依靠渠道合作伙伴（代理商、分销商、经销商、零售商）来销售产品，并为产品提供服务。个性化的渠道管理为合作伙伴提供了使渠道能更好地进行市场推广、销售和支持产品所必须的工具、信息和服务，从而使公司能够与渠道合作伙伴建立更加密切的协作关系。结果是增加了获益商机，降低了渠道支持成本，最终使最终用户更加满意。渠道管理的任务即是确定渠道策略、选择合适的渠道类型和中间商、加强对于渠道成员的管理和控制。管理任务包括：扩大渠道覆盖范围，拓宽新市场，发动更有针对性的渠道促销活动，提高渠道效益；提高渠道的工作效率和满意度，刺激产品销售；渠道的行为活动自动化，降低渠道支持成本；提高最终客户的满意度，增强渠道绩效的安全性。

【渠道管理原则】对产品分销通路各个环节、各个方面的协调与控制的工作准则。包括：(1)有效性原则。即强调渠道与细分市场相匹配，注重渠道分销力。(2)整体效率最大化原则。即顺畅的商流、信息流、物流、资金流和低运营维护成本。(3)增值性原则。即以针对性的增值服务获得有效差异和利益。(4)分工协同原则。即渠道成员优势互补、资源共享，获得系统协同效率。(5)针对性竞争原则和集中开发。即确定主要对手，以竞争导向的渠道策略针对

性冲击。(6)集中开发、滚动发展原则。即核心市场，密集投入，因势利导，循序渐进。(7)动态平衡原则。市场容量与分销能力平衡；渠道结构与环境发展平衡；短期利益与长期目标结合。

【全面顾客管理】以"消费者为中心"思想在顾客管理中的应用。企业的核心价值是为顾客服务。服务的目标就是要掌控市场。任何企业都不希望失去市场。服务与管理、服务与营销是结合在一起的，因此，企业用于掌控市场的相应策略主要有：需求管理和顾客管理。(1)需求管理。进行需求管理的目的是了解市场中目标客户的需求。通常的技巧是实施营销细分化，针对每个客户的不同需求，分别用多元化的产品组合加以满足。因此，做好顾客需求管理的关键在于掌握目标客户的消费心理和行为。(2)顾客管理。通过需求管理了解了客户的需求后，才能开始执行服务。如何使顾客对服务满意，不但要注意营销细分化，还必须对顾客的需求加以分类，使顾客需求与企业所能提供的服务或产品相对应。需要建立"顾客全面满意度服务体系"，以"100－1＝0"为服务格言，即一次劣质服务的坏影响可抵消100次优质服务产生的好影响，认真贯彻"顾客永远是对的"的服务理念；成立客户服务中心，由专人负责处理顾客的意见和抱怨，制定客户服务标准、规范及流程，并定期对客户服务人员进行培训、考评，全面提升顾客满意度。

【人员价值】由企业员工的经营思想、知识水平、业务能力、工作效率与质量、经营作风、应变能力等所产生的价值。企业员工直接决定着企业为顾客提供的产品与服务的质量，决定着顾客

购买总价值的大小。一个综合素质较高又具有顾客导向营销思想的工作人员,会比知识水平低、业务能力差、营销思想滞后的工作人员为顾客创造更高的价值,从而创造更多的满意的顾客,进而为企业创造市场。人员价值对企业、对顾客的影响作用是巨大的,并且这种作用往往是潜移默化、不易度量的。因此,高度重视对企业人员综合素质与能力的培养,加强对员工日常工作的激励、监督与管理,使其始终保持较高的工作质量与水平就显得至关重要。

【**商标管理**】按照管理理论与方法,依据国家法律与政策,对商标使用进行的监督和管理。我国于 1982 年 8 月颁布了《中华人民共和国商标法》,之后又于 1993 年和 2001 年进行了修正。企业商标管理的主要任务就是遵循商标法的规定,做好以下工作:(1)申请商标注册。企业对其生产、制造、加工、拣选或者经销的商品,需要取得商标专用权的,应当向工商行政管理部门商标局申请注册。(2)正确使用商标。企业必须严格遵守商标法,不应使用未经注册的商标和仿冒他人的商标;未经批准,不能自行变更商标图样;不应将商标任意使用在别类商品上,也不能自行转让注册商标或买卖商标等。(3)建立商标管理制度。商标管理是企业管理的组成部分之一。主要内容是:审查商标设计,使商标美观、新颖、简洁、有特色;符合市场营销的要求,特别要注意符合商标法的要求,以便能核准注册;建立商标档案,以利于办理转让手续、防止侵权行为、调查了解商标的使用效果等。

【**商品成本**】商品成本可由下列两类公式说明:其一,商品成本 = 制造成本 + 储运成本 + 营销成本;其二,商品成本 = 进货价格 + 直接费用 + 间接费用。在第二个公式中,直接费用包含因直接原因发生的运输、储存、包装和配送等费用;间接费用包含因间接原因发生的利息、税金、商品损耗、经营、管理和促销等费用。

【**市场财务分析**】营销管理方法。企业费用与销售额的比率应在一个总的财务框架结构中分析,以确定企业在何处及如何获得收益,可利用财务分析来判别影响企业资本净值收益率的各种因素。营销人员需要更多地运用财务分析来寻找赢利性策略,而不仅仅是加强销售策略。管理部门运用财务分析来鉴别影响企业净资产收益率的各种因素。企业应当分析资产的构成(即现金、应收账款、存货和设备),并且设法提高资产管理水平。如通过增加销售或减少成本来提高利润率;通过增加销售或减少承担一定销售水平的资产(如存货、账款等)来提高资产周转率等。

【**市场操纵**】为牟取利益、减少损失或获取其他不正当利益,故意违反国家证券管理法律法规,单独或合谋采取不正当手段,影响证券市场价格,扰乱证券市场秩序,并应承担相应法律责任的行为。我国法定的市场操纵类型大致有如下四类:(1)联合或连续买卖;(2)相对委托;(3)自买自卖;(4)其他市场操纵行为。

【**市场费用分析**】营销管理方法。年度计划控制的任务之一,就是在保证实现销售目标的前提下,控制销售费用的开支和营销费用的比率。企业要确保公司在达到销售计划指标时,营销费用并无超支。管理者应该对各项费用率加以分析,并将其控制在一定限度内,如果费用率变化不大,处于安全范围内,则无须采取任何措施。如果变化幅度过大,或是上升速度过快,以致接近或超出控制上限,则必须采取有效措施。

【市场观察法】心理学研究方法在市场调查中的应用。研究者在自然情况下,依靠自己的感觉器官,有计划、有目的、系统地直接观察被研究者的外部行为表现,分析内在原因,从而揭示消费者心理活动规律。(1)直接观察法。调研人员到现场观察发生的情形,以收集信息。例如,调研人员在进行商店调查时,不对任何人进行访问,只是观察基本情况,然后记录备案。一般调研的内容有某段时间的客流量、消费者在各柜的停留时间、各组的销售状况、消费者的基本特征、售货员的服务态度等。(2)实际痕迹测量法。该方法是指调研人员不是直接观察消费者的行为,而是通过一定的途径来了解他们的痕迹和行为。例如,一些公司为了评估广告媒介的效果,常常在广告中附有回条,消费者可以凭借回条到公司买一些打折产品。根据回条的统计数,公司就可以找出最佳的广告媒介。国外有些公司曾经根据垃圾站的饮料瓶来了解消费者的口味偏好。其优点是由于消费者在没有影响与干扰的情况下被观察的,尤其是用摄影机、照相机等现代化设备进行观察,故比较直观,观察所得到的材料一般也比较真实、切合实际。最大缺点是它的表面性和偶然性,并不能直接知道被观察消费者为什么会这样,很难弄清现象后面影响消费者的本质特征。

【市场营销成本分析】营销管理方法。市场营销成本是指与市场营销活动有关的各项费用支出。市场营销成本直接影响企业营销的利润。企业不仅要控制销售额和市场占有率,还要控制营销成本。一般条件下,其成本包括:(1)直接推销费用。如推销员的工资、奖金、差旅费、培训费、交际费等。(2)促销费用。包括广告媒体成本、产品说明书的印刷费用、赠奖费用、展览会费用、促销人员工资等。(3)仓储费用。包括租金、维护费、折旧、保险、包装费、存货成本等。(4)运输费用。包括托运费用等,如果自有运输工具,则要计算折旧、维护费、燃料费、牌照税、保险费、司机工资等。(5)其他市场营销费用。包括市场营销管理人员工资、办公费用等。上述成本连同企业的生产成本构成了企业的总成本,直接影响到企业经济效益。其中,有些与销售额直接相关,称为直接费用,有些与销售额无直接关系,称为间接费用。但有时二者也很难划分。

【市场营销控制】对市场营销计划执行情况的监督和检查。其目的是确保企业的营销活动按照计划规定的预期目标进行。一般包括:(1)计划控制。即将反映企业营销目标的指标按时间阶段进一步具体化,定期检查这些指标的完成情况。(2)赢利性控制。即对不同产品、不同市场的赢利情况进行监控,以检查所制定的赢利目标能否实现。(3)战略控制。评价企业采取的营销策略是否适合市场环境的要求。由于市场环境是不断变化的,所以,对企业营销策略的适应性进行定期审计是非常必要的。

【市场赢利能力分析】营销管理方法。应用会计学、统计学、管理学、组织行为学等知识,主营业务利润增长率,分析企业赢利能力。主要考察赢利能力指标。(1)销售利润率。企业将销售利润率作为评估企业获利能力的主要指标之一。在评估企业获利能力时,最好能将利息支出加上税后利润,这样将能大体消除由于举债经营而支付的利息对利润水平产生的不同影响。(2)净资产收益率。净资产是指总资产减去负债总额后的净值。这是衡量企业偿债后剩余资产的收益率。其分子不包含利息支出,因为净资产已不包括负债在内。(3)资产管理效率。该指标可以衡量企业全部投资的利用效率,资产周转率高,说明投资的利用效率高。(4)存货周转率。该指标说明某一时期内存货周转的次数,从而考核存货的流动性。存货周转次数越高,说明存货水准越低,周转越快,资金使用效率越高。

【市场占有率分析】对企业综合素质进行考核的经济指标。体现了企业在市场竞争中的地位与实力。揭示同竞争对手比较的营销成果状况。一般采用三种指标进行考核:(1)总体市场占有率。即本公司的销售量在该类商品的市场总销售量中所占的百分比。(2)服务市场占有率。即本公司销售量占其所服务市场的总销售量的百分比,这里的服务市场是指有能力并愿意购买其产品的所有购买者。(3)相对市场占有率。即与最大竞争对手相比较的市场占有率。相对市场占有率上升,意味着公司正从领先的竞争对手处获取市场份额。

【特别奖励制度】规定报酬以外的奖励,即额外给予的奖励。分为钱财奖励及非钱财奖励两种。前者包括直接增加薪水或佣金或间接的福利(如假期加薪、保险制度、退休金制等);后者方式很多。该制度的优点是鼓励作用更为广泛有力,常常可以促进滞销产品的销售;缺点是奖励标准基础不够可靠,容易引起销售人员之间的不平及管理困扰。

【跳楼生意】经营者以销售价格低于进货价的手法倾销商品(多为滞销商品)。由于经营者在进货时仅支付提供货源的厂家30%左右的预付款,其余大部分货款则无限期地拖欠着,因此,尽管他们做的是蚀本生意,手中却握着相当大的一笔贷款,并以此获利。有的经营者甚至在提货后即下落不明,使企业索债无门。跳楼生意使一些资金不足的中小企业深受其害。

【通用电气公司模型】亦称"多因素业务矩阵法"、"GE 矩阵法"。用两个由多种因素综合评价得出的指标——市场吸引力和竞争能力指标来建立矩阵,对企业目前的业务组合进行分析的一种方法。该方法是对波士顿矩阵法的一种改进。使分析因素从两个因素变为多种因素。在建立 GE 矩阵时,纵轴表示市场吸引力,横轴表示竞争能力。如果以 5 分分别表示市场吸引力和竞争能力的最大值,市场吸引力和竞争能力为 1 分以下不考虑,同时将 1~5 分范围内的市场吸引力和竞争能力的大小分为 3 等份,可以建立一个由 9 部分或 9 象限表示的矩阵。企业将不同业务的市场吸引力和竞争能力的综合评价值标在图中,就可以得到一个企业的 GE 矩阵图。图中的圆圈大小表示该种业务的市场规模,圆圈中的阴影部分表示企业该种业务的市场占有率大小。对市场吸引力和企业不同业务竞争能力的综合评价,需要考虑许多因素,如对市场吸引能力,通常考虑市场规模、市场增长率、竞争程度、技术壁垒和环境影响等因素;对企业不同业务的竞争能力,通常考虑市场占有率、产品质量、品牌声誉、生产效率、促销与分销能力、产品成本和管理能力等因素。通过评价两方面所包含的各种因素的权重和评分值(1~5),再进行加权平均,即可求得市场吸引力和企业不同竞争能力的综合评分。需要注意的是,对不同企业的不同业务单位,评价市场吸引力和竞争能力考虑的因素是不同的。根据企业不同业务单位的综合评分,结合该业务的市场及企业的市场占有率,就可以反映一个企业目前经营的业务组合状况。根据企业不同业务单位在GE矩阵图中的不同位置,可以为企业的不同战略业务单位制定不同的对策。市场吸引力和竞争能力均较高,企业应加强投资,以促进其发展;市场吸引力和竞争能力总体上居中,企业应有选择地投资,以促进其发展,使其中一部分能转向竞争力较强的区域,或者继续为企业多赚利润;对于市场吸引力和竞争能力均较低的,在正常情况下应逐步缩减其投资,或者采取放弃策略。

【通用电气矩阵】称"GE法"。通过多因素分析的方法,将对影响行业市场引力和企业业务实力的众多因素的量化分析,来对企业业务进行分类,以制定企业业务构成战略。GE法是以行业市场吸引力为纵坐标,以企业的业务实力为横坐标来划分产品区域。

【推式市场管理】以通路成员为营销努力的主要对象,通过各种有利政策以刺激通路成员的合作意愿,即由通路成员带头推动产品的流通。

【销售货款控制】从市场终端控制销售货款的工作制度与管理方法。据经济专家测算,世界上每年因种种原因而无法收回应收款项,造成烂账或坏账的交易大约占总交易额的2%~3%。顾客拖欠或赖账的原因大致有以下几种:(1)自身资信不好,从一开始就设置了骗局。(2)双方签订的合同存在缺陷,再加上管理方面的漏洞(如银行结算手段的弊端、现金管理混乱等)使对方赖账有机可乘。(3)双方交易纠纷产生拖欠。(4)由于政策或市场的变化,购买者大量积压商品,暂时不能清偿债务;或者,购买者亏损严重乃至破产而无力偿还货款。货款控制基本上有两种方法:(1)控制结果。(2)控制过程。控制结果就是当拖欠发生后要及时追收。在我国,一般是借助商业、法律手段依法进行追讨,也有利用私人关系、给回扣的办法进行。控制过程是指公司在供货过程中要采取防范措施,避免货款收不回来。此时,公司可借助ABC分析法,即管理者可以根据管理对象在数量或重要程度等方面的不同而将它们分成A、B、C三类,然后对之分别实行不同的管理措施。

【销售记录分析法】销售管理的工具之一。该方法是以企业过去、现在的有关内部资料,如销售记录、市场记录、顾客记录等为素材,来分析和推断未来发展变化情况。如对产品销售数量、销售地区和顾客类别的分析预测就常常采取这种方法。由于该方法是以假设未来的情况与过去和现在的情况大体相同为前提,因此适用于分析那些在需求上比较稳定的产品。

【销售效果评估】分析广告对扩大销售额的影响。广告效果评估基本指标。销售额除受广告的影响外,还受产品的价格、市场形势的变化、竞争企业的行为和产品销售的季节性等因素的影响。最常用的方法是:(1)比较法。计算出企业过去的销售数字与广告开支数额的关系,然后与当前的数字做比较,找出广告支出费用对销售额的影响。(2)试验法。即在各种条件基本相同的几个地区进行试验,如在某一地区做大量的广告,在另一地区做少量的广告,而在其他地区基本上不做广告,然后对各个地区在广告前后实现的销售额或利润额的增长情况进行分析,以评价广告对销售的影响。

【销售预测】分别计算每个产品,估计某个公司能向市场销售多少产品的营销活动。是销售配额的基础。预测新产品的销售量比较难,它可能必须依赖类似产品的需求,或是产品的市场测试。预测现有产品的销售量会简单一点,但它仍然依赖对不断变化的动态市场的分析,诸如时间序列分析和多元回归模型(确定影响销售量的因素)等统计工具都可以利用。除了这些复杂的技术,管理人员和销售人员利用经验判断的方法仍被广为采用。

【协同作用】经济协同作用原理披露,在生产经营要素上具有"1＋1＞2"的联合作用效果。这意味着企业内部各种营销要素有机整合的效益,大于各要素独自努力所创造的效益的总和。协同可以创造营销的内在凝聚力,减少企业资源配置的消耗。基础运营商在营销创新中,发挥的协同作用突出表现在:(1)销售协同作用。企业开办业务,可以使用共同的广告策划、销售渠道、社区服务网点等。(2)运营协同作用。在企业内部,可以分摊公共的间接费用、共享专门的先进网络技术、技能等。(3)管理协同作用。在一个经营部门

内,可以运用另一个部门的成功管理经验,分享共同管理水准及经验等。随着构建和谐社会的完善,市场环境的不断变化,企业营销创新活动亦不会终结。不断研究新问题,提出新对策,这才是企业创新的最高境界。

【薪水加奖金制度】一种劳动报酬制度。销售人员除了可以按时收到一定薪水外,还可获得许多奖金。当产品已进入成熟期,市场需要维护和管理时,企业所雇佣的销售人员多为管理型人员时可以考虑采用这种报酬制度。优点是可鼓励销售人员兼做若干涉及销售管理的工作,缺点是不重视销售额的多少。

【薪水加佣金再加奖金制度】一种劳动报酬制度。薪水制度、佣金制度、奖金制度的综合运用。基本融合上述劳动报酬制度的优点,在企业产品进入成长期、成熟期,销售人员为"开拓型"或"管理型"时均可采用。需要综合考虑行政及管理上的因素。优点是收入稳定,管理方面也能有效地控制销售人力;缺点是实行此制度需要较多的有关记录及报告,提高了管理费用。

【薪水加佣金制度】一种劳动报酬制度。以单位销售额或总销售额金额的较少百分率做佣金,每周连同薪水支付,或年终结束时累积来支付。适用于企业的产品已进入成长期,销售较为稳定时,无论销售部是由销售人员组成还是由专业销售人员组成,都可考虑使用此种报酬制度。优点是与奖金制度相类似,既有稳定的收入,又可获得随销售额增加的佣金;其缺点是佣金太少,激励作用效果不大。

【虚伪性廉价宣传】即卖主与虚假的"原价"做比较或以其他不当方式宣

称自己以低于原价的"新价"销售某种商品。这种"原价"的虚假性主要表现为：该原价因明显不合理而根本就不存在，或卖主从未以所谓的"原价"向公众出售过该商品，或者卖主只在极短的时间内象征性地实行过该"原价"等等。当然，廉价宣传本身并不违法，作为商业活动中一种常见的经营方式，在换季、清仓、处理过时商品时，推销商基于经营的需要而进行廉价宣传或实行降价销售均是正常合法的，法律只是要求这种宣传必须真实、合理。一般情况下，进行廉价宣传的推销商必须证明，在正常的营业条件下，自己所宣传的降价商品在一个相当合理的时间内是以原价出售的。

【营销费用率分析】亦称"市场营销费用率分析"。对营销费用与销售额的比率进行分析。即要了解在达到营销目标的前提下营销费用的支出是否合理。营销费用的分析可以使用绝对额与相对比率两种方法。相对比率方法相对具有更强的合理性，大部分经常采用的基准是销售额。常见的比值包括：(1)营销费用占销售额的比率；(2)推广费用占销售额的比率；(3)人员销售的成本占销售额的比率；(4)营销研究占销售额的比率；(5)新产品研发支出占销售额的比率；(6)营销行政管理费用占销售额的比率。同时，也可使用详细费用针对某类费用的比率来比较。

【营销计划】为了完成企业战略规划所规定的任务和目标，必须以战略规划为指导，而制定出市场经营活动计划。营销计划是在对市场营销环境进行充分调研的基础上制定的。按年度制定，一般包括内容提要、当前营销状况、风险与机会、目标和课题、营销策略、营

销活动程序、营销预算、营销控制等八个方面。

【营销渠道成本】企业投入渠道建设费用的总和，包括开发渠道的成本与维持渠道的成本。前者是指企业进入新市场时建立营销渠道的支出，后者是利用中间商的代价。其中，维持渠道的成本是主要的和经常性的支出，它包括企业维持营销机构的直接开支、支付给各级中间商的佣金、物流过程中的储运费用、提供给中间商广告和促销的支持费用，以及业务洽商、通信和交通费用等。降低渠道成本的最直接办法是缩短渠道长度，减少渠道的中间环节。但在特定的目标市场上，渠道结构也具有一定的刚性，不能随意改变。减少了中间商数量有可能使渠道的整体功能难以得到充分发挥，也不一定就能减少必要的开支费用，特别是对于新进入某一市场的企业来说，支出渠道成本是任何企业都不可避免的，因而必须在成本和效益之间进行权衡。一般说来，只要所得效益能补偿增加的成本，渠道选择在经济上就是合理的。评价渠道成本的基本原则是：用最少的渠道成本达到预期的销售目标，同时使其他"5C"达到最大效率。

【营销审计】针对一个企业或一个经营单位的市场营销环境、目标、战略和活动所做的全面的、系统的、独立的和定期的检查。其目的在于确定问题的范围，发现机会，提出行动计划，借以提高企业的营销效果和业绩。通常是由公司中一个相对独立的、富有经验的营销审计机构客观地进行的。(1)检查的全面性。涉及公司全部营销活动。包括营销思想、营销战略、营销组织、产品开发、品牌管理、定价策略、渠道建设

等方面。(2)诊断的系统性。包括一系列有秩序的审核项目。必须经过系统检查,才能正确诊断,并开出"药方",制定改进措施。(3)分析的独立性。需要进行"自我审计"、"交叉审计"、"上级公司审计"、"公司审计部门审计"、"公司组织专门小组审计",邀请专家和学者进行"会诊"审计。(4)执行的定期性。营销审计并非权宜之计,而是需要定期而持续地进行的。及时找到问题症结,将有助于制定改进措施,提高效益。

【营销审计职能】营销审计为实现营销目标而承担的基本职责。一般来说,为使营销组织发挥更好的作用,需要从以下方面进行审计。(1)营销环境审计。分析主要宏观环境因素和公司工作环境中的关键因素(如市场、顾客、竞争者、经销商、供应商和营销服务性企业等)的发展趋势。(2)营销策略审计。检查公司的营销目标和营销策略,以评价其适应现在的和预期的营销环境的程度。(3)营销组织审计。评价营销组织的实施对预期的环境策略制定方面应具备的能力。(4)营销系统审计。检查公司分析、规划和控制系统的质量。(5)营销赢利能力审计。考察不同营销实体的赢利能力和不同营销费用的成本效益。(6)营销功能审计。评估营销组合的各个组成部分,即产品、价格、分销、销售。

【营销预警管理】通过防范风险将问题消灭在萌芽状态,从而规避风险,避免损失的管理活动。营销预警系统包括预警分析和预警对策。预警分析是对企业进行分析与评价,并由此做出警示的管理活动结果,而预警对策是对企业实体经营活动中的重大危机的早期征兆进行即时矫正与控制的管理活动。预警分析包括四个分析阶段:监测、识别、诊断和评价。(1)监测。营销预警活动的前提,是以企业实体重要的经营环节为监测对象,即最可能出现营销危机或对营销状况具有举足轻重作用的活动环节与领域。监测的任务之一是过程监视,对象是营销风险的主要领域中具有表征性的指标,要对检测信息进行处理(整理、分类、存储、传递),建立信息档案,为预警分析工作所共享,同时,将监测结果准时地传输到营销预警的下一环节。(2)识别。识别是确定企业实体活动中已发生的危机和将要发生的危机的趋势,是营销预警过程中的关键环节,方法是在横向、纵向比较的双重评价之下,针对企业实体经营实力在特定发展趋势下应该实现的绩效和实际的比较,结合外部单位的状况,来综合判定预警单位是否发生或即将发生营销危机。(3)诊断。对已识别出的各类危机,进行过程、成因的分析并预测发展趋势,以明确哪些现象是主要的,哪些现象是从属的。(4)评价。营销评价的任务主要有:进行企业实体损失评价;进行社会损失的评价,包括经济损失和社会波动后果的评价,因为这些社会后果最终会影响单位的营销能力。营销预警对策措施的内容包括:组织准备、日常监控、危机管理。实际上,危机管理是日常监控的延伸,因为营销危机管理是一种例外管理,是在特殊情况下才采用的管理方式,进入危机管理阶段,将不再是正常的生产经营,单位处于重组、整合或破产的状况,预警管理的功能是希望尽可能地避免进入危机管理阶段,将危机化解于潜伏期内。

【营销预警机制】旨在提高营销抗风险能力的一系列措施、方法与工具的总称。预警是采用一系列信息、传感、遥控探测手段,发现、监视、定立和识别市场营销目标,发出警报信号,保证营销活动的安全性。按照"市场大预警"的系统概念,营销预警系统可分为四个部分,即产品预警系统、品牌预警系统、消费预警系统和渠道预警系统。

【营销诊断】亦称"市场营销诊断"。由专业组织或者专业人员对营销状态进行分析、咨询和提出建议的活动。需要运用各种科学方法,找出市场运行存在的主要问题,进行定量或确有论据的定性分析,查明产生问题的原因,提出科学的改善方案,进而指导实施改善方案,谋求企业坚实发展,改善企业经营环境。包括智能诊断、过程诊断、问题诊断等方面。营销诊断基本要素包括:(1)诊断的行为主体是有诊断顾问资格的专家,当然还需要有企业经营管理人员、一线工人等的密切配合。(2)诊断不能强加给企业,企业需求是搞好诊断的基本条件。(3)诊断要立足于现场,运用多学科的理论与方法进行定量和定性分析,包括经济学、市场营销学、企业管理学、会计学、数理统计学、运筹学、系统工程学、信息学、社会学、心理学、生态经济学等。(4)有效地把握企业现状,正确地判断企业未来,提出可行的改善方案。(5)诊断要同时达到两个目标:一是改进现实的经营管理;二是有利于企业可持续发展。(6)诊断是智力资源活动,是对企业经营进行综合评价进而实施建议、指导的系统工程。

【营销整合】有效利用市场资源的管理方法。在传统营销理论的影响下,企业在广告、公关、促销、人员推销等方面各自为政,没有一个部门对其进行有效的整合,效率低,效果差。营销整合对资源进行合理分配,并按照统一的目标和策略将营销各个环节有机地结合,用"4C"策略取代传统的"4P"策略:(1)用"需求"取代"产品",抛弃传统的产品开发概念;(2)用"成本"取代"价格",抛弃传统的定价方式;(3)用"便利"取代"地点",抛弃传统销售地点的思考方式;(4)用"沟通"取代"促销",抛弃传统的线性传播方式。

【佣金制度】与一定期间的销售工作成果或销售数量直接挂钩并按一定比率给予佣金的制度。主旨是给销售人员以鼓励,实质是奖金制度的一种。适于在企业的产品刚上市,需要迅速开拓市场,雇佣的销售人员为开拓型时,或销售人员为"推销型"人员时采用,可以最大限度地激发销售人员的工作热情。计算的基础是销售金额(如毛收入或净收入);其计算可以基于总销量,也可以是基于超过配额的销量,或配额的若干百分数。另一种较难计算的公式是根据销售人员的活动或表现来确定。这种方法较公平,但却较难实行。支付佣金的比率可以是固定的,也可以是累进的(即销量越大,佣金比率越高;比率也可以递减,即销量越大,比率越低)。佣金比例也应顾及产品性质、顾客、地区特性、订单大小、毛利量、业务状况的变动等。优点是:富有激励作用;销售人员可以获得较高的报酬;控制销售成本较容易。缺点是:有销售波动的情况下不易适应(如季节性波动及循环波动);销售人员的收入欠稳定;增加了管理方面的人为困难。

【诱导转向法】一种受到禁止的销

售做法。销售商通常用广告劝诱顾客到自己的商场购买某商品,顾客来了之后设法让顾客"转向"到另一高利润的商品。用来劝诱的广告叫做诱惑广告,而其中的定价方法就叫"诱导转向定价"。

【战略性利润】企业利润来源的一种观点。认为,会计报表上的利润数字并不能说明任何东西,会计利润必须转化为经济利润,并通过现金流量的调整审核利润的质量。同时,战略性利润还要求保障利润增长的可持续性。会计报表的利润数字必须经过资本成本、现金流量、自由现金流量的三次技术调整,才能反映出一个公司名副其实的赢利能力。

【争夺经营】参见【趋同式经营】。

【征求专家意见法】亦称"德尔菲预测法"。其具体做法是:确定预测主题后,拟订专家意见表,表中应简明扼要地写清预测背景,然后寄给已选定的专家;经专家分析研究后,写明自己的意见,以匿名的方式寄给预测机构;预测机构根据所提意见,重新归纳问题,再反馈给各个专家,再次征求意见。这样经几次循环后,答案不断趋于集中,最后得出预测结果。该方法是一个循环渐进的系统,由于它采用的是匿名方式,即每一位专家都不知道有哪些专家参加这一预测,也不知道哪些专家提出了什么意见,因此,每一位专家都能独立地、自由地进行判断,避免相互干扰,充分发挥其聪明才智,以达到准确预测的目的。

【直接佣金计划】推销人员的收入直接跟销售额、利润、客户满意度或者其他类型的绩效相联系的报酬形式。

【职能研究法】即通过分析研究采购、销售、运输、仓储、融资、促销等各种市场营销职能和执行这些职能过程中所遇到的问题,来探讨和认识市场营销问题。这种方法主要是研究各个营销环节的活动和在不同的产品市场如何执行这些职能。在西方国家,多数大学的市场营销学课程都重视采用职能研究法,但并不把它作为唯一的研究方法。

【终端监督】管理者要定期、不定期地走访市场,对市场情况做客观的记录、评估,并公布结果。其结果可直接反映终端人员的工作情况。同时,建立健全竞争激励机制,对于成绩一般的人员,主管一方面要帮助他们改进工作方法,另一方面要督促他们更加努力地工作;对那些完全丧失工作热情,应付工作的人员,要坚决辞退;对于成绩突出的人员,要充分肯定成绩并鼓励他们向更高的目标冲击。

【终端协调】终端管理的基本工作。企业对终端工作人员所反映的问题,一定要给予高度重视,摸清情况后尽力解决。这样既可体现终端人员的价值,增强其归属感、认同感,又可提高其工作积极性,同时鼓励他们更深入全面地思考问题,培养其自信心。

【主题化管理】企业管理方法。企业或者组织在管理过程中突出某个主题,该主题从而成为企业或者组织在特定阶段商业运作的主旋律,普遍地被一些企业组织在创业阶段、变革阶段、营销攻坚阶段所应用。

【总成本】企业在一定时期内,生产一定数量的某种产品所发生的成本总额。其公式为:总成本(TC)=总固定成本(TFC)+总变动资本(TVC)。其中:(1)总成本(TC)是总固定成本

（TFC）和总变动成本（TVC）之和。（2）总固定成本（TFC）又称间接成本总额，是指一定时期内产品固定投入成本的总和。其特征为总固定成本量在一定规模下不随产量或销量的变化而变动。在一定条件下，即使企业的产品一件都没有卖掉，这一部分固定成本仍然发生。（3）总变动成本（TVC）又称直接成本，是指一定时期内可变动投入成本的总和。其特征为总变动成本量一般随产量的增减而按比例增减。

【组合创造法】将多种因素通过建立某种关系组合在一起从而形成组合优势的方法。现代生产经营活动中常用的方法。如计算机辅助设计系统是把工程绘图技术、几何造型技术及仿真技术组合在一起的结果。

第二十一篇 营销信息

【信息】广义的信息是指一切消息，即世界上一切事物的运动、状态和特征的反映。狭义的信息是指有使用价值的情报，即通过文字、数据、图像或信号等形式表现出来的，可以传递、处理、储存的对象。信息产生于人类的认识与思维过程中。信息有下列特殊属性：（1）信息是客观存在的。（2）信息可以生成，可以被感知、存储、加工、传输。（3）信息可以由一种存在形式转化为另一种存在形式。信息存在形态的可转换性，是现代信息技术的物质基础。信息具有能被有目的地使用并满足人类社会多方面需求的性质，被列为同能源、材料并列的三大重要资源之一。随着人们获取、整理、传播、使用信息的能力不断提高，信息越来越成为国民经济和社会发展的重要资源。信息资源具有价值和使用价值，能够被重复使用。信息的内容是可以通约相加的，不受存在形式的限制，人们对其进行检索、整理、综合、概括和利用，不会因时间、空间、语言、地域、行业差异而发生内容改变。

【营销信息】参与市场营销活动必须具备一切信息的总称。包括有关营销环境、营销原理过程中的各种事物的实际状况、特征、相互关系、发展变化的消息、情报或者资料等。它反映市场需求、供给、购买者动机与行为、市场竞争等情况，是企业进行营销分析、计划、执行和控制的重要资源。信息对于企业在激烈的市场竞争中取得主动权、赢得相对竞争优势越来越重要。管理所涉及的基本要素已由计划经济体制下的3M（人、财、物）变为市场经济条件下的4M（人、财、物、市场营销）和知识经济时代的5M（人、财、物、市场营销和信息）。此时，信息已是现代企业赖以生存和发展的一项极为重要的资源和约束条件。

【营销情报系统】市场营销管理人员用以获得日常的有关企业外部营销环境发展趋势的恰当信息的一整套程序和来源。任务是利用各种方法收集、侦察和提供企业营销环境最新发展的信息。营销情报系统与内部报告系统的主要区别在于后者为营销管理人员提供事件发生以后的结果数据，而前者为营销管理人员提供正在发生和变化中的数据。

【管理信息】用于控制信息资源的采集、组织、存储、安全、检索和传播的技能操作。这些信息资源是运行一个机构、组织或单位所必需的，包括档案管理、记录管理和技术基础设施。它既是一种职业，也是一门学科专业。管理信息系统在协助管理人员进行常规决策、简化统计和综合工作以及对结构完整的任务进行选择与比较等方面的作用较大。在计划、组织、领导和控制这几类管理活动中产生的信息，可以有很多信息的划分标准。具体表现形式是数据、资料、结果或者问题的报告等。

【企业信息系统】企业信息系统是开放的系统，与公共或社会信息服务系统互联。通过外部的战略性信息系统和服务，企业可以做到：对国内外市场和技术的发展动态进行定期扫描和跟踪；及时发现新的机遇和潜力在的风险，快速做出反应；迅速发现和掌握市场变化，对市场需求做出反应；及时掌握竞争对手的情况，避免重复投资，确定市场到位；了解最新的应用成果，实现科技成果从大学和科研机构向企业的转化。信息系统有助于缩小企业与市场之间的距离,将成果转化为生产力。

【市场营销信息系统】习惯简称"MIS"。"MIS"为"Marketing Information System"的缩写。能够为营销决策者及时准确地收集整理、分析评估并分送转达所需信息的人员、设备和程序,是一个由人员、设备和程序组成的连续的互为影响的机构,它收集、挑选、分析、评估和分配恰当的、及时的和准确的信息,以供市场营销决策者作为决策的依据,改进其市场营销计划、执行和控制工作。它的起始和终端都是营销者。其基本职能包括:数据资料的收集、数据资料的处理、数据资料的分析评价、储存和检索与传递信息。市场营销信息系统的构成包括:(1)内部报告系统。包括订单、销售额、价格、库存状况、应收账、应付账等事后数据——市场营销经理们使用的最基本的信息系统,其核心是订单至汇款的循环。重点是销售报告系统。(2)市场营销情报系统。需要提供当前信息,是管理者获得市场营销环境发展变化的日常信息所用的整套做法和信息来源。主要情报来源是:阅读书籍、报刊、贸易期刊;与顾客、供应商、分销商或其他外界人员交谈;同公司经理和职员谈话等。(3)市场调查系统。自行调查或委托市场调查公司进行调查。(4)市场营销决策支持系统(MDSS)。MDSS 是由软件与硬件支持下的数据、系统、工具和技术等组成的协调的集合,组织可以利用它收集和解释业务与环境方面的信息,并用于市场营销活动。(5)资料储存系统。把所汇总的数据资料按一定的类别建档、储存,编制检索目录等。(6)资料处理系统。按一定的目的和需要将上述资料进行统计分析和评价,使之转换成能用于市场营销决策的市场营销信息。

【数字化营销】将市场营销用数字化形式和手段来实现就是数字化营销。随着数字信息技术、互联网技术的迅速发展,企业采用数字化工具和渠道来实施市场营销变得愈加普遍。电视、报纸作为强势的营销传播渠道已经存在了数十年,在信息多元化的社会中,传统营销传播渠道所起到的影响和作用正日益下降。据中国互联网信息中心的调查显示,目前中国的上网人数已经超过一亿。在广大的上班族中,访问互联网、收发电子邮件的次数相当频繁。正是由于互联网巨大的使用群体,利用互联网工具进行市场营销被越来越多的企业所青睐,数字化营销市场自然随之而生。伴随着数字化营销市场的兴起,电子邮件营销、数据库营销、互动营销、互联网营销和在线研讨会等一系列数字化营销范畴的概念被提出并加以应用。

【销售信息系统】作为后勤信息系统的一部分。销售信息系统具有一切后勤信息系统所拥有的特性,如下拉式的报表,各种图形表示法,各种比较法,ABC 分析法等。同时,销售信息系统采用标准法、灵活定义等各种分析工具,在分析报表过程中,可以采用称为特性—关键指标的方式进行,即针对已定义的客户组、客户、地区、产品组、分销渠道和产品等各种特性考察关键指标。

【数据库营销】数据库与市场营销有机结合而形成的一种新型的营销方式。即利用企业经营过程中收集、形成的各种顾客资料,经分析整理后作为制定营销策略的依据,并作为保持现有顾客资源的重要手段。从理论上说,数据库营销并不是网络营销中特有的手段,但在网络营销中,数据库营销有着更加独特的优越性,因而成为网络营销的重要策略之一。数据库营销也是客户关系管理的核心,公司需要为顾客、员工、产品、服务、供应商、经销商、代理商、零售商建立不同的数据库,数据库使营销人员更方便地为单个客户提供相关服务。

【不对称信息】在市场环境中,参与商品交易的各方拥有商品的信息差异现象,是商业社会普遍的特点。如:销售者对于一个产品的质量比消费者知道得多;工人对他们自己的技术和能力比他们的雇主知道得多;商业经理们对于厂商的成本、竞争地位以及投资机会比厂商的所有者知道得多。

【产业信息化】在各个产业部门广泛地采用计算机、集成电路、网络通信系统等现代信息技术,以提高经济效率的过程。信息化有助于产业部门提高生产能力、管理能力和赢利能力。自动化机器系统和生产线是生产中信息化水平最高的环节,是提高生产效率的关键环节。在决策、管理、行政性系统中建立现代信息网络,及时获得和掌握准确可靠的信息,可以提高各个层次的决策水平,提高宏观调控能力,精简中间管理层次,提高办事效率。建立生产—运营—销售信息系统,把生产、流通通过网络连接成一个紧密的整本,围绕信息流组织和管理生产,跟踪市场动态,掌握需求信息,灵活制定竞争对策,可以提高经济效益和赢利水平。产业信息化的一项基础性任务是建立各个产业或部门的专门的网络系统,并与国际网络相互联通。对外经济贸易、银行、税务、海关等部门网络化、信息化的重要性,随着经济全球化趋势的发展而与日俱增,已经成为参与国际经济活动的基本条件。

【公共信息】基于某项公共事务有关的消息,或者和不特定多数人有利害关系的信息,或者是公众基于社会发展和进步而需要知悉的某些信息。公共信息体现了对公众知情权的尊重,对公共利益的高度关切,有利于群众对政府工作的理解与支持,有利于社会稳定祥和。基于公共信息的正确理解和对公众知情权的尊重,很多国家都制定了专门的法律规范公共信息披露。这些法律最基本的原则就是禁止信息拥有者或者提供者利用公共信息赢利。

【管理信息系统】用系统的方法对组织内外的信息进行收集、分析、保持和传递,为组织内的管理人员提供管理工作所需信息的专用系统。管理信息系统是以计算机为基础的人机系统。它具有三个子系统:(1)管理系统。即紧紧围绕着系统的管理需要进行,并在信息提供、使用、反馈等功能和环节上确保与组织的管理需要相适应、相协调、相配合。(2)处理系统。即信息的收集、存储、分析、比较、判断和加工等。这部分是管理信息系统的核心。对信息的处理可分为三个阶段:初级阶段——对信息初步的收集、归纳和数据处理;中级阶段——根据特定目标对初级阶段的信息进行分析和综合;高级阶段——在中级阶段信息加工的基础上通过一定的公式、模型和方法导出决策性建议。(3)传输系统。即该系统与组织内管理人员的连接。一般是通过终端机或网络与管理人员相连接。

【管理信息质量】信息的准确性、

真实性和价值的大小。信息是被加工以后的数据，所以信息的价值在于它能够告诉人们一个结果或者一个状况。管理信息的质量也是同样的道理。

【会计信息质量】会计信息的真实性。会计信息应该真实、客观地反映各项经济活动，准确地揭示各项经济活动所包含的经济内容。

【竞争情报】关于竞争环境、竞争对手、竞争态势和竞争策略的信息和研究。它既是一种过程（对竞争信息的收集和分析过程），也是一种产品（包括由此形成的情报或策略）。一般简称为 CI（Competitive Intelligence）。其特点有：明确的针对性、强烈的对抗性、可靠的科学性、高度的智谋性、有效的实用性。

【决策层】通过在超级计算机环境中，对各种应用模型进行数模仿真的虚拟现实技术，实施相应于各层次的可持续发展决策。它是系统的核心部分，包括的功能模块为控制协调机构、决策问题分解、评价模型、模糊决策、评价分析等。

【逆向选择】普遍的市场现象，是一种事前的信息不对称。信息不对称，是指主体双方中的一方拥有某些信息而另外一方没有拥有该信息。逆向选择问题来自买者和卖者有关车的质量信息不对称。如在旧车市场，卖者知道车的真实质量，而买者不知道。车的质量有好有坏，尽管买者不能确切判断车的质量，但他知道车的平均质量，愿出中等价格。这样一来，高质量的车就会退出市场。由于上等车退出市场，买者会继续降低估价，次上等车又退出市场，最后的结果是市场上成了破烂车的展览馆。这个过程称为逆向选择。逆向选择严重时，市场均衡的交易量要下降，甚至会因为交易量过小而导致市场崩溃。

【牛鞭效应】供应链上的一种需求变异放大（方差放大）现象，是信息流从最终客户端向原始供应商端传递时，无法有效地实现信息的共享，使得信息扭曲而逐级放大，导致了需求信息出现越来越大的波动。这种信息扭曲的放大作用在图形显示上很像一根甩起的赶牛鞭，因此被形象地称为牛鞭效应。最下游的客户端相当于鞭子的根部，而最上游的供应商端相当于鞭子的梢部，在根部的一端只要有一个轻微的抖动，传递到末梢端就会出现很大的波动。在供应链上，这种效应越往上游，变化就越大，距终端客户越远，影响就越大。

【企业信息化】企业利用网络、计算机、通信等现代信息技术，通过对信息资源的深度开发和广泛利用，不断提高生产、经营、管理、决策的效率和水平，从而提高企业经济效益和企业核心竞争力的过程。

【商业智能】将企业中现有的数据转化为知识，帮助企业做出明智的业务经营决策的工具。这些数据包括来自企业业务系统的订单、库存、交易账目、客户和供应商资料；来自企业所处行业和竞争对手的数据以及来自企业所处的其他外部环境中的各种数据。商业智能（Business Intelligence，简称 BI）的概念最早是 Gartner Group 于 1996 年提出来的。当时将商业智能定义为一类由数据仓库（或数据集市）、查询报表、数据分析、数据挖掘、数据备份和恢复等部分组成的、以帮助企业决策为目的的技术及其应用。

【线码】简称"VPC"。亦称"线码"、"产品通用代码"。加印在包装上的一种代码,这种代码由粗细相同的黑白线条和相应的数字组成,分别代表国家代号、厂商代号、检查号码。

【消费市场信息】亦称"消费市场情报"。用科学方法系统地收集起来的反映消费市场各种营销活动及其相互关系的实况、特征及变化情况的消息、情报、数据和资料的总称。它具有知识性、传递性、时效性、共享性等特点,是一种重要的经济信息。消费市场信息的透明化、共享化为国家制定正确的政策措施,企业从事准确生产和销售,消费者更理性消费提供了重要依据,有利于消费市场的良性发展。

【信号博弈】一种二阶段不完全信息动态博弈。在这种博弈中,博弈的一方通过发出能显示其私人信息的信号让博弈的另一方知道其真实的类型,从而选择信号发出方期待的行动。许多博弈或信息经济学问题可以归结为此类博弈,信号博弈也可看做声明博弈的一般化。信号博弈的完美贝叶斯均衡分析可以揭示信息的作用、价值和缺乏信息的成本代价等。

【信息安全】保证信息的完整性、可用性、保密性和可靠性。即要保证信息系统及信息网络中的信息资源免遭各种类型的破坏。与过去的情报保密工作相比,信息安全增添了许多全新的内容:既有信息本身的安全(加密),也有系统的安全(防止入侵),还有更高层次的信息战。一旦信息系统遭到破坏,信息安全丧失,经济和社会生活就会瘫痪失灵,国家安全就将受到破坏。目前,信息安全最主要的威胁来源于技术系统本身。

【信息编码】为方便信息的存储、检索和使用,在进行信息处理时赋予信息元素以代码的过程。编码的目的在于提高信息处理的效率。信息编码必须标准、系统化。设计合理的编码系统是关系信息管理系统生命力的重要因素。信息编码的基本原则是在逻辑上要满足使用者的要求,又要适合于处理的需要;结构易于理解和掌握;要有广泛的适用性,易于扩充。一般应有的代码有两类:(1)有意义的代码,即赋予代码一定的实际意义,便于分类处理。(2)无意义的代码,仅仅是赋予信息元素唯一的代号,便于对信息的操作。常用的代码类型有:(1)顺序码,即按信息元素的顺序依次编码。(2)区间码,即用一代码区间代表某一信息组。(3)记忆码,即能帮助联想记忆的代码。在通信理论中,编码是对原始信息符号按一定的数学规则所进行的变换。在通信中一般要解决两个问题:(1)在不失真或允许一定程度失真的条件下,如何用尽可能少的符号来传递信息,这是信源编码问题。(2)在信道存在干扰的情况下,如何增加信号的抗干扰能力,同时又使信息传输率最大,这是信道编码问题。

【信息不对称】经济活动中的利益相关人对有关信息的掌握程度不对等,一方可以利用信息优势损害对方利益。信息的不对称可以分为隐蔽行动和隐蔽信息。隐蔽行动指一方影响另一方利益的行动难以为另一方所觉察或预测到。隐蔽信息指判断一方行动合理与否所需的信息难以为另一方所获得,这在专家服务中体现得最为明显。信息不对称是经济活动中客观存在的规律,尽管经济学家设计了很多方案来减少信息的不对称,但不可能完全消除它。

【信息采集】根据特定的目的和要求将分散蕴涵在不同时空域的有关信息采掘和积聚起来的过程。按照认识论中对信息的分类,信息采集阶段获取的信息是一种本体论层次的语法信息。信息采集一般又细分为两个子阶段:信息的感知和信息的识别。信息感知是对事物运动状态及其变化方式的敏感性和知觉力,这是信息采集的必要前提。但仅感知到的信息还不为足,一方面还须有能力识别或鉴别所感受到的信息对自己有用还是有害;另一方面,还要根据管理需求或设定的目标,正确地提取其中的信息为目标服务。信息采集来源一般分为:实物型信息源、文献型信息源、电子型信息源以及网络信息源。信息采集的范围有三种类型:内容范围、时间范围和地域范围。信息采集有以下五个方面的原则:(1)可靠性原则:采集的信息必须是真实对象或环境所产生的,必须保证信息来源是可靠的,必须保证采集的信息能反映真实的状况。可靠性原则是信息采集的基础。(2)完整性原则:采集的信息在内容上必须完整无缺,信息采集必须按照一定的标准要求,采集反映事物全貌的信息。完整性原则是信息利用的基础。(3)实时性原则:能及时获取所需的信息,一般有三层含义:①信息自发生到被采集的时间间隔,间隔越短就越及时,最快的是信息采集与信息发生同步;②在企业或组织执行某一任务急需某一信息时能够很快采集到该信息,谓之及时;③采集某一任务所需的全部信息所花去的时间,花得时间越少谓之越快。实时性原则保证信息采集的时效。(4)准确性原则:采集到的信息与应用目标和工作需求的关联程度比较高,采集到信息的表达是无误的,是属于采集目的范畴之内的,相对于企业或组织自身来说具有适用性,是有价值的。(5)易用性原则:采集到的信息按照一定的表示形式,便于使用。信息采集的途径:(1)内部途径:管理监督部门、研究开发部门、市场营销部门、“葡萄藤”渠道、内部信息网络。(2)外部途径:大众传播媒介、政府机关、社团组织、各种会议、个人关系、协作伙伴、用户和消费者、外部信息网络。

【信息处理】将信息缩小、放大、分类、编辑、分析、计算、加工成某种要求的数据形式。具体内容包括信息的排序、归并、存储、检索、制表、计算以及模拟和预测等操作。在科学研究、生产实践、经济活动中所获得的大量信息,计算机能按照不同的使用要求,对这些数据进行搜索、转换、分类、组织、计算、存储等加工处理,有时还要根据需要绘制出图表,打印出报表。这些信息处理不涉及复杂的数学问题,只要进行普通的运算就可解决。信息处理是计算机应用最广泛的领域,涉及社会各行业。

【信息对称】“信息不对称”的对称。在信息经济学中,指所有的经济行为人对所有的经济变量具有相同的信息的情况。

【信息对称性】信息需求人的信息能力以及他所面临的信息差距之间的关系。信息需求人的信息能力如果不小于信息差距,就是他的信息对称;如果小于信息差距,就是他的信息不对称。如果是后者,就需要添加第三方,以求消除这一差距。添加第三方就能消除的信息差距,是信息需求人的信息相对不对称。添加第三方也不能消除信息差距,是信息需求人的信息绝对不对称。

【信息发布系统】将网页上的某些需要经常变动的信息,类似于新产品发布和业界动态等更新信息集中管理,并通过信息的某些共性进行分类,最后系统化、标准化发布到网站上的一种网站应用程序。网站信息通过一个操作简单的界面加入数据库,然后通过已有的网页模板格式与审核流程发布到网站上。它的出现大大减轻了网站更新维护的工作量,通过网络数据库的引用,将网站的更新维护工作简化到只需录入文字和上传图片,从而使网站的更新速度大大缩短。

【信息高速公路】正式名称为"国家信息基础结构"。一个能给用户提供大量信息的,由通讯网络、计算机、数据库以及日用电子产品组成的完备网络。它能使所有人享用信息,并在任何时间和地点,通过声音、数据、图像或文表相互传递信息。具有高速化(即能对信息进行处理、高速传输和大容量存储)、多媒体化(即能向用户提供灵活的多媒体服务)、智能化(即业务产生和网络管理实现智能化)的特点。1991年,美国参议员戈尔最先提出"信息高速公路"计划作为竞选纲领之一。1993年戈尔担任副总统后,即展开了"信息高速公路"的建设,并得到世界各国的积极响应。"信息高速公路"是人类步入信息社会的通道,它在推动人类社会进步和经济发展的同时,也将对社会的组织结构和人们的工作、学习和生活方式产生巨大的影响,还可能引发某些新的社会与伦理问题。

【信息管理】人类为了有效地开发和利用信息资源,以现代信息技术为手段,对信息资源进行计划、组织、领导和控制的社会活动。(1)按管理层次分类,包括宏观信息管理、中观信息管理、微观信息管理。(2)按管理性质分类,包括信息生产管理、信息组织管理、信息系统管理、信息产业管理、信息市场管理等。(3)按应用范围分类,包括企业信息管理、政务信息管理、商务信息管理、公共事业信息管理等。(4)按管理手段分类,包括手工信息管理、信息技术管理、信息资源管理等。(5)按信息内容分类,包括经济信息管理、科技信息管理、教育信息管理、军事信息管理等。

【信息管理伦理】信息价值、信息管理过程的优化、信息管理行为准则和信息管理人员所应具备的道德品质。为实现对信息的科学管理,有效发挥信息资源的作用,信息管理过程中必须遵循以下伦理原则:(1)优化原则:信息质量要高,要求信息具有真实性、实用性和目的性。(2)时效原则:信息应及时,过时的信息是无效信息。(3)共享原则:同一信息可以服务于众多用户,信息本身的使用价值并不因用户的增加而减少,用户越多,使用频率越高,信息价值发挥越大。(4)自组织原则:组织本身自动协调、控制,依靠默契形成高度完善的信息管理系统,它标志着组织内部共同价值观念、行为准则的统一和成就。(5)效益原则:包括经济效益和社会效益。

【信息管理系统】收集、存储及分析数据,供组织或企业管理人员使用的数据处理系统。信息管理系统是计算机应用的一个重要方面。它的产生适应了现代化的管理,同时标志着系统科学、计算机技术和通讯技术的发展。现代信息管理在计算机上的应用可分为三个部分:(1)电子数据处理系统(EDP);(2)信息管理系统(MIS);(3)决策支持系统(DSS)。信息管理系统是一个综合性很强的系统,可对信息进行再加工,使之成为更加有用的信息提供给决策者或决策支持系统。也可以直接对信息进行处理,做出面对中层管理的结构化决策(决策过程有一定的重复性和规律性,可以用一个固定的数学模型描述)。信息管理系统按职能划分成若干子系统,子系统有各自不同的目标并有一定的独立性。包括:(1)处理信息为决策提供情报;(2)根据情报进行决策,制订计划;(3)执行计划并输出执行情况;(4)把执行情况反馈给管理系统。信息管理系统应具备四个特性:(1)信息集中,面向中层管理的决策;(2)组成信息流程;(3)综合具有商业功能的 EDP 作业;(4)查询及生成报告。

【信息过滤】计算机根据用户提供的一个过滤需求,从动态变化的信息流(如 Web)中自动检索出满足用户个性化需求的信息。信息过滤的主要特点:(1)无结构的或半结构化的数据;(2)文本数据;(3)大数据量;(4)输入信息流;(5)对用户过滤需求的描述;(6)去粗取精。信息过滤的应用:(1)改善 Internet 查询技术;(2)提供个性化信息服务;(3)实现有害信息的过滤,信息中介开展网络增值服务。两种主要的过滤方法:(1)基于内容的信息过滤:用户需求文档的形成及相关度的计算仅依靠信息的内容;(2)协作信息过滤:通过掌握一个用户群体的诸个体间的相互联系及组织关系来实现的信息过滤方法。信息过滤的三个子任务:(1)分流:用户需求固定、训练文本充足、无需设定相关度阈值;(2)批过滤:用户需求固定、训练文本充足、需要设定相关度阈值;(3)自适应过滤:用户需求变化、训练文本很少、不断调整相关度阈值。

【信息化】亦称"国民经济信息化"、"国民经济和社会信息化"。在国民经济和社会各个领域,广泛利用电子计算机、通信、网络等现代信息技术和其他相关智能技术,以提高整个国民经济的现代化水平和整体运行效率、提高人民生活质量的过程。国民经济信息化可以分四个层次:(1)信息化的微观层次——企业信息化。是指信息技术与企业生产经营活动的创新性结合,充分利用信息技术改造和重构企业生产经营的结构、模式和机制。(2)信息化的中观层次——产业信息化。指各个产业大规模地推广应用现代信息技术,使各行业实现智能化、自动化。(3)信息化的宏观层次——经济结构信息化。是使国民经济系统实现整体内诸要素之间相互关联方式的信息化和网络化。(4)信息化的社会层次——全面信息化。在全社会各个领域,包括人民生活领域,推广和应用现代信息和智能技术。

【信息化管理】以信息化带动工业化,实现企业管理现代化的过程。它是将现代信息技术与先进的管理理念相融合,转变企业生产方式、经营方式、业务流程、传统管理方式和组织方式,重新整合企业内外部资源,提高企业效率和效益、增强企业竞争力的过程。该定义中值得强调的三点是:(1)信息化管理是企业为了达到其经营目标、以适量投入获取最佳效益、借助一些重要的工具和手段而有效利用企业人力、物力和财力等资源的过程。(2)信息化管理不是 IT 与经营管理简单的结合,而是相互融合和创新。(3)信息化管理是一个动态的系统和一个动态的管理过程,企业的信息化并不能一蹴而就,而是渐次渐高的。

【信息技术】与信息的收集、加工、存储、处理、传输和应用相关的技术。信息的载体主要是电子、光子以及它们的电磁波等。信息处理的重要工具是电子计算机。现代信息技术是指 20 世纪 70 年代以来在微电子领域、计算机领域、通信领域和其他一些相关领域(如材料、机械等领域)中,围绕着信息的生产、收集、存储、处理、传递、检索、分类等环节而形成的一个全新的、相互支持的、用以开发和利用信息资源的高新技术群,包括微电子技术、计算机技术、新型元器件技术、通信技术、软件及系统集成技术、光盘技术、传感技术、机器人技术、高清晰度电视技术等现代高新技术。信息技术的应用领域极为广泛,遍及各经济部门、政府部门和社会生活领域。

【信息检索】从以任何方式组成的信息集合中,查找特定用户在特定时间和条件下所需信息的方法与过程,完整的信息检索含义还包括信息的存储。从而可知,信息检索的全过程应包括两个主要的方面:(1)信息标引和存储过程——对大量无序的信息资源进行标引处理,使之有序化,并按科学的方法存储,组成检索工具或检索文档,即组织检索系统的过程。(2)信息的需求分析和检索过程——分析用户的信息需求,利用已组织好的检索系统,按照系统提供的方法与途径检索有关信息,即检索系统的应用过程。信息检索的实质是将描述特定用户所需信息的提问特征,与信息存储的检索标识进行异同的比较,从中找出与提问特征一致或基本一致的信息。提问特征是对信息的需求进行分析,从中选择出能代表信息需求的主题词、分类号或其他符号。

【信息交合思维模式】通过营销管理信息流的交流、融合与碰撞,而产生新的信息、思想、方法、技巧的一种思维模式。其特征主要表现在:(1)全球化信息交合。在经济全球化的条件下,必须要从世界市场的角度来思考、分析信息,并将国际市场信息与国内市场信息进行信息交合。(2)创造性信息交合。信息交合的主要出发点是创造性。没有创造性,不是严格的信息交合。(3)工具性信息交合。信息交合必须要借助于现代化的信息工具(电脑、互联网)和简单的形式思维工具——信息标和信息场。

【信息量】因具体信源和具体信宿范围决定的,描述信息潜在可能流动价值的统计量。本说法符合熵增原理所要求的条件:(1)"具体信源和信宿范围"构成孤立系统,信息量是系统行为而不仅仅是信源或信宿的单独行为。(2)界定了信息量是统计量。信息量并不依赖具体的传播行为而存在,是对"具体信源和具体信宿"的某信息潜在可能流动价值的评价。信息的普遍存在是绝对的,只是信息量的多寡。设一条信息语句在某系统中,对应较大信息量;同样还是这条信息语句,在另外一个系统中,所表现的信息量为零。

【信息流】"流通信息流"的简称。商品流通运动的客观描述,流通过程中产生的商品交换关系及其运动状态的真实反映。商品流通是不断变化的运动过程,这决定了流通信息也是处在不断变化的运动之中。商品流通的变化是有规律的运动过程，是商品和服务从生产者到消费者之间运动的过程，在这一过程中所产生的信息，也相应形成一定的收集、传递的系统的动态特征。

【信息平台】各种信息的集散地，信息综合利用的基础。主要包括文档信息平台、结构信息平台、决策信息平台。它是通过文档型数据库、结构化数据库、多媒体数据库和多维数据库等技术和产品来实现企业各类内部及外部信息的综合处理，为企业信息系统的应用提供科学、有利的数据。

【信息融合】一个处理探测、互联、估计以及组合多源信息和数据的多层次多方面过程，以便获得准确的状态和身份估计、完整而及时的战场态势和威胁估计。最早用于军事领域。它强调信息融合的三个核心方面：(1)信息融合是在几个层次上完成对多源信息的处理过程，其中每一层次都表示不同级别的信息抽象。(2)信息融合包括探测、互联、相关、估计以及信息组合。(3)信息融合的结果包括较低层次上的状态和身份估计，以及较高层次上的整个战术态势估计。

【信息市场】进行信息商品交换的场所，是促进信息产品在信息生产者、经营者和信息用户之间有偿交流的市场领域。信息是一种特殊的商品资源，它具有可转换、可压缩、可共享、与载体不可分、可传递等物质产品所不具有的特性。信息商品要求流通速度更快，以保持其时效性。

【信息守门人】有能力决定是否把信息传给同一群体内的其他人的人。比如经常看某一电视节目的家庭成员、公司里负责接电话的秘书等。鉴于这些人在信息接收中的"阀门"作用，营销人员通常必须予以足够的重视。

【信息网络】计算机技术与通信技术相结合，实现资源(硬件、软件、信息)共享的系统。它把分布在各地的具有独立处理功能的多个计算机系统，通过电讯线路和相应设备连接起来，在网络协议控制下实现信息传输。信息网络在初期是计算机与通信相结合的产物，它的出现和发展使计算机应用发生了质的变化。在经历了以大型主机为核心的集中式运算和以个人电脑为基本单元的分布式处理后，计算机的处理模式已发展成现在的网络计算，其应用范围已远远超出了科学计算，成为无所不在的工具。如今，信息网络从体系结构到实用技术已逐步走向系统化、科学化和工程化。作为一个年轻的学科，它具有极强的理论性、综合性和依赖性，又具有自身特有的研究内容。它必须在一定的约束条件下研究如何合理、有效地管理和调度网络资源(如链路、带宽、信息等)，提供适应不同应用需求的网络服务和拓展新的网络服务。信息网络发展的基本方向是开放、集成、高性能和智能化。信息网络的发展热点是：(1)优化协议体系结构；(2)提高网络传输效率；(3)解决关键技术、开展新的网络应用研究。

【信息系统】利用信息技术对信息进行处理的各种系统。它们的任务是加速企业中的信息流动，完成各种信息处理活动以支持各种管理人员的信息需求。信息系统对信息的处理包括对信息的获取、转换、创建、保存与传递，其中最重要的是信息的创建，即在已有信息的基础上生成新的信息。生成新信息的手段为：事务处理与分析处理，即 OLTP 与 OLAP。所有信息系统共享企业数据库中的数据资源。信息系统的主要分类：事务处理系统（与客户集成系统）、管理信息系统、工作组支持系统、决策支持系统、人工智能、总裁信息系统、企业间信息系统。

【信息隐藏】利用载体信息中具有随机特性的冗余部分，将重要信息嵌入载体信息之中，使其不被他人发现。以版权标记技术、计算机隐通道、低截获概率通信、隐写术为研究内容，实现信息隐藏的流程为：嵌入对象的预处理，嵌入位数的确定，提取算法。信息隐藏的方法主要有隐写术、数字水印、可视密码、潜信道、隐匿协议等。

【信息营销】将市场信息作为营销工具。必须以市场信息为导向，以满足消费需求为宗旨，利用强大的、多功能的、全球化的信息系统，决定企业的市场定位、经营形式和商品结构，实现订货、进货、库存、分送和销售的信息化经营和信息化管理。

【信息源】产生、持有和传递信息的一切物体、人员和机构。依据信息源的层次及其加工和集约程度，信息源可分为四次：所有物质均为一次信息源，亦称"本体论信息源"，从一次信息源中提取信息是信息资源生产者的任务；二次信息源也称感知信息源，主要储存于人的大脑中，传播、信息咨询、决策等领域所研究的也主要是二次信息源；三次信息源亦称"再生信息源"，主要包括口头信息源、体语信息源、文献信息源和实物信息源四大类型，其中又以文献信息源（包括印刷型和电子型文献信息源）最为重要；四次信息源亦称"集约信息源"，是文献信息源和实物信息源的集约化和系统化。

【信息战】敌对双方在信息领域的斗争和对抗活动。即以数字化部队为基本力量，以争夺、控制和使用信息为主要内容，以各种信息武器和装备为主要手段而进行的对抗和斗争，具有战场透明、行动实时、打击精确、整体协调和智能化程度高等特征。从作战目的上看，信息战是以"信息流"控制"能量流"和"物质流"，以信息优势获得决策优势和行动优势，进而结束对抗或减少对抗，实现"不战而屈人之兵"。从作战内容与形式来看，信息战不同于信息作战和信息化战争。信息作战是信息战的具体行动，可分为电子战、情报战和网络战等。而信息化战争是相对于机械化战争而言，指一种战争形态。信息战是信息化战争的主战场和核心。

【信息甄别】委托人事先制定一套策略或设计多种合同，根据代理人的不同选择，可以将代理人区分为不同的类别。与信号传递不同，信息甄别是通过委托人的信息决策来获取代理人的信息，从而减少信息不对称。这是减少逆向选择的又一种途径。为了减少信息不对称，处于信息劣势的委托人可以通过合同的多样化甄别出代理人的类型，获取代理人的有关信息，从而减少逆向选择的不利影响。

【信息质量】信息质量＝信息内容的质量＋信息符号的质量＋信息接收者，亦即对信息的解释与效用的质量。由于信息的无限性，事物的信息总是无限的，人们从信息系统中所获得的信息也总是一个信息集合。人们将上面信息内容的质量分为信息的内容质量和信息的集合质量两个部分。即：信息质量＝信息的内容质量＋信息的集合质量＋信息的表达质量＋信息的效用质量。信息质量评价指标:(1)信息的内容质量:其评价指标包括客观性和正确性。(2)信息的集合质量:其评价指标包括相关性和完整性。(3)信息的表达质量:其评价指标包括可理解性、明确性、准确性、一致性、简洁性。

【学习型组织】整个组织主动地创造、获取和转换知识,并根据新的知识和观点改变组织的行为。这个定义包含学习型组织的三个关键成分。(1)学习的前提条件是要有新的思路。学习型组织积极探索外部经营环境,并通过招聘新的人才或专家,积极调动资源,开发专长。(2)新的知识必须在整个组织内转换。学习型组织能够努力克服管理体制、工作程序和人际关系等方面的障碍,共同分享信息和各种知识。(3)新的知识更新结果导向的行为。学习型组织鼓励员工应用新获取的行为和程序,以便实现公司的目标。麻省理工学院教授彼得·圣吉(Peter Senge)提出了组织学习的五项修炼,强调通过对现有管理模式的理解以及共同开发新工作模式的过程,鼓励员工与组织学习和运用新思路和新行为模式。

【询问法】人际信息传播的一种方式。调查者对被调查者进行面谈访问,或者是通过电讯和书面等形式收集信息资料的一种方法。主要形式包括:(1)面谈访问调查法。即调查者与被调查者通过面对面的访问交谈来收集资料,进行市场调查。(2)邮寄询问调查法。即将事先设计的调查表或问卷邮寄给调查对象,请其按要求填答后寄还给调查组织者,进行市场调查。(3)电话询问调查法。即通过电话向被调查者询问调查内容,进行市场调查。主要是解决简要的、普遍的,并且是急需要

的调查问题。(4)日记调查法。即连续反映调查项目时间序列的调查方法。一般是将固定的样本发给被调查者,由他们逐日记录,然后由市场调查者按一定时间加以汇总整理而取得所需的资料。(5)留置调查法。企业的有关调查人员将调查项目留置给被调查者,待他们填写好以后收回的一种市场调查方法。一般的做法是将调查表或问卷当面交给被调查的对象,并向他们说明调查目的和要求,然后在一定的时间内由被调查者自由填写所要求回答的问题,收集后再进行汇总管理。该调查法是介于面谈调查法和邮寄询问调查法之间的一种市场调查方法。

【营销调研】运用科学的方法系统地、客观地辨别、收集、分析和传递有关市场营销活动的各方面的信息,为企业营销管理者制定有效的市场营销决策提供重要的依据。与狭义的市场调查不同,它是对市场营销活动全过程的分析和研究。市场营销调研的主要作用是通过信息把营销者和消费者、顾客及公众联系起来,这些信息用来辨别和界定营销机会和问题,产生、改善和估价市场营销方案,监控市场营销行为,改进对市场营销过程的认识,帮助企业营销管理者制定有效的市场营销决策。

【营销调研子系统】系统地设计、收集、分析与企业有关的某些特定营销问题的信息并报告调查研究结果的子系统。在营销环境复杂多变的情况下,非常规决策越来越多,也越来越重要,因此,旨在解决某个特定问题而组织的营销研究得以广泛运用。通过营销调研子系统的努力,提出与企业所面临的特定营销问题有关的营销调研报告,对于营销管理者制定有效的营销决策帮

助极大。市场营销研究的课题十分广泛,企业中最常见的研究课题有:市场特点研究、市场潜量研究、市场占有率分析、销售分析、竞争产品研究、商业趋势研究、新产品市场接受情况研究、定价研究等等。

【营销分析】对营销情报和营销调研系统获得信息的调查研究。一般是将非理性问题转变成为理性问题,为营销决策提供专家服务。包括能够帮助营销者做出最佳决策的数学模型。每个模型表示某个真实系统、过程或结果。这些模型可以帮助解决"如果会怎样"和"哪个是最好的"这类问题。营销科学发展了一系列的模型,可以帮助营销经理做出更好的营销决策、设计销售区域和销售计划、选择零售渠道、发展最佳广告组合以及预测新产品的销售。

【营销分析系统】亦称"营销管理科学系统"。企业对已有营销状况和营销成果及未来前景的一种评价和决策分析。它通过对复杂现象的统计分析、建立数学模型,帮助营销管理人员分析复杂的市场营销问题,做出最佳的市场营销决策。由两部分组成,一个是统计库,另一个是模型库。其中统计库的功能是采用各种统计分析技术从大量数据中提取有意义的信息。模型库包含了由管理科学家建立的解决各种营销决策问题的数学模型,如新产品销售预测模型、广告预算模型、厂址选择模型、竞争策略模型、产品定价模型以及最佳营销组合模型等等。

【营销情报】关于营销环境日常发展情况的信息。营销情报系统决定哪些情报是所需的,然后通过市场调研获得这些信息并提供给营销经理。营销情报可以从许多渠道获得。大量的情报可以由本公司职员提供。同时,公司必须向职员宣传收集信息的重要性,训练他们发现新情况的能力,并督促他们向公司汇报情报。公司还必须说服供应商、经销商和顾客提供重要情报。关于竞争对手的情报可以从竞争对手的年度报告、讲话、新闻报道以及广告中获得。公司同样可以从商业刊物和贸易展览中获取关于竞争对手的信息。公司还可以观察竞争对手在做什么,如购买和分析竞争对手的产品,关注他们的销量,并查阅最新专利情况。

【营销支持子系统】通过向销售、市场营销和客户服务人员提供以客户或以产品为中心的、全面集成的一种数据管理系统,使他们能够协同建立和维护与客户之间的"一对一"关系,从而使企业在同等营销人力资源的条件下,将客户关系管理提升到一种全新的境界的一套企业决策系统。营销支持子系统所提供的软件功能可以对组成整个客户生命周期的沟通、交易记录、相关信息和知识等进行系统化管理。

【制造业信息化】将信息网络技术、计算机、Internet 以及电子商务运用到传统制造业的市场调研、产品研发、技术改造、质量控制、供应链、资金周转、成品制造业等全过程乃至创建新型制造业模式——虚拟制造业,从而实现工业化。制造业的信息化,包括三个层次:网络平台、业务平台和企业应用系统。制造业信息化可以推动传统产业的改造,促进新兴制造产业的高速发展,进而带动工业化的发展,应对全球经济化和信息化的挑战,实现我国现代化的社会全局性工作。

第二十二篇　营销决策

【决策】确定未来的行动目标,并从可以实现目标的两个以上的行动方案中进行选择的工作过程。按决策所处的条件,可分为以下类型:(1)确定型决策。决策者对所要决策的问题拥有必要的、充分的信息,确知面临的状况,并且每种行动方案只导致唯一结局的决策。(2)风险型决策。所要决策的问题存在不可控因素,每一种行动方案都有几种不同的结果,决策者只知每种结果出现的概率,要冒一定风险的决策。(3)非确定型决策。亦称"不确定型决策"。所要决策的问题存在不可控因素,每一种行动方案都有几种不同的结果,且决策者不知道每种结果出现的概率的决策。按决策所面临问题出现的重复程度,可分为程序性决策和非程序性决策。程序性决策是指对经常出现的、已有常规解决方法的问题所做的决策。非程序性决策是指对不经常出现的、尚无常规解决方法的问题所做的决策。决策过程中为寻求和制定达到决策目标的途径和策略所采用的各种科学的专门分析方法,称为决策分析,亦称"决策技术"。它是西方国家在 20 世纪 60 年代以后发展起来的一门新兴的综合性学科,目前已被广泛运用于社会、经济、技术、军事、外交等各个领域的决策过程中。确定或选择最终决策方案是一个复杂的过程,可以按照以下步骤开展:(1)确定决策目标;(2)收集与决策有关的资料;(3)拟定可行性的备选方案;(4)方案的评价与决策的制定;(5)对决策实施的评估和信息反馈。

【营销决策】市场营销者根据市场情报及实践经验,运用科学方法,从多种可行的营销方案中选出最佳方案的分析判断过程。有广义和狭义之分。广义的营销决策是将决策看做一个选择过程,包括提出问题、收集资料、确定目标、预测未来、拟定方案、分析评估、方案选优、做出决策、付诸实施、控制反馈、修正完善等方面。狭义的营销决策是将决策仅仅看做对行动方案的最后选择决定。通常采用广义的概念。其类型有:(1)依参与决策的人数的多少可分成个人决策和团体决策。(2)依其在经营活动中的影响作用及影响范围不同可分为战略决策和战术决策。(3)依决策者所处地位不同可分为上层决策、中层决策和基层决策。(4)依决策目标的多少可分为单目标决策和多目标决策。(5)依决策次数的不同可分为单级决策和多级决策。(6)依决策的性质不同可分为常规决策和非常规决策。前者是指营销过程中经常重复出现,有标准化程序的决策;后者是指营销过程中偶然出现的特殊问题的决策。(7)依内容不同可分为投资决策、产品决策、定价决策、广告决策、销售决策等。(8)依决策的条件不同可分为确定型决策、不确定型决策和风险型决策。决策的要求:(1)合法性。企业决策都必须符合国家的法律、法令和规定,符合市场经济的原则,符合世界贸易规则。(2)前瞻性。企业决策应该反映客观现实,把握发展趋势,符合客观经济和技术规律。(3)有效性。决策取得的结果要符合既定的目标,以最小的消耗获得最大的效益。(4)权威性。所辖各级部门和各级有关人员要严肃执行既定的决策,若确需修改,也应由决策部门进行。(5)简明性。内容既要详尽,也要具体、简明,文字要精练。

【市场营销决策程序】营销组织完成营销任务,实现营销目标的工作环节与步骤。(1)拟定行动计划。为了有效地实施市场营销计划,必须制定详细的行动方案。该方案应该明确市场营销计划实施的关键性决策和任务,并将执行这些决策和任务的责任落实到小组或个人。同时,还应包含具体的时间表,制定出行动的确切时间。(2)建立有效的组织机构。企业的正式组织在市场营销执行过程中有决定性的作用。组织将计划实施的任务分配给具体的部门和人员,规定明确的职权界限和信息沟通渠道,协调企业内部的各项决策和行动。具有不同营销计划的企业,需要建立不同的组织机构。组织机构必须同企业计划相一致,必须同企业本身的特点和环境相适应。(3)设计决策和报酬制度。这些制度直接关系到战略实施的成败。就企业对管理人员工作的评估和报酬制度而言,如果以短期的经营利润为标准,则管理人员的行为必定趋于短期化,就不会有为实现长期战略目标努力的积极性。(4)开发人力资源。市场营销计划最终是由企业内部的工作人员来执行的。涉及人员的考核、选拔、安置、培训和激励等问题。在考核和选拔管理人员时,要注意将适当的工作分配给适当的人,做到人尽其才。为了激励员工的积极性,必须建立完善的工资、福利和奖惩制度。企业还必须决定行政管理人员、业务管理人员和一线工人之间的比例,以减少管理费用和提高工作效率。

【市场营销决策模式】企业营销执行力发挥作用的状态。是营销组织功能的体现。包括:(1)指令型模式。该模式突出了领导者在市场营销执行中的重要作用,具有极为正式的集中指导的倾向。领导者凭借权威发布各种指令来推动市场营销计划的执行。前提条件是:企业在采取行动之前,已进行了大量分析,在准确收集信息的基础上制定了科学执行计划,并且拥有规范的行动措施。(2)转化型模式。该模式重点考虑如何运用组织结构、激励手段和控制系统促进计划的执行。领导者起着设计者的作用,设计计划管理体系,协调计划执行,用行为科学方法把企业的组织纳入计划执行的轨道。(3)合作型模式。该模式将计划决策范围扩大到企业高层管理阶层之中。领导者扮演的是协调者的角色,高层管理人员的能动性得以充分发挥,使得计划执行更加完善。(4)文化型模式。该模式是在企业组织里灌输一种适当的文化。领导者起着指导者的作用,通过灌输企业的使命来指导企业组织成员,允许企业中每个人根据企业使命参与制定自己的工作程序。(5)增长型模式。该模式强调计划是从基层单位自下而上地产生,而不是从最高层自上而下地推行。在这一模式中,要求领导者有能力用所设定的组织制度来刺激革新,有能力正确选择那些可以达到预期目标的设计方案。

【市场营销整体策划】对企业在一定的计划期内的营销情况做出全面的安排与谋划,属于中长期的全局性的策划。市场营销整体策划主要分为宏观研究、方案策划、微观研究、辅助实施等四大类。宏观研究包括:相关政策法规研究、行业研究、行业结构研究、行业竞争研究、行业宏观发展趋势分析、短期长期预测;方案策划包括:消费群体(客户)研究、目标市场的确认、目标市场的细分、消费者购买行为研究、消费者使用习惯研究、价格研究及规划、渠道研究及规划、分销渠道研究、销售渠道规划；微观研究包括：企业研究、企业文化解析、企业总体战略分析、市场营销总体战略分析、产品研究及规划、新产品的潜量研究、竞争产品研究、现行产品测试；辅助实施包括：媒体研究及规划、媒体性质研究、竞争者媒体策略研究、促销活动研究、产品品牌市场概念的研究及规划、产品品牌概念研究、产品品牌形象系统规划、产品品牌管理、年度市场推广规划、销售队伍建设与管理。

【决策方法】在决策过程的各个阶段，为确立目标、设计方案、评价选优所采用的各种手段的总称。由于决策对象的类型和决策内容的不同，相应产生了不同的决策方法，归纳起来，主要有两大类：(1)主观决策法，它是在决策过程中充分发挥人的智慧的方法，主要用于定性决策。(2)计量决策法，是建立在数学工具基础上的决策方法，主要用于定量决策。这两类决策方法各有所用，各有所长。随着决策理论和实践的发展，主观决策法和计量决策法已逐步结合起来，成为当代经营决策的主要方法。

【决策程序】决策过程的工作步骤。通常分为相互联系的四个阶段：(1)发现问题，确定目标。通过对预期效果和实际效果之间的差异的调查分析，弄清问题的性质、范围、程度以及产生问题的原因等；在调查预测的基础上，确定一定时期、一定条件下所要解决的问题及要达到的结果，作为决策目标。(2)科学预测，拟定方案。通过调查预测，研究解决问题、实现目标的各种途径和方法。途径和方法是多方面的，必须广泛征询，打开思路，拟定多种方案。并通过不断地预测和审定，边拟定边筛选，保留各有特长的一部分可行性方案。对这些方案进行再设计，使之具有科学性。(3)分析评估，选择最优方案。对各种可行性方案进行分析评估，权衡利弊，从中选出一个或综合成一个最佳方案。评估时既要评估该方案对实现目标的作用的大小，看是否具有全局性、合理性、经济性、实效性；又要评估拟定该方案所依据的资料的真实性、时效性、系统性、完整性。(4)执行反馈，修正完善。将决策方案在一定范围内实施，观察其可行性和可靠性，不断地反馈信息，发现问题，修正决策方案，使之不断完善、合理。

【决策反馈】在决策过程中，将发现的问题输送给决策者，从而对决策做出必要的修改或补充的过程。其作用是：(1)有利于决策机构了解情况；(2)有利于决策者认识和克服个人偏见；(3)有利于保证决策的科学性。决策过程中的每一个程序都必须有反馈渠道，整个决策过程要有一个大的反馈渠道。

【决策目标】决策所要达到的目的或追求的结果。它是整个决策的方向，是衡量决策执行结果的基本尺度。合理的目标必须符合如下要求：(1)准确性。一是概念明确，含义清楚；二是目标的约束条件清楚；三是目标有时间规定；四是目标尽可能数量化。(2)可行性。目标既要反映各方面的要求，规定出所要达到的目的，又要考虑现有条件，必须在一定的努力下能够得以实现。(3)先进性。即目标要符合社会发展的进程，充分运用国内外的先进科学技术，有利于激励人们的创造性和开拓精神，调动各方面的积极性。

【决策方案】在事先拟定的为实现决策目标的多种可行的途径和方法中

所选出的最优途径和方法。必须具备以下条件:(1)符合目标的要求。即方案的作用及效果要尽可能地接近决策目标的要求,为实现目标服务。特别在多目标决策中,要全面考虑各级目标的要求。(2)具有有限合理性。从理论上讲,决策方案应是最优方案。但在实际中,由于主客观条件的限制,不可能对各种可能方案的效果都进行一一评估来择优。因此,决策方案只要达到有限合理性,做到足够满意即可。(3)期望值最优。对于确定型决策的方案只需要以上两个条件。对于不确定型决策,还必须具备期望值最优的条件,即按各种状况下的概率加权计算的平均值达到最优。决策方案的选择方法可归纳为:(1)经验判断法。即根据经验和资料,经过个人和团体的分析,做出决断。包括:归类法,即将若干方案分成几大类,从中选出最优的一类,再在此类中选优;淘汰法,根据一定标准,对全部方案进行筛选,逐次淘汰不符合条件的方案,以选出最优方案;排队法,将方案按其优劣顺序排成队,然后择优。(2)数学分析法。运用概率统计、运筹学等数学方法对方法及其效果进行评估择优。(3)试验法。选择几个具有代表性的点进行小范围试验,以确定方案的优劣,选出最优方案。

【决策树】亦称"判定树"。一种呈树状的图形工具,适合于描述处理中具有多种策略,要根据若干条件的判定,确定所采用策略的情况。左端圆圈为树根表示决策结点;由决策结点引出的直线,形似树枝,称为条件枝,每条树枝代表一个条件;中间的圆圈称为条件结点;右端的实心圆表示决策结果。决策树中条件结点以及每个结点所引出条件枝的数量依具体问题而定。决策树的优点是清晰、直观;缺点是当条件多,而且互相组合时,不容易清楚地表达判断过程。

【决策支持系统】以管理科学、运筹学、控制论和行为科学为基础,以计算机技术、仿真技术和信息技术为手段,针对半结构化的决策问题支持决策活动并具有智能的人机系统。决策支持系统能够为决策者提供决策时所需的数据、信息和背景材料,帮助明确决策目标并进行问题识别,帮助建立或修改决策模型,提供各种备选方案,并对各种方案进行评价和优选,进一步通过人机交互作用进行分析、比较和判断,为正确决策提供必要的支持。决策支持系统是一个交互式的计算机系统,它利用数据库、模型库和方法库以及很好的人机会话部件和图形部件,帮助决策者进行半结构化或者非结构化决策。

【决策目标约束条件】在决策目标中带有的附加条件。决策方案是否可行,执行的结果好坏如何,首先要看它是否符合约束条件。凡是有条件目标,只有在满足其约束条件的情况下达到目标时,才是真正实现了决策目标。否则,即使是达到了目标规定的要求,也不能算实现了目标。在现代企业管理中,大部分管理决策都属于有条件目标的决策,因此在确立目标时必须严格规定它的约束条件。这些约束条件主要有三个方面:(1)执行决策时可以运用的人力、物力和财力等资源条件。(2)国家现行的法令、制度、规章等方面的限制性规定。(3)对一些次要目标规定的必须达到的起码标准,这些起码界限也是主要目标的约束条件。

【决策原则】决策者进行决策时所

必须遵循的理论和准则。包括:(1)可靠性原则。信息是决策的前提和基础。科学的决策必须有可靠的信息资料作为条件。(2)客观性原则。通过对决策对象的发展规律和发展趋势的预测,提供其未来发展的客观信息,是科学决策的又一重要前提。决策的正确与否,在很大程度上取决于对未来发展前景的判断的客观性。(3)科学性原则。决策必须以科学理论为指导,运用科学方法来进行决策。避免凭"想当然"、"拍脑袋"来进行决策。(4)系统性原则。通过对系统内外的相关方面的全面分析,来做出决策,以保证整个系统优化。(5)可行性原则。必须对决策的可行性进行分析。既要考虑是否具备实现决策目标和方案的各种物质、技术条件,又要考虑决策目标的实现是否具有预期的经济效益和社会效益。(6)择优性原则。择优的标准必须从经济价值、学术价值和社会价值三个方面来考虑。经济价值是从投资、利润、产品、质量等方面的优化来考虑;学术价值是指技术和理论方面在国内外的先进性等;社会价值是指决策目标的实现对于社会风尚、伦理道德、环境保护等方面的作用等。(7)实用性原则。决策是为了应用,所做出的决策必须付诸实践。(8)反馈性原则。由于系统内外的条件不断变化,决策系统必须不断地反馈信息,从而检验决策的合理性,控制决策执行过程中的偏差性,进行自我调控,以保持决策的科学性和正确性。

　　【决策硬方法】亦称"定量决策方法","决策软方法"的对称。将变量之间的关系进行量化,建立数学模型,并借助电子计算机来进行决策的方法。常用方法有:线性规划、动态规划、网络模型、投资模型、排队模型及各种风险决策方法等。它常用于一些常规化决策问题,将这类问题用特定的计算机语言编成现成的应用程序,供决策者使用,使决策问题模型化、程序化,简化决策过程,提高了决策的信度和效度。但是,由于决策中很多问题很难用一个特定的数学模型来表示;而且决策对象的影响因素很多,不可能一一用数学模型来表示其约束条件。因此,这种方法的运用具有一定局限性。这种方法比较深奥,需要具备一定数学基础,一般决策者难以掌握。

　　【决策软方法】亦称"定性决策方法","决策硬方法"的对称。通过各种有效的组织形式,充分发挥个人和集体的智慧,通过分析研究做出决策的方法。它是决策者运用哲学、心理学、经济学等社会科学理论,根据个人的经验和判断能力,通过对决策对象的分析研究,对诸方案的性质及可行性进行分析,并做出选择的过程。它包括:模拟决策法、头脑风暴法、六因素决策法、飞利浦斯66法等多种决策方法。这种方法的优点是:方法灵活、通用性强,对于其他方法无法解决的非常规决策问题特别适用;方法简单,不需要高深的数学基础,一般人容易掌握、便于运用;有利于调动专家的积极性和提高职工的工作素质,便于团体决策。其不足之处在于:缺乏科学论证,容易产生偏见,易受主观因素影响。

　　【摘樱桃】只选择或购买特价商品或特价吸引品的行为。该行为使得企业特殊优惠的某些目标不能实现。企业促销的初始目的是让被这种优惠商品吸引的客户再购买许多别的全价商品,以赚取可观的利润。在特定条件下,"摘樱桃"也可以指企业进入新市场时采取的行动。企业只想为其生意"摘取"最好的客户。

【比附定位】攀附名牌的定位策略。企业通过各种方法和同行中的知名品牌建立一种内在联系,使自己的品牌迅速进入消费者的心中,占领一个牢固的位置,借名牌之光使自己的品牌生辉。可以达到强化消费者的感应度和认知度,迅速提升企业品牌声誉的效果。

【避强定位】采取迂回的方式,避开强有力的竞争对手的市场定位策略。其优势在于:避开与强有力的竞争对手直接对话,迅速地进入某一细分市场,并在该市场站稳脚跟,以在顾客心目中迅速树立起一种形象。由于这种定位策略的市场风险较小,成功率较高,常常为多数企业所采用。

【边际成本】厂商在短期内增加一单位产量时所增加的总成本。一般而言,边际成本的变化取决于总产量的大小。按照经济学的观点,边际成本是产品成本对产品产量无限小变化的变动部分,即随产量变动的变动率,通常有两条规律可以遵循:(1)当某产品的平均成本与边际成本相等时,其平均成本最低。(2)当某产品的边际收入与边际成本相等时,可使企业实现最大的利润。

【边际贡献】销售收入减去变动成本以后的差额。它是企业的产品扣除掉自身变动成本以后给企业所做的贡献。这一贡献分为两部分:(1)首先用于收回企业的固定成本,如果还有剩余,构成另一部分,就是企业的利润。如果边际贡献不足以收回成本,企业则会发生亏损。计算公式为:边际贡献 = 销售收入 - 变动成本;单位边际贡献 = 单价 - 单位变动成本。(2)边际贡献率是指边际贡献在销售收入中占有的百分率,边际贡献率越高,说明企业的利润空间越大。计算公式为:边际贡献率 = 边际贡献 ÷ 销售收入 × 100% = (单位边际贡献 × 销量) ÷ (单价 × 销量) × 100% = 单位边际贡献 ÷ 单价 × 100%。

【并购】"兼并与收购"的简称。兼并一般指两家或两家以上公司的合并,组成一个新的企业。原来公司的权利与义务由新的公司承担。按照新公司是否新设,兼并通常有两种形式:吸收合并和新设合并。收购指一家企业购买另一家企业的资产、股票等,从而居于控制地位的交易行为。按照收购的标的,可以进一步分为资产收购和股份收购。兼并和收购之间的主要区别在于,兼并是企业之间合为一体,而收购仅仅取得对方控制权。由于在实践中,兼并和收购往往很难严格区分开,所以习惯上都将二者合在一起使用。

【补缺定位】企业定位于市场的"空白"地带或市场缺口。当市场存在着被人遗忘的"空白"地带或者生产缺口时,第一家企业就可以长驱直入地迅速占领该细分市场。通常对于那些市场反应灵敏且富有创新精神和具有强大开发能力的企业,常常采用这种见缝插针式的定位战略,以拓展新的细分市场。

【不确定型决策】对于未来事件,存在两种以上已知的自然状态,但其发生的概率无法估计和确定时的决策。在决策时,必须列出所有可能发生的自然状态,通过比较,选择决策方案。决策方法有:(1)最大最小期望值决策法,亦称"瓦尔德决策标准"或"悲观决策方法"。是从各个行动方案的最小收益值中选取效益值最大的方案为决策方案的决策方法。(2)最大最大期望值决策法,又称"乐观决策方法"。是从各个行动方案的最大收益值中选取效益值最大的方案为决策方案的决策方法。(3)最小最大后悔值决策法。亦称"最小遗憾法",西方也称"萨凡奇决策准则"。是从选择各个行动方案以后可能产生的最大后悔感中选取后悔感最小的方案为决策方案的决策方法。(4)赫威斯决策法。亦称"折中决策法"或"乐观系数决策法"。是运用折中系数计算出各备选方案折中收益值,然后选择最大折中收益值对应方案的决策方法。(5)等概率决策法,亦称"拉普拉斯决策准则"。在无法确定各自然状态发生的概率时,可以采用等概率来计算各个方案的期望收益值,然后选择期望收益值最大的方案作为决策方案。

【财务战略】一种决策模式,决定和揭示财务的目的和目标,提出实现目的的重大方针与计划。作为现代企业职能管理的一个特殊构成部分,财务管理在企业管理体系中占据重要地位。企业财务活动并非总是企业的"局部"活动,而是有着许多对企业整体发展具有重要战略意义的内容。因此,财务战略与财务战略管理具有相对独立的存在意义。企业总体财务战略可以分为快速扩张型财务战略、稳健发展型财务战略及防御收缩型战略等三类。财务战略管理的逻辑起点是企业目标和财务目标的确立;财务战略管理的重心是环境分析;财务战略管理的环节包括财务战略方案的形成、实施和评价。

【采购决策】对采购商品的数量、品质、供货商及采购方法的选择决定过程。(1)采购商品数量及品质的决策。根据企业经营的需要、商品储存时间、市场供应情况及价格变动情况、可替代品及新产品的发展情况、运输条件及其变化情况等因素来决定各种商品的采购数量及品质变化。(2)供货商及运输路线的决策。根据采购商品的特点、价格及供应优惠条件来最后确定供货商;根据运输费用及商品的特点用定性决策或线性规划方法来确定运输路线及运输工具。(3)采购方式决策。根据采购的成本、价格、利润的综合核算来确定采购方式。采购方式有:①相互性采购。企业在采购的同时向被采购企业出售产品。这种方式能较准确地估计对方的销售量及成本变化,与被采购企业之间能获得良好的购销平衡,能减少推销费用;但往往限制了采购的自由选择,失去了采购同种竞争产品的机会,商品单价往往偏高。②统一采购。对于某种具有特色、需要大量采购的商品,可以采取统一订货、统一采购的方式,以降低成本。③多家协同采购。根据需要,与其他企业联合采购。这样采购量大,可促使供应者降低价格;大批量采购,可降低运输费用。

【侧翼定位】从侧翼寻找目标市场的营销定位策略。即企业选择与现有竞争者相似的市场位置,避实击虚,与主要竞争对手适当拉开差距,使用相异的市场营销组合策略,并且在战略上突出自己的特色。

【策略】在博弈论中,指博弈参与者在给定信息集的情况下的行动规则。它规定参与者什么时候选择什么行动。由于每个参与者的信息集一般包含着有关其他参与者在此之前行动的信息,策略应该说明参与者如何对其他参与者的行动做出反应,因而策略是参与者的相机行动方案。策略和行动是两个不同的概念,策略是行动的规则,而不是行动本身。因此策略必须是完备的,它必须给出参与者在每一种能够想象到的情况下的行动选择,即使参与者并不预期这种情况会实际发生。策略有各种类型,如纯策略、混合策略、占优策略、劣策略、可信策略、最大最小策略等。

【差异度】差异化程度。对商品市场而言,产品的差异度是衡量市场结构状态的一个指标。差异化程度代表了同类产品或服务的不完全替代性。差异化既作为影响行业结构的重要因素,又作为一种促销手段会对经济绩效产生影响。一般来说,差异化程度越高,其利润率水平也就越高。

【产品价值分析】一种降低成本的方法。通过价值分析,对各部件仔细加以研究,以便确定能否对它进行重新设计或实行标准化,并运用更便宜的生产方法来生产产品。一般是利用价值工程来提高产品的价值。特点包括:(1)以提高产品价值为目标。要提高产品价值,首先要注意满足用户要求。即产品的功能要满足用户需要,在此基础上,采取各种措施有组织、有计划地降低产品成本。(2)以功能分析为核心。有些产品,不根据产品特性,过分地、盲目地追求产品的造型、装潢和多功能,大大地加大了产品的成本,也就降低了产品的价值。应当挖掘和寻找不需要或多余的功能,并为消除这些多余功能进行一系列活动,从而降低了成本。(3)以功能和成本的最优配合为着眼点。产品的价值,是其功能与成本的比值,它们相互关联,不可偏废,价值分析不能单纯追求提高功能,也不能片面追求降低成本,而是要提高它们之间的比值。这就有一个最优配合问题,应从产品的功能与成本两方面相互比较,用最低的成本来满足用户的功能要求。(4)需要有领导有组织地进行。产品的价值分析,是一个具有全面性、技术性、经济性的综合分析活动,需要有一个得力的领导班子,把有关人才组织起来,群策群力。价值分析的作用在于:通过对产品的功能和成本的对比分析,在满足产品获得所要求的必要功能的前提下,用更优良的设计、更廉价的材料、更经济的工艺,生产出最低成本的产品。实践证明,许多产品在应用价值分析后,不仅可使其成本下降15%～20%,而且可找到许多疏忽和漏洞,从而改进产品的管理,以获得最佳经济效益。

【成本驱动因素】ABC方法认为,每一个企业都是在设计、生产、销售、发送和辅助其产品的过程中进行种种活动的集合体。而各种耗费资源的活动"驱动"了成本的发生,每种产品的成本将取决于其对诸如制度计划、工程准备、加工制造、市场营销、销售发运、开票结算和其他服务等活动的需要量。"驱动"成本发生的那些重要的活动或事务,是隐藏在成本之后的推动力。

【成本优势】企业产品的个别成本低于与其竞争的同类产品的成本或者该产品的社会平均成本。(1)具有成本优势的企业,可以为其产品制定一个相对低于其他区域相同产品的价格,通过价格竞争在更大范围内占领市场,获取市场领先地位。(2)成本领先的企业如果按照市场平均价格销售其产品和服务,能够获得高于平均利润的利润,增强产业的积累能力和技术创新或开拓新领域的能力。(3)成本领先的企业能够遏止价格,从而克服市场壁垒,成功进入新市场。因此,成本优势是实现企业竞争优势的重要要素。成本优势可以通过优化价值链实现。

【成本有效性】以最低的成本实现某一既定目标,或在既定的成本下谋求特定目标收益的最大化。

【成熟期市场策略】竞争激烈且存在生产过剩现象市场背景下的产品销售策略。产品销售进入成熟期,销售增长速度随之减缓,导致众多生产厂家的生产过剩现象,生产过剩又会导致更激烈的竞争。销售增长速度减缓,竞争加剧,有可能降低产品价格或增加广告费用的投入,从而导致市场整体销售利润的平均水平下降。在这一阶段,尽可能地考虑调整市场、产品和市场营销组合策略。(1)调整市场策略。企业可以寻找新的使用者和细分市场,也可以寻找增加现有顾客产品使用量的方法,或者想办法对品牌进行重新定位,以便吸引更大或增长更快的细分市场,努力增加现行产品的消费量。(2)调整产品策略。改变产品特征,或者增加新的特色,用来扩展产品的有用性、安全性或便利性。企业还可以改善产品的风格和吸引力等等,来吸引新的使用者或引发大量的使用。(3)调整市场营销组合策略。即通过改变一个或多个市场营销组合因素来改进销售。企业可以用减价来吸引新的使用者或竞争者的顾客。可以开展更好的广告活动或采用进攻性的促销手段。如果较大的市场渠道处在增长之中,则企业还可以利用大规模推销进入这些渠道。营销管理部门的主要任务是想尽办法延长产品在成熟期的时间,并以渐进式的调整方案为主。

【促销预算竞争对等法】把竞争对手作为预算样本的方法。采用这种方法要先了解同行业中主要竞争对手的大致促销预算,然后据以确定自己的预算,使自己的预算与竞争对手的预算大致相当。基本依据是:(1)同行业中多数竞争对手的促销预算是在长期实践基础上形成的,有其合理性,值得效法。(2)竞争对手之间的促销预算大致相同,有助于"和平共处",避免"促销战"。当然,竞争对手的促销预算并不一定合理、有效;企业与其竞争对手之间在商誉、资源、机会和目标等方面都存在着不同程度的差异。具体操作时,需要灵活应用。

【促销预算量力而行法】以企业的经济能力为基础来确定促销费用。虽然这种方法简单易行,但应看到,促销的目的是扩大销售。因此,企业确定促销预算时不仅要考虑财力情况,而且要考虑企业需要花多少促销费用才能完成销售指标。所以,这种方法在某种程度上存在着片面性。

【促销预算目标任务法】依据目标管理理论与方法,确定促销预算的方法。(1)确定促销目标(如销售增长率、市场占有率和品牌知名度等)。(2)确定为达到这些目标所要完成的任务。(3)估算完成这些任务所需要的促销费用。这种方法的最大优点是根据企业的实际需要决定促销预算,具有一定的科学性。

【促销预算销售额百分比法】即根据前期或预期的销售额的一定百分比来确定促销费用。大多企业采用该方法确定促销预算。其主要优点:(1)促销费用和销售额相联系,为促销预算提供了有支付能力的经济基础。(2)有利于把企业的促销成本、单价、单位产品和利润相联系,从而有利于开展经济核算,讲求促销效果。(3)如果竞争企业也以基本相同的销售额比例确定促销预算,就能使企业之间的促销竞争相对缓和。主要缺点包括:(1)由于它根据销售额决定促销预算,这就颠倒了因果关系,使销售额成为决定促销预算的原因,而不是促销结果。(2)它是根据资金的可能性,而不是根据实际的需要确定促销预算,这就必然会失去一些良好的促销机会。(3)由于促销预算决定于波动性较大的年销售额,这也会影响企业制定长期的促销计划。(4)由于市场情况经常发生变化,而这种方法并没有选择合适的销售额百分比的标准,只是根据过去的百分比来确定销售额的比例,因而往往与实际需要不符。

【大品牌战略】将品牌的多样化与经营差别化相结合而形成的一种新的市场制胜战略。随着市场同质化产品的增多,传统品牌延伸理论使得品牌形象在人们心目中越来越模糊,人们趋于接受形象鲜明、特点突出的品牌,此时大品牌战略的优势就凸显出来。

【导入期市场策略】新产品刚刚投入市场且存在经营风险背景下的营销策略。基本特点是:新产品刚刚投入市场;市场上同类产品的竞争小;产品的广告宣传花费大;企业生产该种产品的能力也未全部形成;废品率通常较高,成本与投入相应都较大。让消费者尽快尽早认同接受该种产品,是本阶段营销策略的重点。企业只能集中力量向那些最可能购买的顾客进行销售。市场策略包括:(1)高价快速促销策略。

公司采用高价格,花费大量广告宣传费用,迅速扩大销售量来加速对市场的渗透。采取该策略的条件是:消费者对该产品求购心切,并愿意支付高价,但大部分潜在消费者还不了解此种产品;同时,这种产品应该十分新颖,具有老产品所没有的特色,适应消费者的某种需求。(2)高价低费用策略。推行高价格是为了尽可能多地回收每单位销售中的毛利;而推行低水平促销是为了降低营销费用。采用该策略的产品必须具有独创的特点,并且是市场上的某项空白。(3)低价快速推销策略。该战略期望能给公司带来最快速的市场渗透和最高的市场份额。假设条件是:市场容量相当大,消费者对这种新产品不了解,但对价格十分敏感;潜在竞争比较激烈。同时要求企业在生产中尽力降低成本,以维持较大的推销费用。(4)逐步打入策略。采取低价格和低促销费用来推出新产品,占领市场。低价格的目的在于促使市场能尽快接受产品,并能有效地阻止竞争对手市场的渗入。低促销费用意味着有能力降低售价,增强竞争力。采用此策略的条件是:市场容量大,产品弹性大,消费者对价格十分敏感,有相当的潜在竞争者。

【地理细分】按消费者所在地区的地理条件来划分市场。企业可以选择在一个或几个区域经营,也可以覆盖整个市场进行经营,但必须认识到客户的需要和欲望在不同的地理区域往往有相当的差异性,这是进行地理细分的必要性所在。现在许多企业都依据市场的地理细分,进行差异化战略,使自己的产品、广告、促销和销售活动本地化,用以适应不同地理细分块的特定偏好和需求。要注意的是,地理只是一个

"宏观"的变量,还应该了解一些具体的"微观"变量。

【定价目标】企业通过制定及实施价格策略所期望达到的目的。定价目标是企业营销目标的基础,是企业选择定价方法和制定价格策略的依据。企业为实现经营目标,需要把商品定价与市场营销的其他要素有机结合起来,确定出最有利的商品价格。定价的着眼点既要考虑到消费者可接受的价格,又要考虑到能给企业带来最佳收益。企业为商品定价时,可依据不同产品、不同环境、不同时期的实际需要,采取不同的定价策略,确定不同的营销目标,形成一定结构的目标组合。与企业定价有关的营销目标主要有:维持企业生存、争取当期利润最大化、保持或扩大市场占有率、保持最优产品质量、抑制或应对市场竞争。定价目标是影响价格行为的一个极为重要的主观因素。定价目标有长期和短期之分,长期目标总是与利润相联系的,很难设想一个以应付竞争为长期目标的企业能一直以等于或低于成本价格出售产品而又能长期存续。企业定价目标包括:(1)以获取理想利润为定价目标;(2)以获取适当投资报酬率为定价目标;(3)以提高或维持市场占有率为定价目标;(4)以稳定价格为定价目标;(5)以应对或防止竞争为定价目标;(6)以树立企业形象为定价目标。

【定量决策方法】参见【决策硬方法】。

【定性决策方法】参见【决策软方法】。

【动态营销】在多维空间中,在多种引力下,在动态中进行的营销。动态营销既要考虑到市场上的销量渠道、竞争状况、产品的技术质量等多种引力,也要考虑到企业的财务状况、产品推出时机、社会消费趋势等方面的因素。要经常考虑和评估各种市场引力及企业自身因素的变化,从而不断调整自己的营销方式、方法或策略,以适应不断变化的市场。动态营销是一种市场细分的需要,不同的市场层次的消费者有不同的需要。对于企业而言,一种营销模式并不能始终贯穿整个企业的发展过程。以前更多的是站在企业的平台上去看市场营销,现在更多的是作为一个消费者去看市场,了解消费者有何需要,并在消费者的角度对自己的产品进行一种规划、改变,且不拘泥于一种形式。总之,动态营销策略就是要根据市场中各种要素的变化,不断地调整营销思路,改进营销措施,使营销活动动态地适应市场变化和动态竞争战略。

【独家分销】生产厂商在某一地区仅选择一家中间商销售其产品。通常规定独家、专门销售生产企业的产品。这是一种专属性的分销渠道类型,通常适合于高价格且又需要加强销售与技术服务的消费品和工业用品。需要双方协商签订独家经销合同,规定经销商不得经营竞争者的产品。对于产品质量高、品牌价值高及服务专门化的供应商通常采用独家分销的形式。以减少选择分销渠道的各种有害冲突。独家分销管理重点:(1)事前控制。对于独家分销商的选择,一定要十分慎重,否则,将一个区域市场交给一个缺乏市场开拓能力的分销商来进行,很难达到预期目标。要对分销商的经营管理能力进行深入考察,对分销商的要求也要在合同上明确规定,如经营场所的大小、人员配备情况、场地仓库配备、促销活动投入和最低经营业绩等。(2)合作关系控制。供应商与分销商良好的合作关系是实现企业营销目标的保障。但在合作中,随着分销商力量的壮大,与供应商讨价还价的谈判能力也在增强。在这种情况下,供应商应及时调整与分销商的协作关系,在弥合分歧的同时进一步将"双赢"的合作关系保持下去。(3)二级网点控制。独家分销商通常具有良好的销售网点,其二级网点的规模和实力通常是供应商选择独家分销商的一个重要指标。供应商应对独家分销商的二级网点也能够实现一定程度的控制,从而使之符合企业的整体营销策略。

【对抗定位】企业选择与现有竞争者相同市场位置的定位策略。目的在于争夺同样的目标顾客,使用相同市场营销组合策略,在战略上采用正面交锋,以保护企业的市场资源与市场影响。

【对峙定位】企业一开始就与市场上有实力的竞争对手进行针锋相对的定位策略。表现为企业选择靠近现有竞争者或与现有竞争者重合的市场位置,争夺同一个顾客群体,提高市场占有率。彼此在产品、价格、分销及促销等各个方面差别不大。由于直接影响到竞争对手的切身利益,可能引起对手的反击。故市场风险很大,企业必须冷静地估计自己的实力,否则将遭遇危险甚至会受到致命打击。

【多目标规划】在线性规划的基础上发展起来的一种规划方法。给定若干目标以及实现这些目标的优先顺序,在有限的资源条件下,使总的偏离目标值的偏差最小。

【多目标决策原则】在多目标决策实践中应遵循的行为准则。主要包括:(1)在满足决策需要的前提下,尽量减少目标个数。可采用剔除从属性目标,并把类似的目标合并为一个目标,或者把那些只要求达到起码标准而不要求达到最优的次要目标降为约束条件;以及通过同度量求和、求平均值或构成综合函数的方法,用综合指标来代替单项指标的办法达到目的。(2)按照目标的轻重缓急,决定目标的取舍。为此,就要将目标按重要程度排列出一个顺序,并规定出重要性系数,以便在选优决策时有所遵循。(3)对相互矛盾的目标,应以总目标为基准进行协调,力求对各目标全面考虑,统筹兼顾。

【多品牌策略】企业生产同一种产品但使用两个或多个品牌的策略。主要包括两种情况:在不同的目标市场上,对同一产品分别使用不同的品牌;在同一市场上,对某种产品同时或连续使用不同的品牌。其主要优点包括:(1)具有较强的灵活性。浩瀚的市场海洋,为企业提供了许多平等竞争的机会,关键在于企业能否及时抓住机遇,在市场上抢占一席之地。见缝插针就是多品牌灵活性的一种具体表现。(2)充分适应市场的差异性。同一品牌在不同的国家或地区有不同的评价标准。(3)提高产品的市场占有率。如果企业原先单一目标顾客范围较窄,难以满足扩大市场份额的需要,此时可以考虑推出不同档次的品牌,采取不同的价格水平,形成不同的品牌形象,以抓住不同偏好的消费者。在准备采用多品牌策略时,企业应注意的问题是:(1)审视企业是否具有多品牌管理的能力和技巧。企业实施多品牌的最终目的是用不同的品牌去占有不同的细分市场,联手对外夺取竞争者的市场,如果引入的新品牌与原有品牌没有明显的差异,就等于自己打自己,毫无意义。(2)注意风险防范。对于缺乏实力的企业来说,品牌销售额不足以支持它成功推广和生存所需的费用,就很难实施多品牌策略,这时不如"将所有的鸡蛋装进一个篮子里",打出一个高知名度品牌,再进行延伸,这样推出新产品的费用将大大减低。(3)根据企业的经营目标来具体设计。采用多品牌策略可以为企业争得更多的货架空间,也可以用新产品来截获"品牌转换者",以保持顾客对企业产品的忠诚;使企业的美誉度不必维系在一个品牌的成败上,降低企业的经营风险。

【多样化发展战略】企业利用与现有业务无关的市场机会发展的一种战略。根据企业对现有资源的利用情况可以有:(1)同心多样化。即企业利用现有的技术条件和营销资源,开发新业务的一种战略。这种战略是以现有技术条件和营销资源为中心,可以发挥现有的资源优势。(2)水平多样化。即企业利用新的技术,在现有的市场上开发新业务的一种战略。这种战略主要着眼于利用与现有市场有关的机会。(3)综合多样化。即企业向与现有的技术、产品和市场无关的方向发展业务的一种战略。一般而言,企业应用多元化战略应该具备如下的条件:(1)由于企业在营销中所树立的商业形象已深深扎根于市场,不会因产品和市场的变化而使顾客对企业产生不信任感。(2)企业可部分或全部利用现有的销售渠道推销新开发的产品。(3)可以继续发挥已掌握的营销技巧的作用,帮助企业寻找有发展前途的新产品和新市场。(4)企业的生产技术专长可以为新产品和新市场提供服务。(5)企业有雄厚的资本力量为拓展新产品市场提供支持。

【范围经济】一个生产多种产品或提供多种服务的企业,其生产成本低于那些仅从事相同产品的生产或提供相同服务的企业的成本总和,即多种产品之间形成协同效应。当今市场竞争中,企业在渠道、技术、品牌等方面的显著优势也可以带来范围经济效应。

【分类定位】对现有市场所销售的品牌进行分类管理,并将其进行分类定位的市场行为。以此来确定每一类品牌类型的发展方向。

【风险型决策】亦称"随机型决策"。决策者根据几种不同自然状态可能发生的概率所进行的决策。每一个行动方案中都存在两个或两个以上的自然状态,各自然状态发生的概率各不相同,决策者无论选择哪个行动方案,都要承担一定的风险。这种决策一般具备下列条件:存在着决策者希望达到的一个或几个明确的决策目标;存在着决策者可以主动选择的两个以上的行动方案;存在着不以决策者的主观意志为转移的两种以上的自然状态;不同方案的损益值可以计算出来;各种自然状态出现的概率可以根据资料事先估计或计算出来。其方法有:(1)决策树。决策问题具有多个方案,每个方案下面又会出现多种自然状态,可以由左向右,绘制一个树形的网状图来进行决策。其中,以方框结点表示决策点;由决策点引出若干条线段(主树枝)表示各种方案,称为方案枝;各方案枝的末端以圆圈结点表示机会点;再由每一机会点引出若干条线段表示各种自然状态及其发生的概率,称为概率枝;在概率枝的末端列出不同状态下的收益值。决策时,首先由右向左,根据右端的收益值及概率枝上的概率值,计算每一方案的期望收益值;然后以期望收益最大的方案作为决策方案,舍弃其他方案。(2)期望损益决策法。首先利用有关资料确定或计算各自然状态发生的概率;然后运用矩阵表计算每个方案与各种自然状态相结合下的条件收益(损失);最后计算各方案的期望收益(损失),并以最大收益或最小损失的方案作为决策方案。(3)边际分析决策法,亦称"增量分析法"。通过对增加一个单位的产品所必需增加的费用和实际增加的收入的分析,来决定决策变量的最佳取值的方法。当边际费用等于边际收入时,利润最大。当边际收入大于或小于边际费用时,就应增加或减少产量,使二者相等。(4)效用概率决策法。决策者对于期望收益和损失的独特兴趣、感受或取舍反应,称做效用。它代表决策者对于风险的态度,是决策者胆略的一种反映,通常用概率形式表示。以损益值作为横坐标,效用值作为纵坐标,画出效用曲线来进行决策的方法,即为效用概率决策法。(5)贝叶斯决策法。利用抽样资料和贝叶斯定理算出后验概率,再利用后验概率计算期望利润进行决策的方法。(6)马尔柯夫决策法。根据某些变量目前的状态及其变动趋势,预测它在未来某时期可能出现的状态,以做出决策的方法。

【复合品牌决策】企业对同一种产品赋予其两个或两个以上的品牌的决策。有两种类型:(1)注释品牌决策。一种产品有两个(或两个以上)品牌,其中一个是注释品牌,通常是企业品牌;另一个是主导品牌,通常是产品品牌。

(2)合作品牌决策。一个产品同时使用两个及两个以上的企业的品牌,它体现了企业间的相互合作。

【覆盖】中间商的营销覆盖面与营业推广能力,一般应选择营销覆盖面宽、市场推广能力强的中间商作为企业渗透市场的渠道。

【哥顿法】一种创造思维方法。由美国人哥顿提出。其特点是:(1)参加会议准备出主意提方案的人,并不知道要解决的是什么样的具体问题,只有负责引导大家思考的会议主持者知道。(2)把问题抽象化向与会者提出来,而原来的问题则不讲,利用熟悉的事物作为迈向陌生事物的跳板。(3)对解决抽象问题的方案,会议主持者逐个研究,看能否解决原来的问题。会议结束时把问题提出来。该方法的优点在于先把问题抽象化,然后提出解决的方案。在开发新产品的时候,如果只是根据具体的事物来想办法,无论如何也会受到现有事物的约束,得不出彻底解决的方案。而根据抽象的问题想出来的方案,会得到一些平常想不到的办法。

【供求分析】依据商品供求平衡表来分析确定商品的供求关系。若供大于求,商品价格将下跌;若供不应求,则商品价格将上涨。

【共存定位】定位策略的一种。表现为与在市场上居支配地位的竞争对手"对着干"的定位方式。即企业选择与竞争对手重合的市场位置,争取同样的目标顾客,彼此在产品、价格、分销、供给等方面少有差别。

【赫威斯决策法】亦称"折中决策法"或"乐观系数决策法"。是运用折中系数计算出各备选方案折中收益值,然后选择最大折中收益值对应方案的决策方法。是介于乐观与悲观之间的决策方法。选择步骤是：(1)根据历史资料和个人经验，确定一个乐观系数 α（$0 \leqslant \alpha \leqslant 1$）。(2)计算每个方案的折中收益值。计算公式为：折中收益值 = α × 最大收益值 +（$1 - \alpha$）× 最小收益值。(3)取折中收益值最大的方案作为决策方案。它实际上是一种指数平均法。运用折中系数，平衡了最小收益值和最大收益值，是一种既稳妥又积极的方法。但是折中系数的不易确定，会影响决策可靠度。

【机会识别】机会（Opportunity）是营造出对新产品、新服务或新业务需求的一组有利环境。它有四个本质特征：有吸引力、持久性、及时性，并依附于为买者或终端用户创造或增加价值的产品、服务或业务。识别市场营销机会的途径就由较抽象的营销对象和营销手段的分析，转化为市场与产品的分析。也就是所谓"产品/市场机会"的分析与识别。其实，一切营销活动及其管理都是围绕"产品适应市场"而进行的。"产品市场机会"是市场营销机会的基本机会。

【计划控制】将反映企业营销目标的指标按时间阶段进一步具体化，定期检查这些指标的完成情况。任务分为四步：(1)管理当局必须明确地阐明年度计划中每月、每季的目标；(2)管理当局必须衡量计划执行情况的手段；(3)管理当局必须确定执行过程中出现严重缺口的原因；(4)管理当局必须确定最佳修正行动，以填补目标和执行之间的缺口。如果计划指标不能按期完成，就应认真检查不能完成的原因，并采取相应的补救措施，对各部门的营销活动进行调整，保证企业在年度计划中所制定的销售、赢利和其他目标的实现。

【降价定位】针对产品、市场、竞争等因素的特定环境而确定降低价格水平的一种定位策略。降价定位一般有以下几种情况：(1)促销降价。降价的动因是企业生产能力过剩。但由于竞争者都想保住自己的市场份额，一家企业实施降价定位之后，可能引起连锁反应，开始全面价格战，又要进行新一轮的降价定位。(2)竞争降价。降价的动因是企业市场份额正在价格竞争中下降。企业不得不采用降价定位，以迎击竞争者的进攻。(3)扩展市场降价。降价的动因是企业希望通过低成本争取在市场上居于支配地位。(4)经济不景气降价。降价的动因是经济处于衰退时期，企业必须采取降低价格或推出价格较低的经济型产品，以保持企业的市场份额。

【进入市场反映强度】新产品的投放对所有利益相关者的感染强度。使市场产生反映的是新产品与顾客产生交流的要素或符号，如产品特性、价格、促销、展示等等。对于一个企业而言，最关心的可能是新产品的投放产生多大的反映较为合适。进入市场的反映强度有着两个极限，即最高和最低。通常，企业可能希望自己的新产品在投放之后产生最高的反映强度。

【进入市场规模】新产品进入市场时有两种规模可供选择，一是针对目标细分市场全面投放新产品；二是针对目标细分市场采用某种顺序进行滚动式投放。目标细分市场可以是一个，也可以是多个。一般地，一个细分市场还被划分为多个亚市场，以便更好地进行资源配置。典型的细分市场包括有那些以新产品的采用范畴、地理区域、分销渠道、销售队伍、广告媒介以及某些其他有用的变量界定的市场细分。

【经济订货量】能使企业在存货上所花费的总成本最低的每次订货量。这一订货量一般可采用逐次测试列表法、图示法或公式法加以确定。企业在存货上所花费的相关总成本、订货成本、储存成本和缺货成本，而确定经济订货量需要考虑的只包括那些随着存货量或订货次数的变动而变动的那部分成本，即为了每次订货业务而发生的订货成本和随着存货量变动而变动的平均储存成本。订货次数和每次订货量对这两种成本有着不同的影响，订货数量越少，订货次数越频繁，订货成本就越高，而储存成本越低；反之，订货数量越多，订货次数越少，则订货成本越低，但储存成本越高。订货成本和平均储存成本是相互矛盾的，确定最优的存货量就是要使得全年订货成本和全年平均储存成本的总和最低。

【经营目标决策】对企业经营的目的和方向的决定过程。它是企业的重大战略性决策。根据企业的产品、资源及市场等特点不同，企业的经营目标可分为：增加生产；扩大市场份额，增加销售额；获取最大利润；满足市场需求。决策中，首先要分析市场需要；其次再分析企业的状况；最后，将前两者结合起来对各种目标方案进行比较，从中选择能使企业取得长远最大收益的决策方案。

【经营特色定位】企业依据既定的经营目标进行的市场定位。一个企业要在经营上取得成功，并非一定要走特色化经营路线。

【经营投资决策】企业经营中对固定资产、流动资产及智力等方面投资的决策过程。决策步骤为：（1）投资机会的选择及方案设计。一般是由有关部门的领导做出决议，再交给主办人员进行具体设计。（2）领导审核。有关领导及主管财务的领导要对方案进行审核。（3）决策。根据审核的结果以及企业实力和今后发展的需要，对是否投资做出决断。（4）执行。执行过程中，对投资费用要严格控制，避免超过预算。（5）重新审核。在方案执行过程中，要注意审查信息的可靠性、投资项目计划进展情况及投资效果等。

【竞争定位】以竞争导向为前提的市场定位。企业在目标市场上可以采取的竞争战略有市场领导战略、市场挑战战略、市场追随战略和拾遗补阙战略。企业的竞争战略基本上确定了企业及其产品在目标市场上所处的地位。企业及其产品的定位也就依据其在市场中所处的地位而展开，主要有领导者定位、挑战者定位、追随者定位和补缺者定位。

【竞争者分析】企业为更好地参与市场竞争而对目标市场上现有或潜在的竞争对手的市场经营活动的分析、识别，从而为制定市场竞争战略做准备的一系列活动。竞争者分析包括：判断竞争者的目标、识别某一个竞争者对自己及行业的假设、评述每个竞争对手的先行策略、评估每个竞争者的潜在能力大小。一般对于竞争对手的分析，应该会回答下列问题：每个竞争者在市场上寻求什么？它的行业地位如何？它的市场地位如何？什么是竞争者行动的动力？它有什么样的战略特征？它的主要管理人员有什么特征和变化？它有优秀的信息系统吗？它在收集市场信息方面是否有与众不同的能力？它的财务状况如何？等等。

【聚焦战略】亦称"集中化战略"。企业或事业部的经营活动集中于某一特定的购买者集团、产品线的某一部分或某一地域市场上的一种战略。其核心是瞄准某个特定的用户群体、某种细分的产品线或某个细分市场。前提是：企业能够以更高的效率、更好的效果为某一狭窄的战略对象服务，从而超过在更广阔范围内竞争的对手。包括两种变化形式：（1）低成本集中化。（2）差异化集中化。在实行低成本集中化时，企业在所处目标细分市场中寻求低成本优势；在实行差异化集中时，企业则寻求在目标市场中的独特差异化。聚焦战略的实现途径包括：（1）产品线聚焦。适用于产品开发和工艺装备成本偏高的行业。（2）顾客聚焦。将经营重心放在不同需求的顾客群上，是顾客聚焦战略的主要特点。有的厂家以市场中高收入顾客为重点，产品集中供应注重最佳质量而不计较价格高低的顾客。（3）地区聚焦。划分细分市场，可以按地区为标准。如果一种产品能够按照特定地区的需要实行重点集中，也能获得竞争优势。在经营地区有限的情况下，建立地区重点集中战略，也易于取得成本优势。

【决策表】亦称"判定表"。一种呈表格状的图形工具。适用于描述处理判断条件较多、条件又相互组合、有多种决策方案的情况。

【决策方案敏感性】决策方案在实施过程中遇到意外或反常情况时所能承受的震荡程度。由于各方案自然状态的概率通常是依靠预测手段和根据主观经验来确定的，很难做到精确无误，再加上影响自然状态本身的因素也会发生变化，因此，有必要对概率值的微小变动对决策结论可能产生的影响进行分析，以考察方案的可靠性、稳定性和适应性，这种分析叫做敏感性分析。分析的方法是，将概率值在可能发生误差的范围内做几次不同的变动，观察所得的期望值有什么变化，这种变化是否会影响最优方案的选择，并确定在何种变动下可能导致方案的失败和在什么情况下还能自我适应和调节。决策方案的敏感性分析，既有助于方案的选择，又可使决策者在实施方案前做好修正决策的准备。

【决策流程】不只限于从几个备择计划中选定一个行动方案，而是与整个决策有关的活动过程。决策过程大致可分为三个阶段：（1）搜集情报阶段，即搜集企业所处环境中有关经济、技术、社会等方面的情报并加以分析，同时对企业内部的有关情报也要搜集并加以分析，以便为计划的拟定和选择提供依据。（2）拟订计划阶段，指以企业所需要解决的问题为目标，创造、制定和分析可能采取的行动方案。（3）选定计划阶段，即根据当时情况和对未来发展的预测，从可资利用的方案中选出一种。

【决策要素】进行决策所不可少的基本因素。包括决策者、决策目标、决策方案、约束条件及必要的信息等五个方面。其中，决策者是收集信息、分析情况、确定目标、选择方案的具体实施者，是进行决策的关键。决策者必须树立系统观念、政策观念、市场观念、竞争观念、时间观念、利息观念、效益观念、投入产出观念、创新观念及社会责任观念；必须具备综合分析能力、综合判断能力、综合协调能力、创造能力、应变能力、魄力和勇气。决策目标是决策要达到的目的或要解决的问题,它是决策的方向。

【库存决策】 对存货的订货次数及每次的订购批量、存货在库时间及存货管理的决策。(1)存货的订购次数及每次的订购批量的决策。分为确定型库存模型和不确定型库存模型两种。确定型库存模型,是当商品年需求量、每次订购费用及每件商品的库存费用均为已知,商品为均衡出库时,可以根据以上资料,以每次订购批量为自变量,库存总成本为因变量,建立函数式,用极值决策法来决定每次的订购批量,并推算每年的订购次数及每次订购的间隔时间。不确定型库存模型,亦称随机型库存模型,在库存过程中,订货的交货时间不确定,可能产生随机性延迟;商品出库数量不均衡,可能出现随机性波动。对以上情况,可设置安全库存量,以保证正常供应。依以上条件和安全库存量来决定每次的订购批量及每年的订购次数。(2)存货在库时间的决策。商品在库时间过长,会因库存费用增加、资金占用利息的增加而出现亏损。可根据商品库存的间接费用、每天的直接费用及商品销售毛利,运用盈亏分析方法来决定商品在库的最长时间,以便在此之前使商品出库,避免因库存而带来亏损。(3)存货管理决策。运用ABC分类方法,将在库商品进行分类,分别采取不同方法进行管理。按该商品的品种数占库存商品的总品种数的百分比及该商品的金额数占库存商品的总金额数的百分比来进行分类。前者为5%~10%,后者为70%~80%的作为 A 类;前者为20%~30%,后者为15%~20%的作为 B 类;前者为50%~70%,后者为5%~10%的作为 C 类。对于 A 类商品要进行重点管理、高度控制。这类商品价值昂贵、品种较少,要减少库存,按需订购,使商品进货尽量接近所需要的数量和时间。C 类商品品种多、用量大、价格低、所占资金少。可粗略控制,适当增加库存,减少订购次数。对 B 类商品采取中等控制,以适量的存货及适中的订购次数保证供应。

【利益定位】 根据产品为顾客提供的利益确定产品目标的定位方式。这里的利益既包括顾客购买产品时所追求的利益,也包括购买产品时所能获得的附加利益。通常产品所能提供的利益是和产品的属性直接相关的,当它具有一种或几种同类产品所不具有的属性时,它就能为顾客提供特有的利益。一个好的定位策略并非要将产品向顾客提供的所有利益尽数罗列,而是选择顾客最看重的利益来为产品定位,突出产品的个性化特点。

【利益链设计】 通过自身产品与分销渠道各层之间建立一种利益分配机制。利益链设计应包括产品在渠道各环节的直接销售利润和企业拟分配于渠道各环节的返利、进货奖励、促销等隐含利润,来源于目标市场的选择及目标产品的价格弹性,其结果不仅受竞争因素的强烈影响,通常还需要根据产品销售阶段的变化进行调整。在产品导入期间,为了激励分销体系推广产品,企业往往给予较大的价格弹性及返利空间以弥补微小的利润总额,这段时间渠道利益主要来自于"投入";随着市场份额不断扩大、销售利润逐步满足分销体系的利益需求,必须相应地设计向平稳过渡的利益链转换机制,而把利益的主要来源转向"产出"。利益链具有强烈的对比性,在设计的过程中,需时刻关注竞争现状与竞争趋势。在理论上,新产品的利益链的最基本要求是与主流产品持平;在实践上,由于两者的销售量远不具备可比性,因此必须采取先高后平衡的方式,甚至在必要的情况下,还需设计对主流产品具有攻击性的利益链。此外,由于潜在竞争者是未来市场资源的主要争夺者,因此在设计利益链时有必要参照它们的利益链结构。

【名牌产品定位】根据消费者对产品重视的程度以及名牌产品与一般产品的区别,决定本企业产品在市场中所处位置的定位策略。每个产品都有自己的定位,但名牌产品的定位与一般产品定位不一样,突出培育与一般产品不一样,突出的特点是:(1)满足消费者的偏好,表现在性能、形状、包装等方面。(2)满足消费者的心理,表现在等级、身价、高雅形象等方面。(3)体现在市场中的差别,表现在领先、高品质等方面。

【名义小组会议】一种创意方法。先让典型消费者独自(或两三人一组)产生观点和想法,然后坐到一起在焦点小组座谈会上进行讨论。该方式能迫使参与者自己动脑产生想法,增多座谈会中不同观点的可能,从而可以有效改善小组座谈的争论程度。

【目标市场定位战略】企业在产品正式投放市场之前,必须根据目标市场的需要,确定本企业产品的最佳市场位置,以使企业产品功能与目标市场需求相一致,即目标市场定位战略。

【目标市场选择战略】企业通过对外部环境的分析,寻求对实现企业目标有利的市场机会,在市场细分化的基础上决定和选择企业目标市场的战略。

【内部报告】产生于部门经理的经营活动文字记录。内部记录报告由从公司内部收集的信息组成,用来评价营销业绩、指出营销所存在的问题和面临的机遇。会计部门提供财务报表,并留有销售、成本和现金流量的详细报告;生产部门报告关于生产计划、装运和存货的情况;销售部门报告经销商的情况和竞争对手的活动;营销部门提供有关消费者的人口构成、心理状况和购买行为的资料;顾客服务部门提供有关消费者满意程度和服务的情况。为某一个部门所做的调研可以对其他部门也有用处,营销经理们可以利用以上提到的或公司内部的其他来源获得的信息,来评价业绩,发现及创造新的营销机会。

【配货决策】决定拟经营的花色品种,即中间商的产品组合。

【品牌化决策】对特定产品的品牌适用性的计划性、管理性安排。品牌可以收到多方面的市场效果,也带来巨额费用的支出,万一经营失利,会使企业信誉和其他产品都受到不良影响。要求企业在是否使用品牌上做出正确的选择。(1)使用品牌。实施名牌战略,可以获得:①产品优势。由于品牌是"整体产品"的一部分,它有助于在市场上树立产品形象,并成为新产品上市和推广的重要媒介。同时,品牌化有助于企业细分市场和市场定位。②价格优势。通过品牌建立较高的知名度、美誉度,有利于制定较高价格,著名品牌不仅比无名品牌价高利大,而且价格弹性小。③分销优势。品牌具有辨认作用,一方面,著名品牌更容易渗透和进入各种销售渠道;另一方面,企业也便于处理订货业务,运输、仓储业务。④促销优势。品牌是制作各种促销信息的基础。无品牌的产品,就像一个无名无姓的人,别人难以称呼,有关它的一切信息也不便流传。⑤知识产权优势。使用注册后的品牌(商标)可以使企业的产品得到法律的保护。(2)不用品牌。在以下情况,企业多考虑不用品牌:①同性质产品;②人们不习惯认牌购买的产品;③生产简单,无一定技术标准的产品;④临时性或一次性生产的产品。

【品牌使用者决策】厂商在决定给其产品规定品牌之后,下一步需要决定如何使用该品牌。制造商有三种可供选择的决策:(1)制造商品牌决策。该策略又称生产者品牌、全国性品牌,大多数厂商都创立自己的品牌,并使用自己的品牌组织产品销售。那些享有盛誉的制造商还可以将其著名品牌租借给别人使用,收取一定比例的特许使用费。(2)中间商品牌决策。即制造商将其产品大批量卖给中间商,中间商利用自己的品牌将产品转卖出去,又称私人品牌。优点包括:可以更好地控制产品价格,乃至供应商;可以降低进货成本,降低价格,提高竞争力,提高利润。缺点包括:要花费更多的钱来做广告,宣传其品牌;中间商必须大批量订货,因而必须让大量资金占用在商品库存上,承担巨大的存货风险。(3)混合决策。即部分产品采用自己的品牌,有些产品采用中间商的品牌。

【品牌质量决策】制造商按照市场需要对产品品牌质量的标准、目标、实现途径等工作所进行的决策与安排。包括:(1)决定品牌的最初质量水平——低质量、一般质量、中上质量和高质量,企业决定品牌质量水平要和选择目标市场、考虑产品定位结合进行。(2)如何随着时间的推移管理品牌质

量。可供选择的策略有:增加研究与开发投资,提高品牌质量;保持品牌质量;逐渐降低品牌质量。其中,采用降低质量的策略的情况包括:①产品价格下跌或采用较廉价的材料替代。②为了多得利润,企业使用偷工减料、掺假、掺杂等手法降低产品质量。这两种做法都可能败坏品牌的声誉。③产品已进入其生命周期的最后阶段即衰落阶段。

【全新采购】采购部门第一次购买某种商品或服务。新购的风险和成本费用较高,所需信息量较多;参与决策的人员越多,完成决策所需的时间则越长。购买者必须对产品的规格、价格幅度、交货时间、地点、服务条件、支付条件、订购数量和可接受的供应商做出选择。供应商应设立专门机构负责新客户的市场开发业务,采用有效的传播方式,向产业顾客提供市场信息,积极推销新产品,争取更多的新客户。

【确定型决策】决策者对未来可能发生的情况十分清楚、完全确定的条件下所做出的决策。它是最简单的一种决策,只须根据完全确定的情况,选择最有利的方案来做出决策。决策方法主要有:(1)单纯选优决策法。即根据已掌握的资料及数据,通过比较直接选出最优方案的决策方法。(2)模型选优决策法。即根据完全确定的约束条件,建立一定的数学模型,通过模型的运算来选择最优方案的决策方法。它主要用于企业营销管理的常规决策,如生产及采购批量决策、库存管理决策、运输路线决策、设备更新决策、产品构成决策、长期投资决策等。模型选优的方法主要包括:极值决策法,即利用微分法寻找函数的极大、极小值以做出决策的方法;盈亏分析决策法,分析总成本与

总收益的变化,找出保本点以做出决策;线性规划决策法,根据完全确定的资料,寻找约束条件、建立目标函数,用图解法、单纯形法求解进行决策的方法;特殊的库存决策、投资决策模型等。

【任务结构】工作任务正式化及程序化的程度。高度正式化及程序化的工作可能由有明确的目标及标准程序组成,可验证并有一个明确的答案;相反的,若是不具备正式化及程序化的工作,在此情境下,领导者可能并不比员工知道更多完成任务的方法,这样的任务较没有明确的目标或目标经常变化,且完成任务有很多途径。

【商品积压】"商品脱销"的对称。商品超出正常周转库存,在较长时间里销售不出去的现象。商品积压的主要原因有:(1)盲目生产致使供过于求。(2)商品因质量、品种等原因不能满足消费者需求的变化,新产品和替代品的大量涌现。(3)进货数量超过本地市场容量等。商品积压的直接后果是造成大量资金占压,减缓资金周转速度,增加商品流通费用,同时造成某些积压商品的变质;间接后果是不利于企业树立良好的品牌形象,影响到企业的顺利发展。

【商品淘汰法】商品退出市场的基本规则与选择的标准。淘汰的标准与方法包括:(1)排行榜淘汰法。适用于所有商品,在一定的时段内确定一次所售商品排行榜,最后200种或5%~10%为淘汰对象。(2)销售量淘汰法。适用于单价低的商品,在一定的时段内(如3个月)测定出一个基数(如250个),未达标准销售量的即为淘汰品。(3)销售额淘汰法。适用于主力商品,在一定的时段内(如3个月)测定出商品标准销售额(如3000元),达不到标准销售额的即可淘汰。(4)质量淘汰法。适用于所有商品,凡被国家行政机关如技术监督局或卫生部门等单位宣布为不合格的商品,列为淘汰品。(5)人为淘汰法。适用于人情商品,这类商品必须进行表决权计数的人为淘汰,排除不正当的人为因素。

【商品脱销】"商品积压"的对称。企业在销售过程中暂时缺货,不能满足商品流转需求的一种现象。商品脱销的主要原因有:(1)生产计划不周,安排失当,不能适应一定的消费需求。(2)进货方式不当,调拨不及时。(3)资金短缺,库存数量过小。(4)消费需求发生突变,货源不足。商品脱销会影响消费实现和生产发展,在严重情况下会造成市场恐慌,还会影响企业的经济效益。

【商品销售决策】对商品销售过程中的商品销售数量、品种、价格、方式等问题的决策。包括:(1)商品销售数量决策。运用盈亏分析决策方法,根据销售过程中的固定成本和变动成本及销售毛利,分析保本销售量及目标利润下的销售量,以根据企业的目标利润来决定商品的销售数量。(2)商品销售品种决策。根据市场需要及企业的资源情况,运用线性规划、边际分析等方法来测算经营各种商品及增加商品品种的效益,以决定企业经营的商品种类及各种商品的品种数。(3)商品价格决策。商品价格主要决定于商品成本及市场状况,既可通过对以上因素的定性分析来决定市场价格,也可以根据商品价格与销售数量的函数关系,找出利润与价格之间的函数关系,用极值决策法来求出利润最大时的商品价格,以做出决策。(4)商品销售方式的决策。主要包括:①广告费用决策。可根据广告费用与销售量之间的关系,建立利润与广告费用之间的函数,用极值决策法来找出利润最大时的广告费用值,以做出决策。②商标与包装决策。根据产品的特点及消费者的需求心理来决定商标及包装。③销售网点决策。根据商品的特点及增设网点的销售数量、成本、利润的变化的分析,用盈亏分析法来决定网点的设置情况。④销售时间与付款方式的决策。根据企业的类型及商品需求的特点、产品价值的大小、企业的经营效果等来决定销售时间及付款方式。

【商业分析】对新产品的开发效益进行分析,通过分析来确定新产品的开发价值。企业开发新产品归根结底是为了给企业带来好的经济效益,如果一种新产品的开发最终要亏本或无利可图,那就不值得去开发。所以企业在产品概念形成后必须要对新产品的投资效益和开发价值进行认真的分析。分析的具体内容包括:细分市场研究、市场潜力分析、销售预测、产品开发费用预算、价格水平和赢利估算等。

【生态环境补偿收费】向开发和利用生态环境资源的生产者直接征收的,用于补偿或恢复在开发和利用过程中造成的生态环境损坏的费用支付。主要目的包括:(1)刺激企业加强对生态环境资源的保护,促进对环境资源的合理利用与持续发展。(2)为综合治理和恢复生态环境积累资金。(3)逐步把生态环境的价值体现出来,通过调控生态环境资源的价格,把生态环境资源标准纳入国民经济核算体系,实现资源的实物补偿和价值补偿。要求补偿内容包括:(1)开发、利用自然资源的资源补偿费。(2)向环境中排放污染物,利用环境纳污能力的排污费。

【时间效应】在快速营销的时代,时间就是金钱,效率就是生命。营销决策者就应该在适当的时间内完成决策方案,并且在适当的时间推出决策方案。一般地说,营销决策所用的时间没有一定的标准,应视决策本身的需要、条件以及复杂程度而定。但是,一项决策的时间耗用过长,企业的营销环境有可能发生大的变化,决策的前提就可能随之变动,同时,决策时间过长,也使营销活动无法按期实施。如果营销决策的时间过短,就不能保证决策的质量。

【实物媒介】传播媒介的一种类型。通过物体的特殊价值、形态、格调和文化意蕴来传递信息。如实物展览、礼品以及物质情境等。

【使用者定位】企业针对某些特定的顾客群进行定位和广告宣传,以便在该群体心目中确立与企业相吻合的印象。该产品是专为他们定身制作的,最适合他们的需求。

【市场度量】市场的规模和容量是可以度量的。当我们指定了时间段和地区,市场的"大小"是可以研究给出的。

【市场全面化】企业生产多种产品去满足消费者全方位的需求。这是实力雄厚的大公司采用的战略模式。

【市场试销】亦称"市场检验"。把试制出来的新产品投放到经过挑选的有代表性的小型市场范围内进行销售试验,以检验顾客的反应。实践表明,有许多产品试制出来后仍然会遇到被淘汰的命运。为了把这种可能性降到最低,避免批量生产后造成巨大损失,就必须对试制出来的新产品进行试销。市场试销既可以是针对产品性能、质量的试销，也可以是针对产品价格、销售渠道及广告促销方式的试销。通过试销，一方面可以进一步改进新产品的品质，另一方面也可帮助企业制定出有效的营销组合方案。由于试销要投入大量的资金，所以是否进行试销应根据试销费用的数额与不试销可能造成的损失额的比较来决定，只有当不试销带来的损失大于试销费用时，企业才值得去开展市场试销。

【市场营销调研】"市场营销调查研究"的简称。企业针对特定的营销问题，运用科学的方法，系统地进行的信息收集、记录、甄别、分析、评价和报告的活动。调研活动是根据营销管理和决策的要求进行的，目的在于为管理决策提供依据和参考，也是企业进行营销活动的基础和重要内容。调研涉及的内容非常广泛，为了减少错误和偏见，保证调研结果的真实有效，营销人员必须掌握科学合理的市场调研方法。

【市场营销费用率分析】参见【营销费用率分析】。

【市场营销计划】根据企业经营方针和策略，确定一定时期的销售目标，以及实现这一目标所要进行的各项营销活动的安排、控制、协调工作。是企业总体计划的一个组成部分，是指导和协调营销的核心工具。计划体系包括：(1)公司计划。即企业的业务整体计划，可以是年度的或是长期的计划。(2)部门计划。即企业的各部门在整个公司计划的指导下，制定的有关部门的成长和赢利率。包括营销、贩务、制造和人事各部门的计划，按时间范围分有短期、中期或长期计划。(3)业务计划。

即业务单元制定的独立的战略计划，确定自身在较为宽广的公司使命中的具体使命，如广告计划、营销调研计划、推销人员计划和利润计划等。(4)部门计划。每个产品层次必须制定营销计划，以实现其目标。包括产品线计划、产品计划、品牌计划和产品(市场)计划等。营销计划内容大致包括：(1)计划概要。即对主要营销目标和措施的高度概括的说明。(2)当前营销状况。提出关于市场、产品、竞争、分销和客观环境的背景数据和客观资料。(3)SWOT分析。即对企业的优劣势、机会和威胁进行全面的评估。(4)营销目标。主要是市场占有率、销售额、利润率和投资收益率等。(5)营销策略。即企业用以达到营销目标的途径和方法，主要包括目标市场、营销定位和营销组合、营销费用水平中的主要决策。(6)行动方案。主要内容包括"做什么"、"什么时候做"、"谁来做"。(7)预算。基本上为一项预计的盈亏报表。(8)控制。目的是检查和监督年度的销售和利润目标能否顺利完成。

【收割策略】在把产品从市场中撤回之前获取短期利润。如果已经认定某个产品将走到其生命周期的尽头，它的营销费用就会削减，广告一般也会被撤回。由于先前的广告效应还存在，所以该产品仍会被继续售出，在它的最后阶段仍会产生可观的净利润。如果有足够的忠诚客户存在，一些产品的生命周期可能会延长几年。

【水平多样化】企业利用新的技术，在现有的市场上开发新业务的一种策略。该策略主要着眼于利用与现有市场有关的机会。如汽车、住房、电脑等在我国发展很快，与汽车、住房、电脑配套有关的产品必然会有良好的市场。

【随机型决策】 参见【风险型决策】。

【特定区域营销目标】 同一产品在不同国家、地区或区域所做的不同营销。如电视机营销，在经济发达地区，可宣传其功能齐全、款式新颖等信息；而在经济欠发达地区，则应当突出价廉物美、经久耐用等信息。

【提价定位】 依据市场运行状况而提高价格水平。提价定位一般有以下几种情况：（1）成本增长型提价。提价的原因主要是由于原材料成本、生产成本等产品成本的变动。（2）供不应求型提价。当产品不能完全满足其目标市场顾客的需要，需要采用价格手段调控市场时。（3）竞争优势型提价。提价的原因主要是企业产品在市场上有相当明显的竞争优势。

【头脑风暴法】 一种激发创造性思维的方法。由美国著名的 BBDO 广告公司创始人 A. F. 奥斯本率先采用。最初为集体举行献计献策会议而设计。即以会议的形式，引导与会者针对某个问题自由地思索，提出各自的设想。会议要求每个与会者进入一种兴奋状态，闪电式、突击式、独创性地提出解决问题的思路。该方法对提高创新设想的数量和质量具有促进作用，而被广泛采用。以后被发展出默写式智力激励法、卡片式智力激励法、三菱式智力激励法等改进型方法。其操作过程的主要环节包括：（1）准备阶段。需要完成的工作主要有：问题提出者明确需要解决的具体问题；选择合适的会议主持人；主持人与问题提出者一起详细分析所要解决的问题；确定参加会议的人员；并适当提前把所要解决的问题与相关资料送达与会者。在确定人数方面，奥斯本在《发挥独创力》一书中指出以5~10人为宜，包括主持人和记录人在内以6~7人为最佳，从人数上确保气氛热烈。另外，与会者的人员构成最好来源于不同学科、不同背景，既有广告从业人员，也要有促销策划人员、消费者，从构成上确保与会人员看待问题的多角度化，提出不同的见解。（2）热身阶段。需要完成的工作主要是：会议主持人宣布会议规则，讲解激发创造力的具体技术，营造宽松、自由、热烈的会议气氛，明确需要解决的问题，强化与会者对目标的认同感，引导与会人员进入兴奋的心理状态，思维渐入高潮状态。（3）讨论阶段。即每位与会者明确需要解决的问题与开会目标后，结合自己的独特理解，对问题的实质和解决方法提出各种各样的看法，自由地开展讨论，相互启发，使会议气氛逐渐活跃起来。一般来说，想发言的人先举手，由主持人指名发言，发言宜简洁扼要。（4）畅谈阶段。经过初步的讨论，与会者应引导公众克服心理障碍，充分调动自己的潜意识活动，使头脑处于正常与发疯、理智与非理智、成熟与幼稚的中间状态，结合他人意见，通过发散、收敛、联想、类比、迁移、强化、逆反、想象、直觉、灵感、顿悟等手段，提出尽量多的新奇设想，各抒己见。（5）整理阶段。即把与会人员的主要观念聚集起来，加以优化选择和科学地组合、改进，形成解决问题的创造性方案。

【投资收益】 一定时期内企业所实现的纯利润与其全部投资的比率。衡量、比较企业利润水平的一项主要指标。企业追求的核心目标之一。投资收益率越高，意味着运用单位投资获取的利润越多。努力提高投资收益率，对于企业以同等的投资实现更多的利润具有重要的意义。

【退出壁垒】企业在退出某个产业时要克服的障碍和付出的代价。与进入壁垒一起构成了行业门槛，是企业进入新的目标市场所要考虑的重要因素。

【外包】企业把不属于自己核心优势的业务交给其他企业来完成，而企业自己则专注于核心业务的做法。外包这种经营理念的兴起导致企业对现有的营销模式进行重组，以增强核心竞争力。一般，外包可以为企业在成本、质量、专业、核心竞争力以及灵活性等方面带来好处。

【问题分析】对市场营销管理现状界定，对现有策划中普遍存在的问题进行分析，进而分析重要的问题，再进一步确定中心问题。研讨对问题解决的制约因素和条件。研讨中可以用图表分析因果关系。对于想象的、可能的、未来或许出现的问题不作为重点分析。

【系统思考】学习型组织中五项修炼核心的内容，它训练人们如何扩大思考的时空范围，以了解问题所在系统的全貌，既见树木，更见森林，以动态的眼光与思维把握全局。了解系统产生变化及其背后的整体互动关系，有效地掌握变化，开创新局面。

【细分标准】导致顾客对某种产品产生差异性需求以及影响和制约其购买行为的因素，也称为市场细分变数或变量。一般不同性质的市场，其细分标准不同。消费者市场划分标准一般有人口统计变量、地理变量、心理变量和行为变量四大类；生产者市场细分变量可以按照用户规模、产品最终用途以及工业者购买状况划分。有效市场细分的衡量标准为：可衡量性、可达到性、价值性和相对稳定性等等。

【细分相互关系】在若干个拟服务的细分市场中进行选择时，应该密切注意在成本、经营管理或技术方面的细分相互关系。公司经营其固定成本（它的销售队伍、货架等）可增加产品以吸收和分摊成本的一部分。这就需要调查与规模经济同样重要的范围经济。公司应设法辨别超级细分市场，并在其中营销，而不是在孤立的细分市场中经营。

【消费市场细分】营销者通过市场调研，依据消费者的需要和欲望、购买行为、购买习惯等方面的明显差异性，把某一产品的整体市场划分为若干个消费者群（买主群）的市场分类过程。每一个消费者群就是一个细分市场，亦称"子市场"或"亚市场"。消费市场细分是细分消费者，而不是细分商品。消费市场细分有利于企业分析发掘新的市场机会，形成新的目标市场；有利于提高企业竞争能力，取得投入较少、产出较高的良好经济效益；有利于满足不断变化的、千差万别的社会消费的需要。

【销售波实验】亦称"销售波研究"。家庭实用测试的延伸。能够在竞争条件相对有把握的情况下进行商业化运作。一般的销售波实验是把被测试的新产品留置在消费者家中，免费提供给消费者试用，然后以低价供应新产品（或同时提供竞争产品）。这样重复提供该产品3～5次（销售波），公司密切注意有多少消费者再次选择本公司的新产品和他们对满意程度的评论，得出消费者重复购买的比例与规律。该实验通常在新产品大规模的商业化运作之前实施，目的是了解消费者对新产品的反应,掌握新产品大规模上市后可能形成的销售高潮如何周期性地出现。该实验有时也能参与广告调研,让被测试者看到一种或几种的广告形式,以观察广告对重复购买的影响。

【销售波研究】参见【销售波实验】。

【新产品市场分析】新产品开发的基本程序。对新产品开发的社会效益与经济效益的全面评估。以便进一步从销售、成本和利润方面进行盈亏分析,以判断其是否符合企业的目标。分析的主要内容包括:(1)依目标市场的规模或潜在顾客的多少进行市场定位。(2)新产品的期望价格、分销战略及促销预算。以及包括批发商、零售商在内的销售渠道,零售网点包括食品商店、百货商店、超级市场和便利店;以及采用的电视广告、报纸、刊物及其他杂志为促销媒介的费用。(3)新产品的长期销售额、利润目标,确定不同时间、地区的市场营销组合。其中市场分析的关键因素是:(1)销售额估计。通过对同类产品过去的销售情况及目标市场情况做深入考察,推算出最低和最高销量,据此分析新产品能否达到企业的赢利目标。其中,既要考虑新产品的性质,如是一次性购买的产品、偶尔购买的产品,还是经常购买的产品,又要考虑到竞争对销售额的影响。(2)成本和利润估计。产品成本与销量有很大关系。一般而言,成本先是随销量的增长而下降,达到一定的销量以后,成本又会随销量的增长而上升。利润与销量也有很大关系。一般而言,单位产品的利润会随销量的变化,发生由低到高,又由高到低的变化。

【行动计划】为实现某一市场战略所制定的极其详尽的战略描述。一个行动计划应该包括在哪里做、怎样做、由谁去做和要做什么。行动计划一般应包括:产品的特别促销活动(如赠送试用装、现场促销陈列或是优惠券)的时间和地点;参加的交易展览会;实施的广告活动;分发的广告传单。其中还应包括每项促销活动的预算。

【修正再购买】亦称"修正重购"。采购部门因产品类型复杂,参与购买决策过程的人员较多,时常就产品规格、价格、数量或其他交易条件进行重新商议和再做调整。这对原有供货方造成了威胁,但又为原有"名单"以外的新供货方提供了市场进入机会。

【选择分销】生产厂商在某一地区仅仅通过少数几个精心挑选的、最适合的中间商推销其产品。通常用于对品质、品牌和服务有较高要求的产品销售。优点在于充分利用中间商的资源,迅速实现产品对目标市场的占领,并能够在分销中相对稳定地贯彻企业的整体营销组合策略。其缺点是对分销渠道控制困难。需强化以下管理手段:(1)区域控制。被选择的分销商应遵守协议,在特定的区域内进行营销,一旦分销商出现跨区域营销的现象,应及时处理,否则将会导致整个分销队伍的涣散。(2)价格控制。分销商为了争夺市场,往往相互打价格战,导致恶性价格竞争。供应商应在分销协议上对分销商的价格调整进行相应的约定或约束。(3)物流控制。随着选择分销渠道的宽度加大,所需的产品数量必然加大,畅通的物流周转是渠道控制的重要内容,需要从运输、仓储和配送等方面进行协调管理。

【阳光采购】告别"暗箱操作",把

商品采购的各个环节按一定的制度和程序运行。(1)决策透明化。透明的核心是将"隐蔽的权力公开化,集中的权力分散化"。(2)信息公开化。商品采购信息来源于内部公开化,充分利用内联外通的信息网络,"价比三家",择优采购。(3)监控程序化。即审核采购计划、审核价格、审核票据、检查质量。(4)管理制度化。

【样板市场】亦称"榜样市场"。一个行业、企业、品牌为了自身发展或者供加盟者参考或者供内部学习并模仿而树立的典范,也是一种商业运作模式。样板市场一定是企业的重点市场。要称得上样板市场,一般应该满足以下条件:(1)它必须在行业内部、企业内部得到认可,市场操作是成功的,是公认的样板。(2)所在市场的负责人应当是该层级人员的榜样。(3)在行业内部有一定的影响力和知名度。(4)样板市场的渠道必须是畅通的,并且产品覆盖面广。(5)其终端工作一定是一流的,该品牌在该市场的终端陈列、促销、宣传等应当是突出的。(6)该品牌在该市场必须有一定的销售量做支撑,并且在所在公司里销售额是名列前茅的。(7)得到当地同行和商业界的认可。(8)得到所在市场消费者对该品牌的认可,有一定的公信力。(9)已经探索出一整套可以借鉴的营销方法。(10)已引起相关媒体的关注。要明确,企业在经营过程中,要想求得更大更快的发展,光靠个别样板市场的成功是远远不够的,必须将样板市场进行克隆和复制,进行延展,充分发挥榜样的作用,这样才会对更多的市场和人员有指导意义,实现企业和品牌的快速发展。

【业务剥离】一个出售、关闭或者自动削减一项业务规模的决定。剥离企业次要业务,走出多元化经营的误区,回归核心主营业务是现代企业发展的一种趋势。

【业务调整战略】在现有业务构成分析的基础之上,根据不同类型业务的特点,有选择地进行投资,调整企业业务构成,以保证其向着合理的方向发展。主要有以下几种战略类型:(1)发展型全面投资战略;(2)维持型市场拓展战略;(3)选择型发展战略;(4)淘汰型控制战略。

【业务转型】改变经营领域或者经营方向的决策。随着市场需求的变化,技术的进步,社会信息化程度的提高给传统企业经营业以极大的冲击,企业为了在日益激烈的竞争中谋生存发展不得不进行打造新的商业模式,开发新业务的商业活动。业务转型要求企业不但精于传统业务的发展,还要在对传统业务进行深挖潜力的同时,思考如何更多地进行新业务的开发,新商业模式的探索,打造新的商业模式,拓展新的价值空间,已成全球企业发展的必然趋势。

【营业推广效果评估】对营业推广经济效益与社会效益的综合分析。主要是研究营业推广是否改善了企业的营销环境,以便于为企业今后制定促销方案提供参考依据。在国际市场上,一般以销售额和市场占有率作为评估营业推广效果的依据,即可以将营业推广之前、推广期间和推广之后的销售额和市场占有率进行比较。另外,也可以采取追踪固定顾客群消费行为的方法,即观察他们对营业推广的反应程度及推广结束后的消费行为。同时,还可以进行消费者调查,了解顾客在推广结束一定时间内的印象,以及通过实验法来评估营业推广效果。

【营运循环】企业产品或者服务投入、产出的经济周期。企业的营运循环是从"购买设备、材料、商品",到最后"销售商品"、"收回票据"、"票据兑现"。整个营运循环的资金有四个流程变化:(1)生产商品所必需的生产器具、房舍建筑物所投入的资金,也就是"设备资金"。(2)购入各种原材料的"购入债务"。(3)将原料、零件加工为成品所投入的资金,此阶段称为"库存资金"。(4)将做好的商品售予经销商或客户,销售中有赊账或支票交易情形者,即为"销货债权"。在上述营运过程中,不论你获利多少,资产增加多少,只要尚未变现,就不可能面对资金支付。许多企业支付困难,经营受挫,产生资金周转困难,都因缺乏对营运资金的良好控制。

【营运资本】投入于流动资产的那部分资本。流动资产是指可以在1年或超过1年的一个营业周期内变现或者运用的资产,它包括现金和有价证券、应收账款和存货,是企业从事生产经营活动所必需的资产。企业流动资产所占用的资金一部分来源于长期资本,即股本和长期负债;更多的来源于短期负债,即期限小于1年的流动负债,它包括短期借款、应付账款、应付票据、应付税款、应付工资等。流动资产减流动负债为净营运资本。在企业的日常财务管理中,营运资本的管理占有重要位置。

【杂乱配货】中间商决定经营范围广泛且没有关联的多种产品。

【再营销】解决摇晃需求使需求复苏的方法。具体方法是营销人员通过分析引起市场衰落的原因,决定哪些需求可通过寻找新的目标市场、改变产品特点或发展更有效的市场来获得再刺激,重新引起市场需求。

【甄别创意】创意方法。取得足够的创意之后,要对这些创意加以评估,研究其可行性,并挑选出可行性较强的创意。

【终端售点密度决策】终端销售点密度的计划、安排。确定企业在目标市场利用多少渠道成员来销售产品,从而最大限度地提高产品分销的效率。主要目标包括:(1)保持企业各终端销售点的均衡发展;(2)促进各终端销售点的协调,减少各销售点的冲突;(3)推动企业产品市场的有序扩张和可持续发展。维持销售网点的适合度,是终端销售密度决策的关键所在和中心任务。

【重新定位】定位策略的一种形式。企业为摆脱经营困境,寻求重新获得竞争力和增长机会的市场选择。一般是因企业以前的市场地位与目标市场需求之间存在较大差异,导致企业无法实现理想目标,需要通过重新定位寻找新的目标市场与新的消费者群体。在一定的意义上,重新定位也可以是"弥隙定位"、"共存定位"或"取代定位"。

【重新定位新产品】新产品开发的基本策略。以新的市场或细分市场为目标的现行产品。

【重新上市】在对现有品牌加以改变后将其重新推入市场。参见【重新定位】。

【专深配货】中间商决定经营许多家制造商生产的同类产品的各种型号规格。

【追踪决策】在实施决策过程中,

发现原决策方案将危及决簧目标的实现,而对决策目标或决策方案所进行的根本性修正的过程。它是对原来的问题重新进行决策,一般是由于原决策失误或由于主客观情况的变化而造成的原决策方案无法继续实施时所必须进行的。进行追踪决策须注意:(1)对原决策做重大修正,而并非全盘否定。必须从对原决策的分析入手,经过调查研究,找出原决策的失误点,分析其原因,保留其合理部分,修正其不适应的部分。(2)既要冷静谨慎,又要果断行事。

由于原决策已付诸实施,人、财、物资源已开始消耗,对周围环境已产生影响,因此修正时要冷静谨慎,能保留的尽量不变。但对于必须修正的部分,应善于抓住时机,果断行事。(3)要考虑双重优化。既要考虑在诸多可行方案中选择最优方案作为新的决策方案,又要考虑决策效果必须优于原决策。(4)要消除心理因素的影响。在追踪决策过程中,会引起各种心理反应。必须以客观、科学的态度去对待问题,消除感情因素的影响,使追踪决策能正常进行。

第二十三篇　营销组织

【组织】按照一定的目的、任务和形式,以一定的人员、一定的结构、一定的工作程序组建的工作集体。组织是完成任务,达到目标的载体。没有组织一切都是空的。英语中的 Organization 来源于器官 Organ,因为器官是自成系统的具有特定功能的细胞结构。后来又演化为专门之人群,运用于社会管理之中。在中国古代,组织一词用来指把丝麻织成布。故有"树桑麻,习组织"的说法。所以,组织是体现一定社会关系,具有一定结构形式并且不断从外部汲取资源以实现其目标的集合体。

【企业市场营销组织】承担企业产品销售与市场服务的职能部门。(1)单纯的推销部门。基本任务是销售生产部门生产出来的产品,生产什么销售什么,生产多少销售多少。推销部门对产品的种类、规格、数量等问题,几乎没有发言权。(2)具有辅助性职能的推销部门。主要从事经常性的市场营销调研、广告和其他促销活动。(3)独立的市场营销部门。推销工作直接由总经理领导,推销和市场营销成为平行的职能。(4)现代市场营销部门。市场营销组织的形式,开始发展到由市场营销副总经理全面负责,下辖所有市场营销职能机构和推销部门的阶段。(5)现代市场营销企业。现代市场营销企业取决于企业所有的管理人员,甚至每一位员工对待市场营销职能的态度。只有所有的管理人员和每一位员工都认识到,企业一切部门和每一个人的工作都"为顾客服务","市场营销"不仅是一个职能、一个部门的称谓,而且是一个企业的经营哲学,这个企业才算成为一个"以顾客为中心"的现代市场营销企业。

【专业化营销组织】以市场为中心、以赢利为目的的产品与服务经营单位。主要类型包括:(1)职能型组织。最常见的营销部门组织形式。它们把销售职能当成市场营销的重点,而广告、产品管理和研究职能则处于次要地位。主要优点是易于管理。主要缺点有:按照职能进行组织常常会导致对某些特定的产品和市场缺乏足够的计划;每个职能部门都会为了争取更多的预算和更重要的地位而与其他职能部门进行竞争,存在难以协调的问题。(2)产品或品牌管理型组织。即由一名产品经理管理几名产品大类经理,产品大类经理依次管理具体的产品或品牌经理。产品或品牌经理都负责下述任务:制定产品计划和竞争战略;编制年度营销计划和销售预测;进行信息、价格、广告和促销及危机管理。主要优点是:①能够集中精力为每个产品制定成本效益比较高的营销组合策略;②能及时反映该产品在市场上出现的问题;③能够负责推销自己所管的产品,扩大市场销售;④有效进行市场培训。不足之处:①产品管理造成了一些矛盾冲突;②营销工作缺乏全面性;③人工成本的增加,间接管理费用大;④工作重点倾向于增大市场份额而不是建立价值创造的主要杠杆——顾客关系。(3)区域型组织。即设立一个全国销售经理,下辖若干名区域销售经理,每名区域经理又管理若干名地方经理,构成一个销售网络。(4)市场管理型组织。特点是按照市场系统安排营销机构。一般是为了适应细分市场的不同要求而设立的机构。当企业拥有单一的产品线,并且同时具有多个细分市场,实行差异化经营,并具有不同的分销渠道时,应用这种方式较好。这种组织结构的主要优点是,企业可围绕着特定客户的需要开展一体化的营销活动,而不是把重点放在彼此割裂开的产品或地区上。

【营销组织结构】领导或者管理市场经营活动职能部门。依据企业规模的不同,组织结构有不同的设置:(1)企业总部设营销部、财务部、供应部、生产部;(2)营销部下设市场部和销售部;(3)市场部下设品类管理部、传播部、市场研究部;(4)销售部下设各地办事处、销售计划部、销售事务部。

【组织绩效】组织在某一时期内组织任务完成的数量、质量、效率及赢利状况。组织绩效问题是衡量一个组织运营是否良好的重要标志之一。组织绩效代表的是对组织整体活动效果的评价,它是人们判断一个组织经营能力的直接依据,是控制的最终内容。一般而言,组织的绩效指标包含:组织财务状况、客户对组织的满意度、组织核心业务流程、组织学习成长和创新能力。组织绩效不是单个参与者绩效的简单相加,而是各角色的能力有机结合的结果。

【组织气氛】成员对于工作环境所共有的知觉与描述。它包括了三个重要的概念。第一,组织气氛是组织成员个人知觉的结果,而非个人的价值判断或主观态度;第二,组织气氛的形成是一种集体现象,是所有成员共同分享的一种知觉经验;第三,组织气氛的内涵是多重的建构,可能涉及的内涵包括了工作的内容、程序、赏罚系统等各个组织管理实物的各方向,而非单指组织内部特定现象的知觉或感受,因此对于组织气氛所反映的内容,具有组织整体的普遍性,也是组织文化具体反映在组织成员心理世界的现象。

【组织效率】组织在实现其目标的过程中运用一切资源实施满足其成员个人目标的能力和程度,也就是组织的生存能力。它主要取决于:组织要素的协调性,协作过程中各主要侧面之间的协调性和组织内部的平衡状况。

【营销转型】营销组织在基本信念、运行机制和组织结构等方面发生根本的、全面的和彻底的变革。转型的方向是:营销的可持续性发展。营销思维的转型是:从价格竞争导向到客户价值导向;从市场机会导向到营销能力导向;从投机取巧导向到系统效率导向。企业营销体系相应地要实现三个转化:由与顾客简单交易关系转向维持、深化、发展关系,提升客户关系价值;由粗放式扩张市场转向精心培育与发展市场;营销队伍由业余选手转向职业选手。(1)营销理念转型。①众多领域行业从“初级营销”向“高级营销”发展(价格战到价值战);②从推销导向向顾客价值导向发展。(2)营销组织转型。①营销部门在公司组织架构中的地位上升;②初级形态的营销部门开始再造为真正意义的市场部。(3)营销运作和营销策略转型。①从粗放型营销转向精细型营销;②从封闭自我型营销转向开放关系型营销;③从单打一的策略转向整合性的策略。

【营销中介】协助企业促销、销售和分配产品给最终购买者的企业总称。包括中间商(代理商和经销商)、实体分配机构(仓储公司、运输公司)、营销服务机构(市场调研公司、营销咨询公司、广告公司、会计事务所、审计事务所等)、金融机构(银行、信贷机构、保险公司、证券公司等)。这些营销中介所提供的服务,使产品顺利地送到最终购买者手中。营销中介对企业营销活动的影响显而易见,在社会分工越来越细的商品社会,这些中介机构的作用也越来越大。

【营销服务机构】 营销研究公司、广告代理商、传播媒介公司和营销顾客公司等专业营销赢利组织。一般以专业化服务为基础,以强大的营销能力为特色,帮助推出和促销企业的产品到恰当的市场。为了获得比较理想的市场利益,大多数公司都与外部代理机构订有服务合约。如果企业决定购买外部服务时,则必须仔细选择,因为它们的创造力、质量和服务、价格方面都有差异,企业也需定期评估代理机构的业绩,替换那些不再具有预期服务水平的公司。营销服务机构提供的专业服务是企业营销活动不可缺少的。尽管有些企业设立有相关的部门和人员,但许多企业还是委托专业性的营销服务机构来完成某些营销工作。企业在选择营销服务机构时,应当比较各服务机构的服务特色、服务质量和价格,以获取最适合自己的有效服务。

【CMO】 英文 Chief Marketing Officer 的缩写。首席营销运营官,特指营销最高层管理者。国内通常的叫法为"营销总监"。CEO 与 CMO 在职能上有着本质的差异。CMO 主要对企业的营销战略负责;而 CEO 则对企业的运营管理、公司战略负责,要通盘考虑企业的产供销。

【FD 营销模式】 Fullfillment Distributor 的缩写。一种直供营销模式,厂商直接供货给终端的机制。需要搭建和承担两个平台——物流和(资)金流平台,并且两个平台都是由厂商自己直接控制管理的。

【财务中间机构】 现代营销风险管理的经济组织。包括银行、金融信托公司、保险公司和其他协助融资或保障货物的购买和销售的风险公司。大多数企业都依赖财务中间机构来融通与顾客的交易。这是因为企业的营销业绩受信用成本和信用额度的影响很大,当每次企业需要大量资金时,必须制定经营计划并使财务中间机构相信其计划的可行性。出于风险防范的需要,企业必须与外界财务中间机构建立密切的关系。

【采购人】 使用财政性资金采购物资或者服务的国家机关、事业单位或其他社会组织。

【采购小组】 亦称"采购决策组"、"采购中心小组"。一个企业组织中参与某项采购决策的所有人员。典型的采购小组分为以下五个特殊的角色:使用者(User),使用产品时首先考虑产品的性能;影响者(Influencer),为决策提供指导的技术专家;决策者(Decider),正式批准购买决定,关心决定是否符合政策;购买者(Buyer),执行购买行为,主要关心价格;把关者(Gatekeeper),控制信息流向,负责与采购组其他人联络。

【采购中心】 所有参与购买决策过程的人员构成采购组织的决策单位。

【采购中心工作职能】 国家规定的采购中心应该承担的工作职责。主要是:(1)统一组织实施市(县)级实行财政预算管理的行政机关、事业单位、团体组织纳入政府采购目录的货物、工程和服务项目按照确定的采购计划、采购方式进行政府集中采购。(2)接受市(县)级有关部门、单位委托,代理市直机关集中采购目录以外的采购项目。

（3）组织制定集中采购方案，及时发布采购信息，开展招投标活动。（4）负责政府采购咨询专家的筛选和供应商的资格审查。（5）负责组织签订政府采购合同，监督检查合同履行情况。（6）组织参加政府采购项目完工验收。（7）负责受理供应商的询问和质疑，并就委托受权范围内的事项做出答复。（8）负责建立政府采购信息管理系统，对每一个政府采购项目都要形成完整的采购文件，并妥善保存，以及提供实施政府采购有关情况及采购信息。（9）制定集中采购业务操作流程，建立内部监督机制，办理政府采购业务实施的相关事务。（10）负责开展政府采购统计及效益评估。（11）负责组织开展政府采购宣传及业务培训，指导市（县）政府采购中心工作。（12）自觉接受财政、审计、检察等有关部门的监督检查工作。

【长期促销人员】亦称"专职促销人员"。企业需要长期从事促销活动所雇佣、招聘的促销员，负责各项促销活动的沟通、联络与执行。主要特点表现在：（1）促销经验丰富、工作能力较强，在促销过程中容易把握消费者的心理。（2）熟悉产品的性能与特点，易满足消费者的各方面需求，同时通过介绍、宣传产品扩大企业及品牌的知名度。（3）长期促销人员的费用包括培训费、工资、促销奖励等，均由企业提供，相对支出较高。

【代理商】为自己的委托人代购代销商品，按销售额提取一定比例报酬的商人。主要替那些不具备销售力量或没有在某地区派遣销售人员的厂家销售产品。销售代理商拥有商品的独家专营权，但不拥有商品的所有权。它与生产企业之间的关系只是代理关系，不是买卖关系。销售对象主要是工业用户、其他批发商和零售商。代理商提供的服务项目较少，因此其成本往往比买卖批发商低。代理商有多种形式，如制造商代理、销售代理、拍卖公司、进口代理和出口代理等。一个制造厂家通常与许多代理人有合同关系；而一个代理人往往又替许多厂家代销商品，这些厂家的产品有一定关联，但不存在竞争关系。销售代理销售一个厂家的全部产品，或者在厂家的全部市场上销售一条或一条以上的产品线。与制造商代理不同的是，他们在委托人的经营管理问题上有发言权，并有权制定价格、销售条件和广告推销甚至产品设计。一个销售代理人通常与两个以上的委托人建立承销关系，但一个厂家却只使用一个销售代理人来销售全部产品或某条产品线的全部产品。代销的产品一般有煤炭、纺织品、罐头食品和家具等。

【代理营销】企业通过代理商销售产品的方法。为了保证这些被选中的商家能最有效地销售产品（这些产品可能是手机、汽车或度假），中央营销部门会专门开展以这些产品为特定目标的宣传活动。在某些情况下，还包括向代理商提供奖励以使其销售自己的而不是竞争对手的产品。

【短期促销人员】亦称"兼职促销人员"。企业依据销售任务的突击性而在促销活动前会临时招聘一些促销员，经过相关培训后投入到企业的促销活动中。大多来自在校大中专院校的学生，其主要特点是：（1）费用较低，通常以小时为单位计算工资；（2）促销人员素质较高，易于管理且有助于树立企业形象；（3）接受信息能力强，对新产品、新知识的理解和领悟能力强。通过基础培训和项目培训即可立即上岗。企业常常在促销活动之前招聘兼职促销人员执行促销活动，并与业绩好、能力强的兼职促销员保持长期的合作关系。

【非营利组织市场】亦称"机构市场"。为了维护社会正常运转秩序向社会公众提供产品、服务的社会救济部门和组织。这些机构往往是以低预算、受控制和体现社会公共职能为特征的非营利性组织。

【公共采购】参见【政府采购】。

【公共关系部】企业内部针对一定的目标，为开展公共关系工作而设立的专业职能机构。公共关系部与企业内部的其他部门一样，是一个重要的职能部门，它是企业的信息情报部、决策的参谋部和宣传的外交部。企业内部设置公共部门，应坚持如下原则：精简的原则；自动调节的原则；专业性原则；协同性原则；服务性原则；针对性原则；权力与责任相适应的原则。

【公开招标竞购】政府部门以公开招标的方式选择购买商品或者服务。其基本程序是：先由政府的采购机构在媒体上刊登信息或发布广告，将采购商品的名称、品种、规格、数量、要求、价款、交货日期以及付款方式等密封后送达政府的采购机构，最后由政府的采购机构在规定的日期开标，选择报价最低且又符合要求的供应商成交。政府机构采用公开招标方式竞购，处于主动地位，可以充分利用投标人之间的竞争，无须与卖方进行反复磋商，可以有效地降低采购成本。公开招标竞购是各国政府普遍采用的一种购买方式。

【公司式垂直营销系统】亦称"统一垂直营销系统"。一家公司拥有和统一管理若干工厂、批发机构、零售机构等，控制分销渠道的若干层次，甚至控制整个分销渠道，综合经营生产、批发、零售业务。是在单一所有权下把生产和销售这两个连续阶段结合在一起的。在这个系统中，合作和冲突管理是通过正规的组织渠道进行的。该系统的优点是能对渠道实现高水平的控制。

【公司组织】为实现某一目的，把若干人集结起来，使其协作一致地从事市场活动的组织系统。集结经营资源，使其发挥出整体效应，是公司组织的力量所在。组织的力量，不仅是经营资源自身力量的有效发挥，而且是这些个别经营资源通过有效、合理分工，构筑所产生的综合力量的有效发挥。公司组织的条件包括：（1）人们有协作一致的意愿存在。（2）所组织的群体具有明确的目的、目标，并且能得到全员的一致同意，即群体具有明确共同的目的。（3）分担职务。为实现群体的目的而进行必要的工作，使人们各自处于能够胜任的岗位。（4）群体或集团内权限与责任的划分，并使各自在这种职务的分担中有机结合地行动。

【供应人】与采购人可能或者已经签订采购合同的供应商或者承包商。

【供应商】亦称"厂商"。向企业及其竞争者供应原材料、辅助材料、设备、能源、劳动力和资金等资源的一切组织和个人。因此，供应商的资源供应能力直接影响企业的营销能力，其提供的资源的质量及售后服务是营销企业生产高质量产品以及服务于目标顾客能力的制约因素之一。供应商所供资源的价格与数量，直接决定营销产品的营销成本、价格水平、市场占有率以及利润的实现程度。企业在选择供应商时，既要考虑资源的质量、价格，也要重视供应商在运输、信用、成本、风险等方面的组合状况。

【购物服务公司】 专为某些特定委托人提供服务的无商店零售机构。委托人通常是学校、医院、工会或政府机关等大型组织，这些组织的雇员即成为购物服务组织的会员。购物服务公司通常给予会员以折扣。

【广告商】 广告生产者。由于现代广告的产业化程度愈来愈高，广告生产者应该属于市场活动的特殊人群。在广告活动中，广告策划者处于主导地位，整个广告过程就是广告策划者实现自己意志的过程，始终渗透着广告策划者的期望，是广告策划者主动影响受传者思想观念的过程。由于广告策划者是广告策划活动的中枢和神经，在广告策划过程中起着"智囊"的作用，广告策划者必须知识广博，思维敏捷，想象力丰富，具有创新精神。

【会员制】 亦称"俱乐部制"。促销方式的一种。厂商与消费者之间建立起一种相互信任的关系后，利用会员资格作为载体，向会员提供优惠、便利或其他服务。会员组织的条件可以是一次或累计购买一定数量的产品，也可以是一次性交纳一笔入会费。该方式本质是以提供消费者心理利益为主的优惠促销。可体现长期的促销效果的促销，被广泛运用于零售、酒店、航空、旅游、美容、图书等行业。会员制的基本类型包括：（1）优惠类会员制。旨在通过提供折扣价格，吸引和维持一个较固定的顾客群。（2）积分类会员制。在一定的时期内，会员购买产品的累计金额，按照厂商事先规定的折算方式换算成积分，凭积分多少可领取相应的礼品。（3）便利类会员制。成为会员后，

消费者能够享受到诸多便利。

【机构市场】 参见【非营利组织市场】。

【激情群体】 一种临时性的、高效率的工作群体。往往为某项富有挑战性的工作而临时组建。群体中每个个体在工作上百分百地全神贯注，但群体中根本不分等级和地位，每个个体选择自己的工作时间、遵循自己的工作方式、开拓自己的工作空间、选择自己的工作助手。属于崇尚个人主义的群体。

【集团购买】 "个人购买"的对称。以集体组织为单位对产品识别、评估乃至最后选定的购买方式。

【结构性营销组织】 依据企业内部不同的营销组织与职位之间的相互关系而形成的不同形式的营销组织体系。一般包括的类型有：（1）金字塔型。即由经理至一般员工自上而下建立起垂直的领导关系，管理幅度逐步加宽。其特点是上下级权责明确、沟通迅速、管理效率较高。（2）矩阵型。属于职能型组织与产品型组织相结合的产物。在垂直领导系统的基础上建立的一种横向的领导系统，两者结合起来就组成一个矩阵。这种组织形式适用于多角化经营的企业，不足之处是费用较大，而且由于权力和责任界限比较模糊，易产生矛盾。（3）事业部型。属于对不同产品或地区实行独立核算的组织形式。总公司的一级分权化单位，一般可按产品或地区划分成不同的事业部。（4）全球组织。不同的组织状况采取不同的组织模式。刚刚开始全球化经营的公司可以从建立由一名销售经理和几名助手（以及有限的营销服务）组成的出口部开始；当公司的全球业务有长足进展之后，可成立由职能专家（包括营销）

和按地域组织的经营机构组成的国际部,或成立国际子公司;最后成为真正的全球性组织的公司,应配有专门的公司最高管理层及人员,对全球化经营、营销政策、资金流和后勤系统进行规划,而其全球运营单位直接向最高管理层汇报,而不是向国际部的领导汇报。

【金字塔型组织】一种较为常见的组织结构形式。它由经理至一般员工自上而下建立起直垂直的领导关系,管理幅度逐步加宽。

【经纪人】亦称"经纪商"。在交易活动中专门充当交易双方的中介,并收取佣金的商人。他们受生产厂商的委托,寻找产品的购买者;或受需求者的委托,寻找销售者。主要职能是为生产者和购买者之间实现交易提供沟通便利。经纪人的作用主要是为买卖双方牵线搭桥,促成谈判或交易,经纪人从中抽取佣金。他们不持有存货,也不卷入财务问题,更不承担风险。有商品经纪人、保险经纪人、不动产经纪人、证券经纪人、外汇经纪人等。证券经纪人是常见的一种经纪人,又分为一般经纪人和交易所经纪人两类。前者是证券交易所之外的中介商人;后者则须具有所在国交易所法律规定的资格,向证券交易所缴纳保证金,代理客户从事证券买卖。要充当经纪人,均须具有一定的资格,要持有许可证,要缴纳税金。经纪人与客户之间是授权代理关系。在市场经济中,经纪人的作用在于利用其专业、信息、人际关系优势,沟通买卖双方,加速商品、生产要素和各种有价证券的流通。

【经销批发商】亦称"商业批发商"。进行批发营销业务的独立法人。具有对所经销商品的所有权,并完全独立组织销售。该类批发商约占批发商总数的50%,是批发商的主体。(1)完全服务批发商。它们持有存货,有固定销售人员,能提供收货、送货及协助管理服务。根据其经营范围可分为:①综合商品批发商,可供应多条产品线的产品。②综合产品线批发商,只经营一二条产品线产品,但产品的花色品种较全。③专用品批发商,以很大深度专门经营某条产品线的专门产品。④产业分销商。专门向生产部门而不是向零售商供应商品(作为生产部门的原材料、半成品或零部件)的批发商。它们提供存货、交货及信贷服务。经营范围宽窄不一,有的可能只供应一种产品(如轴承);有的则可能供应该厂所需要的全部物资。(2)有限服务批发商。它们的服务项目较少,服务项目可机动调整,故有多样的服务方式。①现购自运批发商。它们不提供送货服务,主要经销要求周转快的产品线。②卡车批发商。它们在市场上有一批专门帮客户运货的车辆,车主自己有一批客户后,就可以增加一项业务——销售。大多由生产厂商包给卡车批发商,由它们及时、迅速地将商品运到各零售点,当面收回或定期收回现金。③承销批发商。它们向零售商或其他客户征订商品,然后对供货市场进行优选,直接向生产商提货售给零售商。从收到订单起,承销批发商就拥有对货物的所有权并承担风险,直到将货物交给顾客为止。这种批发商通常经营大宗商品,如煤、木材、钢材和重型设备等。

【经销商】渠道用语。在商品从生产领域转移到消费领域的过程中,参与商品交易活动的专业化经营的个人或者组织。经销商按其在流通过程中的地位或者作用又可以分为批发商和零售商。经销商这个在中国市场上既传统又中坚的渠道力量,正在遭遇渠道扁平化浪潮和新生渠道力量的考验,在重重压力下经销商或被动或主动地在业务发展战略上做出了适应性调整:(1)部分经销商开始向生产商贴牌甚至自行投资建厂生产自有品牌产品,使渠道资源效益发挥最大化。(2)部分经销商开始进入零售领域,向渠道下游延伸,稳定并巩固自身在市场中的地位。(3)最大化获取优势产品资源,以产品分担经营成本和经营风险,追求企业经营的品类规模。

【经营者】从事商品经营或者营利性服务的法人、其他经济组织和个人。《中华人民共和国反垄断法》第十二条规定:经营者是指从事商品生产、经营或者提供服务的自然人、法人和其他组织。经营者应当履行的义务有:(1)依照法律、法规的规定和消费者的约定履行的义务;(2)接受消费者监督的义务;(3)保证商品和服务安全的义务;(4)提供商品和服务真实信息的义务;(5)标明真实名称和标记的义务;(6)出具购货凭证或者服务单据的义务;(7)保证商品或者服务质量的义务;(8)履行"三包"(包修、包换、包退)或者其他责任的义务;(9)不得以格式合同等方式排除或者限制消费者权利的义务;(10)不得侵犯消费者人格权的义务。

【矩阵型组织】职能型组织与项目型组织的混合体。是在原有的按直线指挥系统为职能部门组成的垂直领导系统的基础上,又建立一种横向的领导系统,两者结合起来就组成一个矩阵。(1)企业为完成某个跨部门的一次性任务(如产品开发),就从各部门抽调人员组成由经理领导的工作组来执行该项任务,参加小组的有关人员一般受本部门和小组负责人的共同领导。任务完成后,小组撤销,其成员回到各自的岗位。这种临时性的矩阵型组织又叫小组制。(2)企业要求个人对于维持某个产品或商标的利润负责,把产品经理的位置从职能部门中分离出来并固定化;同时,由于经济和技术因素的影响,产品经理还要借助于各职能部门执行管理,这就构成了矩阵。矩阵型组织能加强企业内部门间的协作,能集中各种专业人员的知识技能又不增加编制,组建方便,适应性强,有利于提高工作效率。

【俱乐部制】参见【会员制】。

【决策组】亦称"采购小组",是一个企业组织中,参与某项采购决策的所有人员。在许多采购行动中(尤其是工业采购),要决定购买哪家供应商的商品或服务,其过程不同于个体消费者购买决定的产生过程。此购买决定是通过在多人之间的一系列协商而做出的。这群人被称为一个决策组,他们应引起工业销售人员的重视。

【零售商】将商品销售给为个人或家庭使用而购买的最终消费者的中间商。服务对象是众多的消费者。在分销渠道中,居于终点阶段。是营销渠道最后一个环节的主体。任何产品只有通过这一关才能真正体现它的使用价值。生产企业和渠道中介的工作和努力才变得有现实的意义。零售商的特点和作用是:(1)角色不是固定的。任何生产企业和渠道批发商只要在向最终消费者出售商品或服务,它就充当了零售商的角色。(2)市场营销中唯一一个与最终用户直接发生关系的中介商。他们最了解消费者的需求,对市场的变化也最为敏感。(3)商品或服务的零售额(量)较小,形成了多品种、小批量、大销售量的趋势。(4)为满足消费者要求,经常更新促销手段。最新的营销方式往往最早产生于零售商。(5)不断给生产企业和批发商提供最新、最丰富的市场信息。(6)因为消费者的需求多种多样,为满足这些需求,各种不同的零售商业形式应运而生,其表现形式大大多于批发商。零售商的类型大致可以分为商店零售商、无商店零售商以及零售组织。商店零售商是目前最多的一种商品与服务零售商的存在形式。商店零售又被称为有店铺销售,主要形式包括:百货商店、超级市场、便利店、折扣商店、专卖店以及样品陈列室等等。这些商店的服务形式不外乎自助零售、自选零售、有限服务零售和完全服务零售等。非商店零售商又被称为无店铺销售商。这种零售商的发展速度近几年非常快,因其无需有形的商店,所以销售成本较有形商店来得低。非商店零售的主要表现形式有:上门销售、网络销售、电视销售、自动售货等。零售组织是指各种以零售商为基础的联合销售组织。主要形式有:连锁商业、消费者合作社、特许经营联合体、商业联合公司等。随着市场环境和需求的变化,新的零售方式将会不断出现。零售市场也称"终端市场",已经成为竞争最为激烈的领域,许多企业都提出了"终端制胜"、"控制终端"的分销战略。我国新颁布的《零售业态分类》于2004年6月30日起正式实施,新标准按照零售店铺的结构特点、经营方式、商品结构、服务功能等因素,将零售业分为食杂店、便利店、折扣店、超市、大型超市、仓储会员店、百货店、专业店、专卖店、家居建材店、购物中心、厂家直销中心、电视购物、邮政、网上商店、自动售货亭、直销、电话购物等18种业态。

【零售商集团】以多店铺联盟进行零售活动的商业组织。参与集团的成员可以是一个零售企业下属的若干个子机构或子商店,也可以是不同所有者的若干商店。通过商店的联合,避免过度竞争,实现规模经济。具体形式有:(1)公司连锁。这是由两个或更多的共同所有、共同管理的商店所组成的零售商业集团。各连锁商店统一品牌、统一装修、统一采购、统一配送、统一价格和统一服务,通过标准化的管理提高管理效率和实现规模化经营,节约经营成本和广告费用。各连锁点之间可以相互调节余缺,改善库存结构,减少库存量,扩大销售。(2)自愿连锁店和零售商合作社。一些小型零售商为了与大的连锁店进行竞争,在经营上实行联合,由此产生了自愿连锁店和零售商合作组织。自愿连锁店一般是由批发商牵头组织,主要目的是提高购买能力和加强对市场的影响力。(3)特许连锁店。特许连锁店是以一个规模较大、声誉较高的零售商或品牌为龙头,其他零售商按照自愿参与、共享技术、共同开发市场和共担风险的原则加入而组成的连锁店。这个核心商店向加盟成员提供专门的技术和品牌商品,并对加盟分店的组织在管理上进行指导,在人员方面进行培训。特许连锁店是目前零售业发展最快的一种组织形式,在快餐业、音像商品、医药业、旅行社和汽车旅馆等行业都有非常成功的特许连锁经营集团。(4)消费者合作组织。即由社区居民自发组织的一种商店性合作组织,社区居民共同出资联合开设商店,商品销售对象也主要是社区居民,其商店经营利润年终按出资比例进行分红。(5)商业联合大公司。即由几种不同的零售业务形式和联合组成的所有权集中的松散型公司组织,组织内的各零售商在分销和管理上实行程度不一的一体化。参见【零售商】、【连锁商店】。

【零售组织】将流通中零散的中间商,在不改变所有权的前提下,按照一定要求进行组合、管理和经营的商业零售机构。常见的形式有连锁店、零售合作社、消费者合作社、特许专营机构和销售联合体等。

【绿色组织】倡导并推动绿色革命的社会团体。始于 20 世纪 70 年代的英国,此后在世界各地广为普及。我国于 1993 年初成立了"中国绿色食品发展中心",并于 1994 年加入了"有机农业运动国际联盟"。目前,我国各个省都设立了绿色食品办公室,确定了绿色食品环境监测及环境质量评价机构,制定并颁布执行了绿色食品标志管理规章和办法。绿色组织的主要职责包括:(1)制定完善的"绿色标志"制度,促进绿色市场营销在各行业的实施。(2)广泛深入地宣传环保,承担起绿色知识的教育培训。它既要向各企业决策者宣传绿色市场营销观念,又要向广大的消费群众宣传生态环境的重要意义。针对不同的对象,采取不同方式进行教育培训,以提高全社会的绿色意识。(3)利用各种宣传工具和宣传方式,开展多种保护生态环境的活动,并动员全社会的力量来促进企业增强环保意识,监督企业实施绿色市场营销。

【内部促销组织】促销主体内部负责完成促销活动任务的职能部门或分支机构。不同的企业在发展阶段、主要任务、机构设置考虑上的不同,设立的承担促销职能的部门名称也各异。通常,企业内部的促销职能是由企划部(策划部)、广告部、市场部、销售部等部门承担的。企划部(策划部)的职能比较宽,任务也比较明确。广告部的业务内容实际上远远超出了广告的范畴,承担了促销的职能。有些企业由于设立策划部门的条件不够成熟,其促销职能由市场部或销售部来承担。在规模较小的公司,促销部门可采用直线领导的组织形式,形成一种纵向管理的关系,有利于促销经理直接向总经理报告有关业务情况。促销经理下设促销员,促销经理负责指导促销员的活动。

【批发商】从事商品批发业务的销售商。主要直接从生产者处进货,并主要卖给零售商、工业消费者和其他批发商。其作用是把社会产品从生产领域纳入流通领域,把生产企业与零售企业或其他生产企业联结起来。主要业务活动包括批发商品的购、销、调、运、存等。购买活动是商品流通过程的起点,是向零售商提供货源的基础,也是生产企业的信息来源和再生产过程顺利进行的必要条件。销售活动同零售商、工业消费者以及其他批发商的购买活动并行,通过批发商的销售,为各方提供货源,使产品从流通过程的起点向终点转移。通过分销活动,在各地区、各部门、各行业间,在生活与生产间以及各季节间发挥着平衡调配和合理扩散产品的功能。利用自身渠道广、信息灵、资本雄厚和运输力强的优势,及时、准确、安全、经济地组织商品运输,帮助生产者避免产品积压,帮助零售商减少库存量。拥有较充足的储存设备,可随时对零售商提供现货,可通过吞吐商品调节市场淡旺。在合理组织批发商品流转的过程中,发挥着桥梁、纽带作用。按其在渠道中承担的不同职能可划分为不同的类型:(1)商人批发商(独立批发商)。即自己进货,取得产品所有权后再批发出售的商业企业,属于批发商的最主要类型。①完全服务批发商。即向顾客提供市场营销各项服务。可以分为综合批发商、专业批发商和专用批发商。其中,专用批发商的经营范围窄,专门经营某一类产品。②有限服务批发商。即向顾客提供较少服务的批发商。有限服务批发商可以分为:a.限购自运批发商。只经销一些市场畅销、周转快的商品,有展示产品的店铺,零售商自行选择货物,现款交易,客户自行运货。客户主要是小型零售商。b.承销批发商。这类批发商拿到客户的订货单后,直接向生产厂商订货,由生产厂商直接将货物发运到客户手中。承销批发商经营的一般是笨重的工业品,如煤炭、木材和重型设备等。c.卡车批发商,这类批发商接到客户的订单后,直接用卡车将货物从生产厂商那里运来,直接发送到客户手中。它们不需要仓库,也没有产品库存。它们的客户对象主要是超市、医院、学校、小杂货店、餐厅和旅馆等。d.专柜寄售批发商。它们在超市或百货商店里设有专门柜台,展销经营自己的产品。它们自行运输、自行定价及自行管理,产品出售后,零售商才将货款结算给批发商。一般这种批发商的经营费用比较高,主要经营家用器皿、化妆品和玩具等产品。e.邮购批发商。即借助邮购方式开展批发业务的批发商。这类批发商定期地广泛地向潜在顾客邮寄最新产品目录广告,并通过邮购的方式向顾客

批发产品目录上的商品。这类批发商不需要店铺,在地价低廉的地区租用仓库,借助邮政服务的物流系统和资金流动系统实现分销,因而可以节省经营费用。f.农业合作社。即由分散的农场或农场主联合起来组成协会。协会负责将各农场和农场主的农产品组织到本地市场或外地市场销售的批发商。在国外,农业合作社对促进农产品销售起到积极的作用。我国在推进农业产业化经营过程中,也积极发展农业合作社组织。(2)经纪人和代理人。(3)制造商销售办事处。这种类型的批发商不是通过独立的批发商,而是由生产厂商或零售商自行组织批发业务的机构。主要分为两种类型:①销售分部或销售办事处。这是生产厂商设立的组织批发销售业务的机构。其目的是为了改进自己的存货控制、销售和促销业务。一般来讲,销售分店持有存货,销售办事处不持有存货。②采购办事处。许多零售商在一些中心市场设立的采购与批发销售机构。它兼有采购和批发的功能,包括为自己的零售店和连锁店提供货物。参见【经纪人】、【代理人】。

【品牌经理】以品牌设计、品牌塑造、品牌战略、品牌管理及品牌经营为职责的经理人员。品牌经理在市场营销中起着关键作用,他要对所管理品牌的产品或产品线的成功与否负最终责任。不仅要关心新产品的开发、生产和销售,而且还要关心产品和产品线的发展,以期利用品牌的知名度、美誉度,求得最大的经济效果。品牌经理的职责有:制定产品开发计划并组织实施;确定产品的经营和竞争战略;编制年度营销计划和进行营销预测;与广告代理商和经销代理商一起研究广告的文稿设

计、节目方案和宣传活动;激励推销人员和经销商对该品牌产品的支持,不断收集有关该品牌产品的性能、顾客及经销商对产品的看法,产品遇到的新问题及新的销售机会等情况;发起对产品的改进,以适应不断变化的市场需求等等。品牌经理的职责决定了他的工作面既深入又宽广,要求品牌经理在管理方面应是个通才,对其产品线上所涉及的各种问题,应有足够的了解,在一些核心问题上甚至应是高级专家。

【品牌经理职能】品牌经理基本工作内容与任务。公司为每个品牌的产品线配备一名具有高度组织能力的经理,使他对该品牌的开发、产品的销售负全部责任,并且还让其负责协调产品开发部门、生产部门以及销售部门的工作。建立了品牌经理制后,企业的每一新产品的开发或现有产品的变动,均应由相应的品牌经理通过严格的程序来进行管理和控制。(1)品牌意向书的设计。在市场调研的基础上提出意向书,在意向书中,品牌经理概括出当前的市场形势和机会,具体的产品概念(功能、包装等)、销售渠道、竞争对手或潜在竞争对手的情况以及大致时间进程表等。(2)品牌意向书的实施。意向书经总经理批准后即发给科研和销售部门进行讨论,品牌经理根据各部门讨论的结果,提出产品开发建议书,在建议书中,品牌经理对未来产品的定位及成本控制做出明确的陈述。建议书由总经理审阅后,由品牌经理组织有关人员进行可行性研究,若能通过可行性研究,品牌经理就着手编制产品开发计划,评述产品生产要求,分发各职能部门执行。在执行过程中,品牌经理可以根据市场信息的变化,及时调整生产计划或销售计划。(3)以品牌管理为中心的市场营销制度的实施。要求开发部门根据规定成本范围来开发新产品,更多地重视产品的“认知质量”,要求生产部门更加频繁地变动生产计划,适应批量小、品种多的市场情况;要求销售部门更加注意品牌的长期形象,避免片面追求短期销售效果的做法。公司原来按职能分立的各部门要围绕品牌,根据品牌经理的要求而协调起来,积极支持品牌经理去追求商业机会,使整个公司变成对市场变化迅速做出反应的整体。

【商务代理】代理人在代理的权限内,以被代理人的名义并为被代理人的利益,独立地直接与第三人实施民事法律行为,而其后果要由被代理人承担的一种法律制度。代理制的核心是把流通领域与生产企业之间商品购销的买断关系改变为代理关系。

【商业批发商】在买下所经销商品的所有权后,向其他渠道中介商出售的批发商。商业批发商还可以进一步细分为完全服务批发商和有限服务批发商。前者向商品提供者和购买者提供与商品销售有关的所有服务项目。后者又可分为批发中间商和工业分销商。有限服务批发商对商品供应者和购买者都只提供极少的服务,具体有直送批发商、邮购批发商、专柜寄售批发商等等。

【实体分配公司】协助厂商储存货物并把货物从产地运送到目的地的经济组织。每家公司都要决定需要自建多少仓库,向仓储公司租用多少仓库。仓储公司储存并保管要运送到下一站的货物,运输公司包括把货物从某地运送到其他地方的货运公司,如铁路、公路、航空和货轮等货运公司。每家公司都要通过权衡成本、速度和安全等因素后,决定最佳的货运方式。

【市场补缺者】亦称"市场利基者"。那些规模较小的或专门为大企业不感兴趣的细分市场提供产品和服务的经营组织。市场作用是拾遗补阙,见缝插针。一般选择一个不大可能引起大公司兴趣的细分市场或服务,从事专业化经营。属于保护性的市场细分,它们避免与大公司冲突,占据着市场的小角落。理想的市场补缺者具有的特征:(1)有足够的市场潜量和购买力。(2)市场有发展潜力。(3)对主要竞争者不具有吸引力。(4)具备有效地为这一市场服务所必需的资源和能力。(5)已在顾客中建立起良好的信誉,足以对抗竞争者。市场补缺者的主要策略是专业化,公司必须在市场、顾客、产品或渠道等方面实行专业化。具体操作策略包括:(1)按最终用户专业化。企业致力于对某些最终用户服务。(2)按垂直断面专业化。企业专业化从事某一生产销售循环中的某些垂直分工,如制铜厂可专门生产铜锭、铜制品或其他铜配件等。(3)按消费者规模专业化。企业专门为小型、中型或大型的客户服务。(4)按特定顾客专业化。企业只为一个或几个主要客户服务。(5)按地理区域专业化。在世界市场或全国市场选择某一地区或地点为目标市场。(6)按产品或产品线专业化。企业只从事一种产品或产品线生产。(7)按产品特征专业化。企业以某种有特征的产品为经营宗旨。(8)按客户订单专业化。企业按客户要求提供专门服务。(9)按质量价格专业化。企业专门提供高质量或低质低价的产品。(10)按服务项目专业化。企业专门提供一种或几种其他

企业没有开设的服务项目。市场补缺者在选择这些专业化策略时,面临的主要风险是当竞争者入侵或目标市场的消费习惯发生变化时有可能陷入困境。所以,这些企业通常会选择两个或两个以上的主要方向,这样有利于企业在诸多机会中寻找突破口,求得生存和发展。

【市场利基者】一些竞争实力不强,不跟随市场主流趋势,而选择市场上大多数企业所忽略的或不愿进入的市场作为自己的目标市场的企业。基本作用是拾遗补阙、见缝插针。在整体市场上仅占有很少的份额,但比其他企业更充分地了解和满足某一细分市场的需求,能够通过提供高附加值而得到高利润和快速增长。理想的利基市场具有以下特征:(1)有足够的市场潜量和购买力。(2)利润有增长的潜力。(3)对主要竞争者不具有吸引力。(4)企业具备占有此市场所必要的资源和能力。(5)企业既有的信誉足以对抗竞争者。

【市场领导者】在相关产品的市场上市场占有率最高的企业。一般说来,大多数行业都有一家企业被公认为市场领导者。通常在价格变化、新产品引进、分销渠道和促销战略等方面对本行业的其他企业起领导作用。它是市场竞争的导向者,也是竞争者挑战、效仿或回避的对象。这些市场领导者的地位是在竞争中自然形成的。我国一些著名的行业领导者公司有:电视机行业的长虹集团、冰箱行业的海尔集团、电脑行业的联想集团、烟草行业的红塔集团以及微波炉行业的格兰仕集团等。处于领导地位的竞争者,通过三种方法保持其地位:扩大总需求、保持市场份

额和扩大市场份额。与其他竞争者比较,市场领导者通过扩大总需求,得到的好处最多。因为市场领导者在总需求中占有最大的市场份额,通过培育市场扩大整个市场的需求时,它的市场需求总量也会随着增加。市场领导者通过寻找产品新的用户、增加产品新的用途、增加现有顾客的产品使用量来增加总需求。同时,通过下列方法进行防御:(1)阵地防御。即设法巩固现有产品和市场地位,防御竞争者的进攻。(2)侧翼防御。即通过治理薄弱环节来防止竞争者乘虚而入,或在前沿阵地建立一些次要业务以防止对手进攻。(3)先发制人。即在对手发起进攻之前,先向对手发动进攻,达到以攻为守的目的。(4)反击式防御。关注竞争者的进攻态势,在适当的时候通过强有力的反击阻断对手的进攻。(5)运动防御。即通过拓展业务范围或实施多角化经营开拓新的业务领域,来扶持老业务的发展。(6)收缩性防御,即有计划地放弃部分没有发展前途的业务,以加强主要业务的实力。

【市场拓展经理】制定并组织实施市场拓展的整体计划及策略,实现公司的市场拓展目标的管理人员。其职责任务是:(1)负责研究本公司的经营及市场开发方针,协助主管副总经理制定实施公司年度经营战略工作规划,确保本公司经营目标的实现。(2)参与公司经营重大问题决策,并向主管提供经营决策分析与支持。(3)领导市场拓展部的经营工作,确保公司下达的各项经营任务指标。(4)合理利用现有资源,确保经营工作的顺利进行。(5)规范经营制度,确保经营活动朝着良性方向发展。(6)带领市场人员做好竞争对手策

略分析及客户关系的管理,保证公司营销策略的前瞻性。(7)在总经理委派下,代表公司处理与市场有关的对外协调工作,确保公司良好的品牌与企业形象。(8)负责与其他运营商之间的联系,确保网间互联互通畅通。业绩标准包括:(1)业务收入指标完成情况;(2)资源利用的有效性;(3)对公司战略目标实现的贡献;(4)市场渠道间互联互通的情况。工作难点包括:(1)资源和队伍的有效利用;(2)业务决策、资源分配、管理规范对企业整体战略目标实现的贡献;(3)任务指标分解的合理性及有效性。

【统一垂直营销系统】参见【公司式垂直营销系统】。

【外部促销组织】促销主体以外的促销代理组织,或能够部分完成促销活动任务的组织。大型企业在进行大规模或大范围内的促销活动时,通常借助外部促销组织,以达到内部促销组织无法实现的目标。外部组织虽然不是最终的决策者,但由于其信息来源较广,促销业务配套性强,市场运作的经验比较丰富,因而在企业的促销管理中起着重要作用。其中基本职能包括:(1)促销调查。主要涉及内部调查和外部调查两个方面。外部调查包括对促销环境、市场流通、竞争对手、客户、消费者等方面的调查,内部调查包括对企业营销能力、营销实务、财务能力和管理能力等方面的调查。(2)促销策略设计。重点是对促销目标、促销创意、促销主题、促销方法、促销媒介、促销活动等方面的设计和计划,并提出可行的实施方案。(3)促销物品制作。包括促销活动用的器材、道具、宣传品等以及相关物品的质量、成本、制作效果等。(4)促销

活动实施。必须把握方案的具体性、明确性、时间与周期安排、人员谐配、实施监督与控制等环节的落实问题。(5)促销效果评价。(6)促销管理咨询。

【网络联盟企业】一组相互联系在一起的机构,在分享知识和资源的基础上合作创造产品和服务。这种合作能够使竞争优势最大化,提供顾客所需要的综合解决方案,同时又实现每一个机构的策略目标。作为一种新型跨企业联盟模式,它使企业有可能抓住瞬息万变的市场机遇。它以消费者需要的满足为最终目标,集成了不同企业或组织的资源,充分利用全球的设计资源和制造资源,快速响应市场的需求,是一种企业外部化组织模式,其基础是企业集成,即通过建立全球范围内"基于双赢原则的网络联盟"来实现组织使命。网络联盟企业的特点在于它强调的"网络"特性和"联盟"模式:"网络"反映了网络通信技术的快捷、实时的特点;"联盟"代表了一种通过紧密合作响应需求变化的新型企业资源或能力集成组织模式。现代网络通信手段,使得不同企业相互之间能迅速进行技术合作,共享彼此的核心资源,快速设计和生产出高质量、低成本、适应市场需求的产品,并使敏捷制造真正成为可能,有助于形成既有合作开发企业之间的知识共享,又有企业核心竞争力不断提高的良性发展机制。

【消费者合作组织】由社区居民自发组织的一种商店性合作组织。基本特点是:社区居民共同出资;商品销售对象也主要是社区居民;其商店经营利润年终按出资比例进行分红。

【销售小组制】临时性的矩阵型组织。企业为了完成某个跨部门的一次性任务(如产品开发),从各部门抽调人员组成由经理领导的工作组来执行该项任务,小组的有关人员一般受本部门和小组负责人的共同领导。任务完成后,小组撤销,其成员回到各自的岗位。

【邮购公司】一种市场营销组织。它通过报纸、杂志或直接邮寄的广告向消费者传递商品信息,并通过接受消费者的汇款,实现商品的销售。邮购业务盛行于欧美国家。

【有限服务批发商】物流行业的专业化组织。具有服务项目专业、服务项目机动灵活、服务方式多种多样的特点。该类批发商还可细分为:(1)现购自运批发商。不提供送货服务,主要经销要求周转快的产品线。如水产品市场的批发商,大多数都是由客户登门购货,当面交现金(熟的客户也可以付支票),并自行运回。(2)卡车批发商。在市场上有一批专门帮客户运货的车辆,车主自己有一批客户后,就可以增加一项业务——销售。有的企业也自备卡车进行送货上门的批发经营,特别像牛奶、面包、冷冻食品等易腐商品,大多由生产厂商包给卡车批发商,由它们及时、迅速地将商品运到各零售点,当面收回或定期收回现金。(3)承销批发商。既向零售商或其他客户征订商品,然后对供货市场进行优选,直接向生产商提货供给零售商。从收到订单起,承销批发商就拥有对货物的所有权并承担风险,直到将货物交给顾客为止。这种批发商通常经营大宗商品,如煤、木材、钢材和重型设备等。

【战略经营单位】企业为特殊任务或者项目专门制定的经营单位。一个经营单位或是企业的一个部门,或一个部门中的某类产品,甚至某种产品;有的时候,它又可能包括几个部门、几类产品。主要特征包括:(1)独立业务或相关业务的集合体。在计划工作上能与企业其他业务分开而单独作业。(2)共同的性质和要求。不论是一项业务还是一组业务,都有它们共同的经营性质和要求,否则无法为其专门制定经营战略。(3)掌握一定的资源。能够相对独立或有区别地开展业务活动。(4)有自己的竞争者,存在市场开发的价值。(5)专职经理。负责战略计划、利润业绩,并且有能力控制影响利润的大多数因素。区分战略经营单位的主要依据,是看各项业务之间是否存在共同的经营主线。所谓"共同的经营主线",是指目前的产品、市场与未来的产品、市场之间的一种内存联系。

【**战略群体**】产业内执行相同或类似战略,并具有类似战略特性的一组企业。战略群体的差异主要表现为生产经营活动的重点不同:(1)纵向一体化程度不同;(2)专业化程度不同;(3)研究开发重点不同;(4)推销的重点不同。

【**战略业务单位**】企业在经济社会中所承担的不同分工单位。可以是产品类,也可以是行业内的经营活动范围。每一战略业务单位必须是有明确的任务、有专人负责、掌握一定资源、有竞争者、能创造一定利润的,独立于其他业务单位的一项业务或几项相关业务的组合。许多战略的制定要求企业把产品分为产品大类。在实际工作中,决定支持哪种产品,淘汰哪种产品,需要通过战略业务单位来确定。每一类战略业务单位应该有自己独特的使命、竞争对手、组织领导以及各自的利润责任。企业应当注意:不要有太多或太少的战略业务单位。如偏多,每一个都有

自己的计划、管理和运作责任,会带来沉重的负担。如偏少,战略计划将依然是低效的。AT&T公司把它的126种产品划分为19个战略业务单位是比较合理的。

【**招标代理机构**】依法取得招标代理资格,从事招标代理业务的社会中介组织。

【**政府采购**】亦称"公共采购"、"政府购买"。政府机构统一采购供政府自用而非用于商业转售和销售的货物与服务的活动,是一种进行公共采购的管理制度,是国内总需求的重要组成部分。政府采购应公开化,让各供应商平等竞争,从而达到以最低的价格满足最大的需求的目的。同时,也应避免浪费,以使财政资金充分发挥效益。主要特点包括:(1)资金来源的公共性;(2)采购主体的特定性;(3)采购活动的非商业性;(4)采购对象的广泛性;(5)政策性;(6)规范性;(7)影响力大。此外,财政部门实行全方位的监督,也是政府采购的一个重要特征。

【**政府采购程序**】政府采购必经的工作过程。完整采购程序包括:(1)确定采购需求;(2)预测采购风险;(3)选择采购方式;(4)资格审查;(5)执行采购方式;(6)签订采购合同;(7)履行采购合同;(8)验收;(9)结算;(10)效益评估。在以上十个阶段中,前六个阶段构成合同形成阶段,后四个阶段构成合同管理阶段。

【**政府采购法**】由国家权力机构制定的首部政府采购法律。本法所称政府采购,是指各级国家机关、事业单位和团体组织,使用财政性资金采购依法制定的集中采购目录以内或者采购限额标准以上的货物、工程和服务的行

为。在政府采购活动中,采购人员及相关人员与供应商有利害关系的,必须回避;各级人民政府的财政部门负责政府采购的监督管理;采购纳入集中采购目录的政府采购项目,应当委托集中采购机构代理采购;集中采购机构进行政府采购活动,应当符合采购价格低于市场价格、采购效率更高、采购质量优良和服务良好的要求;政府采购采用公开招标、邀请招标、竞争性谈判、单一来源采购、询价等方式。

【政府采购功能】政府采购要实现的职能与工作目标。包括:(1)加强支出管理,提高资金使用效率;(2)宏观调控手段;(3)保护民族产业;(4)保护环境;(5)稳定物价;(6)促进就业;(7)促进国际贸易;(8)加强对国有资产的管理。此外,规范交易行为,促进公平竞争也是政府采购的重要政策目标之一。

【政府采购机构】政府设立的负责本级财政性资金的集中采购和招标组织工作的专门机构。

【政府采购协定】1994年关税与贸易总协定的"乌拉圭回合"所签署的关于将政府采购纳入贸易自由化轨道的协定。该协定是世界贸易组织的诸边贸易协定之一,只对签署方有效。该协定于1996年1月1日起生效。1979年,关税与贸易总协定的"东京回合"达成了《政府采购守则》,并于1981年生效。当时,共有12个签字方。但该守则只适用于货物的采购,而排除了服务和工程服务的采购;只约束中央政府采购实体,而排除了地方政府和公用事业单位等重要的公共采购实体。"乌拉圭回合"对《政府采购守则》做了修订和补充,形成了新的《政府采购协定》。到2000年年底,共有27个成员。该协定共有24个条款、4个附录。它规定了协定的适用范围、政府采购的基本原则和规则、成员间争端的解决,以及政府采购委员会的职能等。该协定只适用于各签字方在附于协定之后的承诺表中所列出的政府采购实体。它们分别是中央政府、地方政府,以及包括公用设施单位在内的其他采购单位。非歧视原则、透明度原则和公平竞争原则等贯穿于整个协定中。为了贯彻公平竞争原则,该协定规定了招标程序。

【政府采购制度】政府机构统一采购供政府自用而非用于商业转售和销售的货物与服务的制度,是市场经济国家的通行做法,是建立公共财政体制的需要。我国政府单位以往的采购行为是分散进行的,弊病很多:(1)政府采购资金的分配和使用脱节,资金使用效率不高,财政无法实施有效的监督。(2)采购过程不透明,容易产生腐败。(3)强化了地方保护主义。政府采购制度有利于全国统一市场的形成,有利于提高财政资金使用效率,防止腐败,减少浪费,强化政府宏观调控能力。

【政府公众】负责管理企业业务经营活动的有关政府机构。

【政府购买】参见【政府采购】。

【直销公司】主要通过推销人员直接到办公室或顾客家中推销产品的商业组织。一般直接从生产厂商进货,没有门市租金和广告费用,但直接销售成本高,还需要支付雇佣、训练、管理和激励销售人员的费用。

【职位层次】每个职位在组织中地位的高低。

【职位类型】每个职位的设立都必须与市场营销组织的需求以及内部条件相吻合。

【职位数量】是指企业建立组织职位的合理数量。

【制造商销售办事处】企业自己设立的产品销售组织。生产厂商或零售商自行组织批发业务的机构。主要类型包括：（1）销售分部或销售办事处。这是生产厂商设立的组织批发销售业务的机构。其目的是为了改进自己的存货控制、销售和促销业务。一般来讲，销售分店持有存货，销售办事处没有存货。（2）采购办事处。许多零售商在一些中心市场设立的采购与批发销售机构。它兼有采购和批发的功能，包括为自己的零售店和连锁店提供货物。

【中间商】介于生产者与消费者（用户）之间，专门从事商品流通活动的经济组织或个人。是生产者向消费者（或用户）出售产品时的中介机构。中间商的类型有：（1）按照中间商在商品流通转让过程中是否取得商品的所有权划分，可以划分为经销商、代理商和经纪人三类。（2）按照中间商在流通转让过程中所处的地位和所起的作用不同，可以划分为批发商和零售商两类。

【总代理】委托人在指定地区的全权代表，不仅有专营权，还可代表委托人从事合同签订、处理货物等商务活动，而且还有权代表委托人从事一些非商务活动。

【总经销】在一个地区对某种产品全部由买方一家销售。一般拥有在特定地区的销售权和其他相应权力。现在我国有很多大零售商都取得了某种产品的代理权，成为零售行业某一产品的总经销、总代理。

【组织购买】正规组织为了确定购买产品和劳务的需要，在可供选择的品牌与供应者之间进行识别、评价和挑选的决策过程。

【组织互动】组织之间相互沟通、相互交流，充分发挥各自优势的活动过程，一般通过学习讲座、资料交流、参观考察、帮建团室等形式加强双方沟通，有利于在组织队伍、阵地建设等方面实现互动互进。

【组织结构】组织组成部分之间相互关系的结合模式。企业的组织结构是指为公司活动提供计划、执行、控制和监督职能的整体框架。企业组织结构建设的好坏直接影响到企业的经营成果及控制效果。在评级机构中，则是指评级机构内部的机构设置，在设立审核时要注意组织结构要素的完善性，结构组织的合理性、完善性和运行的效率。

第二十四篇　国际营销

【国际营销】一种超越国界的企业活动的综合系统。它在国际范围内对现有的及潜在的能够满足不同国家需要的产品和服务进行规划、定价和推销，以实现企业既定的经营目标。基本特点包括：国际营销是越出国界进行的商业活动；国际市场环境更加复杂，企业不可控因素更多；需要满足国外消费者的需求，而国外消费者由于种种原因其需求千差万别；国际营销要达到企业战略目标。其基本思想是：企业以国外顾客需求为中心，有计划地在国际领域组织营销活动，向国际市场上的消费者或用户提供满足不同需求的产品和服务，以最终实现企业长期赢利的目的。从事国际营销的企业要想在国际竞争中取胜，就必须从适应和满足国外顾客的需求和欲望出发，有目标地研制和开发产品，有计划地组织产品生产，制定出国外顾客所能接受的价格，同时还要有针对性地开展促销活动，并通过适当的国际销售渠道把产品送到顾客手中，以最终实现商品的价值，达到企业赢利的目的。国际营销是跨越国界的企业行为，科技高速发展、地区性贸易集团相继形成、贸易保护主义愈演愈烈、世界金融市场动荡不安等，对企业国际营销的进一步发展提出了新的挑战。

【全球化】全球化是20世纪80年代以来在世界范围日益凸显的新现象，是当今时代的基本特征。全球化没有统一的定义。一般认为，从物质形态看，全球化是指货物与资本的越境流动，经历了跨国化、局部的国际化以及全球化这几个发展阶段。货物与资本的跨国流动是全球化的最初形态。在此过程中，出现了相应的地区性、国际性的经济管理组织与经济实体，以及文化、生活方式、价值观念、意识形态等精神力量的跨国交流、碰撞、冲突与融合。有的学者认为，全球化是一个以经济全球化为核心、包含各国各民族各地区在政治、文化、科技、军事、安全、意识形态、生活方式、价值观念等多层次、多领域的相互联系、影响、制约的多元概念。可概括为科技、经济、政治、法治、管理、组织、文化、思想观念、人际交往、国际关系十个方面的全球化。全球化还包括人员的跨国界流动。人的流动是物质和精神流动最高程度的综合。全球化存在不同的声音。有人认为，全球化是资本的全球化，亦是关于资本之"主义"的全球化。反全球化是一种基于平等世界理想的意识形态。反全球化就是反对扩大贫富差距，反对霸权。

【全球营销】亦称"跨国营销"。公司把整个世界视为一个市场，而各国间的市场需求具有很多共性，就可以根据这些共性制定出营销策略，并通过全球标准化的营销以达到成本最小、收益最大。全球营销的特点有：(1)将世界视为一个市场，并且认为世界市场趋于大同；(2)重视各国市场与文化间的共性，这也是全球营销最重要的资产；(3)将一组国家市场视为一个单位，把具有相似需求的潜在购买群体归入一个全球细分市场，对此谋求标准化的营销计划；(4)并不忽略各国间的文化差异，而是将标准化与当地化相融合，享受标准化的成本优势，维持当地化的灵活性。全球营销不能简单地理解为进入几个国别市场。它是一种思维，要求将全球看成一个统一的大市场，在对其进行营销调研的基础上，进行市场细分并选择自己的目标市场。它将国别的重要性极小化，在全球范围内寻求竞争优势和最佳市场。全球营销思维是全球营销的基础。主要思维内容包括:(1)追求全球性传播效果;(2)区域性市场扩张战略的转变;(3)开发世界性产品并适度兼顾目标细分市场的差异化需要;(4)生产和销售的分离化;(5)运用超级营销技巧。即在存在贸易壁垒的情况下,全球营销需要运用经济、心理、文化、政治、公关等技巧,获得目标国政党、政府和公众的合作,以减少进入障碍。

【全球营销目标】以世界市场为目标,对营销活动所做的世界范围内的全局性的统筹谋划的营销目标。一般说来,全球性营销目标谋划深远,考虑全面,注重营销口号、营销风格、表现手法的一致性,以期在世界范围内塑造一个统一的产品形象或企业形象。

【全球战略】以"全球视野",分析"全球因素",研究"全球问题",着眼于"全球发展"的战略安排。全球化是人类社会经济形态进步的表现,是经济全球化发展的必然结果。由于市场的本质具有强烈的渗透性、扩张性,一旦条件成熟,就能很快地从区域市场演变为跨区域市场,从民族市场演变为世界市场。不论是商品市场还是资本市场,无一例外。从16世纪的荷兰殖民主义到以后的英、美帝国主义,都曾经以不同的方式实施"全球战略"。20世纪50年代以后,随着发展中国家的经济起飞和经济全球化趋势的出现,经济落后的国家特别关注全球战略,并大都采取"改革开放"的方针,积极参与资源的全球配置、市场的全球竞争。全球战略成为不分"强国与弱国"、"大国与小国"振兴民族经济的重要思想。全球化作为一种历史大趋势,不是人们的主观意志可以随便改变的。它不仅关系并且决定着人类社会发展的进程与方向,而且在一定程度上关系着一个国家的前途与命运。尤其是像我国这样有10多亿人口的大国,如果不能汇集到全球化的潮流中,就不能强有力地维护自己的政治、经济利益。在过去相当长的时间,我国企业的市场利润主要是产生于国内市场。全球化促使企业的资源配置模式应该是全球性的。在世界范围内选择市场、资本、技术、人员、原材料和零部件,或者建厂生产,为企业选择种类齐全、质量可靠、价格适宜、供货及时的原材料和零部件,从而节约了成本,提高了经济效益。我国向国际社会提出了"和谐世界"的目标。我国的"全球战略"就是以"和谐世界"为蓝本的。这里反映出的是我国文化和我国哲学的博大精深。

【国际经济关系】世界各国之间以经济利益为纽带而形成的关系。第二次世界大战后,国际经济关系发生了一系列的变化,出现了国际经济关系相对平等化的过程:(1)一系列国际经济机构的建立,促进国际经济关系的相对平等化。1949年7月,44个国家代表在美国新罕布什尔的布雷顿森林,签约建立了国际货币基金组织和世界银行。1947年10月底,23个国家的代表在瑞士日内瓦签订了《关税与贸易总协定》(GATT)。(2)发展中国家经济集团的形成推动了国际经济关系的相对平等化。(3)原材料生产和出口国组织的建立,推动了国际经济关系相对平等化。(4)贸易优惠制度的实施进一步促进国际经济关系平等化的发展。

【国际目标市场选择标准】企业在进行国际市场细分后,从若干个细分市场中选择一个或多个细分市场作为自己的国际目标市场的标准。具体地,有以下四个标准:(1)可测量性。即国际目标市场的销售潜量及购买力的大小能被测量。(2)需求足量性。企业所选择的国际目标市场,应当有较大的市场潜量,有较强的消费需求、购买力和发展潜力,企业进入这一市场后,有望获得足够的营业额和较好的经济效益。(3)可进入性。企业所选择的国际目标市场未被垄断,企业的资源条件、营销经验以及所提供的产品和服务在所选择的国际目标市场上具有较强的竞争能力。(4)易反应性。即企业选择的国际目标市场能使企业有效地制定国际营销计划、战略和策略,并能有效地付诸实施。

【国际市场】"国内市场"的对称。当商品和劳务在国与国之间流通,构成国际之间的交易行为时,国际市场就随之形成。国际市场是国际经济分工的产物与客观要求。任何国家为求得自身的发展都必须开放国内市场,加入到国际市场体系之中。国际市场受国际政治、经济等多种因素影响,结构复杂,竞争激烈,变化多端,与国内市场相比更为复杂。

【国际服务营销】为满足国际消费者的需要而在全球营销过程中所采取的一系列服务增值活动。国际服务营销的内涵,从广义角度看,主要包括:(1)从一国境内向另一国境内提供服务;(2)在一国境内向别国顾客提供服务;(3)一国自然人在别国境内提供服务;(4)通过一国服务提供实体(法人)在别国境内提供服务。从狭义角度看,国际服务营销主要是指劳务输出,其中包括对外承包工程和国际劳务合作等。

进入国际市场有代表性的服务主要有:(1)金融和银行服务;(2)建筑、设计及工程服务;(3)保险服务;(4)计算机和数据服务;(5)信息服务;(6)教学和咨询;(7)工程承包和劳务合作;(8)技术与管理服务;(9)旅游服务;等等。

【保税仓库】专门存放经海关核准的保税货物的仓库。在中国,经营保税仓库应由保税仓库经理人持工商部门颁发的营业执照,填写"保税仓库申请书",并交验经过外贸主管部门批准经营有关业务的批件,向当地海关提出申请。经海关审查,符合有关法规规定,具备海关严密监管条件和保证遵守海关规定的独立专用仓库,才准予经营保税仓库业务。保税仓库必须具有专门储存、堆放进口货物的安全设施,有健全的仓库管理制度和详细的仓库管理账册,配备经海关培训并认可的专职管理人员。仓库的经理人应同时具备向海关缴纳税款的能力。《中华人民共和国海关法》规定:保税仓库限于存放供来料加工、进料加工复出口的料、件,或暂时存放后复出口的货物及海关批准缓办纳税手续进境的货物。一般进口贸易物不允许存入保税仓库,也不得在保税仓库中对所存货物进行加工,但在海关监管下可以改变货物包装。我国的保税仓库有三种类型:转口贸易备料保税仓库、加工贸易备料保税仓库、寄售维修保税仓库。海关对保税仓库及其所存放货物的管理制度称为"保税仓库制度"。

【保税仓库区】亦称"保税区",是利用保税政策、由海关所设置或经海关批准注册的特定地区和仓库。保税业务虽说是随着自由港的出现就已存在,同世界自由区一样,保税业务体系的经济效益不尽相同。科学的、周密的、可行性的调查与研究,是不可缺少的步骤。具体包括:地址的选择、类型的确定、客户的调查、目标的制定以及软环境的服务质量等。利用保税仓库区有如下好处:(1)进入保税仓库区的货物不受数量、种类及配额限制,且免征关税,无须办理报关手续,因而使外国厂商或贸易商能够把握最有利的时机,将其仓储的货物转销到其他国家和地区,以获得最佳利润。(2)进入保税仓库区的货物,可以拆包、改装、加换标签,或将不良、损坏的产品加以整修更换,使产品更能适应国际市场的需要。(3)外国厂商或贸易商可在保税仓库区内,对当地或他国进口的零部件、中间产品等从事装配和加工活动。(4)保税仓库区设有现代化、性能完备的各种设施,能够适应不同种类商品装卸、存储和运输的需要。外国厂商、贸易商可在保税仓库区内设置商品展示中心,以加强商业促销活动。

【保税区】参见【保税仓库区】。

【本土化战略】跨国公司进入某国市场后,努力融入东道国的经济体系,成为具有当地特色的经济实体的发展战略。国外的企业走进我国的市场,我国的企业也走向国际市场。同在本国经营相比,跨国经营企业面临着更加复杂的经营环境,包括经济环境、政治环境、法律环境、社会环境、文化环境等。本土化战略是适应与母国有着极大差异的市场和管理环境的策略安排。"本土化"包括生产经营本土化、科研开发本土化、人力资源管理本土化、市场观念本土化。其中,人力资源管理本土化在跨文化管理中,对于形成跨文化沟通和谐的具有东道国特色的经营哲学有

着重要的意义。

【出口代理商】出口代理商并不拥有货物所有权,不以自己的名义向国外买主出口商品,而是接受国内卖主的委托,按照委托协议向国外客商销售商品,收取佣金,风险由委托人承担。在国际市场上,出口代理商常见的类型有综合出口经理商(Combination Export Manager)、制造商出口代理商(Manufacturer's Export Agent)、出口经营公司(Export Manager Company)、出口经纪人(Export Brokers)。

【出口商品结构】各种类别的商品在整个国际贸易额中所占的比重,通常以它们在世界出口总额中的比重来表示。研究国际贸易商品结构通常是看初级产品和工业制成品两大类分别占世界贸易额的比重。20世纪50年代以后,伴随着科技革命的发展,出口商品结构发生了重大变化,工业制成品所占比重逐渐上升,初级产品所占比重日趋减少。

【出口许可管理】亦称"进出口贸易管制",即对外贸易的国家管制。指一国政府从国家的宏观经济利益、国内外政策需要以及为履行所缔结或加入国际条约的义务出发,为对本国的对外贸易活动实现有效的管理而颁布实行的各种制度以及所设立相应机构及其活动的总称。通俗地讲,国家进出口贸易管制政策是通过商务部门及国家其他行业主管部门依据国家贸易管制政策发放各类许可证件,最终由海关依据证件及其他单证(提单、发票、合同等)对实际进出口货物合法性的监督管理来实现的。进出口许可证件是我国进出口管理中具有法律效力,用来证明对外贸易经营者经营属国家管制商品合

法进出口的最终证明文件。是海关监管货物合法进出的书证,只有确认达到"单证相符"、"证货相符"的情况下,海关才可放行相关货物("单'即包括报关单在内各类报关单据、"证"即各类许可证件、"货"即实际进出口货物)。

【对外贸易】一个国家或地区与其他国家或地区进行的各种商品交换活动。它与国际贸易既有联系,也有区别。联系在于它们都是超越国界或地区范围的商品交换活动;区别在于国际贸易是世界范围的交换活动,对外贸易则立足于一个国家或地区与其他国家或某个地区之间进行的交换活动。两者是整体与局部的关系。

【对外贸易体制】国家进出口贸易的管理制度、经营方式、调控手段等运行体系的总和。外贸体制直接关系到进出口贸易的发展与否。我国传统的外贸体制是国家集权、外贸部门独家经营,工贸脱节,中央统负盈亏。从1988年开始,按照"放开经营、自负盈亏、经贸结合、实行代理制和统一对外"的原则,对外贸体制进行改革。改革的内容是:(1)全面推行承包经营责任制;(2)按照商品种类划分中央与地方的经营范围;(3)多数外贸专业分公司与中央财政脱钩,与地方财政挂钩;(4)超基数出口由地方自负盈亏,外汇分成实行新的办法;(5)划分进口商品经营范围,有步骤地推行进口代理制。

【对外营销】企业在一个以上的国家进行经营销售活动。企业总部或决策中心设在本国国内,企业生产的产品销往国外市场,或者从国外进口产品在本国市场销售。对外营销活动与对外贸易紧密相联,出口贸易离不开对外营销活动。企业要对国外市场进行调研和预测,了解和掌握国外顾客的需要,并在本国设计和生产出符合需要的产品,再经过促销等一系列营销手段将产品销售给国外顾客。这种营销活动所涉及的产品一般要跨越本国国界。

【多国营销】跨国公司在多国市场上进行生产经营销售活动。企业由设在本国(甲)的总部做出决策后,在乙国生产基地从事生产,并将产品输往丙国(即第三国)市场。有时多国营销还涉及更多的国家,要根据各个国家的生产能力、成本和质量对经营资源进行合理配置。

【反倾销】进口国依据本国的反倾销法,由主管当局经过立案调查,确认倾销对本国同业造成损害后,采取征收反倾销税等处罚措施的调查程序。

【非关税壁垒】"关税壁垒"的对称。除关税以外的一切限制进口的措施。非关税壁垒一般可以分为直接的非关税壁垒和间接的非关税壁垒两大类。前者指进口国直接对进口商品规定进口的数量或金额,以使出口国直接按规定的出口数量或金额限制出口;后者指进口国没有直接规定进口商品的数量或金额,而是对进口商品制定各种严格的条例,间接地影响和限制商品的进口。与关税壁垒相比,非关税壁垒具有如下特点:(1)灵活性和针对性。各国关税税率制定必须通过立法程序,并要求像其他立法一样,具有一定的延续性;调整或更改税率,需要经过一套较为烦琐的法律程序。另外,关税在同等条件下还受到最惠国待遇条款的约束。制定和实施非关税壁垒措施,程序和手续要简单得多,且可以根据需要实施有针对性的措施。(2)隐蔽性和歧视性。一国的关税税率确定后,通常以法律形式公布于众,依法执行。但一些非关税壁垒措施并不公开,或者规定非常复杂的标准和手续,使出口商难以捉摸。非关税壁垒措施往往是针对某个国家或某些国家制定的,这大大加强了其差别性和歧视性。(3)有效性。关税壁垒是通过征收高额关税、提高进口商品的成本和价格,削弱其在进口国市场上的竞争力,间接地达到限制进口的目的。此时,如果出口国对出口商提供补贴或进行商品倾销,就可以大大削弱高关税的作用。但是,非关税壁垒措施则可以有效地限制商品的进口,发挥关税难以发挥的作用。

【管理合同进入模式】管理公司以合同形式承担另一公司的一部分或全部管理任务,以提取管理费、一部分利润或以某一特定价格购买该公司的股票作为报酬。这种模式可以保证企业在合营企业中的经营控制权。管理合同进入模式具有许多优点,企业可以利用管理技巧而不发生现金流出来获取收入,还可以通过管理活动与目标市场国的企业和政府发生接触,为未来的营销活动提供机会。但这种模式的主要缺点是具有阶段性,一旦合同中约定的任务完成,企业就必须离开东道国,除非又有新的管理合同签订。

【国际地理变数细分】企业按照消费者所在的地理位置、地理环境等变数来细分市场,然后选择其中一个或几个子市场作为目标市场。(1)地理位置。在许多跨国公司的国际市场营销实践中,习惯于按照地理位置把国际市场划分为北美、拉美、非洲、西欧、亚洲、中东几大市场。这样划分,原因有二:①由于同一地理区域具有相似的自然条件和宗教文化背景。②第二次世界大战后,区域性经济贸易一体化的迅速发展,使得区域性经济贸易组织内部的营销环境渐趋一致。比较有代表性的区域性经贸组织包括欧盟、北美自由贸易区、东南亚国家联盟等。(2)地理环境。在地形、气候不同的地区,种植农作物的品种就不一样,同时居民的饮食结构也存在差别。在应用地理细分时应注意的是,地理因素是一种静态因素,对消费者的区分较为笼统,且处于同一地理区域的消费者在需求上也存在明显差异,因此必须结合其他因素进行市场细分。

【国际服务营销功能】国际服务营销在国际化市场服务方面承担的任务和所起的作用。经济全球化和社会分工专业化的产物。它的发展又会进一步推动生产的全球化与社会分工的发展。其作用一般体现在:(1)服务的国际营销可以增加大量的外汇收入,有利于国际收支的平衡。(2)对于劳动力丰富的发展中国家,通过劳务输出和提供人力资本服务,不仅大大缓解了本国的就业压力,而且为本国经济发展积累了大量外汇资金。(3)可以带动商品和技术出口,促进相关行业的发展。(4)服务的国际营销还为本国产品进入国际市场和企业进行对外直接投资提供了便利。

【国际工业品市场细分】按照一定的基础和变数,把整个国际工业品市场细分成不同的消费者群。细分国际工业品市场的变数一般与细分国际消费品市场的变数基本相同。但由于国际工业品市场具有购买的数量大、次数少、购买者地理位置集中、专业要求高等特点,企业还需运用其他一些新的变数来细分国际工业品市场,包括:(1)根据最终用户变数来细分市场;(2)根据顾客规模与购买力大小来细分市场;(3)根据购买组织的特点来细分市场。尽管国际市场细分是企业制定国际市场营销战略和策略的重要前提和依据,要使细分合理和有效还必须注意以下几个方面的问题:(1)细分国际市场变数的个数取决于消费者需求差异的大小。对于消费者需求特征差异较小的产品或服务可采用单一变数进行细分,如果消费者需求特征差异较大,则应采取双重或多重变数细分,以保证细分的有效性。(2)细分国际市场的变数也不是越多越好。因为若对某市场采用了过多的变数进行细分,会导致各个子市场过小,既给企业选择目标市场带来了困难,又会使得企业的营销活动缺乏效率。(3)应把握市场细分的动态性。国际市场上的消费者需求和竞争者状况每时每刻都在发生变化,企业应注意信息的收集,在必要时进行市场细分的调整。

【国际技术贸易】一国(地区)从另一国(地区)获得技术的买卖行为。它是技术转让的一种主要形式。在国际上,技术贸易主要有两种形式:(1)许可证贸易。技术输出方将技术使用权许可证出售给输入方,主要包括专利使用权的转让、商标使用权的转让、专有技术的买卖等。(2)买卖成套设备和设备器材。前者称为软件交易,后者称为硬件交易。这两种交易有时是结合进行的。国际技术贸易始于 20 世纪初期,60 年代以来,随着科学技术的迅速发展,科学技术发明转化为生产力的周期不断缩短,掌握先进技术的国家、公司、企业,都积极把已过时或将要过时的技术卖出去,以坐收部分赢利,并可用收

回的费用对科研投资进行补偿。买进外国先进技术的国家,利用别国的现成技术,可以节省研究试制费用和时间,加快扩大生产的速度。由于世界高技术的迅速发展,在国际市场上,高技术产品的竞争已达到相当激烈的程度,技术贸易也从自由竞争发展到技术摩擦。技术保护主义也显著加强,工业发达国家对技术保密和限制技术出口的规定和法律日趋严格,使得国际技术贸易活动往往被限定在一定范围和某种程度上。

【国际竞争对手成本分析】对竞争对手的财务目标的核心,即成本进行的分析。对竞争对手的成本分析包括以下三个步骤:(1)找出对成本影响较大的因素。对成本影响较大的因素有:产品设计;要素成本;劳动生产率;销售数量;企业的生产能力等。(2)消除成本平均化的作用。可以通过以下方法重现成本的差别:①分别按用户群计算产品成本。即如果企业的产品同时出售给批发商、零售商和用户,企业就应该分别计算出这三种不同对象的产品成本。②分别按市场区域计算产品成本。即区分企业在不同市场区域出售产品需提供的不同服务内容及相应的价格,以便计算出同一产品在不同市场区域包括服务费用在内的单位成本。③消除那些不稳定市场区域对成本的影响。处于特殊发展阶段的市场区域不能真实地反映企业产品的实际成本情况,在成本分析时应予剔除。(3)模拟竞争对手的成本。模拟竞争对手的成本是要发现竞争对手的成本优势究竟在哪些地方存在。可以从四个方面进模拟:①模拟产品种类。即假设本企业生产其竞争对手产品,成本会如何。②模拟生

产地点。即本企业在竞争对手所在地设厂进行生产,成本如何。③模拟劳动生产率。即如果企业的劳动生产率与竞争对手的相同,成本如何。④模拟生产规模。即本企业的生产规模与竞争对手相同,成本会有哪些变化。

【国际竞争特点】国际竞争既具有一般竞争规律的特点,又具有自身的特点:(1)国际竞争不同于自由竞争。从现象上看,国际竞争与自由竞争最大的区别是自由竞争遵循优胜劣汰原则,在自由竞争中的落后企业、落后部门要破产和被淘汰,而国际竞争中的落后国家、落后部门和落后企业不一定破产和被淘汰。从理论上分析,国际竞争不同于自由竞争的基本前提,是世界经济中存在着各个国家主权政府,只要有国家政府存在,它们必然以各种方式干预国际竞争格局,国际竞争表现为一种有保护的竞争。(2)国际竞争不同于垄断竞争。从现象上看,国际竞争与垄断竞争的最大区别在于,垄断竞争的目的是以垄断排斥竞争或消灭竞争;而国际竞争的目的则是以竞争作为获取本国经济利益的主要手段,国际竞争不是消灭竞争,而是强化竞争。从理论上分析,国际竞争不同于垄断竞争的基本前提,在于国际竞争的主体囊括了世界市场上各种经济实体,诸如关心本国经济利益胜于关心他国经济利益的国家政府;为实现国家经济利益为目标的国有企业;以本集团经济利益为首要目标的跨国公司;在全球市场广阔存在和发展的众多大中小私人企业。可见,国际竞争比垄断竞争范围更大,它表现为包括垄断竞争在内的强化型竞争,是在政府保护下的强化竞争。

【国际居民心理变数细分】企业按照心理变数(如生活方式、个性等)来细分国外消费者市场。随着社会经济的发展,广大居民生活水平的不断提高,消费者的需求从生理需求向心理需求转化。消费心理因素成为国际市场尤其是发达国家市场细分的重要变数之一。在西方国家,贫富不均、两极分化严重。富有者追求的往往是稀罕难得的产品,他们要求所购产品能显示自己的身份,不计较价格;相反,收入低的消费者只要求购买满足基本生活要求的产品,对价格很在乎。在国际市场营销中,许多企业都按照心理变数来细分国际消费品市场,这不仅有利于企业针对不同生活方式和个性的消费群的需要与偏好来设计不同的产品和制定不同的国际市场营销组合策略,也有利于企业从市场细分中发现新的市场机会,拓展国际市场。

【国际贸易网络功能】通过网络给予国际贸易活力与生机的能力。全球性的互联信息网络将使传统的国际贸易发生巨大的变化,交易各方可以处于全球的任一地点。通过贸易网络,将使一个国际间的贸易从报价、谈判、签订合同、办理各种单证、通关直至收付款等一系列传统手续大大简化,效率大大提高,传统贸易中的业务处理将由人工操作转换为由电脑网络以“无纸贸易”的方式进行。网络技术的飞速发展,使国际贸易领域充满新的机遇和挑战。

【国际目标市场选择过程】企业在进行国际市场细分后,从若干个细分市场中选择一个或多个细分市场作为自己的国际目标市场的过程。企业选择国际目标市场的过程一般包括以下两个步骤:(1)对所有国家的市场进行筛选。企业在选择国际目标市场时,首先要对各个国家进行初步选择,确认选取哪些国家的市场。(2)评估行业的市场潜力。对于已经选择出的国家或地区,企业需要进一步地对其市场潜力做出较深入的评估。在评估行业的市场潜力时,要同时考虑两个方面的情况:①市场的现实规模;②行业在企业的战略计划期内的增长率。

【国际品牌】在国际市场上知名度、美誉度较高,产品辐射全球的品牌。

【国际人口变数细分】按照人口总量、性别、年龄、文化程度、收入水平、家庭状况、宗教信仰、民族等人口统计学特征细分市场。人口因素直接影响消费者的需求特征,较其他因素更易于辨认和衡量,是国际消费品市场中最常用、最主要的细分标准。而在人口细分的诸变数中,又以人均收入、人口总量、年龄特征、宗教信仰四项最有参考价值。(1)人均收入。一般来说,收入高低直接决定了收入的水平和构成。根据平均收入水平,可以将各国消费者的收入分为高收入、中等收入、低收入三个层次。目前,较为广泛接受的是世界银行按照各国人均国民生产总值对国家进行的划分。世界上的高收入国家除日本外,大部分都分布在西欧和北美。(2)人口总量。国民收入与居民人均收入水平的高低直接影响国际市场的规模。在国际市场中,对于许多低值易耗的消费品来说,人口总量往往是比人均收入更为重要的细分变量。值得注意的是,像我国和印度这样人口众多但人均收入很低的国家,仍有一批比例较小但绝对数可观的高收入消费者,从消费水平上看,这些消费者已接近或达到了中等发达国家消费水平,从消费总量上看,也相当于一个小型的中等发达

国家。因而这种情况也是在进行人口细分时应当考虑的。(3)年龄特征。按照年龄大小我们可以将人生划分为婴幼儿、儿童、少年、青年、中年、老年六个阶段。处于不同年龄阶段的消费者,生理状况、兴趣爱好的不同,对商品的需求也不同。随着社会经济的发展及居民收入的提高,各阶段消费者的需求发生了巨大变化,这是国际市场细分不能忽略的因素。(4)宗教信仰。世界范围内有三大宗教:基督教、伊斯兰教和佛教,另外还有许多种区域性宗教。不同宗教信仰的消费者在需求特征上也表现出差异。如在巴基斯坦,伊斯兰教为国教,信徒占全国人口的95%以上。信徒们严格遵守穆斯林传统,禁绝饮酒,在该国销售酒就是错误的。

【国际市场调查】对国际市场的营销环境、消费者行为及营销因素的调查,为国际市场营销提供依据。其内容包括:(1)政治环境调查。了解各国的政治制度及其稳定性,有关政策、法令等。(2)经济环境调查。了解各国的经济发展状况、人均收入及国民生产总值、经济政策等。(3)社会环境调查。了解各国的人口、文化教育、民族分布状况及社会习俗等。(4)心理环境调查。了解各国消费者的需求、爱好、行为的差异及禁忌等。(5)生态环境调查。了解各国的地理位置、自然气候、社会资源等。(6)科技环境调查。了解各国的科技发展水平及其应用状况。(7)营销因素调查。了解各国市场营销中的产品、定价、分销渠道及促销措施等方面的情况。

【国际市场细分】企业按照一定的细分标准,把整个国际市场细分为若干个需求不同的产品和营销组合的子市

场,其中任何一个子市场中的消费者都具有相同或相似的需求特征,企业可以在这些子市场中选择一个或多个作为其国际目标市场。国际市场细分是企业确定国际目标市场和制定国际市场营销策略的必要前提。

【国际消费品市场细分】企业按照一定的细分标准,把整个国际消费品市场细分为若干个需要不同的产品和营销组合的子市场。国际消费品市场受消费者所在地理区域、年龄、性别、宗教信仰、收入水平、生活方式和购买行为等多种因素的影响,不同的消费者群具有不同的需求特征。在国际市场营销学中一般将其概括为地理变数、人口变数、心理变数和行为变数四大类。企业应对每一个细分市场的市场容量、市场潜力、竞争状况和市场条件等要素进行评估,然后从细分市场中筛选企业可能进入的目标市场。

【国际营销调研类型】根据国际营销调研所要达到的目的的不同而确定的市场调查模式。包括探测性、描述性、因果关系和预测性四种类型。

【国际营销市场预测】对影响市场的有关资料进行分析研究,并通过科学的定量和定性分析估计市场的需求量及其发展趋势,掌握国际市场供求变化的规律,为企业国际营销决策提供可靠的依据。对国际营销来说,需求预测是市场预测的核心内容。在进行市场需求预测方面,需要注意的指标包括:(1)市场需求量。某种产品的市场需求量是指在一定的市场环境和销售费用下,某一时期目标市场可能购买该产品的总量或总额。市场需求量不是一个不变的数字,它随着市场环境及营销组合的变化而变化。(2)市场潜量。市场潜量是指在特定的市场环境下,所有的有关企业在营销因素组合方面做出最大努力,并且各自取得极大成效的前提下,所可能达到的最高市场需求量。市场潜量受市场环境的影响,尤其是那些需求弹性大的商品就更为明显。(3)销售潜量。销售潜量是指某个企业经过最大努力之后,在市场上可能获得的最高销售量。即在市场潜量中,某个企业可以获得的最高份额。销售潜量与市场潜量的关系是:销售潜量 = 市场潜量 ×企业市场占有率。

【国际营销网络功能】通过网络给予国际营销活力与生机的能力。网络营销促进了市场全球化的进程,使国际市场营销更快、更好、更完善。网络营销的优势在于:(1)能够将产品说明、促销、顾客意见调查、广告、公共关系、顾客服务等各种营销活动整合在一起,进行“一对一沟通”,真正达到营销组合所追求的综合效果。(2)不受时间与地域的限制,综合文字、图片、声音、影像,以动态或静态的方式展现。(3)增加了互动性,减少了营销成本;增加了顾客的选择余地和产品及服务的信息价值,覆盖面极广,减少了企业在国际市场上拓展的障碍。

【国际战略联盟类型】在两个或两个以上国家中的两个或更多的企业,为实现某一战略目标而建立起的合作性的利益共同体。其有多种类型:(1)水平战略联盟。其主要特点是联盟双方可能是同一市场上的合作企业,或潜在竞争者,此类联盟最为重视的是研究与开发,同时它允许公司改善经济规模,降低或共担风险,加速新技术的扩散,减少进入市场的障碍,甚至在某些情况下进入对方的市场范围,增加选择机会,提高产品竞争力,改进质量,以更为迅速地适应消费者需求。(2)垂直战略联盟。这种战略联盟是由生产、分配过程不同阶段的经营公司所建立的。通过这种联盟进行合作能够减少或防止非对称信息的不利影响,有助于实施产业政策,这种合作可以取代垂直一体化,能减少与依赖资源有关的问题,能够消除供应的不确定性,能减少由于产品价格的市场波动所造成的损失。(3)混合联盟或跨行业联合大企业协议。这种联盟可以组成第三个集团来处理各种具体问题。建立这种联盟的动因也不尽一致。它们是水平战略联盟与垂直战略联盟动因的混合物,为实现既定协议的有关目标而进行合作。

【国外营销】 企业在一个以上的国家从事生产经营销售活动。决策中心设在本国国内,企业开始对外直接投资,由建在国外的生产基地从事生产,并在该国市场就近销售。这种营销活动以国外顾客的需要为中心,主要特点是商品并没有从本国出口,即产品没有跨越本国国界,而营销活动却是跨越国界的。有时根据生产上的需要,还需从本国或第三国进口原料或零部件。

【国外中间商】 国外分销渠道里的中间环节,包括国外批发商、国外零售商、国外代理商和经纪人。中间商的功能是:提高销售活动的效率;储存和分销产品;监督检查产品;传递信息。

【海外营销调研】 运用科学的方法,有目的地、系统地收集一部分与海外营销活动相关的信息,对收集到的信息进行整理和分析,从而把握市场的变化规律,为海外市场的营销决策提供可靠的依据。(1)第一手资料的主要做法。参照外方企业的程序化、规范化方式,在每一地区最大、最独特的10家厂商中选取调研样本,通过走访厂商、直接晤面、召集座谈会和电话访谈等方法收集信息。同时采取上门拜访主管供应、技术方面的负责人和厂长、经理,探讨有关生产技术、工艺设备、原料规格、采购方式、价格与运费等具体问题,同时还到现场实地参观了解诸如机械设备、生产过程、劳动组织等情况。(2)综合分析各种信息资料。国外公司采取把我国的市场要素引入到国际大市场之中,与国际市场接轨的分析方法。在调研中,国外公司的人员一方面引用大量国际市场和亚太地区的资料;另一方面将所调研到的有关企业产能、原料需求等数据联系国际市场的供求平衡、市场竞争去分析,还将我国市场上的价格、运费、成本等都换算成美元与国际市场进行比较,核算出我国市场的赢利水平。同时,还坚持以市场竞争为导向,将竞争态势的调查作为市场调研的重要内容之一,特别注意了解产品品种、销售方式和价格政策等,分析各方竞争态势。(3)运用经济模型做出市场供需平衡、财务现金流、内部收益率、投资回收期、还本付息能力等方面的预测。(4)调研报告的编写以数据、图表为主,文字叙述简要而精练。主要内容都是采用数表、图形来表达,使市场运行、数据分析、预测结论直观而清晰,一目了然。在调研报告中,包括有政策环境、市场细分、竞争结构等内容,还特别注重反映被访用户的名称、联系人、电话、地址、生产能力、工艺设备等用户档案的内容。在调查的基础上,重视对各种信息资料的综合分析,体现了资料的系统性、工作的连续性,以及对市场的开拓性和产品的兼容性。(5)在最终的总报告中以客观的分析与经济预测型相结合,经验推论与数据回归相结合得出市场调研工作的结论性意见。

【合同制造进入模式】企业向国外企业提供零部件由其组装,或向外国企业提供详细的规格标准由其仿制,由企业自身保留营销责任的一种方式。利用合同制造模式,企业将生产的工作与责任转移给了合同的对方,以将精力集中在营销上,因而是一种有效的扩展国际市场方式。但这种模式同时存在如下缺点:(1)有可能把合作伙伴培养成潜在的竞争对手;(2)有可能失去对产品生产过程的控制;(3)有可能因为对方的延期交货导致本企业的营销活动无法按计划进行。

【技术性壁垒】一国以维护生产、消费安全以及人民健康为由,对进口商品制定的、实际上是限制其进口的繁杂而苛刻的技术、卫生等标准。大体分为三类:(1)技术标准。它主要适用于工业制成品。不少国家对许多制成品规定有严格的技术标准。(2)卫生检疫规定。它主要适用于农副产品及其制品。(3)有关商品包装和标签的规定。进口商品必须符合这些规定,否则不能进口。

【技术性贸易壁垒协定】关税与贸易总协定和世界贸易组织中关于消除、限制和规范不合理的技术性措施的协定。1979 年,关税与贸易总协定(GATT)的"东京回合"通过了《技术性贸易壁垒协定》(即《TBT 协定》),但其只对签署的缔约方有效。1986～1994 年的"乌拉圭回合"对此进行了进一步的修改、补充和完善,使之成为世界贸易组织(WTO)货物贸易多边协定的组成部分。适用于 WTO 所有成员。技术性措施是指一国出于维护国家基本安全、保障人类及动植物的健康和安全、保护环境、保证出口产品质量、防止欺诈行为等目的而采取的技术法规、标准、合格评定程序等措施。该协定的目标是:(1)消除不合理的技术性措施,减少国际贸易壁垒。(2)通过制定多边规则,指导成员制定、采用和实施被允许采取的技术性措施,努力保证这些措施不成为任意或不合理的歧视,造成不必要的国际贸易障碍。(3)鼓励采用国际标准和合格评定程序,提高生产效率和便利国际贸易。根据该协定,WTO 各成员在采取技术性措施时,必须遵守 WTO 的各项基本原则,特别是非歧视原则和透明度原则。当成员拟采取与国际标准的内容有实质性的不一致,并对其他成员的贸易产生重大影响的技术性措施时,应通过各种方式提前告知其他成员,让它们有时间准备书面意见,并对这些书面意见加以讨论,再将结果迅速公布,以使有关各方知晓。在公布和生效之间给予宽限期,以便有关方面适应其要求。WTO 还设立了 TBT 委员会,负责该协定的执行。委员会由全体成员代表组成,一些国际组织,如联合国粮食及农业组织、国际货币基金组织、世界银行等作为观察员参加,每年至少召开一次会议。

【进出口总额】进出口总额指实际进出国境的货物总金额。其中,包括对外贸易实际进出口货物,来料加工装配进出口货物,国家间、联合国及国际组织无偿援助物资和赠送品,华侨、港澳台同胞和外籍华人捐赠品,租赁期满归承租人所有的租赁货物,进料加工进出口货物,边境地方贸易及边境地区小额贸易进出口货物(边民互市贸易除外),

中外合资企业、中外合作经营企业、外商独资经营企业进出口货物和公用物品,到、离岸价格在规定限额以上的进出口货样和广告品(无商业价值、无使用价值和免费提供出口的除外),从保税仓库提取在我国境内销售的进口货物,以及其他进出口货物。我国规定出口货物按离岸价格统计,进口货物按到岸价格统计。进出口总额反映一个国家对外贸易的总规模。

【进口关税】进口国对外贸进口货物征收的税,属于中央税。

【进口配额制】亦称"进口限额制"。一国政府在一定期限(如一季度、半年或一年)内对某些商品的进口数量或金额加以限制,超过该限额则禁止进口或征收较高的关税和罚款的制度。主要有两种形式:(1)绝对配额。在一定时期内,对某些商品的进口数量或金额规定一个最高数额,超过这个数额后便不准进口。绝对配额又分两种:①全球配额,对于来自任何国家或地区的商品都适用,直到配额用完为止;②国别或地区配额,对来自不同国家或地区的进口商品分别规定不同的配额。这种配额又分为单方面配额和协议配额,前者为进口国家单独规定的进口配额,后者为有关的进出口国家双方通过谈判规定的进口配额。进口配额制是资本主义国家进行贸易战的一种武器。(2)关税配额。对商品进口的绝对数额不加限制,而是在一定时期内,对配额以内的商品给予低税、减税或免税待遇;对超过配额的进口商品则征收较高的关税,或征收附加税或罚款。

【进口许可证制】国家为了管制对外贸易所采取的一种强制性手段,规定某些商品进口必须领取许可证,没有许可证,一律不准进口。按有无进口配额,进口许可证分为两种:(1)有定额的进口许可证,即国家机构预先规定有关商品的进口配额,然后在配额的限度内,根据进口商的申请,对每笔进口货物发给进口商一定数量或金额的进口许可证。(2)无定额的进口许可证,即进口许可证与进口配额无关,视具体情况颁发。按进口商品许可程度,进口许可证也分为两种:(1)公开进口许可证。它对进口国别或地区没有限制,属于这种许可证的商品实际上是"自由进口"的商品。(2)特种进口许可证。进口商必须向有关当局提出申请,经逐笔审查批准后才能进口。

【进入国际市场模式】企业对进入外国市场的产品、技术、技能、管理诀窍或其他资源进行的系统规划。进入模式的选择直接影响到企业进入外国市场以后的经营活动以及一定数量资源的投入,是企业最关键的战略决策之一。如果选择不当,会造成损失。这就要求企业在选择进入模式时要进行深入的分析和准确的判断。企业可以有多种模式进入外国市场,这些模式包括:出口进入模式,包括间接出口、直接出口;契约进入模式,包括许可证、特许经营、管理合同、合同制造、交钥匙工程;投资进入模式,包括合资经营和独资经营。选择特定的进入模式反映出企业在目标市场上想获得什么利益、如何获得这种利益等战略意图。对于进行国际市场营销的企业来说,了解各种进入模式的特点有利于进行正确的选择。

【经济全球化】生产、贸易、投资、金融等经济行为在全球范围的大规模活动,生产要素的全球配置与重组以及世界各国和各地区经济相互依赖和高度融合的历史过程,是跨越民族国家政治疆界的经济活动的扩展,意味着世界经济中各国的经济开放度增加,相互依存、依赖关系加深和更深层次的一体化。随着跨国经济交易规模的扩大和这种现象的日益普遍,也必然带来这种不断向各民族国家边界延伸的经济活动的组织化程度的提高。自20世纪80年代以来,世界经济全球化日趋明显,已成为一个不以某一国的利益为转移的必然趋势。不管是发达国家还是发展中国家都受到这一大趋势的影响,并且都想通过自己的参与获得预期的效益。经济全球化的形成离不开各国"开放市场"、"鼓励竞争"、"放松贸易管制"等措施的支持。科学技术的进步、信息网络技术的飞速发展进而形成的低成本宽带通信能力的不断增强对经济全球化趋势的形成起到了不可低估的推动作用。借助以微电子技术为基础的信息技术革命和国际互联网络的形成,世界经济才成为具有一体化特征的网络经济。世界网络经济的出现,产生了许多新型的跨国经营方式,如网络营销、电子商务等。经济全球化以各国国内市场国际化为依托;同时,它的发展又进一步促进了国内市场国际化程度的提高。这是经济全球化的必然结果。

【经济一体化】两个或两个以上国家在经济上的联合,并通过相互协调和统一,将有关阻碍经济最有效运行的人为因素加以消除,创造最适宜的国际经济环境。基本特征包括:(1)属于两个或两个以上国家在经济上的联合。(2)存在不同的发展程度和经济范围。(3)是不断发展的。它是一个过程,不同水平的一体化只是整个一体化过程中的

一个阶段。(4)需要国家对经济的联合调节。(5)会对成员国产生有利结果并产生新的经济机制。(6)是一个综合系统,可能对国家间的政治上的联合产生影响。从内容上来看,经济一体化有贸易一体化、货币一体化、经济政策一体化、经济计划一体化等。从形式上来看,经济一体化有发达国家经济一体化、发展中国家经济一体化、拉美经济一体化、太平洋经济圈等。从发展水平上来看,经济一体化有四种类型:(1)自由贸易区。这是经济一体化水平最低的一种类型。它涉及的只是商品交换领域。一体化成员国之间取消关税和限额,但是各自保持对成员国以外国家的独立的关税壁垒。对内对外的经济政策是独立的,没有超国家的权力。(2)关税同盟。它除取消关税和贸易限额外,还规定了共同的关税税率和外贸政策。关税同盟具有超国家调节的因素。(3)共同市场。这种形式既包含了关税同盟的内容,又要求资本、劳动力能在共同体内自由活动。(4)经济同盟。这是经济一体化的发达形式。不但商品、资本和劳动力的流动是自由的,而且成员国的国内经济政策,包括货币、财政政策以及社会政策都要求相互协调。因此,超国家的经济调节超出了商品流通领域而达到生产领域和整个国民经济。

【跨文化营销沟通】不同文化环境下营销人员思想与信息的沟通行为。在世界经济国际化的趋势下,企业营销管理人员跨地区、跨国家之间的沟通越来越重要而频繁。不同地区、不同国家之间存在语言、教育、行为举止、价值观念和社会组织等方面的文化差异,因而在具体的营销沟通中不同程度存在理

解与融合的障碍。沟通是意见或思想的交流,它是人们通过共同的符号系统(口头的和非口头的)互通意思的过程。国际营销沟通的跨文化参与及融合,是指通过跨文化理解,达到跨文化的和谐,建立一种具有东道国特色的营销沟通模式。中国企业要进行国际营销活动,在国内和国际市场上竞争并取得成功,就必须通晓当地国情和民情。必须承认和重视文化差异的影响,了解和熟悉目标市场的文化,这是跨文化营销沟通中十分重要的因素。为促进营销人员的跨文化理解,形成高效的跨文化沟通,需要有意识建立各种正式和非正式、有形和无形的跨文化传播组织与渠道;建立营销调研组织对文化的主体——顾客、中间商和公众以及他文化对消费行为的影响进行调查研究;同时采取各种行之有效的培训方法,如文化同化法、敏感性训练法和实地经验法对营销管理人员进行培训,以提高他们跨文化沟通的技能。

【绿色关税】以环境保护为理由,对一些影响生态环境的产品除征收一般关税外,再加征额外关税,作为本国环保的基金。包括出口税和进口税,出口税主要的对象是国内资源(原材料、初级产品及半成品),进口税是对一些污染环境、影响生态环境的进口产品征收进口附加税,或者限制、禁止其进口,甚至对其进行贸易制裁,以强制出口国履行环境保护的公约。

【贸易保护主义】通过关税和各种非关税壁垒限制进口,以保护国内产业免受外国商品竞争的国际贸易理论或政策。关税、进口配额、外汇管制、歧视性的政府采购政策等都是国际贸易保护的重要手段。新贸易保护主义是20世纪80年代初才兴起的,以绿色壁垒、技术壁垒、反倾销和知识产权保护等非关税壁垒措施为主要表现形式。目的是想规避多边贸易制度的约束,通过贸易保护,达到保护本国就业,维持在国际分工和国际交换中的支配地位。它们在维护民族利益、保护资源与环境的旗帜下,行保护之目的,具有名义上的合理性、形式上的隐蔽性、手段上的欺骗性和战略上的进攻性等特点。

【贸易壁垒】一个国家为了限制外国商品进口所设置的障碍,分为关税壁垒和非关税壁垒两类。前者通过对商品征收高额关税以限制外国商品的进口。后者通过除关税以外的各种措施,如进口配额、进口许可证、技术性等手段来限制商品进口。参见【贸易技术壁垒】。

【贸易技术壁垒】亦称"技术性障碍"。通过制定强制性或非强制性的确定商品某些特性的技术法规、标准,旨在检验商品是否符合这些技术法规、标准,及在确定商品质量及其适应性能的试验、审批和认证程序中形成的贸易障碍和其他非关税壁垒。贸易技术壁垒起到双刃剑的作用,它的积极作用在于能维护国家的经济安全和利益,保护人类健康安全,保护生态环境,促进调整优化产业结构,支持出口,规范进口;它的消极作用在于被贸易保护主义过度利用而成为世界贸易发展的障碍。发展中国家由于经济水平和技术水平的差距而处于不平等的地位。

【贸易逆差】一个国家在一定时期(如一个月、一季度、半年或一年)内对外贸易出口总值小于进口总值,其差额部分称为贸易逆差,亦称"贸易入超"。一个国家的对外贸易出现逆差反映该国贸外汇存在亏空,在外贸收支上处于不利地位。出现贸易逆差时,国家可以通过减免出口商品关税鼓励出口,采用出口配额、进口许可证等措施限制进口,以调节贸易逆差。对于我国来说,适当逆差有一定的积极作用,表现在:(1)有利于缓解短期贸易纠纷,有助于贸易长期稳定增长;(2)只要投资项目选择得当,既可补充国内一些短缺的原材料,还能很快提高生产能力、增加就业以及增加经济总量;(3)逆差能减少人民币升值的预期,减缓资本净流入的速度;(4)短期的贸易逆差有助于缓解我国通货膨胀的压力,加大我国货币政策的操作空间。

【贸易顺差】一个国家在一定时期(如一个月、一季度、半年或一年)内对外贸易出口总值大于进口总值,其差额部分称为贸易顺差,亦称"贸易出超"。一个国家的对外贸易出现顺差反映该国贸易外汇有盈余,在外贸收支上处于有利地位。但如果长时期大幅度地出现顺差,也会给一国的对外贸易和经济带来越来越多的贸易争端、资源不能被充分利用等不利影响。因此,当长时期大幅度地出现顺差时,也应采取必要的措施加以调整。常用的措施是奖入限出,如限制进口税率、适当放宽进口限制或限制出口等。

【贸易自由化】商品与服务在平等、互利的原则下没有障碍地进行交换的状态。1995年1月1日世界贸易组织(WTO)的建立标志着世界贸易的自由化程度达到了一个新的阶段。WTO规定的贸易自由化准则,是指各成员方通过多边贸易谈判,降低和约束关税,取消其他贸易壁垒,消除国际贸易中的歧视待遇,扩大本国市场准入度。但由于世界经济和各成员的发展不平衡,贸易自由化准则有以下特点:(1)不是绝对的贸易自由化;(2)贸易自由化是个渐进的过程;(3)允许发展中国家成员方贸易自由化进程低于发达国家成员方;(4)鼓励计划经济朝向市场经济的转变;(5)WTO不是一个"自由贸易"机构,它只是致力于逐步贸易自由化,使成员方进行开放、公平、无扭曲的竞争。贸易自由化已明显成为世界经济一体化的先导。

【派员推销】指派推销人员直接到国外市场,接触顾客,推销产品的销售方式。外销人员的素质要高,要熟练掌握外语、专业技术知识及目标市场的情况,熟悉法律事务,具有处理人际关系的能力。

【平行进口】亦称"灰色市场进口"。在国际贸易中,进口商未经本国商标所有权人及商标使用权人许可,从境外进口经合法授权生产的带相同商标的同类商品的行为。其产生的主要原因是由于不同国家或地区科技发展水平和劳动力成本、生产原料成本的差别,使得同样商品生产成本不同,致使相同商标的商品在不同国家或地区出现较大的价格差异;同时,随着世界经济一体化的发展,关税税率在逐步降低,从20世纪40年代《关税与贸易总协定》的签订到1995年世界贸易组织成立,发达国家的平均关税已降至4%,从而使得低价产品在贸易自由化框架下的平行进口更为便利。

【倾销】一国(地区)的生产商或出口商以低于其国内市场价格或低于成本的价格将其商品挤进另一国(地区)市场的行为。它已经或有可能给进口国生产相同产品的行业或企业造成损害,因而受到进口国的反对。

【全球本土化】强调"全球化"与"本土化"相融合的经济思想。旨在通过加强国家间的联系和利用全球化机遇以平衡全球化与本土化的利益。菲利浦·科特勒较早提出了全球本土化的思路。他认为,融合全球化与本土化特质,走"双枝营销"道路不失为一种可取之策。即公司在制定营销战略过程中,要以全球范围作为公司战略决策的出发点,而在具体实施营销过程中,应考虑不同地区的差异情况,综合使用标准化与差异化营销手段,即"全球思考、本土行动"。依据全球本土化的思路,跨国公司纷纷对原有的战略进行调整,各大跨国公司战略调整的一个明显趋势就是实行"全球当地化"战略,即在全球各国推行"本土化"战略.思维全球化,行动本土化;技术开发、赚取资源国际化,产品设计、人力资源则实行本土化战略。同时,技术或零组件方面是全球性的竞争;在配销服务方面,则是本土化的竞争。我国若要在日趋激烈的国际经济竞争中占据一席之地,也必须采取"全球本土化"战略及其他措施。著名学者罗兰·罗伯逊认为,全球化与本土化有着对峙的一面,同时也有着交合和相同的一面。全球化和本土化相互作用的一个直接结果就是"全球本土化"现象的出现。全球化不可全部取代本土化,本土化也不可能阻挡住全球化的浪潮。

【全球产业价值链】在一个产业内部的不同国家的企业承担不同的价值创造职能,产业上下游多个企业共同向最终消费者提供服务(产品)时形成的全球分工合作关系。

【全球广告战略】以世界市场为目标,对广告活动所做的世界范围内的全局性的统筹谋划的广告战略。一般说来,全球性广告战略的设计要适应经济全球化的大趋势,注重广告口号、广告风格、表现手法的国际性与统一性,以期在世界范围内塑造一个统一的产品形象或企业形象。

【全球化价值链分工战略】利用不同国家和地区在资源等方面的差异,将价值链的各个环节设立在投入—产出比率最高的国家和地区,实现全球范围的资源和市场整合。具体表现为:到价格最低的地方采购原材料,到工资最低的地方从事制造,然后到价格最好的地方把产品卖掉。由于世界各地间的差异,以及合作方的意图与本企业并不一致,在实行这种战略的企业内部,交易费用往往非常高。同时,市场的迅速变化要求企业必须不断改进自身的产品和服务以适应顾客需要,这种调整需要价值链各环节的有效协调方能实现。相对于价值链本地化的企业而言,全球化价值链分工企业在进行这种协调时,付出的成本显然要高得多。

【全球化市场战略】以全球市场的同质化为基础的企业发展战略。实行这种战略的企业,为世界范围内具有同质需求的市场提供产品和服务,一般从对外贸易开始,发展到在当地设厂,其经营理念和产品、服务在世界范围内一般是统一的。随着世界市场的同质化程度日益加深,这类跨国公司的发展空间也会越来越大。该战略的优势主要来自企业内部经验、技术的交流以及与此有关的规模经济。广告等方面的成果可以在全球范围内分享,同时其费用也可以在世界范围内分摊,从而具有很强的规模经济效应。这类跨国公司的劣势是,要适应各地本地化的需求比较困难,因而市场面会受到限制,它占领的是世界各地相同的市场,而不是每个地方不同的市场。

【全球价值链】全球范围内互相合作以满足市场需求的公司集合。一般说来,全球价值链包含了一个或几个基本的价值(产品或服务)供应商,还有很多其他为产品和服务增值的供应商,使得最终呈现给购买者的产品具备所有的价值。

【全球扩张】企业的经营活动超出本国国界而向全球市场渗透、拓展的企业行为。一般表现为企业的跨国经营。随着全球化浪潮的袭来,走出国门,实施全球经营战略已经成为了各国大企业发展的必然途径。但是,根据对我国内地 176 家不同地区、行业、规模企业的高级行政管理人员的调查,大多数国内公司在近阶段依旧将注意力放在国内市场。我国企业向世界扩张为时尚早。在接受调查的公司中,55% 的公司表示,它们将大型国有企业看做是其主要的竞争者,其次是国内民营企业。来自外国公司的竞争虽然不可忽视,但它们带给中国本地公司的威胁并不大。另外,在有海外投资计划的企业中,17% 的公司表示它们将选择东南亚、东北亚市场,12% 的公司选择了欧洲和俄罗斯,只有 11% 的公司选择了北美作为其目标市场。

【全球商品链】从经济全球化的角度,分析全球市场商品价值运动的核心因素。一个组织的网络与生产过程,其成果是为市场提供某种商品。以商品为媒介的全球商品链,从原料的取得、劳动资源组织及运输、分配到消费中每一个环节都被社会关系所影响。全球商品链区分为以下四个方面:(1)输出—输入结构,指的是在生产或服务中所牵涉到经济活动的附加价值。(2)在国家、地区与全球的层次上生产与分配活动的空间组织图像。(3)管理的结构,指出了在一条(商品)链中参与者之间的权力关系。(4)制度的设计,说明商品全球流动应该遵守的规则与条件。在多数情况下,国家、国际状况决定了(产品)链内的市场活动的态势。

【全球行业】企业国际化的一种表现。这个行业中,分布于主要地区或国家市场中竞争者的战略地位将受到全球市场地位的总体影响。在经济全球化浪潮推动下,世界各国的经济联系日益紧密,各国在生产、分配、消费环节上显示出全球趋同化的趋势。信息技术和互联网的发展使各国企业可以在无国界限制的情况下,寻找供应来源和市场。信息全球化使高新科技成为变革经济结构的动力,导致只掌握关键技术、工艺设计、品牌及销售渠道,而把生产委托给关联企业去做的虚拟企业。同时,促使制造业的国际营销网络的形成。营销网络完善人的过程是聚集营销人才、进行营销信息交流、推动适销对路的商品开发市场的过程。

【世界博览会】由一个国家的政府主办,有多个国家或国际组织参加,以展览人类在社会、经济、文化和科技领域取得成就的国际性大型展览会。其特点是举办时间长、展出规模大、参展国家多、影响深远。自 1851 年英国伦敦举办第一届展览会以来,世博会因发展迅速而享有“经济、科技、文化领域内的奥林匹克盛会”的美誉。按照国际展览局的最新规定,世界博览会按性质、规模、展期分为两种:一种是注册类(以前称综合性)世博会,展期通常为 6 个月,每 5 年举办一次;另一类是认可类(以前称专业性)世博会,展期通常为 3 个月,在两届注册类世博会之间举办一次。注册类世界博览会不同于一般的贸易促销和经济招商的展览会,是全球最高级别的博览会。国际展览局是专门从事监督和保障《国际展览公约》的实施、协调和管理举办世博会并保证世博会水平的政府间国际组织,目前有 89 个成员国。

【世界名牌产品】北京名牌资产评估事务所提出,世界名牌的主要特征是:(1)庞大的消费者群体。名牌大都是消费者欢迎的产品,有固定的目标顾客,因而常常有较大的甚至是超常的市场占有份额。(2)较高的市场价格。人们一般都认可"高质高价"的定价策略,使名牌具有超常的创利能力。(3)较强的出口能力。名牌产品本身是跨国经营的通行证,在世界市场知名度高,往往是出口商品的利润大户。(4)商品安全的法律保障。名牌商标具有广泛的法律效力和广大消费群的购买支持。(5)巩固的文化底蕴。名牌产品具有较强的超越地理和文化边界的能力。

【世贸组织规则】主要内容涉及货物贸易、服务贸易、与贸易有关的知识产权保护以及与贸易有关的投资措施等,共包括 29 个法律文件,核心部分是 3 个协议:《关税与贸易总协定》、《服务贸易总协定》和《与贸易有关的知识产权协定》。世贸组织规则通过规定各成员方应当承担的义务,确立争端解决机制和贸易政策审议机制,监督各成员方有关贸易的法律、法规、规章和政策措施的制定与实施,力求为世界提供一个开放、公开、统一的多边贸易体制框架。

世贸组织规则主要有以下几个特征:(1)世贸组织规则对成员方具有强制性和权威性;(2)世贸组织规则主要规范和约束成员方的政府行为而非公民和企业;(3)世贸组织规则为成员方履行义务留有一定的灵活性。

【市场交易自愿互利规则】市场交易的质的规定性。如果交易不是自愿和互利的,那样的交易也就不属于真正的市场交易,因而也就构不成市场体系,更不要说发挥市场机制优化资源配置的作用。市场交易,首先都是自愿性的交易。通过自愿交易进行的交换制度就是市场制度。真正意义上的市场交易就是没有任何强制的自愿性交易。市场交易的第二个质的规定性就是它的"互利性"。如果双方的交换是自愿的,他们都会相信可以从交易中获得利益。如果交易双方认为得不到好处,就不会有任何交易。建立在双方自愿基础上的"互利性"是交易行为最重要的质的规定性。

【双边贸易】由两国参加,以双边贸易协定为基础进行进出口贸易的贸易方式。目的是保持贸易双方的贸易收支平衡。许多出现国际收支不平衡的国家,或由于外汇储备不足而实施外汇管制措施的国家,为确保必要的输出与输入,避免严重的贸易逆差,通常倾向于与他国开展双边贸易。

【外销品牌】主要是针对国际市场开发的品牌产品。

【协定关税】一国与另一国之间通过协商互相给予对方优惠待遇的关税制度。有性质不同的两种类型:(1)在自愿对等的基础上签订协定,相互给予对方某种优惠待遇的关税。(2)一方遭受另一方胁迫,非自愿地给予对方优惠待遇,不能享受对方给予优惠待遇的片面的协定关税。

【协定海关税则】一国与其他国家通过关税与贸易谈判,以贸易条约或协定的方式确定关税税率而制定的海关税则。参见【海关税则】。

【营销渠道连续】国际营销渠道策略。维持渠道的连续性,避免渠道中断或停止运转,是渠道控制的基本任务。连续性并不是指渠道固定不变,而是指必须保证渠道在动态变化中的连续性。渠道具有连续性的基础是慎重选择中间商,培养中间商对企业和产品的忠诚。同时,注意研究市场渠道的变化趋势,关注是否有新的、效率更高的渠道出现,以避免固守老渠道,导致企业渠道不畅,甚至发生中断。企业应事先对那些已无意经营本企业产品的中间商做出判断,预先安排好潜在的接替者,通过及时更换中间商来保持渠道的连续性和效率。

【政治敏感性】国际营销中某种产品的用途可能会产生政治干预或政治保护的现象。人们提出一套测验政治敏感性的方法,它采用的是问题记分方式,即对下列 12 项问题在是与否之间进行回答。如果认为其营销的产品对所提问题为绝对是则给 1 分,为绝对否则给 10 分,性质界于是与否之间,则可自行斟酌取 2 至 9 分不等。其 12 项问题包括:(1)该产品的营销是否必须经过东道国政府谨慎地讨论(如食品、燃料、药品、公共设施用品等);(2)东道国是否有其他产业依赖该产品或利用该产品进行生产(如钢铁、建筑机械、水泥、电力等);(3)该产品是否是东道国经济及社会方面需要的基本用品(如图书馆设备、主要药品等);(4)该产品对

于东道国农业生产是否十分重要(如化肥、农药、农业机械等);(5)该产品的营销是否会影响东道国的国防力量(如交通运输、通信设备等);(6)该产品生产和营销是否需要利用东道国资源(如劳动力、技术、原料等);(7)在最近和将来是否会出现与该产品竞争的东道国企业(如制造业、服务业等);(8)该产品营销是否与大众传播媒介有关(如印刷、电视、广播等);(9)该产品是否为服务业需要的产品;(10)在该产品的设计和使用方面,东道国是否存在相应的法律;(11)该产品对使用者是否存在潜在的危险;(12)该产品的营销是否会减少东道国企业的收入和国家的外汇收入。

【直接出口策略】由企业独立完成一切对外出口业务的策略。其主要出口方式有:(1)直接接受外国政府或公司的订货;(2)参加外国政府或公司对某项工程项目的投标,中标后,按照合同规定要求生产出口产品;(3)在国外寻找合适的代理商;(4)合作生产;(5)企业在国外建立销售机构;(6)进料加工;(7)来料加工和装配;(8)协作生产。采用这种策略,企业可以较多地了解国际市场,在实践中学到开发国际市场的经验。

【中性包装】为打破进口国实行的高关税和配额政策的包装策略。贸易双方约定不注明原生产国别、地名、制造厂、商标、牌名的一种出口包装。国际市场上主要有无牌包装和定牌包装两种。

【自由贸易区】广义的自由贸易区,是指两个或两个以上的国家或地区或单独关税区组成的区内取消关税和其他非关税限制,区外实行保护贸易的

特殊经济区域或经济集团。主要包括：(1)欧洲联盟(EU)。欧洲联盟是目前区域经济一体化合作水平最高的一个组织,欧盟市场规模大,消费水平高,消费需求多样,对产品进入市场的限制较多。欧盟对内一体化程度高,其市场内部已实现了商品、服务、劳动力、技术和资本的自由流动。其中,欧元的流通尤其具有重要意义。同时,欧盟为了自身发展的需要,对周边国家和地区采取了较为优惠的贸易政策,从而使欧盟在周边乃至全球范围的影响在不断扩大。(2)北美自由贸易区(NAFTA)。1992年8月美国、加拿大、墨西哥三国成立了北美自由贸易区,1994年1月1日起开始运作。北美自由贸易区的建立,使区域内竞争障碍消除,实行各种优惠措施,诸如减少关税与配额,在多个领域如农业、汽车、纺织、服装给予投资者优惠政策。构建北美自由贸易区的目的是提高北美市场规模,降低关税壁垒,从而提高其国际市场的竞争力。(3)亚太经济合作组织(APEC)。1989年在日本提议下成立了亚洲太平洋经济合作组织(简称亚太经合组织),亚太经合组织成员有日本、美国、韩国、加拿大、澳大利亚、新西兰和东盟六国。1993年增加了墨西哥、巴布亚新几内亚,1994年又增加了智利,现在已达到18个国家和地区。(4)东盟(ASEAN)。东南亚国家联盟简称“东盟”,1967年8月在泰国曼谷宣布成立,最初的成员是印度尼西亚、菲律宾、马来西亚、新加坡、泰国这5个国家,后又有文莱、越南、老挝、缅甸和柬埔寨入盟。现在的东盟自由贸易区(AFTA)主要由东南亚10个国家组成,其目标是逐步将区域内各成员国之间的关税税率降到零并逐步取消非关税壁垒,以推动区域内部贸易的增长和经济的发展。中国、日本和韩国则作为东盟的对话国,参与东盟贸易自由化进程。狭义的自由贸易区,是指一个国家或单独关税区内部设立的用防栅隔离的、置于海关管辖之外的特殊经济区域,区内允许外国船舶自由进出,外国货物免税进口,取消对进口货物的配额管制,也是自由港的进一步延伸,如巴拿马科隆自由贸易区、德国汉堡自由贸易区、美国纽约1号对外贸易区等。

【自主品牌出口】建立在自主开发基础上的、使用权和所有权都归国内资本所有的品牌,向国外输出。

【最惠国待遇原则】在WTO中,最惠国待遇原则是指一成员方应立即和无条件地将其在货物贸易、服务贸易和知识产权保护领域给予第三方的优惠待遇也给予其他成员方。它不仅适用于货物贸易领域,还适用于服务贸易领域和知识产权领域。最惠国待遇原则具有自动性。当一成员方给予第三方的优惠大于其他成员方已享有的优惠时,其他成员方也就自动地享有了这种优惠。最惠国待遇原则还具有相互性。任何一成员方既是给惠方,又是受惠方;既享有最惠国待遇的权利,也承担给予对方最惠国待遇的义务。

第二十五篇　新兴营销

【知识营销】企业的产品、广告、宣传、公关等注入一定的知识含量与技术要素的营销模式。同时，帮助消费者获得更多与商品相关的实用信息与知识，改善他们的消费习惯，提高他们的生活质量，从而达到推广产品、建立形象、提升品牌力的目的。知识营销是一种"学习营销"。主要包含两方面内容：(1)企业向消费者和社会宣传智能产品和服务，推广普及新技术，对消费者进行传道、授业、解惑，实现产品知识信息的共享，消除顾客的消费障碍。(2)企业向消费者、同行和社会学习。企业在营销的过程中不断向顾客和其他伙伴学习，发现自己的不足，汲取好的经验方法，补充和完善自己的营销管理过程。知识营销是一个双向过程，互相学习、互相完善，最终达成整体的和谐。

【绿色营销】促进生态、经济和社会的协调发展的市场营销活动。要求企业以保护自然生态环境作为其经营哲学，以绿色文化为其价值观念，以消费者的绿色消费为中心和出发点，通过制定及实施绿色营销策略，满足消费者的绿色需求，实现企业经营目标。同时要求将环境保护和绿色消费的观念融入营销管理中，要求营销者在确定营销策略时，做到企业赢利、消费者需求和社会长远利益三者间的平衡。随着生态环境的恶化，非再生资源的匮乏，为绿色营销提供了旺盛的生命力，一些国际公约和协定对绿色营销的发展也起了巨大的促进作用。实施绿色营销，需要开展一系列工作，包括收集绿色信息、制定绿色计划、进行绿色定位、开发绿色产品、设计绿色包装、开拓绿色渠道、开展绿色促销、塑造绿色形象等。绿色营销的主要特征包括：(1)形成与

发展前提是消费者绿色意识的觉醒。(2)营销过程是绿色的。要求企业从产品的设计开始，到材料的选择、包装方式的采用、运输方式的选取，直至废弃物的处理、产品消费的整个过程，企业必须考虑对环境的影响，做到安全、卫生、无公害，将对环境的损害降到最低点。(3)营销标准的无差异性。(4)营销的目标是促进生态、经济和社会的协调发展。绿色营销不仅考虑企业自身利益，还要注重全社会的利益；不仅需要考虑直接利益，还要考虑长远利益；不仅考虑人的物质利益，还要重视人的精神文化需求；在追求物质进步的同时，促进人的全面发展，将经济发展目标同生态发展和社会发展目标相协调，促进总体可持续发展战略目标的实现。(5)营销受到环境保护法的制约。绿色营销除了受到市场因素制约外，还受到环境政策和环境资源保护法律、法规的制约。绿色营销对资源的开发、对环境的损害必须控制在最低限度。为做到这一点，必须遵守国际及国内环境资源政策和环境保护法。参见【绿色营销观念】。

【文化营销】企业营销人员及相关人员在企业核心价值观念的影响下所形成的营销理念，以及所塑造出的营销形象，两者在具体的市场运作过程中所形成的一种营销模式。它把商品作为文化的载体，通过市场交换进入消费者的意识，利用文化力进行营销。它在一定程度上反映了消费者对物质和精神追求的各种文化要素。文化营销既包括浅层次的构思、设计、造型、装潢、包装、商标、广告、款式，又包含对营销活动的价值评判、审美评价和道德评价。其中的商品附加价值的营销，是建立在

品牌营销基础上的营销模式,改变的只是信息的传播、渠道和服务方式。文化营销创新的是:企业的经营文化满足商品文化作为产品的附加价值,满足更多的消费需求,使得商品消费和商品营销更具有人性化,对营销方式的充分利用。文化营销不能背离传统文化和国情文化,而是需促进文化的发展。

【会议营销】以专业会议为对象的营销模式。主要特点包括:(1)富于人性化。能给消费者带来大于产品功能的超值享受。会议营销能解决服务不周的问题。它注重产品销售前、中、后与消费者的情感交流,会议营销卖的不仅仅是产品,更是服务。会议营销更注重在产品的买卖中,消费者的心理满足和情感体验。(2)精确营销。会议营销是根据收集的数据库资料,对特定的人群,进行有针对性的营销,这样就避免了广告宣传的盲目性和不确定性。与传统营销方式相比,更节约营销资源,也更有效率。对厂家和经销商来说,会议营销可以做到成本最小化,效果最大化。而对顾客来说,由于得到厂家和经销商连续不断的个性化的服务,使顾客的价值达到了最大化。(3)隐蔽性和排他性更强。可有效防范竞争对手的对抗性营销跟进。因为会议营销是和顾客的双向互动,只在商家和顾客之间展开,规避了竞争者的跟进。企业和消费者之间随时随地双向沟通,拉近了彼此之间的距离,增强了企业和消费者之间的情感联系。从而也增强了防止竞争对手干扰的能力。会议营销由会议前营销、会议中营销、会议后营销三部分组成。会议前营销是收集消费者名单,然后通知目标消费者到会议现场;会议中营销是在会议现场运用各种促销手法,进行促销活动,尽最大的努力去激发目标消费者的购买欲望;会议后营销是将参加了活动的目标消费者进行再次筛选,确定名单的有效性,做好会议后的营销工作。

【博客营销】利用博客网络应用形式开展的网络营销。博客的知识性、自主性、共享性等基本特征,决定了博客营销是一种基于个人知识资源(包括思想、体验等表现形式)的网络信息传递形式。开展博客营销的基础问题,是对某个领域知识的掌握、学习和有效利用,并通过对知识的传播达到营销信息传递的目的。

【奥运营销】借助于各种与奥运相关的内容(产品、人物、事件、服务)为载体,使企业与消费者之间建立以奥运文化为核心的品牌文化体系,以使企业产品或服务与奥运精神内涵进行融合的营销创新模式。它一般采用奥运明星、体育赞助、公关以及活动等方式,来建立品牌联想整合传播,从而有目的地推进营销策略和营销活动的实施。奥林匹克运动会作为全球最大的娱乐、运动与商业品牌之一,种种营销活动与运动场上的比赛共同进行,一样精彩与激烈。"TOP 计划"即"The Olympic Partners"的简写,也就是"奥林匹克赞助计划",它是国际奥委会的主要经济来源之一,也使奥林匹克运动与商业营销活动真正连成了一个整体。企业需要围绕这个奥运营销平台确定长期的市场计划和营销战略,而不仅仅是在广告的标志识别上增加五环标志。以三星的雅典奥运会市场计划为例,整个过程持续将近一年,主要包括预热活动:火炬传递,网上有奖征文,奥运历史回顾,推广其技术和产品等内容;比赛期间的活动:随处可见的冠名,铺天盖地的广告,相关的主题活动等;比赛结束后的活动:邀请知名运动员担当企业大使传播品牌,设立高科技娱乐展示中心等等。

【电话营销】利用电话和呼叫中心来吸引新顾客、向老顾客销售、提供订购和回答问题等服务。有效的电话营销取决于选择适当的电话营销者,对他们进行严格的培训,给予适当的激励。营销人员应具有令人愉快的嗓音和热情。对于许多产品,女性营销人员比男营销人员更有效。电话应该在适当的时候打,如打给企业界的客户,应选择上午晚些时候和下午,而打给家庭则可选择晚上7～9点。由于电话营销涉及私人问题和每次的接触成本比较高,精确选择名单是十分重要的。电话营销分为接受型营销(接听顾客电话)和发送型营销(打电话给新老顾客)。利用电话和呼叫中心吸引顾客,向老顾客销售,提供订购和回答问题等服务。

【高科技营销】通过创造性的商业运作,向消费者与用户提供高科技产品(服务)的市场营销管理活动。高科技营销与传统营销相比,主要有以下几个特点:(1)以高科技企业为主体的营销管理活动;(2)以高科技产品与服务为营销管理对象;(3)高机遇与高风险并存的营销管理活动;(4)高智慧、高技能的"专家营销"活动。高科技营销的意义主要表现在如下方面:(1)可以有效地培育高科技市场;(2)可以实现高科技产品与服务的市场价值;(3)可以巩固高科技企业的市场竞争力;(4)可以促进全人类的科学技术进步。应该注意到,高科技营销的应用性越来越强。20世纪80年代中期,日本索尼公司为了推销其产品,在美国东北邻地区采用的是直销方式。尽管索尼的技术先进、品质卓越,且在美国市场上享有很高声誉,但销售额令人十分悲观。经调查,索尼管理层发现其根本原因是产品的零售覆盖率太低,解决的途径是增加零售网络的覆盖率。于是公司决定放弃直销模式,而广泛借助一个批发商网络来分销其产品。结果是销售直线上升,增长了三倍。

【会展营销】营销理论与方法在会展活动中的运用。在市场竞争日益激烈的情况下,企业都想寻找机会收集市场信息、促进产品销售,而参加会展无疑是一个契机。一方面,企业通过参加会议和展览,可以及时、准确、低成本地获取各种有效的信息。然后,根据这些信息,实施恰当的市场营销组合策略。另一方面,企业在展览会上通过产品尤其是新产品展示,可以诱导甚至创造消费者的需求。会展营销的操作规则包括:(1)加大广告宣传力度,使更多的参展商对展览会产生兴趣,以扩大潜在市场的规模。(2)通过严格控制成本和开展规模经营,降低展览会的报价,以增加有效市场购买者的数量。(3)对展览会进行适当调整,以降低对潜在购买者的资格要求。(4)制定更有竞争力的营销组合方案,力图在目标会展市场中占更大的份额。

【节日营销】在节日期间,利用消费者的节日消费心理,综合运用广告、公演、现场售卖等营销手段,进行的产品、品牌的推介活动。在我国,节日的基本类型包括:(1)法定假日类:元旦、春节、清明、端午、中秋及三八节、五一节、六一节、国庆节等。(2)非法定假日类:情人节、母亲节、父亲节、元宵节、复活节、圣诞节等。(3)民俗时令类:夏至、冬至、立冬、腊八等。(4)商家自定假日类:店庆日、服装节、风筝节、美食节等。节日消费心理的特点决定了不同平常的节日售卖形式,对于新品牌的推广,更是给消费者提供了亲密接触的绝佳良机。节日营销的主要策略包括:(1)烘托节日氛围。节日是动感的日子、欢乐的日子,捕捉人们的节日消费心理,寓动于乐,寓乐于销,制造热点,最终实现节日营销。针对不同节日,塑造不同鲜明活动主题,把最多顾客吸引到自己的柜台前,营造现场气氛,实现节日销售目的。(2)传达品牌内涵。充分挖掘和利用节日的文化内涵,并与自身经营理念和企业文化结合起来,不仅可以吸引众多的消费者,在给消费者艺术享受的同时,也能带来良好的市场效益,树立良好的企业形象。(3)增强品牌亲和力。生活水平的提高使消费者的需求开始由从大众消费逐渐向个性消费转变,定制营销和个性服务成为新的需求热点。(4)激发售卖潜力。节日营销主角就是"价格战",广告战、促销战均是围绕价格战展开。

【目录营销】运用目录作为传播信息载体,并通过直邮渠道向目标市场成员发布,从而获得对方直接反映的营销活动。邮寄的商品目录、特定消费品目录和业务目录一般为印刷品,但也有光盘录像带或在线信息。许多企业的目录已上互联网,这样就大量节约了打印和邮寄的成本,而且全球性顾客可从其他国家的目录商处订购商品。严格意义上说,目录并不是一种独立的直复营销媒介,它只是直邮营销的一种特有形式。世界上第一个目录诞生于15世纪的欧洲,是一个关于书籍的目录。在美国本·富兰克林(Ben Franklin)于1744年印制了美国第一份目录,其中列出了数百本图书。

【人文营销】企业以人文要素为核心的市场经营活动。企业通过市场营销各个要素进行整合,营造出强烈的人文氛围,并且重视企业与企业之间、企业与消费者之间的相互沟通与人文关怀,强化竞争以及交易双方的亲和力为目的的一种营销理念。

【体育营销】以体育活动为载体来推广自己的产品和品牌的一种市场营销活动,是市场营销的一种手段。体育营销一般有两种理解:(1)将体育作为商品销售的体育产业营销;(2)借助体育活动而进行的其他产业的营销。通常提及的体育营销是指第二种。体育营销高速发展的原因在于:体育功能的转变及媒体环境的变化。体育赞助沟通对象面广、量大、有针对性。在重大比赛现场,观众动辄成千上万,媒体受众更是不计其数。即使一些地方性的赛事,只要组织得好,观众也会十分踊跃,因此非常有利于企业与目标对象进行有效的沟通,达到事半功倍的效果。体育营销最大的特点就是公益性。可以说,体育是人类共同的事业,赞助体育,进行体育营销的市场运作,其作用是普通广告无法相比的。

【娱乐化营销】娱乐时代和娱乐经济的产物。利用娱乐作为载体而进行营销的一种手段。目的是通过形象新颖的创意思路、生动有趣的执行手段、演绎了与消费者之间的沟通互动,在吸引眼球的同时,更是进一步地在目标人群的大脑里打下了一个认同的烙印。该营销模式充分地整合了娱乐资源,也有效地传递了企业的品牌文化。

【许可营销】基于因特网的发展而

出现的营销概念。企业在推广其产品或服务的时候,事先征得顾客的"许可"。得到潜在顾客许可之后,通过E-mail的方式向顾客发送产品/服务信息。故许可营销也就是许可E-mail营销。其主要方法是通过邮件列表、新闻邮件、电子刊物等形式,在向用户提供有价值信息的同时附带一定数量的商业广告。实现许可营销有五个基本步骤包括:(1)要让潜在顾客有兴趣并感觉到可以获得某些价值或服务,从而加深印象和注意力,值得按照营销人员的期望,自愿加入到许可的行列中去。(2)当潜在顾客投入注意力之后,应该利用潜在顾客的注意。(3)继续提供激励措施,以保证潜在顾客维持在许可名单中。(4)为顾客提供更多的激励从而获得更大范围的许可,例如给予会员更多的优惠,或者邀请会员参与调查,提供更加个性化的服务等。(5)经过一段时间之后,营销人员可以利用获得的许可改变消费者的行为。从顾客身上赚到第一笔钱之后,并不意味着许可营销的结束,相反,仅仅是将潜在顾客变为真正顾客的开始,如何将顾客变成忠诚顾客甚至终生顾客,仍然是营销人员工作的重要内容。

【营销美学】美学原理在市场营销中的应用。注重产品外在形象美与产品内在质量美的统一;营销观念美(营销观念美是指在整个营销活动中以消费者为主导,兼顾社会利益,在营销过程中充分考虑消费者的审美意识、审美趣味和审美价值观念,从而体现在营销过程中的一种观念体系,如顾客导向观、整体形象观、绿色营销观等等)与营销策略美的统一;企业形象美与员工行为美的统一。主要由形式、周边信息和符号体系所形成,其核心思想是产品的性能/价值追求和品牌形象追求,是与体验营销相联系起来的。

【影响力营销】将媒体的影响力转化为商业价值的过程。影响力是一种控制能力,表现为影响力的发出者对接受者心理过程和行为过程的控制作用,包括对接受者"做什么"和"不做什么"的操纵能力,还包括让接受者"知觉什么"和"不知觉什么"、让接受者的大脑"认识什么"和"不认识什么"、让接受者"喜欢什么"和"不喜欢什么"、让接受者对于未来事物的期待和议题走向"思考什么"和"不思考什么"的总体驾驭能力。广告主购买媒体的版面和时段,不仅仅是要让受众"注意"到它的产品和品牌。"影响力"是对受众"注意程度"的反映,它是媒体和企业共同利用传播平台的影响力实现商业目的的一种双赢策略。

【直复营销】使用一种或多种广告媒体的互相作用的市场营销体系。所谓"直",就是企业利用各种广告媒体如商品目录、直邮函件、报纸杂志、电视电话等直接刺激、推动及引发消费者的购买欲望;所谓"复",就是广告接受者做出迅速而直接的响应,以电话、信函或其他方式将购买意愿直接反馈给企业,企业以邮寄、送货上门等方式完成商品运送,最终完成交易。直复营销的形式有电视营销、直接邮购、邮购目录、电话营销、电子销售、顾客订货机销售等。其基本精神是"广告信息的双向交流",通过双向交流将营销者与目标顾客连接成一个有机整体,使二者相互作用,提高营销效率。这种营销体系的基本流程模式为:直复营销者通过广告媒体向目标顾客发送直接反应广告,并提供目标顾客回复反应信息的回复工具,目标顾客接受广告信息之后,将反应信息通过回复工具反馈给直复营销者。直复营销者根据收到的反应信息,通过分销渠道向目标顾客提供产品。

【B2B】商家(泛指企业)对商家的电子商务。英文 Business to Business, as in businesses doing business with other businesses 的意译。进行电子商务交易的供需双方都是商家(或企业、公司),他们使用 Internet 的技术或各种商务网络平台,完成商务交易。

【B2C】电子商务的一种模式。英文 Business-to-Consumer 的缩写。即商家对消费者,也就是通常所说的商业零售直接面向消费者销售产品和服务。最具有代表性的 B2C 电子商务模式就是网上零售网站,美国的亚马逊网上商店(Amazon.com)是全球最著名的 B2C 电子商务网站。

【病毒性营销】亦称"病毒式营销"。一种常用的网络营销方法,常用于进行网站推广、品牌推广等。病毒性营销以用户口碑传播为原理。在互联网上,这种"口碑传播"可以像病毒一样迅速蔓延,成为一种高效的信息传播方式,而且这种传播几乎是不需要费用的网络营销手段。

【博客】一种新型的个人互联网出版工具,是网站应用的一种新方式。它为使用者提供了一个信息发布、知识交流的传播平台,使用者可以很方便地用文字、链接、影音、图片建立起自己个性化的网络世界。博客内容可以发布在博客托管网站上,这些网站往往拥有大量的用户群体,有价值的博客内容会吸引大量潜在用户浏览,从而达到向潜在用户传递营销信息的目的。

【城市营销战略】运用营销方法论,对城市的政治、经济、文化、环境等诸要素进行合理的策划与整合,以提高城市综合竞争力的战略安排。城市营销是着眼于城市发展的总体利益。由于目前全球都是一个市场经济的竞争环境,因此,城市在某种意义上也可以看做是一个特殊的"企业"或"产品",可以像营销企业及营销产品一样运用市场营销方法来进行营销。营销城市与城市营销不是同一个概念。前者把整个城市作为一个"产品"来营销,后者则是在城市大系统的前提下各行各业分门别类的营销活动。许多城市在城市建设与改造中常常运用经济手段,比如对构成城市空间和城市功能载体的自然生成资本(如土地)和人力作用资本(如道路、桥梁等基础设施)及相关的延伸资本(如广场、街道的冠名权)等进行集聚、重组和营运,从中获得一定的收益,再将这笔收益投入到城市建设的新项目中去,走"以城建城"、"以城养城"市场化新路子。营销城市也是将城市视为一个企业,将城市的未来发展视为产品,分析它的内部和外部环境,揭示它在全球性竞争中的优势与劣势以及面临的机遇和威胁,确定它的目标市场,包括目标人口、目标产业以及目标区域,并针对目标市场进行创造、包装和营销的过程。城市经济和城市文化的崛起,除了使城市对人口和人才具有更大的吸纳力外,在经济的层面上对投资和促进整体经济的发展都具有决定性的推动力。只有这样才能把城市的综合实力整合起来,从而形成最大的包容力和竞争力,实现经济文化的更大突破。城市的定位和形象的形成,有些是历史的结果和痕迹,有些就需要人为地去营造和经营,就像塑造一个产品的品牌形象和品牌个性一样。

【电视购物】通过电视媒体,将商品信息传递给消费者,顾客通过拨打免费订货电话的方式订货,邮寄或直接送货到顾客手中的一种销售方式。电视购物经营者一般在地方有线电视台租用频道进行商品宣传,所宣传的商品需要充分展示商品样式,详细介绍商品特性和功效,具体说明商品价格和订货方式等信息。

【电视广告】利用电视媒体进行广告投放的一种广告方式。电视广告在众多广告媒介中具有覆盖面广、传播速度快、声形俱备,可以结合调动观众的听觉和视觉的优点,因此,电视广告带来的冲击力也是最强的。

【电子订货系统】零售商、批发商、制造商运用计算机对订购商品进行全面管理的技术。它可以迅速而准确地传递订货信息,在物流企业中的作用是帮助掌握商品供求变动情报,构筑起一个维持正常库存水平的不缺货、不出错、不延迟进货、验货、补货的系统,提高了企业生产和销售计划调整的针对性和可靠性。

【电子货币】亦称“电子钱包”、“电子现金”、“网上支付”。由网络银行向消费者提供的电子金融产品。包括信用卡(Credit Card)、储蓄存款卡(Deposit Card)、扣账卡(Debit Card)、现金卡(Cash Card)和IC卡等多种金融交易卡。采用电子货币结算技术,可以减少现金清点和运输的麻烦,及时了解现金流转情况,增加资金周转率,促进销售。使用电子收款机,可以对销售状况进行实时记录,并将销售状况传输到中央计算机中进行综合处理。电子收款机技术与条形码、电子货币技术结合使用,可以大大提高商品销售效率。新型的电子钱包是指由金融机构发行的金融卡,它不仅可以在自动提款机上提取现金和转账,具有一般信用卡的功能,而且还能从用户在银行账户上的存款中划拨一部分金额转到随身持有的金融卡上储存。当电子钱包里的现金储值用完,可以随时通过因特网、电话或自动柜员机来补充现金。消费者只需将卡片插入小型的读卡机就可知道卡片内的余额。美国花旗银行开发的电子货币系统,可供消费者和企业在全球各地通过金融计算机网络支付账款。维萨集团已经成功发行了维萨卡。这是一种在塑料卡片上植入一块电脑芯片的智能卡(Smart Card),可以记载每次转入的金额,扣除和转移已消费的金额。智能卡可以管理卡上金额的用途,使它只能用于指定的消费项目。电子货币的主要缺陷是安全性差。在储值卡上使用电脑芯片,比起在金融卡或信用卡上使用磁带来说,更能有效地防止被复制或被更改。

【电子媒介】售点媒介的一种类型。促销现场的室内广播、电视、广告影片、电子告示牌等电子传播媒介,以及幻灯片、录像带、光碟等信息存储器的总称。它们运用电子信息和网络技术,将实际情景和厂商意欲表现的主题重复再现,通过丰富的色彩和音响效果达到较强的表现力,使信息传播效果生动、形象、直观,能够营造良好的购物气氛。

【电子商务】利用电子信息网络实施的商品和服务交易活动。广义的电子商务是指利用信息技术对整个业务活动实现电子化,包括电子商务、电子政务、电子公务、电子军务、电子教务、电子医务、电子事务、电子家务等。电子商务中的交易各方通过交换电子数据的方式进行广告宣传、贸易洽谈、签订合同、办理各项商贸手续以及收付交易款额。它使商业活动电子化，不受国界、时间和空间的限制，可以在全球范围内进行，使生意做得更大。电子商务的应用可以分为三个层次和类型：第一个层次是以市场交易为中心的商务活动，即市场电子商务。它包括促成交易实现的各种商务活动，如网上展示、网上公关、网上洽谈等活动，网络营销是最重要的网上商务活动；另外还包括实现交易的电子贸易活动，它主要是利用EDI、Internet实现交易前的信息沟通、交易中的网上支付和交易后的售后服务等。第二个层次是利用因特网来重组企业内部经营管理活动，与企业电子商贸活动保持协调一致，即企业电子商务。最典型的是供应链管理，它从市场需求出发，利用网络将企业的销、产、供、研等活动串在一起，实现企业网络化数字化管理，最大限度适应网络时代市场需求的变化。第三个层次是整个社会经济活动都以因特网为基础。如电子政务是政府活动的电子化，它包括政府通过因特网处理政府事务，利用因特网进行招投标实现政府采购等。

【环保壁垒】参见【绿色壁垒】。

【环境标志】亦称"绿色标志"。由政府管理部门依据有关标准、规定，向某些产品颁发的一种特殊标志。它表明商品在生产、使用及处置的过程中符合环境保护的要求。与同类产品相比，具有低毒少害、节约资源的特点。有了环境标志，消费者就能知道哪些产品有益于环境，以便购买，同时也促进企业在生产过程中节约资源、降低污染，开发对环境有益的产品。

【灰色市场营销】具有灰色性质的营销模式。灰色市场营销可以更确切地称为灰色营销。灰色市场营销之所以会出现，首先是由于灰色需求的存在，而灰色需求的存在又根源于采购代理制。

【会展业】通过举办会议、商品展示、展览等活动来求得经济发展的一种经济形式。会展业能产生巨额的利润和促进经济的繁荣。自20世纪80年代以来，会展业在我国也迅速发展起来，并以年均近20%的速度递增，创造了巨大的经济效益和社会效益，成为国民经济新的增长点。会展业一般被认为是高收入、高赢利的经济形式，其利润率大约在20%～25%以上。

【技术媒介】传播媒介的一种类型。通过专门的传播技术来传递信息，是信息社会影响最为巨大的载体。技术媒介主要包括：(1)文献媒介，即用文字同纸张相结合的方法组成的传播媒介；(2)视听媒介，即用语言、文字、光波、声波等与磁带、唱片、录像带等相结合组成的传播媒介；(3)缩微媒介，即用文字、图像与感光胶片等相结合组成的传播媒介；(4)电脑媒介，即用文字、电波等与电子计算机磁盘、软盘及电缆传输相结合组成的传播媒介。

【交互式多媒体】集动态影视图像、静态图片、声音、文字等信息为一体的，为用户提供实时、高质量、按需点播服务的系统。交互式多媒体的使用，极大地便利了企业与目标顾客之间的沟通，既能够使企业及时了解到目标市场上消费者的诉求，又可以促使目标顾客很快地获得购买信息。

【联盟营销】 亦称"联属网络营销"。按营销效果付费的网络营销方式,即商家(又称广告主,在网上销售或宣传自己产品和服务的厂商)利用专业联盟营销机构(如百通联盟平台)提供的网站联盟服务拓展其线上及线下业务,扩大销售空间和销售渠道,并按照营销实际效果支付费用的新型网络营销模式。商家通过联盟营销渠道产生了一定收益后,才需要向联盟营销机构及其联盟会员支付佣金。由于是无收益无支出、有收益才有支出的量化营销,因此联盟营销已被公认为是最有效的低成本、零风险的网络营销模式。联盟营销于 1996 年起源于亚马逊(Amazon. com),他们通过建立这种网络营销的新方式,为数以万计的网站提供了额外的收入来源,且成为网络 SOHO 族的主要生存方式。目前,我国的联盟营销还处于萌芽阶段。

【绿色奥运】 有狭义和广义之分。狭义的绿色奥运是指在申办、组织、举办奥运会的过程中,以及在奥运会闭幕之后的一段时间里,自然环境和生态环境能与人类社会协调发展。内容主要包括生态绿色、环境绿色等。广义的绿色奥运是指与奥运会相关的物质和意识上的绿色,这里的"绿色",不仅是指狭义绿色奥运中的"绿色",而且还指其他方面的与自然和社会发展相协调的思想和做法。我国政府提出的"绿色奥运"、"人文奥运"和"科技奥运"三者之间是相互交叉的,虽然各自有不同的侧重点,并没有明显的界限,紧密联系,不可分割。绿色奥运中体现着人文奥运、科技奥运的思想,人文奥运需要绿色奥运做基础、科技奥运做支持,科技奥运帮助人文奥运、绿色奥运的实现。其中,"绿色奥运"是北京 2008 年奥运会的三大理念之一,其内涵就是以保护环境、保护资源、保护生态平衡的可持续发展思想筹办奥运会,并通过举办奥运会,促进城市环保基础设施建设和生态环境改善,广泛地开展环境宣传教育活动,提高公众的环境意识。奥运会与环境的冲突主要表现为以下几个方面:新建大量场馆设施会破坏环境,加重污染;水上项目会污染水域,甚至污染水源;奥运会期间的大量人流会带来交通拥挤、能源消耗、空气污染和噪声污染,以及垃圾堆放问题;赛后场馆利用不当会给生态造成影响,变成社会负担。早在 1974 年,即联合国在瑞典首都斯德哥尔摩召开人类环境发展会议的两年后,国际奥委会就提出环保方面的要求,但在当时没有引起人们足够的重视。随着环境破坏的程度日益加剧,环境保护也越来越受到国际奥委会的重视。20 世纪 80 年代后期,国际奥委会和主办城市都开始重视环保问题。国际奥委会于 1999 年制定《奥林匹克 21 世纪议程》,明确奥林匹克运动要全力推动全球可持续发展和环境保护事业。促进可持续发展成为奥林匹克运动的根本目标之一。

【绿色包装】 能再使用,或循环再生利用,或降解腐化,且在产品的整个生命周期中对人体及环境不造成公害的适度包装。即按照绿色产业发展目标规定,符合环境保护要求包装。绿色浪潮冲击下对包装行业实施的一种革命性的变革。它不仅要求对现有包装不乱丢、乱弃,而且要求对现有包装不符合环保要求的要进行回收和处理,更要求按照绿色环保要求采用新包装和新技术。

【绿色壁垒】"绿色贸易壁垒"的简称。亦称"环保壁垒"、"生态壁垒"。国际贸易中为防范污染越境、规避生态风险而采取的政策措施。常常表现为：一个国家凭借其科技优势，以保护生态环境和人类健康为名，以限制进口、保护贸易为目的，通过立法或制定严格的强制性技术法规建立严格的环保技术标准和产品包装要求，烦琐的检验、认证和审批程序，实施环境标志制度以及课征环境进口税等方式对外国商品进口专门设置的带有歧视性或对正常环保并无必要的贸易障碍。

【绿色标志】参见【环境标志】。

【绿色采购】通过政府庞大的采购力量，优先购买对环境冲击较少的绿色产品。政府绿色采购对于全社会的可持续消费具有强大的示范和推动作用，运用这一政府手段不仅可以起到促进企业环境行为的改善，还可以推动国家循环经济战略及其具体措施的落实。从国际经验看，政府绿色采购对可持续消费乃至可持续生产发挥着显著的引导作用，消费者的绿色取向促进了绿色消费市场的形成，提高了公众的环境意识。参见【政府绿色采购】。

【绿色产业】绿色革命的产物。有广义与狭义之分。后者指传统意义上的环保产业，包括生产环保设备、垃圾回收和处理的行业。前者指以防治环境污染、改善生态环境、保护自然生态环境为目的而进行的技术开发、产品生产、商业流通、资源利用、信息服务、工程承包等活动，并有一定经济效益的行业的总称。其核心是环境保护机械设备制造、自然保护开发经营、环境工程建设、技术开发、环保咨询和服务以及环境保护市场的建设。从循环经济理论的角度来看，绿色产业被定义为积极采用清洁生产技术，采用无害或低害新工艺、新技术，大力降低原材料和能源消耗，实现少投入、高产出、低污染，尽可能把对环境污染物的排放消除在生产过程之中的产业。可以反映绿色产业注重新材料、新能源、新设备，淘汰和杜绝耗能、耗水，资源利用率低，污染严重的工艺设备和产品的特征，以及倡导走出一条节能、节水、高效、高附加值的绿色工业产业发展的新路子。

【绿色促销】通过媒体传递"绿色"产品及"绿色"企业的信息，引起消费者对绿色产品的需求及购买行为。绿色促销能够增强消费者与企业之间的沟通，起到传达信息、引导和诱发需求的效果。在很多消费者对绿色产品、绿色营销还不太熟悉的情况下，更要注重绿色促销。绿色促销具体实施方式：(1)绿色人员推销。绿色产品多是新产品，很多消费者一开始并不认同。推销人员可以直接向消费者宣传产品的功能、产品的使用方法及其对环境的保护作用，并可当场回答消费者的提问。(2)绿色广告。绿色广告同其他广告相比更强调企业产品的"绿色"特性，宣传企业的绿色形象，把绿色产品信息传递给广大消费者，刺激消费需求。(3)绿色公共关系。绿色公关是树立企业及产品绿色形象的重要传播道路。在绿色营销中，企业应通过良好的公共关系，显示自己在绿色领域的努力，在消费者心目中树立良好的企业形象。绿色公关能帮助企业更直接、更广泛地将绿色信息传送到广告无法达到的细分市场，增强企业的竞争优势。

【绿色促销策略】按照绿色营销要求，科学组织产品促销活动的策略安排。该策略引导企业的注意力将从单纯追求利润转变为"在营销中要注重生态环境的保护，促进经济与生态的协调发展"。企业在获取自身利益的同时，必须考虑环境的代价，不能以损坏或损害环境来达到企业赢利的目的。（1）绿色促销代表了新的消费观念。（2）绿色促销是可持续发展的营销模式。（3）绿色促销工程由点到面迅速普及，内容越来越丰富。

【绿色服装】亦称"生态服装"。按照环境保护标准生产的服装。它代表当代服装的发展趋势和主导潮流。人们更加注重服装的舒适和健康，纯棉、纯麻、真丝等面料制成的服装满足了人们生活需求。据随机抽样调查显示，有四成左右的人表示认同并愿意购买绿色服装。当今最突出的绿色服装是以纯天然大豆纤维为代表的。这种服装引领了绿色服装的主潮流。

【绿色集成制造系统】将计算机集成制造系统应用到绿色产品的设计、制造、管理、销售等过程。绿色制造涉及产品生命周期全过程，涉及企业生产经营活动的各个方面，是一个复杂的系统工程。要真正有效地实施绿色制造，必须从系统的角度和集成的角度来考虑和研究绿色制造中的有关问题。绿色制造的集成功能目标体系、产品和工艺设计与材料选择系统的集成、用户需求与产品使用的集成、绿色制造系统中的信息集成、绿色制造的过程集成等集成技术的研究，将成为绿色制造的重要研究内容。

【绿色家电】绿色浪潮冲击下家电业一种革命化的变革。它突出地表现在绿色冰箱上。为了适应保护臭氧层，无氟冰箱的出现以及 ARS 材料的选用使绿色冰箱进入了一个全新的环保境界。绿色空调除尘除臭、净化空气的职能的提高也显示了绿色空调在绿色浪潮中的进步。环保型微波炉、水处理机、防辐射手机、附带有视屏保护的电脑等一系列家电产品，广泛地采用适合环保要求和保障人类健康的新技术，是绿色家电发展的潮流。

【绿色家居】符合环境保护要求的家居。绿色浪潮冲击下崛起的新概念。要求家居所用的装饰材料要选择经过放射性试验的石材，不含甲醛的环保型涂料及复合型环保型地板等新型装饰材料，而且要求在色彩上要有纯天然的绿色创意和一种大自然的美感。这种选材上的变化，以及装饰情调和风格上的变化，为所有绿色营销网站、装饰材料营销网站在经营产品的选择上提供了全新的主题。

【绿色价格】在经济生活中贯彻生态价值观的一种根本途径。在绿色营销活动中制定绿色价格，借助市场供求来体现绿色价值，反映经济与环境的交换关系。绿色价格的主要特征是反映了环境成本，即绿色产品因保护环境及改善环境所支出的成本，并将其计入绿色价格中。绿色价格要树立"环境有偿使用"和"污染者付费"的观念，把用于保护环境的支出计入成本，让绿色成本成为绿色价格构成中的一部分。

【绿色建材】各种无毒、无污染、对人身无害的建筑装修材料。随着人们生活水平和生活质量的提高，健康意识和环境保护意识的增强，居民对居住环境有了更高的追求。对住宅装修材料的选择也从追求经济耐用型转向偏重天然健康型。一些朴实自然、无毒、无害、无污染的天然石材、木材、纸纤、棉布和陶瓷等绿色建材成为备受青睐的理想建筑装修材料;而一些含化学成分过多、气味大、污染重的建筑装修材料逐渐被人们所摒弃。

【绿色贸易壁垒】　参见【绿色壁垒】。

【绿色企业】　以可持续发展为己任,将环境利益和对环境的管理纳入企业经营管理全过程,并取得成效的企业。绿色企业系统包括:绿色企业环境,绿色企业战略,绿色企业供、产、销策略,绿色企业文化,绿色组织和人员等等。绿色企业系统为企业的竞争提供了新的思路。它促进了企业的生产方式、经营理念、经济行为等一系列方面的变化,为企业赢得了长远发展竞争优势。绿色企业的衡量标准如下:(1)企业领导树立了绿色观念,以生态与经济协同发展为己任。(2)确立了绿色企业文化,将环境管理作为企业管理的重要职能。(3)具有雄厚的资源,能够保证环境管理工作的实施。(4)实施了绿色营销,将环境管理落实到企业营销活动的始终。(5)树立了绿色形象,得到社会公众的认可。企业在绿色观念指导下,要改变传统企业只重经济效益不顾环境利益的状况,可通过制定环境管理规划和环境管理制度,加强对企业经营全过程的环境管理,对企业进行"绿化",使之成为绿色企业。企业的"绿化"工作可从以下几个方面入手:(1)设立绿色机构,组织和实施环境管理工作。(2)制定环境管理规划,有计划、有步骤地"绿化"企业。(3)建立健全企业环境管理制度,保证企业绿化工作的有序进行。(4)开展全员培训和教育,自觉投身于企业的绿化工作中去。(5)实施全过程的"绿化"管理,使企业绿化工作落到实处。

【绿色清单】　政府采购环境标志产品的名单。2006 年 12 月 6 日,财政部和国家环保总局正式对外公布《环境标志产品政府采购实施意见》和首批《环境标志产品政府采购清单》,对"绿色采购"范围、"绿色产品"清单、实施时间表等事项做出了明确规定。标志着我国政府已正式将环境准则纳入其采购模式,对于引导绿色生产和消费,推进环境友好型社会建设具有非常积极和重要的意义。政府可以借助市场"看不见的手"激励企业革新技术,多多开发和生产环保产品,提升产业结构,减少环境污染,达到行政手段所难以企及的效果。同时,企业为了得到这块"大蛋糕",必然加强管理和研发力度,提高质量,降低成本,以便在竞争中获得优势。这种良性互动,将政府的政策意图和市场的利益诉求很好地结合起来,能够收到事半功倍的效果。

【绿色食品】　经过有关部门认定,许可使用绿色食品标志的无污染的优质营养类食品。中国绿色食品发展中心认为,绿色食品是指遵循可持续发展原则按照特定生产方式生产,经专门机构认定,许可使用绿色食品标志商标的无污染的安全、优质、营养类食品。它可以是蔬菜、水果,也可以是水产、肉类。为了突出这类食品出自最佳生态环境,国际上通常都冠以"绿色"。并分为 AA 级和 A 级。AA 级指食品生产过程中不使用任何有害化学合成物质。A级指生产过程中允许限量使用限定的化学合成物质。在我国,绿色食品标志是经国家工商行政管理局批准注册的质量证明商标。获得绿色食品标志使用权的产品,必须符合一定的条件,如其产地必须符合相关的生态环境标准，其种植和生产必须符合相关的生产操作规程，最终产品必须符合相关的质量和卫生标准等。我国面临严重的食品污染问题挑战。"菜篮子污染"受到人们的关注。在国内的食品市场上，不安全隐患很多，如大米用矿物油"抛光"，豆制品掺入工业用滑石粉，猕猴桃施用"膨大剂"增大，蔬菜农药残留严重超标。这些不安全食品直接影响了居民身体健康，甚至危及生命安全。应该建立农产品市场准入制度，于国于民都有利。

【绿色食品标准】应用科学技术原理，结合绿色食品生产实践，借鉴国内外相关标准所制定的、在绿色食品生产中必须遵守、在绿色食品质量认证时必须依据的技术性文件。主要包括：(1)绿色食品产地环境标准，分别对绿色食品产地的空气质量、农田灌溉水质量、土壤环境质量、浓度限值等各项指标做了明确规定；(2)绿色食品生产技术标准，包括对生产过程中投入品使用方面的规定及针对具体种养殖对象的生产技术规程；(3)绿色食品产品标准，对初级农产品和加工产品分别制定相应的感官、理化和生物学要求；(4)绿色食品标志使用、包装及贮运标准，为确保绿色食品产后在包装运输中不受污染，制定了相应的标准。目前农业部颁布的绿色食品标准共计90项，其中通则类标准有10项、产品标准80项。

【绿色市场】绿色革命的产物。以保护生态环境和资源的可持续利用，从社会和个人健康、安全的角度出发而建立的市场。一般意义上的绿色市场包括个人和家庭、组织机构、社会团体和与之相应的其他群体的绿色消费与绿色服务市场。

【绿色文化】企业在营销过程中信奉绿色营销并付诸实践的价值理念。绿色营销的发展推动了绿色文化的建设，绿色文化的建设成为了绿色营销的支撑。绿色文化的特点包括：(1)绿色文化成为了企业文化的中心内容；(2)在绿色文化的建设中，企业目标开始了与环境目标的融合；(3)企业管理理念、营销理念开始了与绿色生态理念的融合；(4)这种融合适应了时代的要求，反映了企业管理理念特别是现代营销理念的新进展。

【绿色物流】为了实现顾客满意，连接绿色供给主体和绿色需求主体，克服空间和时间阻碍，有效、快速地推进绿色商品和服务流动的绿色经济管理活动过程。通过改革运输、储存、包装、装卸、流通、加工等物流环节，降低环境污染，减少资源消耗。在中华人民共和国国家标准《物流术语（GB/T 18354—2001)》中定义为：绿色物流（Environmental Logistics）是在物流过程中抑制物流对环境造成危害的同时，实现对物流环境的净化，使物流资源得到最充分利用。现代绿色物流融入了可持续发展理念，强调了全局和长远的利益，强调了全方位对环境的关注，体现了企业的绿色形象，是一种全新的物流形态。绿色物流是一种多层次的概念，它既包括绿色销售物流、绿色生产物流，也包括绿色供应物流；它既包括企业的绿色物流活动，又包括社会对绿色物流的管理、规范和控制。绿色物流一般包括集约资源、绿色运输、绿色仓储、绿色包装、绿色的信息搜集和管理、逆向物流等内容。

【绿色消费】一种以适度节制消

费,避免或减少对环境的破坏,崇尚自然和保护生态等为特征的新型消费行为和过程。符合"三 E"和"三 R",经济实惠(Economic),生态效益(Ecological),符合平等、人道(Equitable),减少非必要的消费(Reduce),重复使用(Reuse)和再生利用(Recycle)。不仅包括购买和使用绿色产品,还包括物资的回收利用,能源的有效使用,对生存环境,对物种的保护等消耗物质和能量的过程。国际消费者联合会从 1997 年开始,连续开展了以"可持续发展和绿色消费"为主题的活动,国家环境保护总局等 6 个部门在 1999 年启动了以开辟绿色通道、培育绿色市场、提倡绿色消费为主要内容的"三绿工程",中国消费者协会把 2001 年定为"绿色消费主题年",日本于 2001 年 4 月颁布了《绿色购买法》。类似的活动正在全球兴起,它们推动着绿色消费进入更多人的生活。国际上公认的绿色消费有三层含义:一是倡导消费者在消费时选择未被污染或有助于公众健康的绿色产品;二是在消费过程中注重对废弃物的处置;三是引导消费者转变消费观念,崇尚自然、追求健康,在追求生活舒适的同时,注重环保、节约资源和能源,实现可持续消费。20 世纪 80 年代后半期,英国掀起了"绿色消费者运动",然后席卷了欧美各国。这个运动主要就是号召消费者选购有益于环境的产品,从而促使生产者也转向制造有益于环境的产品。这是一种靠消费者来带动生产者,靠消费领域影响生产领域的环境保护运动。这一运动主要在发达国家掀起,许多公民表示愿意在同等条件下或略贵条件下选择购买有益于环境保护的商品。在英国 1987 年出版的《绿色消费者指南》中将绿色消费具体定义为避免使用下列商品的消费:(1)危害到消费者和他人健康的商品;(2)在生产、使用和丢弃时,造成大量资源消耗的商品;(3)因过度包装,超过商品本身价值或过短的生命周期而造成不必要消费的商品;(4)使用出自稀有动物或自然资源的商品;(5)含有对动物残酷或不必要的剥夺而生产的商品;(6)对其他国家尤其是发展中国家有不利影响的商品。参见【可持续消费】。

【绿色销售渠道】 绿色渠道的畅通是成功实施绿色营销的关键,企业应精心挑选有信誉、有良好公众形象,对绿色产品有共识的代理商、批发商和零售商来分销商品;同时企业也可以采取直接分销形式,加强销售渠道成员的绿色观念教育,设立绿色产品专柜或绿色产品专卖店,尽可能缩短销售渠道,减少长渠道带来污染大的可能性等,逐步建立绿色产品的流通网络。

【绿色营销产品生命周期分析】 亦称"产品生命周期环境影响评价"。主要考虑的是产品在其生命周期的各个阶段对环境所造成的干预和影响。继 1969 年可口可乐公司对饮料容器开展分析研究后,绿色营销的产品生命周期分析成为了产品开发过程中除性能分析、技术分析、市场分析、销售能力分析和经济效益分析之外的一项新的分析技术,借助于它,企业可以阐明在产品的整个生命周期中各个阶段对环境干预的性质和影响的大小,从而发现和确定预防污染的机会。将产品生命周期分析与经济分析和社会分析结合在一起,可用于产品的开发和设计、支持产品的购买、发放许可证,授予绿色标志及生产过程的更新等一系列重要的工业决策。

【绿色制造】按照环境保护要求提升制造业，使其达到绿色认证标准的制造体系。绿色制造将愈来愈体现全球化的特征和趋势。人们在发展绿色产品的过程中逐步认识到：人类需要团结起来，保护我们共同拥有的唯一的地球。单一的绿色产品的个案开发是不够的，必须从制造业下手，进行绿色制造的研究和应用。制造业对环境的影响往往是超越空间的，是跨行业的。

【农业的绿化】绿色革命的奋斗目标之一。农业是一个完整的生态系统，有由土地、水资源、气候资源构成的环境；有生产者——种植业中的绿色植物；有消费者——养殖业中的动物；有分解者——细菌、真菌；同时也是一个经济系统，以农产品的生产、交换、分配和消费构成国民经济的主要部门。农业的绿化必须以生态系统为基础，从农业生态经济系统的规律出发，使生产与生态协调发展。应当坚持以科技兴农为先导，以高产、高效为核心，从"农业的根本出路在于机械化"转移到"农业的根本出路在于生物工程"的技术路线上来，大力发展"生态农业"和"立体农业"，促进农业生态与经济的良性循环。

【企业内部电子商务】企业内部之间，通过企业内部网的方式处理与交换商贸信息。企业内部网是一种有效商务工具，通过防火墙，企业将自己的内部网与 Internet 隔离，它可以用来自动处理商务操作及工作流，增强对重要系统和关键数据的存取，共享经验，共同解决客户问题，并保持组织间的联系。通过企业内部的电子商务，可以增加商务活动处理的敏捷性，对市场状况能更快地做出反应，能更好地为客户提供服务。

【入站电话营销】企业通过接受顾客的电话订单和询问进行的市场营销手段。很多企业开通免费咨询和订货电话，就是入站电话营销。与之相对即为"出站电话营销"。

【生态壁垒】参见【绿色壁垒】。

【实时化企业经营】运用电讯、商讯技术使企业内部与所有外部任何信息实现实时分享。随着网络和电子商务技术的发展，实时化管理可在连锁企业得到广泛的应用。现代连锁企业的实时化经营管理理念，包括供应链管理、分销资源管理和电子化交易市场的全套连锁企业解决方案。

【网络广告媒体设计】利用网络对广告进行的设计。目前，网络广告越来越多，也越来越精彩。传统媒体只能单向交流，强制性地发布广告信息，受众不能及时、准确地得到或反馈信息，只能被动接受。而网络广告因含有更多的技术成分，使它具有传统广告媒体无法比拟的优势：（1）经济性。网络广告的投入成本是最低的，其在价格上具有极强的竞争力。（2）交互性。网络广告的受众在访问广告所在站点时，能够在线提交 FORM 表单或发送 E-mail，广告主能够在很短的时间里（几分钟或一二个小时）收到信息，并根据客户的要求和建议及时做出积极反馈。（3）易统计性。网络广告媒体可以通过 LOG 访问记录软件等众多软件来为广告主服务。广告主通过这些软件，可以随时获得访问者的详细访问记录，从而可以得到受众的准确信息，且可以随时监测广告投放的有效程度，以便及时调整广告策略和市场战略。（4）非强制性。网络广告使受众享有了主动性选择的权力。（5）

受众准确。上网是要双重付费的,网络广告的访问者(受众)会选择真正感兴趣的内容来浏览。(6)实时性。在网络广告可以随时更新行动,这样广告主在24小时内可以根据各方面的需要随时调整价格、商品信息,以适应市场变化。

【网络营销】 为实现企业总体经营目标所进行的、以互联网为基本手段营造网上经营环境的各种活动。网络营销作为一种全新的营销方式,与传统营销方式相比具有传播范围广、速度快、无时间地域限制、无时间版面约束、内容详尽、多媒体传送、形象生动、双向交流、反馈迅速等特点,有利于提高企业营销信息传播的效率,增强企业营销信息传播的效果,降低企业营销信息传播的成本。网络营销无店面租金成本,且有实现产品直销,能帮助企业减轻库存压力,降低经营成本的优点。此外,国际互联网覆盖全球市场,企业可方便快捷地进入任何一国市场。网络营销基本功能与任务包括:(1)网络品牌。知名企业的网下品牌可以在网上得以延伸,一般企业则可以通过互联网快速树立品牌形象,并提升企业整体形象。网络品牌建设是以企业网站建设为基础,通过一系列的推广措施,达到顾客和公众对企业的认知和认可。在一定程度上说,网络品牌的价值甚至高于通过网络获得的直接收益。(2)网址推广。有人认为,网络营销就是网址推广。网站所有功能的发挥都要以一定的访问量为基础,所以,网址推广是网络营销的核心工作。(3)信息发布。网站是一种信息载体,通过网站发布信息是网络营销的主要方法之一;同时,信息发布也是网络营销的基本职能,无论哪种网络营销方式,结果都是将一定的信息传递给目标人群,包括顾客/潜在顾客、媒体、合作伙伴、竞争者等等。(4)销售促进。大部分网络营销方法都与直接或间接促进销售有关,但促进销售并不限于促进网上销售,事实上,网络营销在很多情况下对于促进网下销售十分有价值。(5)销售渠道。一个具备网上交易功能的企业网站本身就是一个网上交易场所,网上销售是企业销售渠道在网上的延伸,网上销售渠道建设也不限于网站本身,还包括建立在综合电子商务平台上的网上商店,以及与其他电子商务网站不同形式的合作等。(6)顾客服务。互联网提供了更加方便的在线顾客服务手段,从形式最简单的 FAQ(常见问题解答)到邮件列表,以及 BBS、聊天室等各种即时信息服务,顾客服务质量对于网络营销效果具有重要影响。(7)顾客关系。良好的顾客关系是网络营销取得成效的必要条件,通过网站的交互性、顾客参与等方式在开展顾客服务的同时,也增进了顾客关系。(8)网上调研。通过在线调查表或者电子邮件等方式,可以完成网上市场调研。相对传统市场调研,网上调研具有高效率、低成本的特点,因此,网上调研成为网络营销的主要职能之一。

【消费者绿色教育】 推动绿色运动的基本途径。使消费者了解环境问题的严重性和有关绿色法规,增强消费者的生态、环境意识,使消费者了解绿色产品的实质、品质、优点,对自己、对人类的好处,增长绿色知识。消费者环境意识的提高,绿色知识的普及必然会在生产者、经营者中形成巨大的压力,迫使他们生产、经营绿色产品。同时,消费者对环境问题的关注,又在一定程度上形成对生产者和经营者的有效监督。

【**政府绿色采购**】在政府采购中着意选择那些符合国家绿色认证标准的产品和服务。政府采购的绿色标准不仅要求末端产品符合环保技术标准,而且规定产品研制、开发、生产、包装、运输、使用、循环再利用到废弃的全过程均需符合环保要求。由于政府采购数额巨大,实施绿色采购具有很强的杠杆作用,可以促进绿色产业和技术的发展,促进绿色消费市场的形成。实施绿色采购能够直接减少政府日常活动对环境的影响,还可以为社会各界树立良好的榜样。实践表明,绿色采购可以大大降低社会成本,有利于保护本国经济和资源,有利于实现政府的社会政策目标。自从 20 世纪 90 年代初期德国、日本等国开始实施政府绿色采购以来,政府绿色采购发展非常快,越来越多的国家认识到,利用政府采购调节环境保护、促进环境友好型社会的形成是一个非常有效的途径和手段。目前已有 50 多个国家积极推行绿色采购,以联合国、世界银行等为代表的一些国际组织也组成了绿色采购联合会,很多国际知名大公司以及一些著名的非政府组织自愿实施绿色采购,绿色采购已经成为世界性趋势。在我国,政府绿色采购制度是国家控制直接支出的基本手段,足以影响产品的市场份额和消费者的消费取向。据了解,2005 年全国实际政府采购规模达到 2927.6 亿元,比上年同期增长 37.1%,政府采购规模占全国 GDP 的比重为 1.6%。面对如此巨大的市场需求,政府绿色采购制度与行为会对供应商产生积极影响,供应商为赢得政府这一最大客户,必将增强其产品的绿色度。政府绿色采购也将迫使企业提高管理水平并进行技术创新,以满足绿色采购提出的资源能源的减量化、再利用、再循环,减少生产过程的环境污染,减少对人体健康的影响等要求。同时,政府绿色采购能促进公民环保意识的提高,加快绿色消费市场的形成。

【**自动售货**】采用自动销售设备进行的零售服务。在第二次世界大战以后得到了迅速的发展。已经被用于相当多的产品上。自动售货机被广泛地安置在学校、工厂、社区和街道等人流密集的地区。向消费者提供 24 小时自助服务,受到大多数消费者尤其是年轻消费者的欢迎。主要类型有:(1)自动售货机。已被用在如饮料、烟、糖果、食品以及报纸、杂志、地图、胶卷、化妆品等商品的销售上。一般放在商店、居民区、交通要道等公共场所。需要经常地、小批量地对分散的售货机补充货源,需要对售货机进行技术维护,还要承担自动售货机遭到故意破坏的经营风险,因此自动售货的运营成本相对较高。(2)自动柜员机。主要是供银行用于自动存取款、查询服务等。(3)自动服务机。可以自动向顾客提供游戏、点歌、问询、博彩等服务。(4)互联网销售。亦称"网络购物"。即利用互联网络来开展零售活动。该方式被认为是互联网最有发展前途的一个领域。现在美国几乎所有的大公司都通过万维网这种新型传播媒体提供网络购物服务,同时还出现了一些更全面的在线交易的新型公司。作为一种全新的购物方式,网络购物已开始为美国大众所接受,并逐步走向成熟。通过互联网,人们可以购买到一般商店中可能买到的所有商品。利用网络,顾客很容易通过线上查询系统找到需要的商品及相应的价格、功能、厂家、品种、生产日期和使用说明等有关信息,从而使顾客能详细了解和比较商品;利用网上的虚拟环境可以使顾客产生亲临其境、类似真实逛商店的感觉,可配上优美的音乐让顾客在更轻松的环境中实现购物与娱乐的结合。

【自动售货机】企业安置在渠道终端的一种自动售卖装置,它是台机电一体化的自动化设备,在接受到货币已输入的前提下,靠触摸控制按钮输入信号使控制器启动相关位置的机械装置完成规定动作,将货物输出。(1)用户将货币投入投币口,货币识别器对所投货币进行识别。(2)控制器根据金额将商品可售卖信息通过选货按键指示灯提供给用户,由用户自主选择欲购买的商品。(3)按下用户选择商品所对应的按键,控制器接收到按键所传递过来的信息,驱动相应部件,售出用户选择的商品到达取物口。(4)如果还有足够的余额,则可继续购买。在15秒之内,自动售货机将自动找出零币或用户旋转退币旋钮,退出零币。(5)从退币口取出零币完成此次交易。

【自动售货业】依托自动售货机为销售终端而从事的一种企业经营活动。自动售货机作为一种集声、光、机电一体化的高新智能化产品,一般由识别系统、找币系统、传输系统、制冷(恒温)系统组成。随着防伪识别技术、数码技术、软件技术和制冷技术的发展,自动售货机运行的可靠性大大提高,减少了货物出售和货币识别的误差,有效地维护了运营商和消费者双方的权益。自动售货机从仅能识别硬币到准确地识别纸币,方便了消费者的购买行为,为自动售货业的发展提供了基础保障。此外,随着人们生活方式向快节奏、高效率变化,时间的价值显著提高,消费者在购物时更加注重便利性、即时性。随着自动售货机数量的增加,商品包装的定量化和标准化,出售的商品多样化,自动售货的便利性日益显现。同时,被称为"永不下班的超级营业员"的自动售货机,在满足人们的即时性需求方面是其他零售方式所不可替代的。

第二十六篇　人物

【艾丰】（1938—）中国企业联合会副会长，中国质量协会、中国新闻文化促进会会长。中国人民大学、中国社会科学院研究生院等六所高等院校兼职教授，广州大学策划研究所名誉所长，国家津贴专家。著名记者、经济学家、社会活动家、策划专家、作家。曾获全国社会科学最高奖"吴玉章奖"、全国新闻记者最高奖"范长江奖"、"全国卓越质量管理领导奖"等。1992 年发起策划组织"中国驰名商标保护组织"并担任主席，多次策划、倡导实施名牌战略活动。曾主持和指导海尔集团、长虹集团、春兰集团、小天鹅集团、青岛集团、美菱集团、格力空调、金键公司、荣事达集团等名牌企业发展战略的研究和策划。专著有《新闻采访方法论》、《思考的笔》、《经济述评自析集》、《艾丰杂感210 条》、《艾丰通用文库》（包括 10 部著作）、《世纪宏论》、《中介论》、《三做谈》、《名牌战略和国际竞争》、《资本经营是搞活国有企业的金钥匙》、《我国经济进入新的发展阶段》等。

【白长虹】（1965—）南开大学商学院副院长，《南开管理评论》副主编，博士生导师。国际管理学会（AOM）、亚洲管理学会（AAOM）会员，华人管理研究国际协会（IACMR）创始会员，天津管理学会理事，天津科学学研究会常务理事，中国企业形象策划专家委员会委员，《企业文化》杂志社理事，为 200 余家企业经理人提供培训，其中包括摩托罗拉、中国银行等。主要研究领域：顾客价值及其管理系统研究、基于顾客价值的服务竞争力评价和组织卓越绩效管理评价研究、传媒营销、品牌与营销传播。承担天津社科基金、教育部优秀青年教师基金、国家社科基金、国家自然科学基金、中港合作、企业委托科研课题等 20 余项，其中主持 15 项，参与 8 项。主要论著（译著）包括《市场驱动型组织》、《顾客价值论：市场导向的服务企业管理模型》、《服务营销》、《中国企业集团发展战略及管理现代化研究》、《管理公共关系学》等。

【白玉】（1961—）四川宜宾人。武汉理工大学管理学院工商管理系教授、主任。中国建材企业管理协会高级咨询顾问、中国管理科学院湖北分院特聘研究员、湖北企业咨询中心理事长、武汉市场营销协会专家顾问委员会顾问、武汉当代企业发展顾问中心首席咨询专家。主要以企业发展战略、市场营销、现代企业人力资源开发与管理、生产运作与物流管理为研究方向。在企业发展战略制定、企业战略性改组、营销策划、企业形象设计、企业工作分析与绩效考核、薪酬制度设计与企业激励机制的创建，以及生产运作与物流管理等诸方面有深入研究。主持国家、省部、市级科研课题及企业委托的横向合作课题近 10 项；发表学术论文 50 余篇，著有教材 5 部。主要著作有《现代营销策划学》、《企业形象战略策划》、《现代企业管理》等。

【包政】（1955—）上海人。中国人民大学商学院教授、博士生导师。北京和君创业企业管理顾问有限公司总裁。经济学硕士，经济学博士。日本东海大学经营学部中日联合培养博士生；日本一桥大学商学部访问学者（从事管理理论研究）；曾受日本学术振兴会邀请，赴佐贺大学从事企业管理实践研究。主要致力于战略管理、市场营销、组织变革，以及人力资源管理等领域的研究与咨询。完成著名案例有"华为基本法"、

"TCL 以速度抗击规模"等。代表作有《战略营销管理》、《工业企业管理咨询》(获 1997 年优秀教材奖)、《现代企业管理制度、程序、方法全集》、《中国公有大中型企业活力研究》、《企业经营战略》、《走出混沌》(获国家社会科学二等奖)。

【毕红毅】(1963—)女,山东经济学院教授,国际经济教研室主任,"231人才工程"学术带头人。主讲"国际贸易"、"国际贸易原理与实务"、"现代市场营销学"、"跨国公司经营理论与实务"等专业骨干课程。担当两项省部级重点课题的主持人、两项厅局级课题主持人。主编、参编《跨国公司经营理论与实务》等教材,发表专业学术论文36 篇。

【边翠兰】(1950—)女,天津财经大学商学院市场营销系教授。价格学专家,中国高校价格教学研究会理事,中国经济杠杆研究会理事,天津市价格听证会专家组成员。发表论文 20 余篇,主编多部专著、教材,其中《论信誉资产的优化配置》获天津市社会科学奖,《我国零售业的困境及其出路》、《三大都市圈的竞争格局》获天津市优秀调研成果奖。

【卜妙金】(1945—)广东梅县人。仲恺农业技术学院教授、院长。中国高等院校市场营销研究会副会长,中国外商投资企业研究会常务理事,广东省科学技术协会常委,广东省农村经济学会副会长,广东国际宏观经济研究会副会长。从事市场营销教学与研究工作。出版教材及其他著作 8 部,发表论文 40 多篇。《中国市场营销》是较早较系统研究中国市场营销的专著,获广东省高教厅首届人文社会科学优秀成果奖;合作

研究项目"服务营销与服务质量管理"获广东省高教厅科技进步奖。参编教育部审定的"面向二十一世纪课程教材"有《市场营销学》、《分销渠道管理》。

【蔡文浩】(1962—)浙江松阳人。兰州商学院经贸学院教授、院长,国际贸易学科带头人,校学术委员会委员、学位委员会委员。中国人民大学客座教授,武汉大学兼职硕士生导师,中国国际经济学会常务理事,中国高校贸易经济教学研究会常务理事,中国市场学会理事,甘肃省贸易经济合作学会常务理事,甘肃省市场营销协会常务副会长,《兰州商学院学报》副主编,甘肃省WTO 研究中心主任,甘肃省人民政府行政审批制度改革、评审、咨询专家,甘肃省委理论宣讲团成员,合肥百货董事会顾问,深圳大愚投资公司顾问。从事商业经济和商业企业管理教学科研工作,参与地方政府经济改革和企业制度建设工作。主持或参与科研项目 10个,在《中国流通经济》、《管理会计》、《经济理论与经济管理》等刊物上发表论文 30 余篇,撰写或主、参编、参译著作 5 部。

【曹家为】(1955—)天津财经大学商学院副院长兼贸易经济系主任、教授。中国商业经济学会特约研究员,中国市场营销学会会员,天津市商业经济学会常务理事。主要从事贸易经济学、市场营销学教学工作,经济学、管理学研究工作。发表专业文章 28 篇。主编专著、教材、工具书等 6 部,参编专业书籍多部。

【曹礼和】(1965—)湖北蕲春人,湖北经济学院教授,工商管理学院副院长。华中科技大学博士研究生导师,武汉市价格协会顾问。主要从事市场营

销、价格学、企业管理等学科教学和研究工作。1996 年首批获得"高等学校教师资格证书"。被学校推荐参评全国高校教学名师奖。出版专著《服务营销》、《WTO 与家电营销》，主编或参编《现代企业管理》、《企业经营管理职业资格培训教程》、《企业物价》、《第三产业价格》、《国际贸易实务》等教材 8 本，在《中国流通经济》、《中国物资流通》、《中国商贸》、《经济管理》、《日本学刊》、《理论与改革》、《经济研究参考》、《经济师》、《中南财经政法大学学报》、《湖北社会科学》、《价格月刊》、《商业经济论坛》、《中国改革报》、USA – China Business Review、The Journal of China Universities of Posts and Telecommunications 等发表论文 60 多篇；主持或参与科研课题 12 项，其中国家自然科学基金 3 项、湖北省社会科学基金 2 项、湖北省教育厅课题 3 项、校级科研课题 4 项。

【岑成德】（1957—）中山大学管理学院旅游管理系教授、学术委员会委员。广东省统计学会理事、中天证券研究院兼职研究员。1984 年香港中文大学访问学者。主要研究和教学领域为统计学、市场研究方法、旅游市场调研、证券市场等。在《系统工程理论与实践》、《统计研究》、《商业研究》、《消费经济》、《中山大学学报》（自然科学版及社会科学版）、《百科知识》、《旅游研究与实践》、《统计与预测》、《特区经济》、《商业经济文荟》、《销售与市场》、《科学中国人》和《世界科技研究与发展》等刊物及国际学术会议上发表涉及自然科学及社会科学多个领域的论文 40 多篇。合作专著有《服务忄企业整体质量管理》、《智力型企业经营管理》、《中日管理比较研究》（副主编）和《经济管理数学》。参与国家自然科学基金项目"服务性企业整体质量管理"和国家教委人文社会科学研究"九五"规划专项任务项目"专业服务性企业经营管理"。

【常永胜】（1963—）山西晋中人。广东外语外贸大学教授，营销系主任。中国高校市场学研究会理事，中国高校商务管理研究会理事，广东商业经济学会理事。主讲课程包括市场营销、分销渠道、零售管理、服务营销和营销管理研究、营销渠道专题。主要研究方向为企业战略管理分销渠道治理。主要著作有《中国房地产金融体系研究》、《零售操作实务》、《汽车营销师》（副主编）、《分销渠道管理》（21 世纪教材）、《企业一体化理论与营销渠道治理》、《服务营销理论的发展与研究趋势》、《品牌传播与品牌代言人的作用机制》、《市场营销教学方法的改进与创新》等。

【晁钢令】（1951—）上海人。上海财经大学教授、博士生导师。中国商业经济学会理事，中国广告协会学术委员会委员，上海市场营销学会理事，上海连锁商业协会副会长，上海市公共关系协会常务理事。上海市政府商业委员会"上海商业决策咨询专家"，中国商业经济学会特约研究员。主要从事市场营销和商业经济方面的教学和研究工作，开设市场营销学、营销决策与策划、广告学、中国市场分析与研究等课程，在商品流通渠道及其组织形式的发展与变革、城市零售形态的变化与发展、商品流通管理体制改革方向等方面进行了大量研究，在营销理论与营销战略策划课程建设方面有一定贡献。主持的科研项目包括"大商业管理体制研究"（上海市哲学社会科学"八五"规划课题）、"浦东新区商贸品流通渠道重组与控制研究"（财政部"九五"科研规划重点课题）、"中国轿车进入家庭的展望与对策"（上海发展汽车工业基金会课题）、"上海典型商品品牌综合比较实证研究"（上海市科委项目）等。获国家教委人文社会科学研究优秀成果奖，上海市哲学社会科学优秀成果奖。在《财贸经济》、《商业经济研究》、《经济管理》、《财经研究》、《上海商业》、《上海经济》等发表论文70多篇。主要著作有《营销策划》丛书（主编）、《市场营销学》（专著）。

【陈阿兴】（1964—）江苏溧阳人。安徽财经大学教授，经济学博士。主要研究方向为流通理论与实践（含合作经济、商业经济）、产业经济学（含现代产业组织理论与政策）。入选"全国中青年商业经济专家学者"。主持和参与原国内贸易部、国家规划办、中华全国供销合作总社、安徽省教育厅重点课题多项。主要著作有《商业产业论》（获1997年江苏省哲学社会科学一等奖）、《现代贸易组织创新研究》。

【陈步峰】（1955—）中国企业文化研究会研究员，服务文化课题组组长，MBA爱达经理学院教授、金融学院特聘教授，北京同心动力文化咨询公司高级咨询师，北京现代中欧管理学院高级培训师，大连房产物业协会咨询委员，西部财富研究院、四川纳实公司、荆州文化研究会等顾问。"服务文化"倡始人。发表文章300余篇，出版《现代企业服务文化》、《服务文化理论与实践》、《成败大扫描——中国服务文化案例启示录》、《中国服务文化建设》、《服务品牌的设计与培育》等专著，其"服务论"、"品质论"、"忠诚论"、"资质论"、"经营论"、"顾客论"、"服务文化论"、"观念突围论"、"星级服务论"、"五次革命论"、"十大创新趋势论"、"服务到家论"、"服务品牌论"、"文化建设标准论"等前瞻性观点引起关注。

【陈放】（1960—）营销策划专家。北京合德得策划中心董事长，"东方创意策划专家团"创意总监。曾在部队、企业、高等学校、中国军科院战略部等单位工作，历任连长、大学教师、研究员、公司总经理等，长期进行系统工程、军事、企业战略研究，发表各种论文200多篇、著述10多部，策划各类创意项目300多项、各种讲座200多场。根据中国古代兵法结合现代系统，创立面向全球商战的现代新兵法"东方太极奇门兵法"，在全国有比较大的影响。

【陈国庆】（1964—）上海视野经济研究所所长、研究员。复旦大学兼职教授，国际注册咨询师。从事财务理论研究及税收筹划理论研究、财务管理子系统建设研究、全面预算管理研究、财务战略管理研究。先后担任海螺集团、上海仪电集团、比利时英特布鲁集团（中国事业部）等数十家大型企业、上市公司高级财务顾问，有丰富的实战经验，系中国首批国际注册咨询师，并名列"上海市十大优秀管理咨询师"；其领导下的上海视野经济研究所是"上海市十大管理咨询公司"之一。

【陈红儿】（1954—）浙江义乌人。浙江师范大学工商管理学院教授、院长。中国工业经济研究与开发促进会理事，浙江省经济学会理事，全国高校市场研究会理事，全国高等师范院校资本论研究会副秘书长。所授政治经济学为校首批优秀课程。撰有《区域市场发展研究——浙江中部民间市场发展的理论与实践》、《专业市场创新发展的基本规律研究》、《中国农村商品市场走向现代化——义乌小商品城发展启示》、《资源社会化配置与市场经济》、《中国小商品城的形成、发展与运行》、《中国小商品城市场体系的育及经济效应》等市场理论著作。

【陈宏】(1957—)电子科技大学工商管理系主任、教授、博士生导师。中国市场学会理事,中国技术经济学会高级会员,中国电子学会工业工程分会常委,四川省数量经济学会理事,四川省投入产出学会理事,国家自然科学基金管理科学部评议专家,四川省财政厅、四川省企业绩效评价咨询专家,成都市科技顾问团顾问,四川省市场营销学会副会长。通信工程专业硕士 2004 年香港中文大学访问学者。研究方向为供应链管理、营销管理、产业结构与经济效益。

【陈厚义】(1956—)贵州遵义人。贵州财经学院教授、院长。历任毕节市科技副市长,贵州经济管理干部学院院长,贵州工业大学党委组织部部长、党委副书记,贵州省社科联兼职副主席,上市公司久联发展独立董事。主要研究方向为产业经济学、高教管理。主编《欠发达地区经济与发展战略研究》、《新世纪地方高等财经院校发展研究之二》、《贵州经济发展与产业结构调整》、《纪念邓小平诞辰 100 周年学术研讨会文集》、《中国高等院校市场学研究会 2003 年年会暨会员代表会会论文集》、《新世纪地方高等财经教育发展研究》、《贵州省大型学术研讨会论文集》等。

【陈良珠】女,福建仙游人。福建农林大学教授。中国市场学会理事,福建省营销学会常务理事。从事市场营销教学与科研工作,承编农业部规划教材《畜产品市场学》获省社科优秀成果奖。主持多项研究课题,《关于开拓农村市场问题》获全国农业普查省级二等奖。发表有关农业、农村市场营销方面论文 40 多篇,《关于农业创名牌的探讨》、《开拓农村市场及其营销策略》分别获省营销协会优秀论文一等奖、二等奖。

【陈启杰】(1949—)上海市人。上海财经大学国际工商管理学院教授,企业管理、市场营销博士生导师,研究生部主任。《财经高教研究》副主编。多所高等院校、研究机构兼职教授、研究员。国务院津贴专家。先后获上海财经大学经济学硕士、美国国际管理研究生院国际管理硕士(MBA)、厦门大学经济学博士学位。国务院学位委员会第五届学科评议组(工商管理评议组)成员,教育部高等学校工商管理教学指导委员会委员,教育部普通高校教学工作评估专家委员会委员,上海市第十二届人大代表,上海市政府商业决策咨询专家,上海市徐汇区人民政府专家顾问委员会委员,全国高校商务管理研究会副会长,中国高等商科教育学会副会长,中国市场学会常务理事,中国高校市场学研究会常务理事,全国高等学校教学研究会理事,中国商业经济学会会员,上海市价格学会副会长,上海市经济学会理事,现代营销理论专业委员会主任,上海市市场学会常务理事,上海市研究生教育学会常务理事,美国市场营销科学学会会员。上海市劳动模范,上海市优秀教育工作者,宝钢优秀教师。代表性教育研究项目:国家教委"面向21世纪工商管理类课程结构及教学内容改革与实践",国家教委"九五"重点课题"国际高等商科教育比较研究"分课题,教育部"工商管理类学科专业改革与发展战略研究"等。代表著作有《经济杠杆系统论》、*Asian Management System*、《市场调研与预测》、《现代国际市场营销学》、《市场调查》等。获全国优秀教材一等奖、国内贸易部优秀论文一等奖、上海市级教学成果三等奖等科研和教学奖励32次。

【陈涛】(1963—)武汉科技大学管理学院教授,武汉科技大学教务处副处长,管理学科带头人,硕士生导师。湖北产业管理与政策研究中心副主任及产业组织与规划所所长,中国市场学会理事,中国高等院校市场营销学会常务理事,湖北省市场营销学会副会长。武汉大学经济学硕士。主要研究方向为营销管理与国际市场营销。主持国家和省部级课题研究多项,主编及参编教材3部,主持湖北省教学改革项目两项。发表科研论文60多篇,其中5篇入选国际研讨会论文集,3篇被ISTP检索。

【陈伟】(1957—)黑龙江哈尔滨人。哈尔滨工程大学经济管理学院国际经济贸易系教授,博士生导师。中国市场学会理事,黑龙江省管理学会常务理事,黑龙江省WTO研究促进会专家委员会副主任,黑龙江经济报特邀经济顾问,中国技术经济研究会高级会员。哈尔滨船舶工程学院系统工程硕士、哈尔滨工程大学管理科学与工程专业管理学博士。主要研究方向为跨国企业经营与管理、市场营销管理与策划。主持或参与省部级科研项目8项,4项获奖。发表论文50余篇,专著或主编《现代市场营销学》、《国际商法》、《现代管理理论》等教材8部。

【陈向军】(1966—)湖北荆门人。湖北经济学院教授、工商管理学院副院长。中国市场学会理事,中商集团营运管理学院客座教授。主要从事企业营销管理与民营科技企业发展等领域教学与研究。主持项目有"高职高专市场营销专业人才培养模式研究"、"湖北省民营科技企业成长的市场环境研究"、"非公有制经济发展与大学生就业研究"、"市场营销专业应用型人才培养与创新"、"市场营销专业教学改革及人才培养模式研究"、"湖北省旧货市场开拓研究"。《市场营销专业教学改革及人才培养模式研究》获湖北省优秀教学成果奖。发表学术论文50余篇,主要有《繁荣旧货市场 加快旧货业发展》、《旧货市场营销策略探讨》、《发展会展经济 培育新的经济增长点》、《试论我国会展经济的发展》、《中国民营企业营销危机与对策研究》、《民营科技企业诚信营销的效应研究》、《论企业诚信营销》等。

【陈晓剑】(1960—)安徽桐城人。中国科技大学管理学院教授、副院长。国家中长期科技发展规划战略研究咨询专家,国家自然科学基金会同行评议专家,中国科学技术大学学位委员会委员,中国科大专业学位教育(管理类)中心主任,《中国风险投资》杂志审稿人,中国人民解放军炮兵学院兼职教授。中国科技大学硕士。主要研究方向为战略管理。主持战略管理、组织行为、市场营销、企业理论博士讨论班和管理科学讲座等,已指导10名博士生毕业。

【陈信康】(1952—)上海财经大学工商管理学院教授,国际工商管理学院副院长、博士生导师。上海市人民政府商业决策咨询专家,辞海编辑委员会委员兼商业经济分科主编,上海市场学会常务副会长,上海服务经济研究会副会长,中国高等院校市场学研究会常务理事兼副秘书长,国际亚洲零售与流通研究会中国执委。国家派赴日本神户大学留学生。1997年作为神户大学特聘研究员赴日本从事营销与流通系统化国际比较研究工作。主要研究方向为战略营销理论及其实证分析,服务营销研究,流通革命与商业现代化研究,美、日营销的比较研究。主要学术专著有《企业国际市场的开拓》、《市场营销管理》、《中国商业变革与创新》、《营销策划概论》、《国际市场营销教程》、《中国商业现代化新论》等8部,论文有《论企业多种经营的合力效果》、《美国企业与日本企业的国际营销行为特征及其成因》、《综合商厦的功能革命》、《论中间商品牌的战略意义》、《中国流通渠道的现状与改革》(日文)、《中国消费市场的现状与将来》(日文)、《论营销中的竞争新要素:顾客服务》等100多篇;承担“上海消费市场发展趋势研究”、“经济全球化与流通现代化的互动”、“国际化大都市商业现代化的国际比较研究”等省部级及国内外企业委托课题30多项。

【陈学中】(1966—)山东人。济南大学管理学院教授、副院长。哈尔滨工业大学研究生院(管理学院)工学硕士。济南市青年学术技术带头人。在直接投资管理、信息系统开发、中小企业经营创新和策划等方面的研究有所建树。在教学上主讲经济预测与决策、管理信息系统、决策支持系统、电子商务、计算机应用技术、技术经济学、计算机专业英语等课程。主持山东省教育厅“境外直接投资对山东经济发展的影响研究”和企业管理咨询和策划等科研项目10项。发表学术论文60余篇,获省部级教学和科研成果奖8项。

【陈忠卫】(1968—)安徽财经大学教授,副校长。中国企业管理研究会理事,中国合作经济学会特邀理事,安徽工商管理学院兼职MBA导师,南开大学创业管理研究中心核心成员,安徽省滁州市企业家培训中心兼职教授,蚌埠市创业指导专家委员会成员,安徽省第九届政协委员,安徽省第八届青联委员,九三学社蚌埠市委员会副主任委员,安徽、江苏、浙江等5家企业顾问。研究领域涉及创业管理、企业成长理论、团队管理、企业家理论、企业文化等。出版著作6部;发表学术论文140多篇,被人民大学复印资料、《新华文摘》等转载20余篇。

【成爱武】(1955—)陕西泾阳人。西安工程科技学院教授。中国高校市场营销学研究会理事。1997年德国洛特林根经济技术大学访问学者。研究方向为市场营销和企业管理。主要著作为《市场调查和预测》、《消费心理学》。主要论文《试析中小型企业新产品开发》获全国管理科学理论与实践研讨会奖,《试论纺织工业的技术改造》获陕西省数量经济学会优秀成果一等奖。主要科研成果“大中型纺织企业技术进步与发展战略研究”获原纺织部科技进步奖。

【程艳霞】(1962—)女,湖北天门

人。武汉理工大学工商管理学院教授。武汉仲裁委员会专家仲裁员。主要研究方向为公司战略、营销管理与市场策划、企业形象设计（CI 设计）。发表学术论文 50 余篇，其中在国际学术会议（英文）论文 6 篇，3 篇进入 ISTP 检索。出版《企业改革误区与预警》、《市场营销学》、《管理沟通》等专著、教材 7 部。主持或参与科研项目 20 余项，其中国家自然基金 2 项、霍英东基金 1 项、晨光计划 1 项、省部级重点软科学项目 4 项、企业项目 13 项。三次获湖北省科技进步奖（一等奖一次）。

【崔新健】（1962—）中央财经大学商学院教授、博士生导师、副院长、校学术委员会委员。南开大学跨国公司研究中心博士后，财政部跨世纪青年学术（学科）带头人，中国企业管理研究会常务理事，中国科学技术信息研究所兼职教授。南开大学管理学系经济学硕士，中央财经大学经济学博士。主要研究方向为跨国公司理论、国际直接投资理论、国际市场营销理论、市场营销理论及其实务。多次在科技部、铁道部、清华大学国家 CIMS 工程各类培训中开设讲座或授课。获第三届全国外经贸研究成果奖、中国国际贸易学会"中国外经贸发展与改革"优秀论文奖、"涌金"青年教师学术奖。主持或参与国家博士后基金项目、国家自然科学基金项目、国家社会科学基金项目以及省部委项目。参与亚洲开发银行项目"西部地区利用外资研究"，以及中国国际咨询公司等企业的多项课题。在 ISSHP、《管理世界》、《经济管理》、《经济研究资料》、《国际经济评论》、《当代经济科学》、《国际经贸探索》、《经济与信息》、《中外管理》、《商业经济与管理》、《经济日报》、《中华工商时报》等发表论文 50 余篇；主编或参编教材、专著、译著等计 40 余种。

【崔迅】（1962—）河北石家庄人。中国海洋大学管理学院教授、副院长，营销与电子商务系主任，营销与品牌形象研究所所长。中国市场学会理事，山东省市场学会常务理事。从日本神奈川大学毕业后到中国海洋大学任教以来，研究方向为市场营销理论、管理与战略。有《顾客价值链探析》等多篇论文在《中国工业经济杂志》等经济刊物发表，写有《顾客价值链与顾客满意》一书。

【戴贤远】（1949—）北京师范大学经济管理学院教授，经济学院商务中心主任。美国南伊利诺伊大学经济学硕士。承担科研项目有"世界经济新格局研究"（国家"九五"哲学社会科学重点课题）、"国有企业活力研究"（教育部"八五"哲学社会科学课题）。专著、译著与编写教材包括《市场分析与营销策略》（获北京师范大学第一届人文社会科学研究优秀成果奖）、《经济管理专业英语》、《基础经济管理专业英语》、《塑造品牌特征》、《市场营销原理》（合译）。

【戴向平】（1960—）广西百色人。大连民族学院经济管理学院教授、副院长。辽宁省现代化管理研究会理事，辽宁省科研管理研究会理事。主要从事市场营销、工业经济、国际经济技术合作等研究。主持国家科研课题 1 项、省部级课题 2 项，参与省部级课题研究 3 项；发表学术论文 30 余篇，出版学术著作、教材 5 部，获科研奖励 10 余项，起草学校各种科研管理制度、条例、规划 20 余项。

【戴亦一】（1967—）湖南冷水江人。厦门大学管理学院 MBA 中心教授，厦门大学 EMBA 中心主任。清华大学、北京大学、浙江大学"房地产总裁班"特聘教授，福建省房地产业协会特聘专家，《经济资料译丛》副主编，厦门市社会科学发展研究会理事。厦门大学经济学院经济学（统计学）硕士。参与创建厦门大学福兰德市场调查事务所、厦门大学投资经济学本科和硕士点。主要研究领域为管理经济学、房地产开发经营与管理、市场研究与战略营销管理、环境核算与环境管理等。主持国家社会科学基金项目 2 项，参与国家、省部级科研项目 6 项。出版学术著作和教材 5 部（含合著），主编中国市场营销总监培训全套指定教材 5 本（由中国高等院校市场学研究会审定），在《中国经济问题》《统计研究》等刊物发表学术论文 40 多篇。获全国优秀社会科学研究成果奖、全国统计科技进步奖、福建省优秀社会科学成果奖等 14 项，并获福建省福光基金会"福光奖教金"一等奖、优秀博士论文一等奖、厦门大学"华为奖"。

【但斌】（1966—）重庆大学经济与工商管理学院教授、博士生导师，市场学（电子商务）系主任。IEEEmember、重庆市发展现代物流专家组成员，重庆市企业信息化专家组成员。重庆大学学士、硕士、博士、博士后。香港科技大学工业工程与工程管理系访问学者。主要从事管理科学与工程、企业管理等领域的教学和科研工作。承担国家级科研项目 6 个，省部级项目 5 个，企业委托项目 5 个。代表性论著约 30 部。

【邓德胜】（1956—）湖南邵东人。中南林业科技大学商学院教授、院长。中国市场学会常务理事，湖南省管理科学学会副会长，湖南省外国经济学说学会副会长，硕士。组织创办中南林业科技大学旅游管理专业（饭店管理），人力资源管理专业，市场营销专业，国际经济与贸易专业，金融学专业，组织申报电子商务、物流管理和财务管理等专业。2002 年任院长后，成功组织申报林业经济管理、旅游管理、企业管理、农村经济与发展 4 个硕士点。主编大学本科教材《现代市场营销学》《新市场营销学》。撰有专著 2 部。发表论文《实施经济林产品绿色营销战略的政策和措施探讨》《对湖南绿色城市发展战略的探讨》《我国中小企业网络营销适应性分析》《中外绿色营销的差距和成因分析》《我国经济林产品发展的现状与绿色营销国际国内环境分析》等 36 篇，其中 2 篇被 ISTP 收录、11 篇被 CSSCI 收录，4 项获奖。

【董大海】（1961—）大连理工大学管理学院教授，副院长。力迪市场营销研究所常务副所长、所长，中国市场学会常务理事、副秘书长，中国高校市场营销学会常务理事，辽宁省市场学会副会长，大连创新零部件制造公司等多家企业的高级管理顾问。大连理工大学工程力学、企业管理（工学）硕士，管理学博士。2005 至 2006 年在美国俄亥俄州立大学费希尔商学院作富布赖特访问学者。

【董小麟】（1951—）广东外语外贸大学教授、副校长。中国资本论研究会副会长，中国经济规律研究会副会长。中山大学经济学硕士。曾在香港中文大学、美国春田大学进修。曾任《中山大学学报》（社会科学版）兼职编辑，中山大学经济学系主任、教务处长、就业指导中心主任等职。"南粤教书育人优秀教师"。主讲经济学与工商管理学类基础课和专业课,从 1994 年起招收经济学研究生,主要研究方向是社会主义市场经济与管理。主持和参加国家、省部级研究课题多项,主编或参编的教材、专著、工具书计 20 种,发表的经济学与管理学论文 70 余篇。20 世纪 80 年代就提出我国经济体制改革应以市场经济为目标,并对此模式有较系统的阐述。主持教改项目"政治经济学教学内容和体系的创新"获第四届广东省优秀教学成果一等奖、国家级教学成果二等奖。

【董秀春】(1957—)女,内蒙古财经学院教授,教学指导委员会委员。中国高校市场研究会理事,内蒙古市场与企业发展研究会秘书长,内蒙古市场学会理事,北京亚资管理有限公司顾问,内蒙古东方万旗肉牛产业有限公司顾问。1982 年毕业于内蒙古农业大学,1997—2000 年就读内蒙古师范大学政教系经济学硕士研究生班。主要从事市场营销与品牌营销的教学与科研工作。关注与研究内蒙古企业的市场运作现状与品牌经营等问题,为内蒙古多家大型企业进行服务。在企业培训、营销策划、市场运作科研项目上有一定建树。有专著《品牌营销》,参编《内蒙古绿色产业论》、《市场营销学》、《市场营销》、《营销新思维》等。参与国家社会科学"十五"规划项目"内蒙古绿色产业体系与经济可持续发展研究",主持省部级课题"内蒙古最有价值品牌研究"、"内蒙古最有价值品牌模式、战略与发展研究"、"内蒙古最有价值品牌创建模式与发展研究"等。

【董永茂】(1957—)浙江财经学院教授、营销管理系副主任、工商管理学院工会副主席。墨西哥学院普通访问学者,西班牙国家统计学院高级访问学者。主要研究领域为营销管理、统计学、人口学。出版专著、教材 5 部,发表论文数十篇。1993 年获国际统计学会论文奖(资助赴意大利参加第 49 届国际统计学大会并宣读论文)。1999 年获联合国统计署专项资助赴芬兰参加高级研修班及参加第 52 届国际统计学大会并宣读论文。2005 年获澳大利亚政府论文奖(补助赴澳大利亚参加第 55 届国际统计学大会并宣读论文)。

【董原】(1963—)女,辽宁沈阳人。兰州商学院教授,工商管理学院院长。中国高等教育公共关系专业委员会理事,甘肃省市场营销协会理事。从事公共关系、品牌理论、人力资源教学与研究。主编、参编著作 5 部,发表论文 40 余篇,多次获省级、校级教学成果奖,参与并承担国家社会科学规划基金资助项目、国家教委人文社科规划项目、甘肃省哲学社会科学规划项目、甘肃省教育厅科研项目、学校人文社会科学重点规划项目等多项。

【杜兰英】(1961—)女,华中科技大学管理学院教授。国家职业安全健康管理体系注册审核员,湖北省质量协会常务理事,湖北省现场统计学会常务理事,武汉市质量协会学术委员、常务理事。主要从事企业经济、企业管理、公共管理等相关领域的教学、科研和咨询工作,为 80 余家企事业单位做过发展战略、人力资源管理、市场营销、质量管理体系及财务管理信息系统的策划和运作指导。主要研究方向为战略管理、人力资源管理、服务营销与管理、质量管理、公共管理。

【杜漪】(1949—)女,兰州大学管

理学院教授。中国高等院交市场营销学会常务理事,甘肃省市场营销学会理事。主要从事企业管理教学与研究工作。匈牙利布达佩斯经济大学、乌克兰基辅国立经济大学访问学者。应邀出席乌克兰基辅市场营销国际研讨会,提交论文《营销理论与实践在中国的发展》。参与撰写《企业营销管理学》,获甘肃省社会科学学会奖。参与撰写《兰州市志·对外经济贸易志》,获甘肃省地方史志优秀成果一等奖。主持 TCL 集团－兰州大学社会科学应用研究与实践项目"中国电子企业营销管理创新研究"、"甘肃省宁三利土特产有限公司小杂粮市场营销研究"横向课题、青海长源电力有限公司"城市营销研究"横向课题。著作有《21 世纪中国电子企业之路》、《中国社会主义市场学》、《企业营销管理学》、《国际营销学》等。发表专业论文 20 余篇。

【段万春】(1956—)云南大理洱源人。昆明理工大学管理与经济学院教授、常务副院长、学术委员会委员。昆明工学院企业管理研究生。云南省行为科学学会创始人之一,副会长。从事教学、科研、管理工作,为学院的学科建设、专业建设、师资队伍建设、对外合作与开拓做出重要贡献。在国际管理学术会议发表论文 5 篇,在国内管理、经济类学术刊物发表论文 30 余篇,承担、参与科研 10 多项,获省级科研项目奖 5 项,地州市科技进步奖 2 项。主编教材《组织行为学》获云南省高校自编优秀教材奖,《消费行为学》获云南省教委首届人文科技进步奖。

【樊秀峰】(1955—)女,西安交通大学经济与金融学院国际经济与贸易系教授、系主任、党支部书记。研究方

向为跨国公司竞争与战略。参与科研有商业部课题"连锁企业的组织结构与部职能研究",中国人民银行课题"国有企业资本重组与银行不良债权研究",校级课题"中国市场秩序研究"等。主要专著有《三资企业经营管理学》、《投资、股份与证券》、《市场价格学》等。

【范晓屏】(1956—)浙江杭州人。浙江大学管理学院教授、工商管理系主任、浙江大学 EMBA 教育中心主任。研究方向为消费者决策的理论与方法、价值创新与客户价值管理、可控营销渠道管理、品牌战略与品牌营销、国际市场进入战略与方法。著有《工业园区与区域经济发展:基于根植性、网络化与社会资本的研究》、《市场营销学》、《国际经营与管理》、《企业国际经营学》等专著。

【范秀成】(1965—)复旦大学市场营销系教授、博士生导师,《南开管理评论》副主编。中国市场学会常务理事,中国高校市场学研究会常务理事,法国罗伯特舒曼大学管理研究生院(IECS)客座教授,香港城市大学商学院客座研究员,芬兰瑞典文经济管理学院市场营销系客座教授。主要研究领域为服务营销、关系营销与客户关系管理。在国内外刊物发表 20 余篇服务－品牌研究论文。主持多项国家社会科学－自然基金项目,为中国联通天津分公司、中国电信、中国银行、中国农业银行、中国工商银行、天津开发区总公司、阳煤集团、天津海关、摩托罗拉公司、大港油田、统一集团等提供咨询和培训。

【符国群】(1963—)北京大学光华管理学院市场营销系教授、博士生导师。湖北省人大常委会委员,湖北省特约监察员,湖北省商标协会顾问,中国

市场学会常务理事,中国高校市场学研究会常务理事、《营销科学学报》副主编。武汉大学企业管理专业硕士、经济学博士,英国 Aston 大学管理学博士。曾担任武汉大学管理学院经济管理系主任、博士生导师(其间多次赴英国 Loughborough 大学商学院和 Aston 大学商学院学习和从事合作研究)、武汉大学学位委员会委员。主要研究领域为品牌管理、消费者满意与不满、消费者决策过程、顾客选择模型。主要研究成果有《消费者行为学》、《商标资产研究》、《投机生涯》、《商标注册与管理》、《商标管理》、《商标管理教程》、《市场营销学》和《企业营销道德》等。并发表中、英文论文 40 余篇。获霍英东教育基金会优秀青年教师奖,湖北省优秀教师、武汉大学十大杰出青年等奖励、荣誉。

【傅国华】(1965—)福建仙游人。华南热带农业大学经贸学院教授、院长,博士。海南省首批"515 人才工程"第一层次现代管理学专家;海南省高等学校教学名师。两度获霍英东教育基金会优秀青年教师奖。主编或参编《企业管理技能与案例分析教程》等 6 种教材,有多篇论文在全国获奖。

【傅慧芬】女,对外经贸大学国际工商管理学院教授、市场营销学系主任。中国市场学会理事,中国高校市场学会会员,中国广告协会学术委员会会员,中国 MBA 发展研究会会员,中国企业联合会广告主工作委员会专家组专家。先后在美国丹佛大学工商管理学院进修;在澳大利亚南澳大学 Elton-Mayo 管理学院讲学;参加哈佛商学院教授的"全球商业管理"课程班;参加悉尼工业品国际营销国际研讨会;在美国

马里兰大学史密斯商学院做高级访问学者。在《国际广告》、《中外管理》、《企业管理》、《国际市场》、《中华工商时报》、《中国广告年鉴》等刊物发表学术论文、文章数十篇。另有专著《西方广告世界》,参编教材《现代营销学》(第三、四版),译著《全球营销原理》。应邀为亚太经济合作组织北京短训班、北方工业公司、中澳合资吉百利公司、天津可口可乐饮料公司、松下电器公司、国务院直属机关培训中心、红牛集团等做过多种专题讲座。

【傅贤治】(1959—)安徽金寨人。江南大学商学院教授、院长,江南大学中小企业管理与发展研究院院长。美国旧金山州立大学访问学者。主要研究领域为企业战略管理、市场营销和中小企业管理。主持省部级以上课题 4 项,完成企业委托课题多项,出版专著 4 部,发表论文 50 多篇。著有《职业交际实践》、《产品结构优化决策方法》、《企业广告策略学》、《现代企业管理》、《中国中小企业发展报告》。

【甘碧群】(1938—)女,广西人。武汉大学商学院教授、博士生导师。中国高校市场学会副会长,中国高校市场学会学术委员会主任,中国市场学学会常务理事,湖北市场营销学会会长,武汉市政府决策咨询委员会委员,国务院津贴专家。中国人民大学经济系硕士;法国马赛第三大学访问学者;曾赴法国马赛第三大学,美国 USCD、SDSU 等大学,澳大利亚墨尔本皇家理工大学,香港浸会大学商学院讲学和访问。主要研究国际市场营销、宏观市场营销。20世纪 80 年代初便到法国系统了解和研究国外市场营销学理论与实践,回国后,为经济管理专业开市场营销学课

程。主要著作有《市场学通论》、《国际市场营销学》、《宏观市场营销研究》、《企业营销道德》。论文 *Attach to the Importance of Study of Marketing Ethics* 获第五届市场营销与社会发展国际学术会议优秀论文奖。主持省级以上科研课题 10 余项。在国内外学术期刊上发表有关经济体制改革、企业管理、市场营销等方面的论文 40 多篇,其中多篇被《高校文科科学学报》、人民大学复印资料等转载或转摘。

【高闯】(1953—)辽宁大学工商管理学院教授、院长,博士生导师。工商管理学科博士后流动站、企业管理博士点及辽宁省企业管理重点学科学术带头人。中国企业管理研究会副理事长,辽宁省政府、沈阳市政府决策咨询顾问。经济学博士。长期从事企业管理、公司治理,特别是高技术企业治理机制问题的研究,为企业改革发展做了大量工作,多次受到省、市政府奖励。主持国家自然科学基金、国家社会基金、国家教育部人文社会科学研究基地项目以及省市有关课题。曾获日本文部省国际交流基金。同韩国江原大学、欧盟中国项目办事处进行国际合作研究,发表一系列研究报告和论著。

【葛松林】(1945—)华中农业大学教授,湖北省市场营销协会理事。华中农学院毕业后留校任教,从事哲学社会科学和管理科学的教学与研究,1980年、1993年先后在北京农业大学、中南财经政法大学进修,转向市场营销学教学与研究。主要论文有《市场营销与系统思维》、《产品整体观念的进化及其意义》、《世纪之交的市场营销学:新说、问题、不动点和生长点》、《浅议顾客关系管理的核心——忠诚度》、《产品整体观念的进化及其意义》;主编 21 世纪教材《市场营销学》。

【龚艳萍】(1963—)女,中南大学商学院教授、副院长,湖南省系统工程学会副秘书长。湖南大学管理工程专业硕士,中南大学管理科学与工程博士。主要研究企业战略管理、市场营销、国际商务管理、国际竞争与竞争力、营销工程学。主持省部级课题及企业横向课题 16 项。在《经济学动态》、《研究与发展管理》、《预测》、《数理统计与管理》等杂志发表论文 50 余篇。出版学术专著《新产品开发:战略与组织柔性》,作为副主编出版教材《国际营销分析》、《现代市场营销学》、《工商管理案例集》。获湖南省社会科学优秀成果奖,湖南省科技进步奖、本科教学质量优秀奖、研究生教学质量优秀奖。曾为湖南电信、海信空调、厦新电子、唐人神、维一新城、三一重工、湖南高创投、隆平高科、中国铝业、株冶集团、"芙蓉王"实业等多家企业提供管理咨询和营销培训。

【龚振】(1955—)湖南双峰人。华南理工大学工商管理学院教授,中国高等院校市场营销学研究会副会长。曾任安徽财贸学院贸易经济系市场营销教研室主任、系主任。研究领域为市场营销、消费者行为、市场研究、营销策划、广告创意。首次分析黑店观念、黑色营销的表现及其存在条件,为分析企业行为轨迹以及政府制定宏观政策促进企业市场观念转变提供了依据。修改和发展世界著名心理学家马斯洛需要层次理论,提出新的需要层次与需要平衡理论、平衡营销和双向营销理论。分析企业绿色营销过程以及所需宏观环境条件,为企业实施绿色营销战略和国家推动绿色营销发展提供了参考。发表论文 50 多篇,市场研究、消费者行为研究、市场营销学著作(专著或主编)8 部,参加编写市场营销学、推销学、市场调查与预测著作 6 部,其中参编并总纂的《市场营销学》列入国家"高等教育百门精品课程教材"。

【顾春梅】(1965—)女,浙江海盐人。浙江工商大学工商管理学院市场营销系主任、现代营销研究中心副主任,浙江省消费者协会和杭州市营销协会理事。从事营销管理教学和研究工作,主讲 Marketing Management 和国际市场营销学等课程。主要研究领域为营销管理,尤其是国际营销和现代商业企业营销管理;对自然垄断和专卖等特殊领域有一定研究。出版著作《中国专卖制及其改革研究》等 4 部(含合著),高等教育重点教材《国际市场营销管理学》等 2 部;参与教材编写 10 余部。发表学术论文 30 余篇。主持和参与国家级课题和省部级课题 10 余项,3 项获省级以上奖励。

【顾国建】(1954—)上海商业职业技术学院教授,国内零售业专家。主要研究连锁商业,创办上海连锁经营管理咨询有限公司、上海连锁经营进修学院,为中国连锁业提供咨询和培训。著有《零售业:发展热点思辨》、《超级市场营销管理》、《超级市场连锁经营管理》等书籍;发表多篇文章。

【顾庆良】(1949—)东华大学旭日工商管理学院教授、执行院长。美国奥本大学研究生客座指导教授,上海市数量经济学会常务理事,多家企业顾问。中国纺织大学硕士。曾赴美国马里兰大学研修纺织经济与消费经济,赴奥本大学研修纺织、服装与消费经济,两次赴哈佛大学进行合作研究。研究方向为市场营销、消费经济、纺织与服装产业经济等。主持上海时装业发展实证研究、上海现代纺织业发展战略研究、安徽省纺织行业发展战略研究及数十项咨询课题。

【顾幼瑾】(1954—)女,江苏无锡人。昆明理工大学管理与经济学院副院长,学术委员会委员,硕士生导师。国家自然科学基金委管理学科同行评议专家,云南省市场学会副会长,云南省乡镇企业高级经济师评委,中国高校市场学会理事,云南省价格学会理事。云南大学经济系学士;中南财经大学经济学硕士;1996 年开始担任硕士研究生导师。中国有色金属工业总公司跨世纪第三层次人才培养对象。主要从事市场营销学、供应链管理、企业网络组织、虚拟战略同盟、区域经济学的研究。在国际学术会议和国内刊物上发表论文 60 多篇,其中 4 篇被 ISTP 检索。获云南省科技进步奖、社会科学成果奖,昆明市科技进步奖、武达光优秀教师奖等。

【关志民】(1957—)东北大学工商管理系教授、系主任。主要研究方向为物流系统优化与供应链管理、生产运作管理。教授课程有生产运作管理、管理系统仿真、市场营销、企业管理、管理学原理。东北工学院管理工程硕士。东北大学工商管理学院在职博士研究生。日本名古屋大学访问学者。获沈阳市科技进步奖、辽宁省自然科学研究成果著作类奖、东北大学教学成果奖等。

【过建春】(1965—)女,云南永胜人。华南热带农业大学教授,经贸学院常务副院长。1996 年经过国内外多层次考核选拔,获德国学术交流中心

（DAAD）奖学金赴德国留学,获博士学位,2001 年回国。主持市场营销学被评为"海南省首批省级重点课程",主持西方经济学被评为"海南省精品课程"。作为学校重点学科"农业经济管理"的学科带头人和负责人之一,获学校"教学名师奖"。主持或参与国际合作项目4 项、国家自然科学基金课题 1 项(国家自然科学基金资助课题),主持国家人事部留学回国人员择优资助项目(优秀类),主持或参与省部级课题 20 多项、院校级课题 10 多项。出版国际性专著(英文)1 部,主编或参编教材 5 部(其中两部为全国高等农业院校"十五"或"十一五"规划教材),在国内外学术刊物发表论文 40 多篇。2003 年被国家六部委联合授予"留学回国人员成就奖";2005 年被共青团海南省委授予"五四青年"奖。

【郭奉元】(1957—)湖北经济学院教授、教务处处长。湖北省有突出贡献中青年专家。华中理工大学应用社会学法学硕士;攻读华中科技大学管理工程与科学专业博士。担任市场营销学、现代推销学、市场预测与决策等课程教学。所负责市场营销学课程被评为省级优质课程。主持教学研究项目"市场营销专业教学改革与人才培养模式研究",获湖北省高校教学成果奖。著有《现代推销技术》(教育部规划教材,获学校科研成果一等奖)、《现代市场营销学》等多部教材。发表学术论文 30 余篇,其中《企业产权改革中的两个难点》、《企业营销新理论及其应用》等获奖。

【郭国庆】(1962—)河北阜城人。中国人民大学工商管理学院教授、副院长、博士生导师。民盟中央委员、中央经济委员会副主任,民盟北京市委副主委,第八、九届全国政协委员。中国市场营销研究中心主任,国家审计署特约审计员,中国高校市场学研究会副会长,北京统战理论研究会理事,解放军总后勤部军需发展科技发展特约顾问,中国嘉陵集团高级营销顾问。曾任北京铁路局、北京全聚德集团、中石化长城润滑油公司、青海西宁供电局等企业的市场营销咨询与培训顾问。中国人民大学经济学系博士。加拿大麦吉尔大学高级访问学者。1996 年,作为亚太地区代表当选为国际学术组织 ISMD 常务理事。主要学术著作有《市场营销管理:理论与模型》(国家教育委员会推荐教材)、《市场营销学通论》(国家教委重点教材、教育部"面向 21 世纪课程教材")、《成"龙"的奥秘:韩国经济起飞透析》(合著)、《市场营销理论》(合著)等。在国际学术会议及国外刊物发表论文 6 篇。曾获 99 中国青年科技论坛优秀论文特等奖、北京市哲学社会科学优秀论著二等奖、中国人民大学优秀科研成果著作奖、霍英东教育基金会高校青年教师奖二等奖、市场营销与发展国际会议优秀论文奖、中国人民大学优秀研究生导师奖。曾在中共中央党校为国有大型企业领导讲授《市场营销管理》,并受国家经贸委委托,主编《市场营销新论》,培训各省市经济管理干部学院的市场营销教师;受教育部委托,培训全国各高等院校的市场营销教员。

【郭洪仙】(1960—)女,上海对外贸易学院国际经贸学院教授,九三学社成员。中国人民大学硕士。从事市场营销专业教学及研究。在《经济管理》、《经济问题》、《国际财经研究》、《上海企业》等刊物发表《消费者态度测量及其在市场营销中的应用》、《论国际广告活动中的文化适应战略》、《营销经济与上海发展》、《我国外汇储备增长原因及变动趋势研究》、《国际战略联盟：我国企业重组新视角》等论文 20 余篇。主编或副主编教材《商品学》及《外贸商品学》。主持国家统计局科研项目"我国私营企业发展现状、问题与对策"，上海市教委科研课题"沪苏浙私营企业发展比较研究"和"消费者行为课程建设"。

【郭立宏】（1962—）西北大学经济管理学院副院长。陕西发展研究中心教授、副主任，西北大学教育发展基金委员会办公室主任，西北大学"211"人才，陕西省人民政府决策咨询委员会委员，政治经济硕士点、企业管理硕士点及 MBA 导师。研究方向为市场营销产业组织区域经济，教学市场营销管理。经济学博士。受聘于国家经济学基础人才基地建设关键岗位。在《中国软科学》、《人文杂志》、《生产力研究》等刊物发表论文 30 余篇，出版专著 4 部，与他人合著 5 部。承担课题 18 项，获各种奖励 10 余项。

【郭燕青】（1964—）吉林梅河口人。大连大学经济管理学院教授、院长。大连大学特聘教授、学科带头人，国际经济研究中心主任。吉林大学经济学硕士、博士；先后在辽宁大学、大连理工大学博士后流动站工作。日本东京大学访问学者，重点进行有关汽车产业技术转移领域的合作研究。

【郭毅】（1955—）华东理工大学工商经济学院教授、工商管理系主任、企业管理硕士点负责人。中国市场学会理事，中国企业国际化经营交流中心常务理事，中国市场学会市场总监业务资格培训认证专家委员会委员。复旦大学管理学院工业经济专业（企业管理方向）经济学硕士。先后访问美国哥伦比亚大学、凯斯西部保留地大学、芝加哥大学、密执安大学，澳大利亚堪培拉大学，日本札幌大学，香港科技大学、香港中文大学、香港城市大学与香港浸会大学，台湾大学、台湾中山大学、成功大学、东海大学等。研究方向为战略营销、零售学、社会资本与社会网络及其在管理中的应用、产业聚集与高科技产业服务支撑体系、区域规划等。组织、主持"中外合资企业管理"、"海峡两岸中华学术与企业管理"学术会议。

【韩德昌】（1955—）南开大学国际商学院教授、市场营销系主任，博士生导师，学术委员会、学位委员会委员。天津市商委特聘顾问，天津市经理人才市场特聘常设评委，中国物价教学研究会副秘书长，天津市商经学会常务理事，天津市人力资源开发研究会理事。南开大学经济学硕士、经济学博士。主要研究方向为市场营销、战略管理、营销战略管理。主要著作有《企业定价概论》、《市场营销谋略》、《市场营销理论与实务》、《市场调查与市场预测》、《广告理论与实务》、《有价证券市场研究》、《中国企业抢滩国际市场》、《市场营销基础》、《公司战略管理》、《价格管理》、《消费者行为与营销战略》等。主要研究课题：原国家物价局重点课题"企业价格决策与管理"，天津市"八五"社科项目"企业外部环境研究"，天津市建行重点科研课题"有价证券市场研究"，天津市商委重点课题"天津市糖酒茶食品公司营销战略研究"、"天津市百货大楼营销战略研究"等，教育部高职高专规划教材项目"市场营销基础"、

"国美电器公司营销模式研究"、"天津开发区国信电讯公司营销战略规划"、"河北宝硕德玛斯营销战略研究"等。

【韩枫】（1934—）哈尔滨商业大学教授、督学。中国高校市场学研究会副会长，中国市场学会常务理事，黑龙江省市场学会常务副会长，黑龙江省政府市场经济专家组组长，哈尔滨市政府咨询顾问委员会委员，全国高校市场学教学研究会副会长。1981年开始市场学的教学研究。1982年开设市场学、市场预测学课程。1985年主持开设商业部系统第一个市场学研究方向硕士课题。1981年起编写出版市场学教材《市场学专题讲座》、《实用市场预测》，及《中国市场营销学》、《市场宏观调控论》、《市场、营销》等专著、教材、文集共20余部，论文180余篇。

【韩景元】（1963—）河北科技大学市场营销与企业战略学教授，经济管理学院副院长，决策科学研究所所长。中国生产力学会理事，河北省生产力学会常务理事副会长，中国市场学会理事，中国高等院校市场学会会员，河北省经济竞争力研究会秘书长。加拿大麦吉尔大学访问学者。从事企业管理教学、科研和咨询工作。主要研究方向：企业绩效评价与战略管理控制、企业技术创新能力评价、满意度测评与顾客关系管理、服务营销与服务管理。出版专著和教材8部，发表文章30篇，承担国家、省级及横向课题40多项，包括河北省教育厅项目"河北省主要IT企业技术创新能力评价研究"、中加合作研究项目"食品消费态度的跨文化研究"、河北省社科联项目"河北省企业生长环境研究"、河北省经贸委项目"企业经营者资质评价研究"、"移动通信企业客户满意度模型研究"；受企业或地方政府委托完成近30项咨询项目。

【郝渊晓】（1960—）西安交通大学教授。中国市场学会理事，中国高等院校市场学研究会常务理事、副秘书长。主要研究方向为营销管理、物流产业、拍卖制度设计。主要论文有《产业集群理论与西部区域经济发展》、《陕西产业结构：问题、形成原因的实证分析与新产业发展观》、《拍卖市场构建与城市土地资源的优化配置》、《资产重组：资不抵债国有企业的最佳选择》、《转换机制、强化管理、寻求突破》、《论市场经济条件下我国大企业集团生存定位之选择》等。所编教材获陕西省高等院校一等奖，参编《市场营销调研》获西安交通大学特等奖；《现代物流管理》获二等奖。"案例教学法"在市场营销教学中的应用获中国人民银行优秀教学成果一等奖、陕西省人民政府优秀教学成果一等奖。

【何秀荣】（1957—）浙江杭州人，中国农业大学教授。国务院学位办全国自学考试指导委员会经济管理类专业委员会委员，中国农业经济学会常务理事、副秘书长，中国农业大学农产品市场研究中心主任，中国乡镇企业研究院研究员，《农业经济问题》杂志编委，《中国人民大学报刊复印资料：农业经济》杂志编委，国际农经学会会员。北京农业大学农业经济管理学院硕士；德国HOHENHEIM大学博士。研究方向为农产品市场与贸易、农业经济理论与政策。

【何永祺】（1926—）暨南大学教授。中国高校市场学研究会中国市场学会顾问。曾参与创建全国财经院校综合大学市场学教学研究会（中国高校市场学研究会前身），历任副会长、会长；参与创建中国市场学会并任首届理事会副会长。1953 年中国人民大学贸易经济专业研究生班毕业，先后在广西华大、中南财经学院、中山大学和暨南大学任职。1978 年作为暨大经济系筹备组成员，参照海外有关大学教学计划，将市场学、广告学、商业心理学等列入教学计划。还通过多种途径积极引进港、台和国外十几种市场学专业图书及有关资料。1981 年，主持编写《市场学概论》，属于由国内学者编写的代表性市场学教材；后又主编《市场学词典》《市场学原理》《旅游市场学》等多部著作。从 20 世纪 90 年代后期开始，在各种重要期刊上发表大量文章，传播市场学的理论观点。

【何志毅】（1956—）北京大学光华管理学院市场营销系教授，《北大商业评论》执行主编，北大管理案例研究中心主任，北京大学贫困地区发展研究院副院长，企业家与企业管理研究院院长，光华管理学院院长助理。中国国民经济管理学会副会长、秘书长，世界管理学者协会联盟（IFSAM）理事。厦门大学硕士；复旦大学管理学院博士；北京大学光华管理学院博士后（师从厉以宁教授）。瑞士 IMD、美国通用电气管理学院研修生，美国凯洛格商学院访问学者。研究领域为战略管理、市场营销、企业文化。为中组部、国资委、国防大学等军事院校提供案例教学和案例写作服务。为众多大型企业做项目咨询和企业内培训。主编 20 种案例集，发表了 10 余篇论文及多种专著。

【贺盛瑜】（1963—）女，成都信息工程学院教授、电子商务系主任，博士。成都信息工程学院物流研究所所长。国际信息系统协会中国分会理事，中国市场学会理事，中国物流学会理事，四川省高等学校教师高级职务评审委员会管理学学科评议组成员。成都信息工程学院重点学科领导小组成员，教学指导委员会委员，学术委员会委员，职称评审委员会委员，学院经济管理学科组组长。四川省咨询业协会咨询师，四川省学术和技术带头人后备人选。研究方向为管理科学与工程、信息系统与信息管理、电子商务、物流管理。参与教育厅教改课题"电子商务专业建设"获四川省教学成果一等奖。发表学术论文 30 多篇。

【洪燕云】（1962—）女，安徽巢县人。江苏技术师范学院经济管理学院教授，企业管理专业硕士研究生导师。研究方向为企业管理、市场营销、区域经济。

【侯立军】（1960—）辽宁沈阳人。南京财经大学教授、工商管理学院院长、企业发展战略研究所所长。中国高等院校商务管理研究会副会长、市场学研究会常务理事，中国社会科学院中小企业研究中心理事会理事，中国粮食经济学会运输专业学会常务理事，中国商业经济学会第六届编委，中国管理科学研究院研究员，江苏省市场营销协会执行理事，江苏省市场营销理论专业委员会委员，江苏省粮食经济学会理事。曾在中国人民大学贸易系进修硕士研究生；在商业部世界银行贷款项目专家组承担世界银行贷款项目可行性论证工作。江苏省青年骨干教师、南京财经大学学科带头人。从事企业管理学、市场营销学教学和研究，承担管理学原理、工商企业经营管理、市场预测与管理决策、市场营销学、物流学等课程，多次应邀到国家机关、省直机关、其他高校、大中型企业授课或作学术报告。在《中国人民大学学报》、《经济理论与经济管理》、《财贸经济》、《中国农村经济》、《农业经济问题》、《香港城市大学论文集》等学术刊物发表论文150多篇，出版专著、教材及其他学术著作13部，获奖成果30多项。

【侯淑霞】（1964—）女，内蒙古大学教授、市场营销系主任，在读博士。内蒙古自治区"321"工程二层次人才。中国高校市场学研究会常务理事，中国市场学会理事。原国家经贸委内蒙古培训中心工商管理培训市场营销学课程组长，内蒙古大学MBA中心营销管理课程主讲教师。内蒙古鄂尔多斯羊绒集团、内蒙古新城宾馆集团等企业培训师或营销顾问。主要从事市场营销理论与实践研究。为本科生、研究生讲授市场营销学、市场营销管理和消费心理学等课程。发表论文30余篇，主持或参与国家级、省级、横向课题10余项。

【胡春】（1965—）安徽六安人。北京邮电大学文法经济学院教授，学术委员会委员，《北京邮电大学学报》社会科学版编委。全国高校市场学研究会理事会理事。中国社会科学院研究生院经济学硕士；中国人民大学经济学博士。研究方向为宏观经济与市场营销。主讲政治经济学、市场营销学、金融学等课程。出版专著2部，译著1部，在《经济学动态》、《中国流通经济》、《中国商标》等刊物发表论文多篇。

【胡其辉】*（1954—）云南大学经济学院教授，经济改革与发展研究所所长。中国高校市场学研究会副会长，云南省市场学会会长，澳门科技大学MBA

导师，多家企业顾问。主要致力于贸易和市场理论和市场营销管理研究。主要著作有《市场营销学》、《实用推销学》、《市场营销策划》、《企业定价决策》、《供应链与产业流通市场拓展研究》等多部，发表各种论文40多篇。

【胡正明】（1950—）山东昌邑人。山东大学管理学院教授、博士生导师，市场营销研究所所长。山东省市场学会会长，中国市场学会常务理事，中国高等院校市场学研究会常务理事。"山东大学首批58名青年学科带头人"之一。主持国家教委、教育部、山东省社科规划、山东省软科学研究等6项纵向课题。为多家企业完成企业营销战略、企业营销组织规划、企业营销策略等多项横向课题。出版专著和主编著作11部，发表专业学术论文70多篇。多次获得省部级奖励，其中《顾客中心的再认识》在2003年中国高等院校市场学研究会组织的同行匿名评审中获一等奖。

【黄文馨】（1949—）福州大学管理学院教授，硕士生导师。主要讲授技术经济、市场营销、战略管理、财务管理等课程，从事企业经营评价、营销战略、民营经济与乡镇企业等方向的研究。著有《现代市场营销学》、《财务管理学》。

【黄翔】四川大学营销危机研究所研究员，四川大学MBA营销管理主讲教授，中国国际公共关系协会学术委员会学术委员。主要从事企业营销、促销、市场调查、品牌、公关、广告、企业文化、企业形象、管理模式方面的教学、科研与实战策划。编撰出版《公关与人员促销策划》和《现代促销策划》等9部专著，多次获省市科研成果奖。主持或参与富华药业、德力西集团、劲浪集团、水榭花都地产、九野皇爵地产、谭木匠、桂冠集团、大中集团、匹克集团等多家企业市场调研、营销与促销策划、公关策划、品牌策划、CIS策划、CS策划、管理策划、企业文化策划等。

【黄雅虹】（1964—）女，西南财经大学工商管理学院教授。西南财经大学经济学硕士。主要研究领域：市场营销、商品流通理论与实践、零售营销管理。为研究生、本科生讲授的主要课程有商品流通理论与实践、商品流通管理、市场营销学、零售营销管理和管理沟通。主编、参编的教材、著作有《商品流通概论》、《商业企业管理》、《国际市场营销》、《乡镇企业市场营销》、《广告策划》等。

【惠碧仙】（1965—）女，陕西富平人。西安财经学院教授，市场研究专家，为中外几十家企业提供过市场研究咨询服务。成功案例主要有"小灵通"市场研究；"米旗系列产品"市场研究；"汉斯啤酒"市场研究；"高新区人力资源"市场研究；"舍得酒"市场研究；"一方净土"市场研究、调查等。著有《市场营销：基本理论与案例分析》、《市场营销理论与实务》。

【纪宝成】（1944—）中国人民大学校长。1978—1981年中国人民大学贸易经济系研究生；1981—1991年中国人民大学贸易经济系讲师、副教授、教授、副教务长、教务长；1991—1993年商业部教育司副司长、司长；1993—1996年国内贸易部教育司司长；1996—1998年国家教委高等教育司司长、计划建设司司长；1998—2000年教育部发展规划司司长，兼高校工作办公室主任；2000年以来任中国人民大学校长。20多所国内外高等院校名誉博士，名誉教授或兼

职教授；获"国内贸易部部级专家"称号。主要研究领域：市场与商品流通、商业经济、市场营销等领域的教学和研究，同时从事高等教育、公共管理领域的研究。出版专著及主编、参编著作19种，发表论文近200篇。主要著作有《商业活动论》、《市场学》、《商业经济与管理》、《岁月诗痕》、《市场营销学教程》（主编）、《深化流通体制改革的几个问题》（合著）、《学者谈艺录》（副主编）、《商品流通论——体制与运行》（领衔合著）、《国际高等商科教育比较研究》（主编）、《中国商业理论前沿》（参编）。主要论文：《农产品收购的地区差价与农业级差地租》、《"买方市场"质疑》、《市场机制与经济改革》、《市场疲软与经济改革》、《按客观经济规律办事的经济理论问题》、《商品流通渠道分析》、《新世纪要更加重视人文社会科学》、《创新与人文社会科学的发展》、《时间和实践是科研成果最好的试金石》、《积极治理市场经济秩序》、《要建设有中国特色的经济学》。其中，《市场营销学教程》获国家教委优秀教材二等奖，《商品流通论》获国内贸易部优秀教材一等奖，《转型经济条件下的市场秩序研究》获北京市哲学社会科学一等奖；《中国高等教育大众化趋势的政策选择》、《新世纪要更加重视人文社会科学》等被国内外报刊杂志多次转载。

【纪良纲】（1961—）河北安平人。河北经贸大学教授、副校长。河北省商业经济学会副会长、《河北商业研究》杂志总编，全国商经教学研究会常任理事，中国商业经济学会特邀研究员，河北省委特邀经济咨询员，河北省青年联合会常委，首都经贸大学硕士研究生导师。河北省社会科学优秀青年专家，河

北省和石家庄市十佳青年教师、新长征突击手,石家庄市优秀知识分子,省重点培养的首批跨世纪人才,特殊津贴专家。主持国家社科基金项目、国家教委社科基金项目、省社科规划项目及省教委社科项目等共7项。为河北省委、省政府及有关部门、企业提供多项调研报告、咨询论证。在《光明日报》、《财贸经济》、《管理世界》等报刊发表论文170余篇,出版著作20多部。30多项成果获省社科优秀成果一等奖、中国商经学院二等奖等。

【贾建民】(1957—)西南交通大学经济管理学院院长,博士生导师。长江学者讲座教授,香港中文大学工商管理学院市场学系教授。全国MBA教育指导委员会委员,中国市场学会学术委员会副主任,国家自然科学基金委管理科学部评委,成都市政府科技顾问团顾问,*Operations Research*(美国杂志)副主编,《管理科学学报》、《系统工程理论与实践》、《管理工程学报》、《管理评论》、《管理学报》、《营销科学学报》等刊物编委。上海交通大学管理工程硕士;美国得克萨斯大学(奥斯汀)商学院博士,并做博士后研究工作。美国卡内基-梅隆大学社会与决策科学系和杜克大学商学院访问学者。主要研究领域为消费者选择模型、决策理论与应用、市场风险分析以及中国市场营销。在*Management Science*,*Marketing Science*,*Journal of Consumer Research*,*Operations Research*等国际管理科学和市场营销学术期刊上发表论文16篇,在国际会议、英文书籍和中文学术期刊上发表论文50余篇,获"美国INFORMS决策分析学会研究生论文竞赛"最佳论文奖、美国INFORMS Franz Edelman Final-ist Award奖。以丰富的公司咨询和培训经验,为西门子、和记黄浦、中国电信、中信银行等提供服务。

【贾生鑫】(1924—)原陕西财经学院教授。中国高校市场学研究会、中国市场学会顾问。1951年起在西北大学任教,1960年后历任西北财经学院教研室主任、系主任。我国最早从事市场学理论研究的专家之一,陕西财院建立国内第一个市场学专业(本科)的主要创始人。1980年起在国内各地讲授、传播市场学。在20世纪八九十年代发表了很多有价值的市场学论文和十几部著作。1981年受中国人民银行委托,组织全国6所财经院校主编《中国社会主义市场学》一书,引进国外市场学研究最新成果,结合我国的国情提出建设具有中国特色社会主义市场学的观点。主编《工业企业市场经营学》、《市场学辞典》、《市场营销学》等著作。

【江林】女,中国人民大学工商管理学院教授。中国高等教育学会商科高等教育分会副秘书长,中国市场学会理事,中国高等院校市场学研究会会员,中国公共关系协会会员,中国国际公共关系协会会员。美国CLEMSON大学工商管理学院管理系高级访问学者;加拿大WINDSOR大学工商管理学院访问学者。研究方向为市场营销、消费者行为、旅游市场营销、公共关系。主要专著、教材有《21世纪企业公共关系构筑》、《百年西尔斯——在竞争中崛起的零售巨人》、《现代市场营销学》(修订本)、《消费者行为学》、《现代市场营销管理》等。

【江明华】(1965—)北京大学光华管理学院教授,市场营销系副主任,《营销科学学报》理事。中国市场学会理事,北京大学中国企业案例库研究员,国家自然科学基金同行评议专家,中央电视台广告策略顾问。北京大学经济学博士。英国赫特福德郡大学商学院和美国西北大学凯洛格商学院访问学者。主要教学课程:营销管理与分析、营销案例分析、品牌管理和营销专题研究等。主要研究领域为消费者行为、品牌资产管理和广告与品牌战略,以及银行(信用卡)营销和体育营销。主持研究国家自然科学基金项目"品牌价值构成要素及其影响因素"和"品牌个性维度及其测量表研究"。于《北京大学学报》《管理世界》和《金融研究》等学术期刊发表论文有《金钱和信用态度影响信用卡透支的实证研究》《价格促销的折扣量对品牌资产影响的实证研究》《商店形象与自有品牌感知质量的实证研究》等多种。

【江若尘】(1963—)女,安徽滁州人。安徽财经大学商务学院教授、院长,博士。中国市场营销学会理事,中国高校市场学研究会常务理事,安徽省广告学术委员会副主任,蚌埠市政府专家咨询委员会成员,多家企业和咨询公司顾问。研究领域主要集中在市场营销管理、企业利益相关者理论、中小企业和广告学等方面。主要讲授的课程有本科课程:市场营销、市场调查与预测、营销环境、广告学、企业形象策划等;研究生课程:市场营销研究、广告研究、CIS 等。主持和参加十几项国家级及省部级课题。在国内外期刊 Journal of Customer Behaviour、《经济管理》《财经研究》《数量经济技术经济研究》《工业企业管理》等发表论文 30 余篇。出版专著 3 部,主编和参编《市场营销学》等教材 4 部。获省教学成果二等奖

等奖励。

【姜法奎】(1949—)云南财贸学院工商管理学院教授、院长,省级重点学科带头人,中小企业研究中心主任。中国市场学会理事,中国工业经济研究与开发促进会理事,云南省市场学会常务理事,云南省系统工程学会理事。西南交通大学哲学学士、经济学学士。1980—1982 年被选送美国宾夕法尼亚大学沃顿商学院与上海交通大学合办的管理科学和计算机科学双硕士班学习;到新西兰、英国、美国的名牌大学留学、深造和讲学共 4 次。主要从事管理学、战略管理、市场学教学与科研工作。主持省级课题 7 项。主编教材 5 部,译著 3 部,在《中国工业经济》《经济问题探索》等专业期刊发表论文 50 余篇。

【蒋明新】(1935—)1958 年毕业于四川财经学院工业经济系。西南财经大学教授,工商管理学院企业管理研究所所长,博士生导师。国务院津贴专家。曾兼任四川省企业管理协会常务理事,四川省技术经济与管理现代化研究会常务理事、副理事长,四川省科学技术协会理事,全国大中型企业领导干部岗位职务培训研究组总组成员、总经济师岗位职务培训研究组组长。主要学术专著、所编教材有全国大中型企业领导干部培训教材《工业企业经营学》;全国"七五"重点科研项目"中国企业经营管理系统研究"8 个子项目之一的最终成果《经营管理大系:管理组织卷》;《管理心理学》(增订第三版);《企业经营战略》(修订本);西南财经大学"211 工程"重点学科建设项目——MBA 教材《人力资源开发与管理》;《中小企业创业与管理》。主要论文有《试论工业企业管理》《按照商品经济的客

观规律组织生产与经营》、《论当前我国产品结构调整的特点与对策》、《企业：市场竞争的主体与客体》、《企业兼并要规避风险》、《对中国国有企业改革的管理学思考》、《电业改革降价为先》、《中国新时期工商创业研究》、《加入 WTO 对四川经济及主要产业的影响与对策》。主创"企业管理博士生培养模式创新"项目，获四川省优秀教学成果一等奖、国家二等奖。研究方向是管理发展与变革，公司政治学。

【蒋青云】(1964—)复旦大学管理学院教授，复旦大学中国市场营销研究中心副主任、秘书长。中国市场学会常务理事，学术委员会委员、副秘书长，香港大学经济与工商管理学院荣誉客座教授。曾任华东理工大学工商经济学院副教授，香港中文大学和美国麻省理工学院访问教授。上海市优秀青年教师。获复旦大学"孟山都奖教金"、"花旗奖教金"、"溢达奖教金"和"MO-TOROLA 奖教金"。主要研究方向为市场营销理论、中国企业营销战略、网络营销、营销渠道管理、营销经济学理论及其应用。担任复旦大学 MBA、EMBA 和市场营销专业营销管理、高级营销管理、营销渠道与网络营销、营销渠道管理及创新等本科生课程。主持上海市重大决策咨询研究项目 5 项；主持企业管理咨询项目 30 余项；主持上海电信、宁波电子信息集团、上海汽车销售公司、上海建材集团和南昌钢铁集团等 20 多家企业的营销和战略管理咨询项目，为欧莱雅（中国）、上海电信、广东移动等 60 多家中外企业做过管理培训和讲座。在《中国工业经济研究》、《经济管理》等专业刊物发表论文 50 余篇；著有《国际企业营销》等著作；主持翻译出版《营销渠道》；编写、发表市场营销教学案例 20 多篇。

【蒋三庚】(1955—)首都经济贸易大学商务管理系主任。中国市场学会理事，中国价格学会理事，北京市金融学会常务理事。中国社会科学院研究生院博士。北京市跨世纪理论人才"百人工程"成员，北京市优秀人才，首都经济贸易大学优秀中青年教师。主持北京市社科基金项目"北京市加快发展商务中心区建设研究"等两项、北京市教委社科研究项目 3 项，出版专著（含合著）4 部，发表论文 40 余篇。

【金润圭】(1947—)浙江宁波人。上海华东师范大学商学院教授、院长，博士生导师，华东师范大学国际企业研究所所长。民办中侨学院院务委员会主任，常务副院长。中国企业跨国经营研究交流中心常务理事、副秘书长，上海远东企业经营研究所所长，上海市体改研究会理事，国家教育委员会考试中心兼职研究员，美国经济学会会员，美国 ODE 国际经济学界荣誉组织马里兰分会会员。美国霍夫斯特拉大学（Hofstra Unversty）访问学者，美国马里兰州霍达学院（Hood College）访问学者并任教。主持上海市哲学社会科学"八五"重点研究课题"上海股份制企业集团研究"，国家教委"九五"人文社会科学研究博士点基金研究项目"跨国公司对华投资战略及其对中国企业的影响"。主要著作：《乡镇企业物资管理》、《经营决策学》、《企业风险与管理》、《国际企业管理》、《国际市场营销战略与过程》（合著，第一作者）、《股份公司组建和管理》（主编）等。其中《企业风险与管理》获"日本赤羽学术奖"，《国际企业管理》获"日本赤羽著作奖"和上海市哲学社会科学优秀成果奖。发表论文60余篇,主要有《国际化——我国企业的发展方向》、《加速上海企业的国际化进程》、《股份制企业集团应成为跨国经营的主力军》、《上海企业跨国经营的新格局》、《对跨国公司全球战略的思考》等。

【金晓彤】(1964—) 女,回族,吉林大学商学院市场营销系教授,经济学博士。研究方向为市场营销、消费者行为、跨国经营。承担主要科研项目有国家社科一般项目"扩大农民消费问题研究",高等学校校内人文社会科学研究项目"不同经济体制下的城镇居民消费行为比较研究",吉林大学世川良一基金项目"我国市场中介组织发展现状与对策研究"。主要学术著作有《经营理财与风险防范实务》、《现代国际市场营销学》,论文有《我国居民消费行为分析——过度敏感性假说的运用》、《我国城镇居民消费过度敏感性的实证检验与经验分析》。

【金永生】(1965—) 河北人。经济学博士。北京邮电大学经济管理学院教授,博士生导师。中国市场学会常务理事,全国高等院校贸易经济教学研究会常务理事,中国企业家协会 CI 设计委员会专家组成员,国家自然科学基金委员会评审专家,北京锐迪流通经济研究所研究员,中央电视台视点央视传媒中心顾问,摩托罗拉大学兼职教授,中国矿业大学、北京广播学院兼职教授,中国科学院心理研究所兼职教授,北京费尔通市场与传媒调查有限公司高级研究员。北京市"跨世纪优秀人才",国家自然科学基金委员会同行评议专家,北京市政管理委员会特聘专家顾问。"全球华人大学企业个案研讨赛"评委。

作为管理专家为五粮液集团、万达股份有限公司、济南钢铁公司、中国印钞造币总公司等 10 多家企业做过战略规划、营销策划及 CIS 设计。有《流通产业组织论》、《市场营销学通论》、《市场营销管理》、《关税及贸易总协定手册》等 11 部专著及相关教材,发表论文 100余篇,主持省级部级以上科研课题 13 项;多项著述获省部级以上奖励。

【靳俊喜】(1963—) 重庆工商大学商务策划学院院长,商务策划研究所所长。全国高等院校市场学研究会常务理事,中国市场学会理事,中国商业经济学会理事、特邀研究员,中国商业企业管理学会理事,全国企业管理协会咨询委员会成员,中国策划研究院专家组成员,全国高等教育自学考试指导委员会经济管理类专业委员会委员,《中国策划》副总编辑、《商业时代》理事会理事,重庆市市场学会副秘书长,重庆汽车工程学会副秘书长,重庆市名牌战略发展研究院常年顾问,重庆国际公共关系学校客座教授。四川省优秀教师。主持和参加国家级、省部市级社会科学基金研究项目、软科学研究项目、人文社科项目 9 项,主持地方政府与企业委托项目 8 项,主持省部级教学研究课题2 项,主持校级课题 3 项。发表学术论文 60 余篇,独立或合作完成论著、教材13 部。

【靳明】(1961—) 浙江财经学院教授、科研处处长、研究生办公室主任。浙江省"新世纪 151 人才工程"入选人才。浙江省中青年学科带头人。中国市场学会理事,中国高等院校市场学会常务理事,中国数量经济学会理事,浙江省企业管理研究会常务理事,杭州市市场营销协会专家咨询委员会副主任。

浙江大学工业管理工程专业研究生毕业,企业财务管理专业博士生。从事专业方向:企业战略管理、市场营销、上市公司治理、产业组织等。主持国家级软科学研究项目、科技部项目、财政部项目、浙江省社科规划项目,及政府部门、企事业单位委托项目多个。在《中国工业经济》、《统计研究》、《数量经济技术经济研究》、《经济学家》、《经济管理》、《管理工程学报》等刊物发表论文 50 多篇,出版著作与教材有《市场营销管理》、《市场营销策划》、《现代公共关系实务》、《现代公共关系案例评析》、《现代工商企业管理学》、《现代产业组织》、《中小企业改革与发展研究》等。

【荆建林】(1964—)清华大学经管学院 MBA 学院、清华大学经理人培训中心教授。中国战略研究会特约研究员,中国战略研究会企业经营与战略部主任。北京市教委"高等学校优秀骨干教师"。1994 年应日本外务省邀请,就市场营销、中小企业发展战略专题赴日本东京大学等单位研修。1997 年赴美国休斯顿大学研修,期间考察了美孚、壳牌等在美诸多著名公司。多次出席国际学术会议;曾在联合国教科文组织"中小企业发展国际学术研讨会"代表中国专题发言。在 Development 等国际期刊上发表英文学术论文若干篇。出版的专著和主编的高校教材有《多维视界中的企业文化》、《管理创新》、《现代市场营销学》、《营销博略》等 8 部。发表中英文学术论文 93 篇。参加大型工具书《新帕尔格雷夫经济学大辞典》、《现代国外经济学论文选》和《农业经济译丛》等书的翻译工作。主持翻译《海外经典市场营销项目、案例选》。在报刊发表多篇译文。著作、教材和论文

(译文)总约 200 万字。已完成或正在研究的国际、国家自然科学基金、部级和企业课题 20 项,获部级科技进步奖。

【景奉杰】(1957—)华中科技大学教授、博士生导师。中国高校市场学研究会常务理事,中国市场学会常务理事兼副秘书长,湖北省市场营销学会副会长兼秘书长。美国西佛罗里达大学客座教授。主要承担市场营销研究方法方面的教学与研究。主编高等学校市场营销专业教材《市场营销调研》,参与编写本科生和研究生教材及其他著作多部,发表学术论文 40 余篇。主持多项企业营销咨询、市场调查和管理培训项目。中国营销人金鼎奖和市场营销理论贡献奖评委。主要科研成果有《市场营销调研》、《营销经略——营销管理案例》、《企业营销道德》、《市场营销学》。

【康灿华】(1959—)武汉理工大学国际经济与贸易系教授、博士生导师,证券研究所所长。湖北省"跨世纪学科带头人"。国家社会科学基金重点项目鉴定评审委员,中国市场学会理事,湖北省市场营销学会常务理事,湖北省企业家协会理事,武汉市宏观经济学会理事。主要研究方向是国际投资与跨国经营、股份经济与证券投资。主持国家和省部级科研课题 8 项,主持横向课题 7 项,参与省部级科研课题 4 项(1 项获国家机械部科研成果二等奖)。主持研究的项目:国家社科基金项目"加入WTO 与中国汽车工业发展研究",湖北省科委"引进利用外资与湖北省产业结构调整研究",中国汽车工业总公司"汽车产销体系构建研究",民生银行武汉分行"银行多角化经营研究",交通银行西安分行"经营环境变迁对商业银行的

影响及对策研究"等。著有《工业外贸概论》等著作、教材10部。发表学术论文近40篇。

【康锦江】（1944—）江苏如皋人。东北大学工商管理学院市场学系主任。辽宁省技术经济与管理现代化研究会常务理事、秘书长，东北电气发展股份有限公司独立董事。研究方向：市场营销、企业重组、企业经营管理。著有《中国古代管理百例》、《全面经济核算》、《现代企业管理全书》、《企业营销理论与实务》、《国有企业重组案例研究》、《现代市场营销学》。

【寇小萱】（1964—）女，河北石家庄人。天津商学院国际教育学院教授、院长。研究方向为企业伦理和市场营销。发表论文《可持续发展思想的演变与绿色经营》、《不道德营销行为的产生原因及治理途径》等，专著有《企业营销中的伦理问题研究》、《国际市场营销学》等。获天津市高等院校"教学楷模"称号。

【邝鸿】（1924—）中国人民大学教授。早在20世纪三四十年代，就开始接触西方经济理论和国外营销学说，曾在香港邮政汇兑局从事经济研究工作。1950年来内地，先后在山西大学和中国人民大学任教。改革开放后，致力于西方营销理论的研究和教学，出版具有极高学术水准的论文和著作。力主对西方营销理论要原原本本地学，并结合中国实际不断发展创新。率先赞同将Marketing学科的中文名称定为"市场营销学"。同时，特别要求在市场营销教学实践中鼓励学生使用英文原版教材。

【兰苓】（1952—）女，天津市人。北京工商大学管理系主任。中国市场学会理事、副秘书长，中国高等院校市

场学研究会常务理事。1980年起任教，讲授市场营销、商业经济、市场调查、公共关系、新产品开发管理等课程。主编和参加主编《现代市场营销学》（1997年被国家教委认定为首批高等院校财经类专业主干课推荐使用教材）、《促销管理》、《营销理论与实践》、《营销案例分析》、《市场营销学教材》（专升本）等12种著作和教材。完成省部级研究课题3项，发表论文40多篇，其中《需求规律与心理定价策略》、《我国连锁业的现状与对策》、《论我国的市场营销审计》、《市场经济体制下企业价格竞争的决策模型初探》等，获中国市场学会、中国高等院校市场学研究会论文奖。

【雷鸣】（1957—）华南理工大学工商管理学院教授。中国营销学会副秘书长，中国营销研究中心研究员，中国市场学会理事，中国高校市场学研究会理事，广东营销学会副秘书长，广东营销沙龙首席主持，朗思管理培训中心特聘培训导师，福建营销研究咨询中心客座研究员，数家企业的管理与营销顾问。中山大学企业管理经济学硕士、市场营销博士生。曾任广州信孚学校副校长、广州知行职业学校校长、虹桥酒店管理培训中心副主任、香港《酒店管理》杂志执行主编、广东国际贸易广告公司总策划、广东南德市场策划咨询公司总经理助理、广东创世纪设计策划公司副总经理、《广东技术经济与现代管理》副总编、美国Global Consultants Co.培训导师等职。主要在高校从事教学与科研，同时担任雷鸣工作室首席训练师，从事企业的培训与咨询工作。培训和顾问的客户包括健力宝、美国康胜啤酒、百事可乐；家电行业的科龙、美的、康宝、东宝；电信行业的AT&T、广东电

信公司、广东移动公司、中每房地产公司等。发表论文上百篇，主要著作有《中国广告实用手册》《谈判与推销》、《现代人员推销学》《分销管理》《分销决策与管理》等。

【李崇光】（1957—）湖北竹山人。华中农业大学经济管理学院、土地管理学院教授、院长，博士生导师。教育部农林经济管理教学指导委员会委员，中国市场学会常务理事，中国高校市场学研究会常务理事，中国市场学会商品批发市场发展委员会特聘专家，湖北省文科重点研究基地湖北大学外向型经济研究中心学术委员会委员，湖北省文科基地武汉科技大学科技政策研究中心学术委员会学术委员，湖北省文科基地武汉科技大学中小企业研究中心学术委员会学术委员，湖北省文科基地华中农业大学农村发展研究中心学术委员会常务副主任，湖北省经济学学会副理事长，湖北省科协常委，湖北省软科学研究会理事长，湖北省市场营销学会副理事长，中共湖北省委政研室兼职研究员，华中农业大学工商管理研究所所长，华中农业大学科协副主席，华中农业大学学位委员会副主席。国务院津贴专家，农业部有突出贡献中青年专家，湖北省跨世纪中青年学科带头人。曾赴美国 Iowa State University 研修。主要从事城乡经济发展、农产品贸易和农产品营销理论与方法研究。在《中国软科学》《中国农村经济》等刊物发表论文 60 多篇，出版专著《农产品比较优势与对外贸易整合研究》及国家"十五"规划和面向 21 世纪教材《农产品营销学》等。

【李丁】（1954—）首都经济贸易大学管理学院教授、常务副院长。学术著作主要有《商贸企业定价》《跨世纪的思考——中国商贸经济现状与发展》、《商标与广告管理》（全国高等教育自学考试指定教材）《消费心理学》（全国高等教育自学考试指定教材）《企业定价》。主要论文有《浅谈国际贸易中的商品包装》《对利用外资的几点看法》《市场竞争战略与价格策略选择》《绿色包装发展中的几个问题》、《对绿色壁垒形成及影响的思考》《强化环保绿色经济大行其道》。

【李飞】（1958—）清华大学管理学院教授。北京商学院经济学硕士，中国人民大学经济学博士，法国巴黎大学访问学者。中国市场学会常务理事，流通专家委员会副主任，《市场营销导刊》副主编，中国商业经济学会常务理事、学术委员会委员，国务院津贴专家。学术研究项目有"市场定位点选择及效果研究"、"零售企业竞争力和竞争优势研究"。在《中国工业经济》《南开管理评论》《财贸经济》《保险研究》《清华大学学报》等期刊发表论文 30 余篇。主持或参与联合国粮农组织、国家"863"计划、北京市社会科学基金、科技部和商务部等国家和省部级研究课题 7 项。

【李福学】（1960—）辽宁凌海人。渤海大学管理学院教授、院长。辽宁省市场学会副会长，辽宁省经济体制改革研究会常务理事。主要研究方向：企业管理、市场营销。在《经济学动态》、《中国流通经济》《中国市场》《商业时代》《商业研究》等期刊发表《经济转轨时期中国储蓄的实证分析》《我国中小企业发展中存在的问题与对策研究》《市场经济下的人才培养模式探析》《国有企业改革与发展的几点思考》等论文 40 多篇。组织和参与的市场营销本科课程获辽宁省首届省级精品课；主编、参编《市场营销学》、《饭店营销学》等著作、教材 10 部；主持、参与"中国本土化企业与高校案例组建工程"、"高等商科学生综合素质培养研究"等国家、省级课题 8 项。获辽宁省自然科学成果奖，辽宁省教学成果奖。

【李国振】（1943—）湖北武昌人。上海交通大学教授。全国高校市场营销研究会副会长，上海市场学会副会长，上海海达旅游发展研究院常务副院长。原西德康斯坦兹大学交换学者。1984 年进入上海交通大学管理学院工商管理系，参与、主持组建技术经济、国际贸易和旅游管理等 3 个硕士研究生点。1986—1987 年筹建国家教委所属高校第一个酒店管理专业；直至 1999 年担任旅游（酒店）管理系副主任、主任。入选美国传记学会《国际杰出人物录》、《国际名人录》。研究方向为营销管理、战略管理、城市与旅游规划、谈判与沟通。主要著作有《实用饭店营销学》、《消费心理学》、《市场经营销售学》、《美、德、日、苏经济发展的比较》、《新加坡城市研究》、《旅游营销管理》，参编著作有《小型船舶结构与建造》、《中国造船史话》、《管理沟通》、《旅游市场营销学》、《饭店销售部的运行与管理》等。

【李怀斌】（1956—）山东人。东北财经大学工商管理学院教授，市场营销教学部主任。中国市场学会理事，中国高校市场学研究会常务理事，辽宁省市场学会副会长兼学术委员会主任，澳门科技大学兼职教授，"高等院校本科市场营销专业教材新系"编写指导委员会委员，大连企业发展研究会咨询委员会委员。从事市场营销教学和科研工作，是东北财经大学 2002 届毕业生评选的"最具影响力的老师"之一。研究方向为营销管理，重点是整合营销策划与营销组织设计。承担各级科研课题多项。曾主持企业营销设计方案、市调报告和产品营销策划书，应邀作营销学术报告和实战专题讲座。出版《企业组织范式研究》、《中国商品房市场营销研究》等营销专著和教材 10 多部，发表论文百余篇。

【李连寿】（1939—）上海海事大学教授，中国高校市场学研究会副会长。曾是西安交通大学市场营销和企业管理学术带头人。1993 年作为引进人才调入上海海事大学（原上海海运学院），担任工商管理教研室主任、研究生导师、学科带头人。长期从事企业管理和市场营销的教研工作。1980 年即参加中美合办的中国工业科技管理培训中心第一期学习，也是中国高校市场学研究会的创建人之一。主持"出口企业市场营销策略研究"、"培育和发展我国水路运输市场研究"、"关于繁荣和发展浦东新区东方路商业街的研究"、"上海集装箱枢纽港投资融资战略研究"等 4 项科研项目。主编或参编 16 部著作，如《工业企业管理》（1981 年出版，系全国同类第一本）、《工业企业市场经营学》（总纂）、《现代市场营销大全》（分篇主编）、《市场学辞典》、《现代实用市场学》（副主编）、《航运市场营销学》（主编）等。发表论文 20 多篇。获得各种奖励 6 次（其中省部级优秀教材二等奖 2 项）。

【李琪】（1955—）西安交通大学电子商务专业教授，经济与金融学院副院长，博士生导师。全国高校电子商务专业建设协作组组长、中国信息经济学会电子商务专业委员会主任。先后组建电子商务研究所;主持"985"计划中的西安交大"网络经济中制度与技术创新";合作完成科技部"证券电子商务平台建设"项目;到美国多所大学、企业和商务部做高级访问;主持陕西省电子商务与电子政务重点实验室工作。作为电子商务专业教授,其学术见解被《人民日报》和《经济管理》等报刊报道。发表论文50余篇(被ISTP检索6篇);出版图书13种(专著《中国电子商务》被美国国会图书馆收藏);主持国家、省部级和横向项目15项;主办国际学术会议3次;促成多个上亿元项目;获国家专利1项。

【李拓晨】(1964—)黑龙江肇东人。哈尔滨工程大学经济管理学院教授、硕士生导师。哈尔滨市委市政府专家顾问,哈尔滨对俄科技合作专家顾问,黑龙江省管理学会理事,东北亚经济研究会理事,全国市场总监培训专家。从事竞争力方面的研究,主持省部级课题3项。出版《现代市场营销学》、《国际经济技术合作》、《国际贸易》等5部教材与专著,发表论文多篇,完成横向课题9项。

【李维安】(1957—)南开大学国际商学院长江学者特聘教授、博士生导师,管理学博士、经济学博士,南开大学公司治理研究中心主任、现代管理研究所所长,《南开管理评论》主编。国务院学科评议组成员,国家教育部工商管理教学指导委员会委员,国家自然科学基金委评委,国家图书奖经济管理类评委,国家留学基金委评审专家,中国发展战略学研究会常务理事,天津市管理学会会长,香港城市大学、日本一桥大学、庆应大学等海内外14所院校的兼职教授、博导或研究员。政府特殊津贴专家。从事公司治理与企业集团管理、网络组织理论研究与教学工作,主持国家自然科学基金、国家社科基金、教育部社科基金、国家教委留学归国人员科研基金、国家教委优秀年轻教师基金、国家软科学项目基金等24项纵向课题,10余项与大型企业合作的横向课题;承担多项国际合作项目。专著《公司治理》获中国经济学界最高奖项——孙冶方经济科学奖(2002年度)、天津市第八届优秀社科成果特等奖;《股份制的安定性研究》获第二届蒋一苇企业改革与发展基金优秀著作奖和天津市第七届优秀社科成果一等奖;《现代公司治理研究:资本结构、公司治理与国有企业股份制改造》入选管理科学文库。论文《改革实践的呼唤:中国公司治理原则》获教育部第三届社会科学优秀成果一等奖。作为国内最早出版的公司治理教材《公司治理教程》获教育部推荐研究生教材。

【李蔚】(1962—)四川大学工商学院教授、博士生导师,四川大学营销工程研究所所长。国际行为发展研究会会员,中国市场学会理事中国心理学会会员,四川省经济学会常务理事、副秘书长,四川省心理学会常务理事,消费心理与营销专业委员主任,四川省营销学会(筹)负责人。主要致力于营销安全和营销工程方面的研究,在学术界首次提出"营销流"、"营销安全"的概念和理论体系,得到应用。发表论文70余篇,出版《营销流管理》、《营销安全》、《CS管理》、《市场营销大全》、《营销策划》、《营销革命》、《自我推销》、《CS战略》、《人生心理咨询》、《学习心理学》等学术专著 20 余部,《创业营销学》、《营销技术学》待出版。主持国家级、省部级和横向科研课题 10 余项。获省市人文社科奖、科技进步奖 6 项。

【李小红】(1956—)女,广西南宁人。广西财经学院国贸系教授,主要研究方向为贸易经济与营销管理。主要著作有《分销渠道设计与管理》、《市场营销学》。

【李兴国】(1953—)中国最早的公共关系教授之一。北京联合大学应用文理学院广告研究所所长、公关研究所所长。中国公关协会学术委员会秘书长,中国市场学会品牌专业委员会副主任,中国首届策划艺术成果博览会专家委员会副主任,中国国际公共关系协会理事、学术委员会委员,中国广告协会学术委员会委员,国家职业资格委员会公关专业委员会委员,北京旅游饭店业培训中心客座教授,北京旅游局酒店经理旅行社经理持证上岗培训教师。北京市优秀青年骨干教师、爱国立功标兵、优秀教学成果获得者,被《中外管理》、《中国策划》等杂志誉为“中国公关三杰”、“公关策划的三个代表人物”之一、中国公关“四大才子”之一,荣获“世纪策划英才奖”、“2000 年最具影响力的策划人”等称号。提出“广义公关创造学”、“信息六度策划法”、“七唯一策划法”、“全信息策划法”、“企划型公关”、“AI 和 CIS 五要素说”、“三名五度战略”、“冰山效应理论”等学术观念。负责哲学社会科学“十五”规划“北京的城市 CIS(城市形象)与舆论导向”课题的研究工作。主持和参与策划国际国内公关活动上百次。为我国企业开发区、开放城市导入 CIS 73 家。

【李秀荣】(1964—)女,山东荣成

人。山东财政学院工商管理学院教授。陕西师范大学心理系心理学硕士。主要研究领域为消费者行为、人力资源、服务营销管理。

【李雪欣】(1962—)女,辽宁大学工商管理学院教授、副院长。辽宁省市场学会副秘书长,辽宁省营销文化研究会特约研究员。研究方向:企业管理、营销管理、跨国公司经营管理。主持省教委“成熟期我国利用外商直接投资问题研究”课题;教育部“中国跨国公司论”项目。论文《法德意国有企业管理及其启示》获沈阳市社科优秀成果奖;《企业家与经营哲学》获省社科优秀成果论文奖;《乡镇企业发展的关键在技术和管理》获全国“两个转变”与企业改革研讨会优秀论文二等奖。参编著作《经理厂长记录知识库》获省社科优秀成果著作二等奖。

【李晏墅】(1952—)江苏盐城人。南京师范大学商学院教授、院长,博士生导师。江苏省高级市场营销人才培训中心主任,中国土地与国情研究会常务理事,中国市场学会理事,江苏省资本论研究会副会长,江苏省市场营销学会副会长,江苏省哲学社会科学研究“九五”、“十五”规划学科专家组成员,江苏省高校系统和出版系统高级职称评委会评委。曾任南京师范大学工商管理系主任、南京师范大学出版社总编辑,江苏省首批“333 跨世纪学术、技术带头人培养工程”培养对象。从事经济理论与经济管理教学与研究工作,承担本科生、研究生主干课程 4 门。学术研究注重理论与实践的结合,重视研究成果为社会主义经济运行服务。主持国家教委、江苏省政府、江苏省教育厅社科项目 6 项,其中有被实际部门所采用。出版《中国社会主义市场经济理论探索》、《销售管理启示录》等学术专著、教材10部。在《经济学动态》、《经济管理》、《江海学刊》等期刊发表《诚信：社会主义市场经济运作的基本准则》等学术论文90余篇，其中30多篇被中国人民大学报刊复印资料、《经济学文摘》及一些政府网站摘录或转载。

【李艳军】（1963—）女，华中农业大学经济管理学院教授，土地管理学院党委副书记。湖北省市场营销学会理事，湖北省农村软科学研究会理事，湖北省公共管理学会理事。华中农业大学硕士，华中农业大学农业经济管理专业博士研究生。主要从事市场营销及农产品营销研究。主持省部级课题多项，发表研究论文20余篇。获湖北省政府教学成果二等奖，华中农业大学教学成果一等奖。

【李业】（1952—）华南理工大学工商管理学院教授、副院长。中国市场学会理事，中国流通经济研究会理事，广东经济学会常务理事，广东国际经济研究会常务理事，广东消费经济研究会常务理事，广东管理现代化成果评审委员会特邀专家。主要研究领域：市场营销、品牌管理、服务营销等。讲授课程：营销学原理、营销管理、市场预测、品牌管理、服务营销。主要著作：《品牌管理》、《教育改革与教学研究论文集》、《营销管理》、《营销学原理》等。

【李垣】（1961—）西安交通大学管理学院教授、院长。全国管理科学与工程类教学委员会副主任。西安交通大学国家重点学科管理科学与工程一级学科带头人，西安交通大学首批跨世纪人才，腾飞计划特聘教授。吉林工业大学技术经济专业硕士；西安交通大学管理专业博士。曾赴加拿大两所大学进行合作研究；伦敦商学院访问教授。入选国家教委跨世纪优秀人才计划。国务院津贴专家，国家自然科学基金资助杰出青年。主持、参加46项科研项目，其中负责国家级项目11项，省部级以及国际合作项目12项。获国家教委、省部级科技成果奖项9项，获全国性论文大奖赛奖励两次。发表学术论文200余篇，出版专著9部，主译专著1部。

【厉以京】（1932—）华南理工大学教授，中国高校市场学研究会顾问。市场学教学研究先行者之一。1956年毕业于华南工学院（现华南理工大学），留校教学48年。1982年以后曾先后担任华工大管理工程系主任和工商管理学院首任院长。20世纪80年代初期，作为中国工业科技管理培训中心（中美合办）教师，为在我国推广现代市场营销理论发挥了积极作用。多次出国进行访问讲学，与美、加、澳各大学进行学术交流。多次去香港中文大学、城市大学、理工大学、浸会大学、岭南大学访问、讲学、科研，介绍中国市场营销理论和实践。著有《经营管理》、《市场学》、《国际企业》等著作以及学术论文百余篇，完成多项科研项目。比较重要的科研成果：国家自然科学研究基金项目"零售技术的国际转移"、"中小企业的市场营销研究"。

【梁文玲】（1965—）女，山东大学（威海分校）教授，商学院副院长。中国高等院校市场学研究会理事，山东大学威海分校学术委员会委员、教学指导委员会委员。毕业于中国人民大学贸易经济系。主要从事企业战略管理、市场营销管理、服务营销学、国际企业管理等工商管理课程的教学与研究工作。

系"山东大学教学能手"、"山东大学威海分校教学名师"、"山东大学威海分校青年学科带头人"。主讲课程市场营销学获山东省精品课程称号。主编、参编教材 4 部,发表专业学术论文 20 余篇,主持或参加各类研究项目近 10 项。为地方经济发展与企业管理实践服务,大力倡导战略管理的经营理念。

【梁燕君】(1944—)女,天津财经大学商学院市场营销系教授,副主任、硕士生导师。十届全国政协经济委员会委员,天津市人民政府参事,天津市标准化学会、天津市商业文化研究会、天津市消费者协会理事。著有《现代商品学》、《商品质量检验》。

【廖成林】(1958—)重庆大学经济与工商管理学院教授、院长助理,博士研究生导师。中国市场学学会理事,中国流通经济学会理事,中国高等院校市场营销学会理事,中国技术经济与数量经济学会会员,《光机电技术》、《化工矿业技术》编委。重庆大学管理学硕士。主要从事企业管理、市场营销等方面的教学和科研工作。曾任教研室主任、系主任、副院长。承担省部级科研项目 5 项,参与国家自然科学基金项目、横向联合科研课题 10 余项。创办公关广告策划公司,担任企业管理及营销顾问,参与多个大中型企业管理及营销策划。发表论文近 30 篇。编写《市场经济法通论》、《现代企业管理》、《矿山企业设计原理》等教材 9 种。

【廖进球】(1958—)江西财经大学教授、校长,博士生导师。曾任江西财经大学贸易经济系主任,市场经济研究所所长,工商管理学院院长。江西省十大杰出青年。中南财经大学经济学博士。研究方向为商业经济与管理理论、

政府规制理论。作品主要有《论市场经济中的政府》、《社会主义初级阶段劳动力市场理论与实践》、《加入 WTO 与中国商业大型企业》、《商务管理学》等。

【林岚涛】(1965—)贵州大学经济学副教授,企业管理硕士生导师,经济与管理学院副院长。中国市场学会理事,中国高校市场学研究会理事,中国软科学研究会会员,贵州省广告协会学术委员会委员。主持课题:贵州省软科学项目"市场经济条件下商业文化与企业行为研究";省自科基金课题"行业市场营销的规范研究";省教育厅社科研究项目"贵州医药产业发展模式研究"。发表论文 20 余篇。为贵州省 30 余家企业完成管理知识培训。

【林力源】广州大学管理系教授、市场系营销主任,中国策划研究院院长,中国孙子兵法应用研究中心首席专家,中国社会心理学会副会长。心理学家和战略问题专家。从事心理学、组织行为学、世界经济、国际战略和企业发展战略研究。讲授企业战略管理、人力资源管理、企业文化等课程,被誉为"品牌教授"。为许多大中型企业提供过战略咨询。主要著作有《技术经济学》、《工业企业技术管理》、《管理人才素质修养》、《现代中国人才拓展训练》、《中国式直销》等。曾获"首届中国十大策划风云人物"称号。

【林志扬】(1956—)厦门大学企业管理系教授、副院长,中国企业管理研究会副理事长。主要从事市场营销与管理理论的教学与科研工作。曾获2003 年厦门大学十大优秀教学名师奖、福光基金会二等奖,厦门市优秀社会科学成果二等奖,福建省优秀社会成果奖。承担国家自然科学基金项目,福建

省社科规划项目,多项横向科研课题。著有《管理学原理》。

【刘翠萍】(1948—)女,山东财政学院教授。主持省部级以上课题10余项,其中国家社会科学基金项目2项。发表论文40篇,主编学术专著1部,主编教材3部。获省部级优秀成果奖3项,其中专著《我国农村市场开发方略》获国家优秀图书二等奖。

【刘凤军】(1963—)中国人民大学工商管理学院教授、博士生导师,经济学博士后。主要科研项目:国家社会科学基金资助项目"农机市场体系及其运行机制研究",国家自然科学基金资助项目"市场对接条件下企业营销国际化发展战略研究",中国博士后科学基金资助项目"国有企业市场主体化研究"、国家教委博士点基金资助项目"对外贸易与国内市场关系研究"、国家财政部重点科研项目"企业经营业绩评价问题研究"。主要著作有《品牌云营论》、《市场营销学》、《市场营销理论》、《管理会计》。

【刘红松】(1951—)营销管理咨询专家,心理学家和战略问题专家。中国孙子兵法应用研究中心首席专家,中国社会心理学会副会长,从事心理学、组织行为学、世界经济、国际战略和企业发展战略研究。著有《西方文化战略及其对策》、《竞争方略》、《面向二十一世纪的战略抉择》、《管理艺术》等著作。在国内外著名大学担任工商管理和公共管理课程讲座教授。主讲政府战略管理与区域城市发展战略、企业战略管理与中小企业发展战略、孙子兵法、领导艺术、管理沟通等课程。

【刘静艳】(1965—)女,中山大学教授,旅游酒店管理系主任。中山大学服务性企业管理研究中心副主任。广东省生态学会理事,生态旅游专业委员会副主任委员。主要研究领域:旅游管理、生态旅游、服务性企业管理、领导艺术、团队管理。美国康奈尔大学访问学者。华南师范大学理学硕士,中山大学理学博士。1988—1995年在陕西师范大学旅游与环境学院任教,获校级教学质量优秀奖;1998—2000年在企业任职,负责人力资源管理及有关商务礼仪、团队训练等培训;2000年以来在中山大学管理学院工作,兼企业顾问。主持广东省自然科学基金团队项目"南澳岛生态旅游发展战略研究与海岛生态旅游综合示范区建设"及项目子课题"生态旅游理论问题研究";主持"团队建设及其案例研究"。在《中山大学学报》、《学术研究》、《生态学报》、《生态学杂志》、《应用生态学报》、《旅游科学》等刊物发表论文近30篇;主编和参与编著《导游学教程》、《生态旅游的理论与实践》和《绿色环球21世纪可持续旅游标准体系》等书的编译。

【刘莉】(1951—)女,深圳大学管理学院教授,副院长。中国企业管理研究常务理事,中国项目管理委员会委员,国际项目管理专业资质认证(IPMP)委员会评估师,深圳市企业协会咨询业专业委员会高级顾问等职。曾执教大连工学院、辽宁大学,任辽宁大学工商管理学院院长、MBA教育中心主任。从事企业战略管理、项目管理和市场营销研究。在《中国工业经济》、《经济管理》、《中国企业家》等杂志发表论文80余篇,出版著作及教材20部。其中论文《战略管理不同学派及其对我国企业的启示》获辽宁省社会科学成果优秀论文一等奖,《企业购并思考》获中国企业管理研究会优秀论文一等奖,专著《经理厂长经营知识库》获辽宁省社会科学成果著作二等奖。主持国家自然科学基金、省部级项目 6 项,横向课题多项。研究报告《实施企业名牌战略,优化产品结构研究》获广东省高教厅人文社会科学研究优秀成果一等奖。

【刘希宋】(1936—)湖南新化人。哈尔滨工程大学经济管理学院教授、博士生导师。国务院津贴专家。黑龙江省学位委员会学科评议组成员,中国市场学会常务理事,中国高校市场学会常务理事,黑龙江省管理学会、经济管理学会副理事长,黑龙江省东北亚技术经济研究会副理事长,黑龙江省科技经济顾问委员会专家。1959 年 7 月毕业于中国人民大学工业经济系机械专业。致力于软科学研究,主持 23 项科研项目,获省部级以上奖励 13 项。"黑龙江省大中型企业产品开发和企业软环境综合研究"和"企业产品创新战略系统研究"均获黑龙江省科学技术二等奖;"贸工农一体化经营与政策研究"获黑龙江省社会科学优秀成果一等奖;"黑龙江省产业投资优化研究"获黑龙江省科学技术三等奖;"军民两用高新技术园区模式研究"获中国船舶工业集团科技进步三等奖。主编、编著、专著 11部。在《中国软科学》、《经济管理》、《科学学与科学技术管理》等刊物发表学术论文 110 篇,其中 3 篇收入 EI、7 篇收入 ISTP、17 篇收入 CSSCI、2 篇收入《新华文摘》。

【刘彦平】(1969—)中国人民大学教授、中国营销研究中心副主任,城市竞争力国际项目组(GUCP)研究员。主要致力于城市营销、战略营销、品牌管理、产业经济和公共关系等方面的研究。主要学术著作有《市场营销学通论》(面向 21 世纪工商管理教材)、《服务营销管理》(21 世纪工商管理系列教材)、《城市营销战略》(管理学前沿丛书)、《中国城市竞争力报告 No. 4》(城市竞争力蓝皮书)等。参与国家级科研课题多项,发表学术论文数十篇。主持长城集团、创维集团、网易、金龙鱼、七匹狼、万利达、蒙牛、正和集团、龙润集团、中创集团等数十家知名企业及品牌的营销和公关咨询项目。主持或参与宁波市、北京市及北京市西城区、亦庄开发区等多项城市营销或城市发展战略方面的课题研究。获中国最佳公关案例大赛品牌管理类金奖。

【刘益】(1961—)女,西安交通大学管理学院教授。吉林工业大学管理学院经营管理专业硕士;西安交通大学管理工程专业博士。英国 Strathclyde 大学访问学者。1990 年赴英国 Stratheclyde 大学营销系合作研究。主要研究领域:营销管理,战略管理,国际商务理论与实践。教学科研成果:发表论文50 余篇,出版专著 5 部;主持、参与课题14 项;获国家教委、陕西省、陕西省教委、西安市科技进步奖共 7 项。

【刘永仁】(1962—)山东临沂人。山西财经大学工商管理学院教授、企业管理教研室主任、营销策划研究所副所长。《山西青年报》广告总监,山西兰亭文化传播有限公司执行董事。1991 年毕业于中国社会科学院研究生院。主要研究方向为人力资源管理、市场营销。主要著作及科研成果:《人力资源管理》、"现代企业制度与技术创新研究"(省软科学研究项目)、《现代企业人事管理》、"现代企业制度研究"(国家体改委研究项目)、《成败之间》、《现代企业证券经营》等。

【刘跃】(1958—)重庆邮电学院管理学院教授、副院长。西北大学经济学硕士。参加编著《工业企业经营学管理案例库教程》教材。发表10余篇论文,其中《地勘单位团体工效的影响因素》获四川省科协优秀论文奖。电子商务方面的论文有《电子商务下的资源管理创新》、《电子商务现状研究分析》、《网络营销下的消费者行为特征》、《网络财务管理中的新模式》等。主持项目有"重庆移动通信公司人力资源管理研究"、"郑州移动通信公司绩效考核方案研究"、"重庆通信企业人力资源策略"、"信息化时代的独立董事制度与企业治理研究"、"电信业对外开放的正负效应政策研究"。

【刘志超】(1961—)华南理工大学工商管理学院教授。华南理工大学管理工程系硕士研究生。曾在北京大学经济学院现代日本经济研修班学习;在日本神户大学、应庆大学访问研修;在清华大学MBA营销管理教师研讨班学习;2004年起,进入澳门科技大学攻读工商管理博士。《酷儿QOO果汁行销大中华市场》获MBA发展论坛优秀案例奖。教学方面获年度优秀二等奖。科研方面有国家自然科学基金项目"中国小企业的市场营销:模型与理论的构建"课题。

【刘志梅】(1965—)女,广东金融学院工商管理系副教授,管理学硕士。中国市场学会理事,中国高校市场学会理事,广东省"千百十"工程学术带头人。主要从事企业管理、商业银行营销管理研究。主持国家级、省级和校级科研课题近20项并多次获奖。发表论文50余篇,出版《市场营销学》、《金融服务营销学》等著作10余部。

【刘志学】(1963—)华中科技大学管理学院教授、网络营销与战略研究所副所长。中华人民共和国国家标准《物流术语》主要起草人之一。加拿大蒙特利尔大学高级访问学者。中国物流学会理事,中国市场学会理事,中国物流技术协会常务理事,中物联物流规划研究院特聘研究员。从事物流管理与优化、供应链管理方面的教学与研究。主持、参加"城市配送调度计划研究"、"物流资源计划与控制系统集成方法研究"、"供应链物流管理模式与我国汽车供应链案例研究"等4项国家自然科学基金课题。出版《现代物流手册》、《物资资源配置技术》、《国际贸易与国际物流》等著作6部;在国内外期刊和国际会议上发表《基于非对称信息理论的第三方物流合作博弈分析》、《关于供应链物流的认识》、《第三方物流合作陷阱》、《关于大规模定制物流的思考》等学术论文40多篇。主编的《现代物流手册》一书获"全国畅销图书奖"。

【柳思维】(1947—)湖南汨罗人。湖南商学院省级重点学科企业管理学科建设首席教授,湖南省重点专业市场营销专业学术带头人,湖南财经学院、湘潭大学硕士生导师,中南大学博士生导师。国务院津贴专家。全国哲学社会科学规划应用经济学科组评委、全国高等院校商业经济教学研究会副会长、中国商业经济学会常务理事及特约研究员、湖南省社科联副主席、湖南省人民政府参事、长沙市人民政府商务顾问、湖南省现代流通理论研究基地首席专家。致力于我国市场经济、商品流通及经济管理实际问题的研究。主持"统筹城乡发展问题研究"、"环洞庭湖地带农村小城镇市场结构研究"等20多项国家级、省部级课题。应邀到英国加迪夫大学、剑桥大学、韩国济州大学、日本一桥大学国际学术会议主题发言或作专场学术报告。在学术刊物发表《中国商品市场发展的主流趋势》、《努力实现城乡市场协调发展》等论文270多篇。出版《市场营销学》、《中国市场经济发展研究》等教材、著述30余部。获全国优秀教师、徐特立教育奖等省部级以上荣誉30余项,获省部级以上科研奖励18项。

【卢昌崇】(1953—)东北财经大学工商管理学院教授、院长,中国工业经济研究与开发促进会副理事长。曾留学比利时,在美国麻省理工学院和新加坡从事过研究工作。主要研究方向为企业组织理论与公司治理。主持国家自然科学基金项目"乔家字号:一个蕴藏着现代企业本质特征的经济组织",辽宁省社会科学基金项目"高新技术产业发展战略研究",教育部项目"终身股制:一项挑战西方景点企业理论的制度安排"等。主要著作有《当代西方劳动经济学》、《企业治理结构》、《劳动经济学前沿问题》、《让源泉涌流》等。

【卢泰宏】(1945—)中山大学管理学院营销管理教授、博士生导师。国家自然科学基金管理学部评审组成员,上海师大、南昌大学等兼职教授,香港浸会大学访问教授,中国营销研究中心主任,2010年上海世博会市场开发总体计划专家组专家,清华大学、南开大学博士学位论文评审人,中国市场总监和销售经理培训认证首席专家,历届中国营销人"金鼎奖"评委,中国市场学会常务理事,中国高校市场学会常务理事,中国商业联合会专家委员,《营销科学学报》(JMS)编委,《国际广告》杂志副主任,《销售与市场》杂志顾问,珠江三角洲经济研究中心副主任,《珠江三角洲经济》杂志主编。入选英国剑桥传记中心(IBC)《杰出成就人物传记》等多种中外人物传记辞典。主要研究领域:中国营销与消费者行为、品牌管理、营销传播与广告。获菲利浦·科特勒(Philip Kotler)国际营销理论贡献奖(Kotler Marketing Award – Theory)(中国首位获奖者)。被评选为"影响中国营销进程的25位风云人物"(2004);"中国广告20年20人";"2001中国营销最具影响力的十大风云人物"。主要著作有《解读中国营销》、《中国消费者行为报告》、《消费者行为学》、《跨国公司行销中国》、《行销中国2003报告》、《行销中国2002报告》、《营销中国2001》、《行销大中国》、《整体品牌设计》、《实效促销SP》、《广告创意》、《解读跨国广告公司》、《互联网营销教程》、《行销体育》、《信息资源管理》、《国家信息政策》、《信息分析方法》、《信息文化导论》等。

【路长全】(1966—)清华大学、北京大学、海尔商学院、中央党校MBA总裁班客座教授,中国中央电视台广告部策略顾问。2005年中国十大营销专家。拥有20年营销实战经验的实力派营销策划专家。善于帮助他所服务的企业摆脱巨大困境,走向发展之路。

【陆娟】(1963—)女,江苏海门人。中国农业大学经济管理学院教授、博士生导师,《营销科学学报》编委会委员。美国西北大学Kellogg(凯洛格)商学院访问学者;南京大学商学院管理学博士。

【吕福新】(1950—)浙江工商大学工商管理学院教授、院长、浙商研究中心主任。中国企业管理研究会常务理事,中国市场学会常务理事,中国城市经济学会理事,浙江省浙商研究会副会长、执行会长,浙江省企业联合会、浙江省企业家协会理事,浙江省丽水市、宁波市江东区和台州市路桥区政府咨询专家,万事利集团、宁波方太厨具有限公司、浙江三元集团有限公司和杭州永盛纺织有限公司顾问。中国社会科学院研究生院经济学博士。曾在国家物价局、国务院房改办、国家计委和国家行政学院工作。曾任国家计委市场和价格研究所市场理论与政策研究室主任、国家行政学院教授。在管理学的研究上,提出新的相互关系与人统一的主体性管理学说。主持两项国家社科基金项目,参与主持一项国家社科基金重点项目,主持一项浙江省社科基金项目及一些面对企业的横向科研项目。出版专著:《企业家角色人格——对企业家的哲理思考》、《企业家行为格式——对角色人格管理的探究》、《企业家理念领导——茅氏父子如何经营方太公司》、《中国经济过渡的典型分析——特殊商品的市场化和政府规制》、《市场灵魂》、《中国房改透视》等6部,合著5部。在《经济研究》、《管理世界》、《财贸经济》等刊物发表文章200多篇。获北京市、浙江省等部级科研成果奖项。

【吕巍】(1964—)上海交通大学教授、安泰管理学院副院长,博士生导师。复旦大学管理系学士、硕士、博士。美国南加州大学商学院、美国麻省理工学院斯隆管理学院、法国Insead管理学院高级访问学者,澳大利亚国立大学兼职教授。曾任复旦大学IMBA项目主任、院长助理。主要研究方向:市场营销、战略管理、数据挖掘在营销中的应用。著有《战略管理》、《企业整体营销》。

【吕筱萍】(1961—)女,浙江工商大学工商管理学院副院长,市场研究所所长,市场营销战略与策划中心副主任,《市场与价格瞭望》杂志编辑部副主任,杭州市营销协会专家组顾问。浙江大学管理学院管理学硕士。主要从事和指导研究生进行营销管理领域的前沿理论与方法的研究及应用。在《财贸经济》、《数量经济与技术经济》、《统计研究》、《投资研究》等期刊发表论文40余篇,出版学术著作5部。主持省部级课题5项;参与国家级课题3项和省部级课题5项。著作2部、论文4篇、课题1项获省部级奖。主持多项企业或公司的横向课题研究工作。浙江省教育工会、杭州商学院"事业家庭兼顾型"先进个人、"三育人"先进个人、"教学十大名师"。

【吕一林】(1952—)女,重庆人。中国人民大学市场营销学教授。中国人民大学经济学学士、硕士、博士。美国华盛顿大学高级访问学者。主要研究方向:市场营销、商业经济。主要著作:《营销网络战略》、《美国沃尔玛——世界零售第一》、《市场》、《抢购、待购》、《市场营销学教程》(获国家教委优秀教材成果二等奖)、《现代市场营销学》(获清华大学出版社1998年优秀教材奖)、《市场营销案例精选》、《市场营销学》、《CIS现代企业形象策略》等。

【罗必良】(1962—)湖北监利人。华南农业大学经济管理学院教授、博士生导师,广东农村经济管理研究中心副主任,华南农业大学产业经济与企业发展研究中心主任,农业经济管理博士点首席助理。广东省政协委员,扬州大学兼职教授,中山大学珠三角研究中心学术委员,教育部农林经济管理教学指导委员会委员,海峡两岸关系研究中心特约研究员,广东省农业专家咨询组成员,广东省人民政府发展研究中心特约研究员,中国生态经济学会常务理事、青年委员会及资源生态经济委员会副主任,广东社会科学青年工作者协会会长,广东经济学会副会长,广东青年科学家协会副会长,广东中青年经济研究会常务副会长,广东消费经济研究会副会长,广东体制改革研究会副会长、广东商业经济研究会副会长,广东城镇化研究会副会长,广东第三产业研究会副会长,广州市青联副主席。西南农业大学硕士,南京农业大学管理学博士。研究方向:经济组织与制度经济、产业经济与区域发展、资源经济与农村发展。出版著作多部。发表学术论文 200 余篇、短论与随笔近 200 篇。主持科研课题 30 余项。获各项科研奖励 30 余项。

【罗国民】(1940—)广东商学院教授。1968 年毕业于暨南大学经济学系;1991 年任暨南大学副校长;1992—2001 年任广东商学院院长;1993—2003 年任中国高等院校市场学研究会会长,兼广东省人大常务委员,教育部工商管理专业教学指导委员会主任委员。国内较早从事市场学教学与研究的专家之一。主要编著有《绿色营销——环境与市场可持续发展战略研究》、《国际市场学》、《高级市场营销学》、《国际市场营销》、《涉外经济管理》等,担任《珠江三角洲经济环境与市场可持续发展战略研究》、《现代市场营销大全》(分册)等多种书籍的主编。发表学术论文 50 余篇。

【骆正清】(1963—)安徽繁昌人。合肥工业大学管理学院教授、公共管理系主任,《预测》与《合肥工业大学学报》(社会科学版)编委,《系统工程与电子技术》审稿人,安徽省劳动保障学会常务理事。杭州电子工业学院(现为杭州电子科技大学)管理工程系硕士,浙江大学博士。安徽省高校优秀中青年骨干教师。日本久留米大学商学院访问学者。2003 年起在合肥工业大学管理科学与工程博士后流动站做博士后研究工作。主要从事社会保障、人力资源管理、市场营销、决策分析等方向的研究工作。主持安徽省哲学社会科学规划项目、软科学研究计划项目、"十一五"规划项目及合肥市科委、发展计划委员会等各类项目 9 项,参与国家自然科学基金项目、安徽省教育厅教学研究项目的研究工作。在《系统工程理论与实践》、《数量经济技术经济研究》、《世界经济文汇》、《浙江大学学报》、《电子科技大学学报》、《中文信息学报》、《系统工程》、《企业经济》、《经济论坛》、《经济师》、《乡镇经济》、《技术经济与管理研究》等期刊及国内、国际会议上发表论文 30 余篇,有多篇论文被 EI、ISTP 收录。

【马龙龙】(1952—)北京人。中国人民大学教授、博士生导师,首都经贸大学兼职教授,中国人民大学产业发展与流通改革研究中心主任。中国人民大学经济学硕士、博士。日本神户商科大学访问教授;英国剑桥大学访问学者;美国哥伦比亚大学高级访问学者。主要成果:《论我国工业品市场的发展》、《我国农产品市场结构及其形成及存在的主要问题》、《零售商买方势力的滥用及其对策研究》等 40 余篇中英文学术论文。出版《批发商品流通论》、《商业学》、《期货市场运作》、《服务营销与管理》等 16 部专著、译著和教材。主持"中国零售业技术装备问题研究"（国家社科基金项目）、"中国有形市场发展趋势研究"（教育部人文社会科学研究规划博士点基金项目）、"流通产业与国民经济诸产业的关系研究"（教育部人文社会科学研究规划项目）等 13 项省部级以上科研项目。参与"国家储备粮库选址论证"、"'科技兴贸计划'发展规划"、"中国流通法律体系构建"等国家级的调研咨询。

【马世俊】（1935—）四川泸州人。广西财经学院教授、博士生导师，中国高校市场学研究会常务理事，中国市场学会常务理事。广西有突出贡献优秀专家，国务院津贴专家，广西优秀专家。我国最早从事市场学研究的专家之一。1955 年毕业于东北财经学院（现东北财经大学）国际贸易专业。历任广西财经学院教研室主任、系主任、第一副校长。20 世纪 70 年代末，开始在自治区县商业局、供销社领导干部培训班上开设市场学专题讲座。1983 年主编内部市场学教材，受到教育部的重视，并向大中专院校推荐。1984 年在广西商专设置市场营销专业。主编和撰写高等院校市场学教材和著作 10 余种。发表论文与调查报告 50 多篇。其中《中国市场学》、《现代市场营销与管理》、《高级市场营销学》、《现代营销学》与《中越边贸营销探析》等分别获广西社科研究优秀成果奖、广东社科研究优秀教材奖、原国内贸易部高等优秀教材奖等。

【梅清豪】（1948—）华东理工大学工商经济学院市场营销教研室主任。中国市场学会理事，中国高校市场学会理事，上海市市场学会常务理事，上海商业经济学会副会长，《中国市场总监－销售经理业务资格培训教材》主编。主要著作：《21 世纪八大营销》、《超越期望的营销》、《市场营销学原理》、《市场管理》。

【孟卫东】（1964—）重庆大学工商管理学院教授、常务副院长，重庆大学证券研究所副所长。重庆市科技顾问，重庆市企业形象战略专家团专家。上海交通大学工业管理工程专业硕士、博士。重庆首批跨世纪青年学术骨干。美国伊利诺伊大学香槟校区（UIUC）高级访问学者。主要研究方向：证券投资、战略管理。承担国家自然科学基金等国家级、省部级及横向课题多项。为多家企业进行资本运营、经营战略、内部管理咨询。在《系统工程理论与实践》等学术杂志上及国际、国内学术会议上发表论文数十篇，获多项省部级奖励。

【苗泽华】（1964—）河北巨鹿人。石家庄经济学院商学院教授、院长，市场营销学科学术带头人，学院学术委员会委员。中国市场学会理事，中国管理科学研究院特约研究员，贵州贝通信息服务公司（外商企业）顾问。北京理工大学管理学院管理工程硕士，北京理工大学管理科学与工程专业博士研究生。主持或参加中国地质矿产部、河北省、中国石油物探局、石家庄市等科研项目 10 余项。撰写《石家庄经济学院"十五"建设与发展计划》、《石家庄经济学院 2001—2010 年建设与发展规划》、《五秩春秋——石家庄经济学院五十年建设与发展》（第一副主编）、《中国市场经济构筑与发展》（第一作者）、《西部大开发——可持续发展之路》(获河北省社科优秀成果二等奖)及《超级市场经营与管理》、《现代推销技术》、《现代企业管理学》、《现代市场营销学》、《市场营销学》、《市场营销学概论》等教材。在《中外管理》、《宏观经济管理》、《科学学与科学技术管理》、《生态经济》、《中外科技政策与管理》、《集团经济研究》、《经济问题》等刊物发表学术论文135篇。石家庄经济学院"十佳"教师,优秀教师标兵,河北省"三育人"先进个人,石家庄市师德标兵。主持"市场营销学科建设的理论与实践"获石家庄经济学院优秀教学成果一等奖,河北省优秀教学成果三等奖。

【慕永通】(1962—)中国海洋大学水产学院教授。韩国釜庆大学海洋产业政策学部经营学博士(工商管理学)。2002年回国受聘于中国海洋大学水产学院。研究重点包括海洋捕捞业配额管理的制度安排、基于权利的管理、共同管理、适应性管理、国际区域性渔业合作、水产养殖业管理以及不确定性和信息不完全条件下的渔业管理等。

【乜堪雄】(1964—)重庆交通学院教授、财经系市场营销教研室主任,中国市场学会理事,中国商业技师协会市场营销专业委员会特聘高级讲师。1987年西南师范大学研究生毕业,先后发表相关学术论文数十篇,著有《市场营销学》。

【聂锐】(1958—)中国矿业大学教授,管理学院院长、博士生导师。中国矿业大学管理科学与工程专业研究生。从事管理科学理论与方法、战略管理、产业组织理论等方面的研究工作。主持"苏北地区创新体系的研究"、"企业兼并重组及集团化发展战略研究"、"煤炭工业管理体制比较研究"、"煤炭工业经济增长方式研究"等煤炭科学基金、江苏省软科学基金项目共4项、政府部门和企业委托项目20余项。出版《企业竞争学》、《企业管理》专著和教材4部。在《中国矿业大学学报》、《经济管理》、《煤炭经济研究》等期刊和全国性学术会议发表论文40余篇。获煤炭工业部管理现代化优秀成果一等奖3项和二等奖3项,部级科技进步二等奖1项,国家统计局科技进步二等奖1项,市局级优秀论文一等奖2项。

【聂元昆】(1961—)云南寻甸人。云南财贸学院市场营销系研究员。中国市场学会理事,中国科学与科技政策研究会理事,中国高等院校市场学研究会常务理事、副秘书长,云南省市场学会常务理事、副秘书长。1977年到农村插队;1981年毕业于哈尔滨商业大学(原黑龙江商学院)。中南财经政法大学(原中南财经大学)经济学硕士。曾任云南财贸学院经济研究所副所长。入选《中国当代中青年商业经济专家学者》一书。主编、参编专著及教材10余部,主持、参与省级课题10项,发表学术论文50余篇。获云南省政府社会科学奖一等奖1项、二等奖1项,三等奖3项,省教委社科奖三等奖1项,省委宣传部优秀文章奖1项。

【宁昌会】(1964—)湖北松滋人。中南财经政法大学教授、博士生导师,工商管理硕士市场营销课程项目负责人。中南财经大学经济学硕士;中南财经政法大学企业管理博士。主要研究方向为品牌消费行为和品牌营销问题。承担格力集团、黄石医药、万方科技、宛西制药、三江集团等数十家企业的营销培训,武汉烟草集团等多家企业的品牌市场研究、产品上市策划。撰写《国际宏观经济学理论的微观基础》《论中小企业的营销战略》《论关系营销中的顾客锁定机制》《品牌传播效果的衡量指标及测定》《认知状态——市场细分中的新变量》等论文 20 多篇。出版《整合营销》《绿色营销》《现代市场营销学》《营销管理学 MBA 教材》等著作 7 部。承担国家自然科学基金课题"我国绿色产品市场的培育与管理研究"、湖北省社会科学基金课题"可持续条件下湖北企业国际化经营研究"等。

【宁俊】（1959—）女，北京服装学院商学院教授、院长。中国市场学会理事，北京技术经济和管理现代化研究会副理事长，"中国市场总监-销售经理业务资格认证"项目特聘专家。主要研究方向：企业经营策划、品牌管理和企业咨询。参与国内多个大中城市服装名城规划编制；主持国家级课题 1 项，省、部级和局级科研课题数十项，参与制定江苏金坛市、北京市、北京市延庆县、通州区等多个区县的服装产业发展规划。获院科技进步奖 3 项。著有《服装生产经营管理》等几十部著作，其中有两部教材获部级奖励。撰写论文近百篇，为服装企业做咨询顾问。应邀到韩国仁川大学和淑名女子大学讲学，应聘到中国人民大学 MBA 班授课。指导学生在北京市大学生"挑战杯"论文竞赛中多次获奖。

【牛全保】（1963—）河南长垣人。河南财经学院工商管理学院教授，博士，硕士生导师。中国市场学会理事。从事教学和科研工作。曾在《商业时代》发表有关食品批发市场方面论文 1 篇。著有《工商企业经营战略管理》《市场营销学》。

【欧国立】（1961—）北京交通大学经济管理学院教授、博士生导师。中国技术经济研究会理事，中国教育家协会理事，中国市场学会常务理事、学术委员会委员，中国铁道学会经济委员会委员，中国西部经济社会发展研究院特邀研究员。曾到美国、瑞典等国研修。主持、参加过省级以上课题及其他横向课题 20 余项，主要有"转向市场经济的国家运输政策研究"（国家级）、"运输与可持续发展"、"铁路实行资产经营责任制若干重要问题研究"等。主编《现代市场营销学——理论、实务与案例》，获铁道部优秀教材中青年奖。参编《简明市场经济学》，获铁道部优秀教材中青年奖。出版专著、教材、工具书等 10 部，主要有《运输市场营销》《运输市场变迁与中国铁路市场化改革》《现代市场营销学——理论、实务与案例》《简明市场经济学》《运输经济专业知识与实务》《市场营销》《中国铁道百科全书·运输与经济》《运输市场学》。发表论文 80 余篇。

【彭代武】（1962—）湖北仙桃人。湖北经济学院工商管理学院管理学教授、院长。中国市场学研究会常务理事，湖北省市场营销学会常务理事，中商集团营运管理学院客座教授，中国高等院校市场学研究会常务理事，中国市场学会理事，中国商业经济学会理事，湖北省商业经济学会副会长。北京工商大学经济学硕士。曾在北京大学经济学院进修，赴日本考察。所负责的市场营销学专业为国家级改革试点专业，市场营销学课程为湖北省"100 门精品课程"。主持省部级课题 4 项、校级课题 5 项。主编 3 部教材，其中《市场调查、商情预测、经营决策》获学校颁发科技进步一等奖；《现代企业制度》为湖北省经营师资格考试指定教材。在《商业研究》、《商业经济研究》、《商业经济与管理》、《武汉大学学报》等刊物发表专业学术论文近50篇。

【彭星闾】（1928—）湖南长沙人。中南财经政法大学教授、博士生导师。中国市场学会、中国高校市场学研究会、湖北省市场营销学会顾问，中国商业企业家协会理事，中广协学术委员会委员，湖北省经团联顾问，《长江日报》高级经济顾问，大冶特殊钢股份有限公司独立董事，大信会计事务所、小蓝鲸餐饮集团高级顾问。国务院津贴专家，"全国优秀教师"。中国人民大学合作贸易系研究生班毕业，1952年即执教中南财经政法大学。曾任该校商业经济系主任，较早设立市场营销本科专业，最早获准设立市场营销方向博士点，使学校在国内最早形成完整的本科—硕士—博士—博士后市场营销学科体系。长期从事商业经济、贸易、市场营销理论的研究，是我国最早一批潜心研究市场营销理论的专家之一。专著和教材15部、论文近百篇共300多万字，比较有代表性的论著有《市场学》、《企业市场营销学》、《市场营销实用辞典》、《现代市场学》、《市场营销大全》、《国际市场学》、《宏观市场学》等，多次获得省部级奖项；获深圳华为集团优秀导师奖，湖北省优秀博士论文导师奖。其著作《现代市场功能新探》编入《中国思想文库》大型丛书（以7种文字，向150个国家发行）。主编《营销管理学》编入《企业万有文库》丛书（经济出版社）。海尔集团首席执行官张瑞敏曾致函感谢其对海尔经营管理的指教。

【齐兰】（1958—）女，中央财经大学教授、博士生导师，MBA教育中心主任。中国市场学会理事，中国高校市场学研究会常务理事，首都企业改革与发展研究会常务理事，中国工业经济研究与开发促进会理事。主要研究方向为市场国际化理论与实践。主持国家级、省部级课题3项：国家社科基金重点项目课题"垄断资本全球化问题探讨"、教育部社科规划基金课题"经济全球化对我国市场结构的影响"和北京高校学科带头人课题"WTO规则与我国企业发展战略"。出版著作6种：《市场国际化与市场结构优化问题研究》、《中国经济安全：融入WTO和全球化战略思考》、《大营销：环球经营发展战略》等。在《经济学动态》、《中国流通经济》、《经济日报》等刊物发表论文30余篇。

【强志源】（1956—）天津北方人才港股份有限公司总裁。天津财经大学经济研究所所长，教授。美国管理学会会员。美国俄克拉荷马大学工商管理硕士（MBA），美国宾夕法尼亚大学沃顿商学院访问学者。《国外经济管理》杂志主编，中国市场学会理事。1982年于天津财经大学工业管理系大学毕业，即在经济研究所从事中国经济及企业管理。主持对中储股份、中国天津奥的斯电梯公司、铁道第三设计院、天津天狮集团、中德住房储蓄银行、中环电子计算机公司、天津金友橡胶制品（729）公司、天津滨海新技术产业集团股份有限公司、天津东方暖通设备制造公司、太原绒织印染厂、天津市化妆品研究所等20多个企业的管理咨询项目。为中国天津OTIS电梯公司、大福集团、天津医药集团、山东浪潮集团、津滨发展股份有限公司、中环电子计算机公司等企业提供管理培训服务。

【乔聚玲】（1958—）女，济南大学教授。1982 年毕业于山东纺织工学院。主要从事人力资源管理与市场营销学的教学与科研工作。主持、参与多项省级科研项目的研究。获省级优秀论文奖 9 项。

【乔均】（1962—）南京财经大学教授，营销与物流管理学院院长，校学术委员会委员，校学位委员会委员，南京都市圈发展研究中心主任。中国市场协会副秘书长，中国广告协会学术委员会常委，江苏省广告协会副会长兼学术委员会主任，江苏生产力学会副会长兼秘书长，《市场营销导刊》副主编，《中国广告》编委，《市场周刊》编委会主任，国家教育部大学生广告节评审委员，中国广告节评委。1999 年在中国社会科学院经济学研究所做高级访问学者。研究方向为服务业营销、品牌理论等。主持省部级课题 12 项，出版专著 4 部，主编出版教材 10 多部，发表学术论文 120 多篇。获省社会科学优秀成果奖 5 项，省科技进步奖 1 项，省教育厅人文社会科学奖、优秀教学成果奖、教材奖等 3 项。

【秦陇一】（1957—）广州大学经济与管理学院市场营销系教授。研究方向为市场营销与商业零售。主持、承担省级课题 3 项。为中国石油兰州石化公司销售公司、中国石油长庆油田二分厂进行营销咨询。获甘肃省教学成果二等奖。编著《推销学》获甘肃省社会科学优秀成果奖，《现代管理方法新论》（第一副主编）获甘肃省及北方十五省社科优秀图书奖。发表论文 20 余篇。

【仇向洋】（1956—）江苏南京人。东南大学经济管理学院教授、副院长。南京市企业家协会副会长，江苏省营销学会营销理论专业委员会主任。国务院津贴专家。从事经济管理方面的教学与科研工作，在国际经济学和现代企业管理方面有较深入的研究。主持国家"863"高科技跟踪研究项目"市场营销决策支持系统的研制"。参加国家自然科学基金课题研究两项，完成省市科委软课题多项。为 10 多家企业进行营销诊断和管理顾问。曾三次访问美国，对高科技企业管理和市场营销领域的学术前沿课题进行跟踪和系统研究，对风险投资与高科技成果商品化有独到的见解。撰写《国际经济学导论》、《营销管理》等专著 5 部，获江苏省哲学社会科学成果奖。发表学术论文 40 多篇。

【曲振涛】（1957—）哈尔滨商业大学教授、校长。国务院、黑龙江省政府津贴专家。中国区域经济发展研究会副会长，中国工业经济学会常务副理事长，黑龙江省市场学会会长，黑龙江省经济学会、法学会、国有资产管理学会、国际税收学会副会长，黑龙江省、哈尔滨市政府经济顾问。北京大学经济学院经济学硕士、博士。研究方向是规制经济学、法经济学，主要专著《法经济学》、《公司法的经济学分析》、《产品责任法概论》、《经济法》等。其中《经济法》获全国普通高等院校优秀教材二等奖，发行 80 多万册。在《经济研究》、《光明日报》等刊物发表多篇论文，其中《宪政"转轨论"评析》、《大学社会职能的历史演进》获黑龙江省社科优秀论文一等奖。

【权锡鉴】（1961—）山东烟台人。中国海洋大学教授，管理学院常务副院长兼营销与电子商务系主任。青岛市政府顾问，财贸咨询专家。主要研究方向:企业制度比较、公司治理、营销管理。出版《营销管理创新研究》、《现代企业制度与国有企业改革》等著作5部,发表论文80余篇。

【任德曦】(1939—)湖南岳阳人。南华大学教授。曾任中南工学院院务委员、学术委员,工业管理系主任。湖南省优秀科技工作者,国务院津贴专家。致力于经济与管理研究,特别是核工业经济与核电发展研究。主持科研项目多项,并获省部级科技进步奖、社科成果奖、部核类优秀教材奖7次。出版《核电站项目管理》、《核工业经济导论》、《现代企业经营管理》等6部高校教材(专著、主编或参编),在国际、国内发表论文100多篇。

【任俊生】(1953—)吉林大学商学院教授。吉林大学经济学院经济学硕士、博士;美国加州大学伯克利分校商学院访问学者,英国白金汉大学商学院访问学者。曾任吉林大学经济学院教研室主任、系主任、中国国有经济研究中心副主任等职。著有《中国公用产品价格管制》、《国有经济论丛》。

【任熹真】(1953—)哈尔滨工业大学教授。黑龙江省政府科学顾问委员会委员,东北亚研究会常务理事,世界经济学会副会长,黑龙江省经济学会常务理事,黑龙江人口学会理事,全国经济理论与教学改革协调组成员。哈尔滨工业大学经济学硕士。关于市场理论的论文有《对现代资本结构优化标准的探析》、《发展绿色食品产业与打造黑龙江省绿色食品品牌的思考》、《绿色食品的国内外需求与黑龙江省绿色食品产业超常发展战略思考》、《黑龙江省绿色食品产业点式调查分析》、《黑龙江省绿色食品经济效益个案分析》、《黑龙江省绿色食品产业超常发展的问题与对策》、《黑龙江省绿色食品的超常发展的对策》等。

【容和平】(1954—)山西大学商务学院教授、副院长,经济与工商管理学院教授、研究生导师、企业管理学科带头人。山西大学学位委员会委员,山西省高校高评委经济学科组委员。国家自然科学基金委管理学部评议专家,中国管理科学研究院特聘研究员,山西省政协七、八、九届委员,山西省政协八、九届经环委副主任,山西省委专家咨询团成员,山西省政府经济研究中心特约研究员,山西省调产专家委员会委员,多家专业学会、协会的常务理事或顾问,多家高校客座教授,日本立教大学、东京国际大学交换研究员等。发表专业论文30余篇,出版编著3部。承担省部级科研项目和横向科研项目16项;获省部级科研奖3项。提供专业研究报告、调研方案、可行性研究报告、项目论证报告、企业咨询报告、企业改制方案、企业管理策划报告几十项,近200余万字。获省劳动模范、省优秀教师、全国教书育人先进个人、山西省跨世纪青年英才等多项奖励;中央电视台《中华学人》、《东方之子》专题报道其事迹;被多家媒体誉为"山西著名青年经济学家"。

【桑银峰】河北经贸大学工商管理学院市场营销教研室主任。北京光华视野企业管理研究中心特聘研究员,中国市场学会会员,河北瑞特集团等多家企业的经营管理顾问。研究方向为市场营销管理、谈判与推销、市场营销伦理等。编写著作4部,在经济、管理类期刊发表论文数十篇。

【沙振权】(1959—)华南理工大学

工商管理学院教授、副院长。上海华南理工大学工学硕士，香港城市大学商学院营销学博士。主要研究领域：市场营销、商业流通、消费者行为、物流管理等。科研项目：国家自然科学基金项目"零售业管理技术的国际转移和创新"；广东省软科学基金项目"广东商贸流通业发展策略研究"；广东省自然科学基金项目"广东民营企业国际化研究"；广东省经贸委研究项目"广东技术创新国际化研究"；广东省发改委研究项目"广东省消费结构转型升级趋势对经济结构调整的影响和对策研究"；国务院港澳研究所"物流技术开发与香港物流发展战略研究"。主要著作与论文：《中国连锁经营的理论和实践》，《创新技术在零售业中的传播扩散》，《中国零售企业对创新技术的认知度分析》，《从香港便利店发展的经验看其对内地的启示》，《超级市场的时间策略》，《商场现代化》，《零售商的买手素质和采购策略》，《从台湾的经验看购物中心在中国大陆的发展》，《我国中小城市零售业的发展现状及对策》，《零售技术转移和跨国零售商业本土化策略研究》，《将顾客忠诚利润化》，《网上零售顾客价值初探》。

【商杰】（1954—）河北师范大学新闻传播学院教授、院长。中国工业设计协会会员，河北省报业协会理事，全国高校影视教育学会理事，河北省美术家协会西方美术学会副主任，河北省高校摄影协会副理事长。从事广告教学工作，曾带领学生连续5届为"中国国际吴桥杂技艺术节"进行广告设计，获"贡献奖"。承担"河北省媒体广告传播资源的科学配置研究"省级课题的研究，作品多次参加国家级和省级大展并获

奖。多次担任《IAI中国广告作品年鉴》、河北省新闻奖、河北省报纸质量综合评比活动的广告评委，多次参与省、市各种大型商业活动的策划咨询设计工作。出版著作5部、论文多篇。

【沈小静】（1962—）女，北京物资学院教授、工商管理系主任兼党支部书记。北京经济学院（现首都经贸大学）物资管理系机电产品管理专业学士；中国社会科学院研究生院财贸系商业经济专业经济学博士。北京市高校青年学科带头人。中国市场学会理事，中国高校市场学研究会理事。专业方向：战略管理、市场营销学。从事高教及科研工作，主持原内贸部重大课题"流通企业营销网络体系"；主持北京社科基金课题"流通企业供应链问题研究"。曾担任摩托罗拉大学顾问教师、北京中加工商管理学院教师及中国商务在线咨询专家。作为人事部考试中心聘用专家，参与物资经济师、商业经济师职称考试的命题、审题工作。主编《销售费用管理》、《生产企业供应管理采购供应管理》。参编《中国商业理论前沿》、《中国流通产业及其运行》、《中国流通体制改革与现代化》、《流通产业经济学》等著作。

【沈玉良】（1964—）上海对外贸易学院经济学专业教授，国际商务专业主任，经贸学院副院长。浦东社会发展研究院研究员，上海经济体制改革理事会理事，上海世界经济学会理事，上海汽车工程学会会员，上海经济体制改革研讨会理事，上海国际经济贸易研究所特邀研究员。上海市宝钢优秀教师。从事国际商务专业教学、科研工作。在《国际商务研究》、《世界经济研究》、《世界贸易组织动态与研究》、《国际贸

易》等刊物发表多篇论文。出版专著《国有企业体制改革的产业组织思考》、《多边贸易体制与我国经济制度变迁》、《区域贸易协议下汽车贸易和投资效应》《企业营销》。《多边贸易体制与我国经济制度变迁》获安子介国际贸易著作奖;《我国加工贸易转型升级问题研究》获商务部国际商务发展论坛二等奖。

【盛亚】(1959—)浙江工商大学工商管理学院教授,副院长,技术与服务管理研究中心主任,浙商研究中心副主任,企业管理、技术经济与管理专业硕士生导师。浙江省企业管理高校学科带头人,浙江省重点专业(企业管理)带头人,浙江省"三育人"先进个人,浙江工商大学技术经济及管理学科带头人。昆明理工大学管理科学与工程专业硕士;浙江大学管理科学与工程专业博士研究生;上海交通大学管理学博士。主要研究方向为企业创新战略、技术创新及其扩散、新产品营销。主持或主研国家和省级课题8项;主持或参与企业咨询项目10余项。出版专著《技术创新扩散与新产品营销》、《企业创新管理》,合著《现代产业组织理论》,主编《现代企业领导学》、《新产品开发管理》,参编《现代企业管理理论》。在《数量经济与技术经济研究》、《科研管理》、《科学学与科学技术管理》等杂志发表论文50多篇,获省厅级科研奖8项。多次指导学生论文获大学生"挑战杯"浙江省或全国奖。

【时英】(1956—)女,山东经济学院国际贸易学院教授、院长,学校"231人才工程"关键学术岗位带头人。山东经济学院优秀教师。中国国际贸易学会理事,中国世界经济学会理事,山东省对外经济学会副会长,中国国际贸易促进委员会山东省委员会特邀顾问,中国国际商会山东商会特邀顾问,山东交通学院兼职教授,山东省财政干部教育培训兼职教授。出版专著、教材4部,发表论文30余篇,主持省级课题8项;获省级优秀教学成果二等奖2项,山东高等学校优秀科研成果二等奖2项。

【史金平】(1964—)湖北大学教授、副院长,电子商务系及市场营销系主任,学校企业管理研究中心常务副主任、企业管理硕士点负责人。中国高等商科教育学会理事,湖北省软科学学会理事,武汉理工大学管理学院博士后流动站及重庆三峡水利电力(集团)股份有限公司博士后工作站博士后。中国高校教材编辑撰写委员会委员,湖北省人才开发交流中心顾问,重庆三峡水利电力(集团)股份有限公司总经理助理。主要研究领域包括企业理论、工商企业管理、决策理论、企业家的素质评估、电子商务等。发表学术论文50多篇,在各种国际学术会议上宣读并发表论文8篇,其中5篇被ISTP国际检索收录。出版学术专著3部,主持或参加国家自然科学基金、国家社科基金、省部级科研基金项目以及企业横向科研项目12项,获湖北省、武汉市政府奖励3项。

【司林胜】(1967—)河南工业大学管理学院教授、院长,河南工业大学电子商务研究所所长。中国信息经济学会电子商务专业委员会秘书长,中国高等院校电子商务专业建设协作组常务理事,中国商业企业管理协会理事,河南省高等教育学会电子商务分会秘书长,河南省电子商务协会理事。主要研究方向为电子商务管理、市场营销管理、绩效评价。主持国家社科基金项目

"EDI效益评价研究",国家自然科学基金资助项目"现代企业绿色营销绩效的综合评价与控制研究",主持或参与8项省部级科研项目和2项联合国粮农组织资助项目,以及多项企业咨询项目。在《系统工程》等杂志发表30多篇学术论文。出版《现代企业管理》、《电子商务案例分析》等著作4部。研究成果"EDI效益的评价理论与方法研究"获河南省社会科学优秀成果二等奖;"工商管理类专业教学计划和主干课程教学内容体系的改革与实践研究"获河南省省级教学成果一等奖。

【宋先道】(1951—)武汉理工大学管理学院教授,市场营销系副主任,国际商务咨询研究中心主任,外国留学生教学委员会副主任。英国曼城都市大学工商管理学院访问教授,香港浸会大学工商管理学院市场营销学顾问,香港浸会大学MBA"中国商务"课程主任。原国家科委企业科技进步调研员,中国质量管理协会高级会员,武汉电信城有限责任公司和武汉光明仪表厂等9家公司的市场营销战略高级顾问,欧共体驻英国西北部(中国通路)中心中国市场顾问。毕业于武汉大学数学系,留学英国,并注册攻读市场营销学博士生。研究方向:市场营销学理论与方法、公司整合市场营销战略、公司顾客满意度的测评及其保证体系研究、国际市场营销战略。参编著作和教材8部,其中2部获国家级奖或校一等奖;发表论文30余篇,其中《关于开拓我国农村市场的营销策略研究》被中国人民大学复印资料(市场营销学)全文转载;《广告媒体策划的数学模型及其解法》,被CSSI检索。

【宋学宝】(1962—)清华大学经济管理学院教授,高级咨询专家。中国人民大学工业经济系企业管理博士,主攻企业战略与政策方向。加拿大麦克玛斯特大学商学院访问学者。美国麻省理工学院斯隆管理学院访问学者。从事市场营销方面的教学与研究工作。研究领域主要集中于现代战略和营销理论在中国的实际应用。从事大量企业委托的咨询研究项目。主要有辽河油田发展战略研究,亚都科技股份有限公司营销战略研究,新明星科技有限公司发展战略研究,南天集团销售策略,宁波方太橱具有限公司发展战略研究,四川国信营销战略研究,摩托罗拉(香港)家庭智能系统市场策略研究。还为联想集团、中国银行、南天集团、中国国际航空公司、三一集团、摩托罗拉中国公司、IBM中国公司、HP中国公司、SHELL中国公司、SIMENS中国公司提供品牌管理和营销方面的培训和咨询。出版企业战略专著2部,发表相关论文20多篇。

【苏勇】(1955—)复旦大学管理学院教授、企业管理专业博士生导师,复旦大学工商管理硕士(MBA)项目主任。上海市生产力学会副会长,上海市企业文化协会副秘书长,中国企业文化研究会常务理事,日本亚东经济国际学会理事,多家企业顾问。上海市高校优秀青年教师。复旦大学硕士,经济学博士。主要论著有《品牌通鉴》、《消费者行为学》、《管理沟通》、《管理学——现代的观点》、《现代公司品牌战略》(第一作者)、《管理伦理学》、《中国企业文化的系统研究》、《管理伦理》、《中国管理通鉴》、《中国三资企业研究》、《东亚企业管理》、《比较管理学》、《企业文化教程》、《中国八十年代人文思潮》、《智者口才致胜术》、《企业文化——社会、价值、英雄、仪式》。发表论文60余篇。获国家级优秀教学成果一等奖、教育部优秀教材二等奖、上海市人文社会科学优秀著作一等奖、上海市优秀教学成果二等奖。

【孙德禄】人民日报海外版策划办主任,全国著名策划人、评论家。参与国务发展研究中心国际战备研究。兼任部分省市政府及数家大型企业战略咨询顾问、策划总监。著作有《点击中国策划》、《换脑方法》、《名牌策划ABC》等主要策划案例。创立"策划五论"理论体系及"经营城市6P 360度"理论,成功举办"经营湖南论坛"、"中国温州企业领袖年会"。

【孙国辉】(1961—)中央财经大学商学院教授、院长、博士生导师,学校学位委员会委员,MBA指导委员会副主任。中国高校市场学研究会常务理事,中国市场学会理事,中国战略学研究会企业战略专家委员会委员,中国消防(产业)协会专家组成员。中南财经大学商业经济系经济学硕士;南开大学世界银行培训班国际经济研修学者;美国康涅狄格州立大学商学院交换学者(研修MBA项目);中央财经大学国民经济学专业(涉外经济运行与宏观调控方向)经济学博士。研究方向:企业改革与管理实践,市场营销理论与实务,跨国公司理论与实务。曾赴美国、俄罗斯、日本、法国、德国以及中国香港和澳门等国家和地区进行学术访问与交流。主持或参与国务院研究室、财政部、商务部、国家邮政总局等部级课题以及各类公司企业规划项目和中外合作研究项目10余项。参与工业、商业、广告、银行、保险、IT、石油、邮政、医疗等行业

的中国著名公司企业的咨询与培训工作。出版专著4部,主编教材10余种,发表论文50余篇。

【孙丽辉】(1954—)女,长春税务学院教授,工商管理系主任。中国高校市场学教学研究会常务理事,中国市场学会理事,吉林省市场协会常务理事、副秘书长,吉林省商业经济学会常务理事。吉林财贸学院贸易经济系商业经济学学士、优秀毕业生。广州暨南大学经济学院商学系经济学硕士。中国商业经济学会"当代中国中青年商业经济专家学者",吉林省师德模范"巾帼优秀教师"。主讲市场营销学、市场营销管理——分析、计划、执行与控制、品牌战略管理、现代广告学等课程。科研论文有《品牌竞争态势与品牌培育对策研究》、《基于顾客满意目标导向新产品开发模式的构建》、《论地方产业集群与区位名牌簇群》、《试析东北地方产业集群与区位名牌簇群协同发展的战略模式》、《顾客满意理论研究》、《基于顾客忠诚的三维管理体系》、《忠诚的价值及基于忠诚的管理》、《入世后中国企业营销观念的提升与全员营销管理》、《中国加入WTO后的企业营销对策》、《中西方企业营销比较研究》、《知识经济条件下产品开发的创新》、《吉林省工业企业品牌经营与对策研究》、《顾客固定化与数据库营销》、《试论延伸产品的市场营销》等数十篇。学术著作或教材有《品牌竞争态势与品牌培育对策研究》、《现代市场营销学》、《中国企业管理科学案例库教程——市场营销》、《现代市场营销学》、《现代广告学原理与应用》、《企业经营中商品包装的学问——有竞销力的商品设计十题》等。著述多次获省政府和有关学会的奖励。

【孙明贵】（1963—）山东莱州人。兰州大学管理学院教授，企业管理专业市场营销方向导师。兰州大学"教学新秀"。甘肃省"跨世纪学科带头人"。兰州大学经济系企业管理经济学硕士。南开大学国际商学院管理学博士。日本爱知大学客座研究员。日本一桥大学访问学者。担任研究生导师后开设市场营销学、营销学研究、现代管理学、高级管理学等课程。主持国家自然科学基金、国家社会科学基金、教育部人文社科基金、甘肃省社科基金、"985工程"等科研课题8项。出版《物流管理学》、《业态管理学原理》、《管理创新的奥秘：日本企业的实践与启示》等9部著作。在《光明日报》、《中国工业经济》、《经济管理》、《经济学动态》、《经济学家》、《外国经济与管理》、《财经研究》等报刊发表论文100余篇。

【孙晓红】（1966—）女，辽宁兴城人。渤海大学管理学院教授、副院长，中国高等院校市场学研究会理事，辽宁省市场学学会理事。辽宁大学企业管理专业研究生，中国人民大学访问学者。辽宁省首批精品课市场营销学主要成员。研究方向为市场营销、零售管理。主持或参与国家级、省部级科研10余项，主编、参编教材8部，发表论文16篇。获辽宁省教学成果奖两项。

【孙元欣】（1955—）上海财经大学教授。中国商业经济学会理事，中国市场营销学会理事，全国高校商业经济学会常务理事，全国高校商业企业管理学院常务理事，上海市场协会常务理事，《上海交通大学学报》（英文版）审稿人，《上海大学学报》（自然科学版）编委，《上海大学学报》（社会科学版）审稿人。上海交通大学管理学博士。英国Cranfield理工学院中英技术交流奖学金访问学者。美国Fulbright学者（到美国新奥尔良南方大学等讲学和研究）。美国密歇根州立大学客座研究员。曾任上海与旧金山友好城市高级经理培训项目主任等职。主编《管理理论方法与案例》、《供应链管理原理》、《投资项目评估实务与案例》、《投资项目评价理论、方法与案例》等，参与编著《2005国际商业发展报告》、《2004国际商业发展报告》、《城市商业发展的规模规划规范》等。发表论文《零售业再定义》、《国外商业规划理论及评述》、《商业企业核心竞争力的模型与分析》、《社区生命周期与社区商业发展规律》、《供应链长鞭效应的模型与分析》、《中国商业领域吸引外资及其效应分析》、《零售业国际化的动因和战略选择》、《RFID技术、保护隐私权与公共政策》、《美国家庭资产统计方法和分析》、《美国家庭资产结构和变化趋势（1980—2003）》等50余篇。主持、参与省部级课题8项，企业课题20多项。参与编制《上海市商业发展十一五规划》。获上海市科技进步二等奖，获黄宽诚奖，上海市政府决策咨询成果奖。

【郜芑】（1956—）女，山西洪洞人。山西财经大学工商管理学院教授。主编《现代市场营销学》、《消费心理理论与实务》等著作，发表论文20余篇，主持参与省部级课题研究3项。

【谭力文】（1948—）四川成都人。武汉大学教授，武汉大学商学院企业管理学科负责人，博士生导师，商学院主管研究生副院长，MBA教育中心主任，企业战略管理研究所所长。教育部工商管理类专业教学指导委员会委员。武汉大学经济学院经济学博士（西方经济思想史专业西方经济学方向）。美国俄亥俄州立大学商学院进修学者。研究方向：管理学理论、企业战略管理、国际企业管理。主持国家自然科学基金项目"中国海外投资战略研究"，国家社会科学基金项目"国际企业经营管理"，国家教委21世纪教育体系和课程体系改革项目及武汉市多项咨询项目。参加武汉洗衣机厂、武汉汉阳汽车改装厂、珠海仿真控制系统工程有限公司、湖北黄石柠檬酸厂、国际（武汉）百威啤酒有限公司、东湖高新集团股份有限公司、湖北京山轻工机械股份公司等企业的咨询工作。主编（译）专著、译著、教材9部，发表论文70余篇。获宝钢教育基金优秀教师奖，董辅礽经济科学奖，湖北省社会科学优秀奖，武汉大学教学、科研奖励。

【汤定娜】（1955—）女，湖南湘潭人。中南财经政法大学教授，中国市场学会理事，中国高校市场研究会理事，湖北市场营销学会常务理事。主要研究方向有营销管理、国际营销、消费者行为。主要研究课题：湖北省社科基金项目"可持续发展下湖北企业国际化经营研究"；湖北省教育厅社会科学"十一五"规划第三批项目"全面开放后我国零售业竞争对策研究"；湖北省教育厅高等学校省级教学研究项目"市场营销教学案例开发与案例库组建研究"、"市场营销学网络教学资源开发与应用研究"；教育部2004年度"国家精品课程市场营销学课程建设项目"。获校教学优秀奖，被聘为国际市场营销课程首席教师。主要著作：《零售企业空间扩张—竞争优势的转移与创新》《零售业国际化营销》《面向21世纪课程教材——中国企业营销案例》《十五规划教材——市场营销教程（立体化教材）》等。

【汤正如】（1932—）大连理工大学教授，副院长，力迪市场营销研究所所长。中国高等院校市场学研究会顾问，中国市场学会常务理事，教育部管理工程类教学指导委员会委员。中国人民大学经济系研究生。中美合作"中国工业科技管理大连培训中心"首批中方教师。根据美方教授讲课录音和教辅材料整理出版《市场学》和《国际市场学》2种教材，在全国发行70余万册，成为许多市场营销教师和管理者的启蒙读物。编著《市场营销决策》《市场营销学》等7种教材，成为改革开放后市场营销学在中国的第一批传播者。发表论文数十篇。

【唐守廉】（1952—）北京邮电大学教授，中国市场学会常务理事。负责多项国家、信息产业部及企业科研项目，内容涉及电信管制、电信计费、电信营销、电信MIS设计和企业形象、用户满意度、"十五"规划等。撰有两部专著（《电信管制》《电信服务质量与服务营销》）和多篇论文。获部级科技进步奖和香港"世界华人重大学术成果奖"。

【陶虎】（1971—）山东经济学院教授、工商管理学院副院长。山东经济学院首届教学能手。主持、参与多项国家级、省级和厅级课题的研究工作。出版专著一部、教材一部（副主编），发表论文多篇。获山东经济学院优秀科研成果奖两次。

【陶鹏德】（1950—）南京大学商学院市场营销系教授、主任。中国市场学会理事，江苏省市场营销协会理论委员会副主任，南京大学市场研究与咨询中心主任。主要研究方向为现代营销理论与方法、广告策划。出版专著、教材（含合著）《市场营销》、《国际市场营销》、《国际企业：营销、广告、公关》等12部；发表学术论文近50篇。获江苏省普通高校优秀教学成果二等奖、南京市哲学社会科学优秀成果一等奖。

【田梦飞】（1966—）女，湖南财经高等专科学校教授，涉外经济贸易系副主任，中国高校市场营销学会理事。从事市场营销学与国际贸易专业的教学与科研工作。主编、参编各类教材共30余万字。发表论文30余篇。主持、参与多项国家社科基金课题和省级课题。所主持的省级教改科研课题"普通高等专科教育培养模式的研究与实践——'1311'制办学模式"获湖南省教学教改科研成果奖。

【田志龙】（1961—）湖北汉川人。华中科技大学管理学院教授，工商管理系（含工商管理专业与市场营销专业）主任。教育部高校工商管理学科专业教学指导委员会委员，武汉健民药业集团公司独立董事，中国市场学会常务理事，中国高校市场学研究会常务理事，湖北省市场营销学会副会长，《管理学报》编委，《营销科学学报》编委，国家自然科学基金和社科基金项目通讯评委。

【佟大新】（1962—）北华大学经济管理学院教授、院长，重点学科带头人。国务院津贴专家。科研立项20余项，发表论文20余篇，编写教材3部。科研项目有"中外营销比较研究"，"企业营销工作误区与对策研究"，"非营利组织营销问题研究"，"吉林省粮食安全问题研究"。代表性论文：《名牌及其创新条件的理论探讨》、《现代市场营销定位理论的探析》、《推进教育创新 完善高等教育人才培养体系》。教材著作有《市场营销学》、《现代广告学》等。

【涂平】（1960—）北京大学光华管理学院副院长。美国营销学会会员，世界卫生组织HRP社会科学研究指导委员会委员，中国人口学会理事，北京市人口学会副会长，北京市哲学社会科学学科组成员，国际人口科学研究联合会会员，《国际家庭计划展望》（美国）编辑顾问委员会委员，1994年联合国国际人口与发展大会中国政府代表团特别顾问，1992年联合国亚太人口大会中国政府代表团特别顾问。美国伯克利加州大学人口学博士，生物统计学硕士。主要研究领域：定价策略，客户关系管理与数据挖掘，人口与市场信息系统的开发与应用，市场分析与预测方法及其应用。

【涂永式】（1956—）女，湖北武汉人。深圳大学经济学院教授，国际贸易专业学科带头人、硕士研究生导师组长。中国市场学会理事，中国高校市场学研究会常务理事，中国商品交易市场专家指导委员会委员，深圳市场学会专家委员会主任。中南财经大学经济学学士，硕士，博士。美国俄亥俄州University of Toleodo经济学硕士。在中南财经大学工作期间，历任硕士研究生导师、MBA导师、校国际交流处副处长、处长，武汉市政府咨询决策委员。主持并参与的主要课题："市场营销专业推行案例教学的方法及实践研究"（教育部项目），"零售商外商直接投资的现状与前瞻"（国家社会科学基金项目），"我国绿色产品市场的培育与管理研究"（国家自然科学基金项目），"湖北市场有序化研究"（湖北省社科项目），"国际高等商科教育比较研究"（原国内贸部项目），"深圳与上海、广州营商成本比较研究"（深圳市社科联项目），"福田区现代商业发展研究"（福田区政府项目）。出版《西方经营奇趣谈》、《宏观市场学》、《WTO与餐饮营销》、《国际市场营销学》、《营销管理学》、《营销学原理》、《国际贸易理论与实务》等专著、译著、教材和工具书20多种。在《财贸经济》、《商业经济研究》、《国有资产研究》、《市场营销导刊》等杂志发表论文70余篇，多篇论文被人民大学复印资料转载。《宏观市场学》获湖北省社会科学优秀成果奖。

【万后芬】（1944—）女，湖北武汉人。中南财经政法大学教授，市场营销学首席教师，博士生导师。中国高等院校市场学研究会副会长，中国市场学会常务理事，湖北省市场营销学会常务副会长，湖北省经济团体联合会秘书长，学校企业管理研究所所长。全国优秀教师，国务院津贴专家。高校首届国家级教学名师。1966年毕业于湖北大学数学系，从事中学数学教学。1981年调入原湖北财经学院商业经济系。1982年中美合作现代经济与科技管理大连培训中心结业。在市场营销定量研究、零售问题研究、绿色营销研究、企业营销理论与实践研究、市场营销教学与改革等方面均取得一定成绩。主持国家自然科学基金项目"我国绿色市场的培育与管理研究"和国家社会科学基金项目"零售业外商直接投资的现状与前瞻"，另有省级项目4项；主编著作16部，发表学术论文50余篇。获省部级以上教学、科研成果奖10余项。其中，《营销系统工程》在运用系统工程的科学方法分析和处理营销实际问题方面做出了有益的探索。教学研究项目"案例教学法研究"获湖北省优秀教学成果二等奖；论文《案例教学的主要方法》获原国内贸易部高教司优秀科研成果二等奖；"市场营销专业面向21世纪系列教材"中的《绿色营销》，属国内较早对绿色营销问题进行研究的专著。

【万卫红】（1961—）女，江西财经大学教授，江西省商业经济学会常务理事，产业经济学硕士研究生导师。1985年毕业于江西财经学院贸易经济系贸易经济专业。先后在江西财经大学贸易经济系、国际经济贸易系、工商管理学院从事教学工作。

【汪波】（1948—）天津大学管理学院教授、副院长、博士生导师，MBA教育中心主任，公共管理学院（MPA）副院长。教育部工商管理专业指导委员会委员，中国市场学学会常务理事。天津市"九五"立功先进个人暨"三育"先进个人。天津大学理学学士（应用数学）、工学硕士（管理工程）。加拿大蒙特利尔市McGill大学管理学院留学生；加拿大蒙特利尔Concordia大学工商管理学院访问学者；意大利Pavia大学访问学者；美国Sanford大学高级访问学者。曾赴加拿大、美国、葡萄牙、意大利、瑞典、法国、澳大利亚等国家参加国际学术会议和学术交流。主要研究方向为营销管理、市场研究与预测、企业战略管理、人力资源管理。代表著作与主要论文：《国际工程市场学》、《企业关系营销与制造竞争优势》、《基于生命周期的绿色产品开发设计及绿色评价》、《网络经济的市场营销》、《服务企业营销质量评价与控制》等。获教育部教育成果二等奖，天津市级教学成果一等奖。主编《国际工程市场学》获天津大学优秀教材一等奖，"产品与市场"项目获天津市经委软课题二等奖,论文《一个改进地适应滤波方法》获中国高校优秀论文奖。

【汪纯本】(1945—)中山大学管理学院教授。教育部高等学校工商管理学科教学指导委员会委员,广东企业文化协会常务理事,国家旅游局教材编审委员会成员,国家旅游局旅游经济师考试审题组成员。1968年毕业于北京大学西方语言文学系英语语言文学专业。美国康奈尔大学酒店管理学院职业研究硕士;又在康奈尔大学主修酒店管理,副修营销学、财务与会计,获哲学博士学位。曾任中山大学管理学院副院长。主要学术研究专著:《饭古营销学原理与应用》、《饭店管理会计》、《饭店食品和饮料成本控制》、《饭店物业投资决策与管理形式》、《服务营销与服务质量管理》、《服务性企业整体质量管理》、《智力型企业经营管理》。系列论文《服务营销和服务质量管理》获广东省高教厅科技进步奖。

【汪克夷】(1944—)大连理工大学教授、博士生导师,管理学院企业管理系主任。大连工学院(现大连理工大学)系统工程专业工学硕士,大连理工大学系统工程专业工学博士。曾担任大连理工大学校长助理。参加国家自然科学基金重大项目、面上项目,国家软课题项目,科技部攻关项目等纵向课题的研究。主持两项教育部博士点基金项目、地方政府委托研究项目和10余项企业委托研究课题。主编MBA系列教材之一《管理学》。在国内学术期刊和国际学术会议发表论文50余篇,其中为ISTP检录的有6篇。获国家、国家教委、大连市科技进步奖。

【汪素芹】(1957—)女,南京财经大学国际经贸学院教授、国际经贸学院副院长。安徽财经大学经济学学士;安徽财经大学贸易经济专业硕士进修生;武汉大学经济学院高级访问学者;澳大利亚墨尔本大学访问学者。主要研究方向为国际经济与贸易、中国对外贸易、中国开放型经济。发表学术论文10余篇。著作与教材有《国际贸易学》(下册)、《经济安全论》、《经济全球化背景下的中国对外贸易研究》、《WTO与国际经贸惯例》。获对外经贸大学"WTO年会征文"奖、中国国际贸易学会征文奖、上海社会科学院世界经济论文奖,国际贸易课程获江苏省教育厅优秀课程二等奖。"国际贸易实务多媒体课件"获江苏省教育厅第一届"奥斯杯"竞赛三等奖。"国际经济与贸易专业特色建设研究与实践"获南京财经大学教学成果一等奖(2004)、海南第三届哲学社会科学优秀奖(2001)。

【汪涛】(1970—)湖北襄樊人。武汉大学经济与管理学院教授、市场营销与旅游管理系主任、博士生导师。中国市场学会副秘书长、常务理事、学术委员会委员,中国高校市场学会常务理事,《营销科学学报》编委,中山大学(岭南学院)兼职教授,全国MBA教学指导委员会市场营销课程小组成员,浙江大学、中山大学、中南财经政法大学EMBA兼职教授,中国市场学会"中国市场总监与销售经理业务资格培训认证项目"特聘专家,武汉市人民政府专家咨询小组专家,湖北省青联委员。主要研究方向为营销战略、组织市场营销、竞争战略、顾客资产理论、营销的本土化研究等。发表学术论文60余篇,出版著作8部,主持国家自然科学基金1项,国家社会科学基金1项,教育部人文社科研究博士点基金项目 1 项。获湖北省市场营销学会优秀论文一等奖、中国高校市场营销学会优秀论文二等奖、中国市场学会优秀论文奖、第三届董辅礽经济科学奖等。

【汪秀英】（1956—）女，首都经济贸易大学工商管理学院教授。辽宁财经学院经济学学士；东北财经大学经济学硕士。著有《公共关系学实用技巧》、《公共关系学原理与应用》、《销售工程师手册》、《企业实用公共关系》、《公共关系学》、《微观经济学原理与应用》、《现代企业管理原理》、《商业企业股份制原理与实务》、《市场学》、《现代市场营销原理与实务》、《企业实用市场营销学》、《社交与礼仪》。1996 年担任中央电大公共关系课程主讲教师，编著教材《公共关系学》。公共关系学录像教材获 1998 年教育部、新闻出版署的全国优秀教育音像制品二等奖。

【王爱民】（1961—）湖北武汉人。武汉理工大学工商管理系教授，武汉理工大学国际教育学院常务副院长。中国市场学会理事，湖北省市场营销学会常务理事，湖北省青年科协常务理事兼交叉学科秘书长，日本京都大学经济研究所合作研究者。主要研究领域有企业战略管理，市场营销理论与实务，适应中国国情的现代企业制度，人力资源管理及人才激励机制，东方文化下的领导方法与艺术，资源与环境经济学。曾到日本、英国做合作研究，回国后面向企业经营实际的管理理论与实务研究，将国际先进的管理理论、方法与经验用于中国企业的具体运作，为湖北楚天龙（集团）公司、宜昌医药集团公司、冀东石油勘探有限责任公司等进行企业经营诊断、市场营销策划、经营战略规划与实施方案设计、人力资源规划与激励机制设计、现代企业制度的建立等咨询工作。发表论文 40 多篇，翻译出版 MBA 系列丛书一套（4 册）及主编、参编教材 4 部；主持省部级科研课题 5 项，参加国家自然科学基金课题及省部级科研课题 12 项，主持面向企业的横向研究课题 6 项。

【王成荣】（1958—）北京财贸管理干部学院教授，商业研究所所长，学报主编，学院学术委员会副主任兼秘书长。企业文化和品牌专家，国务院津贴专家，北京市跨世纪优秀人才工程人选。倾力于企业文化的教学、传播、研究与咨询活动。在企业文化民族化、中国特色企业文化目标模式、营销文化、服务文化、名牌文化以及企业文化基因理论等方面提出若干创新观点。主持、参与国家及北京市重点课题"中国名牌战略研究"、"品牌价值的评价与管理研究"等 5 项。参加国际及国内学术会议与学术交流 50 多次。为 40 多家大中型企业提供文化咨询服务，在全国作有关企业文化创新方面的学术报告和讲座 200 余场。出版企业文化专著和教材 5 部，代表作《中国名牌论》、《企业文化学》、《企业文化大视野》等。发表学术论文 150 篇，代表作有《企业经营文化论》、《儒家伦理与企业家精神的冲突与融合》、《知识型企业的战略变革与文化创新》、《论制度管理与文化管理的关系》、《企业文化基因论》、《品牌价值的来源与构成》等。

【王德章】（1951—）哈尔滨商业大学教授，系主任兼研究生处处长，博士生导师，省级重点学科带头人。黑龙江省学位委员会学科评议组成员，黑龙江省哲学社会科学规划办评议组成员，黑龙江省、哈尔滨市政府科技经济顾委会成员，黑龙江省经济学会、黑龙江省价格协会副会长，中国市场学会常务理事，中国流通经济专业委员会副主任，中国商业经济学会常务理事。国内贸易部有突出贡献的中青年专家，国务院津贴专家。黑龙江商学院经济学学士、硕士；中国社会科学院研究生院经济学博士。主要负责教学工作，分管教务处、继续教育学院、网络与教育中心、图书馆、高教研究室等。主持国家社会科学基金、国家自然科学基金、国家科技部软科学、教育部教育改革研究、商务部委托项目、省部级等课题多项。已出版的专著、编译著有《市场营销学》、《中国绿色食品产业发展与出口战略研究》、《管理经济学》、《国际物流导论》。在《中国软科学》、《中国工业经济》及国际期刊发表多篇教学管理等方面的学术论文。获黑龙江省优秀科研成果奖、优秀教学成果奖和中国商业联合会科学技术进步奖一、二等奖计6项。

【王方华】（1947—）上海交通大学安泰管理学院教授、院长，博二生导师。主要研究方向：现代营销理论与方法、企业战略管理理论、跨国公司管理。主要著作：《现代企业工商管理基础课程系列教材》、《文化营销》、《新概念营销丛书·网络营销》、《新概念营销丛书·整合营销》、《新概念营销丛书·服务营销》、《新概念营销丛书·关系营销》、《绿色营销》等。

【王国华】（1959—）著名市场策划人。华中师范大学博士。曾担任《现代企业文化》杂志主编，海南省华侨投资旅游公司总经理，美国梦幻娱乐集团中国区经理。在海南省工作以及任湖北省建设厅《长江建设》杂志总编辑期间，从事风景区、开发区的发展战略规划工作。担任武汉理工大学企业文化与文化咨询研究所所长期间，策划武汉汉正街小商品市场开辟海外市场及品牌营造等战略规划，策划武阳逻经济开发战略及武汉市民营企业嘉华集团进驻武汉佳丽广场和武汉市黄陂区盘龙城历史景观资源开发等项目。发表《论中苏文学的发展与影响》、《莫言创作论》、《近代资产阶级文学思想的演变》、《融合与超越》、《当前中国餐饮业经营走势分析》、《发展旅游业之我见》等学术论文30多篇；出版学术著作《现代企业文化研究》、《社会转型与学术转型》、《现代企业咨询概论》；主编《入世后经济开发区发展战略研究》。参与《中国当代文化》、《外国文学教程》等重点高校文科教材的撰写。

【王海鹰】（1960—）女，沈阳理工大学教授、营销教研主任，商品流通研究所所长。辽宁省市场学会副秘书长，中国市场学会理事，沈阳市价格学会常务理事，沈阳市企业文化研究会常务理事。吉林大学经济系国民经济计划专业经济学学士；吉林大学研究生院国民经济管理专业经济学硕士。曾任辽宁大学市场营销系主任。主要讲授课程或研究领域：市场营销学、商品流通经济学、消费者行为、CIS战略、推销理论与技巧。主要著作：《新消费者行为研究》、《物流管理新论》、《制度、结构、对策》。主持研究课题：省教委"大型百货商场营销策略研究"、"零售业态的发展趋势"、省科委"辽沈会展业现状与对策研究"、市科技局"政府部门文化管理和机关文化建设"等。

【王海忠】（1966—）中山大学管理学院市场营销学教授、博士生导师。中国市场学会学术委员会副秘书长,《营销科学学报》编委,美国营销科学研究院学术会员。主要研究领域:品牌管理、消费者行为、工业及服务营销。作为清华大学经济管理学院博士后,曾重点研究品牌管理。主持国家自然科学基金研究课题及教育部、清华大学等研究课题多项。出版专著《品牌测量与提升》、《消费者民族中心主义》。在《经济研究》、《管理世界》、《管理科学学报》等刊物发表论文50多篇。

【王惠文】(1957—)女,北京航空航天大学复杂数据分析中心主任,经济管理学院教授、博士生导师。中国市场学会理事。主要研究经济管理系统中的数据采集、复杂类型数据分析方法、系统评估方法以及预测方法等。主持国家级、部级以及自然科学基金国际合作项目若干。出版3部学术专著,发表论文50余篇。获航空基础科学基金优秀项目一等奖;两次获中国航空工业总公司科技进步二等奖;两次获国家自然科学基金优秀项目奖;获北京市科技进步奖,北京政协优秀提案奖。入选中国教育部"跨世纪优秀人才培养计划";获国家杰出青年科学基金。

【王建国】(1953—)北京大学光华管理学院市场营销系教授,北京大学新市场经济与管理研究中心主任、国际MBA与案例教学研究中心主任、中国国情研究中心副主任、MBA中心主任和国际MBA中心主任(2001、2002)。北京大学、新加坡国立大学、新加坡南洋理工大学、新南威尔士大学(Unsw)、Monash大学兼职教授。中国、美国、澳大利亚等多家经济与管理学会成员。Leuven(鲁汶)大学工商管理硕士(MBA);Monash(莫纳什)大学经济学

博士。在国际国内学术期刊、国际学术会议发表多种学术论文或演讲。曾是香港华润公司和中国风险投资公司经理。在营销、投资与战略管理等方面为多家跨国公司和政府部门提供咨询服务、任顾问或独立董事。被选入Barons《新世纪全球500名领导者》;进入《Marquis世界名人录》和《全澳大利亚亚裔名人录》)。

【王巾英】(1937—)女,辽宁铁岭人。中央财经大学商学院教授、博士生导师。1963年毕业于东北财经大学贸易经济系。全国暨北京市市场学教学研究会理事、中国信息咨询中心特邀研究员。国务院津贴专家。出版15种图书(包括主编、自编、专著,另外参编3种)。专著《建设项目评价理论、指标与案例》系部级课题最终成果;《中国经贸理论运行政策》获经贸部优秀科研成果奖;《中国引进外资理论、效益、管理》获北京市专著基金支持。在全国各类刊物发表文章数十篇。对涉外经济管理、国际市场营销等方面的理论问题也有一定研究。

【王俊豪】(1956—)浙江财经学院教授、院长,博士生导师。北京大学兼职研究员,浙江大学、中山大学兼职教授,中南财经政法大学合作博士生导师,教育部高等院校公共管理类专业教学指导委员会委员,中国工业经济研究与开发促进会副理事长,浙江省人民政府经济建设咨询委员会委员、政协委员。国务院津贴专家。国家"百千万人才工程"第一层次人选。曾赴美国斯特拉斯克莱德大学和美国哥伦比亚大学做学术研究。主要研究领域是产业组织与政府官职理论、价格理论等。主持国家社科基金和自然科学基金项目5

项,国家教育部、信息产业部和浙江省等省部级研究项目 10 多项。出版 8 部学术著作,在《经济研究》等杂志发表论文 80 余篇。获孙冶方经济科学著作奖,省部级奖 5 项。

【王克】(1931—)深圳市明天策划公司总裁,中国策划研究院副院长,著名策划人。为国内多家企业集团策划市场营销项目,导入 CIS,尤其在市场开拓及房地产中介代理领域颇多建树。主持衡韵集团、智强集团、齐灵思集团、鹏宇集团、华侨城、益力、草珊瑚等企业的品牌策划。被评为"中国十大策划专家"之一。

【王利】(1954—)济南大学管理学院教授、首任院长。主要从事宏观经济管理方面的研究,在产业结构、投资、消费等领域的研究比较深入。主讲市场营销学、市场调查与预测、工业企业管理、数据库管理系统等本科和研究生课程。较早地提出和分析了我国体制转轨过程中消费需求与经济周期性波动的关系;人口再生产方式与产业结构的关系。在中小企业技术创新、经营创新方面的研究有所建树。主持和参与省部级科研项目 3 项,获省部级科研成果奖两项,主编《市场营销学》两部,发表学术论文多篇。

【王宁】(1960—)中山大学管理学院双聘教授。中山大学"消费社会学"方向博士生导师。英国里兹大学哲学硕士,谢菲尔德大学哲学博士。美国伊利诺伊大学香滨分校访问学者。在《社会学研究》等国内外学术刊物发表论文多篇,出版学术专著 Tourism and Modernity:A Sociological Analysis,Oxford:Pergamon 和《消费社会学:一个分析的视角》。

【王朋】(1955—)广州大学经济管理学院教授、副院长,工商管理研究所所长,策划研究所研究员。从事旅游、市场营销学、经济学的教学与科研工作。为多家企业做投资项目的可行性研究、营销策划及企业战略策划。主持或参与多项国家级、省级、市校级科研项目,有部分获奖。主持广州城建总公司天河大酒店(五星)和新南方集团新南方度假酒店(四星)可行性研究,汕头金海滩大酒店营销策划。发表论文与著作近百万字。代表作:《神秘思维解码》(当代中国人才拓展训练丛书之一)。

【王卫红】(1963—)女,安徽阜阳人。广东外语外贸大学国际工商管理学院教授,学校市场与企业研究中心主任。广东省"千百十工程"省级学术带头人,广东省第九届政协委员,中国高校商务管理研究会副秘书长,中国高校市场学研究会理事。湖南财经学院硕士研究生。研究方向:营销管理理论、零售管理、消费者行为、分销管理、国际营销学、WTO 规则与理论、高新技术市场与管理。承担广东省科技 3 项经费计划项目、自然科学基金项目、"千百十"基金项目、科技厅软科学课题、广东外语外贸大学重点项目各 1 项。主要著作 14 部,发表论文 30 多篇。

【王先庆】(1964—)湖南石门人。广东商学院教授、流通经济研究所所长,广东省商业经济学会秘书长,《商业经济文荟》常务副主编。全国优秀教师。曾任湘财证券基金投资部经理、《股市热线》杂志主编、湖南湘财(东骥)投资咨询有限公司董事长等职。厦门大学金融系访问学者。参与广东省政府及深圳、东莞、广州、长沙、肇庆等

10多个城市政府部门的政策咨询研究,主持和参与30多个政府咨询研究项目。其中"广东省物流发展策略研究"、"长沙产业比较优势研究"、"新疆克拉玛依产业结构调整和企业改革问题研究"等课题项目对相关政策制定具有一定影响。在《新华文摘》、《人民日报》、《南方日报》等报刊上发表论文200多篇,出版各类著作30余部,其中专著10多部(主要有《产业扩张》、《市场进入战略》、《国际资本与金融动荡》、《国际游资大冲击》等),累计1000多万字。有10多种在全国各类论文比赛中获奖。另获广东省优秀教师特等奖。

【王兴元】(1962—)山东大学管理学院教授、博士生导师,管理科学研究所所长。济南市企业联合会副会长,中国生产力学会策划专家委员会专家委员,中国管理科学研究院特邀研究员,山东省经济管理学会常务理事,山东省数量经济与技术经济学会常务理事,中国技术经济研究会高级会员,中国软科学研究会会员,山东省志愿青年创业导师,济南市国有资产管理局法律顾问组成员,济南市仲裁委仲裁员。主要研究领域为市场营销、企业战略管理、创新与创业管理、区域经济发展战略等。主持国家自然科学基金项目"名牌创造发展及其战略管理理论与案例研究"(被评为优秀成果)、国家自然科学基金项目"高科技品牌创建及可持续成长理论与实证应用研究"、国家软科学计划项目"促进高新技术产业集群的创新体系研究"、国家软科学计划项目"中国名牌产品形象战略与形象识别要素的研究"。参与国家社会科学基金项目"非线性经济学与混沌",并主持多项省级软科学与社科规划重大经济管理研究

课题。多次应邀参加国际学术交流活动与讲学;参与企业战略规划、品牌管理、企业系统管理、地区经济发展战略咨询。在《中国工业经济》、《系统工程理论与实践》、《管理工程学报》、《南开管理评论》、Journal of Systems Engineering and Electronics、《中国软科学》等刊物发表学术论文100多篇,其中4篇被美国EI收录。研究项目5次获省部级以上奖励。多次指导"挑战杯"创业计划大赛,其中获全国金奖1项、银奖2项、铜奖1项。

【王秀村】(1955—)女,北京理工大学教授、管理与经济学院副院长。中国市场学会理事,中国高校市场学会理事,美国市场营销学会(AMA)会员,教育部考试中心专家委员会成员。中国人民大学经济学硕士,英国伦敦商学院(London Business School)访问学者。组织"高新技术企业的发展战略"等企业咨询项目,一些研究成果在企业管理实践中被采用。多方面开展国际交流与合作,多次出席国际学术会议,包括在美国亚特兰大举行的"关系营销全球研讨会"和在英国举行的"欧洲案例研讨会"等国际会议。与英国伦敦商学院合作进行"渠道关系营销理论与模型"研究,与柏林工业大学合作进行"创新产品的市场营销"研究,被聘为英国伦敦商学院斯隆(Sloan)项目指导教师。作为教育部考试中心《剑桥商务管理证书》专家委员会成员,赴英国剑桥大学进行考察,并合作进行"中英合作考试"项目的课程设计和教师培训等一系列工作。出版《市场营销管理》、《企业的客户关系管理》、《国际市场营销管理》、《商务交流》等著作、教材、译著;在国内外刊物发表《企业营销绩效评价

的国际比较》等多篇学术论文。

【王耀球】（1945—）北京交通大学教授、物流研究院副院长，博士生导师，《物流技术》及《物流资讯》杂志编委会委员。中国物流与采购联合会常务理事，中国物流标准化委员会委员，中国电子商务协会高级专家。知名物流专家。北方交通大学材料系工学硕士。法国巴黎道路与桥梁中央研究院进修学者。曾任北京交通大学物管系主任，经管学院工商系主任，物流科学研究所所长。主要研究方向为企业物流管理理论及方法论。承担省部级物流领域的研究课题多项。出席全国物流专家高峰论坛会等，主讲《物流社会化与企业物流》《现代物流理念及企业物流》。为教育部高教司主办的全国物流专业骨干教师培训班讲授《现代物流概论》；为多个工商企业做物流咨询。发表论文70余篇。主要代表著作有《中国铁路物资流通》《2001年中国物流发展报告》《条码技术与电子数据交换》《创新——企业之魂》《商海撷珠》《市场营销学》及《中国物流发展报告》；主编北京市高等院校优秀教材《网络营销》和《供应链管理》。

【王谊】（1955—）西南财经大学教授。研究生毕业留校后一直从事市场营销的教学工作，及相关领域的科研。主要承担企业管理研究生、MBA、EMBA和市场营销本科的教学业务。出版教材、专著、译著、工具书数部，发表论文数十篇。获西南财经大学优秀教师奖和优秀教学成果奖，四川省研究生《市场营销管理》课程优秀教学成果奖。

【王莹】（1955—）女，吉林大学管理学院教授。主要研究项目："区域规划滚动编制与执行的理论与实证研究"（吉林省科技厅项目），"企业生产方式变革——精益生产方式理论及应用研究"（国家自然科学基金项目），"机械工业企业营销观念现状及其创新对策研究"（机械工业部软科学课题），"国产轿车进入家庭启动策略研究"（机械工业部软科学基金项目）等。出版《市场营销管理》教材。

【王永贵】（1973—）南京大学商学院市场营销系教授、系副主任、学科带头人。英国 Journal of Technology Management in China 杂志副主编，美国市场学协会会员，美国信息系统协会会员，中国管理研究国际协会会员，中国注册会计师协会会员。香港城市大学研究员。国家自然科学基金委管理科学部通信评议外审专家，全国青年管理科学与系统科学学术会议特邀专家。南开大学工商管理博士、香港城市大学管理科学博士（双博士）。加拿大约克大学访问学者，加拿大维多利亚大学访问学者。在《南开管理评论》《管理科学学报》《管理世界》和《经济管理》等国内期刊发表论著40余篇，在 Journal of Engineering and Technology Management，International Journal of Managing Service Quality，Journal of Management Development，Information System Frontiers 等国际期刊发表学术论文10余篇、国际会议英文论文20余篇。其中2篇为 SCI 索引，6篇为 ABI 全文收录，3篇为 EI 索引，7篇为 ISTP 检索论文。出版《顾客资源管理》《战略柔性与企业高成长》《消费者王朝》等专著，译著10余部。

【王震声】（1943—）中国矿业大学工商管理学院教授、博士生导师，管理工程与科学博士点学科带头人，技术经济与管理硕士点首席带头人。中国管理科学研究院特聘研究员,中国经济技术研究会高级会员,《发现》杂志社副理事长,中国煤炭工业工程研究会理事,中国煤炭技术经济研究会理事。主要研究方向为资源与技术经济管理、投资经济与项目管理、产业经济与市场营销。1968年毕业于北京矿业学院经济系。1992—1993年为俄罗斯国立莫斯科矿业大学高级访问学者,研究中俄经济技术合作及贸易问题。从事科学研究项目15项(国家级项目5项,省部级项目4项),其中主持国家自然科学基金项目2项,国家社科基金项目1项,江苏省软科学基金项目1项,煤炭部留学人员基金项目1项。在美、英、德、澳、加、俄等国家及国内发表学术论文百余篇,多篇论文被ISTP检索,翻译英、俄文文献资料6万余字。出版著作:《现代技术经济管理大辞典》(编委)、《中俄经济技术合作》、《市场营销学》(主编)、《企业涉外经贸实务基础》(副主编)等8部。获江苏省哲学社会科学成果奖、江苏省煤炭科技进步奖、中国矿业大学奖多次。

【王志纲】(1955—)"1997中国十大策划人"。其策划理念是:没有成熟的经验可供借鉴,没有成形的路子可走,更多是从宏观层面和哲学层面上进行把握,以全新的角度和视野开辟着智业的"苏伊士运河"。著作《成事在天》、《策划旋风》、《行成于思》是其策划案例和思想的凝结。

【卫海英】(1963—)女,暨南大学管理学院教授、市场学系主任、博士生导师。中国市场学会理事,中国高等院校市场学研究会理事,广东营销学会常务理事,广东经济学会理事,广东质量协会常务理事。从事品牌营销和市场研究。主持国家自然科学基金、广东省社科基金、广东省自然科学基金、广东省软科学等品牌研究项目及与企业合作开展多项横向课题研究等若干种。获省部级奖励3项。出版著作3部,在《中国工业经济》、《统计研究》等期刊发表学术论文数十篇。

【卫民堂】(1954—)西安交通大学教授,西安交通大学出版社社长。新加坡欣荣管理顾问公司陕西分公司执行顾问,陕西众兴企业集团公司首席顾问,中国质量认证中心审核员。1976年毕业于西安交通大学动力机械系(压缩机专业);1995年赴新加坡国立大学访问学习。其主要研究方向:企业成长与发展及企业经营中的战略问题,包括发展战略、营销战略、人力资源战略、企业改制以及并购重组等;营销策划与营销推广,主要包括企业营销环境分析、营销组合策略(产品策略、价格策略、渠道策略、促销策略)以及营销队伍管理等;质量控制与质量认证,主要包括质量控制方法和技术的应用、质量管理与质量保证体系的建立和运行,以及质量认证咨询。获教育部科技进步一等奖1项、陕西省科技进步一等奖2项、陕西省科技进步二等奖5项、陕西省管理成果奖多项、西安交通大学科技成果一等奖1项、西安交通大学科技成果二等奖多项。

【魏成元】(1966—)海南大学旅游学院教授、市场营销系主任,市场理论学博士。主持湖北"十五"社科规划项目"市场规则及实施机制研究";参与国务院长江水利委员会重点科研项目"21世纪长江三峡库区的协调与可持续发展"。主持海南社科规划项目"海南省旅游资源的理性配制与营销创新"、国家发改委课题"海南东盟旅游合作区域经济社会协调发展"、海南省教育厅教改项目"旅游市场营销模拟教学研究"、海南大学"旅游市场合作营销"等课题。有专著《市场规则论》和《21世纪长江三峡库区的协调与可持续发展》。发表论文有《当前股份制试行中存在的问题及对策》、《政府介入在自然资源有效配置中的地位和作用》和《市场经济秩序的本质属性及其启示》等10余篇。

【魏江】(1970—)浙江大学管理学院教授,博士生导师。国家教育部"创新管理与持续竞争力"哲学社会科学创新研究基地副主任,浙江大学企业组织与战略研究所所长、人力资源与发展战略研究中心副主任、青年教授联谊会秘书长、管理学院院长助理、EMBA教育中心常务副主任。浙江大学管理学博士。受包氏基金和国家留学基金资助赴英国曼彻斯特大学工程、科学和技术研究所(PREST)、曼彻斯特理工大学(UMIST)管理学院留学。入选浙江省"新世纪151人才工程"第一层次。主要从事企业战略管理、技术创新与管理、服务业创新等领域的教学和研究工作。主持国际合作项目2项,国家自然科学基金项目5项,省部级项目(包括重点项目、国家软科学项目、教育部规划项目、国家经贸委技术创新重点项目、浙江省自然科学基金、浙江省科技规划项目、浙江省哲学社会科学规划项目)19项。发表论文160多篇,其中国际刊物4篇;国际会议40多篇;国内刊物50多篇。发表论文被SCI、EI、ISTP检索约20篇;出版《企业技术能力论》、《企业购并战略新思维》、《产业集群:创新系统和学习范式》、《知识密集

型服务业与创新》、《创新管理前沿》等专著5部。获浙江大学青年教师教学技能比赛特等奖、浙江省教学技能优秀奖。

【温孝卿】(1951—)天津财经大学商学院教授,博士研究生导师。国务院学位委员会学科评议组评委,天津市教育委员会专家组评委,中国市场学会常务理事,中国工业经济学会理事,中国经济规律研究会理事等。毕业于天津财经大学、北京工商大学,经济学硕士。曾任天津财经大学市场研究所副所长、学术研究中心副主任。主要专业领域:产业经济学、市场营销学和区域经济学;主要研究方向为产业组织与市场战略,区域市场与区域产业,市场理论与营销管理。主持和参加国家级、省部级和校级课题研究10项,发表专业论文50余篇,主编和参编专业著作19部。获天津市社会科学优秀成果奖,天津市优秀调研成果奖,学会和研究会优秀论文奖等。

【温元凯】(1946—)北京南洋林德投资顾问有限公司总裁,著名经济学家、金融投资专家,亚洲投资论坛高峰会董事,"中国大趋势"预言家,中国改革"十大风云人物"之一。1977年8月,向刚刚复出的邓小平提出恢复全国高考和出国留学制度,受到人们注意。曾任中国科技大学化学系主任,安徽省教委副主任,全国人大代表、主席团成员。以在化学方面杰出的成就晋升为当时中国最年轻的教授。后进入华尔街,从事3年的银行投资工作。回国成立南洋林德投资顾问有限公司,聚集各方投资、金融和战略管理专家,实施战略发展、资本运营和跨国运作。以最早提出制定企业破产法,最早提出中国

"创业板"概念和在金融投资领域、信息产业和房地产业的创见,成为新经济领域中具有影响的人物。为100多家企业进行管理咨询培训(包括海尔、蒙牛、新疆特变电工、许继集团、海信、TCL、中国石油天然气、东北虎皮革、长影股份)。进行100场次以上的专业讲演,受到社会的关注。在国际国内学术刊物上发表100多篇学术论文。主编《资产重组案例》和《中国创业板上市与投资、融资及股票操作》实务全书。出版近10种学术专著和评著,以《中国大趋势》、《闯荡华尔街》两部较为著名。

【翁君奕】(1955—)厦门大学管理学院教授、博士生导师。教育部科技委管理科学部委员,中国管理现代化研究会常务理事。主要研究领域:商务模式创新、战略管理、管理理论。开设课程:《现代管理理论》、《商务模式创新》、《高级微观经济学》、《博弈论》。主持国家自然科学基金课题4项(包括国家自然科学基金新课题"商务模式创新及其与技术创新的协同研究"),国家社会科学基金课题1项。获孙冶方经济科学奖著作(合作)奖、首届国家社会科学基金项目优秀成果(合作)奖、福建省社会科学优秀成果二等奖等。

【吴国蔚】(1944—)教授,1966年毕业于清华大学,工学硕士,北京经济社会发展研究院学术委员会副主任。中国国际贸易学会理事,中国市场学会理事,北京国际经济贸易学会副会长。研究专长为产业转移与国际企业管理,具体研究:产业结构优化与产业转移规律;对外直接投资理论与实践;国际企业管理理论与实践。主持多项省部级科研课题,出版专著和教材多部,发表论文数十篇。专著《高技术产业国际化经营》获我国国际贸易领域最高学术奖(安子介奖)。

【吴健安】(1930—)安徽枞阳人。云南财贸学院教授。中国高校市场学研究会顾问,中国市场学会顾问、云南省市场学会名誉会长。1954年毕业于云南大学经济系。1979年至云南财贸学院,曾任系主任、院长。20世纪70年代末即开始研究市场学,是我国改革开放以后最早从事市场学研究的专家之一。中国高校市场学研究会(前身为全国高等财经院校、综合大学市场学教学研究会)之一。收集国内外资料,于1982年编印《市场学》内部材料(成为中国市场学的早期读本之一)。《市场学》1985年正式出版,被近百所院校采用,获云南省社会科学优秀论著二等奖。90年代初主编《市场营销学》,获"全国十佳经济读物"提名奖。主编高等学校工商管理类核心课程教材《市场营销学》,获全国普通高等院校优秀教材一等奖。参编著作25种。发表教学论文70余篇。主持省级研究课题6项。

【吴世经】(1916—2000)河南浚县人。教授,博士生导师,国务院津贴专家。中国企业管理教育研究会顾问,中国市场学会顾问,全国高等院校市场学顾问,四川省企业管理协会顾问。1940年毕业于重庆复旦大学经济系,1945年赴美国留学,毕业于美国费城宾州大学华盛顿学院工业管理系,获硕士学位。1947年任重庆大学商学院工商管理系教授,随后兼任系主任,是当时重庆大学名教授。1953年调四川财经学院工业经济系任教授,1983年起长期任系主任,其间还担任或兼任学校副教务长、工会主席,学校顾问和博士生导师。主要科研成果:《管理信息系统》、《中国企业管理百科全书》、《市场经营原理与策略》、《中小企业的综合开发》、《市场营销学》、《国际市场营销》、《中国市场与市场营销》、《工业企业经营管理》、《工商企业公共关系学》等10多部专著和教材以及一批论文。

【吴泗宗】(1952—)同济大学教授,博士生导师,经济与管理学院副院长。中国市场学会常务理事、上海市市场营销学会常务理事。研究领域:工商管理。研究方向:企业管理、技术经济及管理、市场营销。上海财经大学经济学硕士。曾任江西财经大学教授。主要研究项目:"国际商法与国际贸易"(获江西省社科二等奖);"国有企业资产重组的动因及模式研究"(获山东省科技进步二等奖)。主持研究上海市建委"加入WTO对建筑咨询业的影响"。主持上海市计委"上海国际汽车的功能定位与运作模式研究"。参加国家自然基金"国有商业银行疑难点问题研究"等。主持企业委托项目15项。出版著作《上帝在想什么——推销与心理》、《现代企业经营管理方法》、《现代汽车营销》等10种。出版教材《现代市场营销学》、《国际市场营销学》、《国际市场调研》等10种。主要论文有《企业管理的变革与我国学习型企业的建立》、《国有企业资产重组的模式》、《网络经济的外部性分析》和《对CRM的再认识》等50余篇。

【吴涛】(1957—)河南财经学院工商管理系教授,营销教研室主任。研究方向市场营销、市场调研、消费者行为。著有《市场营销管理》。

【吴小丁】(1954—)女,吉林大学经济管理学院商学院市场营销系教授、博士生导师。中国商业联合会专家工作委员会专家委员、中国市场学会常务理事、中国商业经济学会理事、中国高等院校市场学研究会常务理事、中国商业地产联盟专家委员。1989年6月吉林大学日本研究所世界经济专业研究生毕业,获经济学硕士学位,2001年6月吉林大学经济管理学院世界经济专业博士研究生毕业,获经济学博士学位。曾以客座研究员和客座教授身份赴日本名古屋市立大学经济学部、日本关西学院大学经济学部及商学部、日本关西大学商学部进行合作研究与讲学。主要研究领域为商品流通理论、渠道关系零售业态和竞争政策。代表性成果有《哈夫模型与城市商圈结构分析方法》、《我国城市商业网点规划中的几个误区》、《"新零售之轮"理论及其对我国零售业态发展的启示》《零售业态分类新标准中需要探讨的几个问题》等。主持长春市城市商业网点规划编制工作,参与政府的管理咨询工作,参与吉林方圆有限公司、长春欧文斯科宁管道有限公司、北京方大科技发展集团、长春期货交易厅有限责任公司、长春市政府会展厅、海城腈纶纺织厂等企业商务设施选址、购物中心项目论证。

【吴晓云】(1955—)女,南开大学商学院市场营销系教授、副主任,博士生导师。中国高校市场学会理事、北方市场学研究理事、天津市南开区政协委员。主要研究领域:服务市场营销管理、全球市场营销管理及国内外市场营销领域的前沿问题。美国夏威夷大学东西方研究中心、香港理工大学中国商业中心、香港城市大学商学部访问学者(并建立稳定的学术研究关系)。出版专著、译著、教材10余部,在国内外学术刊物上发表学术论文 60 多篇。其中 10 多项科研成果获国家教委、省市哲学、社会科学等层位奖励。主要论著：主编《市场营销学》获天津市哲学、社会科学青年佳作奖；《市场营销学教程》获国家教委优秀教材二等奖；主编《现代市场营销学》获北方社会科学图书优秀奖；《论经营损益责任制》获《经济日报》全国企业改革征文三等奖；《论传销制的规范化》获中国高校市场学会优秀论文二等奖。

【吴志军】（1965—）江西财经大学资源与环境管理学院教授、院长。上海财经大学硕士研究生。从事高校的教学和科研工作。原任江西财经大学工商管理学院（原工商管理系）市场营销教研室主任、管理理论教研室主任、工商管理系副主任、产业经济研究中心主任。曾任江西民星企业集团管理顾问、江西丙申公司营销顾问、赣南果业股份有限公司副总经理等。曾任《国际市场营销丛书》总主编。主持和参与国家级、省部级科研课题 8 项，出版著作、教材《国际市场行情》、《国际结算实务》等 6 部，在《中国工业经济》、《当代财经》等刊物发表学术论文 60 余篇。与杨慧合作编著的《市场营销学》获江西社科优秀成果奖，部分高校用做专业教材。

【夏春玉】（1962—）东北财经大学教授、副校长、博士生导师。东亚（日本）城市会议研究咨询委员、日本北九州市立大学客座教授、中国商科高等教育学会副会长、中国企业管理研究会常务理事、中国市场学会常务理事、中国物流学会常务理事、辽宁省青联常委、大连市商业顾问。东北财经大学经济学硕士、陕西财经学院博士。留学日本

一桥大学、北九州大学。入选财政部跨世纪学科带头人培养对象，辽宁省"百千万工程"百人层次人选，辽宁省跨世纪社科理论人才培养对象，辽宁省优秀青年骨干教师，大连市"十大杰出青年"。从事流通理论、物流与营销管理的教学与研究工作。在国内外出版《现代商品流通理论与政策》、《中国流通经济论》（日、韩文版）、《流通结构、竞争与行为》（日文版）、《流通概论》、《现代物流概论》、《物流与供应链管理》等专著、教材 13 部，发表学术论文 80 余篇，主持各类科研课题 10 余项。

【肖海林】（1962—）中央财经大学教授。香港公开大学 MBA 上海班战略与营销课程教授，对外经济贸易大学中小企业研究中心研究员，武汉化工学院光华企业发展研究所客座研究员，中国市场学会理事。1980—1987 年北京农业大学（现中国农业大学）作物遗传育种专业本科和植物生理生物化学专业遗传工程方向硕士研究生，获学士和硕士学位。中南财经政法大学工商管理学院管理学博士。主要研究方向为企业管理专业战略与营销。研究领域：企业战略与政策、企业发展，市场营销。主持和参加国家自然基金项目、中国博士后基金项目、上海市知识产权软科学研究项目、武汉市软科学研究项目等各类科研近 20 项。发表各类文章 40 余篇，出版专著 1 部，获省部级学术奖项 3 次。主要论著：《企业可持续发展：理论基础、生成机制与管理框架》、《企业持续发展的生成机理模型：基于海尔案例的分析》、《企业可持续竞争优势四面体结构模型及成长管理》、《韦尔奇时代 GE 的产业平台战略》、《企业的生死定律》、《企业可持续发展新论》、《企业虚

拟化战略研究》、《中国企业开展绿色营销的微观动力分析》、《企业可持续发展的管理法则》。

【谢合明】（1964—）西华大学管理学院教授。中国会计学会理事，中国市场学会理事，四川省统计学会常务理事，四川省机械工业企业管理协会理事，四川省企业家协会理事，四川省数量经济学会理事，成都市统计学会常务理事及学术委员会副主任。西南交通大学博士。主要研究方向为企业管理和会计学。主要从事企业管理方面的决策咨询、方法选择、理念创新、投资项目的可行性分析、会计业务的处理、会计报表的审核、纳税申报等方面的研究工作。发表论文 20 多篇，主编教材及专著 8 部，主持科研课题 15 项。

【熊亚君】女，西南财经大学教授。主要承担《管理学原理》、《企业管理概论》、《工业企业生产管理》、《企业经营研究》等课程。参编《企业管理概论》（主编）、《现代生产管理》（副主编）、《工业企业经营管理》、《企业经济师实用教材》、《中国市场与市场营销》、《现代企业经营论》等教材、专著。

【徐从才】（1951—）南京财经大学教授、校长。教育部经济学科教学指导委员会委员、江苏省经济学会副会长、全国高校商业经济教学研究会常务副会长、中国物流学会常务理事、中国商业经济学会常务理事、中国供销合作经济学会理事、中国人民大学产业经济学专业博士生导师。江苏省委"333 工程"第二层次培养人选；国家有突出贡献的中青年专家；江苏省高校"青蓝工程"跨世纪学科带头人；全国优秀教师；国内贸易部优秀专家，国务院津贴专家；全国商业劳动模范。复旦大学经济

学院经济学博士。主持国家社科基金和省部级课题研究 10 多项。出版专著（包括合著）和统编教材 10 部，在《经济学动态》、《财贸经济》、《中国经济问题》、《人民日报》、《光明日报》、《中国农村经济》、《商业经济研究》等报刊发表论文 100 多篇，有 40 多篇文章被《新华文摘》、《经济学文摘》、中国人民大学报刊复印资料等转载或摘登。有 7 项成果获省部级优秀成果一、二、三等奖。

【徐大佑】（1965—）四川大英人。贵州财经学院教授、工商管理系主任。贵州财经学院学术骨干与带头人。天津南开大学经济系经济学硕士。主要研究方向为企业管理、市场营销与价格理论，特别是品牌方面的研究。发表学术论文 40 余篇，其中 6 篇被转载。出版专著和教材 3 部。主持省部级和国家级科研课题 4 项。

【徐会奇】（1962—）青岛大学国际商学院教授，市场营销系主任，青岛大学 MBA 中心主任。中国市场学会理事、中国高校市场营销学会理事、山东省市场营销学会副会长。南开大学研究生，中国人民大学经济学博士。讲授课程：市场营销、人力资源管理、营销策划、商务谈判等。主要研究方向：营销管理体系、绩效管理、薪酬设计等。发表学术论文 50 余篇，著作 8 种；多篇论文被中国人民大学复印资料及多家网站全文转载。承担国家自然科学基金项目和山东省、青岛市科研项目多项。多次为国内著名企业承担企划课题。多次获省、市奖项。

【徐丽娟】（1966—）女，北京交通大学经济管理学院教授。中国市场营销网负责人，中国市场学会理事、中国

高校市场学会理事、中国企业文化研究会特约研究员。发表著作、论文40余项。主持、参加的课题有20余项。主持的课题《国有医药商业企业连锁改制研究》获中国商业科技进步二等奖。获北京交通大学第三届青年教师基本功大赛一等奖。1996年中国第一届国际企业管理挑战赛,指导北京交通大学代表队获得中国赛区第一名、世界第三名。

【徐印州】(1946—)河南开封人。广东商学院教授、副校长,《商业经济文荟》主编、《广东商学院学报》主编。中国商业经济学会副会长,广东商业经济学会会长,广东省政府发展研究中心特约研究员及商贸流通组召集人,广东省经贸委产业发展顾问,广东省大型商贸龙头企业评委,广州市政府决策咨询顾问,广州市经贸委商业顾问,广东经济学会副会长,广东商业联合会副会长,广东价格协会副会长,广东供销合作经济学会副会长,广东消费经济学会副会长,广东国际经济学会副会长,广东连锁经营协会顾问,广东国际商会顾问。多所大学兼职教授或客座教授。国务院津贴专家。毕业于北京大学和中国人民大学。主持多项广东省、教育部社会科学研究课题和省政府重大招标课题、省高教重点研究课题,主持和参与多项横向研究课题和省市各级各类的经济发展与行业发展规划课题。出版著作17部,参与著作部8部,发表文章200余篇。主要著作有《商业供应链管理》、《广东省与周边省区经济合作问题研究》、《特许连锁经营》、《新编市场营销学》、《假日经济》等。

【许绍李】(1924—)西安交通大学教授。中国高等院校市场学研究会顾问,中央党校函授学院交大教学点研究生导师。1952年1月复旦大学国际贸易系毕业,分配至交通大学任教。陕西省优秀教师。主要研究领域为市场营销理论与策略,对外贸易与经济发展等。主编或参编《市场营销:理论与策略》、《工业企业经营管理学》、《技术经济学》等教材11种;《现代市场营销大全》、《微观经济学》等译著或专著7种。发表学术论文60多篇。所编教材及完成的科研项目获国家教委、陕西省、西安交大颁发的优秀教材奖、科技进步奖20多项。1994年获荣誉证书及奖金。1996年于交大百年校庆时获王宽诚特别奖。

【许喜林】(1976—)北京匹夫品牌管理集团总裁。中国社会经济决策咨询中心研究员,中国品牌形象管理专家团副团长,北京商品经济学院副院长、教授。策划1998 CCTV"我们万众一心"大型抗洪赈灾义演晚会。

【许玉林】(1960—)中国人民大学教授。美国伯克利大学访问学者。主讲课程为组织行为学、人力资源开发与管理。承担四通集团、海南航空公司、东阿阿胶集团、申财证券、伊利集团、双登集团、人保广州分公司等大型企业人力资源咨询项目,并兼任公司人力资源顾问。著有《组织设计与管理》、《绩效考核与绩效管理》、《绩效管理》。

【许正良】(1960—)辽宁大连人。吉林大学管理学院教授、副院长。吉林省经济管理类学科学位评议组成员,吉林省市场营销协会常务理事、副秘书长,长春市企业联合会常务理事、副会长。吉林工业大学管理学院硕士。吉林大学管理学院博士。加拿大蒙特利尔商学院高级访问学者。翻译《市场营销调研》、《管理研究方法》2 种英文原版书，编撰《市场营销管理》、《招徕推销管理》等 5 本专著。主持国家和省部级科研项目 10 余项。在《中国软科学》、《管理现代化》、《市场营销导刊》等刊物发表 20 余篇论文。为第一汽车集团公司、长春长铃集团公司、长春房地产集团公司等企业完成营销体系优化、营销计划与控制体系设计、区域市场及分销网络管理方案设计及营销战略规划的咨询策划项目。

【薛维舟】（1956—）中国市场总监认证办公室副主任兼上海中心主任。曾担任台湾创造企业管理顾问有限公司高级讲师，北京东方战略企业营销策划有限公司高级营销顾问、高级讲师，国内数所大学 EMBA 兼职讲师，上海市委组织部所属上海经营者人才公司高级顾问。在国内和跨国公司任营销总监、总经理。曾赴香港、新加坡等地接受培训。为许多企业进行企业管理、销售理论、销售渠道、品牌与市场建设、市场运作及企业内训师方面的培训；对企业主管及销售经理进行市场营销和管理实战方面的指导，获得企业好评。授课主题：市场营销战略、品牌战略、渠道经营与建设、服务营销理论与实战技能、中国国有企业与私营企业营销能力提升、企业中高层的管理能力训练、中高级职业培训师训练。

【严奉宪】（1965—）华中农业大学经济管理学院教授、土地管理学院副院长。湖北省农村经济发展研究会副会长、常务理事。华中农业大学经济贸易学院管理学博士。在市场营销与农产品营销、绿色营销、农业产业化经营与创新、农业可持续发展、中国加入 WTO 对农业的影响、农村剩余劳动力转移等

方面承担或参加国家自然科学基金和社科基金项目 3 项，省部级及其他科研课题 11 项。课题科研成果获省部级科技进步二等奖 1 项（"新的历史阶段湖北农业与农村经济社会发展研究"）、三等奖 2 项（"湖北农业产业化问题研究"；"江汉平原农业可持续发展研究"）。多次获华中农业大学教学质量优秀奖（2002 年获优秀成果一等奖）。在国内刊物发表《论生态文明与农业可持续发展》等学术论文 15 篇；出版《县域经济开放与发展》、《中西部地区农业可持续发展的支撑体系研究》、《市场营销学教程》等著作、教材共 8 部（含合著合编）。

【严学军】（1957—）湖北大学教授，党委副书记，经济学院院长，商学院院长。中国高校市场学研究会事务理事，湖北省市场营销学会副会长，中国商业经济学会理事，湖北省社团联理事。1982 年毕业于湖北财经学院商经系，留校于贸经系任教，历任教研室副主任、支部书记、总支委员、系副主任。1996 年 10 月调入湖北大学经济学院任教。主要科研项目："中国市场规则研究"；"中国消费者权益保护规则研究"；"湖北省市场培育与市场体系建设研究"；"市场营销专业教学内容改革与教材建设研究"等。主要著作：《商业企业经营学》、《市场学问题解析》、《现代市场营销术》、《市场学辞典》、《企业经营对策》、《现代市场营销谋略》、《当代企业公共关系学》、《现代市场营销大全》、《现代市场学》等。

【阎涛蔚】（1960—）山东大学威海分校教授商学系主任，科研处处长。中国高等院校市场学研究会常务理事，中国信息经济学会电子商务专业委员会

副秘书长,山东省市场学会常务理事,威海市电子商务协会副会长,山东大学威海营销管理研究中心主任。陕西财经学院企业专业经济学硕士。主要研究领域:市场营销(市场营销调研、营销策划)、电子商务(企业电子商务战略规划与应用)。

【颜飞】市场营销策划专家。多所高校兼职教授。研究生学历。公关策划界实力派人物。策划诸多成功案例。热衷于环保、绿化、教育、社会福利、老年事业等社会公益事业。创办南京金鹰公关企划顾问有限公司,拥有由 CI 策划、战略分析、营销策划与管理、公共关系策划、金融管理、政策分析、信息网络、教育培训等方面教授、专家组成的精英顾问团人才资源,并具有与全国各地政府经济决策部门、政策研究机构、数十所名牌大学专家教授以及业内多家企业咨询管理机构的协作关系资源优势;公司所服务的政府机关、企事单位有近百家。

【杨慧】(1964—)女,江西财经大学教授,MBA 学院院长。中国高校市场学研究会理事,江西生产力学会理事,江西市场营销协会理事。江西财经学院工业经济专业经济学学士,美国俄克拉荷马市大学工商管理专业工商管理硕士,江西财经大学产业经济学专业产业经济学博士。江西省高校学科带头人。著有《占领国际市场百策》、《市场营销学》。

【杨礼茂】(1965—)湖北大学商学院电子商务系教授、市场营销系副主任。中国市场学会理事,中国高校市场学研究会理事,湖北省市场营销学会常务理事,副秘书长。中国地质大学(武汉)地质学专业毕业,湖北大学经济学院世界经济专业经济学硕士。主持、参与的科研成果主要有《经济全球化对湖北企业营销管理的影响及对策》,《本土化经营:美国高科技企业的中国市场策略》,《美国高新技术企业全球市场开拓战略及其对湖北企业的启示》,《广告策划与管理》(面向 21 世纪教材),《新经济背景下企业营销新理念》,《网络经济背景下的房地产企业营销》。

【杨伟文】(1947—)中南大学商学院教授,博士生导师。历任中南大学工商管理学院经济系主任,副院长等职。中国市场学会理事,省经济学会理事,省市场学会副主席,省工商学会常务理事,校大学生学术科技协会名誉顾问。复旦大学经济学院研究生。研究方向是企业诊断与市场营销管理。发表论文 60 余篇;主编《现代市场营销学》、《中小企业的制度设计与经营谋略》等著作 4 部,参编 8 部。主持和参与国家、省市级课题 10 多项。获全国高校"宝钢奖"、教育部国家级教改成果二等奖、湖南省"优秀理论课教师奖"、湖南省教改成果一等奖和学校教改成果一等奖等 10 多项奖励。

【杨晓燕】(1966—)女,广东外语外贸大学教授。中国企业管理学会理事、中国高校市场学会理事、中国高等商科教育学会理事、中国高校价值工程学会理事、广东商业经济学会理事、广东高校价值工程学会副会长、中山大学中国营销研究中心(CMC)研究员、广东外语外贸大学"消费者行为研究中心"研究员。东北大学管理工程系管理工程专业学士;北京科技大学管理系管理工程专业硕士;中山大学管理学院企业管理专业博士。研究方向为"中国营销与消费者行为"。代表性著作为:《女性消费心理 5F 模型》;《中国女性消费行为理论解密》。

【杨岳全】(1947—)北京大学光华管理学院市场营销系教授,北京大学管理科学中心商业经济与管理研究所所长。中国高等院校市场学研究会副会长,中国市场学会常务理事,中国商业经济学会常务理事。1974 年起在北京大学经济系、经济学院和光华管理学院任助教,讲师,副教授,教授,博士生导师。主要研究项目:国家出口名牌发展战略研究(商务部);全国高等教育自学考试市场营销策划本科课程(全国高等教育自学考试委员会);跨国市场营销战略研究(国家社科基金);全国经济专业技术资格考试经济基础理论(初级和中级)(人事部)。主要研究著作:《中国市场学》、《中国商业管理学》、《市场营销策划》和《企业应加强对人口问题的研究》等。获北京市优秀教学成果二等奖、北京大学优秀教材奖、北京大学优秀教学奖等。

【杨志龙】(1966—)兰州商学院经贸学院教授,副院长。中国市场学会理事,甘肃省市场营销学会常务理事,甘肃陇台经济协会理事。中国人民大学经济学系经济学硕士。甘肃省高等学校跨世纪学科带头人。主要从事微观经济学、宏观经济学等课程的教学和科研工作。在《光明日报》、《兰州大学学报》、中国人民大学报刊复印资料等刊物发表论文 30 余篇,出版专著《跨越传统农业》1 部,主编或参编教材 4 部,主持和参加省部级研究课题 6 项。获甘肃省高等学校优秀科研成果一等奖,兰州商学院优秀科研成果一等奖;获甘肃省高等学校青年教师成才奖。

【叶茂中】(1968—)1997 年被评为中国十大策划人、2000 年被评为中国企业十大策划家。惯于从没有"市"的地方"造市",从没有"路"的地方"拓路"。擅长企业整体的营销策划和广告运动策划。获 1997 年中国最佳营销策划案例奖、1998 年中国十大营销经典案例策划金奖、2000 年中国企业十大著名策划案例奖。擅长企业的整体营销策划和品牌整合设计,在实践中形成了自己的理论和动作体系。专著有《广告人手记》、《转身看策划》、《圣象品牌整合策划纪实》、《新策划理念》。

【叶明海】(1961—)同济大学教授、MBA 教学管理中心主任、院长助理,博士生导师。欧洲商学院进修学者,德国波鸿大学访问学者。从事企业管理、市场营销、物流管理、企业咨询和企业策划的教学与研究。研究领域:工商管理,方向企业管理、市场营销。发表市场营销和物流管理方面的论文 30 余篇。著有《营销管理》,《品牌创新与品牌营销》,《市场研究》。

【叶守礼】(1946—)女,华东师范大学管理学院教授。主要著作有《国际投资》、《国际商品期货交易》、《市场营销》、《工业经济》,主编及编著教材《国际投资项目管理理论与实务》、《企业管理》、《企业运营管理》等,发表学术论文数十篇。

【叶万春】(1944—)湖北武汉人。武汉理工大学管理学院市场营销系教授。中国高校市场学研究学会常务理事,湖北省市场营销学会副会长。研究方向:市场营销与策划、期货理论。撰写著作教材共 20 多部,代表作有《市场营销学》、《市场营销案例荟萃》、《国际市场营销学》、《服务营销学》(教育部向全国推荐教材)、《企业形象策划》

（财政部向全国推荐教材）、《企业营销策划》、《企业营销战略诊断》。发表市场营销学术研究论文 50 多篇。在几十家大中型企业举办讲座。主持若干重要科研课题。

【殷少明】（1957—）新疆财经学院市场系教授。中国高校市场学研究会理事，中国市场学会理事，新疆商业经济学会副会长。主持或者参与的科研课题："面向 21 世纪的新疆企业营销"、"市场营销创新研究"、"新编现代市场营销学"、"新疆企业营销战略研究"、"新疆旅游业营销战略研究"、"关于新疆地方保护主义的成因、危害及对策研究"、"新疆旅游业发展对策研究"。发表论文 30 余篇。

【于洪彦】（1956—）吉林大学商学院教授，博士生导师。中国高校市场学会常务理事，中国市场学会理事，吉林省统计学会理事。上海社会科学院经济学硕士，天津财经学院经济学博士，美国扬城大学访问学者，新西兰 Otago 大学访问学者。

【于建原】（1954—）西南财经大学教授，市场营销课程负责人。中国市场学会会员，四川省市场营销协会专家委员会委员。西南财经大学工业经济系研究生。主要从事市场营销学教学科研工作。主持"市场营销学教学创新改革"获四川省优秀高等教育成果奖一等奖。发表专业论文 18 篇，代表性的有《顾客满意形成机理及在营销中的运用》、《市场经济的本质是交换经济》、《品牌市场声誉的评价方法与指标初探》、《企业防止行业性整体价格战的竞争战略研究》、《在实现全面建设小康社会目标中国内市场将出现的十大营销机会》等。主编 MBA 与市场营销专业用教材《营销管理》；编撰专著《市场竞争——战略与方法》。

【于俊秋】（1962—）女，内蒙古财经学院教授，研究生处副处长。全国高校市场学研究会会员，内蒙古自治区市场发展研究会常务理事。内蒙古财经学院商业经济专业经济学学士，中国人民大学工业经济系经济学硕士，中国人民大学商学院企业管理专业管理学博士。荷兰尼津洛德大学商学院工商管理专业国家公派访问学者。主讲课程为市场营销学、企业管理学。发表学术论文 30 余篇。

【于坤章】（1952—）湖南临澧人。湖南大学工商管理学院教授，市场营销研究方向学术带头人。中国企业管理培训学院客座教授，汉硕长城管理咨询有限公司首席营销专家。日本东京大学客座研究员，日本广岛修道大学工商管理硕士。主持《国有企业民营研究》、《JX 公司市场营销战略研究》等科研课题 10 余项。在《企业管理》、《商业研究》等期刊和国际学术会议发表学术论文 40 余篇。出版著作 5 部。

【余明阳】（1964—）浙江余姚人。上海交通大学教授、品牌研究中心主任，博士生导师，深圳大学、华中科技大学教授（双聘）。中国市场学会品牌战略委员会主任，中国公共关系协会学术委员会副主任，中国广告协会学术委员会委员，深圳市营销学会名誉会长，深圳市 CIS 应用学会主席。"中国十大策划人"，"2000 年中国最具影响力的杰出策划家"，"中国首届十大策划风云人物"。浙江大学哲学学士，复旦大学经济学硕士，复旦大学经济学博士，复旦大学管理学博士后。是中国较早研究品牌、广告与公共关系的学者之一。出版学术专著、译著,主编国家教育部部颁教材、全国自考教材、大学专业教材,主编学术丛书、专业书系等共计100多种。《品牌传播学》、《咨询学》、《博览学》、《品牌管理学》、《品牌学》、《世界顶级品牌》、《城市品牌》、《大学品牌》等专著有一定影响。主持纵向、横向课题20多项。曾被《人民日报》、《光明日报》、《新华文摘》及中国人民大学报刊复印资料等转载转摘。20多次获国际、国家、地区、省市学术大奖;其"公共关系核心概念形象说"、"公关素质结构"、"公关与广告两栖互动"、"品牌延伸评估模型"等理论被收入专业学术辞典或引起学术界大讨论。

【于萍】(1957—)女,辽宁本溪人。东北财经大学工商管理学院教授。市场调查与分析教学研究会理事,中国商业统计学会理事,东财文鼎咨询公司市场营销兼职顾问。辽宁财经学院商业系学士。主要担任东北财经大学本科生、研究生、MBA的市场营销、市场调查与预测等课程教学工作。主要科学研究领域为营销管理、市场分析与研究、品牌营销等,同时关注企业经营战略、经济学及产业经济理论。主要研究成果有专著《市场营销调研》,主编教材《统计原理》、《市场调研》、《工商行政管理统计》等;发表论文20余篇;主持社会横向研究课题多项。获教育工作者奖、优秀论文奖、教学科研奖20余项。

【臧日宏】(1963—)中国农业大学教授。清华大学经济管理学院全国大型企业厂长(经理)培训班教授、继续教育学院特聘课程教授、公共管理学院课程主讲教授、职业经理训练中心教授,中国人民大学工商研修中心教授,中央

财经大学金融MBA主讲教授,其他社会培训机构的培训教授。全国宝钢教育奖获得者;优秀青年教师。主要研究领域为货币金融理论、资本运营和公司理财。主持和参加多项国家自然科学基金和社会科学基金课题。对投资分析、公司理财、财政金融、资本运营和管理经济学的教学和研究工作富有教学经验和实际操作能力。出版多套教学VCD教学片。

【曾德明】(1958—)湖南大学工商管理学院教授,副院长,博士生导师。湖南省管理科学学会副会长,中国市场学会理事,企业管理学会理事,时代新材、新五丰等上市公司的独立董事。湖南大学经济管理工程系管理科学与工程专业工学硕士;荷兰特温特大学管理学院管理学博士。主要著作:《国际工业制品贸易》、《市场学》、《国际经济贸易法》。发表论文40余篇。获湖南省社会科学优秀成果二等奖,科技进步三等奖,湖南省优秀教学成果二等奖、一等奖,机械工业部软科学成果二等奖。

【曾路】(1960—)福建人。华侨大学经管学院教授、市场营销系主任、营销竞争力咨询研究中心主任。华侨大学推广顾问,中国市场学会理事,中国高校市场学研究会理事,福建省营销协会学术委员会副主任,福建留学生同学会华侨大学分会副会长,常德恒安纸业有限公司独立董事,多家企业(集团)的营销顾问。毕业于吉林大学;留学美国堪萨斯州立大学工商管理学院市场营销系。主要从事中国特定市场环境下的企业市场营销战略研究,管理本土化理论及实践研究。出版专著一部,论文30余篇。完成相关纵向课题8项,横向课题数十项。为90余家企业提供咨询

顾问,提供战略与策略策划、市场诊断、业务培训、营销组织管理规划等项服务。

【曾仕强】(1934—)台湾交通大学教授,台湾智慧大学校长。中华企管网集团首席顾问。英国莱斯特大学管理哲学博士,美国杜鲁门大学行政管理硕士。全球华人管理大师之一。受企业界普遍欢迎的营销管理专家。有丰富的管理实践经验,长期担任企业经营顾问。专心研习"中国式管理"。应邀在新加坡、马来西亚、印度尼西亚、泰国、中国香港和大陆演讲千场次以上。所著述的《超世纪大易管理》、《成功致富之路》、《中国式管理之总裁领导学》、《中国式管理组织行为学》等 VCD 极其畅销。

【翟鸿燊】(1944—)著名市场营销培训专家。国际 TAT(思考力、行动力、表达力)学术体系创始人。中国经营报专家顾问团首席顾问。2005 年度"中国十大魅力培训师","中国十大超级讲师"。提出著名的"TAT"理论体系,成为清华大学、北京科技大学、美国国家大学等知名院校的领导人、总裁班、MBA、EMBA、DBA 班欢迎的课程。专著《领导的力量》、《说在恰到好处》、《成就自己的三大资本》、《超级行动力手册》、《跟大师学中庸》、《赢在方法》、《跟大师学人脉关系》等,有广泛的社会影响。应邀在各级政府、知名院校做过千场以上各种形式的教育训练与演讲,被誉为具有特殊价值的教育训练专家。

【张传忠】(1956—)湖北洪湖人。暨南大学商学系教授。武汉工学院(武汉理工大学)管理工程系硕士,中南财经大学(中南财经政法大学)商业经济专业市场学方向经济学博士。参与和主持 4 项国家级科研项目的研究。发表学术论文 60 多篇,出版著作和教材 11 部。

【张大亮】(1963—)浙江大学企业管理系教授。中国市场学会理事,浙江现代咨询协会理事,浙江大学营销管理研究所副所长,浙江众成企业管理咨询有限公司研发中心主任,香港公开大学、宁波维科学院兼职教授。浙江大学管理科学与工程研究生。主讲课程:管理学、营销管理、管理咨询、客户关系与客户管理、营销策划。主持、参与国家自然科学基金、国家社会科学基金、国家软科学课题、省市及企业横向课题等十多项。专长研究领域为市场营销、客户关系管理、产权激励机制研究和企业组织与管理,其中以动态管理为核心的动态用工制度、动态股权管理、人才库动态管理、岗位动态管理等管理方法在实践中取得收效。主持中大控股集团、维科集团、盾安集团等 30 多家企业管理咨询项目,担任多家公司的管理顾问和独立董事。发表论文 50 多篇;出版专著、教材《现代营销管理》(获浙江省优秀教学成果二等奖)、《营销管理——理论、应用与案例》、《存亡之道——管理创新论》、《现代公司经营》、《市场营销学》等 5 部。

【张大旗】著名营销策划专家。有"中国八大策划人"、"中国十大策划流派代表人物"、"影响中国策划业的 21 个人"的声誉。华东师范大学文学硕士。进入营销广告圈后担任 3 家知名广告公司策划创作总监,多家国内著名企业的广告顾问,推出若干营销广告策划个案。出版专著《出卖天机——张大旗策划纪实》。

【张德鹏】(1965—)广东潮阳人。

广东工业大学经济管理学院教授,工商管理系主任。中国市场学会理事,广东省市场营销学会理事,广东省系统工程学会常务理事、副秘书长,广州珠江钢琴集团有限公司独立董事。西安理工大学管理学院硕士。从事企业管理、市场营销、市场调查与预测的教学、研究以及企业咨询等工作。广东省"南粤教坛新秀",广东省"千百十工程"校级培养对象。在《经济管理》、《企业管理》、《商业时代》等刊物发表论文近 40 篇,收录在 EI、ISTP 的论文 4 篇;合作出版论著《商业信息沟通》。完成或正主持各类科研项目 14 项。

【张光辉】(1962—)华南农业大学经济管理学院教授。日本名古屋市立大学企业管理专业博士,日本名古屋大学农业经济研究室客座研究员。研究方向:企业管理,农业经济管理,新商品开发管理。著有《财务管理基础教程》、《商品开发学》、《创业管理概论》等。

【张光忠】(1950—)湖北咸宁人。中南财经政法大学教授。全国高校商业企业管理研究会常务理事。主要著作:《经济科学学科词典》、《社会科学学科词典》、《财经大词典》、《现代经营误区大全》、《世界营销比较》、《营销策划》、《WTO 时代赢销策略》、《财富圣经》、《市场圣经》、《卖点圣经》、《创业圣经》、《大学创业设计教程》、《高等学校资金安全研究报告》、《高等学校资金安全管理规则》等。在《财贸经济》、《商业经济研究》、《中国商贸》、《光明日报》、《经济日报》、《市场营销导刊》、《中国人民大学学报》、《中南财经政法大学学报》等报刊发表论文百余篇,其中多篇被人民大学报刊复印资料及多种数据库转载收录。《应该大力培育抗

风险产业》获《光明日报》优秀论文奖;《试论我国比较营销学建设的几个问题》获中国市场学会优秀论文奖;《世界营销比较》获湖北省政府奖。

【张贵华】(1963—)湖南商学院工商管理系教授,企业管理战略研究所副所长。湖南商学院职业技能鉴定所副所长,湖南省市场学会秘书长,湖南省酿酒行业协会高级酿酒师,中国市场学会理事。曾在湖南省级大型企业从事营销实践与企业管理工作 17 年,任总公司营销副总经理等职,拥有丰富的营销实战经验;推崇情感营销。发表论文50 多篇;出版《企业客户关系管理》专著 1 部,参编省级立项教材 4 部;主持省、院级课题 5 项,参与国家级课题、省级课题 5 项。在省内外 30 多个企事业单位举办讲座,主持策划 20 多个产品品牌,是多个城市商业规划的主要参与者。

【张国军】(1966—)南京财经大学营销与物流管理学院教授,副院长。毕业于南京大学商学院。在《中国工业经济》、《经济管理》、《经济纵横》、《现代经济探讨》、《企业活力》等期刊发表论文近 30 篇,出版专著《顾客资产运营研究》,参加省市级课题和企业横向课题若干项。

【张鸿】(1961—)陕西富平人。西安邮电学院经贸系教授,产业经济研究所所长,市场调查策划中心主任,院学报常务副主编。世界商务策划师联合会中国区理事会理事,中国市场学会理事,中国高等院校市场学研究会常务理事,西安交大中国西部发展研究中心特约研究员,中国管理科学研究特约研究员,国家自然基金委管理类市场营销学同行评审专家,信息产业部电信研究院

电信软科学研究特约研究员,《经营者》杂志社编委。中国西北首位国际注册商务策划师。从事集体企业和市场营销学研究。曾任陕西师范大学市场营销学教研室主任,西安开达咨询中心秘书长。在《经济管理》、《中国流通经济》、《当代经济科学》、《销售与市场》等期刊发表专业论文100多篇,其中多篇被人民大学报刊复印资料和多种数据库转载收录。出版专著12种。主持国家社科基金和省部级科研项目8项。获省市级科研成果奖励15次。

【张剑渝】(1956—)西南财经大学工商管理学院教授,副院长。中国市场学会理事、中国高校市场学会理事、中国高校物价学会副会长。毕业于四川财经学院。加拿大、美国访问学者。主要研究方向为市场营销。参与国家社科基金、自然科学基金课题及各类横向课题20余项。主要著述有《西方规划经济学评述》、《国际分销与直销》、《私人品牌策略》、《沃尔玛特的营销策略》、《企业沟通策略研究》、《成都商贸中心建设研究》、《成都经济增长点研究》等。发表相关论文逾50篇。获四川省优秀教学成果一等奖2项。

【张静中】(1956—)安徽枞阳人。河海大学商学院营销学系教授。河海大学管理工程系硕士进修生。发表论文等50种,人民大学报刊复印资料全文转载1篇。编著教材《现代市场营销学教程》,主编教材《物资现代化管理》。主持科研项目2项。论文多次获奖。

【张利】市场营销培训专家。北京大学等多所大学兼职教授。具有深厚的中国古代哲学思想和战略思想功底,结合多年经营管理实践及中国国情,借鉴最新欧美企业经营管理理论,对中国企业进行广泛跟踪研究,并对具有代表性的企业进行深入的剖析,受到普遍欢迎。开发出一系列适应中国企业的著作,包括《新营销》、《企业战略与核心竞争力》、《国学解码商道》、《市场营销与品牌管理》、《从红海到蓝海——中国企业蓝海战略》等。

【张梦霞】(1962—)女,首都经济贸易大学工商管理学院教授。北京师范大学数学系理学学士;法国普瓦捷大学工商管理学院法国工商管理硕士;法国格勒诺贝尔二大管理学计量营销学专业法国管理学硕士;法国格勒诺贝尔二大管理学营销学专业法国国家管理学博士。负责多项国家级和省部级科研项目,包括国家哲学社会科学项目"中国消费者购买决策行为的价值观动因分析:数量模型和策略建议",国家教委留学基金项目"关于中国女性消费者购买决策行为的文化价值观动因分析和建模"等。承担多项企业高级经理人营销培训和企业营销策划与咨询项目,培训内容主要有市场营销管理、营销调研、定价策略与技巧及其相关专题。发表多篇学术论文。代表作有《中国购买者的传统价值观:界定、概念、度量和应用》(国际权威期刊,法文)、《中国传统文化与消费行为》国际核心期刊(法文)、《营销管理教学中案例分析方法探讨》、《产品概念的构建与虚拟产品》、《市场营销学学科发展新方向》、《销售模拟与预测方法》等。

【张明立】(1962—)吉林扶余人。哈尔滨工业大学管理学院教授。中国市场学会常务理事,中国高等院校市场学研究会理事。主要研究领域为市场营销理论、营销战略与策略、价值营销、顾客价值、品牌管理、服务营销、关系营销、顾客资产、消费者行为等。负责国家自然科学基金、世界银行、国际合作等科研课题10余项。为20余家中外企业完成市场调研、市场营销战略、营销策划的课题研究工作。发表学术论文50余篇,主编教材4部。

【张荣】(1959—)浙江财经学院教授。中国市场学会会员。出版的著作、教材(包含合著)有《当代中国主要经济问题研究》、《现代市场营销学》。发表论文:《企业负债融资风险亟需防范》、《中小企业直面网络经济》、《加速发展我国中小企业集群的思考》、《提升国有大中型企业竞争力的新途径——柔性化管理》。

【张圣亮】(1964—)中国科技大学商学院教授。中国市场学会理事。河南师范大学文学学士;复旦大学经济学硕士。主持课题主要有"名牌战略研究"(河南省教委青年人文社科基金项目),"外商直接投资对河南经济发展影响研究"(河南省统计局招标课题),"新源公司企业管理和形象发展整合研究","安徽城市卷烟市场状况与营销对策研究","天昌公司组织结构与激励机制研究","天昌公司企业形象整合研究"。出版专著和教科书4部:《市场营销学》、《形象制胜——CIS与中国企业形象设计》、《名牌制胜》、《市场营销原理与实务》。在《企业管理》、《企业经济》、《销售与市场》、《现代经济探索》等刊物发表学术论文30多篇。为中原石油地质勘探局、安徽烟草公司、荣事达集团等上百家企业进行市场营销和品牌管理培训。

【张太海】(1963—)南京财经大学营销与物流管理学院教授,市场营销系主任。毕业于河南大学。中国社科院经济研究所访问学者。主讲课程:市场营销学、企业战略管理、现代推销技术、营销谈判学等。研究方向:战略营销管理。在《经济管理》、《生产力研究》、《科技进步与对策》、《经济纵横》等杂志发表论文30余篇;出版著作3部,编写教材8部;参与完成国家社科重点项目1项,主持完成省级社科基金项目3项,教育厅基金项目4项。获省级社科优秀成果二等奖1项、三等奖3项,省教育厅人文社科奖6项。

【张新国】(1952—)中南财经政法大学工商管理学院教授、博士生导师,校党委委员,学术委员会委员,职称评定委员会委员,教学指导委员会副主任。全国中青年商业企业管理研究会副会长,中国商业高等教育学会常务理事,武汉公共关系研究会常务理事,武汉市武昌区咨询委员会委员。湖北省"有突出贡献中青年专家"。美国普林斯顿大学、马里兰大学,澳大利亚新南威尔士大学、悉尼大学,新西兰奥克兰大学,韩国釜山大学,日本福岛大学,台湾淡江大学、成功大学,香港理工大学、中文大学等学府交流学者。从事企业管理与经营战略理论的教学与研究。主持和参与国家级、省部级课题10多项,在《管理世界》、《财贸经济》、《商业经济研究》等杂志发表学术论文66篇,出版《关系营销》、《微利时代的企业经营与管理》等专著、教材、译著、工具书共20余部(其中个人专著8部)。国家社科基金资助课题"零售业外商直接投资的现状与前瞻",就我国零售业的对外开放问题做了大胆而有益的探索,共发表相关学术论文4篇,其中2篇被中国人民大学报刊复印资料全文复印;专著《公共关系与成功的管理》(《西方商业》的译著）印刷两次，销售 2 万多册。省部级项目"案例教学法研究"，获湖北省优秀教学成果二等奖，"市场营销专业推行案例教学的方法与实践研究"获湖北省优秀教学成果一等奖、教育部优秀教学成果二等奖。

【张旭婧】（1966—）女，山西人。著名营销管理咨询专家。北京圣荣管理网专家讲师，《经营者》杂志社市场总监，《求是》杂志社中国演讲文化艺术交流中心专家，北京航空航天大学人文学院客座讲师，安徽财贸学院市场营销系客座教授，运城学院非公有经济研究中心高级研究员，运城市工商联民间总商会副会长。出版的图书：《2001 年中国经济分析与预测》、《现代市场营销学》。在《人民政协报》、《山西日报》、《中国商人》、《现代营销》、《销售与市场》、《现代企业》等报刊发表多篇文章（其中有头版头条或主题文章）。多次为"中国品牌高级研修班"、"女性创业与世界经济论坛"等会议或活动作主题报告与主持。

【张玉明】（1955—）广东揭阳人。广东商学院旅游与环境学院教授、副院长，硕士生导师。主要从事市场营销、工商管理、会展管理领域的研究。著有《旅游市场营销》。

【张云起】（1964—）山东工商学院（原中国煤炭经济学院）教授，微纳营销风险管理研究所所长。中国市场学会理事，中国运筹学会青年工作委员会副主任。山东省优秀知识分子，煤炭工业技术革新能手，山东省高校"十大优秀教师"，山东省首届"高校教学名师"，教育部"新世纪优秀人才"。主要从事营销风险管理方向研究。主持国家级重点课题 1 项，参与国家级课题 2 项，省部级课题 6 项，主持企业委托课题 20 余项，获省部级科技奖励 10 项（其中一等奖 3 项，二等奖 3 项，三等奖 4 项）。主要讲授市场营销学、市场竞争战略、销售管理实务、营销风险管理等课程，"投入循环教学法"获山东省优秀教学成果二等奖。为近百家企业和行业部门培训营销和管理人员，帮助国内 20 余家企业进行营销和管理策划，被多家企业聘为管理顾问。发表论文和调研报告 30 余篇。著有《销售业务与潜能开发》、《营销风险预警与防范》等 2 部专著，《销售管理实务》、《营销风险管理》等 2 部教材。主持开发的《营销风险预警与防范系统》管理软件，获国家知识产权保护和软件产品认证，在煤炭、化工、机械、汽车、建材、酿酒等行业全面实施，取得了良好的经济和社会效益。

【张占东】（1962—）河南扶沟人。河南财经学院国际经济与贸易系教授。主要从事市场营销与管理理论研究。著有《WTO 与中国产业发展》。

【赵春雷】（1961—）女，山东人。吉林农业大学管理学院教授，市场营销教研室主任。主要从事市场营销及贸易经济研究。著有《市场营销学》、《证券与投资》、《项目管理》。

【赵平】（1954—）清华大学教授，中国企业研究中心主任。国家自然科学基金项目评审特聘专家组成员，中国市场学会常务理事，中国质量管理协会常务理事，全国标准化技术委员会委员，中央和若干地方政府部门特聘专家顾问，中国电信、海尔、TCL 等国内外大型企业的管理顾问，中国政法大学兼职教授，《营销科学学报》主编，《管理科学学报》、《心理学报》、《中国管理科学》、《清华大学学报》、《天津大学学报》、《南开管理评论》等学术刊物的审稿人。天津大学管理工程专业硕士;清华大学技术经济专业博士。加拿大西安大略工商管理学院、美国宾州大学沃顿商学院、哈佛大学商学院、美国 MIT 斯隆管理学院进修学者;美国、日本、加拿大、葡萄牙、罗马尼亚、香港、澳门等国家和地区其他若干研究机构和大学的访问教授或交流学者。曾作为副省长经济管理助理到吉林省政府挂职。所领导的清华大学中国企业研究中心开发、测量并发布的中国消费者满意指数达到世界一流水平,被中国各界广泛认同为权威性经济指标(2004 年,清华大学中国企业研究中心与中国质量协会、中国消费者协会共同发布中国主要消费产品和服务行业的满意度指数)。发表 80 余篇论文,出版 20 余种书籍。主编《中国顾客满意指数指南》一书作为国家质量监督检验检疫总局的工作用书在全系统推广。所编教材《管理学》获国家教委优秀教材二等奖。

【郑吉昌】(1962—)浙江树人大学教授、副校长。中国服务经济研究中心主任,中国数量经济学会副理事长,中国市场学会副理事长,国家发展和改革委员会首席专家,国家商务部特聘专家,浙江省政府经济建设咨询委员会专家,浙江省国际经济贸易重点学科(A)带头人,浙江省高校中青年学科带头人,对外经济贸易大学、吉林六学、浙江工业大学兼职教授。浙江省高校优秀青年教师,全国优秀青年思想工作者,全国外经贸系统先进教育工作者,浙江工业大学优秀青年教师。主持国家科技部重大科技项目、浙江省哲学社会科学“十五”规划课题、浙江省科技计划重大课题、浙江省自然科学基金项目、浙江省高校科技攻关重大项目等科研项目 20 项。获全国外经贸优秀教学成果一等奖、浙江省哲学社会科学优秀成果奖、浙江省优秀教学成果奖、浙江省高等院校科研成果奖等。出版《经济全球化与贸易发展研究》、《服务业、服务贸易与区域竞争力》、《服务经济论》等专著 3 部,主编《服务市场营销》、《国际服务贸易》等教材 5 部,在《数量经济技术经济研究》、《财贸经济》、《世界经济》、《中国软科学》、《经济学动态》、*Journal of International Economics* 等国内外学术刊物上发表论文近百篇,其中 20 篇论文被《中国社会科学文摘》、人民大学报刊复印资料全文转载,是国内服务经济学论文被上述文摘全文收录量最高的作者。

【郑继方】(1957—)湖北监利人。武汉工程大学经管学院教授,中国市场学会光华企业发展研究所所长。中国软科学研究会会员,中国市场学会理事,中国石油学会会员,湖北省石油学会经济专业委员会委员,湖北省现代企业制度研究会副会长。中南财经政法大学企业管理博士研究生。担任政治经济学、企业战略管理、石油经济、市场营销、公共关系学、宏观市场学、消费者行为学、广告学与广告策划等课程的教学。致力于企业管理咨询、营销策划和人员培训,多次应邀到政府部门、电视台和大型企业作专题报告。主要研究方向为市场营销、企业文化与石油经济。发表论文 50 余篇(其中获“十一届三中全会以来全国优秀经济学论文二等奖”、“中国石油企业协会首届优秀论文一等奖”等)。出版论著 14 部(不含参编),主要有《现代企业信息资源管理》、《石油经济学》、《企业创新营销战略》、《CIS:企业形象设计与文化营销》、《企业精英战略论——知识经济时代的企业人才战略》、《石油企业股份制改造与资本运营》、《突围与再造:国企改革的纵深战略》等。组织编撰(总纂)我国石油经济领域的第一部大型工具书《现代石油经济大辞典》;策划和主编"市场营销新潮丛书"一套5册,并多次再版重印;主持《我国石油需求预测方案比较及相关要素分析》《石油企业投资管理理论与实践》等6项课题研究。担任2003首届"民营经济发展论坛"总策划、东风武汉轻型汽车公司改制总策划以及2005首届中部发展论坛总策划。

【郑建平】(1954—)著名营销策划专家。广州大学策划研究所副所长、陕西省发展委员会副会长、陕西省政治经济研究会会员、西安交大客座教授。深圳联合空间展示艺术有限公司董事长。毕业于西安交通大学。1989赴深圳参与创办《新周刊》和《投资导报》,投身于文化创意产业。创办深圳联合空间艺术有限公司,承接国内多处大型主题公园承建项目。为"中国社会成就展览广东馆"总策划总设计师,该馆获最佳组织奖和最佳装修设计奖第一名,因而被誉为"中国展示第一人"。总策划的"深圳特区建立十五周年经济社会发展成就展览会"引起了社会的广泛关注,被公认为中国展史上最具现代化的大规模展览之一。

【钟育赣】(1957—)广东商学院管理学院教授、院长。中国高校市场学研究会副会长,中国市场学会副秘书长,中国国际公共关系协会、中国公共关系协会学术委员,广东省商业经济学会副会长。广东省优秀党务工作者,广东省南粤优秀教师。1982年毕业于北京商学院,1985—1987年留学前南斯拉夫,1995年遴选为江西省高校(省级)中青年学科带头人。曾任南昌大学经济贸易学院副院长、经济系主任等。从事营销管理、企业战略和公共关系等方面教学,以及营销创新、竞争战略和中小企业管理研究。出版《品牌策划与市场传播》、《市场营销策划》等14部专著、教材,发表70余篇论文。承担省部级以上科研项目6个、校级和横向课题10个。任副主编的全国通用教材《市场营销学》被评为优秀畅销书,获全国十佳经济读物提名,云南省优秀社会科学成果一等奖;教育部面向21世纪工商管理类专业核心课程教材《市场营销学》,获全国普通高校优秀教材一等奖。主持教研教改项目"以培养学生创业能力为导向的市场营销本科专业人才培养模式的探索与实践",获广东省优秀教学成果一等奖。

【周殿昆】(1944—)四川荣经人。西南财经大学教授,贸易经济研究所所长,博士生导师。西南财大校学术委员,四川省科技顾问团顾问,省学术带头人,中国商业经济学会、中国市场学会常务理事。从事商贸流通产业和企业管理理论与体制改革研究。主持国家自然科学基金课题1项,国家社会科学基金2项,加拿大国际发展研究中心(IDRC)资助课题1项,国家级重点课题多项。在《经济研究》、《财贸经济》、《经济学家》、《改革》等刊物发表论文220多篇,独立或合作专著8部。获中国社科院"蒋一苇企业改革与发展学术基金"优秀论文奖,四川省人民政府哲学社会科学优秀成果奖,以及其他优秀成果奖多项。

【周发明】(1965—)湖南炎陵人。湖南农业大学商学院教授,副院长,硕士研究生导师。主要研究中小企业经营管理、市场营销、农产品营销。著有《农产品市场与营销》、《市场营销学》、《管理学原理》。

【周建波】(1962—)辽宁营口人。广东金融学院工商管理系教授。主持、参与国家级、省部级、校级研究项目16项,主持、参与管理咨询和营销实务策划项目101项。发表高等教育管理、企业管理、营销管理等管理类论文50余篇,出版著作14部。获省级、校级教学成果奖、科研奖8项。

【周利国】(1958—)江西宜春人。中央财经大学商学院教授。曾任山东经济学院工商管理学院院长。中国商业经济学会特邀研究员,山东省经济管理学会常务理事,山东省商业经济学会常务理事,山东省商会常务理事,山东省商会专家委员会副主任,山东省工商行政管理学会常务理事,全国高等学校贸易经济学教学研究会常务理事,全国高等院校商务管理研究会副会长,博士。主要从事工商管理、市场营销、贸易经济及相关学科的教学研究工作。主要著作(部分与人合作):《中国商品流通组织与调控》、《面向市场的流通创新》(获山东省哲学社会科学成果奖)、《贸易经济学概论》、《公共关系学》、《商品期货交易》、《工资理论与实务》、《公共关系理论与实务》、《商业伦理学》、《中小企业伦理与道德建设》等。在国内外学术期刊发表论文50多篇。

【周梅华】(1964—)女,江苏宜兴人。中国矿业大学管理学院教授。中国市场学会会员,中国市场研究协会理事,中国矿业大学管理学院市场营销系主任,市场营销专业建设负责人,物流工程专业硕士点学科建设负责人。1988年毕业于中国矿业大学,获硕士学位,同年进入中国矿业大学管理学院任教,2001年获得博士学位。从事市场营销、物流管理、消费经济方面的研究。参与国家自然科学基金项目2项,煤炭科学和青年基金研究项目两项,徐州市规划项目1项,主持学校科学研究基金和企业委托项目多项。出版专著2部,主编及参编教材5种,在《系统工程》、《科技导报》、《管理工程学报》、《中国矿业大学学报》、《经济问题》、《中山大学学报》、《当代经济探讨》等发表学术文章30余篇。参加清华大学中国工商管理案例库建设。获教育部人文社会科学研究奖,徐州市哲学社会科学奖,学校科技进步、优秀课程、优秀教学成果奖等8项。

【周文辉】(1967—)中南大学商学院教授,营销学博士。湖南中大畅想教育发展有限公司高级培训师。研究方向为"竞争战略与营销创新"。主要研究领域:中小企业以弱胜强的营销战略、大客户营销模式、高新技术产品营销、营销团队绩效管理、城市营销。历任营销代表、策划总监、营销经理、营销总经理、资深管理顾问、董事兼首席营销顾问、首席培训师。担任湖南省职业经理资格培训、湖南省经贸委中小企业经营者培训、长沙市经贸委国有企业总经理培训、湖南省人事厅管理培训营销主讲教授;应邀为三一重工、湘计算机、千金药业、广东朗能、桂林漓泉、新疆天信等200多家公司从事过企业内训。在《销售与市场》等杂志发表营销管理类论文 20 多篇。

【朱敏】（1957—）女，西南财经大学管理学院教授，博士生导师。四川省经济学会常务理事。美国 Academy of Management（管理学会）成员，美国杂志 *International Journal of Effective Management – A Key to Growth* 及印度杂志 *Tourism Journal* 编辑。1985 年公派赴加拿大 University of Windsor 学习，获 MBA 学位，1987 年回国于中加管理培训中心任教。曾任百事可乐国际管理学院中国总监，中国加拿大成都管理培训中心管理系教授、副主任。致力于管理与经济学的研究和高层次人才培养。注重学科建设，曾负责国际贸易与广告专业的设计；坚持教育的职业导向，注重案例等启发性教学模式的实施与研究。获 2 项国家自然科学基金、2 项国家留学基金和 1 项省级科学基金资助，在企业家激励、劳动价值理论及中小企业发展研究方面取得了显著成果。获四川省科技进步奖，西南财经大学优秀科研论文奖。

【朱玉童】（1968—）著名营销策划专家。1990 年毕业于上海华东师范大学。曾就职深圳丽斯达昌化公司（中美合资）、深圳益生堂等。现任深圳采纳营销策划有限公司总经理、《营销与市场》杂志顾问等。主持广东健力宝、孔府宴、小鸭热水器、益生堂三蛇胆、奥林饮料、三九化工、三九食品、天健地产、君安金行等数十项整体营销策划案。发表专业文章近百篇。著作有《曝光一个广告人的阴谋》等。被评为"中国十大策划专家"之一。

【左仁淑】（1964—）女，著名营销策划专家。四川大学工商管理学院市场营销系教授、主任，四川大学危机管理研究所副所长。管理学博士。国际金融公司 CPDF 中小企业发展项目专家。中国什邡国宝卷烟品牌中心管理顾问，四川省财政厅国有企业效绩评估专家。从事市场营销、服务营销、营销策划方面的教学与研究。为厦新电子股份公司、海信集团、泸州老窖、剑南春集团文君酒业、四川蓝剑集团、四川长城特殊钢股份公司等企业进行营销及广告策划。发表论文 20 多篇，科研成果 10 多项，著有《企业创新与企事业管理》、《现代企业管理》、《市场营销理论与实务》等。

音序目录

Q

T

Y

后　记

　　20世纪80年代，是我国社会科学大复兴、大繁荣、大发展的年代。正是这个年代，给予我们获得更多新知识、新思想的机遇。同时，我们也获得了向社会传播知识的种种便利，先后参与并主持《经济科学学科词典》、《社会科学学科词典》、《经济科学学术观点大全》、《财经大辞典》等多本工具书的编写。有关市场营销的理论与知识，是在这个时期系统学习的。

　　十分幸运，在组织编写《经济科学学科词典》时，我们聘请到"市场学"词条的作者是彭星闾教授。彭老师是我国市场营销学科创始人之一，他高屋建瓴地对市场营销理论的介绍，为人们全面了解市场学指明了方向。也是在那个时候，我们对市场营销产生了兴趣，并将市场学作为教学与研究的一个主要领域，孜孜不倦，不断向市场学习，市场是给予我们智慧与力量的源泉。

　　十分幸运，上述辞典的编写帮助我们比较成功地步入社会科学(主要是经济学、管理学)的神圣殿堂。也是在那时，直接聆听于光远、刘国光、马洪、吴敬琏、董辅礽、张卓元、许毅、王积业、刘卓甫、刘鸿儒、孙尚清、杨纪琬、李成瑞、金鑫等著名经济学家的教诲，我们终生受益。大师们的渊博知识和严谨的治学态度，常常给予我们以鞭策和警示，是须史不可离开的精神寄托。同时，辞典编辑过程所体验的吃苦精神、科学态度、综合知识素质，是对我们知识结构、素质水平的全面挑战，迫使我们学习学习再学习，努力努力再努力！多年来，这样的勉励一直成为我们人生的座右铭。

　　十分幸运，也是源于辞典等工具书的编写，结识了一大批志同道合的学术朋友。那时的首义路老财大，可谓是藏龙卧虎之地，且学术氛围甚浓，写文章、编著作成为一道亮丽的学术风景线。朋友的一次交谈，或者一次集会，都可能产生一项科研选题，有时仅仅是一个口头约定，大家都能在规定的时间、按规定的要求漂漂亮亮地完成。这是我们一辈子最难忘的时期。与我们共同完成出版任务的主要学术朋友有:扶明高、郑先炳、赵凌云、许建国、闵锋、汪海粟、帅重庆、吴俊培、吴汉东、周景明、王舒平、汤定娜、严学军、赵曼等,他们在不同领域所获得的巨大成就令人钦佩。岁月沧桑,友谊长存,我们是把朋友的情谊作为人生的巨大财富的。

20世纪90年代初期,张光忠同志的主要精力开始集中于市场营销。当时中国市场学学会的会刊——《市场营销导刊》创办不久,该刊负责人约请他提供稿件并在该刊物开设专栏,令他激动之后又诚惶诚恐,经过精心的准备与写作终于完成任务,先后发表了多篇介绍西方发达国家市场营销发展的专题文章。这是他在学会刊物上的全面亮相。在深入研究西方发达国家和我国市场理论与实践的基础上,1996年中信出版社出版了张光忠同志的《世界营销比较》专著。该书在社会上有比较好的评价,亦获得湖北省人民政府的奖励。21世纪初,财政部向部属高等财经学校招标,遴选财政部规划教材,张光忠同志凭借《营销策划》一书中标。该书出版以后,已经连续加印6次。他在《营销策划》的教学与研究中,深刻感受到营销理论的博大精深。

中南财经政法大学营销管理教研室是一个先进的集体,这是我们一直引以为自豪的地方。在这里,可以获得许多营养;亦获得许多的支持和帮助。教研室的老师是我们能够获得科研成果的坚强后盾,也是《市场营销辞典》顺利出版的保证。衷心感谢彭星闾教授、万后芬教授、张新国教授、欧阳卓飞教授、宁昌会教授、丁桂兰教授、汤定娜教授、沈铖博士、马瑞婧博士、应斌博士、付红桥博士、费显政博士、杨君茹博士、袁春平博士、孙洪庆博士。他们的学术思想、学术成果像雨露般深深滋润着市场营销理论。也许,在本辞典的某个地方就闪耀着他们思想的光辉。先进的集体是一个温馨的港湾。工作在这个先进的集体里,应该是一辈子的福气。

出版社作为图书教材、学术著作的传播平台,我们作为学者对它一直充满深深的敬意。每一本著作的问世,不仅仅是自己有了一点点学术进步,更重要是从出版加工的过程中看到自己的不足,看到编辑、校对同志对自己知识的提升与完善所做的贡献。他们是幕后英雄,是一生中最值得信赖的、最真挚的老师与朋友。30年来,为我们出版著作的出版社有:经济科学出版社、中国青年出版社、中国财政经济出版社、中信出版社、中国商业出版社、中国经济出版社、工人出版社、上海人民出版社、河南人民出版社、湖北人民出版社和人民出版社。今天,在我们整理出版书目时,不禁感慨万千,当年的年轻编辑大都人到中年;当年的年迈编辑大都已退休,不幸的是其中有的长期抱病在床,有的已经永远离开了我们。愿他们的出版精神永存。借本辞典出版之际,谨向上述出版社的领导与同志表示感谢。祝各位编辑同志身体健康,心想事成!

我国的市场经济是培育优秀企业的摇篮,大批企业家在学术界、教育界和经济领域颇有影响。他们对中国传统的商业文化与现代市场营销理论都有深入的研究与独特的见解。他们灵活运用市场营销的目标市场理论、产品定位理论、营销战略理论、营销组合理论和营销创新理论,获得比较理想的市场回报。我们从他们身上学到许多从书本上无法学到的实战型营销思想、营销策略;看到市场营销理论中国化的典型事例。市场营销理论必须与中国市场的营销实际相结合。同样地,市场营销理论工作者必须与企业第一线的营销工作者相结合。加强营销理论的可操作性,加强营销理论的中国化进程,是担任辞典主编的真正理由。

出版《市场营销辞典》是我们多年的愿望。20 世纪 90 年代初期,在出版几本大部头的工具书以后,我们就进行着辞典资料的收集。在中南财经大学担任教师的时候,我们就开始形成比较系统的辞典编辑计划,布置市场营销专业研究生在完成学业的基础上,利用业余时间整理市场营销的名词、术语、概念和思想、观点,既丰富研究生的市场营销基础知识,又提高研究生的写作能力和文字水平。这样,一届接一届的接力进行,终于初成规模。当然,我们三位主编付出的精力是巨大的。全部编辑工作,需要从最基础做起,包括条目的确定、资料的核实与完善、文字的加工、体系的编排,哪怕是一个标点、一个定义,都需要反复推敲。主编应该尽到主编的责任和义务。

由于市场营销已经成为庞大的体系,且中国语言丰富,人们的造词能力特别强,一个概念加上市场、营销,就可能产生一个新的营销术语。特别感到困惑的是,条目的正确定位非常困难,许多同一的名称或者术语,不同的学者、不同年代与不同区域的著作,都可能有不同的称呼,辞典编写工作的复杂性是可想而知的。如果存在不满意的地方,希望能得到读者的谅解,也期待读者的批评指正,以便在修订时完善。

本辞典的编辑过程,参考、借鉴了许许多多同志的研究成果,在此表示谢意,也由于辞典本质所限定,所有参考资料来源不便一一列出,也请作者、读者谅解。

张光忠 万安培 郑介甫
2008 年 1 月 18 日于北京

策划编辑:吴炤东
责任编辑:吴炤东　王晓梵　刘彦青等
特邀编辑:李亚丹　王　瑛
封面设计:肖祥德

图书在版编目(CIP)数据

市场营销辞典/张光忠　万安培　郑介甫　主编. –北京:人民出版
社,2008.5(2009.11重印)
ISBN 978 – 7 – 01 – 006953 – 1

Ⅰ.市…　Ⅱ.①张…②万…③郑…　Ⅲ.市场营销学—词典
Ⅳ.F713.50 – 61

中国版本图书馆 CIP 数据核字(2008)第 034911 号

市场营销辞典
SHICHANG YINGXIAO CIDIAN

张光忠　万安培　郑介甫　主编

人民出版社 出版发行
(100706　北京朝阳门内大街 166 号)

北京瑞古冠中印刷厂印刷　新华书店经销

2008 年 5 月第 1 版　2009 年 11 月北京第 2 次印刷
开本:880 毫米×1230 毫米 1/32　印张:20.5
字数:850 千字

ISBN 978 – 7 – 01 – 006953 – 1　定价:80.00 元

邮购地址 100706　北京朝阳门内大街 166 号
人民东方图书销售中心　电话 (010)65250042　65289539